Português
em quatro semanas

京都外国語大学教授
彌 永 史 郎 著

新版
ポルトガル語四週間

東京 **大学書林** 発行

まえがき

　この本はポルトガル語の基本を短期間に学ぼうという読者のためのものです。一日に学ぶべき量をあらかじめ知り、それにしたがって学習すれば四週間のうちにポルトガル語の概要を知ることができます。

　すでにポルトガル語について知識のある読者の方々は、巻末の索引を活用して下さい。充実した索引から必要な内容をすぐに参照して知りたい内容に到達できるように工夫してあります。各項目において、関連項目も参照できるようにしてありますので、ひとつの疑問をきっかけに関連テーマに関する知識を深めることが出来ます。

　ポルトガルは「西欧でもっとも古い国」として知られ、13世紀半ばの国境線をほぼそのまま今日に伝えています。その言語は初出文献を12世紀後半に遡ります。古ポルトガル語を経て、16世紀初頭から姿が明らかになる古典ポルトガル語以降は、現代に至るまで文法に大きな変化はありませんでした。また本書で学ぶ文法的知識は、いわゆる南蛮時代のポルトガル語文献を読むための基本であることは言うまでもありません。

　ポルトガル語は世界中で二億四千万人の人々によって使用されており、使用人口は世界第六位といわれる言語です。ヨーロッパのポルトガルと南米のブラジルの国語であり、またアフリカではアンゴラ、モザンビーク、サントメ・イ・プリンシペ、カーボ・ヴェルデ、ギニア・ビサウの5カ国、さらにはアジアの新生国家、東ティモールの公用語です。

　国語、公用語として世界中に広がりをもつポルトガル語には地域ごとにさまざまな違いがありますが、大きく分けてヨーロッパ

のポルトガル語（アフリカ諸国、東チモールはこれに準じます）とブラジルのポルトガル語というふたつのヴァリアントがあります。

　これらのふたつのヴァリアントの間には、音声面ではやや開きがあり、また詳しく見れば語彙をはじめ形態的にも統語的にも実に豊かな地域性をみせています。口語の特徴はきわめてとらえやすいので、初学者でも少し慣れればすぐにどちらのヴァリアントかわかるようになるでしょう。とはいえポルトガル人とブラジル人とのコミュニケーションは問題なく行われるので、慣れれば慣れるほど違いを意識する必要がなくなります。

　また、ポルトガル語の使用人口を語る上で、世界中に散在するポルトガル語系のコミュニティーを無視することはできません。東京、群馬、名古屋、静岡、ロンドン、パリ、フランクフルト、ニューヨーク、ロサンゼルス、トロント、ヨハネスブルグ、マカオ、シドニー、ホノルル……　ポルトガル語を使えれば世界各地でポルトガル語を母語とする多くの人々とコミュニケートできるという楽しみがあります。

　本書の執筆に当たり、お話をいただいてから予想外に時間が経過してしまったにもかかわらず、大学書林の佐藤政人氏は辛抱強く出版を支えてくださいました。また旧同僚のジョルジェ・カヴァリェイロ先生と恩師のマリーア・コラー先生とにはレッスンのはじめにあるテキストおよび例文の校閲にたいへんお世話になりました。皆様のお陰で本書が完成しました。厚く御礼申し上げます。

2010年10月10日
著者しるす

本書の使い方

　本書を手にする読者にとってポルトガル語に関心を持ったきっかけは、さまざまであるに違いありません。ふとしたポルトガル語系の隣人の存在をはじめポルトガル語圏の歴史や文化、いわゆる南蛮文化、ブラジルやポルトガルの興味深い映画、ボサノバ、ファド、モルナなど人の心を打つ音楽、個性豊かな視覚芸術、優秀なサッカー選手、など、数え上げれば限りがないことでしょう。すべての読者に共通した関心はポルトガル語を修得し、その知識を深めたいという熱意だと思います。

　この本では、ヴァラエティー豊かなポルトガル語の特質を踏まえて、ポルトガル語圏におけるコミュニケーションのもっとも重要な柱となる標準的な文語を軸にして文法を解説しています。むろん必要に応じて口語に特徴的な文法事項は詳しくふたつのヴァリアントの違いを解説しています。学習者は自らの必要にしたがって、一方のヴァリアントを学習することができます。また興味があれば他のヴァリアントを知ることもできます。

　本書では、一単元が一日に学習する量として決まっています。その日のレッスンのはじめに読解用のテキストがあります。詳細な注をはじめ、テキストでテーマとなる文法事項には参照すべき項目、ページがついていますから、これらのヒントを参考にしつつ辞書をひきながらテキストを読んでみてください。意味が了解できたら巻末に各レッスンの日本語訳がありますからこれを参照してみましょう。新出の文法事項はその日のレッスンのなかで解説されています。忘れていては困る事項は参照項目として示してあります。こうして一日分ひと単元が段階的に積み重なり、段々に複雑な内容に馴染んでいけるように構成を工夫しました。

はじめはテキストを精読し文法事項を理解することが重要です。この本を読めば、すべてが頭にはいって、ポルトガル語の運用能力がたちまち身に付くと言うことは難しいでしょう。初めは重要な骨組みを中心に大雑把に、そして次第に詳細に、順を追って勉強すればよいのです。そして本書の解説を繰り返し読み、文法を理解し、まず読解能力を養うことに集中しましょう。音読も重要です。本書の例文を正しい発音で繰り返し音読し、ポルトガル語の構造に慣れ親しんでください。そうすることが結局は読み、書き、聞き、話す、言語の運用能力を高める一番の早道です。本だけでは学びきれない微妙な発音や音調について教師の指導を受ければいっそう良い結果が得られるに違いありません。

一日のレッスンの最後に、その日に学んだことを見直し復習するため、適当量の練習問題がついています。この練習問題を解くことによって、知識が定着していきます。巻末の練習問題解答には解説があります。疑問のあるときは解説で疑問解決の手がかりを見つけて、再度取り組んでみましょう。

補遺では語形成の諸問題をはじめ、動詞活用のしくみ、固有名詞と形容詞の一覧表など、全体をまとめる文法事項を解説しました。必要に応じて参照してください。

目　　次

まえがき ……………………………………………………………… i
本書の使い方 ……………………………………………………… iii

第 1 週

第 1 日
1．0．正書法と発音 ……………………………………………… 2
1．1．文字 …………………………………………………………… 2
1．2．音声記号 ……………………………………………………… 4
1．3．音声表記と音素表記 ……………………………………… 5
1．4．母音 …………………………………………………………… 5
1．5．母音とその例 ………………………………………………… 6
1．6．半母音 ………………………………………………………… 7
1．7．子音 …………………………………………………………… 7
1．8．アクセント記号 ……………………………………………… 8
1．9．鼻音化 ………………………………………………………… 9
1.10．練習問題(1) ………………………………………………… 9

第 2 日
2．0．母音字の発音 ……………………………………………… 11
2．1．子音字の発音 ……………………………………………… 14
2．2．注意を要する子音字 ……………………………………… 17
2．3．子音字で終わる固有名詞の発音 ……………………… 20
2．4．音添加 ………………………………………………………… 20
2．5．黙字 …………………………………………………………… 21
2．6．アクセント …………………………………………………… 21
2．7．練習問題(2) ………………………………………………… 27

第3日

- 3.0. 読解 ……………………………………………………29
- 3.1. 大文字の用法 ……………………………………………30
- 3.2. 語末の -s, -z / ʃ | s / の発音 ……………………………31
- 3.3. 語末の無強勢母音の発音 ………………………………32
- 3.4. 存在をあらわす動詞 haver の用法 ……………………33
- 3.5. 名詞の性と数 ……………………………………………34
- 3.6. 文法性と自然性 …………………………………………34
- 3.7. 定冠詞と不定冠詞 ………………………………………35
- 3.8. 定冠詞・不定冠詞と前置詞の縮約 ……………………36
- 3.9. 定冠詞の用法 ……………………………………………38
- 3.10. 不定冠詞の用法 …………………………………………44
- 3.11. 数詞の用法（1〜10）：基数詞と序数詞 ………………45
- 3.12. 曜日（dias da semana）…………………………………46
- 3.13. 月名 ………………………………………………………47
- 3.14. 練習問題(3) ………………………………………………47

第4日

- 4.0. 読解 ……………………………………………………49
- 4.1. 疑問詞 quanto(s), quanta(s) の用法 ……………………50
- 4.2. 平叙文と疑問文：音調の役割 …………………………50
- 4.3. 音調の表記 ………………………………………………54
- 4.4. 不定冠詞の複数形 ………………………………………55
- 4.5. 名詞の性 …………………………………………………55
- 4.6. 名詞の数 …………………………………………………58
- 4.7. 数詞の用法（11〜20）：基数詞と序数詞 ………………65
- 4.8. 練習問題(4) ………………………………………………67

第5日

- 5.0. 読解 ……………………………………………………69
- 5.1. 動詞の活用 ………………………………………………70

目　次

- 5. 2. 形容詞 …………………………………………70
- 5. 3. 人称代名詞と敬称代名詞 …………………………71
- 5. 4. 文法的人称・機能的人称 …………………………72
- 5. 5. 主格の親称代名詞：tu — vós, vocês｜você — vocês 74
- 5. 6. 主語の省略 …………………………………………76
- 5. 7. 疑問詞 quem の用法 ………………………………76
- 5. 8. 文の種類 ……………………………………………77
- 5. 9. 付加疑問—1 …………………………………………79
- 5.10. 引用符 ………………………………………………83
- 5.11. 数詞の用法（21〜100）：基数詞と序数詞 …………83
- 5.12. 練習問題(5) …………………………………………84

第6日

- 6. 0. 読解 …………………………………………………86
- 6. 1. ser de の用法 ………………………………………87
- 6. 2. 形容詞の位置 ………………………………………87
- 6. 3. 形容詞の性と数 ……………………………………88
- 6. 4. 形容詞の単数形・複数形 …………………………88
- 6. 5. 形容詞の男性形・女性形 …………………………90
- 6. 6. 名詞と形容詞の性・数の一致 ……………………95
- 6. 7. その他の ser 動詞の用法 …………………………97
- 6. 8. 疑問詞 onde の用法 ………………………………98
- 6. 9. 数詞の用法（101〜1,000）：基数詞と序数詞 ……99
- 6.10. 数の表現（1,000以上）……………………………99
- 6.11. 概数 ………………………………………………100
- 6.12. 練習問題(6) ………………………………………101

第7日

- 7. 0. 読解 …………………………………………………103
- 7. 1. 動詞の活用 …………………………………………104
- 7. 2. 直説法 ………………………………………………104

7．3．直説法の時称体系……………………………………104
7．4．主要な叙述動詞：ser と estar ………………………106
7．5．叙述動詞、ser と estar の用法 ………………………106
7．6．特殊疑問文における é que の用法……………………108
7．7．指示詞……………………………………………………109
7．8．指示詞の用法……………………………………………111
7．9．所有形容詞………………………………………………113
7．10．疑問詞 que の用法 ……………………………………115
7．11．疑問詞 como の用法……………………………………116
7．12．疑問詞 quando の用法…………………………………117
7．13．時間の表現………………………………………………117
7．14．練習問題(7)………………………………………………120

第2週

第8日

8．0．読解……………………………………………………124
8．1．規則動詞………………………………………………125
8．2．動詞の活用……………………………………………125
8．3．直説法・現在形の活用と発音………………………127
8．4．叙述動詞 ficar の用法 ………………………………134
8．5．人称代名詞……………………………………………136
8．6．人称代名詞の用法と無強勢代名詞の位置―1 ………136
8．7．文型―1 ………………………………………………141
8．8．形容詞の支配―1 ……………………………………142
8．9．季節の名称……………………………………………144
8．10．練習問題(8)……………………………………………144

第9日

9．0．読解……………………………………………………147
9．1．動詞 haver …………………………………………148

目　次

- 9．2．動詞 ter ································150
- 9．3．不規則動詞 querer, saber, conseguir
  直説法・現在形の活用················152
- 9．4．文型—2：動詞と動詞の連結 ···············154
- 9．5．人称代名詞 o(s), a(s) の形式···············155
- 9．6．無強勢代名詞の位置—2 ··················158
- 9．7．指示代名詞としての o(s), a(s) ·············159
- 9．8．前置詞とともに用いる人称代名詞··········160
- 9．9．前置詞＋si および consigo の用法··········161
- 9．10．副詞—1 ································162
- 9．11．曜日の表現·····························164
- 9．12．練習問題(9)·····························164

第10日

- 10．0．読解····································167
- 10．1．不規則動詞 pedir, fazer：直説法・現在形の活用 ···168
- 10．2．形容詞の比較級························169
- 10．3．形容詞の最上級························170
- 10．4．比較表現······························174
- 10．5．疑問詞 qual の用法 ·····················177
- 10．6．関係代名詞 que の用法—1 ················180
- 10．7．関係代名詞 quem の用法·················182
- 10．8．関係代名詞 qual の用法 ·················182
- 10．9．不定詞：主語・目的語として·············184
- 10．10．練習問題(10)····························185

第11日

- 11．0．読解····································188
- 11．1．助動詞································189
- 11．2．関係代名詞 que の用法—2 ················196
- 11．3．関係詞 onde ·····························199

- 11．4．関係形容詞 cujo …………………………………201
- 11．5．不定代名詞………………………………………202
- 11．6．否定……………………………………………………208
- 11．7．練習問題(11)……………………………………211

第12日

- 12．0．読解……………………………………………………214
- 12．1．現在分詞…………………………………………215
- 12．2．現在分詞をともなう動詞迂言表現………215
- 12．3．接続詞としての que の用法 …………………219
- 12．4．疑問詞 porque｜por que の用法 ……………220
- 12．5．無強勢人称代名詞の縮約……………………221
- 12．6．無強勢代名詞の位置―3 ………………………222
- 12．7．付加疑問―2……………………………………232
- 12．8．疑問詞のまとめ………………………………233
- 12．9．練習問題(12)……………………………………238

第13日

- 13．0．読解……………………………………………………241
- 13．1．能動態と受動態………………………………242
- 13．2．過去分詞…………………………………………242
- 13．3．過去分詞の用法………………………………246
- 13．4．現在分詞の用法………………………………247
- 13．5．再帰代名詞………………………………………254
- 13．6．文型―3 ……………………………………………259
- 13．7．練習問題(13)……………………………………260

第14日

- 14．0．読解……………………………………………………263
- 14．1．非人称動詞………………………………………264
- 14．2．命令文………………………………………………265
- 14．3．命令法………………………………………………265

　　　　　　　　　目　　次

14．4．se 付き動詞の用法 …………………………267
14．5．再帰代名詞の位置……………………………270
14．6．接続詞 se の導く名詞節 ……………………271
14．7．感嘆文…………………………………………272
14．8．練習問題⒁……………………………………272

第 3 週

第15日

15．0．読解…………………………………………276
15．1．直説法・過去形……………………………277
15．2．直説法・過去形の活用……………………277
15．3．直説法・現在形の用法……………………281
15．4．直説法・過去形の用法……………………283
15．5．譲歩をあらわす現在分詞の用法…………286
15．6．文型―4：動詞の意味と文型 ……………286
15．7．抽象名詞の用法……………………………290
15．8．比喩的表現…………………………………291
15．9．練習問題⒂…………………………………292

第16日

16．0．読解…………………………………………294
16．1．直説法・未来形……………………………295
16．2．不規則活用…………………………………296
16．3．直説法・未来形の用法……………………297
16．4．直説法・未来形と動詞迂言表現…………298
16．5．内接辞をともなう形式 ― 1 ……………300
16．6．内接辞の用法………………………………302
16．7．蓋然性の表現………………………………304
16．8．主要な動詞迂言表現………………………305
16．9．形容詞の支配―2 …………………………307

16.10. 練習問題(16)··308

第17日

17.0. 読解··311
17.1. 直説法・複合過去形·······································312
17.2. 複合過去形と意味の類似した動詞迂言表現·········314
17.3. 不定詞··315
17.4. 数に関する基礎的表現····································321
17.5. 練習問題(17)··325

第18日

18.0. 読解··328
18.1. 直説法・半過去形···329
18.2. 直説法・半過去形の活用·································329
18.3. 直説法・半過去形の用法·································331
18.4. 時称の比較：直説法・過去形と直説法・半過去形···336
18.5. 主格補語···337
18.6. 目的格補語をとる動詞····································338
18.7. 練習問題(18)··340

第19日

19.0. 読解··342
19.1. 直説法・大過去形···343
19.2. 直説法・大過去形の活用·································343
19.3. 直説法・大過去形の用法·································346
19.4. 名詞節の機能···349
19.5. 話法···351
19.6. 話法の転換—1 ··353
19.7. 練習問題(19)··354

第20日

20.0. 読解··356
20.1. 直説法・過去未来形··357

目　次

20．2．不規則動詞 dizer, fazer, trazer の活用 ……………359
20．3．内接辞をともなう形式 ― 2 ……………………359
20．4．内接辞の用法……………………………………361
20．5．直説法・過去未来形の意味・用法………………362
20．6．話法の転換―2 ……………………………………365
20．7．動詞迂言表現……………………………………366
20．8．強調構文　«é ... que ...» ………………………368
20．9．時称のまとめ―1：直説法時称(1) ………………369
20．10．練習問題(20)………………………………………376

第21日

21．0．読解……………………………………………379
21．1．直説法・複合未来形………………………………380
21．2．時称のまとめ―2：直説法時称(2) ………………383
21．3．人称不定詞………………………………………385
21．4．モダリティー……………………………………388
21．5．前置詞と定冠詞・無強勢代名詞が縮約しない場合…392
21．6．引用符の用法……………………………………393
21．7．練習問題(21)………………………………………395

第4週

第22日

22．0．読解……………………………………………398
22．1．命令文：接続法・現在形…………………………399
22．2．命令文：主語と動詞の形式………………………403
22．3．命令文の種類：肯定命令と否定命令……………405
22．4．命令文に後続する副詞節…………………………412
22．5．練習問題(22)………………………………………414

第23日

23．0．読解……………………………………………417

23. 1. 従属節における接続法……………………………418
23. 2. 祈願文………………………………………………424
23. 3. 形容詞節における接続法…………………………424
23. 4. 接続法・未来形……………………………………425
23. 5. 接続法・未来形の活用……………………………425
23. 6. 接続法・未来形の用法……………………………428
23. 7. 接続法・複合未来形の用法………………………429
23. 8. 副詞節における接続法……………………………430
23. 9. 文型―5：2種の目的語をとる動詞 ……………433
23.10. 練習問題(23)…………………………………………438

第24日

24. 0. 読解…………………………………………………441
24. 1. 接続法・半過去形…………………………………442
24. 2. 接続法・大過去形…………………………………447
24. 3. 直説法・複合過去未来形…………………………448
24. 4. 話法の転換―3……………………………………450
24. 5. 条件節と帰結節……………………………………452
24. 6. 帰結節のモダリティー……………………………457
24. 7. 比較の表現：como se ... ………………………457
24. 8. 練習問題(24)…………………………………………458

第25日

25. 0. 読解…………………………………………………463
25. 1. 接続法・過去形……………………………………464
25. 2. 時称のまとめ―3：直説法と接続法 ……………467
25. 3. 接続法の時称としての機能………………………476
25. 4. 話法の転換―4……………………………………477
25. 5. 練習問題(25)…………………………………………478

第26日

26. 0. 読解…………………………………………………482

目　次

26．1．副詞の意味……………………………………483
26．2．副詞の形式……………………………………483
26．3．副詞の用法……………………………………488
26．4．副詞の位置……………………………………489
26．5．副詞の序列……………………………………495
26．6．副詞（句）と無強勢代名詞の位置……………497
26．7．副詞の名詞化…………………………………497
26．8．副詞の比較……………………………………498
26．9．練習問題(26)…………………………………500

第27日

27．0．読解…………………………………………503
27．1．前置詞………………………………………504
27．2．前置詞の形式…………………………………504
27．3．前置詞の機能…………………………………511
27．4．練習問題(27)…………………………………513

第28日

28．0．読解…………………………………………516
28．1．接続詞………………………………………517
28．2．練習問題(28)…………………………………531

補　遺

1．0．語形成―単語の構造…………………………535
1．1．接頭辞………………………………………536
1．2．接中辞………………………………………537
1．3．接尾辞………………………………………538
1．4．接尾辞の機能…………………………………539
1．5．接尾辞の意味…………………………………541
1．6．指大辞と指小辞………………………………549
1．7．接頭辞・接尾辞添加…………………………552

1．8．派生	553
1．9．合成語	556
1.10．重要な語基	557
1.11．語基一覧	557
1.12．英語とポルトガル語：接尾辞の対照	560
1.13．英・葡接尾辞一覧	560
2．0．感嘆詞	563
2．1．人間の声に由来する感嘆詞	563
2．2．擬声語・擬態語に由来する感嘆詞	565
2．3．語に由来する感嘆詞	567
2．4．句感嘆詞	568
3．0．母音交替	569
4．0．動詞活用の仕組み	573
4．1．活用早見表：規則動詞の活用	577
4．2．不規則動詞	588
5．0．ポルトガル・ブラジル関係地名一覧	638
練習問題解答例・解説	641
参考文献	728
索　引	731

第 1 週

第1日

1.0. 正書法と発音

ポルトガル語を表記するのに用いられる文字はラテン文字です。これらのラテン文字にいくつかの補助記号を加えたものが、ポルトガル語のアルファベットです。ポルトガル語では文字と音とは必ずしも一対一の対応関係をなしているわけではありません。しかしながら、さまざまな綴り方の規則によって、文字から実際の音がほぼ推測できます。これらの文字を用いて語を書き表す方法を正書法と呼びます。全体としてみると、ポルトガル語の正書法の体系はきわめて簡潔で音韻的と言えるでしょう。[1]

1.1. 文字

ポルトガル語で用いられる文字は、アルファベットのうち以下の23文字です。

文字	名称	読み方
A	á	/ ˈa /
B	bê	/ ˈbe /
C	cê	/ ˈse /
D	dê	/ ˈde /
E	é	/ ˈɛ /
F	efe, fê	/ ˈɛfɨ ǀ ˈɛfi /, / ˈfe /

---

[1] ポルトガルとブラジルで発音が異なる場合、本書では縦線 / ǀ / で区切り、/ ポルトガル発音 ǀ ブラジル発音 / という形で表記します。例：**semana** / siˈmɐnɨ ǀ seˈmana /, **pedir** / piˈdir ǀ peˈdʒir /　また、語形が異なる場合も同様にして示します。例：**acção ǀ ação, óptimo ǀ ótimo**.

第1週 第1日

G	gê, guê	/ ˈʒe /, / ˈge /
H	agá	/ ɐˈga ǀ aˈga /
I	i	/ ˈi /
J	jota	/ ˈʒɔtɐ ǀ ˈʒɔta /
L	ele, lê	/ ˈɛli ǀ ˈɛli /, / ˈle /
M	eme, mê	/ ˈemi ǀ ˈemi /, / ˈme /
N	ene, nê	/ ˈeni ǀ ˈeni /, / ˈne /
O	ó	/ ˈɔ /
P	pê	/ ˈpe /
Q	quê	/ ˈke /
R	erre, rê	/ ˈɛrɨ ǀ ˈɛxi /, / ˈre ǀ ˈxe /
S	esse	/ ˈɛsɨ ǀ ˈɛsi /
T	tê	/ ˈte /
U	u	/ ˈu /
V	vê	/ ˈve /
X	xis	/ ˈʃiʃ ǀ ˈʃis /
Z	zê	/ ˈze /

　さらに、K, W および Y の3文字が用いられますが、これらの文字は、外国語の固有名詞ならびにこれから派生した語、さらにいくつかの国際的に使用されている略号（km, kg, etc.）などの表記に限られます。

K .... capa .... / ˈkapɐ ǀ ˈkapa /
　　　　cá .... / ˈka /
　　kantiano / kẽtiˈanu ǀ kẽtʃiˈanu /　カント学派の
W .... dâblio ǀ dáblio .... / ˈdɐbliu ǀ ˈdabliu /
　　　　duplo vê .... / ˈduplu ˈve /
　　　　vê dobrado .... / ˈve duˈbradu ǀ ˈve doˈbradu /
　　darwinismo / dɐrwiˈniʒmu ǀ daɾwiˈnizmu /　進化論
　　W＝tungsténio ǀ tungstênio　タングステン（金属元素）

Y .... ípsilo .... / ˈipsilu /
ípsilon .... / ˈipsilɔn /
i grego .... / ˈi ˈgregu /
yang / ˈjĕg / 陽，Y＝ítrio　イットリウム（金属元素）

つぎの文字と補助記号の組み合わせ、あるいは音声的に１単位をなす２文字の組み合わせ（二重字）をひとつの単位として扱います。[2]

Ç .... cê de cedilha / ˈse dɨ sɨˈdiʎɐ / | cê-cedilha / ˈse seˈdʒiʎa /
cê cedilhado .... / ˈse sɨdiˈʎadu | ˈse sedʒiˈʎadu /
LH .... ele-agá .... / ˈɛlɨ ɐˈga | ˈɛli aˈga /
RR .... erre-erre .... / ˈɛrɨ ˈɛrɨ | ˈɛxi ˈɛxi /
dois erres .... / ˈdojz‿ˈɛriʃ | ˈdojz‿ˈɛxis /
NH .... ene-agá .... / ˈenɨ ɐˈga | ˈeni aˈga /
SS .... esse-esse .... / ˈɛsɨ ˈɛsɨ | ˈɛsi ˈɛsi /
dois esses .... / ˈdojz‿ˈɛsiʃ | ˈdojz‿ˈɛsis /
GU .... gê-u .... / ˈʒe ˈu /
guê-u .... / ˈge ˈu /
CH .... cê-agá .... / ˈse ɐˈga | ˈse aˈga /
QU .... quê-u .... / ˈke ˈu /

1.2. 音声記号

ある言語の音を記述するには、既知の言語の音を参照して説明することも可能です。たとえば、ポルトガル語の ch は英語の sh の音に相当する、という方法です。しかしながら言語の音を記述

---

[2] Ç/ç（セディーリャ付き c）。アルファベットの c の下に付く補助記号を本書ではポルトガル語の名称に従ってセディーリャと呼びます。

するには、人間の言語のあらゆる可能性を踏まえてひとつの言語音にひとつの記号を与えている、国際音声字母（IPA）によるのが最も正確かつ効率的です。本書では国際音声字母（1993年改訂、1996年修正）に準拠した音声表記を用います。

1.3. 音声表記と音素表記

　具体的な音は詳しく観察すると、同じ語を発音していても発音する人によって、厳密には千差万別です。一個人においても同じ音の発音が常に一定しているわけではありません。こうした厳密な観察によって音を表記する音声学の立場からは、音声をかっこ [　] 内に表記します。いっぽう、無限の可能性がある多くの音が、ある言語においては有限数の音声のイメージにまとまっています。音韻論では、こうした抽象化した音声のイメージを音素と呼び、斜線 / / で囲んであらわします。たとえばポルトガル語では ['baru] と発音しても、['baxu] と発音しても意味は変わらず、同じく「粘土」の意味をあらわします。しかし、スペイン語では ['baro] は「粘土」の意味で、['baxo] は「下方に」の意味です。すなわち、スペイン語では異なる音素として認識される [r] と [x] とが、ポルトガル語では同じ音素の自由異音であるため、ともに同一の音素 / r / と認識されるからです。

　本書では、ポルトガル語の音声を表記する際には基本的には音素表記に基づきます。しかしこれは、厳密な音素表記ではありません。日本語との対照的な観点から必要と思われる異音は積極的に表記に取り入れ、結果として音素表記と音声表記を折衷した実用的な表記をとっています。

1.4. 母音

　ポルトガル語においては、以下の母音位置の図に見られるとおり、日本語に比べて母音の数が多くなっています。ヨーロッパの

ポルトガル語では、/ i, e, ɛ, ɐ, a, ɔ, o, u, ɨ / の9種の母音が用いられ、ブラジルのポルトガル語では、ポルトガルの母音から / ɐ, ɨ / をのぞいた / i, e, ɛ, a, ɔ, o, u / の7種の母音が用いられます。[3]

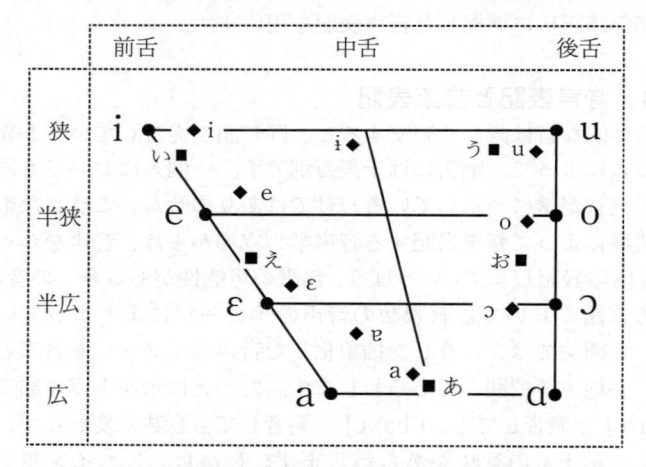

● 第1次基本母音　■ 日本語の母音　◆ ポルトガル語の母音

母音位置

1.5. 母音とその例

以下の例では、それぞれの母音が正書法上で太字になっている母音字の発音に対応しています。なお、/ ɨ / と / ɐ / はポルトガルのポルトガル語で用いられる音で、ブラジルのポルトガル語では用いられません (Pt. はポルトガルのみで、Br. はブラジルのみで用いられることを示します。以下同様)。

/ i / .... f**i**go　　　　　　/ e / .... c**o**mer
/ ɛ / .... caf**é**, T**e**jo　　/ a / .... f**a**lar

---
[3] 日本語の母音位置については小泉 (2004) による。

/ ɨ / (Pt.) .... sem**a**na, grand**e**   / ɐ / (Pt.) ... **a**ceda, co**e**lho,
/ u / .... bamb**u**, fad**o**   t**e**nho
/ o / .... am**o**r   / ɔ / .... p**o**rta

1.6. 半母音

以下の2音があります。/ j /, / w / の音色はそれぞれ、/ i /, / u / と同じです。

  / j / .... ca**i**xa   / w / .... a**u**la

1.7. 子音

ポルトガル語には以下の表に示したとおり20数種類の子音があります。ポルトガルとブラジルとで異音のあらわれ方が少々異なります。また後部歯茎破擦音 / tʃ, dʒ / はブラジルのポルトガル語に特有の異音です。

	両唇音	唇歯音	歯音	歯茎音	後部歯茎音	硬口蓋音	軟口蓋音
破裂音	p b		t d				k g
破擦音					tʃ dʒ		
鼻音	m		n			ɲ	
ふるえ音				r			
たたき音				ɾ			
摩擦音		f v		s z	ʃ ʒ		x
側面接近音				l		ʎ	ɫ

ポルトガル語の子音表

以下の子音一覧表では、ヨーロッパのポルトガル語とブラジルのポルトガル語それぞれの異音を含めて示します。

/ p / .... poda, capa

/ b / .... bago, aba　（Pt. 母音間で [β]）

/ t / .... tema, gato

/ d / .... dedo, seda　（Pt. 母音間で [ð]）

/ k / .... cama, queda

/ g / .... goma, pago　（Pt. 母音間で [ɣ]）

/ tʃ /(Br.) ..... time, dente

/ dʒ /(Br.) .... dia, cidade

/ m / .... mato, ameno

/ n / .... neto, cena

/ ɲ / .... pinho, vinhedo

/ r /(Pt.) ...... rua, carro, genro（主要な自由異音：[r, ʀ, χ, ʁ]）

/ ɾ / .... cara, falar, carta

/ f / .... fava, safra

/ v / .... vila, cave

/ s / .... seta, cima, passo, paz（Br.）, lápis（Br.）

/ z / .... zero, asa, exame

/ ʃ / .... chave, xarope, lápis（Pt.）

/ ʒ / .... jogo, gema, asno（Pt.）

/ x /(Br.) ..... rua, carro, genro（主要な自由異音：[x, h, r]）

/ l / .... lema, pilar

/ ʎ / .... palheiro, filha

/ ɫ / .... falta, papel

1.8. アクセント記号

音声表記においては、アクセントのある音節の前にアクセント記号 / ˈ / を置いて、その位置を示します。

　例：/ ˈsaku / .... saco

第1週 第1日

1.9. 鼻音化

ポルトガル語には、単母音が鼻音化した単鼻母音および二重母音が鼻音化した二重鼻母音があります。前者を簡単のため、単に鼻母音とよびます。正書法上ではさまざまな方法によって鼻音が示されます。

/ ˈsĩku / .... cinco　　子音字 n で直前母音を鼻音化
/ ˈkẽpu / .... campo　　子音字 m で直前母音を鼻音化
/ mɐˈɲɐ̃ | maˈɲɐ̃ /.... manhã　波形符号（˜）で鼻音化

1.10. 練習問題(1)

Ⅰ．以下の語を音声記号に従ってゆっくりと繰り返し読んでみましょう。また、模範発音と聞き比べて正しい発音を心がけて繰り返し音読しましょう。

1. cima　　/ ˈsimɐ | ˈsima /　　　2. sede　/ ˈsedɨ | ˈsedʒi /
3. sé　　　/ ˈsɛ /　　　　　　　　4. pata　/ ˈpatɐ | ˈpata /
5. pepino　/ piˈpinu | peˈpinu /　　6. senha　/ ˈsɐɲɐ | ˈseɲa /
7. sumo　　/ ˈsumu /　　　　　　　8. pato　/ ˈpatu /
9. poço　　/ ˈposu /　　　　　　　10. posso / ˈpɔsu /

Ⅱ．以下の音声記号を音読してみましょう。音声記号に対応する語を語群の中から選びましょう。

1. / ˈpa /　　　　　　　　　　　　2. / ˈnu /
3. / ˈpɛ /　　　　　　　　　　　　4. / ˈsiu /
5. / ˈse /　　　　　　　　　　　　6. / ˈʃiu /
7. / ˈsɔ /　　　　　　　　　　　　8. / ˈsɛ /
9. / sɨˈɡɾedu | seˈɡɾedu /　　　　10. / ɐˈdiɐ | aˈdʒia /

（adia, agia, céu, chio, cio, no, nó, nu, pá, pé, sé, sê,
segredo, seu, só, sou）

ポルトガル語四週間

Ⅲ. 以下の類似した音のポルトガル語と日本語の語を注意深く発音して、違いを理解しましょう。
 1. lei / ˈlɐj | ˈlej /, rei / ˈrɐj | ˈxej /, 礼
 2. mácula / ˈmakulɐ | ˈmakula /, 枕
 3. sina / ˈsinɐ | ˈsina /, China / ˈʃinɐ | ˈʃina /, 椎名
 4. cento / ˈsẽtu /, sentou / sẽˈto /, 遷都、先頭
 5. cantam / ˈkɐ̃tɐ̃w̃ /, Cantão / kɐ̃ˈtɐ̃w̃ /, 感嘆、広東
  (解答例 p.641参照)

第 2 日

2.0. 母音字の発音

ポルトガル語では、正書法上の母音字と音声としての母音との関係は、全体としては概ね簡潔です。しかし、母音字に対応する音がいくつもある場合もあります。以下その関係を見ましょう。なお (Pt.) はポルトガルのポルトガル語に特有の対応関係、(Br.) はブラジルのポルトガル語に特有の対応関係を示しています。

(1) 口母音

i	/ i /	fila, funil, ida
e	/ e /	dedo, comer
	/ ɛ /	perto, série
	/ i / (Pt.)	ementa（語頭の無強勢の e）
	/ ɨ / (Pt.)	leve, senhor（語中、語末の無強勢の e）
	/ i / (Br.)	leve（語末の無強勢の e）
	/ ɐ / (Pt.)	venho, espelho, veja（/ ɲ, ʎ, ʒ / の前）
a	/ a /	lar, fatal
	/ ɐ / (Pt.)	amigo, cama
o	/ ɔ /	tocha, caracol, glória
	/ o /	povo, calor, tomate (Br.)
	/ u /	tudo, tomate (Pt.)
u	/ u /	fumo, azul

(2) 鼻母音

正書法上では、波形符号（˜）あるいは母音字に後続する m, n

が鼻音化を示します。

　in ...... / ĩ / .... qu**in**ta
　im ..... / ĩ / .... jard**im**
　en ..... / ẽ / .... l**en**to
　em .... / ẽ / .... t**em**po
　ã .... / ẽ / .... amanh**ã**
　am ... / ẽ / .... c**am**po
　an .... / ẽ / .... t**an**to
　on .... / õ / .... p**on**to
　om ... / õ / .... t**om**
　un .... / ũ / .... m**un**do
　um ... / ũ / .... at**um**

(3) 二重鼻母音

　-ão .... / ẽw̃ / .... p**ão** / ˈpẽw̃ /
　-am ... / ẽw̃ / .... cont**am** / ˈkõtẽw̃ /
　-ãe .... / ẽj̃ / .... m**ãe** / ˈmẽj̃ /
　-em ... / ẽj̃ / .... t**em** / ˈtẽj̃ / (Pt.)
　　　　 / ẽj̃ / .... t**em** / ˈtẽj̃ / (Br.)
　-ém ... / ẽj̃ / .... cont**ém** / kõˈtẽj̃ / (Pt.)
　　　　 / ẽj̃ / .... cont**ém** / kõˈtẽj̃ / (Br.)
　-êm ... / ẽj̃ẽj̃ / .... t**êm** / ˈtẽj̃ẽj̃ / (Pt.)
　　　　 / ẽj̃ / .... t**êm** / ˈtẽj̃ / (Br.)
　-õe- ... / õj̃ / .... canç**õe**s / kẽˈsõj̃ʃ | kẽˈsõj̃s /
　-ui .... / ũj̃ / .... m**ui**to / ˈmũj̃tu /

(4) 二重母音

　ポルトガル語の二重母音は、母音に半母音 / j / あるいは / w / が後続する、下降二重母音です。二重母音は1音節をなします。

第1週 第2日

普通よりも早めの発音において、音声的には上昇二重母音が認められる場合もありますが、これらは、下降二重母音のように安定して1音節をなす二重母音ではありません。ゆっくり丁寧に発音すると、強弱の差のない2母音が連続する2音節の連母音となります。たとえば suor は、早めの発音では [ˈswɔɾ] と上昇二重母音 [wɔ] で発音されますが、ゆっくりとした丁寧な発音では [suˈɔɾ] と発音されます。

a) 半母音 / j / を後続要素とする二重母音

 ei ...... / ɐj ｜ ej / .... f**ei**ra
 êi ...... / ɐj ｜ ej / .... am**êi**joa
 éi ...... / ɐj ｜ ɛj / .... pap**éi**s
 ai ...... / aj / .... c**ai**xa
 oi ...... / oj / .... f**oi**
    / ɔj / .... comb**oi**o (Pt.)
 ói ...... / ɔj / .... lenç**ói**s
 ui ...... / uj / .... f**ui**, c**ui**dado

b) 半母音 / w / を後続要素とする二重母音

 eu ..... / ew / .... **eu**, f**eu**dal
 éu ..... / ɛw / .... c**éu**
 ou ..... / o / .... p**ou**co, **ou**vir [4]
 iu ...... / iw / .... ouv**iu**

(5) 連母音

母音字が二つ以上連続していて、これらが異なる音節に分割される場合、連母音と呼ばれます。連母音か二重母音かは直感的に

---

[4] 表記上の二重母音字 ou は標準的には / o / と発音されますが、ポルトガルの北部をはじめ、かつての二重母音 [ow] が維持されている地方もあります。またブラジルでは注意深い発音では [ow] とする場合もあります。例：pouco [ˈpowku], ouvir [owˈvir]

区別されるといわれますが、語源に関する知識が必要な場合もあり、必ずしも簡単ではありません。しかしながら、この区別は、正書法上の表記、とりわけアクセント記号の有無や分綴法と深くかかわっているので、意識的な学習が必要です。以下の連母音と二重母音とを比較してみましょう。

teína / tɐˈinɐ | teˈina /.............. teima / ˈtɐjmɐ | ˈtejma /
país / pɐˈiʃ | paˈis /.................. pais / ˈpajʃ | ˈpajs /
saía / sɐˈiɐ | saˈia /.................. saia / ˈsajɐ | ˈsaja /
doído / duˈidu | doˈidu /............ doido / ˈdojdu /

2.1. 子音字の発音

子音字と子音の対応は、いくらかの重複はありますがおおむね簡潔です。また二重字と呼ばれる2文字で1音に相当する文字群もあります。

b ..... / b /....................................... bota, lobo
c....... / k /, a, o, u, 子音字の前.... casa, coisa, cura, clima,
　　　　　　　　　　　　　　　　　cravo, facto
　　　　/ s / e, i の前......................... cenoura, cima

N.B. 黙字の «c»：文字に対応する具体的な音がないとき、こうした文字を黙字と呼びます。

【ポルトガル】 黙字の «c»：音価はありませんが、黙字の «c» の直前の母音が、いわゆる開いた a (/ a /), 開いた e (/ ɛ /) であることを示す機能を持つ場合もあります。

acção / aˈsɛ̃w /, directo / diˈrɛtu /, aspecto / ɐʃˈpɛtu /

【ブラジル】 黙字の «c» はブラジルでは用いられません。文字cはつねに音価 / k / を持ちます。

ação / aˈsɐ̃w /, direto / dʒiˈretu /, aspecto / asˈpɛkitu /

ç...... / s / : a, o, u の前 .... calçada, aço, açúcar
d ..... / d / .... dado, drama, admissão

第1週 第2日

f ...... / f / .... fama, flor, frito, afta
g ...... / g / : a, o, u, 子音字の前
      .... garfo, gota, agudo, globo
  / ʒ / : i, e の前 .... agir, adágio, gelo, legenda
h ...... /―/（音価なし）............... haver, hospital, pré-história
j ...... / ʒ / .... jarra, jeito, jipe, jóia, caju
l ...... / l / .... lama, lima, luta
  / ɫ | w / (音節末) .... falta, cal, infantil
m ..... / m / .... mala, medo, mula
  : 直前母音の鼻音化、p, b の前
      .... tampa, samba, comummente

N.B. 語末の -m については鼻母音の項目参照。[5]

n ...... / n / .... nabo, caneta, enigma
  : 直前母音の鼻音化、子音の前
      .... infinito, sendo, tanto, conde, mundo
p ...... / p / .... pato, aplauso, aprender, apto, corrupto

N.B. 黙字の «p»

【ポルトガル】 黙字の «p» には具体的な音価はありませんが、黙字の «p» の前の母音が、いわゆる開いた a (/ a /)、開いた o (/ ɔ /) であることを示す機能を持つ場合もあります。
 adoptar / ɐdɔˈtar /, óptimo / ˈɔtimu /, recepção / risɛˈsẽw /

【ブラジル】 黙字の «p» はブラジルでは用いられません。«p» はすべて / p / の音価を持ちます。
 adotar / adoˈtar /, ótimo / ˈɔtʃimu /, recepção / xesepiˈsẽw /

q ...... / k / : u の前 .... quatro, quando, tranquilo | tranqüilo

---
[5] 2.0.(2)鼻母音, (3)二重鼻母音, p.11, 12参照。

ポルトガル語四週間

qu... / k / : e, i, o の前 .... queima, questão, quilo,
                                       química, quota
r...... / ɾ / : 母音字間、音節末、同音節の子音群に含まれる場合
                .... caro, força, ferir, cristal,
                                       primo, trio
       / r | x / : 語頭、語中の子音に続く音節頭
                .... rato, melro, desrespeito

N.B. / r / (Pt.) の自由異音には、[r], [ʀ], [χ], [ʁ] が、/ x / (Br.) の自由異音には [x], [h], [r] が認められます。本書では rato / ˈratu | ˈxatu / と記述します (p.8参照)。

rr.... / r | x / : 母音字間 .... corredor, ferro
s...... / s / : 語頭、音節頭、語中の子音の直後
                .... sapo, pulso, penso, psicólogo
       / z / : 母音字間 .... caso, defesa
       / ʃ | s / : 語末、音節末 (無声子音が後続する場合)
                .... lápis, vocês, pasta, casca, aspas
ss.... / s / : 母音字間 .... passo, fizesses, assunto
t...... / t / .... cantar, terra, tio (Pt.), tomo,
                                       tudo
       / tʃ / (Br.) : 母音 / i , ĩ / の前
                .... tímido, atinge, tio
v..... / v / .... vida, venda, vaga
x..... / ʃ / : 語頭、語中 .... xilofone, peixe, caixa, baixo,
                                       luxuoso
       / s / : 母音字間 .... auxílio, máximo, próximo,
                                       sintaxe
       / z / : 母音字間 .... exame, exército, êxito
       / ks / : 母音字間、語末... anexo, sexo, tórax
z...... / z / .... bazar, zero, azinheira, zona
       / ʃ | s / : 語末 .... diz, paz, voz

第 1 週 第 2 日

ch ... / ʃ / .... **ch**ama, **ch**ega, **ch**ibata, **ch**uva
nh ... / ɲ / .... casta**nh**a, vi**nh**edo, gru**nh**ido
lh ... / ʎ / .... fi**lh**a, co**lh**eita, a**lh**o
k ..... / k / .... **k**antismo
w .... / v / .... **w**att
y ...... / i / .... **y**ang, **y**uppie

2.2. 注意を要する子音字

母音字と子音字との結合の仕方は、上記の一覧で示したように、やや複雑です。正書法には語源を尊重する面もあるため、同じ音をあらわす子音字が 1 文字だけとは限らないからです。

母音字と子音字との結合方法には重複があるので、語ごとに綴りに注意が必要でしょう。以下母音字と子音字との結合方法に重複のあるものを示します。○が結合可能であることを示します。

■ / s / をあらわす子音字

	i	e	a	o	u	語末
c	○ cima	○ cedo	—	—	—	—
ç	—	—	○ caça	○ aço	○ açúcar	—
s	○ siga	○ seda	○ saída	○ sono	○ suco	○(Br.) país
ss	○ clássico	○ fosse	○ passa	○ passo	○ assume	—
x	○ auxílio	○ trouxe	—	—	—	—
z	—	—	—	—	—	○(Br.) rapaz

■ /z/ をあらわす子音字

	i	e	a	o	u
s	○ música	○ José	○ asa	○ lusófono	○ resumo
z	○ vazio	○ lazer	○ azar	○ zona	○ azul
x	○ existência	○ exercício	○ exame	○ exótico	○ exuberante

■ /ʃ/ をあらわす子音字

	i	e	a	o	u	語末
ch	○ chique	○ cheque	○ chá	○ chope	○ chuva	—
x	○ abacaxi	○ xeque	○ caixa	○ enxofre	○ enxuto	—
s	—	—	—	—	—	○(Pt.) cartas
z	—	—	—	—	—	○(Pt.) cabaz

■ /ʒ/ をあらわす子音字

	i	e	a	o	u
g	○ giz	○ gelo	—	—	—
j	○ lojista	○ jeito	○ já	○ major	○ ajuda

第1週 第2日

■ /k/ をあらわす子音字

	i	e	a	o	u
c	—	—	○ cara	○ comer	○ curador
q	—	—	—	—	○ quadro
qu	○ aqui	○ aquela	—	○ quota	—

■ /g/ をあらわす子音字

	i	e	a	o	u
g	—	—	○ gala	○ gola	○ gula
gu	○ guia	○ guerra	—	—	—

■ h について

語源的に保たれている **h** の文字は、黙字です。接頭辞がついて派生語・合成語を生ずる場合、取り去ります。

des＋humano...................... desumano
in＋hábil.............................. inábil
re＋haver .... reaver

元の語が語源的な **h** を失っていても、派生語においてこれが保たれている場合もあります

erva — herbívoro

N.B. ポルトガルでは humidade と同系の語はすべて **h** を持ちますが、ブラジルでは **h** を用いません。

húmido | úmido, humidade | umidade, humedecer | umedecer

■ ss について

語頭の s の文字は、接頭辞がついて派生語を生ずる場合、あるいは他の語と結合して複合語を生ずる場合、無声を保つため二重字 **-ss-** にします。

ante＋sala .... antessala
pre＋sentimento .... pressentimento
sobre＋salto .... sobressalto
dez＋e＋sete .... desassete | dezessete
mono＋sílabico .... monossílabico

2.3. 子音字で終わる固有名詞の発音

人名や地名には、語末が子音 **-d**, **-t** で終わるものもあります。ポルトガルとブラジルとで、通常用いられる語形が異なる場合もあります。

Ci**d** / ˈsid | ˈsidʒi /, Davi**d** / dɐˈvid / | Davi / daˈvi /,
Madri**d** / mɐdˈrid / | Madri / madˈri /,
Bagda**d** / bɐgˈdad / | Bagdá / bagˈda /

2.4. 音添加

音節末に位置しうる子音には、**b, c, d, f, g, m, p, t** があります。[6] ブラジルのポルトガル語は子音と子音の連鎖を嫌う傾向があり、一般に、このような場合、母音 / i / を子音と子音のあいだに挟み、音節の構造を保ちます。母音 / e / を挟むこともありますがまれです。

o**bj**ecto / ɔbˈʒɛtu / | o**bj**eto | obiˈʒetu /
o**bs**ervar / ɔbsirˈvaɾ / | obiserˈvaɾ /   o**bt**er | ɔbˈter | obiˈter /
te**cn**ologia / tɛknuluˈʒiɐ | tekinoloˈʒia /
a**dm**issão / ɐdmiˈsẽw̃ | adʒimiˈsẽw̃ /

---

6 子音で終わる音節を閉音節、母音で終わる音節を開音節と呼びます。

advogado / ɐdvuˈgadu | adʒivoˈgadu /
dogma / ˈdɔgmɐ | ˈdɔgima /　　opção / ɔpˈsẽw̃ | opiˈsẽw̃ /
ritmo / ˈritmu | ˈxitʃimu /　　étnico / ˈɛtniku | ˈɛtʃiniku /

2.5. 黙字

正書法上は文字があっても、その文字に実際の音が対応していない場合、黙字と呼ばれます。[7] ポルトガル語では、**h** のほか、**c**, **p** が黙字とされます。しかしながら、黙字の **c**, **p** はポルトガルの発音においては、直前の母音が開母音であることを示す音韻的な機能を果たします。ブラジルの発音ではこの位置において開母音があらわれないので、正書法上不要とみなされた黙字の **c** と **p** すなわち、**c**, **p** がそれぞれ / k /, / p / の音価を持たない場合は削除しました。そのような理由で現行のポルトガル、ブラジルの正書法が異なったものになっています。

acção / aˈsẽw̃ / | ação / aˈsẽw̃ /
aspecto / ɐʃˈpɛtu / | aspecto / asˈpɛkitu /

2.6. アクセント
(1) 強さアクセント

ポルトガル語のアクセントは強さアクセントです。アクセントのある母音はアクセントのない母音に比べて一般に長めに発音されます。アクセントの位置によって意味の変わる語もあり、アクセントは重要な役割を果たしています。たとえば、以下の二語はアクセントの位置で対立しています。

dúvida / ˈduvidɐ | ˈduvida / ― **duvid**a / duˈvidɐ | duˈvida /
　　【名詞】疑念 ―【動詞】疑う
　　　　　　　　　　　　　　（直説法・現在・3 人称単数形）

いっぽう、語にはアクセントを持つ強勢語とアクセントを持た

7　黙字の «p» については、2.1. 子音字の発音, p.14参照。

ない無強勢語があります。大部分の語はアクセントを持ちますが、1音節語の冠詞、代名詞、前置詞などは、前後の語に寄りかかって、それらと一体化して発音される無強勢語です。たとえば、**dú**vida は太字の音節にアクセントがありますが、冠詞 a を加えて、a dúvida とすると、冠詞は後続する語と一体化して / ɐˈduvidɐ | aˈduvida / と発音されます。[8]

例：aos poucos / ɐuʃ ˈpokuʃ | aus ˈpokus /
　　para sempre / pɐɾɐ ˈsẽpɾɨ | paɾa ˈsẽpɾi /
　　pelo menos / pɨlu ˈmenuʃ | pelu ˈmenus /

(2) アクセントの位置

ポルトガル語の語はアクセントの位置によって3通りに分けられます。もっとも普通なのが、後ろから2番目の音節にアクセントがある語です。そのほか語末の音節にアクセントがある語、後ろから3番目にアクセントのある語（オクシトーン）です。

a) 後ろから三番目の音節にアクセントのある語[9]
　pêssego / ˈpesɨgu | ˈpesegu /, **lá**grima / ˈlaɡɾimɐ | ˈlaɡɾima /, fan**tá**stico / fẽˈtaʃtiku | fẽˈtastʃiku /

b) 後ろから二番目の音節にアクセントのある語[10]
　puro / ˈpuru /, saída / sɐˈidɐ | saˈida /, di**fí**cil / diˈfisił | dʒiˈfisiw /, a**fá**vel / ɐˈfavɛł | aˈfavew /

c) 語末の音節にアクセントのある語[11]

8　このように後続する語と一体化して発音される無強勢語を後接辞（proclítico）と呼びます。
9　ポルトガル語では、Palavras esdrúxulas あるいは Palavras proparoxítonas と呼びます。
10　ポルトガル語では、Palavras graves あるいは Palavras paroxítonas と呼びます。
11　ポルトガル語では、Palavras agudas あるいは Palavras oxítonas と呼びます。本書では「オクシトーン」を用います。

第 1 週 第 2 日

café / kɐˈfɛ | kaˈfɛ /,　salão / sɐˈlẽw̃ | saˈlẽw̃ /,
rapaz / rɐˈpaʃ | xaˈpas /

(3)　アクセント記号と補助記号の付けかた
正書法上の諸記号は以下のとおりです。
　【´】鋭アクセント .... acento agudo
　【`】重アクセント .... acento grave
　【^】曲アクセント .... acento circunflexo
　【~】波形符号 .... til
　【¨】分音符号(Br.) .... trema

原則 1

　ポルトガル語の語には、原則的に後ろから二番目の音節にアクセントがおかれます。したがって、後ろから二番目の音節にアクセントがある語には、正書法上はアクセント記号は付きません。

　　palavra / pɐˈlavrɐ | paˈlavra /
　　embriagado / ẽbriɐˈgadu | ẽbriaˈgadu /

　二重母音は 1 音節をなし、1 単位と考えられるので、アクセント記号は不要です。

　　coisa / ˈkojzɐ | ˈkojza /　　uivo / ˈujvu /

　同綴り異義語が生ずる可能性がある場合、後ろから二番目の音節にアクセント記号を付ける場合もあります。

　　pode / ˈpɔdɨ | ˈpɔdʒi /　〜　pôde / ˈpodɨ | ˈpodʒi /
　　para / ˈpɐrɐ | para /　　〜　pára / ˈparɐ | ˈpara /

原則 2

　後ろから三番目の音節にアクセントのある語……母音の音質に従って、鋭アクセントあるいは曲アクセントが付きます。た

だし、母音字 **i, u** には、曲アクセントは付きません。鋭アクセントのみ可能です。

índice / ˈidisɪ | ˈidʒisi /　　híbrido / ˈibridu /
época / ˈɛpukɐ | ˈɛpoka /　　pêssego / ˈpesɪgu | ˈpesegu /
máximo / ˈmasimu /　　câmara / ˈkɐmɐrɐ | ˈkamara /
único / ˈuniku /　　húngaro / ˈũgɐru | ˈũgaru /
rótulo / ˈrɔtulu | ˈxɔtulu /
estômago / iʃˈtomɐgu | esˈtomagu /

原則 3

語末の音節にアクセントのある語……アクセント記号の付き方は母音字によって以下のように異なります。

e …… 鋭アクセントあるいは曲アクセントが付きます。
maré / mɐˈrɛ | maˈrɛ /　　você / voˈse | voˈse /
armazém / ɐrmɐˈzẽj | arma'zẽj /

a …… 鋭アクセントが付きますが、曲アクセントは付きません。
pá / ˈpa /　　gostará / guʃtɐˈra | gostaˈra /

o …… 鋭アクセントあるいは曲アクセントが付きます。
avó / ɐˈvɔ | aˈvɔ /　　avô / ɐˈvo | aˈvo /

i, u (-s, -m, -ns) ……これらの母音で終わる語には、アクセント記号は付きませんが、アクセントが置かれます。
parti / pɐrˈti | parˈtʃi /　　sumi / suˈmi /
anis / ɐˈniʃ | aˈnis /　　clarim / klɐˈrĩ | klaˈrĩ /
confins / kõˈfĩʃ | kõˈfĩs /
comuns / kuˈmũʃ | koˈmũs /

原則 4

波形符号がついた母音字が語末の音節にあると、必らず語末

第 1 週 第 2 日

の音節にアクセントが置かれます。
- **-ão(-s)** …… algodão / ałguˈdẽw̃ | awgoˈdẽw̃ /,
  cristãos / kɾiʃˈtẽw̃ʃ | kɾisˈtẽws /
- **-õe(-s)** …… compõe / kõˈpõj̃ /,
  estações / iʃtɐˈsõj̃ʃ | estaˈsõjs /
- **-ãe(-s)** …… alemães / ɐliˈmẽj̃ʃ | aleˈmẽjs /,
  Guimarães / gimɐˈɾẽj̃ʃ | gimaˈɾẽjs /

比較してみましょう
　Mação / mɐˈsẽw̃ | maˈsẽw̃ / 〜 maçam / ˈmasẽw̃ /
　amanhã / ɐmɐˈɲẽ | amaˈɲẽ /
　　　　　　　　〜 amanham / ɐˈmaɲẽw̃ | aˈmaɲẽw̃ /

原則 5
　語末の二重母音字には正書法上はアクセント記号を付けませんが、アクセントが置かれます。
fartei / fɐɾˈtɐj | faɾˈtej /　　cantai / kẽˈtaj /
surgiu / suɾˈʒiw /　　　　　comeu / kuˈmew | koˈmew /
bacalhau / bɐkɐˈʎaw | bakaˈʎaw /
mandou / mẽˈdo /　　　　conclui / kõˈkluj /

原則 6
　語末が、**l, n(ns), r, x, z** で終わる語は、最後の音節にアクセントが置かれます。
gentil / ʒẽˈtił | ʒẽˈtʃiw /　　festins / fiʃˈtĩʃ | fesˈtʃĩs /
cantor / kẽˈtoɾ /　　　　　　telex / tɛˈlɛks /
rapaz / ʀɐˈpaʃ | xaˈpas /

原則 7
　重アクセントは、前置詞の a および、定冠詞女性形 a, as ある

25

いは、指示詞 a(s), aquele(s), aquela(s), aquilo とが縮約した場合のみ用います。

às, àquela, àquilo

⑷ アクセント記号の原則と実際

上記の原則と異なる場合、アクセント記号を付けてその位置を示します。以下の具体例を考察して、その機能を理解しましょう。

例1：ténis / ˈtɛniʃ | ˈtɛnis / ……もしも e に鋭アクセントがないと、原則3にしたがって、母音字 i にアクセントが置かれ、*tenis / tiˈniʃ | teˈnis / となってしまいます。

例2：órgão / ˈɔrgɐ̃w̃ / ……もしも o に鋭アクセントがないと、原則4にしたがって、波形符号のついた母音字 a にアクセントが置かれることになり、*orgão / urˈgɐ̃w̃ | orˈgɐ̃w̃ / となってしまいます。

例3：contribuí / kõtribuˈi / ……もしも i に鋭アクセントがないと、原則5にしたがって、語末の ui が連母音ではなく二重母音とみなされ、contribui / kõtriˈbuj / という発音になります。これは直説法・過去・1人称単数形(contribuí)と直説法・現在・3人称単数形(contribui)の違いです。

例4：fantástico / fɐ̃ˈtaʃtiku | fɐ̃ˈtastʃiku / ……もしも a に鋭アクセントがないと、原則1にしたがって、後ろから二番目の母音字 i にアクセントが置かれることになり、発音は、*fantastico / fɐ̃taʃˈtiku | fɐ̃tasˈtʃiku / となってしまいます。

例5：através / ɐtrɐˈvɛʃ | atraˈvɛs / ……もしも e に鋭アクセントがないと、原則1にしたがって、後ろから二番目の母音字 a にアクセントが置かれることになり、発音は、*atraves / ɐˈtraviʃ | aˈtravis / となってしまいます。また、もしも語末の -s を -z で書くという正書法が取られれば、*atravez となり、-z で終わる語の語末には原則6に従って最後の音節にア

クセントが置かれるため語末の音節の母音字 e の上に鋭アクセントが不要となります。たとえば talvez / taɫˈveʃ | tawˈves / という語は -z で終わっているので鋭アクセントが不要です。

例6：tórax / ˈtɔɾɐks / ……もしも o に鋭アクセントがないと、原則6にしたがって、語末の x の直前の母音字 a にアクセントが置かれることになり、発音は、*torax / tuˈɾaks | toˈraks / となってしまいます。語末に x を持つ語のうち、最後の音節にアクセントが置かれるのは外来語か単音節語のみなので、実際はこの種の語には後ろから二番目の母音字に、外来語をのぞけば、すべて鋭あるいは曲アクセント記号がついています。

2.7. 練習問題(2)

Ⅰ．以下の語の母音字の発音に留意して音声記号どおり、ゆっくりと繰り返し読んでみましょう。また、模範発音と聞き比べて正しい発音を心がけて繰り返し音読しましょう。

1. pequeno / piˈkenu | peˈkenu /
2. pele / ˈpɛli | ˈpɛli /
3. café / kɐˈfɛ | kaˈfɛ /
4. tema / ˈtemɐ | ˈtema /
5. sei / ˈsɐj | ˈsej /
6. seja / ˈsɐʒɐ | ˈseʒa /
7. pouco / ˈpoku /
8. poda / ˈpɔdɐ | ˈpɔda /
9. mito / ˈmitu /
10. comum / kuˈmũ | koˈmũ /

Ⅱ．以下の語に対応する音声記号を選び、鼻母音に注意して音読してみましょう。

1. enfim
2. íntimo
3. ênfase
4. empenho
5. manhã
6. câmbio

7. sombra 8. contem
9. decisão 10. decidam

$\Big($ /di'sidẽw̃/, /de'sidẽw̃/, /desi'zẽw̃/, /disi'zẽw̃/,
/ẽ'fĩ/, /ẽ'pɐɲu/, /ẽ'peɲu/, /'ẽfazi/, /'ẽfɐzɨ/,
/'kɐ̃biu/, /kõ'tẽj̃/, /kõ'tɐ̃j̃/, /ma'ɲɐ̃/, /mɐ'ɲɐ̃/,
/'sõbra/, /'sõbrɐ/, /'ĩtimu/, /'ĩtʃimu/ $\Big)$

III. 以下の類似した音のポルトガル語と日本語の語を注意深く発音して、違いを理解しましょう。

1. mantém / mɐ̃'tẽj̃ | mẽ'tẽj̃ / .... 満点
2. tempo / 'tẽpu / .... 店舗、添付
3. quem / 'kẽj̃ | 'kɐ̃j̃ / .... 券、官位、権威
4. canção / kɐ̃'sẽw̃ / .... 換算、寒村
5. cantam / 'kɐ̃tẽw̃ / .... 簡単、広東
6. cem / 'sẽj̃ | 'sɐ̃j̃ / .... 繊維、線、三位、三円
7. são / 'sɐ̃w̃ / .... 酸、損、酸雨、
8. têm / 'tẽj̃ ẽj̃ | 'tẽj̃ / .... 転、単位、転移、店員、庭園
9. mãe / 'mɐ̃j̃ / .... 満員、慢易、蔓延
10. Camões / kɐ'mõj̃ʃ | ka'mõj̃s / ...... カモニス、カモンエス、カモインス、カモエンス

(解答例　p.642参照)

第 3 日

3.0. 読解

Há um copo sobre a mesa.
/ ˈa ũ ˈkɔpu ˈsobr̯‿ɐ ˈmezɐ | ˈa ũ ˈkɔpu ˈsobɾi a ˈmeza /

Há dois copos em cima do balcão.
/ ˈa ˈdojʃ ˈkɔpuz‿ẽj ˈsimɐ du bałˈkẽw̃ | ˈa ˈdojs ˈkɔpuz‿ẽj ˈsima du bawˈkẽw̃ /

Há apenas uma laranja no cesto.
/ ˈa ɐˈpenɐz‿ˈumɐ lɐˈɾẽʒɐ nu ˈseʃtu | ˈa aˈpenaz‿ˈuma laˈɾẽʒa nu ˈsestu /

Há duas laranjas na caixa.
/ ˈa ˈduaʒ lɐˈɾẽʒɐʒ‿nɐ ˈkajʃɐ | ˈa ˈduaz‿laˈɾẽʒaz‿na ˈkajʃa /

Há um jornal debaixo do livro.
/ ˈa ˈũ ʒuɾˈnał diˈbajʃu du ˈlivɾu | ˈa ˈũ ʒoɾˈnaw deˈbajʃu du ˈlivɾu /

Há três jornais ao lado do televisor.
/ ˈa ˈtɾeʒ ʒuɾˈnajz‿au ˈladu du tiɫiviˈzoɾ | ˈa ˈtɾeʒ ʒoɾˈnajz‿au ˈladu du televiˈzoɾ /

Há um pão sobre o prato.
/ ˈa ˈũ ˈpẽw̃ ˈsobɾ‿u ˈpɾatu | ˈa ˈũ ˈpẽw̃ ˈsobɾi u ˈpɾatu /

Há seis pães no saco.
/ ˈa ˈsɐjʃ ˈpẽjʒ‿nu ˈsaku | ˈa ˈsejs ˈpẽjz‿nu ˈsaku /

Há uma faca e um garfo na gaveta da cozinha.
/ ˈa ˈuma ˈfakɐ i ˈũ ˈgaɾfu nɐ gɐˈvetɐ dɐ kuˈziɲɐ | ˈa ˈuma ˈfaka i ˈũ ˈgaɾfu na gaˈveta da koˈziɲa /

Há quatro facas e cinco garfos sobre o guardanapo.
/ ˈa kuˈatɾu ˈfakɐz i ˈsĩku ˈɡaɾfuʃ ˈsobɾ u ɡuaɾdɐˈnapu | ˈa kuˈatɾu ˈfakaz i ˈsĩku ˈɡaɾfus ˈsobɾi u ɡuaɾdaˈnapu /

☞日本語訳は巻末 p.713参照。**Há**：動詞 haver の直説法・現在3人称単数形。……（目的語）がある、存在する。9.1. 動詞 haver, p.148 参照。**em cima de**：……の上に **debaixo de**：……の下に

3.1. 大文字の用法

語は原則的に小文字で書きます。語頭を大文字で書き始めるのは以下のような場合です。

固有名詞……Eça de Queirós, D. João VI, Sé Velha, Faculdade de Letras da Universidade de Coimbra

敬称………Ex.ᵐᵒ Senhor [excelentíssimo senhor], Ilma. Srᵃ [ilustríssima senhora], P.ᵉ [padre]

天体………Terra, Lua, Sol, Via Láctea

書名………Minas de Salomão, Uma Abelha na Chuva, Bíblia

科目………aula de Física, doutor em Economia, curso de Medicina

場所………São Paulo, Quioto, Alentejo, Algarve, Brasil, Japão, Portugal, Rua das Flores, Arco de Almedina, Praça da República

特殊化した名詞……a Igreja [a igreja católica], a Língua [a nossa língua], a Nação [a nossa nação], o Poeta [Camões]

擬人化……Esperança, Medo, Felicidade, Tempo

略号………A. [autor], PR [Presidente da República], CEP [código de endereçamento postal], UnB [Universidade de Brasília]

第1週 第3日

文は大文字で書き始めます。
　Há uma semana que trabalho aqui.　一週間前から私はここで働いています。
　Álvaro pensou: —Pode ser.　アルヴァロは「まあいいだろう」と思った。

3.2. 語末の -s, -z /ʃ｜s/ の発音

　語末の **-s** および **-z** の発音は、間をおかずに一息で発話された場合、後続する音に同化して、以下のように変化します。音声記号で表記した語と語の間にある記号 ⌣ は切れ目のない連結を示します。意識的であるか否かにかかわらず語と語のあいだに間が生ずると、同化は起こらず、音は変化しません。[12]

(1)　**後続する音が無声子音**：/ʃ｜s/ → /ʃ｜s/（変化なし）
　as casas / ɐʃ‿ˈkazɐʃ｜as‿ˈkazas /
　N.B.
　　①後続する語頭に無声子音 /s/ がある場合：/ʃ｜s/ → /ʃ｜s/
　　　os cidadãos / uʃ‿sidaˈdẽw̃ʃ｜us‿sidaˈdẽw̃s /
　　これらの連続する2音 /ʃs｜ss/ は、ポルトガルでは同化せず [ʃs] とするほか、主にリスボン方言で進行同化して [ʃʃ] となります。ブラジルでは2音が縮合して [s] と1音で発音されます。
　　②後続する語頭に無声子音 /ʃ/ がある場合：/ʃ｜s/ → /ʃ｜ʃ/
　　　os chinelos / uʃ‿ʃiˈnɛluʃ｜us‿ʃiˈnɛlus /
　　これらの連続する2音 /ʃʃ｜sʃ/ は実際には逆行同化して [ʃ] と1音で発音します。

(2)　**後続する音が有声子音**：/ʃ｜s/ → /ʒ｜z/
　as bolas / ɐʒ‿ˈbɔlɐʃ｜az‿ˈbolas /

12　正書法上の句読点がないかぎり原則的に語と語のあいだに間をおくことはありません。本書では解説上特に必要な場合のみ、切れ目ない連結を示す記号 ⌣ を用います。

N.B.
　①後続する語頭に有声子音 / z / がある場合：/ ʃ | s / → / ʒ | z /
　　duas zebras / ˈduaʒ ˈzebrɐʃ | ˈduaz ˈzebrɐs /
　これらの連続する2音 / ʒz | zz / は、ポルトガルでは同化せず [ʒz] とするほか、主にリスボン方言で進行同化して [ʒ] となります。ブラジルでは2音が縮合して [z] と1音で発音されます。
　②後続する語頭に有声子音 / ʒ / がある場合：/ ʃ | s / → / ʒ | ʒ /
　　cidadãos japoneses / sidaˈdẽwʒ ʒɐpuˈneziʃ | sidaˈdẽwʒ ʒapoˈnezis /
　連続する2音 / ʒʒ / は、実際には一体化して [ʒ] と1音で発音します。

(3) **後続する音が母音**：/ ʃ | s / → / z /
as horas / ɐz ˈɔrɐʃ | az ˈɔras /

3.3．語末の無強勢母音の発音

　後続する語の語頭が母音で始まる場合、語末の無強勢母音 **-e** / ɨ | i /、**-a** / ɐ | a /、**-o** / u / は、同化によりさまざまに変化します。

(1) **語末母音が -e** / ɨ | i / → **-e** / — | i / （ポルトガル発音で脱落）[13]
sobre a mesa / ˈsobr ɐ ˈmezɐ | ˈsobri a ˈmezɐ /
de um amigo / dũ ɐˈmigu | dʒi ũ amigu /

(2) **語末母音が -a** / ɐ | a /
　a) 後続語の語頭が / i, ɨ, e, ɛ, ɔ, o, u | i, e, ɛ, ɔ, o, u / → **-a** / ɐ | a / （変化なし）

13　ポルトガルで / ɨ / が / i / となる場合もあります。例：de ar / ˈdar / ～ / diˈar /

第1週 第3日

   a isto / ɐ‿ˈiʃtu | a‿ˈistu /
   a estação / ɐ‿iʃtɐˈsẽw̃ | a‿estaˈsẽw̃ /
   da hora / dɐ‿ˈɔɾɐ | da‿ˈɔɾa /
   da época / dɐ‿ˈɛpukɐ | da‿ˈɛpoka /
   a obrigação / ɐ‿obɾigɐˈsẽw̃ | a‿obɾigaˈsẽw̃ /
   a única / ɐ‿ˈunikɐ | a‿ˈunika /
 b) 後続語の語頭が / a / → -a / — / (脱落)
   da África / d ˈafɾikɐ | d ˈafɾika /
 c) 後続語の語頭が / ɐ | a /
   先行語の語末の **-a** / ɐ | a / と後続語の語頭音 **a-** / ɐ | a / が同化して、以下のように変化します。
   / ɐ / + / ɐ / ⇒ / a /   / a / + / a / ⇒ / a /
   da amiga / daˈmigɐ | daˈmiga /

(3) **語末母音が -o / u / → -o / u /** (変化なし)
   do amigo / du‿ˈɐmigu /
   do ébano / du‿ˈɛbanu /

3.4. 存在をあらわす動詞 haver の用法

  動詞 haver / ɐˈveɾ | aˈveɾ / は存在をあらわす意味で用いる場合、必ず3人称単数形の há / ˈa / というかたちであらわれます。文法的には「存在するもの」は動詞 haver の目的語で、生物でも無生物でも目的語になれます。[14]

  Há uma laranja no cesto.　かごの中にオレンジがひとつあります。
  Há duas laranjas no cesto.　かごの中にオレンジがふたつあります。

14　14.1. 非人称動詞, p.264参照。

Há uma pessoa na sala.　居間に人がひとりいます。
Há duas pessoas na sala.　居間に人がふたりいます。

3.5. 名詞の性と数

　名詞には男性名詞と女性名詞の区別があります。すなわち、すべての名詞は男性名詞か女性名詞かのどちらかに属します。この区別は辞書においては、**s.m.** (substantivo masculino) あるいは **s.f.** (substantivo feminino) と表示してあります。

　また、名詞には単数、複数の別があります。複数形は基本的には単数形の語末に **-s** を加えることによって得られます。

　辞書には男性名詞、女性名詞の区別のほか、複数形が特殊な形を取る場合は、その形を示してあります。複数形が特に示されていない場合は、規則的に複数形が得られることを意味しています。[15]

3.6. 文法性と自然性

　名詞の性を辞書で調べると、雌雄の別を区別する自然の性と文法上の性とはまったく別のものであることが、わかるでしょう。無生物のモノについて雌雄の別を考えることじたい意味がありません。名詞の性は自然性とはことなる文法的な区別です。しかし生物の自然性と文法性との関係には複雑な面もあります。[16]

(1) **自然性と文法性が重なる場合**
　　homem　s.m.　男 .... mulher　　s.f.　女
　　gato　　s.m.　雄猫 .... gata　　　s.f.　雌猫
　　cavalo　s.m.　雄馬 .... égua　　　s.f.　雌馬

15　複数形については4.6. 名詞の数, p.58参照。
16　日本語では同じ性という訳語が当てられていますが、ポルトガル語では、自然性 (sexo) と文法性 (género | gênero) は語としても別です。

第1週 第3日

(2) **自然性と文法性が重ならない場合**

povo	s.m.	人々	pessoa	s.f.	人
golfinho	s.m.	海豚	baleia	s.f.	鯨
polvo	s.m.	蛸	lula	s.f.	烏賊
sapo	s.m.	ひき蛙	tartaruga	s.f.	亀
grilo	s.m.	こおろぎ	cigarra	s.f.	蟬
repolho	s.m.	キャベツ	couve	s.f.	葉キャベツ

以上のように、意味から文法性を見極めるのは原則的に不可能ですから、名詞の文法性は辞書によって知ることが鉄則です。

3.7. 定冠詞と不定冠詞

定冠詞および不定冠詞は、男性形に単数形と複数形、女性形に単数形と複数形、それぞれ4種類の形を持っており、後続する名詞の性・数に一致します。

定冠詞は、話し手と聞き手の間にどれを指すかの了解が成り立っている場合、その名詞の前に置きます。強いて日本語であらわせば、「例の、その、あの」という意味です。いっぽう不定冠詞は、上記のような了解の成り立っていない名詞の前に置きます。名詞の表す集合のなかのどれかであるかを特定していない場合です。したがって、日本語でその意味を表そうとすると、「とある、ひとつの」という意味になります。こうした原則的な意味をはじめ、さまざまな用法があります。[17]

	定冠詞		不定冠詞	
	男性	女性	男性	女性
単数	o	a	um	uma
複数	os	as	uns	umas

17　3.9. 定冠詞の用法, p.38、3.10. 不定冠詞の用法, p.44参照。

定冠詞は無強勢の語ですから、それ自体にアクセントが置かれることはありません。後続する語との間に間を置かず続けて一気に発音します。このように後続する語のアクセントに依存して発音する語を後接辞とよびます。

o homem / u‿'ẽmc | u‿'omẽj /　　os homens / uz‿'ẽmc | uz‿'omẽjs /

a mulher / ɐ‿mu'ʎɐɹ | a‿mu'ʎɛɹ /　　as mulheres / ɐz‿mu'ʎɐɹɨʃ | az‿mu'ʎɛɾis /

3.8. 定冠詞・不定冠詞と前置詞の縮約

ある種の前置詞のあとに定冠詞、不定冠詞が後続すると縮約して１語として扱われます。

(1) 前置詞＋定冠詞
a) 縮約形は以下の前置詞との結合にかぎります。[18]

前置詞	単数		複数	
	o	**a**	**os**	**as**
a	ao	à	aos	às
de	do	da	dos	das
em	no	na	nos	nas
por	pelo	pela	pelos	pelas

N.B. 縮約形の発音。ポルトガルでは重アクセント(`)の有無により音が異なります。ブラジルでは正書法上だけの問題で音は同じです。

---

18 前置詞 para が定冠詞と縮約する場合は、正書法上では例外的に重アクセント記号が a, o に付されます。para＋o → prò / 'prɔ /, para＋a → prà / 'pra /, para＋os → pròs / 'prɔʃ | 'prɔs /, para＋as → pràs / 'praʃ | 'pras / 口語では com と定冠詞の縮合も認められます。正書法上では以下のように表記します。com＋o → co / ku /, com＋a → coa / kwa /, com＋os → cos / kuʃ | kus /, com＋as → coas / kwaʃ | kwas /

第1週 第3日

a : / ɐ | a / ― à : / a /
as : / ɐʃ | as / ― às : / aʃ | as /

b) 縮約しない場合
  ① 作品名などに冠詞がある場合
    o autor de "O Fado" (de «O Fado», d'*O Fado*, de *O Fado*)『ファド』の著者
  ② 前置詞に不定詞による名詞節が続く場合、名詞節内の主語や目的語とは縮約しません。[19]
    o facto de os convidar　彼らを招くという事実
    o modo de o rapaz falar comigo　私に対する、その青年の話し方
  ③ 前置詞aと冠詞aの縮約形àに形容詞の女性形が続く場合は、à moda ... (……ふうに、……ふうの)の意味です。
    uma chaminé à algarvia　アルガルヴェ風の煙突
    a sopa à galega　ガリシア風のスープ

(2) **前置詞＋不定冠詞**

	単　数		複　数	
前置詞	**um**	**uma**	**uns**	**umas**
de	dum	duma	duns	dumas
em	num	numa	nuns	numas

N.B.
① 不定冠詞は前置詞aおよびporとは縮約形をつくりません。
② 前置詞deと不定冠詞の縮約は、音声的には、ポルトガルの発音では一般的ですがブラジルの発音ではおこりません。書き言葉では、ポルトガル、ブラジルどちらの規範によっても、de um, de umaと分ける書き方がむしろ一般的です。

19　不定詞による名詞節については10.9. 不定詞：主語・目的語として, p.184参照。

3.9. 定冠詞の用法

(1) 話し手と聞き手の間に、具体的にどれを指示するのか了解がなりたっているときは、定冠詞を用います。

O colega é muito simpático.　その同僚の人はとても感じがよい。

A teoria é interessante.　その説は興味深い。

(2) 定冠詞が名詞を限定する場合、さまざまな機能を果たします。
  a) 総称……限定する名詞の総称的意味をあらわします。
  O homem é fraco.　人間は弱いものだ。
  O computador é indispensável.　コンピュータは不可欠だ。
  b) 身体の部分……主語に属することをあらわします。
  Já lavo as mãos.　すぐ手を洗います。
  A Maria passa a mão pelo cabelo.　マリーアは手で髪を撫でる。
  c) 地名……多くの国名、地名には定冠詞がつきます。[20]
  África, a　アフリカ大陸　　Afeganistão, o　アフガニスタン
  Alentejo, o　アレンテージョ地方
  Algarve, o　アルガルヴェ地方
  Amazonas, o　アマゾン州　　Baía | Bahia, a　バイーア州
  Beira, a　ベイラ地方　　　　Brasil, o　ブラジル
  Canadá, o　カナダ　　　　　Europa, a　ヨーロッパ
  Estados Unidos da América, os　アメリカ合衆国
  Guiné-Bissáu, a　ギニア・ビサウ　　Iraque, o　イラク
  Japão, o　日本　　　　　　Mediterrâneo, o　地中海
  N.B. 定冠詞のつかない国名、地名もあります。
  　Angola　アンゴラ　　　　Cabo Verde　カーボ・ヴェルデ
  　Macau　澳門（マカオ）　　Moçambique　モザンビーク

20　国名、ポルトガルの地方名・県名、ブラジルの州名は補遺 p.639参照。

第1週 第3日

    Portugal　ポルトガル
    São Tomé e Príncipe　サントメ・イ・プリンシペ
    Timor Lorosae (Timor-Leste)　東ティモール
① 国名には前置詞のあとでは、定冠詞の有無について揺れのある場合もあります。
    Perfumes de / da França　フランスの香水
    Ela mora em / na Espanha?　彼女はスペインに住んでいるんですか。
② 都市名には一般に定冠詞は付きませんが、普通名詞に由来するものには付きます。
    Quioto　京都　　　　　　　Tóquio　東京
    Lisboa　リスボン　　　　　　São Paulo　サン・パウロ市
    o Porto　ポルト市　　　　　Coimbra　コインブラ
    o Rio de Janeiro　リオ・デ・ジャネイロ市
    a Guarda　グアルダ市　　　o Cairo　カイロ市
    o Dubai　ドバイ　　　　　　Carachi　カラチ
③ 都市名でも限定された意味の場合は定冠詞を付けます。つねに女性形定冠詞をともなうのは、女性名詞の cidade が意味として了解されているからです。
    a Tóquio dos anos cinquenta | cinqüenta　1950年代の東京
    a Coimbra queirosiana　エッサの描いたコインブラ [21]

d)　人名……口語で親しみを込めた表現です。[22]
  O José está em casa?　ジョゼー君は家にいるかい。
N.B. 著名な画家、著述家、作曲家の名前……その作品をあらわします。
    o Bosch deste Museu　この美術館所蔵のボッシュの絵
    os Grão Vascos　グラン・ヴァスコの作品群

21　queirosiano＜Queirós. Eça de Queirós (1845-1900) はポルトガルの作家。
22　5.3. 人称代名詞と敬称代名詞, p.71参照。

e) 家族名……家族の名前を複数形にします。もともと -s で終わる名前にはさらに -s を加えず、定冠詞のみ複数にします。
   os Braganças　ブラガンサ家の人々
   os Gaspares　ガスパール家の人々
   os Soares　ソアーレス家の人々
   os Eanes　エアーネス家の人々
   N.B. 非ロマンス語系の名前には -s を付けず定冠詞男性複数形を付けます。
   os Yamada　山田家の人々
   os Clinton　クリントン家の人々
   os Rogers　ロジャース家の人々

f) 名詞化……あらゆる品詞の語・表現に定冠詞男性単数形を付けて名詞化します。
   O escrever é trabalho dele.　書くのは彼の仕事だ。
   O difícil é ouvir música agradável.　難しいのは良い音楽を聴くことだ。

g) 日付……特定の記念日には定冠詞男性単数形を付けます。
   O 25 de Abril é feriado em Portugal.　4月25日はポルトガルでは休日である。
   N.B. 日付の表現には通常定冠詞は付きません。前置詞は a ｜ em を用います。
   O João vai fazer 20 anos a ｜ em 15 de Novembro ｜ novembro.　ジョアン君は11月15日に20歳になる（＝no dia 15 de Novembro ｜ novembro)
   O documento do cartório relata a fundação deste instituto a ｜ em 10 de Outubro ｜ outubro de 1600.　文書保管所の書類によるとこの機関の創立は1600年10月10日である。
   公文書などの格式ばった文語においては日付に定冠詞を付けることもあります。
   Quioto, aos 23 de Junho de 2005　於京都、2005年6月23日

第1週 第3日

h) 曜日……定冠詞が付きます。
na sexta-feira　金曜日に
N.B.「毎……曜日に、……曜日はいつも」……複数形を用います。
Ele trabalha também aos sábados.　彼は土曜日にも仕事がある。

i) 季節……定冠詞が付きます。季節名はポルトガルでは語頭は大文字、ブラジルでは小文字を用います。
Primavera | primavera, a　春　　Verão | verão, o　夏
Outono | outono, o　秋　　　　　Inverno | inverno, o　冬

j) 方角名……定冠詞が付きます。港に、大陸など広い範囲内における、ある方角の地域、地方をあらわします。ポルトガルでは語頭に大文字、ブラジルでは小文字を用います。
Leste | leste, o / Este | este, o　東部　　Oeste | oeste, o　西部
Sul | sul, o　南部　　　　　　　　　　　Norte | norte, o　北部
A gente do Norte é trabalhadora.　北部の連中は働き者だ。

方向を示す場合は定冠詞を用いません。
Vou a oeste.　私は西へ行きます。
uma antiga base militar a 150 quilómetros | quilômetros a norte da capital　首都から150キロ北にある旧軍基地

k) 単位……単位あたり、の意味をあらわします。
A gasolina custa quase um dólar o litro.　ガソリンはリットルあたりほぼ1ドルする。
A batata custa 10 euros a arroba.　ジャガイモは1アローバ10ユーロです（1アローバは約15キログラム）。

l) 所有形容詞とともに……ポルトガルでは定冠詞が付きますが、ブラジルでは所有形容詞の前に定冠詞を付けるのはまれです。[23]

23　7.9. 所有形容詞, p.113参照。

„O meu pai | Meu pai„ vive em Lisboa.　私の父はリスボンに住んでいます [24]

(3)　定冠詞を避ける場合
　a)　呼びかけ
　　Senhor Professor !　先生
　　Homem de Deus !　おい君！
　b)　科目、学部の名称：大文字で書き始めます。
　　O Carlos estuda Linguística.　カルロス君は言語学を学んでいる。
　　A Teresa está em Medicina.　テレーザは医学部で学んでいる。
　c)　言語の名称：小文字で書き始めます。
　　Falo português.　私はポルトガル語を話す。
　　Ela escreve uma carta em inglês.　彼女は英語で手紙を一通書く。
　d)　Ser 動詞の補語
　　Sou japonesa.　私は日本人です。
　　O Meneses é funcionário público.　メネーゼスさんは公務員です。
　e)　casa について……一般的に定冠詞は付きません。
　　O João fica em casa hoje.　ジョアン君は今日は家にいる。
　　As duas irmãs voltam a casa.　二人姉妹は家に帰る。
　　N.B.　特定の家を示す場合は定冠詞が付きます。
　　　As duas irmãs vão a casa de uma amiga.　二人姉妹は友達の家に行く。

---

[24]　ポルトガルとブラジルとで形式が異なる場合、1語のみの置き換えで良い場合は、「acto | ato」のように示しますが、1語以上の句が置き換えられる場合は、その範囲を「„」で示し、「„O meu pai | Meu pai„」のように示すことにします（以下同様）。

第1週 第3日

 As duas irmãs vão à casa de uma amiga e não à minha.　二人姉妹はある友達の家に行くのであって、私の家に行くのではない。

f)　Deus について……基本的に定冠詞は付きません。
 Deus fala.　神は語る。

N.B.　以下のような類語に対して定冠詞を用いる例もあります。
 as deusas gregas　ギリシアの女神たち
 os deuses da África　アフリカの神々
 a Morte com foice　鎌を持つ死神

g)　月名……月名はポルトガルでは語頭に大文字、ブラジルでは小文字を用います。前置詞 em に続けます。
 Estamos em Maio | maio.　いまは5月です。

h)　年……冠詞は付けずに前置詞 em に続けます。
 Daqui a pouco estamos em 2010.　まもなく2010年になる

i)　文体的な省略……簡潔のために、文章の見出しなどでは冠詞を省略することがあります。特にジャーナリスティックな文体の文章では、顕著に見られます。

 Polícia continua investigações em Tóquio. (A polícia continua as investigações em Tóquio.)　東京で警察の捜査続行。

 Novo instrumento português «guitolão» estreado em Marvão (Um novo instrumento português, «guitolão» foi estreado em Marvão.)　ポルトガルの新楽器「ギトラン」マルヴァンでお披露目。

 Novo sistema operativo | operacional lançado em Dezembro | dezembro (O novo sistema operativo | operacional será lançado em Dezembro | dezembro.)　新システム12月発売。

3.10. 不定冠詞の用法

(1) 話し手と聞き手の間に、具体的にどれを指示するか了解が成り立っておらず、どれでもよいからひとつを示す場合、不定冠詞を用います。

Dê-me um papel para tirar notas.　メモを取るから紙を一枚ください。

Quero ouvir uma música suave.　何か穏やかな音楽が聞きたい。

(2) その他、さまざまな用法があります。

a) 定冠詞で限定された名詞をさらに限定する場合

O calor é insuportável, é um calor húmido | úmido!　暑さは耐え難い、それはじっとりとした暑さなのだ。

b) 総称……限定する名詞の総称的意味をあらわします。

Um homem não chora.　男は泣かないものだ。

c) 複数形とともに……概数をあらわします。[25]

uns livros	数冊の本
umas laranjas	オレンジがいくつか
uns vinte metros	約20メートル
umas trinta pessoas	約30人

d) 典型……限定する固有名詞の特徴を備えた人・物、その土地の名産品など

O Rui é um Picasso da nossa aldeia.　ルイは我が村のピカソだ。

固有名詞が普通名詞と化している場合もあります。

Ele é um dom-joão.　彼は色男だ。
Tomo um porto.　ポートワインを一杯飲む。
São uns dom-quixotes.　連中は夢想家である。

---

[25] 詳しくは、4.4. 不定冠詞の複数形, p.55参照。

第1週 第3日

e)　芸術作品……限定する人名の作品をあらわします。
um Malhoa na parede.　壁にかかる一枚のマリョーアの絵
O Miguel lê um Eça.　ミゲルはエッサの作品をひとつ読む。

3.11．数詞の用法（1～10）：基数詞と序数詞

アラビア数字	ローマ数字	基数詞	序数詞
1	I	um, uma	primeiro
2	II	dois, duas	segundo
3	III	três	terceiro
4	IV	quatro	quarto
5	V	cinco	quinto
6	VI	seis	sexto
7	VII	sete	sétimo
8	VIII	oito	oitavo
9	IX	nove	nono
10	X	dez	décimo

(1)　基数詞の1と2のみ、不定冠詞と同様に、後続する名詞の性・数により変化します。
um livro　1冊の本　　　　　　dois livros　2冊の本
uma laranja　1個のオレンジ　duas laranjas　2個のオレンジ

(2)　序数詞は一種の形容詞です。名詞の前に置き、後続の名詞の性・数に一致します。
o quarto andar　5階[26]　　os primeiros três dias　始めの3日
a nona edição　第9版　　as segundas intenções　下心

26　1階を ,,o rés-do-chão｜o andar térreo,, 、2階以上を primeiro andar, segundo andar… とする。

(3) 序数詞の略記法：アラビア数字に続けて右上に º, ª をつけて示す方法もあります。ローマ数字はそのままで序数詞で読みます。
3ª edição aumentada　増訂第三版
IX Exposição de Arte (9ª Exposição de Arte)　第9回芸術展覧会

(4) 王・教皇の名前、著作の巻数に付くローマ数字は、10以下は序数詞で読みます。
João Paulo II (João Paulo segundo)　ヨハネパウロ二世
D. Maria II (Dona Maria segunda)　マリーア二世
Carlos X (Carlos décimo)　カルロス十世
Tomo III (Tomo terceiro)　第三巻
Canto IX (Canto nono)　第九歌

(5) 法令の条数は、1〜9あるいは10条までは序数詞で、10以上は基数詞で読みます。
Artigo 9º. (artigo nono)　第九条
Artigo 10º. (artigo décimo, 〜 dez)　第十条

(6) 世紀の数はローマ数字で書きます。10以下は序数詞で読みます。
Século VIII (século oitavo)　八世紀

3.12. 曜日 (dias da semana)

曜日は、土曜日、日曜日以外は序数詞を用います。
a segunda-feira (a 2ª feira) .... 月曜日
a terça-feira (a 3ª feira) .... 火曜日
a quarta-feira (a 4ª feira) .... 水曜日

第1週 第3日

a quinta-feira (a 5ª feira) .... 木曜日
a sexta-feira (a 6ª feira) .... 金曜日
o sábado .... 土曜日
o domingo .... 日曜日

3.13. 月名

ポルトガルでは大文字で書き始め、ブラジルでは小文字で書き始めます。

Janeiro | janeiro　1月　　Julho | julho　7月
Fevereiro | fevereiro　2月　　Agosto | agosto　8月
Março | março　3月　　Setembro | setembro　9月
Abril | abril　4月　　Outubro | outubro　10月
Maio | maio　5月　　Novembro | novembro　11月
Junho | junho　6月　　Dezembro | dezembro　12月

3.14. 練習問題(3)

Ⅰ. 以下の日本語をポルトガル語に訳しなさい。
　1. 本が1冊あります（本：livro）。
　2. そのソファーの横に雑誌が2冊あります（雑誌：revista）。
　3. その新聞の下にノートが1冊あります（ノート：caderno）。
　4. テーブルの上にはお皿が1枚しかありません。
　5. その居間にはテレビが1台あります（居間：sala）。

Ⅱ. 以下の語に定冠詞を付けて書いてみましょう。また、複数に書き換えてみて、定冠詞複数形の -s の発音を表記し、それに注意して音読してみましょう。
　　例：copo：o copo → os copos / ʃ | s /
　1. saco　　　　　　　2. asa
　3. mesa　　　　　　　4. garfo

47

5. prato　　　　　　6. caixa
7. laranja　　　　　 8. livro
9. bolo　　　　　　10. hino

III. 以下の語にかっこ内に示す数字を付け、性・数に注意して書いてみましょう。またそれを注意深く音読してみましょう。

例：laranja (2) → duas laranjas

1. cavalo (1)　　　　2. égua (2)
3. couve (3)　　　　 4. cigarra (6)
5. mão (2)　　　　　6. ano (4)
7. carta (5)　　　　 8. sapato (8)
9. lula (9)　　　　　10. pessoa (7)

（解答例　p.642参照）

第 4 日

4.0. 読解

A— **Quantas maçãs há na fruteira ?** / kuˈẽtɐʒ mɐˈsẽz ˈa nɐ fruˈtɐjrɐ | kuˈẽtaz maˈsẽz ˈa na fruˈtejra /

B— **Há umas dez.** / ˈa ˈumɐʒ ˈdeʃ | ˈa ˈumaz ˈdes /

A— **Quantas pessoas há em frente do cinema ?** / kuˈẽtɐʃ pɨˈsoɐz ˈa ẽj ˈfrẽtɨ du siˈnemɐ | kuˈẽtas peˈsoaz ˈa ẽj ˈfrẽtʃi du siˈnema /

B— **Há umas vinte.** / ˈa ˈumɐʒ ˈvĩtɨ | a ˈumaz ˈvĩtʃi /

Há umas bicicletas na rua atrás do cinema.
/ ˈa ˈumɐʒ bisiˈklɛtɐʒ nɐ ˈruɐ ɐˈtraʒ du siˈnemɐ | a ˈumaz bisiˈklɛtaz na ˈxua aˈtraz du siˈnema /

A— **Quantas estações há na cidade ?** / kuˈẽtɐz iʃtɐˈsõjz ˈa nɐ siˈdadɨ | kuˈẽtaz estaˈsõjz ˈa na siˈdadʒi /

B— **Há umas quinze.** / ˈa ˈumɐʃ ˈkĩzɨ | ˈa ˈumas ˈkĩzi /

A— **Quantos alemães há na universidade ?**
/ kuˈẽtuz alɨˈmẽjz ˈa nɐ univɨrsiˈdadɨ | kuˈẽtuz aleˈmẽjz ˈa na universiˈdadʒi /

B— **Só há três.** / ˈsɔ ˈa ˈtreʃ | ˈsɔ ˈa ˈtres /

A— **Quantos guarda-chuvas há na sala ?** / kuˈẽtuʒ guardɐˈʃuvɐz ˈa nɐ ˈsalɐ | kuˈẽtuz guardaˈʃuvaz ˈa na ˈsala /

B— **Há apenas um.** / ˈa ɐˈpenɐz ˈũ | ˈa aˈpenaz ˈũ /

A— **E na cozinha, quantas couves-flores há no alguidar ?**
/ i nɐ kuˈziɲɐ kuˈẽtɐʃ koviʃˈflorɨz ˈa nu ałgiˈdar | i na koˈziɲa kuˈẽtas kovisˈfloriz ˈa nu awgiˈdar /

49

B — Há duas.　/ˈa ˈduɐʃ | ˈa ˈduas /

☞ 日本語訳は巻末 p.713参照。

4.1. 疑問詞 quanto(s), quanta(s) の用法
数あるいは量を尋ねる疑問詞です。
(1) 疑問代名詞として：独立して用いられる場合は、性・数変化せず、形は quanto のみ用いられます。
Quanto lhe devo?　おいくらですか（報酬の額を訊ねる）。
Quanto custa?　おいくらですか（物の値段を訊ねる）。

(2) 疑問形容詞として：後続する名詞の性・数に一致します。
Quanto tempo …?　どのくらいの時間……？
Quantas horas …?　何時間……？

4.2. 平叙文と疑問文：音調の役割
　ポルトガル語には疑問文であることを示す、特別な文法的手段がありません。平叙文と疑問文を区別するのは、正書法上では文末の疑問符、音声的には声の高さの変化、すなわち音調によります。同じ構造の文が音調によって平叙文か、疑問文かに区別されますから、音調はきわめて重要な文法的機能を果たしています。
　音調を記述するには、話者の声域の範囲内で、相対的に、高・中・低、の3つの高さを認め、文頭から文末にいたる音調の変化の仕方をたどっていきます。音調は相対的高さがどのように変化するかによって、いくつかの型に分けられます。基本的な音調が、ポルトガルとブラジルとで、やや異なる場合もあります。以下典型的な場合を例示します。
(1) **平叙文**：降調
　文末の強勢音節に向かって、音調は、話者の声域における中か

第 1 週 第 4 日

ら低にむかって変化します。ポルトガル、ブラジルともにほぼ同様の音調をとりますが、ブラジルの音調のほうが、一般に上下動が豊かと言えます。

Há três castanhas.　栗が 3 個あります

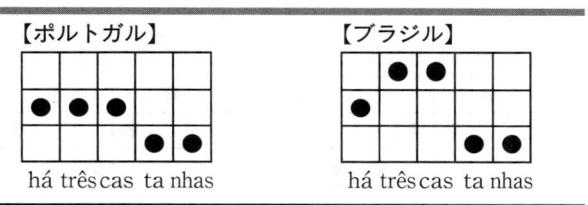

【ポルトガル】	【ブラジル】
há três cas ta nhas	há três cas ta nhas

(2) 疑問文

典型的な音調がポルトガルとブラジルとではやや異なります。

a) 一般疑問文

返答に肯定か否定かを求める種類の疑問文です。ポルトガルとブラジルとで若干異なる音調を示します。

【ポルトガル】降昇調　　　　　　【ブラジル】降昇降調

　文末の強勢音節を含む語におけるアクセントの位置とは無関係に、最後の二音節で、音調が低から高へ上昇します。　　いったん低へ下降し、文末の強勢音節に向って上昇、さらに後続する音節があれば再び低へと下降します。

Há três castanhas?　栗は 3 個ありますか

【ポルトガル】	【ブラジル】
há três cas ta nhas	há três cas ta nhas

N.B.

文末の語におけるアクセントの位置によって、ブラジルでは音調の型が変わります。ポルトガルではつねに降昇調をとります。

①後ろから3番目の音節にアクセントがある場合

Gosta de música?　音楽は好きですか

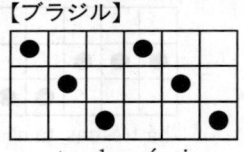

【ポルトガル】

●					●
	●	●			
			●	●	

gos　ta　de　mú　si　ca

【ブラジル】

●			●		
	●			●	
		●			●

gos　ta　de　mú　si　ca

②後ろから2番目の音節にアクセントがある場合

Gosta de batata?　馬鈴薯は好きですか

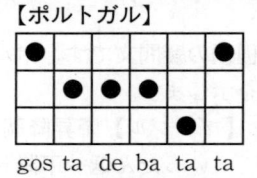

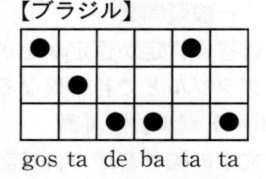

【ポルトガル】

●				●
	●	●	●	
			●	

gos　ta　de　ba　ta　ta

【ブラジル】

●			●	
	●			
		●	●	●

gos　ta　de　ba　ta　ta

③最後の音節にアクセントがある場合

Gosta de café?　コーヒーは好きですか

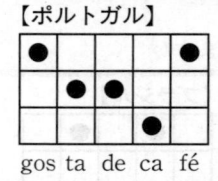

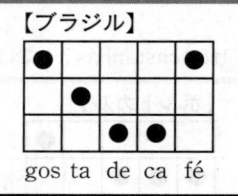

【ポルトガル】

●				●
	●	●		
			●	

gos　ta　de　ca　fé

【ブラジル】

●				●
	●			
			●	●

gos　ta　de　ca　fé

上記の原則にかかわらず、ポルトガルの音調でもブラジル同様の昇降調が見られることもあります。また、ブラジルにおいても、語

第 1 週 第 4 日

末の無強勢母音が無声化する場合、1音節少ない場合と同じ型をとります。これらの条件についてはより体系的な研究が待たれます。

b) 特殊疑問文

文の構成要素のひとつに関して返答を求める疑問文です。

①疑問詞で始まる疑問文：降調

一般に、文頭の強勢音節は高の位置からはじまり、文末の強勢音節で低へと下降します。ポルトガル、ブラジルともに下降調がもっとも標準的な音調です。文頭の強勢音節が中からはじまり文末の強勢音節で高へと上昇する昇調でも実現しますが、これは丁寧さをあらわす音調とされます。

Quem é?　どなた？

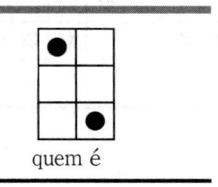

●	
	●

quem é

②選択疑問文

選択肢を示して話し相手に選択を問う疑問文です。この疑問文は選択肢の切れ目、すなわち "A ou B" において、いっぱんに "A" の最後の強勢音節に向かって低から高への上昇が見られ、"ou" において急激に中に下がります。急激なピッチの下降による非連続的なピッチの段差、すなわち、その下降の幅は楽音にして1オクターブ以上におよぶこともあります。平叙文にはみられない、このピッチの急激な上昇・下降が選択疑問文であるという情報を伝えています。

A carta vem de avião ou de barco？（4.3.②）

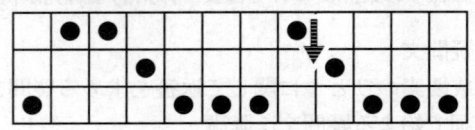

	●	●				●↓				
			●				●			
●				●	●	●		●	●	●

a car ta vem de a vi ão ou de bar co

平叙文では、選択肢の切れ目にピッチの落差がありません。

A carta vem de avião ou de barco．（4.3.③）

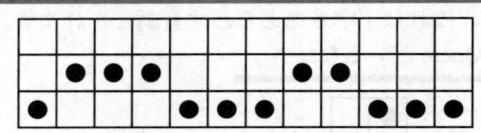

	●	●	●			●	●			
●				●	●			●	●	●

a car ta vem de a vi ão ou de bar co

4.3．音調の表記

本書では、上記の図による表記をより簡略化して、以下の記号を用いることにします。高さの違いを表記し、その記号に続けて、その高さで発音すべき音節を分けて表記します。

「高」【¯】　「中」【−】　「低」【＿】

この方法によって、以下の音調と意味の関係を見ましょう

①【＿A–car–ta–vem_de_a_vi–ão–ou_de_bar¯co？】Pt.
　【＿A–car–ta–vem_de_a_vi–ão–ou_de¯bar_co？】Br.
　手紙は航空便か船便か、どちらかで来るということですか？

②【＿A¯car¯ta–vem_de_a_vi¯ão–ou_de_bar_co？】
　手紙は航空便と船便と、どちらで来るのですか？

③【＿A–car–ta–vem_de_a_vi–ão–ou_de_bar_co．】
　手紙は航空便か船便か、どちらかで来ます

第1週 第4日

4.4. 不定冠詞の複数形 [27]

(1) 不定冠詞の複数形：数量が不確定であることをあらわします。

Há **uns** pratos sobre a mesa.　テーブルの上に皿が何枚かあります。

(2) 不定冠詞の複数形＋数詞＋名詞複数形：数詞の前に不定冠詞の複数形を置いて概数をあらわします。

Há **uns** dez pratos sobre a mesa.　テーブルの上に皿が10枚ほどあります。

4.5. 名詞の性

すでに述べたとおり名詞には性・数があります。[28] 自然性あるいは語末の形式などから、名詞の文法性をある程度まで見分けることができます。例外もあるとはいえ、以下の大原則を知っておくと便利です。

(1) 自然性から類推できる雌雄による区別：動物で雌雄の別が言語の上にも反映され、雌雄一対の語がある場合、雌雄の別は文法性の男性・女性の区別に重なります。

男性名詞　　　　　　　　女性名詞
João　ジョアン（人名）......... Joana　ジョアーナ（人名）
rei　王 .... rainha　女王
boi　雄牛 .... vaca　雌牛
cavalo　雄馬 .... égua　雌馬

現実には雌雄の別があっても言語のうえには反映されず、雄雌をひとまとめにした一語しかない場合もあります（×印で対応する雌雄のいずれかを言語的に欠いていることを示す）。

27　3.10. 不定冠詞の用法(2) c), p.44参照
28　3.5. 名詞の性と数, p.34参照。

男性名詞	女性名詞
sapo ……………………… ×	ひきがえる
× ……………………… sardinha	いわし
corvo ……………………… ×	からす
× ……………………… aranha	蜘蛛

必要に応じて、macho, fêmea を名詞のあとにおき、雄・雌の別を示すこともあります。macho, fêmea は無変化です。

雄	雌
rã macho　雄がえる	rã fêmea　雌がえる
(macho da rã)	(fêmea da rã)
corvo macho　雄カラス	corvo fêmea　雌カラス
(macho do corvo)	(fêmea do corvo)

(2) 語末の母音で区別、**-o** か **-a** か？：一般に、語末の母音が **-o** で終わる場合は男性名詞、**-a** で終わる場合は女性名詞です。

男性名詞	女性名詞
menino　男の子	menina　女の子
aluno　男子生徒	aluna　女子生徒
caderno　ノート	agenda　予定表
banco　ベンチ	mesa　テーブル
tronco　幹	follha　葉

N.B.
①語末の母音が **-a** で終わる男性名詞は多くみられます。

dilema　ジレンマ　　　　dia　日
mapa　地図　　　　　　poeta　詩人
problema　問題　　　　programa　プログラム
tema　テーマ　　　　　telegrama　電報

②語末の母音が **-o** で終わる女性名詞はわずかです。

tribo　種族　　　　　　líbido　リビドー

第 1 週 第 4 日

(3) 語末の形式による区別：語末が **-e**（とくに **-dade**, **-ice**），**-gem** のときは女性名詞。

　　amabilidade　親切　　　　　cidade　都市
　　realidade　現実　　　　　　verdade　真実
　　tarde　午後　　　　　　　　noite　夜
　　velhice　老い　　　　　　　tolice　馬鹿げたこと
　　burrice　愚行　　　　　　　hélice　スクリュー
　　viagem　旅行　　　　　　　coragem　勇気
　　ferrugem　錆　　　　　　　garagem　ガレージ
　　imagem　想像力　　　　　　vantagem　有利さ
　　margem　余白　　　　　　　paisagem　景色

　N.B. 例外も多くみられます。以下の語はすべて男性名詞です。
　　creme　クリーム　　　　　　ciúme　嫉妬心
　　crime　罪　　　　　　　　　dente　歯
　　elefante　象　　　　　　　　índice　目次
　　xaile　ショール　　　　　　xilofone　木琴

(4) 語末の形式と語の意味による区別：語末が **-ão** の名詞については、一般に具象名詞なら男性名詞、抽象名詞なら女性名詞と言われます。おおむね成り立つ規則ですが、例外もあり、語の意味からは具象名詞か抽象名詞かを決めかねることもあります。

　　algodão (s.m.)　綿　　　　　balcão (s.m.)　カウンター
　　feijão (s.m.)　豆　　　　　　educação (s.f.)　教育
　　produção (s.f.)　生産　　　　canção (s.f.)　歌
　　estação (s.f.)　駅　　　　　　mão (s.f.)　手

(5) 同じ語が男性名詞として用いられる場合と女性名詞として用いられる場合があります。こういう場合は性によって意味が大

きく異なるので注意しましょう。[29]

　o cabeça　指導者 .... a cabeça　頭
　o caixa　出納簿 .... a caixa　箱
　o capital　資本 .... a capital　首都
　o guarda　監視人 .... a guarda　監視
　o guia　手引き書 .... a guia　案内
　o lente　教師 .... a lente　レンズ

以上の大原則(1)〜(5)にはずれる場合も多いので、名詞の性は辞書によることが鉄則です。

4.6．名詞の数
(1) **語末が母音あるいは二重母音**
複数形は単数形の語末に **-s** を加えることによって得られます。音声の上では単に / ʃ | s / を付け加えるだけです。

　単数形　　　　　　　　複数形
　semana .... semanas　週
　dicionário .... dicionários　辞書
　pá .... pás　鋤
　javali .... javalis　猪
　pau .... paus　棒
　lei .... leis　法
　europeu .... europeus　ヨーロッパ人

(2) **語末が鼻母音**(**-im** / ĩ /, **-em** / ẽj | ẽj /, **-ã** / ẽ /, **-om** / õ /, **-um** / ũ /)

---

[29] 最近になってポルトガル語化した借用語はポルトガルとブラジルで性が異なる場合もあります。例：a sanduíche | o sanduíche　また実際の運用において男・女で揺れのある語もあります。例：o suéter〜a suéter (Br.).

第1週 第4日

　音声上は単数形の語末に /ʃ｜s/ を付け加えるだけで複数形が得られますが、正書法の上では、語末が **-ã** で終わる語以外では、語末の **-m** を **-ns** に書き換える必要があります。

　単数形　　　　　　　複数形
　motim ……………… motins　騒動
　bem ………………… bens　財産
　cristã ……………… cristãs　女性のカトリック信者
　som ………………… sons　音
　atum ………………… atuns　まぐろ

(3) 語末が二重鼻母音 -ão / ẽw̃ /

以下の3通りの場合があります。[30]

a) **-ão** / ẽw̃ / を **-ões** / õʃ｜õjs / に変える。これがいわば規則変化で **-ão** で終わる名詞の大部分の複数形が **-ões** です。この変化の場合、辞書には複数形は示されません。

　単数形　　　　　　　複数形
　canção ……………… canções　歌
　coração …………… corações　心
　estação …………… estações　季節
　nação ……………… nações　国民
　tubarão …………… tubarões　鮫

b) **-ão** / ẽw̃ / を **-ães** / ɐ̃jʃ｜ɐ̃js / に変える。**-ão** で終わる名詞でこの変化のものはごくわずかで、いわば不規則変化と言ってもよいでしょう。辞書には複数形が示されます。

30　語末が **-ão** / ẽw̃ / で終わる語は語末にアクセントがあります。この規則にはずれる場合（たとえば後ろから二番目の音節にアクセントがある場合）アクセント記号でその位置を示します。ex. **sótão** / ˈsɔtẽw̃ /, **Cristóvão** / kɾiʃˈtɔvẽw̃ ｜ kɾisˈtɔvẽw̃ /.

59

単数形　　　　　　　　複数形
　　alemão .... alemães　ドイツ人
　　cão .... cães　犬
　　capitão .... capitães　船長
　　pão .... pães　パン
N.B. 語末が二重母音 -ãe / ẽj̃ / で終わる名詞には -s を加えるだけです。
　　単数：mãe / 'mẽj̃ / ....　複数：mães / 'mẽj̃m | 'mẽj̃s /

c) **-ão** / ẽw̃ / を **-ãos** / ẽw̃ʃ | ẽw̃s / に変える。**-ão** で終わる名詞でこの変化のものはごくわずかですが、後ろから二番目にアクセントがある場合は、すべてこの変化です。いわば不規則変化の一種ですから、辞書には複数形が示されます。

　　単数形　　　　　　　　複数形
　　cidadão .... cidadãos　市民
　　cristão .... cristãos　キリスト教徒
　　irmão .... irmãos　兄弟
　　órfão .... órfãos　孤児
　　órgão .... órgãos　オルガン
　　sótão .... sótãos　屋根裏部屋

d) 語末が **-ão** / ẽw̃ / の語のなかには複数形に揺れを認める場合があります。以下、いくつか例を挙げます。慣用的にはもっともよく用いられる形がほぼ固定していますので、それ以外のものを括弧内に示します。

　　単数形　　　　　　　　複数形
　　aldeão .... aldeãos (aldeões, aldeães)　村人
　　ancião .... anciãos (anciões, anciães)　老人
　　refrão .... refrães (refrãos)　リフレイン
　　verão .... verões (verãos)　夏

第 1 週 第 4 日

(4) 語末が子音

a) 語末が **-r, -z, -n** で終わる名詞：複数形には **-es** を加えます。

単数形	複数形	
colher	colheres	スプーン
reitor	reitores	学長
rapaz	rapazes	青年
raiz	raízes	根
cânon	cânones	カノン
abdómen	abdómenes	腹部

b) 語末が **-s** で終わる名詞：末尾の音節にアクセントがあるオクシトーンの場合は **-es** を加え、末尾より 2 番目の音節にアクセントのある場合は無変化です。

単数形	複数形	
o ananás	os ananases	パイナップル(Pt.)
o japonês	os japoneses	日本人
o português	os portugueses	ポルトガル人
o país	os países	国
o atlas	os atlas	地図帳
o lápis	os lápis	鉛筆
o oásis	os oásis	オアシス
o ónibus | ônibus	os ónibus | ônibus	乗合馬車 | バス

c) 語末が **-al, -el, -ol, -ul** で終わる名詞：複数形では **-l** を **-is** に置き換えます。**-el, -ol** は複数形語尾では鋭アクセントを付け **-éis, -óis** になります。

単数形 .... 複数形
animal .... animais　動物
papel .... papéis　書類
lençol .... lençóis　ハンカチ
paul .... pauis　沼

N.B. 例外
mal .... males　悪
real .... réis　レアル(昔の貨幣単位) [31]
cônsul .... cônsules　領事

d)　語末が il で終わる名詞

① 語末にアクセントがある名詞の複数形では **-l** を **-s** に置き換えます。

単数形　　　　　　複数形
barril .... barris　樽
funil .... funis　漏斗

② 語末にアクセントがない名詞の複数形では **-il** を **-eis** に置き換えます。

単数形　　　　　　複数形
fóssil .... fósseis　化石
réptil .... répteis　爬虫類

(5) **常に複数形の名詞**：単数形を持たない名詞もあります。

alvíssaras　報償	anais　年代記
arredores　近郊	belas-artes　美術
copas　ハート(トランプ)	férias　休暇

---
[31] 現代ブラジルの通貨単位としての real の複数形は reais です。

第 1 週 第 4 日

| fezes 便 | óculos 眼鏡 |
| pêsames 哀悼 | víveres 食料 |

(6) **母音交替**：母音の音変化（/ o / → /ɔ/）：アクセントのある音節の母音が / o / の場合、複数形において /ɔ/ になるような語があります。たとえば、coro / ˈkoɾu / は複数形で母音が変化して coros / ˈkɔɾuʃ | ˈkɔrus / となります。この現象には規則がないので、一語ずつ覚えるほかに方法がありません。以下この種の語のうち基礎語彙を例として挙げます。

coro	corno	corpo	corvo	esforço
fogo	forno	imposto	jogo	novo
olho	osso	ovo	poço	porco
porto	povo	socorro	tijolo	troco

(7) **複合名詞の複数形**

語の成り立ちを意味から考えると、複数形の形が予想できる場合もありますが、つねに辞書を参照する必要があります。以下いくつか例をあげます。

単数形 　　　　　　　　　複数形
couve-flor .... couves-flores　カリフラワー
estrela-do-mar .... estrelas-do-mar　海星 (ヒトデ)
guarda-chuva .... guarda-chuvas　傘
navio-escola .... navios-escolas　練習船
obra-prima .... obras-primas　傑作
pão-de-ló .... pães-de-ló　スポンジケーキ
pisa-papéis .... pisa-papéis　文鎮
saca-rolha .... saca-rolhas　栓抜き
segunda-feira .... segundas-feiras　月曜日

trabalhadora-estudante ... trabalhadoras-estudantes　勤労女子学生
vice-presidente .... vice-presidentes　副会長

(8) 集合名詞

単数形で同種の名詞の集合をあらわす名詞があります。主なものを以下に挙げます。

alcateia (de lobos, de ladrões) .... (狼、盗賊の)群
armada (de navios de guerra) .... (戦艦の)一団
arquipélago .... 諸島、群島、列島
banda (de músicos) .... (楽士の)楽団
cáfila (de camelos) .... (ラクダの)群
cacho (de uvas, de bananas) .... (葡萄、バナナの)房
constelação (de estrelas) .... (星)群
enxame (de abelhas) .... (蜜蜂の)群
frota (de barcos de pesca) .... (漁船の)一団
leva (de refugiados) .... (難民の)一団
manada (de bois, de vacas) .... (雄牛・雌牛の)群
matilha (de cães) .... (犬の)群
multidão (de pessoas) .... (人の)群
nuvem (de mosquitos) .... (蚊の)群
pomar (de árvores de fruto) .... (果樹)園
quadrilha (de ladrões) .... (盗賊の)集団
souto (de castanheiros, de sobreiros) ... (栗の木、コルク樫の)林
turma (de alunos) .... (生徒の)一団
vara (de porcos) .... (豚の)群

第1週 第4日

4.7. 数詞の用法（11〜20）：基数詞と序数詞

基数詞の形が14, 16, 17, 19についてのみ、ポルトガルとブラジルで異なります。

アラビア数字	ローマ数字	基数詞	序数詞
11	XI	onze	undécimo / décimo primeiro
12	XII	doze	duodécimo / décimo segundo
13	XIII	treze	décimo terceiro
14	XIV	(P) catorze / (B) quatorze	décimo quarto
15	XV	quinze	décimo quinto
16	XVI	(P) dezasseis / (B) dezesseis	décimo sexto
17	XVII	(P) dezassete / (B) dezessete	décimo sétimo
18	XVIII ou XIIX	dezoito	décimo oitavo
19	XIX ou XVIIII	(P) dezanove / (B) dezenove	décimo nono
20	XX	vinte	vigésimo

(1) **序数詞の性数一致**：序数詞のうち、11以上の二語で成り立つものは、後続する名詞の性に2語とも一致します。

XI Encontro (décimo primeiro encontro)　　第11回総会
XVII Exposição (décima sétima exposição)　第17回博覧会

(2) **ローマ数字**：王・教皇の名前、著作の巻数に付くローマ数字は、10以下は序数詞で、11以上は基数詞で読みます。[32]
Pedro II (Pedro segundo)　　　　　　ペドロ2世
Luís XIV (Luís catorze | quatorze)　　ルイ14世
Capítulo XX (Capítulo vinte)　　　　第20章

(3) **世紀の数**：ローマ数字で書きますが、10以下は序数詞で、11以上は基数詞で読みます。
Século X (século décimo)　　10世紀
Século XI (século onze)　　　11世紀

(4) **その他**：以下のような場合は、基数詞で読みます。
Página 3 (página três)　　　　第3ページ
Folha 7 (folha sete)　　　　　第7葉
Número 15 (número quinze)　　第15番
Quarto 18 (quarto dezoito)　　第18号室

(5) **基数詞の意味の転移**：具体的な数が以下のような隠喩的な意味で用いられることもあります。
　a) 数量が少ないことをあらわす：2
　　a dois passos　　　　すぐそばに
　　em dois segundos　　あっという間に
　b) 数量が多いことをあらわす：7
　　fechar a sete chaves　厳重に鍵をかける
　　cidade de sete colinas　丘のいくつもある町
　c) 数量がきわめて多いことをあらわす：1000
　　mil problemas　　　　膨大な問題
　　mil agradecimentos　　深甚なる感謝

32　3.11. 数詞の用法、(4), p.46参照。

第 1 週 第 4 日

4.8. 練習問題(4)

Ⅰ．例に従って、以下の語の意味を調べ、単数形、複数形を書きそれぞれについて発音を書き、比較しなさい。

　　例：livro / ˈlivɾu /　　livros / ˈlivɾuʃ ǀ ˈlivɾus /　　意味：本
1. estudante
2. café
3. tabelião
4. peru
5. pai
6. herói
7. boi
8. mãe
9. balão
10. botão

Ⅱ．以下の日本語をポルトガル語に訳しなさい。
1. 「テーブルの上にオレンジがいくつありますか？」「10個くらいあります」
2. カフェーにはウエイター (empregado) が何人いますか？
3. 教室 (sala de aula) にはドイツ人が何人いますか？
4. その建物のうしろには箱が15ほどあります。
5. コンピューターの横に書類が20枚ほどあります。

Ⅲ．例に従って、以下の語に数詞をつけ、数詞と名詞の間に -s があるときはその発音を音声記号で表記し、これに留意しつつ、ゆっくりと発音してみましょう。

　　例：copo (2) → dois copos / ʃ ǀ s /
1. porto (15)
2. ovo (12)
3. guarda-chuva (18)
4. fóssil (17)
5. porco (19)
6. cristão (13)
7. canção (16)
8. irmão (11)
9. hora (0)
10. pão (18)
11. rapaz (20)
12. mulher (12)
13. colher (21)
14. animal (15)

15. papel (11) 16. barril (13)
17. cônsul (17) 18. navio-escola (14)
19. pisa-papéis (20) 20. porta-chaves (16)

IV．例に従って、以下の語をポルトガル語で書きあらためなさい。
　　例：D. João I → dom João primeiro
　1. Carlos V 　　　　　　2. Isabel II
　3. Século XIX 　　　　　4. XX Exposição
　5. Capítulo XIII 　　　　6. Luís XIV
　7. XVIII Colóquio 　　　8. 12ª versão
　9. 11º andar 　　　　　10. Folha 18

V．以下の文を音調に留意して繰り返し音読し、日本語に訳しなさい。
　1. a. Há dois figos. b. Há dois figos ?
　2. a. Há duas laranjas. b. Há duas laranjas ?
　3. a. Hoje há uma exposição. b. Hoje há uma exposição ?
　4. a. Está bem. b. Está bem ?
　5. Quantos livros há no gabinete ?
　（解答例　p.643参照）

第5日

5.0. 読解

A ― **Quem é Camões ?**　/ ˈkɐ̃ȷ̃ ˈɛ kɐˈmõȷ̃ʃ ǀ ˈkẽȷ̃ ˈɛ kaˈmõȷ̃s /

B ― **É um famoso poeta português do século XVI.**　/ ˈɛ ũ fɐˈmozu puˈɛtɐ puɾtuˈgeʒ‿du ˈsɛkulu dizɐˈsɐȷ̃ʃ ǀ ˈɛ ũ faˈmozu poˈɛta poɾtuˈgez‿du ˈsɛkulu deziˈsejs /

É autor de "Os Lusíadas".　/ ˈɛ awˈtoɾ dɨ uʒ‿luˈziɐdɐʃ ǀ ˈɛ awˈtoɾ dʒi uz‿luˈziadas /

A ― **Quem é o Marquês de Pombal ?**　/ ˈkɐ̃ȷ̃ ˈɛ u mɐɾˈkeʒ dɨ põˈbał ǀ ˈkẽȷ̃ ˈɛ u maɾˈkez‿dʒi põˈbaw /

B ― **É o ministro do rei D. José I.**　/ ˈɛ u miˈniʃtɾu du ˈrɐj dõ ʒuˈzɛ pɾiˈmɐjɾu ǀ ˈɛ u miˈnistɾu du ˈxej dõ ʒoˈzɛ pɾiˈmejɾu /

A ― **Camões e Pombal são portugueses ?**　/ kɐˈmõȷ̃z i põˈbał ˈsɐ̃w̃ puɾtuˈgeziʃ ǀ kaˈmõȷ̃z‿i põˈbaw ˈsɐ̃w̃ poɾtuˈgezis /

B ― **São.**　/ ˈsɐ̃w̃ /

*　　*　　*

C ― **Tu és portuguesa ?**

/ ˈtu ˈɛʃ puɾtuˈgezɐ ǀ ˈtu ˈɛs poɾtuˈgeza /

D ― **Sou.**　/ ˈso /

C ― **Ele também é português ?**

/ ˈeli tɐ̃ˈbɐ̃ȷ̃ ˈɛ puɾtuˈgeʃ ǀ ˈeli tɐ̃ˈbẽȷ̃ ˈɛ poɾtuˈges /

D ― **É.**　/ ˈɛ /

C ― **Ah, então, vocês são portugueses ?**　/ ˈa ẽˈtɐ̃w̃ vɔˈseʃ ˈsɐ̃w̃ puɾtuˈgeziʃ ǀ ˈa ẽˈtɐ̃w̃ voˈses ˈsɐ̃w̃ poɾtuˈgezis /

D ― **Somos.**　/ ˈsomuʃ ǀ ˈsomus /

☞日本語訳は巻末 p.713参照。**Camões**：ポルトガル、ルネサンス期最大の詩人 Luiz Vaz de Camões (1524-1580)。叙事詩 Os Lusíadas を著す。**Marquês de Pombal**：ポンバル侯爵 Sebastião José de Carvalho e Melo (1699-1782)。国王ドン・ジョゼーの宰相。リスボン大震災（1755）で壊滅した首都再建等、諸改革に辣腕を振った。

5.1. 動詞の活用

動詞は、人称（1、2、3人称）と数（単数、複数）によって変化するので、各時称[33]について6とおりに活用します。代表的な叙述動詞のひとつ、ser の直説法・現在形の活用は以下のとおりです。[34] 不規則活用です。

■ ser

	単　数		複　数	
1人称	sou	/ 'so /	somos	/ 'somuʃ ǀ 'somus /
2人称	és	/ 'ɛʃ ǀ 'ɛs /	sois	/ 'sojʃ ǀ 'sojs /
3人称	é	/ 'ɛ /	são	/ 'sẽw̃ /

5.2. 形容詞

形容詞は男性形、女性形があり、それぞれに単数形と複数形があります。[35]

単数		複数	
男性形	女性形	男性形	女性形
japonês	japonesa	japoneses	japonesas

33　時制ともいう。本書では「時称」を使います。直説法について詳しくは7.3. 直説法の時称体系, p.104参照。
34　その他の叙述動詞については、7.4. 主要な叙述動詞：ser と estar, p. 106、8.4. 叙述動詞 ficar の用法, p.134参照。
35　6.3. 形容詞の性と数, p.88参照。

第1週 第5日

　形容詞は名詞を修飾し、その意味を限定します。限定形容詞は、一般に限定する名詞の性・数に一致し、その名詞の後に置かれます。[36]

　　poeta português　ポルトガル人の詩人

　　torres brancas　白い塔

　形容詞は叙述動詞やある種の自動詞とともに主格補語として主語の属性や状態をあらわします。叙述形容詞として用いられる形容詞は主語の性・数に一致します。[37]

　　Ela é japonesa.　彼女は日本人です。

　　Eles são japoneses.　彼らは日本人です。

5.3. 人称代名詞と敬称代名詞

　人称代名詞主格形には、1人称、2人称、3人称の各人称につき単数・複数があります。

	単　数		複　数	
1人称	**eu**	/ ˈew /	**nós**	/ ˈnoʃ | ˈnɔs /
2人称	**tu**	/ ˈtu /	**vós**	/ ˈvoʃ | ˈvɔs /
3人称	**ele**	/ ˈeli | ˈeli /	**eles**	/ ˈeliʃ | ˈelis /
	ela	/ ˈɛlɐ | ˈɛla /	**elas**	/ ˈɛlɐʃ | ˈɛlas /

　上記のとおり、規範的には自称詞（話し手）に対する対称詞（聞き手）としての人称代名詞は2人称の語に限られ、tu と vós の2種のみです。その他にも対称詞として機能する、さまざまな敬称代名詞があり、これらはすべて文法的には3人称の語です。代表的な敬称代名詞は以下のとおりです。[38]

36　6.2. 形容詞の位置, p.87, 6.6. 名詞と形容詞の性・数の一致, p.95参照。
37　6.6. (3)補語としての形容詞, p.96, 18.5. 主格補語, p.337参照。目的補語としての叙述形容詞については、18.6. 目的格補語をとる動詞, p.338参照。
38　本書で言語活動上の機能から話し手を自称詞、聞き手を対称詞、それらを除いたものを他称詞とするのは、池上（1987）に従います。他称詞のうち、

71

敬称代名詞単数（3人称単数）	敬称代名詞複数（3人称複数）
você /vɔˈse | voˈse/	**vocês** /vɔˈseʃ | voˈses/
o senhor /u siˈɲor | u seˈɲor/	**os senhores** /uʃ siˈɲoriʃ | us seˈɲoris/
a senhora [39] /ɐ siˈɲorɐ | a seˈɲora/	**as senhoras** /ɐʃ ziˈɲorɐʃ | as seˈɲoras/
a menina (Pt.) /ɐ miˈninɐ/	**as meninas** (Pt.) /ɐʒ miˈninɐʃ/

　敬称代名詞が文の主語になると、それぞれの文法的人称・数にしたがって述語動詞の形式が選ばれます。これが、いわゆる主語と述語動詞の一致です。

5.4．文法的人称・機能的人称

　人称代名詞、敬称代名詞をまとめて、文法的人称による分類（表1）と機能的人称による分類（表2）とを比較してみましょう。

文法的人称による分類（表1）

	単数	複数
1人称	eu	nós
2人称	tu	vós
3人称	ele, ela, você o senhor a senhora etc.	eles, elas, vocês os senhores as senhoras

---

ある程度の丁寧さ、敬意を含むものを敬称代名詞、親しい相手に対して用いるものを親称代名詞と呼びます。

39　ポルトガルでは既婚・未婚を問わず成人の女性に対しては senhora が用いられます。特に若い女性に対しては menina を用いることもあります。ポルトガルでは senhorita は用いません。ブラジルでは呼びかけるときの呼格として、既婚女性には senhora、未婚女性には senhorita /seɲoˈrita/ を使います。しかし主語としては senhorita ではなく senhora を使います。menina は使いません。ex. Senhorita Mendes, a senhora estuda em França？(Br.)

第1週 第5日

機能的人称による分類（表2）[40]

	単数	複数
自称詞 (話し手)	eu (1. sg.) o pai (3. sg.) etc.	nós (1. pl.) a gente (3. sg.) etc.
対称詞 (聞き手)	tu (2. sg.) você (3. sg.) o senhor (3. sg.) a senhora (3. sg.) etc.	vós (2. pl.) vocês (3. pl.) os senhores (3. pl.) as senhoras (3. pl.) etc.
他称詞 (その他)	ele (3. sg.) ela (3. sg.) o rapaz (3. sg.) o professor (3. sg.) etc.	eles (3. pl.) elas (3. pl.) os rapazes (3. pl.) os professores (3. pl.) etc.

　自称詞、すなわち話し手である自分自身のことを3人称単数の語で表すこともあります。話者本人が、自分自身のある属性をとりたてて述べる場合、主語は3人称単数の名詞となり、動詞はそれに一致して3人称単数形をとることになります。

　— O Professor Ribeiro é muito exigente, está bem? リベイロ先生は厳しいですからね。

　— O pai vai em frente. Vocês vêm depois, está bem? お父さんは先に行っているよ。お前たちはあとでおいで。

　— Quem fala? どちら様ですか（電話で）。— Fala o João Pereira. ジョアン・ペレイラでございます（電話で）。

　— Escuta. O pai é japonês. よくお聞き。お父さんは日本人なんだ。

40　略号の意味は以下のとおり。1.sg.＝1人称・単数、3.pl.＝3人称・複数、etc. 以下同様。

5.5. 主格の親称代名詞：tu — vós, vocês | você — vocês

ヨーロッパのポルトガル語では一般的な親称代名詞は tu です。機能的にはポルトガルにおける親称代名詞 tu の複数形は、vocês がおおむね標準的と言ってよいでしょう。すなわち tu で呼ぶような親しい相手が目の前にふたり以上いるとき、その人たちをまとめて vocês として扱います。ポルトガル北部では、この場合 vós を用いるのがひろく一般的です。

ブラジルの口語では一般的な親称代名詞は você です。口語で tu が用いられる場合もありますが、文法的に多くの場合 3 人称単数の語として扱われます。ブラジルにおける tu の使用は地域的には主に南部および北部の非都市部に限定されており、標準的口語から乖離したものという意識も強く、社会的な使用域も限定されています。また、vós は一般的な口語では用いられません。[41]

ヨーロッパのポルトガル語における você は標準的には親称代名詞の一種とも言えますが、北部では一種の敬称代名詞としてもひろく用いられます。しかし標準的にはブラジルほど一般的ではありません。本来 o senhor / a senhora の敬称代名詞で扱うべき場合に você を用いることを非常に嫌う面もあるので、使用は慎重にすることが望ましいでしょう。ポルトガルでは親称代名詞に準ずる、〔定冠詞＋名前〕が好んで用いられます。

— A Paula é portuguesa ou brasileira?　パウラさんはポルトガル人ですか、それともブラジル人ですか。

ブラジルではこのような場合、名前を呼び、そのあとで você を用います。

— Paula, você é portuguesa ou brasileira?　パウラさん、あなたはポルトガル人ですか、それともブラジル人ですか。

---

[41] 標準口語、常用口語については22.2. 命令文：主語と動詞の形式, p.403 参照。

第 1 週 第 5 日

　敬称代名詞は一般的な o senhor, a senhora などを除き、使用対象が限定されています。敬称代名詞として何を用いるべきかが、対称の社会的地位・機能により固定している場合も多いのです。たとえば、大学の学長には Vossa Magnificência (V. Mag^a)、政府高官に対しては、Vossa Excelência (V. Exª) などです。さまざまな場合がありますから、その都度調べる必要があります。以上を簡単にまとめると以下の表のようになります。

対称詞をあらわす人称代名詞

対称詞	Pt. / Br.	単　数	複　　数
親称	ポルトガル	tu você o João, etc.	vocês
	ブラジル	você etc.	vocês
敬称	ポルトガル ブラジル	o senhor a senhora etc.	os senhores as senhoras etc.

N.B. vós の用法について

①現代では対称詞・単数としては、神、聖人に限られます。
　Dizei-me vós, Senhor Deus!　神よ、私に言いたまえ。
②ポルトガル、ブラジルを問わず格式張った演説などでは、vós が複数の対称詞に対して用いられることもあります。
　A vós portugueses, quero comunicar estas palavras.　ポルトガル国民の皆様へ、このことばを告げたいのです。
③古ポルトガル語、あるいは古文を真似た古風体の文章においては、ひとりの相手に対して、高い敬意をあらわす対称詞として用いられる。時代劇などの台詞でもよく用いられます。動詞は 2 人称複数形をとりますが、主格補語の形容詞の数は単数で一致します。
　Senhor, vós sois muito gentil.　貴殿はまことに親切なお方であられます。

5.6. 主語の省略

ポルトガル語では文脈からわかる場合、とりわけ動詞の活用によって明らかな場合は主語を敢えて表現しない傾向があります。主語を述べることにより、「他でもない…が」と、主語を強調した意味となります。

Eu tomo café. 僕がコーヒーを飲むのです。
c.f. Tomo café. 僕はコーヒーを飲みます。
Nós somos japoneses. 僕らが日本人なんですよ。
c.f. Somos japoneses. 僕らは日本人です。

5.7. 疑問詞 quem の用法

(1) **主語として**：人間あるいは擬人化されたものについて尋ねる疑問文において用いられます。性・数変化しません。関係代名詞との区別のため、ほかの疑問詞と同様、口語では一般的に疑問詞の直後に é que を加えます。[42] 疑問詞の前に前置詞が置かれる場合もあります。

― Quem é que lê este livro? 誰がこの本を読むでしょうか。
― Quem te parece que seja? 誰だろうね。

(2) **目的語として**：人間を目的語とする動詞の場合です。前置詞を介する場合、前置詞は必ず文頭に置かれます。

― Quem é que o vai informar sobre o assunto? 誰がその件についてあなたに知らせてくれるのですか。
― A quem é que queres enviar esta carta? 君はだれにこの手紙を送ろうというんだい。
― Com quem deseja falar? どなたにご用でしょうか。

---

42 10.7. 関係代名詞 quem の用法, p.182参照。

第1週 第5日

(3) **補語として**：ser 動詞の補語として、前置詞をともなう場合は、前置詞は文頭に置かれます。
— Quem é que é ele? É funcionário ou visitante? あの人は誰ですか。職員ですかそれともお客さんですか。
— Quem é que são eles? São funcionários ou visitantes? あの人たちは誰ですか。職員ですかそれともお客さんですか。
— De quem é este livro? この本は誰のだろう。

5.8. 文の種類
(1) **平叙文―肯定文と否定文**：肯定文の動詞の直前に否定辞 não を置くことで否定文となります。[43]

O rapaz **é** brasileiro. その青年はブラジル人です。
O rapaz **não é** brasileiro. その青年はブラジル人ではありません。

N.B. 否定文に続けて肯定文で述べる場合、「……ではなく……である」と言う意味は、não... mas (sim) ... と表現します。
　Ele **não** é brasileiro, **mas sim** japonês. 彼はブラジル人ではなく日本人です。
　否定文に続けてさらに否定文で述べる場合、「……でも……でもない」と言う意味は、não... nem... と表現します。
　Não sou aviador **nem** motorista. 私はパイロットでも自動車運転手でもありません。

(2) **疑問文**：平叙文と疑問文（一般疑問文・選択疑問文）との区別は音調によります。[44] 特別な統語的手段はありません。正書法上は、疑問文の文末に疑問符をつけます。特殊疑問文につい

---
[43] 否定辞 não を用いないで否定の意味をあらわす場合もあります。例：Sei lá!（＝Não sei.) また、とくにブラジルのくだけた口語では否定辞 não を動詞の直後に置くこともあります。例：Sei não.（＜Não sei, não.)
[44] 4.2. 平叙文と疑問文：音調の役割, p.50参照。

ては、それぞれの疑問詞の項を参照。[45]
a) 肯定の疑問文
― O homem é japonês.　あの男の人は日本人です。
― O homem é japonês?　あの男の人は日本人なんですか。
b) 否定の疑問文
― Ela não é espanhola.　あの女性はスペイン人ではありません。
― Ela não é espanhola?　あの女性はスペイン人じゃないんですか。

N.B.　文頭に Será que ... をもつ疑問文：文頭から疑問文であることを明確にあらわす疑問文です。口語で頻繁に用いられます。[46]
― Será que ele é japonês?　彼は日本人なんですか。

(3) 疑問文に対する返答
a) 肯定の場合は主語にみあった活用で主動詞を繰り返すのが原則です。肯定の副詞 sim を加えると、意味が強調されます。
― O rapaz é brasileiro?　あの青年はブラジル人ですか。
　― É.　ええ。
　― É, sim.　ええ、そのとおりです。
― Vocês são japonesas?　君たちは日本人ですか。
　― Somos.　はい。
　― Somos, sim. (Sim, somos.)　はい、そのとおりです。
b) 否定の場合は、Não とまず述べ、動詞の直前に否定辞 não を加え、主語にみあった活用の動詞を用いて答えます。

---
[45] quanto 4.1., p.50、quem 5.7., p.76、onde 6.8., p.98、que 7.10., p.115、como 7.11., p.116、quando 7.12., p.117、qual 10.5., p.177。
[46] 16.7. 蓋然性の表現 (2) b), p.305参照。

第 1 週 第 5 日

— O rapaz é brasileiro?　あの青年はブラジル人ですか。
　—Não, não é.　いいえ、そうではありません。
— Vocês são japonesas?　君たちは日本人ですか。
　—Não, não somos.　いいえ、ちがいます。
— Vocês são japonesas?　君たちは日本人ですか。
　—Ela sim, mas eu não sou. Sou macaense.　彼女はそうですが私は違います。私はマカオ人です。

N.B.　否定疑問文に対する返答は、英語等の場合と同様、日本語の「はい、いいえ」とポルトガル語の "sim, não" の関係が逆になるので注意が必要です。

— O rapaz não é brasileiro?　あの青年はブラジル人ではないのですか。
　— É, sim. É brasileiro.　いいえ、ブラジル人です。
　— Não. Não é brasileiro.　ええ、ブラジル人ではありません。

5.9. 付加疑問 — 1 [47]

付加疑問は、主文で述べた主題となる内容にかんして、話し手が聞き手に、何らかの付随的な意図を伝える機能を果たします。

(1) **肯定文への付加疑問**：文末に否定疑問文を加えます。以下の3とおりの可能性があります。基本的に主文を通常の平叙文として、付加疑問の部分を疑問文の音調で発音します。[48]

a)　否定辞 não + 主動詞：最も普通の付加疑問です。
　— Gostou do filme, **não gostou?**　映画は気に入ったんでしょう？
　— Os senhores são de Tóquio, **não são?**　あなた方は東京の方ですね？

47　12.7. 付加疑問— 2, p.232参照。
48　4.2. 平叙文と疑問文：音調の役割、(2) 疑問文, p.51参照。

— Eles falaram do assunto, **não falaram?** 彼らはその件を話したんですよね？

b) 否定辞 não + 代動詞 ser（主動詞の時称に一致した3人称単数形）：ser 動詞は主文の主語の人称・数にかかわらず3人称単数にして用います。

— Ontem comemos o bolo, **não foi?** 昨日ケーキを食べたよね？

N.B. この例では comemos が直説法・過去形なので、代動詞の ser も同様の時称、ただし単数形の foi が用いられます。

c) 否定辞 não + ser の直説法・現在・3人称単数形：主動詞の人称・数・時称には関係なく常に直説法・現在・3人称単数形を用います。

— Emigraram para França, **não é?** あの人達はフランスに出稼ぎに行ったんでしょう？

ポルトガルでは主動詞の時称にのみ一致した代動詞 ser に代動詞として汎用性があり半過去形も付加疑問として用いられますが、ブラジルのポルトガル語では ser の半過去形は一般に代動詞として用いられません。

— Os senhores gostavam de falar do assunto, **não era?**
皆さんはその件をお話しになりたかったんですよね (Pt.)？

N.B. なお、ser 動詞の直説法・現在・3人称単数形を用いる付加疑問 «não é» は、本文の動詞の時称・人称を選ばずに用いることができます。

— O senhor é de Tóquio, **não é?** あなたは東京の方ですね？
— Os senhores são de Tóquio, **não é?** あなた方は東京の方ですね？
— Os senhores gostavam de falar do assunto, **não é?** あなた方はその件についてお話しになりたいのですね？[49]

第1週 第5日

— Os alunos falaram do assunto, **não é**?　生徒たちはその件について話したのですね？

(2)　**否定文への付加疑問**：否定の返答を期待して念を押すような場合に用います。ポルトガルとブラジルでは形式が異なります。
【ポルトガル】
付加疑問文 «pois não?» を付加します。基本的な音調は、本文を通常の平叙文として、付加疑問の部分を疑問文の音調、すなわち昇調で発音します。[50] 返答としての «pois não» は平叙文として降調で発音します。

— O rapaz não é brasileiro, **pois não**?　その青年はブラジル人ではないんでしょう？　—Pois não.　ええ、そうじゃありませんよ。

ポルトガルでは、主動詞の肯定形を付加する方法もあります。

O senhor não gosta de peixe, **pois não**?　魚はお好きではなかったんですよね。

O senhor não gosta de peixe, **gosta**?　魚はお好きではなかったんでしたっけ。

前者では単に否定文の内容、話者の判断に念を押し「…ではないんでしょう？」という意味をあらわしますが、後者では疑問の意味をやわらげ「…ではないんでしたっけ？」と、相手の気持ちに配慮して表現しています。

N.B.　ブラジルでは «pois não» はポルトガルとは異なった文脈で用いられ、反語的に強い肯定をあらわします。

— Posso entrar?　入って良いですか。　—**Pois não**!　どうぞ！

49　半過去 "gostavam" は一種の丁寧表現。18.3. 直説法・半過去形の用法 (6), p.334参照。
50　4.2. 平叙文と疑問文：音調の役割、(2) 疑問文 a), p.51参照。

ポルトガル語四週間

【ブラジル】
　ブラジルでは肯定文の付加疑問と対称的に、主動詞を含む肯定文を文末に付加するという方法が一般的です。基本的な音調は、本文を通常の平叙文として、付加疑問の部分を疑問文の音調、すなわち降昇降調で発音します。[51]
　— Você não aceitou o dinheiro, **aceitou ?**　君はその金を受け取ったんじゃないだろうね？　—Não, não aceitei.　うん、受け取っちゃいないよ。

(3)　**その他の付加疑問**：主なものは以下の通りです。
　a)　ser 動詞を用いて
　　　話し手が発話の内容に対して、驚き、賞賛、皮肉、怒り、などの気持ちを込めるとき、肯定文か否定文かにかかわらず代動詞 ser の3人称単数形を、本動詞の時称に一致させて付加することがあります。
　— O homem anda de bicicleta, **é !?**　あの男が自転車に乗ってるんですか？
　— Então você ainda não falou com ele, **foi / é !?**　じゃあまだ彼と話をしてないってことかい？
　念を押しつつ訊ねる場合、isso で文の内容を受けて以下のように表現することもあります。
　— Então, o médico já regressa ao país, **é isso ?**　すると、その医師はもう帰国する、というわけですね？
　b)　動詞句の場合
　　　助動詞と動詞との連鎖も含めて、動詞が二つ以上連続する場合は、動詞句の最初の動詞を同じ形式のまま não とともに繰り返します。

51　4.2. 平叙文と疑問文：音調の役割、(2) 疑問文 a), p.51参照。

第1週 第5日

— Tu podes entregar este livro ao senhor Mendes, **não podes？** この本をメンデスさんに渡してくれないかい？
— Mas ela costuma cantar sozinha, **não costuma？** でも、彼女はふだんソロで歌うんじゃない？
— Queres tentar pedir um copo da água em japonês, **não queres？** 日本語で水を一杯頼んでみてくれないかい？
— O João sempre vai estudar em Salamanca, **não vai？** ジョアンはやはりサラマンカで勉強するんだね？
— A senhora estava ₁₁a falar | falando₁₁ ao telefone, **não estava？** 奥さん電話で話していたんじゃありませんか。[52]

5.10．引用符

著作名、語、表現などを引用する場合に用います。引用符は"……"あるいは、«……»が用いられます。[53]

 uma expressão famosa de «Os Lusíadas» 『ルシタニアの人々』にある、有名な一表現
 uma versão cinematizada de "Uma abelha na chuva" 『雨の中の蜜蜂』の映画化作品

5.11．数詞の用法（21〜100）：基数詞と序数詞

アラビア数字	ローマ数字	基数詞	序数詞
21	XXI	vinte e um	vigésimo primeiro
22	XXII	vinte e dois	vigésimo segundo
23	XXIII	vinte e três	vigésimo terceiro
24	XXIV	vinte e quatro	vigésimo quarto

---
[52] 12.2．現在分詞をともなう動詞迂言表現, p.215を参照。
[53] 21.6．引用符の用法, p.393を参照。

25	XXV	vinte e cinco	vigésimo quinto
26	XXVI	vinte e seis	vigésimo sexto
27	XXVII	vinte e sete	vigésimo sétimo
28	XXVIII	vinte e oito	vigésimo oitavo
29	XXIX	vinte e nove	vigésimo nono
30	XXX	trinta	trigésimo
40	XL	quarenta	quadragésimo
50	L	cinquenta	quinquagésimo ｜ qüinquagésimo [54]
60	LX	sessenta	sexagésimo
70	LXX	setenta	septuagésimo ｜ setuagésimo [55]
80	LXXX	oitenta	octogésimo
90	XC	noventa	nonagésimo
100	C	cem / cento	centésimo

5.12. 練習問題(5)

Ⅰ. 以下の文のかっこ内を ser 動詞の直説法・現在形の適当な形で埋め日本語に訳しなさい。意味をよく考えつつ音調に留意して繰り返し音読しましょう。

1. ― O senhor ( ) brasileiro? ― Não. ( ) moçambicano.
2. ― Eu ( ) japonesa. E a senhora? ―( ) brasileira.
3. ― Vocês ( ) japoneses? ―( ), sim.
4. ― Quem ( ) Eça de Queirós? ( ) um poeta? ― Não. ( ) escritor.
5. ― Há umas quinze pessoas na sala. Quem ( )? ( ) alemães?

---

[54] quinquagésimo / kĩkuɐˈʒɛzimu / ｜ qüinquagésimo / kuĩkuaˈʒɛzimu /
[55] septuagésimo / sɛptuɐˈʒɛzimu / ｜ setuagésimo / sɛtuaˈʒɛzimu /

第1週 第5日

II．以下の文を日本語に訳し、意味をよく考えながら音調に留意して繰り返し音読しましょう。
1. Ele é brasileiro.
2. A senhora é brasileira ou portuguesa?
3. Vocês são chineses?
4. Ela é chinesa ou japonesa?
5. Tu és português?

III．以下の文に適当な付加疑問をつけて日本語に訳しなさい。付加疑問の有無によってどのように意味が違うかを考えつつ音調に留意して繰り返し音読しましょう。
1. Vocês são portugueses.
2. Os senhores não são japoneses.
3. Nós somos de Lisboa.
4. Ele não é de Paris.
5. Tu és de Coimbra.

IV．例に従って、以下の語をポルトガル語で書きあらためなさい。
例：32ª linha → trigésima segunda linha
1. XLVI Concurso
2. página 38
3. 82 pessoas
4. nº 25
5. 41 anos
6. 59 €
7. 98 dólares
8. 86º aniversário
9. 64ª reunião
10. 71ª testemunha
（解答例　p.646参照）

第 6 日

6.0. 読解

— **De onde é o senhor ?**　/ dɨ ˈõdɨ ˈɛ u sɨˈɲoɾ | dʒi ˈõdʒi ˈɛ u seˈɲoɾ /

— **Sou do Japão.**　/ ˈso du ʒɐˈpẽw̃ | ˈso du ʒaˈpẽw̃ /

— **E vocês ?**　/ i vɔˈseʃ | i voˈses /

— **Somos do Brasil.**　/ ˈsomuʒ du bɾɐˈziɫ | ˈsomuz du bɾaˈziw /

— **As senhoras são do Brasil ?**　/ ɐʃ sɨˈɲoɾɐʃ ˈsẽw̃ du bɾɐˈziɫ | as seˈɲoɾas ˈsẽw̃ du bɾaˈziw /

— **Não, eu não sou. Sou de Moçambique.**　/ ˈnẽw̃ ˈew ˈnẽw̃ ˈso / / ˈso dɨ musẽˈbikɨ | ˈso dʒi mosẽˈbiki /

— **Eu sou. Sou brasileira.**　/ ˈew ˈso / / ˈso bɾɐziˈlɐjɾɐ | ˈso bɾaziˈlejɾa /

*　　*　　*

— **O livro grosso é a enciclopédia japonesa ?**　/ u ˈlivɾu ˈɡɾosu ˈɛ ɐ ẽsikluˈpɛdiɐ ʒɐpuˈnezɐ | u ˈlivɾu ˈɡɾosu ˈɛ a ẽsikloˈpɛdʒia ʒapoˈneza /

— **É, sim. E os catálogos grandes dos museus também são muito grossos.**　/ ˈɛ ˈsĩ / / i uʃ kɐˈtaluɡuʒ ˈɡɾẽdiʒ duʒ muˈzewʃ tẽˈbẽj ˈsẽw̃ ˈmũjtu ˈɡɾɔsuʃ | i us kaˈtaloɡuz ˈɡɾẽdʒiz duz muˈzews tẽˈbẽj ˈsẽw̃ ˈmũjtu ˈɡɾɔsus /

— **São baratos ?**　/ ˈsẽw̃ bɐˈɾatuʃ | ˈsẽw̃ baˈɾatus /

— **Não, não são.**　/ ˈnẽw̃ ˈnẽw̃ ˈsẽw̃ / **São caros.**　/ ˈsẽw̃ ˈkaɾuʃ | ˈsẽw̃ ˈkaɾus /

第1週 第6日

☞日本語訳は巻末, p.714参照。**Japão, Brasil, Moçambique**：国名およびその形容詞については巻末の補遺, p.638参照。

6.1. ser de の用法
所属、出身をあらわす表現です。
　Sou de Quioto.　私は京都の出身です。
　O brinquedo é dele.　おもちゃは彼のものです。

6.2. 形容詞の位置
　形容詞は名詞の直後に置かれて、先行する名詞の性質や状態を述べ名詞を限定します。形容詞のこうした用法を限定用法と呼びます。[56]
　　livro grosso　厚い本
　　paisagem linda　美しい景色
　N.B.　形容詞の位置と意味
①形容詞 bom (boa), mau (má) は通常、限定する名詞の前に置きます。
　　bom dicionário 良い辞書 .... boa nota 良い点数
　　bom estudante 優秀な学生 .... boa ocasião 都合の良い時
　　mau tempo 悪天候 .... má estrada 悪路
②限定する名詞の前に形容詞を置くと、句全体の第一強勢が名詞から形容詞に移り、形容詞の意味が強調されます。また、形容詞を名詞に後置する一般的で客観的な記述に対して、有標で主観的な記述になります。以下の例で第一アクセント / ' / と第二アクセント / ˌ / の位置を比較しましょう。
　　um ˈlivro ˌgrosso .... um ˈgrosso ˌlivro
　　uma paiˈsagem ˌlinda .... uma ˈlinda paiˌsagem

---
[56] 形容詞の叙述的用法については、6.6. (3) 補語としての形容詞, p.96を参照。

③形容詞には、限定する名詞に対して、前に置かれるか後に置かれるか、その位置によって意味が異なるものもあります。
homem grande 大男 .... grande homem 偉人
menino rico 裕福な少年 .... rico menino 可愛らしい少年
momento certo ちょうど良い時 ... certo momento とある時
comida simples 質素な食べ物 .... simples comida 単なる食べ物

6.3. 形容詞の性と数

形容詞は修飾する名詞の性と数に一致します。

	男性名詞	女性名詞
単数	catálogo grosso	enciclopédia grossa
複数	catálogos grossos	enciclopédias grossas

形容詞は基本的に男性形と女性形、それぞれの複数形、という4種類の形式を持ちます。辞書に登録されているのは男性・単数形ですから、意味を調べるときは、男性・単数形を知る必要があります。以下で形容詞の単数形・複数形の対応関係ならびに男性形・女性形の対応関係を学びましょう。

6.4. 形容詞の 単数形・複数形

名詞における単数形・複数形の対応関係に準じます。
(1) 語末が母音あるいは二重母音で終わる名詞の複数形：単数形の語末に **-s** を加える

単数形 　　　　　　複数形
casa pequena .... casas pequenas 　小さな家

(2) 語末が鼻母音、すなわち **-im** / ĩ /, **-em** / ẽj̃ | ẽj /, **-ã** / ẽ /, **-om** / õ /, **-um** / ũ / で終わる名詞の複数形：語末が **-ã** で終わる語には単数形の語末に **-s** を加えます。それ以外では、語末の **-m** を **-ns** に書き換える必要があります。

第 1 週 第 6 日

単数形	複数形	
refeição ruim	refeições ruins	ひどい食事
ave selvagem	aves selvagens	野鳥
alma sã	almas sãs	健康な心
remédio bom	remédios bons	適切な薬
sala comum	salas comuns	共通の大部屋

(3) 語末が二重鼻母音 **-ão** / ẽw̃ / で終わる形容詞の複数形については、名詞と同様です。[57]

(4) 語末が **-r, -z, -n** で終わる形容詞：複数形には **-es** を加えます。[58]

単数形	複数形	
tecido celular	tecidos celulares	細胞組織
fim feliz	fins felizes	ハッピーエンド

(5) 語末が **-al, -el, -ol, -ul** で終わる名詞：複数形では **-l** を **-is** に置き換えます。

単数形	複数形	
encontro acidental	encontros acidentais	偶然の出会い
cara terrível	caras terríveis	恐ろしい顔
livro espanhol	livros espanhóis	スペイン語の本
pano azul	panos azuis	青い布

(6) 語末が **-il** で終わる名詞：
a) 語末にアクセントがある名詞の複数形では **-l** を **-s** に置き換えます。

---
57 4.6. 名詞の数 (3), p.59を参照。
58 語末が **-n** で終わる形容詞はまれです。ex. homeoptóton

単数形　　　　　　　　複数形
construção civil .... construções civis　土木建築
indecisão juvenil .... indecisões juvenis　若さ故の優柔不断
b)　語末にアクセントがない形容詞の複数形では **-il** を **-eis** に置き換えます。
単数形　　　　　　　　複数形
exame fácil .... exames fáceis　簡単な試験
caso difícil .... casos difíceis　難しいケース

(7)　複合形容詞の場合、ハイフンのあとにある要素のみ性・数変化します。
amizade luso-brasileira .... estudos luso-brasileiros
ポルトガル・ブラジル友好　　　ポルトガル・ブラジル研究
poeta galaico-português .... canções galaico-portuguesas
ガリシア・ポルトガル語の詩人　ガリシア・ポルトガル語の歌

6.5. 形容詞の男性形・女性形
おおむね以下のような語末の形式的対応があります。
(1)　男性形と女性形とで形が異なる場合
a)　男性形、女性形がそれぞれ異なる形を持つ場合。
bom：boa　良い　　mau：má　悪い
b)　語末の形式が **-o** と **-a** で対応するもの。名詞と同様の関係がみられます。
belo：bela　美しい　　lindo：linda　とても美しい
brasileiro：brasileira　ブラジル(人)の
c)　男性形の語末が **-u, -ês, -or** の場合、女性形は男性形に **-a** を加えます。
cru：crua　生の　　japonês：japonesa　日本(人)の
encantador：encantadora　魅惑的な

第1週 第6日

N.B. 例外もあります。

① 語末が **-u** であっても国・民族を示す形容詞で **-u** のものは男女同型です。[59]

    hindu インドの   zulu ズールー人の

② 語末が **-ês** で男女同型のものもあります。

    modo cortês 慇懃な作法 .... palavra cortês 丁寧なことば

③ 語末が **-or** で男女同型のものもあります。形容詞の比較級および比較の意味をあらわす形容詞が主です。[60]

    melhor   pior   maior   menor   superior   inferior
    interior   exterior   anterior   posterior   ulterior

④ 男性形の語末が **-or** の形容詞は多くの場合女性形において **-ora** となります。多義的な形容詞は、女性形において意味の違いによって **-tora / -triz** あるいは **-ora / -eira** と形を分ける場合があります。

    efeito motivador .... actividade | atividade motivadora
    動機付け効果   動機を与える行動
    nervo motor .... coordenação motora
    運動神経   運動神経の統合
                            força motoriz 動力
    homem trabalhador ..... mulher trabalhadeira
    働き者の男   働き者の女
                            classe trabalhadora 労働階級

d) 男性形の語末が **-ão** の場合、女性形の語末は **-ã** あるいは **-ona** です。

    espírito são 健康な精神 .... vida sã 健康な生活
    menino chorão   .... menina chorona
       泣き虫の男の子   泣き虫の女の子

---

[59] -eu で終わるものについては6.5．形容詞の男性形・女性形 (1) e, p.92参照。
[60] 10.2．形容詞の比較級, p.169を参照。

restaurante coimbrão　　……　casa coimbrã
　　　コインブラのレストラン　　　コインブラの家
　　　sotaque beirão………………… sopa beirã
　　　ベイラ訛り　　　　　　　　　　ベイラ風スープ [61]
e)　男性形の語末が **-eu** / ew / の場合、女性形の語末は **-eia** / ɐjɐ / | **-éia** / ɛja /
　　　país europeu………………… língua　europeia | européia
　　　西欧の国家　　　　　　　　　　西欧の言語
　　　costume plebeu……………… festa plebeia | plebéia
　　　民衆的習慣　　　　　　　　　　民衆的祭り
　N.B.　女性形の語末が **-ia** のものもあります。
　　　　bairro judeu ユダヤ人居住区 ….. mulher judia ユダヤ人女性
　　　　sujeito sandeu 愚か者 ……………. moça sandia 愚かな娘

f)　男性形の語末が **-éu** の場合、女性形の語末は **-oa** です。
　　　vinho ilhéu　　　………………… música ilhoa
　　　島嶼地方の葡萄酒　　　　　　　島嶼地方の音楽

g)　語末の形式が **-o , -a** で対応するが、語幹の強勢母音に **-o-** を含む場合、母音の音変化をともなう一群の形容詞があります。これらの形容詞の強勢母音は、男性単数形においてのみ / o / で、そのほかは / ɔ / となります。

例：

grosso / ˈgrosu / ……………………… grossa / ˈgrɔsɐ | ˈgrɔsa /
grossos / ˈgrɔsuʃ | ˈgrɔsus / …… grossas / ˈgrɔsɐʃ | ˈgrɔsas /

名詞と同様、規則性がないので、単語ごとに学ばなくてはなりません。たとえば以下の語では強勢母音は変化しません。[62]

tronco oco / ˈoku / ………. palavra oca / ˈokɐ | ˈoka /

61　sopa beiroa という形もありますが、beirã が一般的です。
62　強勢母音の変化については、池上岑夫編『ポルトガル語発音辞典』1988 東京　参照。

第1週 第6日

うつろ木 　　　　　　　空しいことば
colchão fofo / ˈfofu / .... almofada fofa / ˈfofɛ | ˈfofa /
柔らかいマットレス 　　柔らかい枕

(2) 男性形と女性形とで形が同一の場合
  a) 語末が **-a** の場合。これらの多くが名詞と同形です。
   homem hipócrita .... mulher hipócrita
    偽善的な男 　　　　　　　　　　偽善的な女
   animal indígena .... planta indígena
    固有の動物 　　　　　　　　　　固有の植物
   produto agrícola .... política agrícola
    農産物 　　　　　　　　　　　　農業政策
   bairro lisboeta 　　　 .... canção lisboeta
    リスボンの市街区 　　　　　　　リスボンの歌
   escritor paulista 　　　 .... aldeia paulista
    サンパウロ州出身の作家 　　　　サンパウロ州の村
  b) 語末が **-e** の場合
   homem árabe アラブ人の男 .... língua árabe アラビア語
   encontro breve 短い会議 .... notícia breve 短信
   erro constante 　　　 .... pressão constante
    継続的なエラー 　　　　　　　　継続的圧力
   prato doce 　　　 .... palavra doce
    甘い食べもの 　　　　　　　　　やさしいことば
   estádio de futebol fluminense ..... baía fluminense
    リオサッカー場 　　　　　　　　リオデジャネイロ湾
   homem livre 自由民 .... nação livre 自由国家
  c) 語末が **-l** の場合。
   convite amável .... oferta amável
    親切な招き 　　　　　　　　　　有り難い申し出

93

céu azul 青い空................................ fita azul 青いテープ

amigo fiel .... máquina fiel
　頼りがいのある友　　　　　　　信頼できる機械

sintoma principal............................ figura principal
　主要な症状　　　　　　　　　　主要人物

N.B. 例外：
　hino espanhol スペイン国歌　bandeira espanhola スペイン国旗

d)　語末が **-ar**, **-or**（比較級のみ）の場合。

curso suplementar 補習授業 .... edição suplementar 付録

prisioneiro exemplar .... atitude exemplar
　模範囚　　　　　　　　　　　　模範的態度

número ímpar 奇数 .... voz ímpar 比類なき声

maior número .... maior casa
　さらに大きな数　　　　　　　　もっと大きな家

tamanho menor .... importância menor
　より小さいサイズ　　　　　　　より低い重要性

tribunal inferior .... obra inferior
　下級裁判所　　　　　　　　　　下等な作品

e)　語末が **-es**, **-z** および **-m** の場合。

um problema simples .... uma pessoa simples
　単純な問題　　　　　　　　　　素朴な人

um homem feliz .... uma solução feliz
　運の良い男　　　　　　　　　　上手い解決

um instrumento afim .... uma opção afim
　同様の楽器　　　　　　　　　　同様の選択

um vinho ruim ひどいワイン ..... uma estrada ruim 悪路

第1週 第6日

N.B. 例外

um homem andaluz .... uma casa andaluza
　アンダルシアの男　　　　　　アンダルシア風の家
um café bom .... uma comida boa
　美味しいコーヒー　　　　　　美味しい食べ物

6.6. 名詞と形容詞の性・数の一致

　形容詞が二つ以上の異なる名詞を限定する場合、名詞の性・数によってさまざまな場合があります。原則的には、形容詞が限定する名詞が複数あるわけですから、形容詞の数は複数形におかれます。[63] また、それらの名詞が女性名詞のみの場合は、形容詞は女性複数形におかれますが、それ以外の場合、すなわち男性名詞のみの場合および男性名詞と女性名詞両方が含まれる場合、形容詞は男性複数形におかれます。

　以下もっとも典型的な例を規範的規則に従って示します。組み合わせのすべての場合を尽くしてはいませんが、下記の例から容易に推測されるものは除いてあります。

(1) 形容詞が名詞に先行する場合

形容詞　　名詞1 ＋ 名詞2

m.sg.　　m.sg ＋ f.sg.　　alto espírito e inteligência
　　　　　　　　　　　　高貴な精神と知性

f.sg.　　 f.sg. ＋ m.sg.　　alta inteligência e espírito
　　　　　　　　　　　　高貴な知性と精神

m.pl　　m.pl ＋ f.pl　　　altos espíritos e inteligências
　　　　　　　　　　　　高貴な精神と知性

f.pl　　 f.pl. ＋ m.pl　　　altas inteligências e espíritos
　　　　　　　　　　　　高貴な知性と精神

---

[63] 規範にも揺れが認められることもあります。ここで示した規範に次ぐ優勢な規範は、ふたつ以上の名詞を修飾する形容詞は、近い名詞に性・数一致する方法です。ex. Curso de língua e cultura portuguesa.

(2) **形容詞が名詞の後に置かれる場合**

名詞1 ＋ 名詞2　　形容詞

m.sg.	+ m.sg.	m.pl.	um vestido e um chapéu escuros 暗色のドレスと帽子
m.sg.	+ f.sg.	m.pl.	o povo e a literatura portugueses ポルトガルの人と文学
m.sg.	+ f.pl.	m.pl.	o idioma e as tradições portugueses　ポルトガルの言語と伝統
f.sg.	+ f.sg.	f.pl.	a língua e a cultura portuguesas ポルトガルの言語と文化
f.sg.	+ m.sg.	m.pl.	uma saia e um chapéu escuros　暗色のスカート1着に帽子をひとつ
m.pl.	+ m.sg.	m.pl.	dois vestidos e um chapéu escuros 暗色のドレス2着に帽子をひとつ
f.sg.	+ m.pl.	m.pl.	a cultura e os falares portugueses ポルトガルの文化と言葉
f.pl.	+ m.pl.	m.pl.	as literaturas e os idiomas ibéricos イベリア半島の文学と言葉
f.pl.	+ f.sg.	f.pl.	as línguas e a civilização ibéricas イベリア半島の言語と文明
f.pl.	+ m.sg.	m.pl.	duas saias e um chapéu escuros 暗色のスカート2着に帽子をひとつ
f.pl.	+ m.pl.	m.pl.	duas saias e dois chapéus escuros 暗色のスカート2着に帽子をふたつ

(3) **補語としての形容詞**：形容詞が主語や目的語の性質・状態を述べます。形容詞は主語や目的語の性・数に一致します。[64] こうした形容詞の用法を叙述用法と呼びます。

64　形容詞の限定的用法については、6.2. 形容詞の位置, p.87を参照。

Os cadernos são grossos.　それらのノートはぶ厚い。
A porta e a janela são novas.　そのドアと窓は新しい。

(4) **主語が2語以上の名詞から成り立つ場合**
 a) 同じ性の名詞によって成り立つとき、補語の形容詞は主語の名詞の性・複数形です。
 O livro e o dicionário são grossos.　その本と辞書はぶ厚い。
 A mesa e a cadeira são velhas.　その食卓と椅子は古い。
 b) 性の異なる名詞から成り立つ場合：補語の形容詞は男性複数形です。
 O livro e a caneta são novos.　その本とペンは新しいです。

(5) **名詞を修飾する形容詞が2語以上ある場合**
 a) 形容詞は一般に3語まで名詞に後続することができます。
 os grupos sociais　社会集団
 os grupos sociais medievais　中世社会集団
 os grupos sociais medievais japoneses　日本中世社会集団
 b) 名詞を修飾する4語目の形容詞は名詞の前に置かれます。
 os principais grupos sociais medievais japoneses　主要な日本中世社会集団

6.7. その他のser動詞の用法
(1) **前置詞とともに**
 A solução é **com** o corpo docente.　解決は教授陣に関係することだ。
 Eles são **pelo** novo grupo político.　彼らはその新政治団体を支持している。
 Somos contra a proposta.　僕らはその提案に反対だ。
 Alguns **são a favor da** proposta.　その提案に賛成の人もいる。

(2) **代動詞として**：標準的には避けるべきですが、くだけた会話においては、代動詞として、肯定文の答えに単数形で時称に一致して用いられます。[65]

— A biblioteca abre às dez? 図書館は10時に開くの？
— **É.** うん。
— Ele falou com a Joana? 彼、ジョアナさんと話した？
— **Foi.** うん。

(3) **主語と補語の数が異なる場合**
Somos o Japão. 我々の国は日本です。

6.8. 疑問詞 onde の用法

場所を訊ねる特殊疑問文で用いられる疑問副詞です。
— **Onde** é que estão os meus óculos? 眼鏡はどこだろう。
— De **onde** é o senhor? お国はどちらですか。
Não sei **onde** é que fica a secretaria. 事務所がどこか分からない。
Sabemos de **onde** é que vêm trabalhar. どこから連中が働きに来てるのか知っています。

  N.B. その他にも、所在を尋ねる口語的表現があります。

    ポルトガルでは「Então, o que é feito de vocês? 君たち、一体どうしてたんだい (Pt.)」という場合の «o que é feito ...» が転じて、人・物の所在を訊ねる以下のような文もみられます。

    O que é feito do João? ジョアンはどこだ(Pt.)。
    O que é feito da minha viola? 僕のギターはどこだろう (Pt.)。

    ブラジルのくだけた口語特有の疑問詞に cadê という表現があります。これは Que é feito de ...? に由来する表現と言われます。

---

[65] これはあくまでもくだけた口語での語法です。標準的口語では、それぞれ "Abre, sim." "Falou, sim." とします。

第1週 第6日

ごくまれに quêde, quedê という形でも用いられます。
Cadê o João? ジョアンはどこだ(Br.)。
Cadê o violão? ギターはどこだろう(Br.)。

6.9. 数詞の用法（101〜1,000）：基数詞と序数詞

アラビア数字	ローマ数字	基数詞	序数詞
100	C	cem	centésimo
101	CI	cento e um	centésimo primeiro
110	CX	cento e dez	centésimo décimo
200	CC	duzentos	ducentésimo
300	CCC	trezentos	trecentésimo
400	CD	quatrocentos	quadringentésimo
500	D	quinhentos	quingentésimo｜qüingentésimo
600	DC	seiscentos	seiscentésimo, sexcentésimo
700	DCC	setecentos	septingentésimo｜setingentésimo
800	DCCC	oitocentos	octingentésimo
900	CM	novecentos	nongentésimo
1000	M	mil	milésimo

6.10. 数の表現（1,000以上）

ポルトガル語では位取りに、コンマ(,)ではなく読点(.)を用いるのが伝統的な方法です。

10.000 …… dez mil　万
100.000 …… cem mil　十万
1.000.000 …… um milhão　百万
10.000.000 …… dez milhões　千万
100.000.000 …… cem milhões　一億
1.000.000.000 …… mil milhões｜um bilhão (bilião)　十億
10.000.000.000 …… dez mil milhões｜dez bilhões　百億
100.000.000.000 …… cem mil milhões｜cem bilhões　千億
1000.000.000.000 …… um bilião｜um trilhão (trilião)　一兆

N.B.
①ポルトガルでは um bilião＝10^{12}（一兆）、ブラジルでは um bilhão ＝10^9（十億）です。

O Presidente pede mais de „76,5 mil milhões | 76,5 bilhões„ de dólares para o projecto.　大統領は同計画のため765億ドル以上を求める。

②位取りをするところ、すなわち読点(.)のあるところは何も置かず、それ以外のところには接続詞 e を入れて読みます。

75.432.123：setenta e cinco milhões quatrocentos e trinta e dois mil cento e vinte e três.

ただし、位取りの読点と読点のあいだにある3桁の数のうち1つの桁しか数がない場合は、読点のあるところに接続詞 e を置いて読みます。

54.500：cinquenta e quatro mil e quinhentos
54.050：cinquenta e quatro mil e cinquenta
54.005：cinquenta e quatro mil e cinco

③小数点には、コンマを用います。コンマは vírgula と読みます。

78,17：setenta e oito vírgula dezassete | dezessete

N.B.　ポルトガルでは位取りに読点を置かず、単にスペースを置く方法も見られます。

Os activos do Grupo ascendiam, no final de 2003, a 12 907 milhões de euros.　同グループの資産は2003年度末に129億700万ユーロに達した。

6.11. 概数

それぞれの位の数をあらわす dezena, centena, などの語は、実数を表わすこともありますが、多くの場合、特に複数形では概数を表わします。

10：Dezenas de alunos estavam em frente da secretaria.　何十人かの学生が事務局の前にいた。

100：Centenas de estudantes comem diariamente na cantina | bandejada.　何百人もの学生が学生食堂で毎日食事をしている。

1.000：Milhares de pessoas manifestaram-se na rua.　町では示威行動をした人が何千人といた。

10.000：Dezenas de milhar de passageiros tiveram de passar uma noite dentro de carruagens com má ventilação.　何万人もの乗客が、換気の良くない車両の中で一夜を過ごさねばならなかった。

100.000：Duas centenas de milhar de espectadores encontravam-se no estádio.　二十万の観客がスタジアムにいた。

1000.000：Milhões de tijolos foram utilizados para erguer a torre.　幾百万の煉瓦がその塔を建てるのに用いられた。

6.12. 練習問題(6)

Ⅰ．以下の文のかっこ内をser動詞の直説法現在の適当な形で、[　]内を指定の日本語にしたがって、それぞれ適語で埋め日本語に訳しなさい。意味をよく考えながら音調に留意して繰り返し音読しましょう。

1. ―De onde (　) o senhor？ ―(　) do [日本].
2. ―Quem (　) tu？ ―(　) o João.
3. ―Ela (　)[学生] japonesa. E tu？ ―(　) também [学生].
4. ―Eles (　)[職員] ou [教員]？ ―(　)[職員].
5. ―Nós (　) de Tóquio. E vocês？ ―(　) de Portalegre, de Portugal.

II．以下の＋記号で繋がれた名詞と形容詞について、例に従って名詞に定冠詞を付けて複数にした上、後続する形容詞を名詞に一致させて書きなさい。日本語に訳しなさい。意味を考えつつ、語末の複数の -s の発音に注意して繰り返し音読してみましょう。

例：copo＋pequeno → os copos pequenos

1. saco＋grande
2. faca＋afiado
3. mesa＋redonda
4. porta＋férreo
5. assunto＋familiar
6. gaveta＋largo
7. laranja＋fresco
8. maneira＋profissional
9. lápis＋comprido
10. estudante＋trabalhador

III．以下の＋記号で繋がれた名詞句と形容詞について、例に従ってまず名詞に冠詞を付け、後続する形容詞を名詞句に一致させて書きなさい。日本語に訳しなさい。意味を考えつつ、繰り返し音読してみましょう。

例：língua e cultura＋japonês
　→ a língua e a cultura japonesas　日本の言語と文化

1. usos e costumes＋local
2. trajes e utensílios＋baiano
3. prato e falar＋típico
4. chapéu e sapatos＋escuro
5. fotografia e caricatura＋ultrapassado

IV．例に従って、以下の語をポルトガル語で書きあらためなさい。

例：123º candidato → centésimo vigésimo terceiro candidato

1. 518 JPY
2. 780 R$
3. 265 exemplares
4. 475ª cerimónia | cerimônia
5. 1964
6. 789 €
7. MDCLIV
8. MDCCCXCIX
9. MCMLXXIV
10. MCCLIX

（解答例　p.648参照）

第 7 日

7.0. 読解

Teresa— Olá, Maria. Sou a Teresa.

Maria — Como estás, Teresa?

Teresa— Estou bem, obrigada. Por acaso, a Luísa ainda está aí contigo?

Maria — Não. Ela está no Café Internacional a esta hora.

Teresa— Ela não está ali no Café. Eu, o José e mais um amigo meu estamos à procura dela.

Maria — Onde é que estão agora?

Teresa— Estamos no outro lado do Café. Em frente do correio.

             *   *   *

Rui — Ah, essa chave aí é do seu novo carro?

Paulo — Não. A chave do carro é esta.

Rui — Onde é que está o seu carro?

Paulo — Está aqui neste parque de estacionamento. E a sua bicicleta?

Rui — A minha bicicleta? Está ali na rua em frente da livraria.

Paulo — Ah, aquela vermelha ali é a sua?

Rui — É, é.

☞日本語訳は巻末 p.714参照。 **estás, está, estou, estamos, estão**：動詞 estar の直説法・現在形。活用は以下の7.4. を参照。 **é que**：疑問詞で始まる特殊疑問文におかれる強調。7.6. を参照。 **estamos à procura dela**：estar à procura de ... ＝……を捜している。

7.1. 動詞の活用

ポルトガル語の動詞は一般に法(直説法・接続法・命令法)、時称(過去形・現在形・未来形、など)人称(1人称・2人称・3人称)、数(単数・複数)、によって異なる形をとります。他のロマンス諸語と同じく、ひとつの動詞について活用形が数十におよぶので、はじめは困難を感じることもあるでしょう。しかし、それぞれの活用形のあいだには、派生による有機的な関連があり、親しむにつれ記憶の負担は軽減します。

7.2. 直説法

話者がある状況を現実のものとみなす場合、これを直説法であらわします。この意味において、他の法、すなわち接続法および命令法とは異なります。[66]

7.3. 直説法の時称体系

伝統的に直説法の時称体系は以下のようにまとめられます。

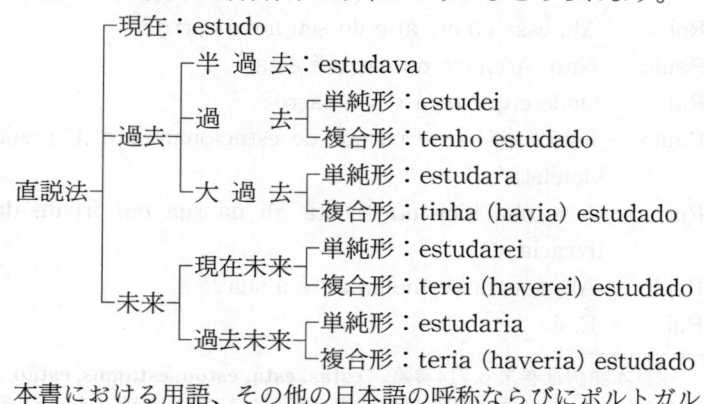

```
            ┌現在：estudo
            │        ┌半 過 去：estudava
            │        │         ┌単純形：estudei
            ├過去────┼過   去──┤
            │        │         └複合形：tenho estudado
直説法──────┤        │         ┌単純形：estudara
            │        └大 過 去──┤
            │                   └複合形：tinha (havia) estudado
            │        ┌現在未来──┬単純形：estudarei
            │        │          └複合形：terei (haverei) estudado
            └未来────┤
                     │          ┌単純形：estudaria
                     └過去未来──┤
                                └複合形：teria (haveria) estudado
```

本書における用語、その他の日本語の呼称ならびにポルトガル

---

[66] 接続法の定義：23.1. 従属節における接続法, p.418参照。命令法の定義：14.3. 命令法, p.265参照。

第1週 第7日

語の用語の対応は以下のとおりです。[67]
- 現在形………Presente (*estudo*)
- 半過去形……Pretérito imperfeito (*estudava*)
　　　　　　　他の名称：未完了過去、線過去、不完全過去
- 過去形………Pretérito perfeito simples (*estudei*)
　　　　　　　他の名称：完了過去、点過去、完全過去
- 複合過去形…Pretérito perfeito composto (*tenho estudado*)
　　　　　　　他の名称：複合完了過去、複合完全過去
- 大過去形……Pretérito mais-que-perfeito
　　　　　　　必要に応じて大過去単純形 (Pretérito mais--que-perfeito simples — *estudara*) と大過去複合形 (Pretérito mais-que-perfeito composto — *tinha estudado, havia estudado*) を区別します。
- 未来形………Futuro do presente (*estudarei*)
　　　　　　　単純形 (Futuro do presente simples) を単に未来形と呼び、複合形 (Futuro do presente composto — *terei estudado*) を複合未来形と呼び区別します。
- 過去未来形…Futuro do pretérito
　　　　　　　ポルトガルでは条件法 (Modo Condicional) と呼び、異なる叙法としますが、本書ではブラジルの用語に準じます。過去未来単純形 (Futuro do pretérito simples — *estudaria*) を単に過去未来形とよび、過去未来複合形 (Futuro do pretérito composto — *teria estudado, haveria estudado*) を複合過去未来形と呼び区別します。

---

[67] ポルトガル語の時称の名称の異同、日本語の用語に関しては彌永 (1992) 参照。

7.4. 主要な叙述動詞：ser と estar

語彙的な意味を欠き、主語と補語を結びつけることを主なる機能とする動詞を叙述動詞と呼びます。[68] 最も主要な叙述動詞は ser, estar および ficar です。estar の直説法・現在形の活用は以下のとおりです。[69] 活用からみると、ser と estar は不規則動詞です。

■ estar

1.sg.	**estou**	/ iʃˈto | esˈto /
2.sg.	**estás**	/ iʃˈtaʃ | esˈtas /
3.sg.	**está**	/ iʃˈta | esˈta /
1.pl.	**estamos**	/ iʃˈtamuʃ | esˈtamus /
2.pl.	**estais**	/ iʃˈtajʃ | esˈtajs /
3.pl.	**estão**	/ iʃˈtẽw̃ | esˈtẽw̃ /

7.5. 叙述動詞、ser と estar の用法

(1) **ser**

a) 恒常的な状態を示します。

O senhor Antunes **é** brasileiro. アントゥネスさんはブラジル人です。

O edifício **é** branco. その建物は白いです。

A avó dela **é** doente. 彼女の祖母は病弱です。

b) 基本的に可動性のないものの所在を表現します。

— Onde é que **é** o cinema? 映画館はどこでしょうか。

---

[68] 主語と補語をとり、【主＋動＋補】の文型をとります（主：主語、動：動詞、補：補語）。叙述動詞の他に、繋辞、連結動詞、という名称が用いられることもあります。

[69] ser の活用：5.1. 動詞の活用, p.70参照。8.4. 叙述動詞 ficar の用法, p.134参照。

第1週 第7日

— **É** na Avenida da Liberdade, junto aos Restauradores.
リベルダーデ通りのレスタウラドーレス広場の横です。

(2) **estar**

a) 一時的な状態を示す場合 estar を用います。

A senhora Rosa é doente mas **está** muito bem disposta hoje.　ローザさんは病弱なんですが、今日はとてもご機嫌です。

A ceara **está** toda verde　麦畑が一面緑です。

Hoje **está** muito bom tempo.　今日はとてもよい天気です。[70]

b) 動くことの出来る、あるいは動かすことのできる生物・物などの一時的な存在を表す場合に用います。すなわち、ある一定の場所に固定されていない生物・物などの所在を表現します。

Os gatos **estão** em cima do telhado.　猫が屋根の上にいる。

O documento **está** dentro da minha pasta.　書類は私の鞄に入っている。

— Onde é que **está** o táxi?　タクシーはどこにいますか。

— **Está** ali em frente da igreja.　教会の前にいますよ。

O primeiro ministro **está** em Nagasaqui neste momento.　現在首相は長崎にいます。

N.B. 可動性のないものについても、建物などの所在をあらわす場合、ser ではなく estar を用いることもあります。[71]

— Onde é que **está** o Correio?　郵便局はどこでしょうか。

— **Está** na Praça da Alegria.　アレグリーア広場にあります。

---

[70] 天候をあらわす時は、動詞は常に3人称単数形におかれます。14.1. 非人称動詞, p.264参照。

[71] 可動性のないもの等の存在を示す最も一般的な叙述動詞は ficar です。8.4. 叙述動詞 ficar の用法, p.134参照。

c) 前置詞をともなう表現：以下主なものを示します。[72]
① estar com / sem＋名詞句：〜をもっている／いない
   Estou com frio.　寒いです。
   Ele **está com** vontade de falar.　彼は話をしたがっている。
   O João **está sem** dinheiro.　ジョアンはお金がない。
   Ela **está sem** vontade de comer.　彼女は食欲がないのです。
② estar para＋不定詞：まさに〜しようとしている；〜するつもりがある、〜する気分である。
   O porteiro **está para** fechar a porta.　守衛がちょうどドアを閉めようとしているところだ。
   A Maria **está** mesmo **para** sair de casa.　マリーアさんはちょうど家を出ようとしている。
   Não **estou para** jantar fora hoje.　今夜は外食する気分じゃないな。
   Estamos para ir ao cinema hoje à noite.　僕らは今晩映画に行くつもりです。
③ estar por＋不定詞：〜しないままになっている
   O relatório **está por** escrever.　報告書はまだ書いてない。
   O quarto **está por** limpar.　部屋の掃除がまだだ。

7.6. 特殊疑問文における é que の用法
疑問詞と関係詞は形が同じです。[73] 文の構成要素のうちのひと

---
[72] estar を用いる迂言表現〔estar＋a＋不定詞｜estar＋現在分詞〕については、12.2. 現在分詞をともなう動詞迂言表現, p.215参照。
[73] 10.6. 関係代名詞 que の用法—1, p.180、10.7. 関係代名詞 quem の用法, p.182、10.8. 関係代名詞 qual の用法, p.182、11.2. 関係代名詞 que の

第1週 第7日

つに焦点を当てて訊ねる疑問文、すなわち特殊疑問文は一般に文頭に疑問詞が置かれます。疑問詞は接続詞あるいは関係詞と形が同じ場合がありますが、疑問詞の直後に é que をおくことで疑問文であることが明確になります。特殊疑問文で é que を使うことは義務的ではありませんが、é que がなければ名詞節か副詞節か、それとも疑問文かをすぐに判断することは出来ません。[74]

Quem **é que** está na sala? 誰が広間にいるんですか。
Quem está na sala? 広間に誰がいるんですか。
Quem está na sala é o senhor Pereira. 広間にいるのはペレイラさんです。

7.7. 指示詞

指示詞は、人称との関連で指示される人・物を空間的・時間的に位置づける機能を果たしています。形式的には修飾する名詞の性・数によって変化する変化形の指示形容詞と、単独で用いられる無変化形の指示代名詞とがあります。指示形容詞においては、強勢のある母音の対照が、男性形と女性形との区別に大きく関わっているので発音に注意が必要です。

用法―2, p.196、11.3. 関係代名詞 onde, p.199、11.4. 関係形容詞 cujo, p.201参照。
74 その他の é que の用法については、12.8. 疑問詞のまとめ (4), b), p.236 参照。

指示形容詞・代名詞 (変化する)				指示代名詞 (無変化)
男 性		女 性		
単数	複数	単数	複数	
este /ˈeʃtɨ | ˈestʃi/	**estes** /ˈeʃtiʃ | ˈestʃis/	**esta** /ˈɛʃtɐ | ˈɛsta/	**estas** /ˈɛʃtɐʒ | ˈɛstas/	**isto** (これ) /ˈiʃtu | ˈistu/
esse /ˈesɨ | ˈesi/	**esses** /ˈesiʃ | ˈesis/	**essa** /ˈɛsɐ | ˈɛsa/	**essas** /ˈɛsɐʒ | ˈɛsas/	**isso** (それ) /ˈisu/
aquele /ɐˈkelɨ | aˈkeli/	**aqueles** /ɐˈkeliʃ | aˈkelis/	**aquela** /ɐˈkɛlɐ | aˈkɛla/	**aquelas** /ɐˈkɛlɐʃ | aˈkɛlas/	**aquilo** (あれ) /ɐˈkilu | aˈkilu/

　指示詞は前置詞と縮約することがあります。縮約する前置詞は、a, de, em ですが、a が縮約するのは aquilo に関連する指示詞のみです。

	este	estes	esta	estas	isto
de	deste	destes	desta	destas	disto
em	neste	nestes	nesta	nestas	nisto
	esse	esses	essa	essas	isso
de	desse	desses	dessa	dessas	disso
em	nesse	nesses	nessa	nessas	nisso
	aquele	**aqueles**	**aquela**	**aquelas**	**aquilo**
de	daquele	daqueles	daquela	daquelas	daquilo
em	naquele	naqueles	naquela	naquelas	naquilo
a	àquele	àqueles	àquela	àquelas	àquilo

　指示詞、称格(機能的人称 —話し手、聞き手、その他)および場

第1週 第7日

所を示す副詞とのあいだには以下のような相関関係があります。[75]

指示詞	称格（機能的人称）	副詞
isto	自称（話し手）	**aqui**
isso	対称（聞き手）	**aí**
aquilo	他称（その他）	**ali**

7.8. 指示詞の用法

どの指示詞を用いるかは、称格との関係で決まります。

(1) 話し手に関わる場所・時を示す場合

Moro **neste** apartamento.　私はこのアパルトマンに住んでいます。

Isto é uma chave.　これはカギなんです。

Quero uma coisa **destas**.　僕はこういうものがひとつほしい。

Esta noite durmo na casa do meu tio.　今晩は伯父の家に泊まる。

Neste momento, há pouca gente.　今のところほとんど人はいない。

(2) 聞き手に関わる場所・時を示す場合

O que é **isso**?　それは何ですか？

Gosto **dessa** sua maneira de falar.　そういうあなたの話し方が好きです。

Essas preocupações não o deixam dormir.　そういう心配事があっては夜も眠れませんね。

以下のような成句があります。

Ora **essa**!　とんでもありません（essa＝essa ideia｜idéia）。

Essa é boa!　そりゃいい（essa＝essa piada）。

---
[75] 称格については、5.3. 人称代名詞と敬称代名詞, p.71参照。

N.B. ブラジルの日常的口語では、話し手に関わる指示詞 isto, 指示形容詞 este / esta は聞き手に関わる指示詞 isso, 指示形容詞 esse / essa にほぼ置きかわっています。従って、isso, esse / essa の意味は文脈によって判断されます。

— Queria que aceitasse **essa** pequena lembrança.　このプレゼントを差し上げたいのですが。
— **Isso** é para você.　これは君にあげるよ。
— O que é que acha **desse** chapéu?　この帽子どう思う。

(3) その他

Aquele prédio branco ali é o hospital.　あの白い建物が病院です。

Naquele tempo ele era ainda pequeno.　当時彼はまだ子供だった。

Aquela senhora vive nesta avenida.　あの婦人はこの通りに住んでいる。

N.B.
①指示詞は既出の名詞句を受けて、性・数一致します。
　Na Biblioteca Central há uma enciclopédia grande. **Esta** sim, pode-lhe esclarecer o assunto.　中央図書館には大型の百科事典があります。これならあなたの疑問が解けるかもしれません。
　Esta é a minha irmã e **esta** é a minha tia.　こちらが私の姉で、こちらが私の伯母です。
　O problema é **este**: disfarçam a falta de consciência　問題は、連中が良識の欠如を誤魔化している点です。
　O futuro é **este**: as máquinas avançadas trabalham por nós. 進んだ機械が私たちの代わりに働く、これが未来です。
②二種類の名詞句を指示詞で受ける場合、直前の名詞句を este 等で受け、より前に現れる名詞句を aquele 等で受けます。したがって、aquele 等が「前者」、este 等が「後者」になります。

第1週 第7日

Dentro do mesmo partido há um grupo a favor do programa e outro contra ele: **este** deixa clara a sua posição política e **aquele** simplesmente segue a proposta.　同じ党の中に、計画賛成派と反対派があります。前者はたんに提案に従っているだけで、後者はその政治的立場を明確にしています。

No curso estudam dois estrangeiros, uma japonesa e um chinês: **este** é muito inteligente e **aquela** é trabalhadora.　その課程には、日本人女性と中国人男性がひとりずつ、ふたりの外国人が在籍しています。前者は努力家で、後者はきわめて頭脳明晰です。

7.9. 所有形容詞
(1) 所有形容詞の形式

所有形容詞は、所有主の文法的な人称にしたがって選択されて、さらに修飾する名詞の性・数に一致します。すなわち、1種類の所有者について、4とおりの所有代名詞が存在するわけですが、これらは、単なる形式的な変種で意味は同じです。所有形容詞は基本的に名詞句の前におきます。

　　meu livro　　　　　　meus livros　　私の本
　　minha caneta　　　　minhas canetas　私のペン

文法的人称		単数の所有者 所有されるもの 単数　　複数		複数の所有者 所有されるもの 単数　　複数	
1人称	男性	meu	meus	nosso	nossos
	女性	minha	minhas	nossa	nossas
2人称	男性	teu	teus	vosso	vossos
	女性	tua	tuas	vossa	vossas
3人称	男性	seu	seus	seu	seus
	女性	sua	suas	sua	suas

なおポルトガルでは一般的に所有形容詞の前に定冠詞をおきま

すが、ブラジルではふつう定冠詞を置きません。

「**O meu** filho | **Meu** filho」 estuda em Tóquio.　息子は東京で勉強しています。

N.B.　所有形容詞が名詞句の後に置かれることもあります。

数詞をともなうとき：

quatro cartas suas　あなたからの4通の手紙

強調するとき：

Deus meu !　神様！

(2) 対称の文法的人称と所有形容詞

対称（話し相手）の文法的人称によって所有形容詞が決まります。ポルトガルとブラジルでは対応の仕方が少々異なります。

ポルトガル		ブラジル	
単数の所有者	複数の所有者	単数の所有者	複数の所有者
TU	**VOCÊS**	**TU**	**VOCÊS**
o **teu** livro	o **vosso** livro	**teu** livro	o livro **de vocês**
os **teus** livros	os **vossos** livros	**teus** livros	os livros **de vocês**
a **tua** casa	a **vossa** casa	**tua** casa	a casa **de vocês**
as **tuas** casas	as **vossas** casas	**tuas** casas	as casas **de vocês**
VOCÊ	**VOCÊS**	**VOCÊ**	**VOCÊS**
o **seu** livro	o **vosso** livro	**teu** / **seu** livro	o livro **de vocês**
os **seus** livros	os **vossos** livros	**teus** / **seus** livros	os livros **de vocês**
a **sua** casa	a **vossa** casa	**tua** / **sua** casa	a casa **de vocês**
as **suas** casas	as **vossas** casas	**tuas** / **suas** casas	as casas **de vocês**
O SENHOR	**OS SENHORES**	**O SENHOR**	**OS SENHORES**
A SENHORA	**AS SENHORAS**	**A SENHORA**	**AS SENHORAS**
o **seu** livro	o **seu** / **vosso** livro	seu livro	seu livro
os **seus** livros	os **seus** / **vossos** livros	seus livros	seus livros
o livro　**do senhor**	o livro　**dos senhores**	o livro　**do senhor**	o livro　**dos senhores**
os livros　**do senhor**	os livros　**dos senhores**	os livros　**do senhor**	os livros　**dos senhores**

以上の表のとおり、文法的に2人称の語である tu で対称を扱えば、その所有物に関しては2人称の系列の所有形容詞を用います。

いっぽう tu 以外の敬称は文法的に3人称の語ですから、対称を敬称で扱えば、その所有物に関しては3人称の系列の所有形容詞を用います。

N.B.
① 敬称に対応する代名詞について：格式張った文体においては、敬称を用いてあらわす聞き手に対しては、所有形容詞を避けて、〔de＋敬称〕の形を使用します。たとえば以下の例では «no seu ofício ...» を避けて、«no ofício de V. Ex[a]» が用いられています。
Tenho a honra de informar V. Ex[a] de que a proposta apresentada no ofício de V. Ex[a], de 12 de XII de 2000, foi devidamente analizada.　貴台の2000年12月12日付け書簡にて示された提案がしかるべく検討されたことをご連絡いたします。
② ブラジルの日常的口語では、親しい相手を文法的に3人称の você で扱いながら、所有形容詞には teu, tua を用います。
—Você está bom? E teu pai?　君、元気かい？　でお父さんは？
この語法は、ブラジルの格式張らない日常的口語では広く用いられます。[76] ポルトガルではこうした語法は見られず、«—Você está bom? E o seu pai?» が一般的です。

7.10. 疑問詞 que の用法
(1) **疑問代名詞として**
　a)　主語として que あるいは o que を用います。
　Que é?　何ですか。
　O que é que o impressionou mais?　何が一番印象的でしたか。

---
[76]　地域的・社会的に使用域が限定された卑俗体では、人称代名詞主格形 tu の文法的人称が3人称単数の代名詞として実現することもしばしばあります。例：—Tu está em São Paulo, né? 君はサンパウロにいるんだよね。標準的口語では避けられます。斜格代名詞の用法については、9.5. 人称代名詞 o(s), a(s)の形式, p.155参照。

b) 直接目的語として、「何を」の意味で que あるいは o que を用います。

Que pretende escrever nesta folha? その紙に何を書くつもりですか。

O que é que deseja? 何がご入用ですか。

(2) **疑問形容詞として**：「何の、どんな」の意味で名詞の前に置かれる。[77]

Que livro deseja? どんな本がご入用ですか。

Sabe dizer **que** dia da semana é hoje? きょうは何曜日かわかりますか。

Que palavras ele vai usar para felicitar o filho? 彼は息子を称えるのにどういう言葉を使うのだろう。

Não sabemos por **que** motivo o rapaz vai viajar. 私たちはその青年がどういう理由で旅行をしようというのか知らない。

Que impressora pode oferecer esta qualidade? どんな印刷機がこういう品質をもちあわせているだろうか。

7.11. 疑問詞 como の用法

(1) **疑問副詞として**：「どのように」の意味で方法、様子を訊ねる場合に用います。

Como é que vem? A pé ou de carro? どうやってお越しになりますか？歩いてそれとも自動車で？

Ele explica-lhe **como** funciona esta máquina. この機械がどんなふうに動くか、あの方が説明してくれます。

---

77 10.5. 疑問詞 qual の用法 (1), p.177参照。

第1週 第7日

(2) **特殊な用法：価格を尋ねる «a como»**
— A **como** são estes tomates? このトマトはいかほどですか。 — Dois euros o quilo. 1キロ2ユーロです。
— A **como** é que o senhor vende as castanhas? おじさん、この栗はいくらですか。— A um euro por cartucho com meia dúzia. 栗6個入り一包みで1ユーロですよ。

7.12. 疑問詞 quando の用法
漠然と時間について訊ねるとき用いる疑問副詞です。
Quando é que começa o seu trabalho? あなたの仕事はいつ始まりますか。
Vou saber **quando** abre o concurso. コンクールがいつ始まるのか調べましょう。

7.13. 時間の表現
(1) 曜日、月日、年などの表現
— Que dia (da semana) é hoje? 今日は何曜日ですか。
— É quinta-feira. 木曜日です。
— Que dia do mês é hoje? 今日は何日ですか。
— Hoje é 23 de Abril. きょうは4月23日です。
— Quantos são hoje? (Pt.) 今日は何日ですか。
— São 18 de Maio. 5月の18日です。
— Em que dia calha o Dia da Criança este ano? 今年は子供の日は何曜日になりますか。
— Calha numa quinta-feira. 木曜日です。
— Em que dia é lua cheia este mês? 今月の満月は何日ですか。— É no dia 5. 5日です。
— Em que dia costuma estar na faculdade? ふだん何曜日に大学にいらしてますか。— Costumo estar às quintas e às sextas. ふつう木金です。

— Em que mês prefere realizar a reunião? 何月に会合を実施しましょうか。
— Em que ano nasceu? 何年のお生まれですか。
  — Nasci em 1992. 1992年の生まれです。

(2) **時刻の表現**：ser 動詞を用いる場合、1時台の時刻および午前・午後零時に限って3人称単数形を用います。
Que horas **são**? 何時ですか。
É uma hora e quarenta e nove minutos. 1時49分です。
Falta um quarto para as dez. 10時15分前です。
É meia-noite. 午前零時です。
É meio-dia. 正午です。
São zero horas em Portugal. (Pt.) ポルトガル時間で零時です。
É zero hora no Brasil. (Br.) ブラジル時間で零時です。
São duas e meia. 2時半です。
São dez para as duas. 2時10分前です。

(3) その他の時間にかかわる基礎的な類似表現
a) 時間を訊ねる：大雑把に「いつ」とたずねる場合は疑問副詞 quando を用います。
— **Quando** começam as aulas? いつ授業は始まりますか。
  — Talvez na segunda semana de Abril | abril. たぶん4月の第二週でしょう。
— **Quando** volta? いつまた来ますか。
 具体的に訊ねる場合は、a que horas ..., em que mês, などの表現を用います。
— **A que horas** acaba o filme? 何時に映画は終わりますか。

第1週 第7日

— **Em que dia** temos o exame? 試験は何日ですか。
— **Quanto tempo** demora a pé daqui para a estação? ここから駅まで歩いてどのくらいかかりますか。
  — Levo só meia hora. ほんの30分です。
— **Quanto tempo** leva de bicicleta da estação até à sua casa? 駅からお宅まで自転車でどのくらいかかりますか。
— **Faço** em cinco minutos de casa para a escola. うちから学校まで5分で行けます。

b) その他(延期する、早める、時間が経過する、など)

Marcamos o encontro para o dia 25 do mês que vem. 会合を来月の25日にしましょう。

Adiaremos a entrevista para a semana. 面接を来週に延期しましょう。

O pianista tem de **antecipar** o concerto três dias antes do dia marcado. そのピアニストはコンサートを予定より3日早めざるを得ない。

A autarquia **antecipa** a abertura da época balnear para o dia 10 deste mês. 役場は海開きを早めて今月10日からとする。

Todos os dias **protelam** o regresso ao país. 彼らは毎日帰国を延ばしている。

Este trabalho **leva** alguns dias para concluir. この仕事は終えるのに数日かかる。

7.14. 練習問題(7)

Ⅰ. 以下の文のかっこ内を、対応する日本語に従って、ser あるいは estar の直説法・現在形の適当な形で埋めなさい。

1. — Maria, onde (　) que (　) tu agora? — (　) no Rio, no Brasil. 「マリーア、いったい今どこにいるんだい」「ブラジルのリオよ」
2. — O senhor (　) motorista deste carro? — (　), sim. 「貴方はこの車の運転手ですか」「ええ、そうですよ」
3. — O taxi (　) em frente do correio. 「タクシーは郵便局の前にいます」
4. — Mas, quem (　) à procura de quem? — Nós (　) à procura do Mário. 「しかし、いったい誰が誰を捜しているんですか」「私たちがマリオを捜してるんです」
5. — Hoje (　) chuvoso. 「きょうは雨がちです」
6. — Depressa! O navio (　) para sair! 「急いで！船がもう出るところだ」
7. — Isto (　) para o senhor. 「これは差し上げます」
8. — O rascunho (　) por passar a limpo. 「下書きはまだ清書してないんです」
9. — Não (　) para ver um filme musical hoje. 「僕はきょうはミュージカル映画を見る気分じゃない」
10. — Ela (　) uma pessoa muito atenciosa mas hoje (　) um pouco mal humorada. 「彼女はとても礼儀正しい人なんだけど今日はちょっと機嫌が悪いね」

Ⅱ. 以下の＋記号で繋がれた指示代名詞と名詞＋形容詞について、例に従って指示形容詞と副詞を一致させなさい。名詞のあとに (pl.) とあるものは名詞を複数にすること。あわせて日本語に訳しなさい。

例：isto＋meia(pl.)＋branco → estas meias brancas aqui
　　　　　　　　　　　　　ここにあるこの白い靴下

第1週 第7日

1. isto＋livro (pl.)＋azul
2. aquilo＋faca＋grande
3. isso＋rapaz (pl.)＋auxiliar
4. isso＋gata (pl.)＋pequeno
5. aquilo＋calendário＋escolar
6. isto＋praça＋lindo
7. isto＋rua＋estreito
8. aquilo＋pedra (pl.)＋pesado
9. isso＋corda (pl.)＋comprido
10. isso＋documento＋pessoal

Ⅲ．以下の＋記号で繋がれた人称代名詞・敬称代名詞と名詞の連鎖を、例に従って、それぞれの人称代名詞・敬称代名詞が所有する名詞を意味するように書き換え、その意味を日本語に訳しなさい。意味を考えながら繰り返し音読してみましょう。

例：o senhor＋livro → o seu livro, o livro do senhor
　　　　貴方の本

1. você＋bicicleta　　　2. vocês＋casa
3. tu＋pais　　　　　　4. ela＋computador
5. eu＋filhas　　　　　 6. nós＋professora
7. os senhores＋carta　 8. vós＋sonhos
9. vocês＋notas　　　　10. eu＋compreensões

Ⅳ．以下の日本語文をポルトガル語に訳しなさい。
1. 今何時ですか？　15時20分です。
2. 今日はよい天気ですね。
3. ここはどこですか？
4. 私は本日お金の持ち合わせがありません。
5. それは何ですか？
（解答例　p.650参照）

第 2 週

第 8 日

8.0. 読解

O senhor Teixeira trabalha numa repartição da Biblioteca Central. Ele é funcionário público. O seu escritório fica no segundo andar do edifício. A Biblioteca abre às dez horas da manhã e fecha às cinco horas da tarde. O sr. Teixeira edita um boletim informativo mensal. Escreve artigos e fornece informações úteis para o público. Também tira fotografias para o ilustrar. Gosta muito deste género de trabalho criativo. O seu chefe, Director da repartição e responsável pela edição do boletim, exige sempre aos funcionários um trabalho de qualidade. Os funcionários entendem bem a necessidade de perfeição e discutem as razões dos erros. O sr. Teixeira, porém, considera, devido à sua experiência, inevitáveis as gralhas no texto.

☞日本語訳は巻末、p.715参照。**trabalha**：＜trabalhar, **fica**：＜ficar, **segundo andar**：3階（andar は名詞）。1階を rés-do-chão (Pt.), andar térreo (Br.) と呼び、primeiro andar が2階。**abre**：＜abrir. **às**：à＝a（前置詞）＋a（冠詞）。**fecha**：＜fechar. **edita**：＜editar. **género**：género ｜ gênero. **Escreve**：＜escrever. **fornece**：＜fornecer. **tira**：＜tirar. **Gosta**：＜gostar. **exige**：＜exigir. **Director**：director ｜ diretor. **responsável pela edição do boletim**：responsável por …＝…に責任のある。**entendem**：＜entender. **discutem**：＜discutir. **sr.**：senhor の略。**considera**：＜

第 2 週 第 8 日

considerar. **devido à sua experiência**：devido a ...＝…にしたがって；…によれば。原因、理由を示す副詞句。**gralhas**：gralha＝誤植。

8.1. 規則動詞

規則動詞は不定詞の語末の形式にしたがって、3 とおりに分類されます。
1. 第 1 活用動詞（-ar 動詞）
2. 第 2 活用動詞（-er 動詞）
3. 第 3 活用動詞（-ir 動詞）

8.2. 動詞の活用

動詞の活用形には、動詞の語尾変化による単純形と助動詞・過去分詞の組み合わせによる複合形とがあります。動詞の単純形は基本 3 時称、すなわち直説法・現在形、直説法・過去形および不定詞から派生します。[78] 一般に単純形の活用形は、形を変えずに動詞の意味を担う部分、すなわち語幹に活用語尾を付加することによって得られます。活用語尾はそれぞれ特有の叙法・時称・人称・数をあらわします。

たとえば falar の接続法・半過去・1 人称複数形を例にしてみると、以下の表のような諸要素がひとまとまりになって活用形を形作っていることがわかります。

■ **falássemos**

語　　幹		活用語尾	
語　基	幹母音	叙法・時称接辞	人称・数接辞
fal	á	sse	mos

語基がさらに接頭辞と語根とに分けられる場合もあります。

78　補遺、4.0. 動詞活用の仕組み、p.573 参照。

■ despistássemos

語　　幹			活用語尾	
語　基		幹母音	叙法・時称接辞	人称・数接辞
接尾辞	語根				
des	pist	á	sse	mos

　いっぽう幹母音を欠く場合、活用語尾が複数の接辞に分けられない場合もあります。例えば以下の直説法・過去・3人称・単数形falouの例では、接尾辞ouに直説法・過去・3人称・単数という4種類の意味が融合しており、これ以上分割することは出来ません。

■ falou

語　　幹		活用語尾
語　基	幹母音	叙法・時称・人称・数接辞
fal	———	ou

　規則動詞の幹母音（a, e, i のいずれか）に対して、語根に含まれる母音を語根母音と呼びます。動詞の活用形は、一般に語幹と活用語尾の和によって得られますが、語根に含まれる語根母音の音質が強勢の有無によって変化するので注意が必要です。例えば以下の表で、語根 **logr-** に含まれる語根母音 **-o-** に注目して、**logras** と **logramos** を対比してみましょう。

語　幹		活用語尾		活用形
語　根	幹母音	時称接辞	人称接辞	
logr /ˈlɔgɾ/	**a** /ɐ | a/	———	**s** /ʃ | s/	**logras** /ˈlɔgɾɐʃ | ˈlɔgɾas/
logr /luˈgɾ | loˈgɾ/	**a** /a/	———	**mos** /muʃ | mus/	**logramos** /luˈgɾamuʃ | loˈgɾamus/

第 2 週 第 8 日

　語根母音にアクセントのある logras では語根母音 **-o-** の音が / ɔ / で、幹母音にアクセントのある logramos では語根母音の **-o-** の音が / u | o / です。このように正書法上は同じ母音字でもアクセントと関連して語根母音の音質が変化します。[79]

8.3. 直説法・現在形の活用と発音

　規則動詞の直説法・現在形は、語基に以下の活用語尾を付加することで得られます。活用語尾には、3種の規則動詞の活用のあいだで共通部分（網かけ部分）もあります。それぞれの活用語尾と活用形の発音は以下のとおりです。

	第1活用(-ar)動詞	第2活用(-er)動詞	第3活用(-ir)動詞
1. sg.	**-o** / u /	**-o** / u /	**-o** / u /
2. sg.	**-as** / ɐʃ | as /	**-es** / iʃ | is /	**-es** / iʃ | is /
3. sg.	**-a** / ɐ | a /	**-e** / ɨ | i /	**-e** / ɨ | i /
1. pl.	**-amos** / 'ɐmuʃ | 'amus /	**-emos** / 'emuʃ | 'emus /	**-imos** / 'imuʃ | 'imus /
2. pl.	**-ais** / 'ajʃ | 'ajs /	**-eis** / 'ejʃ | 'ejs /	**-is** / 'iʃ | 'is /
3. pl.	**-am** / ẽw̃ /	**-em** / ẽj̃ | ẽj /	**-em** / ẽj̃ | ẽj /

（1.2.3.：人称、sg.：単数、pl.：複数）

(1) 第1活用動詞（**-ar** 動詞）

■例1 （語根母音 -an- / ẽ /）：**cantar**

1.sg.	**canto**	/ 'kẽtu /
2.sg.	**cantas**	/ 'kẽtɐʃ | 'kẽtas /
3.sg.	**canta**	/ 'kẽtɐ | 'kẽta /
1.pl.	**cantamos**	/ kẽ'tɐmuʃ | kẽ'tamus /
2.pl.	**cantais**	/ kẽ'tajʃ | kẽ'tajs /
3.pl.	**cantam**	/ 'kẽtẽw̃ /

79　語根母音の変化を母音交替と呼びます。補遺、母音交替, p.569参照。

127

上の例では cantar の語根母音が鼻音 / ẽ / なので、どの活用形においても語根母音の音は変化しません。その他の鼻母音の場合も同様です (timbrar, sentar, sondar, juntar, etc.)。しかし語根母音が鼻音でない場合は、語根にアクセントが置かれたり置かれなかったりするために、語根母音の音質が変化します。以下の例を見ましょう。

■例 2 （語根母音 -e-）：**levar**

語根母音 **-e-** の音がポルトガルでは / ɛ / と / ɨ / に、ブラジルでは / ɛ / と / e / に変化します。

1.sg.	**levo**	/ ˈlɛvu /
2.sg.	**levas**	/ ˈlɛvɐʃ | ˈlɛvas /
3.sg.	**leva**	/ ˈlɛvɐ | ˈlɛva /
1.pl.	**levamos**	/ liˈvɐmuʃ | leˈvamus /
2.pl.	**levais**	/ liˈvajʃ | leˈvajs /
3.pl.	**levam**	/ ˈlɛvẽw̃ /

■例 3 （語根母音 -a-）：**falar**

語根母音 **-a-** の音がポルトガルでは / ɐ / と / a / に変化します。ブラジルではつねに / a / です。

1.sg.	**falo**	/ ˈfalu /
2.sg.	**falas**	/ ˈfalɐʃ | ˈfalas /
3.sg.	**fala**	/ ˈfalɐ | ˈfala /
1.pl.	**falamos**	/ fɐˈlɐmuʃ | faˈlamus /
2.pl.	**falais**	/ fɐˈlajʃ | faˈlajs /
3.pl.	**falam**	/ ˈfalẽw̃ /

第 2 週 第 8 日

■例 4 （語根母音 -o-）：**lograr** / luɡˈʁaɾ | loˈɡɾaɾ /
　語根母音 **-o-** の音がポルトガルでは / ɔ / と / u / に、ブラジルでは / ɔ / と / o / に変化します。

1.sg.	**logro**	/ ˈlɔɡɾu /
2.sg.	**logras**	/ ˈlɔɡɾɐʃ | ˈlɔɡɾas /
3.sg.	**logra**	/ ˈlɔɡɾɐ | ˈlɔɡɾa /
1.pl.	**logramos**	/ luˈɡɾɐmuʃ | loˈɡɾamus /
2.pl.	**lograis**	/ luˈɡɾajʃ | loˈɡɾajs /
3.pl.	**logram**	/ ˈlɔɡɾɐ̃w̃ /

■例 5 （語根母音 -a-）：**passear** / pɐsiˈaɾ | paseˈaɾ /
　不定詞が **-ear** で終わる動詞では、1 人称・2 人称複数形の活用形をのぞきすべての活用形において、語基末の **e** の直後に **i** を加え、**-ei-** / ɐj | ej / とします。

1.sg.	**passeio**	/ pɐˈsɐju | paˈseju /
2.sg.	**passeias**	/ pɐˈsɐjɐʃ | paˈsejas /
3.sg.	**passeia**	/ pɐˈsɐjɐ | paˈseja /
1.pl.	**passeamos**	/ pɐsiˈamuʃ | paseˈamus /
2.pl.	**passeais**	/ pɐsiˈajʃ | paseˈajs /
3.pl.	**passeiam**	/ pɐˈsɐjɐ̃w̃ | paˈsejɐ̃w̃ /

■例 6 （語根母音 -un-）：**anunciar** / ɐnũsiˈaɾ | anũsiˈaɾ /
　不定詞が **-iar** で終わる動詞は、原則的に語基末の **-i-** / i / が維持される規則活用です。

1.sg.	**anuncio**	/ ɐnũˈsiu | anũˈsiu /
2.sg.	**anuncias**	/ ɐnũˈsiɐʃ | anũˈsias /
3.sg.	**anuncia**	/ ɐnũˈsiɐ | anũˈsia /
1.pl.	**anunciamos**	/ ɐnũsiˈamuʃ | anũsiˈamus /
2.pl.	**anunciais**	/ ɐnũsiˈajʃ | anũsiˈajs /
3.pl.	**anunciam**	/ ɐnũˈsiẽw̃ | anũˈsiẽw̃ /

しかしながら、不定詞が **-iar** で終わる動詞の中には、**-ear** 型の活用を一部流用するものがあります。1人称・2人称複数形の活用形をのぞくすべての活用形において、語基末の **i** の直前に **e** を加え、**-ei-** / ɐj \| ej / とします。

■例7 （語根母音 -o-）：**odiar** / odiˈaɾ \| odʒiˈaɾ /

1.sg.	**odeio**	/ oˈdɐju | oˈdeju /
2.sg.	**odeias**	/ oˈdɐjɐʃ | oˈdejas /
3.sg.	**odeia**	/ oˈdɐjɐ | oˈdeja /
1.pl.	**odiamos**	/ odiˈamuʃ | odʒiˈamus /
2.pl.	**odiais**	/ odiˈajʃ | odʒiˈajs /
3.pl.	**odeiam**	/ oˈdɐjẽw̃ | oˈdejẽw̃ /

規範的には **-iar** 動詞で **-ear** 動詞の活用を一部にもつ動詞は以下の5動詞とその合成語のみとされますが、揺れもあります。

　　ansiar, incendiar, mediar, odiar, remediar

(2) 第2活用動詞（**-er** 動詞）

■例1 （語根母音 -en-）：**vender** / vẽˈdeɾ /

1.sg.	**vendo**	/ ˈvẽdu /
2.sg.	**vendes**	/ ˈvẽdiʃ | ˈvẽdʒis /
3.sg.	**vende**	/ ˈvẽdɨ | vẽˈdʒi /
1.pl.	**vendemos**	/ vẽˈdemuʃ | vẽˈdemus /
2.pl.	**vendeis**	/ vẽˈdɐjʃ | vẽˈdejs /
3.pl.	**vendem**	/ ˈvẽdẽj | ˈvẽdẽj /

第 2 週 第 8 日

　上の例では vender の語根母音が鼻音 / ẽ / なのでどの活用形においても語根母音の音質は変化しません。その他の鼻母音の場合も同様です (lamber, esconder, etc.)。しかし語幹の母音が鼻音でない場合は、語根母音にアクセントが置かれたり、置かれなかったりするために、語根母音の音質が変化します。以下の例を見ましょう。

■例 2 （語根母音 -e-）：**beber** / biˈbeʁ | beˈbeʁ /
　語根母音 **-e-** の音が、ポルトガルでは / e /, / ɛ / と / ɨ / に、ブラジルでは / e / と / ɛ / に変化します。

1.sg.	**bebo**	/ ˈbebu /
2.sg.	**bebes**	/ ˈbɛbɨʃ | ˈbɛbis /
3.sg.	**bebe**	/ ˈbɛbɨ | ˈbɛbi /
1.pl.	**bebemos**	/ bɨˈbemuʃ | beˈbemus /
2.pl.	**bebeis**	/ bɨˈbɐjʃ | beˈbejs /
3.pl.	**bebem**	/ ˈbɛbẽj̃ | ˈbɛbẽj̃ /

■例 3 （語根母音 -a-） **bater** / bɐˈteʁ | baˈteʁ /
　語根母音 **-a-** の音が、ポルトガルでは / ɐ / と / a / に変化します。ブラジルでは変化しません。

1.sg.	**bato**	/ ˈbatu /
2.sg.	**bates**	/ ˈbatɨʃ | ˈbatʃis /
3.sg.	**bate**	/ ˈbatɨ | ˈbatʃi /
1.pl.	**batemos**	/ bɐˈtemuʃ | baˈtemus /
2.pl.	**bateis**	/ bɐˈtɐjʃ | baˈtejs /
3.pl.	**batem**	/ ˈbatẽj̃ | ˈbatẽj̃ /

■例4 (語根母音 -o-)：**mover** / muˈver | moˈver /

語根母音 **-o-** の音がポルトガルでは / ɔ /, / o / と / u / に、ブラジルでは / ɔ / と / o / に変化します。

1.sg.	**movo**	/ ˈmovu /
2.sg.	**moves**	/ ˈmɔviʃ | ˈmɔvis /
3.sg.	**move**	/ ˈmɔvɨ | ˈmɔvi /
1.pl.	**movemos**	/ muˈvemuʃ | moˈvemus /
2.pl.	**moveis**	/ muˈvɐjʃ | moˈvejs /
3.pl.	**movem**	/ ˈmɔvẽj | ˈmɔvẽj /

(3) 第3活用動詞 (**-ir** 動詞)

■例1 (語根母音 -a-)：**partir** / pɐrˈtir | parˈtʃir /

語根母音 **-a-** の発音が、ポルトガルでは / ɐ / と / a / に変化します。ブラジルでは変化しません。

1.sg.	**parto**	/ ˈpartu /
2.sg.	**partes**	/ ˈpartɨʃ | ˈpartʃis /
3.sg.	**parte**	/ ˈpartɨ | ˈpartʃi /
1.pl.	**partimos**	/ pɐrˈtimuʃ | parˈtʃimus /
2.pl.	**partis**	/ pɐrˈtiʃ | parˈtʃis /
3.pl.	**partem**	/ ˈpartẽj | ˈpartẽj /

■例2 (語根母音 -e-)：**seguir** / sɨˈgir | seˈgir /

語根母音 **-e-** の音が、ポルトガルでは / i /, / ɛ / と / ɨ / に、ブラジルでは / i /, / ɛ / と / e / に変化します。1人称単数形のみ語根母音が異なる不規則形をとります。

第 2 週 第 8 日

1.sg.	**sigo**	/ ˈsigu /
1.sg.	**sigo**	/ ˈsigu /
2.sg.	**segues**	/ ˈsɛgiʃ | ˈsɛgis /
3.sg.	**segue**	/ ˈsɛgɨ | ˈsɛgi /
1.pl.	**seguimos**	/ sɨˈgimuʃ | seˈgimus /
2.pl.	**seguis**	/ sɨˈgiʃ | seˈgis /
3.pl.	**seguem**	/ ˈsɛgẽj̃ | ˈsɛgẽj̃ /

　この活用に準ずる主要動詞には、despir, ferir, inserir, mentir, preferir, repetir, sentir, sugerir, vestir, などがあります。

　なお medir, pedir, despedir, impedir においては、アクセントの置かれる語根母音はつねに / ɛ / です。辞書の活用表などで、代表的な動詞の活用を参照して、正しい発音とともに学びましょう。

■例 3 （語根母音 -o-）： **dormir** / duɾˈmiɾ \| dorˈmir /

　語根母音 **-o-** の音が、ポルトガルでは / u / と / ɔ / に、ブラジルでは / u /, / o / と / ɔ / に変化します。また 1 人称単数形のみ語根母音の正書法上の表記が異なります。

1.sg.	**durmo**	/ ˈduɾmu /
2.sg.	**dormes**	/ ˈdɔɾmiʃ | ˈdɔrmis /
3.sg.	**dorme**	/ ˈdɔɾmɨ | ˈdɔrmi /
1.pl.	**dormimos**	/ duɾˈmimuʃ | doɾˈmimus /
2.pl.	**dormis**	/ duɾˈmiʃ | dorˈmis /
3.pl.	**dormem**	/ ˈdɔɾmẽj̃ | ˈdɔɾmẽj̃ /

　この活用に準ずる動詞には、tossir, engolir, cobrir などがあります。また、acudir, consumir, fugir, subir, sumir などの動詞も語根母音が **-u-** であるにもかかわらず、活用は 1 人称単数形と 2 人称複数形をのぞき dormir に準じます。しかし assumir, iludir, resumir など、語根母音の **-u-** をすべての活用形で維持するものもあります。

また音の面では規則的に活用しますが１人称単数形のみ正書法上子音字の調整が必要な動詞もあります。たとえば、exigir, dirigir, frigir などは語基末の子音 **-g** / ʒ / の音を維持するため表記上 exi**j**o, diri**j**o, fri**j**o とし、distinguir は同様に **-gu** / g / の音を維持するため distin**g**o とします。[80]

■動詞活用と発音 ― 母音交替
　以上のように動詞の活用は正書法上では規則的に見えても、音声的には不規則な面があります。また逆に、正書法上は不規則でも、音声の上では他の規則的な活用とほとんど変わらない場合もあります。またポルトガルとブラジルでは、語根母音の変化の仕方が少々異なる点も留意する必要があるでしょう。活用による語根母音の音質変化を母音交替と呼びます。[81]
　語根母音が表記上の変化を伴う場合は不規則動詞とされ辞書に活用表がありますから、あとはアクセントの有無によって、どのような音で発音すべきかはおおむね知ることができます。

8.4. 叙述動詞 ficar の用法

　動詞 ficar は補語をとる叙述動詞の一種として ser や estar と共通する点もありますが、以下のようなさまざまな意味をあらわします。[82]

(1) 状況・状態の変化をあらわします。
　O ferro **fica** vermelho de ferrugem.　鉄が錆で赤くなる。
　Com um copo de vinho, ele **fica** logo embriagado.　コップ一杯の葡萄酒ですぐに彼は酩酊してしまう。

80　9.3. 不規則動詞, p.152参照。
81　詳しくは補遺、母音交替, p.569参照。
82　7.4. 主要な叙述動詞：ser と estar, p.106参照。

第2週 第8日

O penteado **fica**-te muito bem.　その髪型は君によく似合っている。

Quando ele passa a ferro, a camisa **fica** lisa.　彼がアイロンをかけるとシャツがぴんとなります。

(2)　可動性のないものの所在を示します。

Onde é que **fica** a casa de câmbio？　両替所はどこですか。

Esta casa de fado **fica** no Bairro Alto.　このファドハウスはバイロ・アルトにあります。

O escritório do senhor Teixeira **fica** no segundo andar do edifício.　テイシェイラさんの事務所はその建物の3階にあります。

O correio **fica** na Rua Augusta.　郵便局はアウグスタ通りにあります。

(3)　一時的な滞在をあらわします。

A gente sai, mas ele **fica** em casa.　僕らは出かけるが彼は家にいる。

Quantos dias **fica** em Elvas？　エルヴァスに何日滞在しますか。

(4)　前置詞をともなう表現
  a)　ficar de＋不定詞：～することになっている：過去形で、約束の結果、義務を負っている状態をあらわす。
  Um amigo **ficou de** me telefonar, mas ainda não tenho nenhuma notícia dele.　とある友人が電話してくる約束になっているのだが、まだ何の連絡もない。
  b)　ficar com＋名詞句：～を手に入れる、受け取る。
  Ele **fica com** um quarto da herança do avô.　彼は祖父の遺産の四分の一をもらう。

8.5. 人称代名詞

人称代名詞には文中で主語の役割を果たす主格形と動詞の目的語の役割を果たす斜格形があります。斜格形には、それ自体にアクセントが置かれず、必ず前後どちらかの語に依存して発音される無強勢形と、アクセントが置かれる強勢形が含まれます。

無強勢形には「…を」の意味をあらわす対格形と、「…に」の意味をあらわす与格形があります。[83]

強勢形は前置詞とともに用いられますが、特に com とは特別な縮約形があります。

人称代名詞の諸形式の関係は以下の表のとおりです。

数	人称	主格形	斜格形		
			無強勢形		強勢形
			対格	与格	
単数	1人称	eu	me	me	mim, comigo
	2人称	tu	te	te	ti, contigo
	3人称	ele, ela, etc.	o, a	lhe	ele, ela
複数	1人称	nós	nos	nos	nós, connosco (Pt.) conosco (Br.)
	2人称	vós	vos	vos	vós, convosco
	3人称	eles, elas, etc.	os, as	lhes	eles, elas

8.6. 人称代名詞の用法と無強勢代名詞の位置 ― 1

(1) **主格形**：文の主語として用いられます。ただし動詞の活用形によって主語を容易に知ることができるので、主語の提示は義務的ではなく、多くの場合省略されます。[84]

---

83 対格を直接目的格、与格を間接目的格とも呼びます。
84 非人称動詞の主語としてまれに形式主語としての ele があらわれることがありますが、卑俗体として標準的な文語、口語からは排除されます。例：―**Ele** troveja muito! すごい雷だ ―**Ele** há muita gente na praça. 広場はすごい人出だ。

第 2 週 第 8 日

Tu descansas e eu trabalho.　君は休んで僕が働くよ。

Eu e o Carlos somos timorenses.　僕とカルロスはティモール人だ。

Costumo ver o João quando passo pelo café.　カフェーを通り過ぎるとたいていジョアンに会う（主語 eu は省略）。

A Joana diz-me que **precisa** do dinheiro.　ジョアーナさんがお金が要るんだって（主語 ela は省略）。

N.B.　三人称の人称代名詞 (ele, ela, eles, elas) は、性・数にしたがって、人、動物、物いずれをも指し示すことができます。主格形は文脈で補われる場合は通常省かれます。

― Onde está o gato?　ネコはどこ？　― **Está** debaixo da mesa.　テーブルの下だ。

Temos um gato e uma gata. **Ele** está sempre a dormir mas **ela** é muito activa | ativa.　雄ネコと雌ネコを飼っています。　雄は寝てばかりですが雌はとても活動的です。

Ele é professor de Matemática.　あの方は数学の先生です。

O meu amigo elogia a última obra do compositor. Mas **ela** não me atrai muito.　私の友人はその作曲家の最新作を褒めるが、私にはあまり気に入らない。

(2) **対格形**：動詞の直接目的語として用いられます。主格形と異なりアクセントが置かれないので、無強勢代名詞と呼びます。肯定文か否定文かによって動詞に対する位置が異なります。この規則は義務的です。[85]

a)　肯定文では、ポルトガルの標準的な文語、口語では無強勢代名詞を動詞のあとに置きます。表記上はハイフンを介して動詞のあとに代名詞を連結します。先行する語との間に間を置かず続けて一気に発音します。このように先行する語のアクセントに依存して発音する語を前接辞と呼びます。

85　9.6. 無強勢代名詞の位置―2, p.158参照。

ブラジルの標準的な文語では、無強勢代名詞を前接辞とすることもありますが、一般的には動詞の前に置きます。後続する語との間に間を置かず続けて一気に発音します。このように後続する語のアクセントに依存して発音する語を後接辞と呼びます。[86]

O senhor Teixeira ‖edita-**o** | **o** edita‖. テイシェイラさんはそれを編集します。

O poeta ‖procura-**o** | **o** procura‖ num bar de Ipanema. 詩人はイパネマの、とあるバールでその人を捜します。

O professor ‖reconhece-**me** | **me** reconhece‖ logo. 先生はすぐに私だとわかる。

Amo-**te**. | **Te** amo. 君が好きだ。[87]

b) 否定文では無強勢代名詞は後接辞として動詞の前に置かれます。

O senhor Teixeira não **o** edita. テイシェイラさんはそれを編集しません (ex. o=boletim とする)。

O professor não **me** reconhece logo. 先生はすぐに私だとわからない。

c) 前置詞句に現れる動詞の目的語として、無強勢代名詞が用いられる場合、一般に後接辞として動詞の前に置かれます。[88]

A fotógrafa tira fotografias para **a** ilustrar. 写真屋がそれのイラスト用に写真をとります。

---

86 3.7. 定冠詞と不定冠詞, p.35、9.5. 人称代名詞 o(s), a(s) の形式, p.155 参照。
87 ブラジルの口語では無強勢代名詞を文頭に置き後接辞とする文が頻繁に用いられますが、文語では極力避けられます。例：Me preocupei com você. 君のことが心配だった。
88 12.6. 無強勢代名詞の位置―3(6), p.230参照。

第 2 週 第 8 日

N.B. ブラジルのポルトガル語においては、無強勢代名詞の対格形 o(s), a(s) は基本的に文語で用いられます。ブラジルの日常的口語では 3 人称の対称詞、他称詞の対格形として、無強勢代名詞 o(s), a(s) は格式張った標準的な口語に限って用いられ、日常的には主格形を用います。[89] ただし、文語では、無強勢代名詞・対格形の位置に主格形を用いる語法は卑俗体として排除されるので注意が必要です。ポルトガルでは口語においても文語と同様、無強勢代名詞 o(s), a(s) を前接辞として用います（Coloq.＝口語）。[90]

Eu entendo **você**.（Br. Coloq.）　きみの言うことはわかります。
Conheço **ele** muito bem.（Br. Coloq.）　あの人のことはよく知っています。
Nós reconhecemos **ela**.（Br. Coloq.）　僕らは彼女がだれだかわかる。

いっぽう自称詞の対格形（me, nos）および 2 人称の対称詞の対格形（te）は、ブラジルの日常的口語でも後接辞として一般に用いられ、この位置に主格形（eu, tu, nós）は用いられません。ポルトガルでは前接辞です。

Ela **te** ajuda.（Br. Coloq.）　彼女が君を助けてくれるさ。
O homem **nos** leva.（Br. Coloq.）　その人が僕らを連れて行ってくれる。

また、ブラジルの日常的口語では否定文においても無強勢代名詞 o(s), a(s) を避け、主格形を用います。語順は変化しません。文語では卑俗体として避けられます。

Não conheço **ele** muito bem.（Br. Coloq.）　あの人のことはよく知りません。

89　定型表現などでまれに前接辞としてあらわれます。例：Muito prazer em conhecê-**lo**. はじめまして
90　以下の例文はポルトガルの標準的口語、文語では次のようになります。例：Eu entendo-**o**.・Conheço-**o** muito bem.・Nós reconhecemo-**la**.・Ela ajuda-**te**.・O homem leva-**nos**.・Não **o** conheço muito bem.

(3) **与格形**:動詞の間接目的語として用いられます。アクセントが置かれないので無強勢代名詞です。肯定文か否定文かによって動詞に対する位置が異なります。この規則は義務的です。

a) 肯定文では、ポルトガルでは前接辞としてハイフンを介して動詞の後に連結されます。ブラジルの標準的文語では無強勢代名詞・与格形を前接辞とすることもありますが、文語、口語を問わず一般に後接辞として動詞の前に置きます。

O professor ₁₁envia-**me** | **me** envia₁₁ um livro.　先生が私に本を一冊送ってくれる。

O agricultor ₁₁solicita-**lhe** | **lhe** solicita₁₁ o apoio.　農民は彼に支援をもとめる。

A telefonista ₁₁responde-**lhe** | **lhe** responde₁₁ que sim.　交換手は彼にそのとおりだと答えます。

b) 否定文では無強勢代名詞は後接辞として動詞の前に置かれます。

O professor não **me** envia um livro.　先生は私に本を送ってくれない。

O agricultor não **lhe** solicita o apoio.　農民は彼に支援を求めない。

N.B.

①所有の与格:与格形で、直接目的語としてあらわれる名詞の所有主を示すことがあります。体の一部あるいは身につけている物などに関して主に用いられます。

O cabeleireiro corta-**me** o cabelo.　美容師が私の髪を切る。

O terapista massaja-**lhe** as costas.　療法士が彼の背中をマッサージする。

②対話において対称詞を3人称の語で扱っている場合は、3人称単数の対格形が、対称詞、他称詞のどちらを指すか曖昧になることもあります。他称詞の場合は明確にするため、a ele, a ela を繰り返します。

Digo-**lhe** que o rapaz trabalha muito bem. その青年はとてもよく働くと思いますよ（lhe は対称詞を指す）。

Digo-**lhe a ela** que o rapaz trabalha muito bem. その青年はとてもよく働くと彼女に言っておきます（lhe は他称詞「彼女」を指す）。

③ブラジルの日常的口語では、対称詞に対する lhe は避けて、〔para＋主格形〕が好んで用いられます。[91]

Ofereço um disco **para você**. (Br. Coloq.) あなたにディスクを一枚あげましょう。

8.7. 文型 ― 1

文の意味の核となる動詞が、ある意味をあらわす時どのような文の要素を従え、どのような文型を構成するかを、伝統的に動詞支配と呼びます。動詞支配によって決まる文の構造の類型を文型といいます。

文型による動詞分類にはさまざまな方法があります。目的語の有無によって、大きく自動詞と他動詞とに分ける方法をはじめ、文型を細分化して定義することも考えられます。以下、伝統的な動詞分類にしたがって主要な文型を見ましょう。[92]

【主＋動】

A gente **almoça**. ぼくらは昼食をとります。

【主＋動＋前＋名】

O jornalista **gosta** da literatura moderna japonesa. そのジャーナリストは日本の現代文学が好きです。

【主＋動＋対】

O aluno **entende** bem a explicação da professora. その生徒は先生の説明をよく理解します。

91　標準的な文語では、Eu **lhe** ofereço um disco. (Br.) となります。
92　記号の意味は以下のとおりです。**主**：文の主語。代名詞化すると主格形をとる名詞句。**動**：動詞、**前**：前置詞、**対**：代名詞化すると対格形をとる名詞句、**与**：代名詞化すると与格形をとる名詞句、**名**：代名詞化すると主格形をとる名詞句、**補**：補語。**目補**：目的格補語。形容詞、名詞句等。

【主＋動＋対＋与 / 主＋動＋対＋前＋名】

O rapaz **envia** uma mensagem a uma amiga.　青年は女友達にメッセージを送ります。

【主＋動＋補】

Ele **está** cansado.　彼は疲れています。

【主＋動＋対＋目補】

O chefe **considera** o assunto bastante complicado.　主任はその件がかなり複雑と考えています。

【主＋動＋前＋名＋前＋名】

O João **insiste** com o amigo sobre a necessidade de eleições. ジョアンは友人に総選挙の必要を主張した。

8.8. 形容詞の支配 — 1

動詞と同様、形容詞にも支配があります。ある種の形容詞は目的語をとりますが、どのような前置詞を介して名詞句と結合されるかが、語によって決まっています。

・**oriundo de**　…に由来する

Os citrinos **oriundos do** estrangeiro abundam no mercado nacional.　外国産の柑橘類が国内市場にあふれています。

・**responsável por**　…に責任のある

Conheço bem o funcionário **responsável por** este assunto. この件の担当事務員をよく知っています。

・**útil para**　…に役立つ

Há instrumentos novos muito **úteis para** jardinagem.　園芸にたいへん役立つ新しい道具があります。

・**agradável a**　…に心地よい

Todos gostam de ouvir palavras **agradáveis ao** ouvido.　誰もが耳に心地よいことばを聞きたがるものです。

第2週 第8日

- **contente com**　…に満足した

  Ela não se quer mostrar, mas sei que está muito **contente com** o resultado.　彼女は顔には出さないが、その結果に大満足だと私は知っています。

- **louco por**　…に執着した

  Os dois, **loucos por** antiguidades, percorreram o bairro todo durante a tarde inteira.　そのふたりは、骨董に目がなく、その地区を午後いっぱい歩き回りました。

- **paciente com**　…に忍耐力のある

  Até os próprios pais, muito **pacientes com** o filho, têm de recorrer a meios drásticos.　自分の息子にはとても寛容な実の両親までもが、思い切った手を使わねばならぬ。

- **solidário com**　…と連帯している

  O meu advogado, embora politicamente muito **solidário comigo**, tem interesses profundamente diferentes dos meus como trabalhador.　政治的には私と連帯しているとはいえ、私の弁護士は労働者としては、私と利害を大いに異にしている。

- **igual a**　…と等しい

  O chapéu do Professor João, cuja cor é **igual à** do meu casaco, tem uma pena como enfeite.　ジョアン先生の帽子の色は私の上着の色と同じだが、それには飾りに羽が一本ついている。

- **independente de**　…から独立した

  Os filhos, quando estão **independentes dos** pais, sabem melhor respeitar o seu modo de vida.　子供たちは、親から自立すると、親の生活の仕方をどう尊重すべきかが、よりよくわかるようになる。

ポルトガル語四週間

- **livre de** …から自由な

Um povo **livre de** preocupações financeiras pode optar por esta solução.　財政的不安のない国民は、こういう解決を選択できる。

8.9. 季節の名称

季節の名称は以下のとおりです。語頭はポルトガルでは大文字で、ブラジルでは小文字で書き始めます。季節名には定冠詞がつきます。

春	夏	秋	冬
Primavera (a)	Verão (o)	Outono (o)	Inverno (o)
primaveril 春の	estival [93] 夏の	outonal 秋の	invernal 冬の

例：

A gente vai à praia no Verão | verão.　ぼくらは夏には海に行きます。

8.10. 練習問題(8)

I．以下の文のかっこ内の不定詞を、文脈から考えて適当な直説法・現在形の活用形にしなさい。各文を日本語に訳しなさい。

1. O senhor Meneses (ser) jornalista e (escrever) artigos.
2. A Teresa (estar) neste momento no escritório. Ela (trabalhar) como contabilista.
3. A senhora Gouveia e o seu marido (trabalhar) para o governo. Eles (ser) funcionários públicos. Os dois (discutir) de vez em quando a situação pública geral. Mas em casa eles (evitar) tocar nos assuntos dos seus serviços.

---

[93] 夏を意味する Verão | verão の別名、Estio | estio の派生語。

第2週 第8日

4. — Onde (ficar) o novo hiper-mercado grande?
— (Ficar) ao pé do cruzamento desta avenida com a Rua Augusta.
5. — Que línguas vocês (falar)? — Nós (falar) inglês e português.

II. 以下の文のかっこ内を、ser, estar, ficar のいずれかの直説法・現在形の正しい活用形で埋めなさい。各文を日本語に訳しなさい。

1. Onde ( ) que ( ) o seu dicionário?
2. A Faculdade de Medicina ( ) mesmo em frente da estação.
3. A estátua do Presidente ( ) no centro da praça.
4. Os senhores ( ) alguns dias nesta cidade?
5. Nós ( ) agora num café ao lado de um restaurante chinês.
6. Vocês ( ) doentes com o abuso de bebidas alcoólicas.
7. O João e eu ( ) ao telefone há mais de meia hora.
8. Tu ( ) com o pai, ( ) bem?
9. Então, eu ( ) com a maçã e tu ( ) com a pêra.
10. O trânsito ( ) um pouco confuso. Os funcionários dos transportes públicos ( ) em greve hoje.

III. 例に従って、不定詞に後続するかっこ内の名詞を主語とした場合の直説法・現在形の活用形を書き、併せて発音も表記しなさい。他の人称もあわせて、繰り返し音読してみましょう。

例：levar (o senhor e eu)
→ levamos / livˈɐmuʃ | leˈvamus /

1. sentar (eu)　　　　2. jantar (vocês)

3. fechar (tu) 4. engarrafar (eu e ele)
5. tomar (vós) 6. timbrar (vocês)
7. meter (eles) 8. aceder (ele e ela)
9. torcer (eu) 10. despir (eu)
11. crescer (eu), (tu) 12. receber (nós)
13. exigir (eu), (eles) 14. erguer (eu), (vocês)
15. frigir (eu), (eu e vocês)

IV. 以下の文のかっこ内に適当な前置詞を入れ、必要に応じて後続の語と縮約させて全文を書き、日本語に訳しなさい。前置詞が不要の場合もあります。

1. Preciso ( ) um bom revisor para emendar o texto.
2. Ela considera a condição ( ) inaceitável.
3. O carteiro traz um pacote ( ) o meu vizinho.
4. O amigo do João entende muito bem ( ) a situação.
5. O menino gosta muito ( ) jogos de computador.
6. A senhora Pinto é responsável ( ) os assuntos pessoais.
7. O rapaz está impaciente ( ) a atitude ambígua dos pais.
8. Os filhos ficam mais dependentes ( ) os professores.
9. A condição parece mais favorável ( ) os candidatos.
10. Os documentos são relativos ( ) as notas dos alunos aprovados.

(解答例 p.652参照)

第 9 日

9.0. 読解

Lúcia — Carlos, há quantos anos estudas francês?
Carlos — Estudo há dois anos.
Lúcia — Tu já falas muito bem, não é?
Carlos — Mais ou menos. E tu, Lúcia? Há quanto tempo é que estudas inglês como primeira língua estrangeira?
Lúcia — Há mais de cinco anos. Ainda não conheço a Inglaterra nem os EUA. Mas falo inglês razoavelmente, porque a estrutura da língua é muito parecida com a da minha língua materna, português.
Carlos — E tu, Paulo? Continuas a estudar japonês?
Paulo — Continuo. Tenho uma revista japonesa comigo. Queres ver?
Carlos — Quero. Já consegues ler qualquer texto?
Paulo — Bem, já sei ler mais ou menos com a ajuda do dicionário mas não o entendo muito bem.
Carlos — Costumas comprá-la aqui?
Paulo — Não. Assino-a através de uma livraria de Lisboa. Costumo recebê-la no início de cada mês. Este mês, como expira a minha assinatura, tenho de mandar um cheque para Lisboa.

☞日本語訳は巻末, p.715参照。**há ... estudas**：há ...＋直説法・現在：時間の経過を示す haver については、9.1.(2) b) 参照。**Estudo há**

...：直説法現在＋há ...＝…（経過した時間）のあいだ；…前から。**mais de ...**：…以上。**conheço**＜conhecer. **razoavelmente**：副詞（＜razoável）かなりじょうずに。**parecida**：ser parecido com ...＝…と似ている。**a da minha língua materna**：ここではaはa estrutura を指す指示詞，9.7.参照。**Continuas a estudar**：continuar＋a＋不定詞＝〜し続ける。**comprá-la**＜comprar＋a, 9.5.(2) c)参照。**Costumo recebê-la**：costumar＋不定詞＝ふだんから〜している。**recebê-la**＜receber＋a. **tenho de mandar**：ter＋de＋不定詞＝〜しなくてはならない。

9.1 動詞 haver

(1) **直説法・現在形の活用**：動詞 haver / ɐˈver | aˈver / の活用は不規則活用です。

■ **haver** / ɐˈver | aˈver /

1.sg.	**hei**	/ ˈɐj | ˈej /
2.sg.	**hás**	/ ˈaʃ | ˈas /
3.sg.	**há**	/ ˈa /
1.pl.	**havemos**	/ ɐˈvemuʃ | aˈvemus /
2.pl.	**haveis**	/ ɐˈvɐjʃ | aˈvejs /
3.pl.	**hão**	/ ˈẽw̃ /

(2) **意味と用法**：非人称動詞としての haver

動詞 haver は、通常の動詞と異なり3人称単数のみで用いられます。このような動詞を非人称動詞と言います。[94]

a) 存在をあらわす haver

存在をあらわす haver はつねに3人称単数形で用いられます。[95] 文法的には、存在するものは動詞 haver の目的語ですか

---

94 非人称動詞について詳しくは、14.1., p.264参照。
95 3.4., p.33参照。

第 2 週 第 9 日

ら、目的語の数が単数でも複数でも、目的語の数に関係なく動詞は 3 人称単数形のままで変化しません。

Há muita gente na praça. 広場には人がたくさんいる。

Há muitos discos espalhados em cima do sofá. ソファーの上にはレコードがいくつも散らかっている。

b) 時間の経過をあらわす haver

動詞 haver は常に 3 人称単数形で用いられます。時間の経過を〔há＋経過した時間〕という構文で表現し、その後に que の導く節を続けます。存在をあらわす場合と同様、経過時間は動詞 haver の目的語ですから、目的語の数に関係なく、動詞は 3 人称単数形のままで変化しません。

Há dois dias **que** espero a notícia dela. 二日前から彼女の連絡を待っています。

Há uma hora **que** trabalho no computador. コンピューターで仕事をして 1 時間になる。

主文のあとに副詞節として〔há＋経過した時間〕を付け加えることも可能です。

Espero a resposta dela **há** já mais de uma semana. 彼女の返事を待ってもう 1 週間以上たった。

経過時間を訊ねる quanto を含む疑問文では、〔há＋quanto ...＋é que〕という構文で表現し、é que 以下に主文を続けます。主文の先頭に é que を置くことは義務的ではありません。

Há quanto tempo (é que) o senhor trabalha aqui？ ここでどのくらい仕事をしていますか？

Há quantas horas (é que) vocês estão no café？ 何時間前から、君たちはカフェーにいますか？

Há quantos dias (é que) espera a chamada dela? 彼女の電話を待って何日になりますか。

c) haver をともなう成句
— Que **há** de novo? いかがですか（何か変わったことはありますか）。
— Não **há** de quê. どういたしまして。
Há que consultar outras opiniões. 他の意見も聞いてみる必要がある。

9.2. 動詞 ter [96]

(1) **直説法現在形の活用**：動詞 ter / ˈter / の活用は不規則活用です。直説法・現在形の活用は以下のとおりです。

■ **ter** / ˈter /

1.sg.	**tenho**	/ ˈtɐɲu | ˈteɲu /
2.sg.	**tens**	/ ˈtẽjʃ | ˈtẽjs /
3.sg.	**tem**	/ ˈtɐ̃j | ˈtẽj /
1.pl.	**temos**	/ ˈtemuʃ | ˈtemus /
2.pl.	**tendes**	/ ˈtẽdiʃ | ˈtẽdʒis /
3.pl.	**têm**	/ ˈtɐ̃j ɐ̃j | ˈtẽj /

ポルトガルでは3人称複数形の発音は、二重鼻母音 / ɐ̃j / を2回繰り返すという例外的な発音です。また、ter の複合語の発音もこれに準じます。たとえば mantêm / mɐ̃ˈtɐ̃j ɐ̃j \| mɐ̃ˈtẽj /, contêm / kõˈtɐ̃j ɐ̃j \| kõˈtẽj / などです。ブラジルの発音ではこれらの場合、3人称複数形と3人称単数形を区別しません。

なお conter, manter などの ter を含む複合語においては、2人称単数形および3人称単数形のとき最後の音節に鋭アクセントを

---
96 その他の用法、助動詞としての ter （p.312, 343, etc.）も参照。

付けます。
　　Contém livros.　書籍在中（小包の上書き）

(2) **意味と用法**
　a)　所有をあらわす
　　古くは所有の意味で haver と競合していたと言われますが、現代ポルトガル語ではもっぱら ter が使われます。
　　　— O senhor **tem** aí uma fotografia dela?　その方の写真をお持ちですか？
　　　— **Tenho**. Quer ver?　ええ。ご覧になりますか？
　b)　義務をあらわす〔ter＋de／que＋不定詞〕
　　ふたつの形式が用いられます。意味は同じですが、〔ter＋de＋不定詞〕の形式のほうが文語的です。
　　　Os trabalhadores **têm de** renovar o contrato daqui a alguns meses.　何ヶ月かしたら、労働者は契約を更新しなくてはなりません。
　　　Primeiro vocês **têm que** lavar as mãos, está bem?　まずは君たち手を洗わなきゃね。
　c)　存在をあらわす
　　存在をあらわす haver と同じ意味で、主に口語で用いられます。
　　　— **Tem** muita gente aí?　たくさん人がいるのかい？
　　　— **Tem, tem**!　いるいる。

ポルトガル語四週間

9.3. 不規則動詞 querer, saber, conseguir
直説法・現在形の活用

■ **querer** / kiˈɾeɾ | keˈɾeɾ /

1.sg.	**quero**	/ ˈkɛɾu /
2.sg.	**queres**	/ ˈkɛɾiʃ	ˈkɛɾis /
3.sg.	**quer**	/ ˈkɛɾ	ˈkɛɾ /
1.pl.	**queremos**	/ kiˈɾemuʃ	keˈɾemus /
2.pl.	**quereis**	/ kiˈɾɐjʃ	keˈɾejs /
3.pl.	**querem**	/ ˈkɛɾɐ̃j	ˈkɛɾẽj /

規則活用と比較してみましょう。[97] 規則からはずれるのは3人称単数のみで、あとは規則的であることがわかります。なお語根母音 **-e-** の音が、ポルトガルでは / ɛ / と / i / のあいだで、ブラジルでは / ɛ / と / e / のあいだで変化します。動詞 querer は不定詞を直接目的語としてとることができます。

Quero estudar o assunto.　その件をよく考えたい。

■ **saber** / sɐˈbeɾ | saˈbeɾ /

1.sg.	**sei**	/ ˈsɐj	ˈsej /
2.sg.	**sabes**	/ ˈsabiʃ	ˈsabis /
3.sg.	**sabe**	/ ˈsabi	ˈsabi /
1.pl.	**sabemos**	/ sɐˈbemuʃ	saˈbemus /
2.pl.	**sabeis**	/ sɐˈbɐjʃ	saˈbejs /
3.pl.	**sabem**	/ ˈsabɐ̃j	ˈsabẽj /

規則からはずれるのは1人称単数のみで、あとは規則的です。なお、語根母音 **-a-** の発音が、ポルトガルでは / a / と / ɐ / のあいだで変化しますが、ブラジルでは変化しません。動詞 saber は不定詞を直接目的語としてとることができます。saber は不定詞

97　たとえば8.3.(2) beber の例、p.131参照。

第 2 週 第 9 日

と結びついて、「あることがらについて知識がある、あるいは方法・能力を身につけていること」をあらわします。[98]

Sei ler um pouco japonês.　日本語の読み方は少し知っています。

■ **conseguir** / kõsiˈgiɾ ǀ kõseˈgiɾ /

1.sg.	**consigo**	/ kõˈsigu /
2.sg.	**consegues**	/ kõˈsɛgiʃ ǀ kõˈsɛgis /
3.sg.	**consegue**	/ kõˈsɛgi ǀ kõˈsɛgi /
1.pl.	**conseguimos**	/ kõsiˈgimuʃ ǀ kõseˈgimus /
2.pl.	**conseguis**	/ kõsiˈgiʃ ǀ kõseˈgis /
3.pl.	**conseguem**	/ koˈsɛgẽj ǀ koˈsɛgẽj /

語根に **-e-** を持つ第 3 活用 (-ir) 動詞と比較してみましょう。[99] 語根母音の変化 (母音交替) は 1 人称単数形をのぞき規則的です。以上の例からわかるように、語根母音 **-e-** の音がポルトガルでは / i /, / ɛ / と / ɨ / のあいだで、ブラジルでは / i /, / ɛ / と / e / のあいだで、変化します。動詞 conseguir は不定詞を直接目的語としてとることができます。conseguir は不定詞と結びついて、「ある種の目標に到達する、あるいは能力を有する」という意味をあらわします。

Consigo ler um pouco japonês.　日本語は少し読めます。

N.B.　第 2、第 3 活用動詞のなかには、音声的にみると規則的に活用するにもかかわらず、1 人称単数形で、つづり上の調整を要することがあります。

conhecer : **conheço** / kuˈɲesu ǀ koˈɲesu /
　語根末の / s / を保つために c ではなく ç を用いる。

---

[98]　助動詞 poder と比較 (PODER (2), p.194 参照)。
[99]　たとえば 8.3.(3) seguir の例、p.132 参照。

exigir : **exijo** / iˈziʒu | eˈziʒu /
　語根末の / ʒ / を保つために g ではなく j を用いる。
distinguir : **distingo** / diʃˈtĩgu | dʒisˈtʃĩgu /
　語根末の / g / を保つために gu ではなく g を用いる。

9.4. 文型 — 2：動詞と動詞の連結

　動詞の不定詞は名詞句と同じように、そのままの形で動詞の直接目的語になることができます。しかしながら、動詞によっては特定の前置詞を介す必要があります。[100]

【主＋動＋不】

　Um dia **quer estudar** caligrafia?　いつか習字を習いたいのですか？

　Desejo tomar um copo de água.　水を一杯いただきたいのです。

【主＋動＋前＋不】

　O rapaz **gosta de ouvir** música ligeira.　その青年は軽音楽を聴くのが好きです。

　O aluno **continua a estudar** a maneira de obter dados interessantes nos jornais.　その学生は新聞で興味深いデータをどうやって得るべきか研究し続けています。

　Os estudantes querem **aprender a pronunciar** correctamente | corretamente esta palavra.　学生たちはこの語を正しく発音することを学びたがっています。

　Começamos a estudar História a partir do próximo ano lectivo | letivo.　来学年度から歴史を勉強しはじめます。

　Preciso ||**de falar** | **falar**|| com ele.　彼と話す必要がある。

100　記号の意味は以下のとおり。不：不定詞　その他については8.7. 文型 — 1の注92, p.141参照。

第2週 第9日

9.5. 人称代名詞 o(s), a(s) の形式 [101]

(1) **後接辞の場合**：後続する動詞のアクセントに依存して発音され、o, os, a, as の形をとります。

Não **o** entendemos.　あの人の言うことは私たちにはわからない。

Nunca **a** tinha visto no escritório.　彼女を事務所では見たことがなかった。

Espero que **as** entregue hoje.　今日それを渡してくれると良いのだが。

(2) **前接辞の場合**：先行する動詞のアクセントに依存して発音される場合は、動詞の末尾の音にしたがって、以下のように3とおりに実現します。

a) 動詞が口母音（二重母音を含む）で終わる場合、o, os, a, as の形をとります。代名詞はハイフンを介して表記します。

Estudo-**o** com calma.　それをじっくり研究します。

Ela compra-**as** por um preço razoável.　彼女はそれらを手頃な額で買います。

Ajudei-**os** a subir para o autocarro.　彼らがバスに乗るのに手を貸した。

Apanha-**a** do chão.　床からそれを拾ってくれよ。

Concedeu-**o** porque ela não precisava mais dele.　彼女はもうそれを必要としていなかったので、譲った。

b) 動詞が鼻母音で終わる場合、no, nos, na, nas の形を取ります。代名詞はハイフンを介して連結します。

compram+o → compram-no　　comem+a → comem-na
partem+os → partem-nos　　　tem+o → tem-no
hão+o → hão-no

101　人称代名詞・対格形の位置については、8.6. 人称代名詞の用法と無強勢代名詞の位置 ― 1(2), p.137参照。

Esvaziaram-**no** de um trago.　それを一気に飲み干した。
Os alunos levam-**na** na mão.　生徒達はそれを手にしている。
Põem-**no** em cima da mesa.　それをテーブルの上に置く。
Fazem-**na** muito bem.　それをとても上手に作る。
Os carteiros têm-**nas** numa bolsa especial.　郵便配達人は、それらを特殊な袋に入れて持っている。

　人称代名詞が鼻母音で終わる動詞にハイフンを介して接続する場合、人称代名詞・3人称複数・対格形 (os, as) のうち、男性・複数形 (os) は人称代名詞・1人称複数・対格形および与格形 (nos) と形が同じになります。どちらに解釈すべきかは、動詞の意味や文脈によって判断されます。

① 1人称複数・対格形の nos の場合 [102]

　O senhor Lucas e a senhora convidam-**nos** para o jantar.
　ルーカスさん夫妻が私達を夕食に招待する。

② 1人称複数・与格形の nos の場合

　Umas companhias pedem-**nos** os empréstimos.　数社がわれわれに融資を申し込む。

　Os alunos oferecem-**nos** os livros.　学生が私たちに本をくれる。

③ 3人称複数・対格形の os の場合

■例1

　Umas companhias pedem os empréstimos aos bancos.
　数社が銀行に融資を申し込む。
　☞直接目的語 os empréstimo を代名詞化：

---

[102] この場合の nos は、当然のことながら、男性形3人称複数代名詞・対格形と解釈することも出来ます。

第 2 週 第 9 日

Umas companhias pedem-**nos** aos bancos. 数社が銀行にそれを申し込む。

■例 2

Os alunos oferecem os livros ao colega. 学生たちは、知人に本を贈呈する。

☞直接目的語 os livros を代名詞化：

Os alunos oferecem-**nos** ao colega. 学生たちは、知人にそれを贈呈する。

c) 動詞が **-r, -s, -z** で終わる場合、**lo, los, la, las** の形を取ります。第 1 活用動詞および第 2 活用動詞では、動詞末尾の母音に、それぞれ鋭アクセント、曲アクセントを付すという正書法上の規則があります。また代名詞はハイフンを介して後に連結します。

comprar+o → comprá-lo, fazer+o → fazê-lo, partir+o → parti-lo

compras+o → compra-lo, fazes+o → faze-lo, partes+o → parte-lo

traz+a → trá-la, fêz+o → fê-lo, fiz+o → fi-lo

Muito prazer em conhecê-**lo**. (conhecer+o → conhecê-lo) はじめまして。

A cantora vai cantá-**la** no fim. (cantar+a → cantá-la) 歌手はそれを最後に歌うはずです。

Tentaram incluí-**lo** na exposição. (incluir+o → incluí-lo)[103]
それを展示に含めようとしました。

---

103 第 3 活用動詞 (-ir 動詞)、直説法・過去・1 人称単数形で活用語尾が -uí で、incluí-o などとなる場合、不定詞に人称代名詞・3 人称単数・対格形を加えた形式 incluí-lo との区別に注意が必要です。

Trá-**los** aqui para o mês que vem. (traz＋os → trá-los)
　それらを来月持ってきてくれ。

Ei-**lo**. (eis＋o → ei-lo)　このとおりです。

9.6. 無勢代名詞の位置 ― 2

すでに見たように、無強勢代名詞の動詞に対する位置は文の種類すなわち、肯定文か否定文かによって異なります。[104] 他にも以下のような無強勢代名詞の位置に関する義務的規則があります。

(1) **ある種の副詞・副詞句と用いられる場合**：ある種の副詞、あるいは副詞句が動詞の前に置かれると、無強勢代名詞は後接辞として動詞の直前におかれます。

　Já escrevo uma carta ao João!　ジョアンにすぐ手紙を書こう。

☞直接目的語 uma carta を代名詞化：

　Já a escrevo ao João!　ジョアンにすぐそれを書こう。

Por isso escrevo uma carta ao João　だからジョアンに手紙を書くんだ。

☞間接目的語 ao João を代名詞化：

　Por isso **lhe** escrevo uma carta.　それで彼に手紙を書くんです。

副詞句のあとに間が置かれれば、代名詞は前接辞となります。副詞句が強調されることで、全体として言い訳がましく事情を説明していることになります。

　Por isso, escrevo-**lhe** uma carta.　だからこそ、彼に手紙を書くのです。

その他、以下のような副詞(句)があると、無強勢代名詞は後接辞としてあらわれます。

104　8.6. 人称代名詞の用法と無強勢代名詞の位置―1, p.136参照。

第 2 週 第 9 日

Sempre te empresto o dinheiro de que precisas！ やはり君が必要なお金を貸してあげることにするよ。

Já lhe traduzo o que ela está a dizer, está bem？彼女が言っていることをすぐにあなたに翻訳しますからね。

Talvez me diga qualquer coisa. たぶん、何か私に言うでしょう。

(2) **不定代名詞とともに用いられる場合：後接辞**

無強勢代名詞は動詞の前に移動し、後接辞となります。[105]

Todos os dias o trago para sua casa. 毎日それをお宅に持ってきてあげますよ。

Todos a levam na mão. 皆がそれを手にしている。

Alguém me telefonou？ 誰か電話してきましたか？

Ninguém lhe disse？ 誰もあなたに言いませんでしたか？

9.7. 指示代名詞としての o(s), a(s)

形の上では 3 人称人称代名詞と同じですが、指示代名詞の o, os, a, as（それ、それら、の意味）は、基本的に前置詞 de の導く形容詞句を従えます。これらは人称代名詞、冠詞と形が同じですが、意味は文脈から判断されます。

Entre os numerosos quadros, **o** daquele pintor, decerto, tem atraído o maior número de visitantes neste museu. (**o**＝quadro) 数多くの絵画のなかで、あの画家のものが当美術館では最も多くの参観者を惹き付けてきた。

O velho gosta da comida simples da terra natal. Na realidade, come pouco **da** de outras terras. (**a**＝comida) その老人はふるさとの素朴な食べ物が好きだ。実際、よその食べ物はほとんど口にしない。

---

105 11.5. 不定代名詞, p.202参照。

動詞の直接目的語、補語として現れる指示代名詞の o は、isto, isso, aquilo と同義で、名詞、形容詞、あるいは先行する文の意味全体を指します。この意味の場合、用いられる形は o に限られます。os, a, as の形は用いられません。[106]

Eles pensam que a médica não é competente. Mas eu sei que **o** é.（o は competente を指す）　連中はその女医が有能ではないと思っている。が私は彼女が有能であることを知っている。

Aparecem coisas interessantes durante a escavação. Todos **o** sabem.　発掘の間に興味深いものが出てくる。皆がそのことを知っています。

9.8. 前置詞とともに用いる人称代名詞

前置詞の目的語として現れる人称代名詞には主格形を用いる場合と、特別な形式を用いる場合があります。また前置詞 com をともなう特別な形式があります。

	単　　数		複　　数	
	com 以外	com と共に	com 以外	com と共に
1人称	mim	comigo	nós	connosco(Pt.), conosco(Br.)
2人称	ti	contigo	vós	convosco
3人称	ele, ela, si, o senhor, etc.	consigo, com ele, etc.	eles, elas, os senhores, etc.	com eles, com os, senhores, etc.

106　指示代名詞が導く句・節については、11.2. 関係代名詞 que の用法—2 (3), p.198参照。

第 2 週 第 9 日

Para mim, a situação continua na mesma.　わたしにとっては状況は同じです。

O Alexandre gosta muito **de ti**.　アレシャンドレは君のことが大好きなんだ。

Pode **contar comigo** para o jantar de hoje?　今日の晩ご飯の数に、私を入れておいてくださいますか。

Vou **contigo**.　君と一緒に行こう。

As crianças acreditam **em nós**.　子供たちはぼくらのことを信じている。

O assunto já é conhecido **entre vocês**, não é?　そのことはきみたちの間でも周知のことなんだろう。

Digo-**lhes a elas** que daqui a pouco está diferente o projecto.　計画はもう少ししたら違ったものになると彼女らに言っておこう。

Ele vai **entrar em contacto connosco | conosco** por fax.　彼からファクスでわれわれにコンタクトがあるはずだ。

9.9. 前置詞＋si および consigo の用法

再帰代名詞 si および com と結びついた consigo は、自分自身を指す再帰的意味を持ちます。

O rapaz pensa **em si mesmo**.　その青年は考え込んでいる。

O professor Santos, quando trabalha absorvido no assunto, escreve, **falando consigo mesmo**.　サントス先生はそのことに熱中して仕事をしていると、独り言をいいながら執筆している。

N.B. ポルトガルの口語では、これらの形式が対称に対して用いる、〔前置詞＋主格代名詞〕の代用として使われます。ブラジルにはこの方法がないので、対称の扱いを曖昧なままにせず、o senhor / a senhora なのか、você なのかを決める必要があります。

Depois falo ||**consigo** | **com você / o senhor**||, está bem？ あとでお話ししますね。

Amanhã trago uma coisa ||**para si** | **para você / o senhor**||. 明日君にひとつあげたいものがある。

Gostaria de conversar ||**consigo** | **com você / o senhor**||. あなたと相談したい。

Tenho uma coisa para ||**si** | **você / o senhor**||. ひとつ差し上げたいものがあります。

9.10. 副詞 — 1

副詞は、動詞、形容詞、副詞を修飾する語です。

■副詞は動詞を修飾します。

Ele estuda **bem**. 彼はよく勉強する（副詞 bem は動詞 estuda を修飾）。

■副詞は形容詞を修飾します。

A discussão é **provavelmente** produtiva. 議論はおそらく生産的だろう（副詞 provavelmente は形容詞 produtiva を修飾）。

■副詞は他の副詞を修飾します。

Os dois falam **tão** claro！ そのふたりはとてもはっきりと話すんだ（副詞 tão は副詞 claro を修飾）。

形式的には、形容詞から規則的に派生するものと、独自の形式を持つものとあります。ここでは形容詞から派生する副詞について以下解説します。[107]

(1) **副詞の形式**：形容詞の女性形に接尾辞 -mente を加えます。
形容詞には、男性形と女性形で強勢母音の音質が異なる場合も

---

[107] その他の副詞に関して詳しくは第26課, p.484参照。

第2週 第9日

あります(novo /ˈnovu / ：nova /ˈnɔvɐ | ˈnɔva /)。また、アクセントは後ろから二番目の音節におかれますが、もとの形容詞のアクセントが第二アクセントとして明確に維持されます。

形容詞男性形	形容詞女性形	副詞
mútuo	mútua	mutuamente / ˌmutuɐˈmẽti | ˌmutuaˈmẽtʃi /
profundo	profunda	profundamente / pruˌfũdɐˈmẽti | proˌfũdaˈmẽtʃi /
rápido	rápida	rapidamente / ˌrapidɐˈmẽti | ˌxapidaˈmẽtʃi /
encantador	encantadora	encantadoramente / ẽkẽtɐˌdorɐˈmẽti | ẽkẽtaˌdoraˈmẽtʃi /
novo	nova	novamente / ˌnɔvɐˈmẽti | ˌnɔvaˈmẽtʃi /

/ ˈ /：第一アクセント、/ ˌ /：第二アクセント

N.B. 副詞をふたつ以上並列する場合、最後の副詞のみ -mente のついた完全な形を用い、それ以外の副詞は -mente を省いた形容詞女性形にします。

　Pura e simplesmente, o risco é grande. 純粋かつ単純に言って（＝「要するに」の意味）、リスクは大である。

(2) 形容詞が男性形・女性形で同形ならば、そのまま接尾辞 -mente を加えます。もとの形容詞のアクセントは第二アクセントとして維持されます。形容詞の語末に **-s, -z** があるものは、接尾辞 -mente のはじめの音 / m / に同化されて / ʒ | z / となります。

　forte / ˈfɔrti | ˈfɔrtʃi / .... fortemente
　　　　　　　　　　　　　　/ fɔrtiˈmẽti | fɔrtʃiˈmẽtʃi /

veloz / viˈlɔʃ | veˈlɔs / .... velozmente
/ vilɔʒˈmẽti | velɔzˈmẽtʃi /
vulgar / vuɫˈgaɾ | vuwˈgaɾ / .. vulgarmente
/ vuɫgaɾˈmẽti | vuwgaɾˈmẽtʃi /
simples / ˈsĩpliʃ | ˈsĩplis / .... simplesmente
/ sĩpliʒˈmẽti | sĩplizˈmẽtʃi /
fácil / ˈfasiɫ | ˈfasiw / .... facilmente
/ fasiɫˈmẽti | fasiwˈmẽtʃi /

N.B. 例外的に形容詞男性形に-mente を加えて副詞を派生する場合があります。

portugês .... portuguesmente
burguês .... burguesmente

9.11. 曜日の表現

前置詞a＋冠詞付きの複数形＋曜日名（複数形）：毎〜曜日に、の意味をあらわします。

Costumo almoçar num restaurante japonês **às quartas-feiras**.　水曜日は和食屋で昼ご飯をとることにしている。

Muitas senhoras vão à missa **aos domingos**.　日曜はミサに行くご婦人方がたくさんいます。

c.f.　Tenho de ir ao banco, **na quinta-feira**, pagar o gás.
木曜日には銀行に行ってガス代を払わなくてはならない。

9.12. 練習問題(9)

Ⅰ．以下の文について、例に従って、①目的語を代名詞に置き換えて書き、さらに②肯定文は否定文に、否定文は肯定文に直して書きなさい。あわせてそれぞれに日本語に訳しなさい。

例：O senhor Antunes compra dois pães.

☞ ① O senhor Antunes ₍₍compra-os | os compra₎₎.
アントゥネスさんはそれらを買います

第2週 第9日

☞ ② O senhor Antunes não os compra.
　　アントゥネスさんはそれらを買いません

1. O João assina uma revista japonesa.
2. Ela não permite os erros gramaticais.
3. O professor quer oferecer informações úteis.
4. Os candidatos não querem mostrar as suas capacidades.
5. Eles não vendem os computadores usados.

II. 以下の文のかっこ内に ter あるいは haver の直説法・現在形の適当な活用形を入れ、日本語に訳しなさい。

1. （　） muitos papéis no escritório.
2. （　） quantos minutos é que esperas a chamada aqui?
3. —Que（　）de novo?　—Nada de especial.
4. Nós（　）de ficar em casa hoje.
5. Vocês（　）de consultar primeiro o médico.
6. —Muito obrigado.　—Não（　）de quê.
7. —O senhor（　）de aviar esta receita numa farmácia, entende?
8. Infelizmente, não（　）dinheiro suficiente comigo.
9. （　）quantas horas é que vocês trabalham?
10. Os textos ainda（　）alguns pequenos erros.

III. 以下の文のかっこ内の、querer, saber, conseguir を直接法・現在形の正しい活用形にして、日本語に訳しなさい。

1. Ele (querer) falar a verdade?
2. O governo (saber) responder às necessidades do povo?
3. A sua máquina (conseguir) satisfazer os requisitos mínimos.
4. Eu (saber) contar até dez em chinês.

5. Vocês (querer) descansar um pouquinho agora, não (querer)?
6. Nós (saber) explicar bem o assunto.
7. Tu (conseguir) entrar em contacto com ele, não (conseguir)?
8. Eu (querer) falar contigo, está bem?
9. Vocês não (saber) fazer a cama?
10. Eu (conseguir) entender mais ou menos as palavras dele.

IV. 例に従って、形容詞から副詞を派生する過程を書き、あわせて副詞の意味を日本語で書きなさい。

例：vivo → viva → vivamente　生き生きと

1. directo | direto
2. completo
3. feliz
4. longo
5. visível
6. franco
7. aparente
8. eficaz
9. incrível
10. anterior

V. 以下の日本語をポルトガル語に訳しなさい。

1. ポルトガル語を勉強しはじめてどのくらいですか。
2. ほんの数週間前からポルトガル語を勉強しています。
3. 私はよいポ英辞典を一冊買いたい。
4. 彼は自分の名前をアラビア語でどう書くか知っている。
5. われわれは金曜日に日本を発たねばなりません。

（解答例　p.655参照）

第10日

10.0. 読解

Marco —Peço-te um favor especial. Emprestas-me os teus apontamentos de História?

Emília —É tarde demais. O exame é depois de amanhã.

Marco —Faço fotocópias num instante.

Emília —Mas sabes trabalhar com o computador, não sabes?

Marco —Sei.

Emília —Então empresto-te a disquete que tem todo o texto. Assim dispensas grande parte do teu trabalho.

Marco —Muito obrigado, Emília. Com o texto bem legível, resta-me estudar e memorizar. A leitura no écran é realmente mais fácil do que no livro.

Emília —Mas ler o texto impresso é muito menos cansativo do que seguir os caracteres no monitor.

Marco —O mais fácil é levar o computador e a impressora portáteis para o exame como instrumento para escrever, assim como lápis e borracha.

Emília —E o que é que tencionas fazer?

Marco —Reproduzo a minha memória que guardo no computador.

☞日本語訳は巻末, p.716参照。**Peço-te um favor**：pedir＋a＋人＋um favor：…(人)に頼み事をする。**demais**：形容詞＋demais＝〜すぎる。**depois de amanhã**：あさって。**Faço**：＜fazer. **não sabes？**：

付加疑問。5.8., 12.6. 参照。**sei**＜saber. **disquete**＝フロッピーディスク。**dispensas**: dispensar ... ＝…をなしで済ます；…を必要としない。**bem legível**: bem＝十分に。一般に bem は muito より程度が高いと解釈される。**resta-me estudar**: restar＋a＋人＋不定詞＝…(人)は〜するだけでよい。**écran**: s.m. 画面 (pt.)＝tela (br.). **mais ... do que**: …よりさらに〜である。**O mais fácil**: 定冠詞＋mais＋形容詞＝もっとも〜だ。**tencionas fazer**: tencionar＋不定詞＝〜するつもりである。**Reproduzo**: ＜reproduzir. **guardo**: ＜guardar＝保存する＝salvar (br.).

10.1. 不規則動詞 pedir, fazer：直説法・現在形の活用

■ **pedir**/ pɨˈdir | peˈdʒir /

1.sg.	peço	/ ˈpɛsu /
2.sg.	pedes	/ ˈpɛdiʃ	ˈpedʒis /
3.sg.	pede	/ ˈpɛdɨ	ˈpedʒi /
1.pl.	pedimos	/ pɨˈdimus	peˈdʒimus /
2.pl.	pedis	/ pɨˈdis	peˈdʒis /
3.pl.	pedem	/ ˈpɛdẽj	ˈpɛdẽj /

規則活用と比較してみましょう。[108] 規則からはずれるのは1人称単数形のみで、その他の活用形は規則的であることがわかります。語根母音 **-e-** の音がポルトガルでは / ɛ / と / ɨ / のあいだで、ブラジルでは / ɛ / と / e / のあいだで変化します。

■ **fazer**/ fɐˈzer | faˈzer /

1.sg.	faço	/ ˈfasu /
2.sg.	fazes	/ ˈfaziʃ	ˈfazis /
3.sg.	faz	/ ˈfaʃ	ˈfas /
1.pl.	fazemos	/ fɐˈzemuʃ	faˈzemus /
2.pl.	fazeis	/ fɐˈzejʃ	faˈzejs /
3.pl.	fazem	/ ˈfazẽj	ˈfazẽj /

---

[108] 8.3. 直説法・現在の活用と発音(2), p.130参照。

第2週　第10日

　規則からはずれるのは1人称単数形と3人称単数形のみで、あとは規則的です。ポルトガルでは /ɐ/ と /a/ のあいだで語根母音 **-a-** の発音が変化します。ブラジルでは変化しません。

10.2．形容詞の比較級
(1)　一般に〔mais＋形容詞の原級〕で得られます。
```
apto  ふさわしい ................... mais apto  いっそうふさわしい
barulhento  喧しい ................ mais barulhento  さらに喧しい
complementar  補足的な ..... mais complementar
                              さらに補足的な
interessante  興味深い ......... mais interessante
                              さらに興味深い
monótono  単調な ................ mais monótono  いっそう単調な
triste  悲しい .......................... mais triste  さらに悲しい
```

　比較級、最上級が独自の形を持つ以下の語は、絶対最上級の異なるものもふくめて、個別に記憶する必要があります。

原　　級	比較級	絶対最上級	相対最上級
bom	melhor	óptimo ǀ ótimo	o melhor
mau	pior	péssimo	o pior
grande	maior	máximo	o maior
pequeno	menor [109]	mínimo	o menor
pouco	menos	pouquíssimo	o menos

　これらの比較級、最上級は通常、名詞の前に置かれます。
　　uma melhor compreensão　　よりよい理解
　　uma maior quantidade　　　　より多くの量

109　ポルトガルでは数などの抽象的概念の大小には menor を用いますが、それ以外には、mais pequeno を使います。ブラジルではつねに menor を用います。ex. Este sapato é muito grande. Quero outro de tamanho ‖mais pequeno ǀ menor‖. この靴はとても大きいです。もっと小さなサイズのをください。

(2) **副詞の比較級**：形容詞と同様の方法で得られます。
profundamente 深く............ mais profundamente
　　　　　　　　　　　　　　いっそう深く
devagar ゆっくりと............. mais devagar さらにゆっくりと
tarde 遅く............................... mais tarde 後ほど
cedo 早く................................ mais cedo もっと早めに
além 向こうがわで............... mais além もっと向こうがわで
perto 近くで........................... mais perto もっと近くで

N.B. 比較級、最上級が独自の形を持つものもあります。
bem よく............ melhor いっそうよく
　Temos de pensar **melhor**. もっとよく考えねばなりません。
mal 悪く............ pior もっと悪く
　Durante as sanções económicas, certamente as pessoas vivem **pior**. 経済制裁の続くあいだは、当然人々の生活が以前よりひどくなります。

10.3. 形容詞の最上級

(1) **形容詞の相対最上級**：〔定冠詞＋名詞＋mais＋形容詞の原級〕で得られます。比較の母体は「de～」で示されます。
　O rapaz **mais** alto da turma é o João. クラスで一番背が高い男の子はジョアンです。
　O noticiário é **o programa mais interessante** deste canal. ニュースはこのチャンネルでいちばん興味深い番組です。
　O aluno tem **a nota mais alta** da escola. その生徒は学校中で最高点をとっている。
　Este candidato tem **a nota mais baixa** de todos. この志願者は全体のうちで最低点をとっています。

第2週 第10日

Esta é uma **das três paisagens mais lindas** do Japão. この景色は日本三景のひとつです。

Procuro **a solução mais económica | econômica possível**. 私は可能な限り経済的な解決を求めている。

N.B.
①形容詞最上級の位置：melhor, pior, maior, menor は名詞の前に置きます。
A **maior** cidade do Japão é Tóquio. 日本で最大の都市は東京です。
O governo não opta pela **pior** solução. 政府が最悪の解決を選択することはない。
②相対最上級によって、絶対最上級と同様の、「きわめて……」の意味を表す場合もあります。
O velho conta a história **mais** incrível. その老人はまったく信じられないような話を語る。

(2) **形容詞の絶対最上級（総合形式）**：基本的に語末に -íssimo を持つ形式で、「きわめて～な」という意味をあらわします。
a) 語末が子音で終わる場合：原級に接尾辞 -íssimo を加える。
útil：util- + -íssimo → utilíssimo
igual：igual- + -íssimo → igualíssimo
vulgar：vulgar- + -íssimo → vulgaríssimo
b) 語末が母音で終わる場合：原級から語末の母音を取り去り、接尾辞 -íssimo を加える。
curto：curt- + -íssimo → curtíssimo
forte：fort- + -íssimo → fortíssimo
　原級の語末が -co / ku /, -go / gu / などの場合、/ k /, / g / の音を維持するため、必要に応じて、綴りを調整します。

pouco：pouc-+-íssimo → pouquíssimo
vago：vag-+-íssimo → vaguíssimo
c) 原級の語末が -z のものは、z を c と置き換え、接尾辞 -císsimo を加える。
capaz：capa-+-c-+-íssimo → capacíssimo
feliz：feli-+-c-+-íssimo → felicíssimo
d) 原級の語末が -m のものは、m を n と置き換え、接尾辞 -íssimo を加える。
comum：comu-+-n-+-íssimo → comuníssimo
e) 原級の語末が -ão のものは、ão を an と置き換え、接尾辞 -íssimo を加える。
pagão：pag-+-an-+-íssimo → paganíssimo
vão：v-+-an-+-íssimo o → vaníssimo

N.B. 以上のほかに、不規則な形をもつ場合は、個別に記憶する必要があります。主なものを以下に示します。

amargo .... amaríssimo	magro .... magríssimo
amigo .... amicíssimo	ou macérrimo
antigo .... antiquíssimo |	negro .... nigérrimo
antiqüíssimo	ou negríssimo
doce .... dulcíssimo	nobre .... nobilíssimo
difícil .... dificílimo	pessoal ..... pessoalíssimo
fácil .... facílimo	pobre .... paupérrimo
geral .... generalíssimo	ou pobríssimo
livre .... libérrimo	sábio .... sapientíssimo

f) 絶対最上級と同様の意味を、副詞、bem, muito, imensamente, sumamente, extraordinariamente, などを加えてあらわします。[110]

---

110 口語的表現では mais が muito あるいは tão の意味でもちいられることもあります。ex. Olha que coisa **mais** linda. ほら、すごい美人だ。14.7. 感嘆文, p.272参照。

第2週 第10日

amável 親切な .... muito amável とても親切な
caro 高価な .... extraordinariamente caro 異常に高価な
grato 有り難い .... sumamente grato 本当に有り難い

(3) **副詞の最上級**：形容詞と同様の方法で得られます。[111]
devagar ゆっくりと ..... devagaríssimo 実にゆっくり
　　　　　　　　　　..... muito devagar きわめてゆっくり
　　　　　　　　　　..... o mais devagar possível 出来るだけゆっくり

Visito-a **o mais cedo possível**. 出来るだけ早く彼女を訪問します。

Qual é **a farmácia mais perto** daqui？ ここから一番近い薬局はどこでしょうか。

Ele quer terminar a tarefa **o mais depressa possível**. 彼はその仕事を出来るだけ早く終えたいと思っている。

(4) **成句**：可能性の限界をあらわす：〔o mais＋形容詞＋possível〕あるいは〔定冠詞＋名詞＋mais＋形容詞＋possível〕

前者においては、定冠詞は常にoが用いられ、形容詞のみ修飾する名詞の性・数に一致します。後者においては、定冠詞が後続する名詞の性・数に一致します。[112]

A professora explica aos alunos numa linguagem **o mais clara possível**. 先生はできるだけ明瞭なことばで学生に説明する。

---
111 26.8．副詞の比較, p.498参照。
112 26.4．副詞の位置, (4), p.492参照。

Procuram **as peças o mais pequenas possível** para diminuir o tamanho do aparelho. 我々は出来るだけ小さなパーツを求めてその機械のサイズを小さくする。

Procuram **as peças mais pequenas possível** para diminuir o tamanho do aparelho. （同上）

Vendem os artigos com **os preços o mais baixos possível**. われわれは出来るだけ安価で商品を売ります。

Vendem os artigos com **os preços mais baixos possível**. （同上）

Quero ler **o maior número de livros possível**. できるだけ沢山の本を読みたい。

10.4. 比較表現

ある性質について、程度の差をあらわす比較の表現には、以下の3とおりがあります。

(1) **優等比較**：【mais 〜 + (do) que + … ：…よりいっそう〜だ】

A leitura é **mais** fácil **do que** a conversação. 読みは会話より易しいです。

A conversação exige **mais** atenção **do que** a leitura. 会話は読むより注意力が必要です。

A menina é **mais** esperta **do que** inteligente. その少女は頭がよいというより機転が利くのです。

O computador aperfeiçoa **mais** a qualidade do trabalho **do que** enriquece a nossa inspiração. コンピュータは我々の霊感を豊かにするというよりは仕事の質を高めるのです。

A Biblioteca Central tem **mais** livros **que** a de Letras. 中央図書館のほうに文学部図書館より沢山の本がある。

第2週 第10日

(2) **劣等比較**：【menos〜＋(do) que＋... : ……ほど〜ではない】

O rapaz é **menos** habilidoso **do que** a irmã.　少年はその妹ほど器用ではありません。

A revista tem muito **menos** publicidade **do que** notícias.　その雑誌ではニュースより広告をずっと少なくしています。

Ele está **menos** gordo **do que** era.[113]　彼は以前ほど太っていません。

Nesta edição, o fotógrafo valoriza a beleza **menos do que** regista a verdade.　この版では、写真家は事実を記録するほどには、美を評価していない。

Este livro tem **menos** páginas **do que** aquele.　この本はあの本よりページが少ない。

(3) **同等比較**：【tão / tanto 〜 como / quanto ... : …と同じくらい〜だ】

a) 比較する性質・状況が、ある主体において同程度である場合。

A menina é **tão** inteligente **como** trabalhadora.　少女は働き者であるとともにとても頭がよい。

A proposta é aceite **tanto** na Espanha **como** em Portugal.　その提案はスペインでもポルトガルでも受け入れられている。

Ele come **tanto** pão **como** arroz numa refeição.　彼は一度の食事にパンも米も食べる。

b) 比較する対象に、共通の性質が同程度である場合。

Ela fala inglês **tão** bem **como** ele.　彼女は彼と同じくらいよく英語を話す。

---

[113] era : ser の直説法・半過去3人称単数。〜であった、の意味。18.1., p.329 参照。

A comida contém **tanto** cálcio **como** o leite.　その食べ物には牛乳と同じくらいの充分なカルシウムが含まれている（その食べ物も牛乳も、カルシウムの含有量が同等）。

Não conheço um homem **tão** elegante **quanto** ele.　かれのように上品な男を知らない。

Não há uma viagem **tão** perigosa **como** esta.　これほど危険な旅はない。

O aspecto do livro é **tão** importante **como** o seu conteúdo.　本の装丁は内容と同じくとても重要です。

A médica é **tão** pouco vaidosa **como** o avô dela.　その女医は、彼女の祖父と同じく、見栄を張るようなところはほとんどない。

A realidade parece **tão** concreta **quanto** chocante.　現実は具体的であるとともに衝撃的にみえる。

O João gosta de música **tanto quanto** aprecia teatro.　ジョアンは音楽が好きだが同じくらい演劇も好きである。

Ele não pode passar sem ver pelo menos um filme por dia **tanto quanto** não dispensa as três refeições diárias.　三度の食事を欠かせないのと同じように、彼は一日少なくとも一本映画を見ないと気が済まない。

O azeite desempenha um papel importantíssimo na culinária portuguesa **como** o molho de soja na comida japonesa.　オリーブ油は和食の醬油と同じように、ポルトガル料理ではとても重要な役割を果たしている。

c)　比較する対象の数量が同程度である場合。

Na sala há **tantas** senhoras **como** senhores.　部屋には男の人と同じくらい多数の婦人がいた。

A comida contém **tanto** cálcio **como** vitaminas.　その食べ物にはビタミンと同じくらいの充分なカルシウムが含まれ

ている（その食べ物に含まれるビタミンとカルシウムの量が同等）。

Eles comem **tanta** carne **como** peixe.　彼らは魚と同じくらいたっぷり肉も食べる。

O homem bebe **tanta** cerveja **como** água.　その男は水と同じくらい多量のビールを飲む。

d)　比較の基準となる内容が como 以下の節で示される場合。

O *sake* não é **tão** forte **como** vocês exageram.　日本酒は君たちが大げさに言うほど強くはない。

O texto não tem **tantas** gralhas **como** pensas.　その文章には、君が思っているほどたくさんの誤植はない。

A construção da base não oferece **tanto** serviço **como** a população local espera.　基地の建設は、地元住民が期待するほどの業務を供給することはない。

e)　そのほかの比較表現

■ que nem ... : ……のように

Trabalhamos **que nem** vindimadeiros.　葡萄摘みの人たちのように働いています（辛い仕事に耐えている）。

■ tão 〜 que ... : たいへんに〜なので……だ

Chegaram **tão** cedo **que** ainda foram tomar café.　連中は早々と着いてしまったので、さらにコーヒーを飲みに行った。

10.5．疑問詞 qual の用法

(1)　疑問代名詞としての qual は、人、動物、物、など指示するものに制限はなく、いくつかの選択肢の中からどれかを選ぶ疑問文で用いられます。

Qual é o senhor Silva？　どの方がシルヴァさんですか？

Qual é o livro em questão？　問題の本はどれですか？

N.B.
①一般に名詞の前に置き「どのような」という意味をあらわすには疑問形容詞 que を用います。[114]

Que escritor influencia mais os intelectuais brasileiros? どのような作家がブラジルの知識人にもっとも影響をあたえるだろうか。

Que mulher não quer um bom marido? どんな女性がよい夫を求めようとしないというのか。

Que livro conquista a maior popularidade? どんな本がもっとも人気を博すのであろうか。

②選択の範囲が了解されている文脈においては qual は疑問形容詞として「どの……；どんな……」の意味で用いられます。

— Tire-me o livro, por favor. その本を取って下さい。

— **Qual** livro? O da capa vermelha? どの本ですか? 赤い表紙のですか?

いっぽう、選択の範囲が了解されていない文脈では「どの……；どんな……」の意味で、疑問形容詞としては que が用いられます。

— Já leste o livro? もう例の本は読んだかい。

— **Que** livro? Não percebo de que livro estás a falar? どの本のことだい? 君が何の本のことを言っているのかわからないよ。

(2) 数によって変化しますが、性によっては変化しません。

Qual é o seu nome? お名前は何とおっしゃいますか。

Quais são os livros dela? 彼女の本はどれですか。

Qual é a sua casa? どれがあなたの家ですか。

Quais são as máquinas necessárias? 必要な機械はどれですか。

Qual das duas é a filha dela? ふたりのうちどちらがあなたのお嬢さんですか。

---

114 7.10. 疑問詞 que の用法(2), p.116参照。

第 2 週 第10日

Quais destes rapazes são filhos dele ?　この青年たちのうちどの人たちが彼の子供ですか。

N.B.
①複文のなかで、qual が目的節の主語である場合、補語との間のser 動詞は一般的に省かれます。
　Não sabemos **qual**（é）a razão de tal comportamento.　なぜあんな振る舞いをしたのか私たちにはわからない。
　Ignoramos **quais**（são）os motivos principais desta greve.　こんどのストライキの主要な目的が何だか知りません。
　Pergunto **qual** foi o pretexto de tal incrível decisão.　いったい何がこんな途方もない決断の口実になったのだろうか。
② qual を含む熟語的表現：tal e qual＝…と [に] そのままで
　O escritor utiliza **tal e qual** o trecho que escrevo.　その作家は私が書いた一節をそのまま使っている。
　Estranhamente, a maneira de falar dela é **tal e qual** a do pai dela.　不思議なことに彼女のしゃべり方は父親の生き写しだ。

(3)　感嘆詞として、qual の後に話し相手の述べた語句の一部を引用し、文脈によって同意、不信、反駁、などの意味をあらわします。
　— Ó Pai！Tenho medo da escuridão.　お父さん　暗いの怖いよ。
　— **Qual** medo！　何が怖いもんか。
　— As pessoas respeitam os direitos humanos.　人々は人権を尊重しています。
　— **Quais** direitos humanos ?!　人権ですって ?!
　— **Qual** respeitam ?!　尊重してるですって ?!

10.6. 関係代名詞 que の用法 ― 1
(1) 形態的・意味的特徴
関係代名詞 que は、先行詞の名詞を修飾する形容詞節を導きます。関係代名詞 que の先行詞は人、物、動物など種類を選びません。que は性・数変化しません。[115]

Gosto dos cães **que** o meu tio cria.　僕は伯父の飼っている犬が好きだ。

Como o arroz **que** a minha mãe prepara no forno.　私は母がオーブンでつくる米料理を食べます。

O livro **que** vou comprar agora é a gramática.　今僕が買おうという本は文法書です。

Envio um pacote por correio ao João **que** trabalha em França.　フランスで働いているジョアンに郵便で荷物をひとつ送ります。

(2) 前置詞をともなう場合
形容詞節に含まれる動詞によっては、形容詞節の前に前置詞を必要とする場合もあります。主に、a, com, de, em, por とともに用いられます。それ以外の前置詞とは一般に qual を関係代名詞として形容詞節を導きます。[116]

O arqueólogo tenta identificar a estátua **a que** pertence este pedaço de mármore.　その考古学者は、この大理石の破片がどの像のものか見極めようとする。

É muito bonito o papel **com que** ela embrulha o livro.　彼女がその本を包むのに使う紙は、とても綺麗だ。

A alta tecnologia **de que** dispomos nem sempre resulta bem.　我々のもちいる高度技術が必ずしも良い結果をもたらすとは限らない。

115　11.2 関係代名詞 que の用法 ― 2, p.196参照。
116　10.8. 関係代名詞 qual の用法, p.182参照。

第2週　第10日

Hoje à tarde há uma reunião **em que** ele tem de participar.
今日の午後彼が出席せねばならぬ会議がひとつある。

O seu endereço **para que** enviei uma mensagem não me parece correcto.　私は貴方のアドレスにメッセージを送ったが、あれは正しくないようだ。

N.B.

①時間をあらわす名詞を先行詞とする場合は、〔前置詞＋que〕によって従属節を導きます。一般に quando は関係副詞として用いられません。

Já na *época* **em que** eu estudava na universidade, isso estava fora de moda.　私が大学で勉強していた時代にも、それはもう時代遅れでした。

Ele perguntou-me a *data* **em que** adquiri a autorização de residência.　その人は私に居住許可証を入手した日付を訊ねた。

Foi no *tempo* **em que** os automóves eram muito raros.　それはまだ自動車というものがきわめて稀な時代のことでした。

②場所をあらわす名詞を先行詞とする場合は em que と同じ意味で関係代名詞 onde も用いられます。[117]

Fomos ao *supermercado* **onde**（＝em que）a minha filha costuma fazer compras.　うちの娘がふだん買い物をしているスーパーに行った。

③先行詞が方法、様子をあらわす、modo, maneira, などの語の場合は関係代名詞としての como を用いて形容詞節を導きます。

Não gostaram do *modo* **como** ela respondeu.　彼女の返答の仕方が連中には気に入らなかった。

O João gostou da *maneira* suave **como** ela falava.　ジョアンは彼女の優しい話し方が気に入った。

---

[117]　11.3. 関係代名詞 onde, p.199参照。

Vi a *maneira* **como** ele olhou para a senhora que tinha acabado de passar.　ちょうど通り過ぎたその夫人を彼が見つめた時の目つきを私は見た。

10.7. 関係代名詞 quem の用法
先行詞が人の場合、前置詞をともなう形容詞節は quem で導かれます。

O rapaz **com quem** namoro é um amigo de infância.　わたしの恋人の青年は幼なじみです。[118]

A senhora **de quem** falavas mora perto da minha casa.　君の話していた女性は家の近くに住んでいる。

前置詞がない場合、すなわち関係代名詞が従属節内の動詞の主語あるいは直接目的語である場合は que で導かれます。[119]

O rapaz **que** namoro é do mesmo distrito da minha terra natal.　私の恋人は私の生地と同じ県の出身です。

O rapaz **que** conheces esteve comigo ontem na aula de Inglês.　君の知っている青年が昨日英語の授業で私と一緒だった。

10.8. 関係代名詞 qual の用法
(1) 前置詞をともなう場合
関係代名詞 qual は先行詞の性・数に一致する点が他の関係代名詞と異なります。一般に前置詞をともなう形容詞節を導く場合、através de, contra, durante, entre, perante, segundo, sobre, などの前置詞、句前置詞とともに用いられます。

118　動詞 namorar は本来直接目的語をとる他動詞ですが、〔namorar com 人〕という前置詞を用いる表現も一般化しています。
119　人を先行詞とする qual については10.8., p.183参照。

第 2 週 第10日

O museu possui uma colecção das caricaturas oitocentistas, **através das quais** se pode conhecer a realidade da época.　その博物館には1800年代のカリカチュアのコレクションがあるが、それらを通じてその時代の現実を知ることができる。

Terminaram as férias **durante as quais** não tive tempo de descançar.　休暇が終わったが、その間休む間がなかった。

O tema **sobre o qual** todos diziam que não queriam mais ouvir falar voltou a estar em discussão.　皆がもう聞きたくもないと言っていた話題が、ふたたび議論されている。

上記以外の前置詞とは que を用いるのが普通です。[120] しかし参照する先行詞と関係詞のあいだに語句が挟まれていて先行詞が曖昧になる可能性がある場合は、意味を明確にするため、性・数を参照できる関係詞 qual が前置詞 de, com などと共に用いられることもあります。

Anunciada a fusão dos dois bancos americanos, **da qual** resultaria a maior instituição bancária do mundo, florescem vários comentários de especialistas nas comunicações sociais.　アメリカのふたつの銀行が統合すれば世界最大の銀行が生まれるはずだが、このことが発表されるや、マスコミには専門家のコメントが溢れている。

関係代名詞 qual は人を指すこともあります。この場合 quem と同義ですが、より格式張った文語的な印象を与えます。

O pintor espanhol que vive em Paris, **com o qual** convivi largos anos, acaba de apresentar uma exposição no Japão. (com o qual＝com quem)　パリ在住のそのスペイン人画家

120　10.6. 関係代名詞 que の用法―1, p.180参照。

と私は長いつきあいがあったが、彼が日本で展覧会を開いたところである。

(2) 前置詞をともなわない場合

参照する先行詞と関係詞が離れている場合、すなわち、先行詞と関係詞の間にいくつかの名詞がある場合、先行詞に対する参照の仕方を明確にするために、先行詞の性・数に一致させて o qual, a qual, os quais, as quais のいずれかを用います。

Iniciou-se o período das actividades culturais nas escolas japonesas, **o qual** costuma incluir alguns dias no Outono, fazendo a ponte entre um domingo e um feriado. 日本の学校では文化活動の時期は、普通日曜日と休日を繋いだ秋の数日間であるが、その時期がはじまった。

Nas escolas foi tomada ontem uma medida especial recomendada pelo governo regional, **a qual** pretende prevenir a propagação da gripe 昨日学校では地方自治体の勧めによる特別措置がとられたが、これは流感の蔓延を予防することを狙っている。

10.9. 不定詞：主語・目的語として

不定詞はそのまま名詞句として文の構成要素になることができます。

(1) 主語あるいは補語として

Ver é **crer**. 見ることは信じることである（百聞は一見に如かず）。

Ler é mais fácil do que **ouvir**. 読むことは聞くことよりやさしい。

Viver numa cidade grande causa-nos grande *stress*.　大都市で生活することはわれわれにとって大きなストレスになる。

(2) 動詞の目的語として

Quero **tomar** alguma coisa.　何か飲みたいんです。

(3) 前置詞の目的語として

Gosto **de passar** uns dias no campo.　田舎で何日か過ごすのが好きだ。

O meu pai sempre fala **em viajar** pela Europa.　父はいつもヨーロッパ旅行のことを話している。

Aprendi **a cuidar** da horta com o velho.　畑の手入れの仕方を老人に習った。

10.10. 練習問題(10)

Ⅰ. 以下の文のかっこ内に fazer の直説法・現在形の適当な活用形を入れて全文を書き、それぞれの日本語訳を書きなさい。

1. O menino (　) um avião de papel.
2. Tu já (　) a cama sozinho?
3. Os professores também (　) erros gramaticais.
4. A educação dos avós (　) dele um escritor excelente.
5. Nós (　) o João responsável pela actividade | atividade.

Ⅱ. 以下の文のかっこ内の形容詞を文脈から考えて、比較級か最上級かいずれかの適当な形にして全文を書き、それぞれの日本語訳を書きなさい。

1. Este rapaz é dois centímetros (alto) do que o Manuel.
2. O bebé está 200 gramas (pesado) do que o mês passado.

3. A capital de um país nem sempre apresenta o (grande) crescimento demográfico.
4. Com o aumento do custo de vida, temos de gastar o (pouco) dinheiro possível.
5. Quero ouvir uma música (calmo).
6. Tens de descobrir uma (bom) solução.
7. A biblioteca mostra algumas das obras (representativo) do escritor.
8. Envio-lhe em anexo uma fotografia para uma (bom) compreensão.
9. Este filme parece (interessante) do que o outro.
10. O preço é muito (elevado) do que ele pensa.

III. 以下の形容詞原級の絶対最上級を書き、日本語訳を書きなさい。

1. difícil
2. pobre
3. bom
4. amigo
5. fácil
6. livre
7. sábio
8. mau
9. grande
10. pouco

IV. 以下の日本語文を、比較表現に留意してポルトガル語に訳しなさい。

1. その人はもっと幸福な人生を欲している。
2. 彼女は彼と同じくらい背が高い。
3. もっと君ははっきりと話す必要がある。
4. その川は町の中ではここで一番幅が広くなっている。
5. 家用にはもっと小さなテレビのほうが都合がよい (conveniente)。

第2週 第10日

6．このコンピューターはあれより小さいが、同程度の能力がある。
7．この町ではまったく信じられないことがおこる。
8．さきほどよりはずっと気分がよいです。
9．彼女はマリーアさんより気がよい。
10．その作家の作品は君が思うほど面白くない。

Ⅴ．以下のポルトガル語文のかっこ内に適当な疑問詞を入れ日本語に訳しなさい。
　1．—（　）é o seu nome？
　2．—（　）são aquelas senhoras？ —São bibliotecárias.
　3．—O（　）é que quer estudar nesta escola？
　4．—（　）horas são agora？
　5．—（　）jornalistas visitam a nossa fábrica？ —São cinco.
　（解答例　p.658参照）

第11日

11.0. 読解

O Paulo vai assistir hoje à tarde à conferência do Professor Santos, um dos críticos de arte mais famosos do país, que, depois de participar na cerimónia de inauguração de um museu da cidade, vem à nossa Faculdade dar uma conferência. Podemos encontrar em qualquer livraria trabalhos dele, cujo tema varia da consideração filosófica sobre Arte à crítica cinematográfica. Hoje vai falar do Cinema Português do século XX. Deve ser muito interessante ouvir uma pessoa com um conhecimento profundo do tema.

Certamente mostra alguns trechos importantes de cinema que ele comenta. A conferência vai ser mesmo audiovisual.

Paulo convida alguns dos seus amigos. Mas poucos estão disponíveis hoje à tarde. Procura a Amélia nos lugares por onde ela costuma passar. Finalmente encontra-a no vestíbulo da biblioteca e combina com ela um encontro na entrada do anfiteatro meia hora antes da abertura da conferência.

☞日本語訳は巻末, p.717参照。**vai assistir**：ir の直説法・現在形＋不定詞＝～するつもりだ；～する予定だ。**assistir ... à conferência**：assistir a＋名＝…を見守る；鑑賞する。**cerimónia**：cerimónia｜cerimônia. **vem ... dar**：vir＋不定詞＝～しに来る。**depois de participar**：depois de＋不定詞＝～したあとで。**participar na cerimónia**：participar em｜de＋名＝…に参加する。**cujo tema**：

第2週 第11日

cujo の先行詞は os trabalhos dele。**varia**：＜variar：variar de A a B＝A から B にわたる。**falar do Cinema Português**：falar de ... ＝…について話す。**século XX**：século vinte. **Deve ser ... interessante ouvir ...**：ser の主語は ouvir, 補語は interessante. **ouvir uma pessoa**：ouvir＋人＝(人の)言うことを聞く；話しを聞く。**poucos**＝poucos dos seus amigos. 不定代名詞 pouco については 11.7. 参照。**por onde ... passar**：passar por ...＝…(場所)を通る；通りかかる。**estão disponíveis**：estar disponível＝自由になる；都合がつく。**a Amélia**：a は冠詞。「冠詞＋人名」は親称の一種。3.9. (2) d), p.39参照。**vestíbulo**：建物の入り口にある「ホール」。**anfiteatro**：階段教室。**meia hora antes da abertura**：X antes de A＝A の X(時間)前に。

11.1. 助動詞

主動詞の前に置かれて、叙法、時称、態、アスペクト(相)、モダリティー（様態）などの文法的意味や特別な意味を表し主動詞の意味を補完する役割を果たします。この場合主動詞は、不定詞、過去分詞、現在分詞のいずれかの形をとります。助動詞は主動詞として用いられることもあります。主要な助動詞 ir, vir, poder, dever について見ましょう。

■ **IR** / ˈir /

(1) 活用

直説法・現在の活用：動詞 ir / ˈir / の活用は不規則活用です。

単数		複数	
1. **vou**	/ ˈvo /	**vamos**	/ ˈvamuʃ ǀ ˈvamos /
2. **vais**	/ ˈvajʃ ǀ ˈvajs /	**ides**	/ ˈidiʃ ǀ ˈidʒis /
3. **vai**	/ ˈvaj /	**vão**	/ ˈvẽw̃ /

(2) **意味と用法**
 a) **助動詞**[121]

【ir＋不定詞】

近接未来をあらわす場合。[122]

Vai chover amanhã.　あしたは雨が降るでしょう。

O professor **vai falar** sobre a história do Japão.　先生は日本史について話すでしょう。

Vai haver no parque um concerto ao ar livre no fim deste mês.　今月末に公園で野外コンサートがある。

【ir＋現在分詞】

進行相をあらわす代表的な形式のひとつです。[123]

O professor **vai esclarecendo** as dúvidas do aluno.　教師はその生徒の疑問を解いていく。

 b) **主動詞**

【ir＋前置詞＋場所】

移動の意味、「……へ行く」意味をあらわします。後続する前置詞が a のときは一時的に移動してまた戻ってくる場合、para の場合は目的地にとどまる場合に用います。ブラジルの口語では前置詞 a の位置に、ひろく em が用いられます。

O casal **vai** para o Brasil.　その夫婦はブラジルに渡ります。

Amanhã **vou** a Lisboa.　明日ちょっとリスボンに行って来ます。

---

[121] そのほかの用法、〔ir＋現在分詞〕については、12.2. 現在分詞をともなう動詞迂言表現, p.215参照。

[122] 動詞 ir の直説法・現在形にはあらゆる不定詞が接続できますが、不定詞 ir および vir との接続（«vou ir», «vou vir», etc.）は口語で可能とは言え、一般には避け ir および vir の直説法・現在で表現するのが無難です。ex. Vou a Tóquio amanhã. 明日東京に行く。Ela vem a Quioto dar uma conferência. 彼女は京都に講演に来る。

[123] 詳しくは、12.2., p.215-219参照。

第 2 週 第11日

【ir＋a / para 場所＋不定詞】

動詞 ir が本来の移動の意味を維持して、「……へ〜しに行く」の意味をあらわす。

Vamos a um restaurante japonês **comer** *sushi*. どこか日本食レストランに鮨を食べに行きましょう。

Vou à biblioteca **buscar** um livro. 本を一冊とりに図書館に行って来ます。

Ele **vai** para a Alemanha **trabalhar** como mineiro. 彼はドイツに坑夫として働きに行く。

Vamos à estação **receber** o meu tio. 駅に伯父を迎えに行きます。

【ir（＋不定詞）＋前】：ir を含む熟語的表現

Ela **vai ter com** a irmã à estação. 彼女は妹に会いに駅に行きます。

A nova lei **vai contra** a constituição？ 新法は憲法違反ですか？

■ VIR /ˈviɾ/

⑴ 活用

直説法・現在の活用：動詞 vir /ˈviɾ/ の活用は不規則活用です。ポルトガルでは 3 人称複数形の発音は、二重鼻母音 /ẽj̃/ を 2 回繰り返すという例外的な発音です。また vir の複合語の発音もこれに準じます。たとえば convêm /kõˈvẽj̃ ẽj̃ | kõˈvẽj/, intervêm /ĩtɨɾˈvẽj̃ ẽj̃ | ĩteɾˈvẽj/ などです。ブラジルの発音ではこれらの場合、3 人称複数形と 3 人称単数形を区別しません。

単数		複数	
1. **venho**	/ˈveɲu | ˈveɲu/	**vimos**	/ˈvimuʃ | ˈvimos/
2. **vens**	/ˈvẽj̃ʃ | ˈvẽjs/	**vindes**	/ˈvĩdiʃ | ˈvĩdʒis/
3. **vem**	/ˈvẽj̃ | ˈvẽj/	**vêm**	/ˈvẽj̃ ẽj̃ | ˈvẽj/

なお vir を含む convir, intervir などの複合語においては、2人称単数および3人称単数のとき最後の音節に鋭アクセントを付けます。

Convém avisar urgentemente.　至急通知すべきである。

(2) **意味と用法**
  a)　助動詞 [124]
  【vir＋不定詞】
　　移動の意味を保ちつつ「〜しに来る」意味をあらわします。
　　Um aluno **vem** conversar comigo hoje à tarde.　学生が今日の午後私に話しに来ます。
  【vir＋現在分詞】
　　進行相をあらわす代表的な形式のひとつです。[125]
　　Os alunos **vêm** estudando o caso.　学生達はその件を調べてきている。
  b)　主動詞
  【vir＋前置詞＋場所】
　　移動の意味、「……へ来る；……から来る」をあらわします。後続する前置詞に a と para のどちらを用いるかの使い分けは ir の場合と同様です。一時的な滞在なら a を用い、目的地にとどまるのなら para を用います
　　Uma professora brasileira **vem** à nossa universidade na quinta-feira.　とあるブラジル人の女性の先生が木曜日にわたしたちの大学に来ます。
　　Eles **vêm** para a nossa fábrica com o visto de trabalho.　彼らは労働ビザを携えてわれわれの工場に来ます。

---

[124]　そのほかの用法、〔vir＋現在分詞〕〔vir＋a＋不定詞〕については、12.2. 現在分詞（前置詞 a ＋不定詞）の形をともなう迂言表現, p.215参照。
[125]　詳しくは, p.218参照。

第 2 週 第11日

Ela **vem** de Paris com escala em Pequim. 彼女は北京経由でパリから来ます。

Esta palavra **vem** do latim. この語はラテン語起源です。

【vir（＋a / para 場所）＋不定詞】

動詞 vir が本来の移動の意味を維持し、「(……へ)〜しに来る」の意味をあらわします。場所の要素は文脈によって補完され、明示されないこともあります。

O que é que você **vem fazer** aqui? 君はここに何をしに来てるんだね？

O homem **veio pagar** a promessa? あの人はお礼参りに来たのか？

Venho saber porque é que não funciona o meu telefone. 家の電話がなぜ通じないのか知りたくて来ています。

Ela **vem** à janela **ver** a procissão passar. 彼女は窓辺に来て行列が通るのを見る。

【vir（＋不定詞）＋前＋名】：ir を含む熟語的表現

Vens ter com o senhor Antunes? 君はアントゥネスさんに会いに来るのかい？

Um novo livro do escritor **vem a público** ainda esta semana. その作家の新たな本が今週にも発行されます。

■ PODER / puˈder | poˈder /

(1) 活用

1人称単数形以外は規則的に活用します。語根母音 -o- の発音が、ポルトガルでは / ɔ / と / u / のあいだで、ブラジルでは / ɔ / と / o / のあいだで変化します。

単数		複数	
1. **posso**	/ ˈpɔsu /	**podemos**	/ puˈdɛmuʃ ǀ poˈdemus /
2. **podes**	/ ˈpɔdiʃ ǀ ˈpɔdʒis /	**podeis**	/ puˈdɐjʃ ǀ poˈdejs /
3. **pode**	/ ˈpɔdɨ ǀ ˈpɔdʒi /	**podem**	/ ˈpɔdẽj̃ ǀ ˈpɔdẽj /

(2) **意味と用法**

a) 助動詞

【**poder**＋不定詞】

①可能性・能力：「……することができる」という意味をあらわします。[126]

A senhora **pode fazer** uma visita ao Dr. Rodrigues amanhã? 明日ロドリゲス先生のところに寄れますか？

O halterofilista não **pode levantar** 200 quilos. その重量挙げ選手は200キロは持ち上げられない。

②許可：「……してよい」という意味をあらわす。

Posso usar este computador? このコンピューターを使ってもいいですか？

Como o documento está pronto, o senhor já o **pode vir** cá buscar. もう書類はできていますから、取りに来て下さってもよろしいですよ。

③蓋然性（低）：「……するかもしれない」という意味をあらわします。

Como faltam alguns dos diapositivos, o conferencista **pode não falar** de alguns dos temas. スライドが何枚か足りないので、講演会の講師は、主題のいくつかには触れないかもしれません。

O professor **pode perguntar** o assunto no exame oral. 口述試験で先生がそのことを質問するかも知れない。

---

[126] 9.3. 不規則動詞 querer, saber, conseguir, p.152, 153参照。

第 2 週 第11日

b) 主動詞

【poder＋名】

何かを「制御する力、能力を持っている」という意味をあらわします。

Será que ninguém **pode** nada contra o *tsunami*? 津波に対して誰も何も出来ないのだろうか。

【poder＋com＋名】

ある重さを「持ちこたえられる」、あるいは「〜を辛抱する」という意味をあらわします。

A senhora não **pode com** esta mala tão pesada. 貴女にはこんなに重いスーツケースは持てませんよ。

Alguém **pode com** estas crianças traquinas? こういうやんちゃな子供たちをだれが我慢できることだろうか。

■ **DEVER** / dɨˈver | deˈver /

(1) 活用

規則活用です。綴り上は規則的ですが他の規則活用動詞と同様、語根母音 -e- の発音が、ポルトガルでは / e /、/ ɛ / と / ɨ / のあいだで、ブラジルでは / ɛ / と / e / のあいだで変化します。

単数	複数
1. **devo** / ˈdevu /	**devemos** / dɨˈvemuʃ | deˈvemus /
2. **deves** / ˈdɛviʃ | ˈdɛvis /	**deveis** / dɨˈvɐjʃ | deˈvejs /
3. **deve** / ˈdɛvɨ | ˈdɛvi /	**devem** / ˈdɛvẽj | ˈdɛvẽj /

(2) 意味と用法

a) 助動詞

【dever＋不定詞】

①義務：「〜しなくてはならない」という意味をあらわします

Vocês **devem resolver** o problema por si mesmos.　君たちでその問題を解決すべきです。

Um dia **devo retribuir** ao homem a hospitalidade.　いつかその人のもてなしに報いなければなりません。

②蓋然性(高)：「きっと〜だろう」という意味をあらわします。

Deve ser difícil encontrar uma solução feliz.　うまい解決をみつけるのはきっとむつかしいでしょう。

O professor **deve aconselhar-te** alguma coisa concreta.　きっと先生が君に具体的なことを何か助言してくれるでしょう。

b)　主動詞

【dever＋名詞句＋a＋人】

「(人)に(ある金額の)債務がある」、あるいは「(人)に…を負っている」という意味をあらわします。

Quanto é que lhe **devo**?　いかほどですか？(あなたにいくら負っていますか……仕事の報酬を尋ねる常套句)

Ele **continua a dever-me** mil ienes.　彼はまだ私に千円借金したままです。

O meu tio **deve** a vida ao médico.　伯父の命があるのはその医師のおかげです。

11.2. 関係代名詞 que の用法 — 2

関係詞 que の導く形容詞節は、先行詞との関係によって制限的か、あるいは非制限的かに区別されます。[127]

(1) 制限的用法

形容詞節のあらわす内容が先行詞にとって不可欠な要素である場合です。音声的には先行詞と関係詞 que とのあいだに間をおか

127　10.6．関係代名詞 que の用法—1, p.180参照。

ずに発音され、表記の上では、コンマ (,) を書きません。

Vou comprar um *disco* de música caboverdeana **que** a minha amiga me recomendou.　友人の推してくれたカーボヴェルデ音楽のレコードを一枚買おうと思う。

O meu pai gosta muito do *azeite* **que** a Dra. Freire traz da terra dela.　私の父はフレイレさんが郷里から持ってきてくれるオリーブ油がとても気に入っている。

O novo *dicionário* digital **que** ela vai comprar possui provavelmente várias funções úteis.　彼女が購入予定の新しい電子辞書にはおそらくさまざまな便利な機能がついていることだろう。

(2) 非制限的用法

　形容詞節の内容が、先行詞に、さらにある種の特質を付け加えて説明しているにすぎない場合、このような形容詞節は非制限的であるといいます。以下の例のような形容詞節は、先行詞の意味をより詳しく定義するにとどまり、複文全体の意味を構成するうえで、かならずしも不可欠な要素ではありません。同格に置かれる名詞句と同様です。[128] 音声的には先行詞と関係代名詞のあいだに間をおいて発音され、表記の上では、コンマ (,) を書きます。

O pianista cubano, ***que** eu conheci bem em Paris*, fixou-se nos EUA, deixando-nos numerosas melodias inesquecíveis.　そのキューバ人のピアニストは、私はパリでよく知っていた人だが、アメリカに居を定め、忘れがたい数多のメロディーを残した。

128　たとえば、o meu melhor amigo, o Almirante Barbosa「我が最良の友、バルボーザ海軍大将」、という場合、後者の o Almirante Barbosa が o meu melhor amigo の同格です。

O ar condicionado, *que todos sabem que faz mal à nossa saúde*, é indispensável na nossa vida moderna. エアコンは、健康によくないのは皆承知のうえだが、これは私たちの現代の生活には不可欠のものである。

A padaria, *que não fica longe daqui*, vende às terças-feiras todos os artigos com vinte por cento de desconto. そのパン屋は、ここから遠くないところにあるのだが、毎週火曜日にはどの商品も二割引で売っている。

(3) 指示代名詞をともなう que 節 [129]

これは制限的用法のひとつです。指示代名詞 o(s), a(s) をともなう que は先行詞を兼ね「～する人・もの」をあらわします。形式的には指示代名詞 o(s), a(s) は、定冠詞および人称代名詞・3人称・対格形と形が同じですが、o(s), a(s) のあとに形容詞節が後続する場合は、代名詞として機能し、aquele(s), aquela(s), aquilo と同義で用いられます。

Há professores que sabem explicar, mas há **os** que não. (**os**＝os professores) 教師には説明の仕方がわかっている人もいれば、そうでない人もいる。

O primeiro neto daquela senhora, **o que** foi aluno da minha amiga, já entrou na universidade. (**o**＝o primeiro neto) あの奥さんの初孫の坊や、私の友人の生徒だった例のお孫さんですが、もう大学に入りましたよ。

Tenho de escrever muitas cartas. Mas não envio logo **a** que escrevo exaltado. (**a**＝a carta) 私は手紙をたくさん書かねばならない。しかし気が立っている状態で書く手紙はすぐに送らないようにしている。

---

[129] 9.7. 指示代名詞としての o(s), a(s), p.159参照。

第2週 第11日

A questão mais importante, **aquela que** nos toca mais neste momento é, por assim dizer, a política da educação.
最も重要な問題、現在我々に一番関係しているものは、いわば教育政策である。

O encontro volta a acarretar uma confusão maior do que **aquela que** já existia.　その会談により、すでに存在しているよりもひどい混乱を再び引き起こすことになる。

É simplesmente diferente **daquilo que** se diz entre nós.　それはわれわれのあいだで言われていることとは単純に異なっている。

N.B. o que 節が「～するところのもの（英語の関係代名詞 what に相当）」の意味を表すこともあります。この場合は o は特に指示する実体がありませんが、伝統的には、指示代名詞の一種とされます。

De acordo com **o que** precede, convém tomar uma decisão firme. (**o**＝aquilo)　前述のことにより、厳正な決定を下すことがのぞましい。

Tentar ser tolerante é **o que** lhe falta. (**o**＝aquilo)　寛容たろうとすることが彼には欠けている。

前述の内容全体を o que で受ける場合もあります。

Esta gente aqui ferve em pouca água, **o que** é raro neste país.　この土地の人たちは激しやすいのですが、そういうことはこの国ではまれです。

11.3．関係詞 onde [130]

場所をあらわす名詞句を先行詞として、後続する形容詞節を導きます。前置詞 a が onde の直前にあれば、縮約して表記上 aonde

---
[130] 多くの場合、onde の導く節が副詞節として機能することから、関係副詞と呼ばれることもあります。

になります。そのほかの前置詞とは縮約しません。文語では onde と aonde とを明確に区別するのが望ましいとされますが、口語では文法的に onde となるべき場合も aonde を用いることがあります。[131]

Esta é a *biblioteca* **aonde** costumo ir consultar o diário do governo. ここが私が常々官報を調べにいく図書館です。

Aquele é o *restaurante* **onde** costuma almoçar? あれがいつもお昼を食べる食堂ですか。

a) 前置詞をともなう場合

Esta é a cidade **aonde** vamos. これがわれわれの行く町だ

É difícil calcular o ponto **até onde** o vento leva este balão. 風がこの風船をどこまで運ぶのかを推測するのは難しい。

Procuraremos a fonte **de onde** veio esta informação. この情報の出所を捜すこととしよう。

O vendedor ambulante explicou-nos o caminho **por onde** chegou à nossa terra. 引き売りの男は、われわれの土地までどういう道のりでやってきたかを説明した。

b) 前置詞をともなわない場合: onde は em que に置き換え可能です。

Gosto do bairro **onde** vivo. 私は自分の住んでいる地区が好きだ。

‖A caixa automática | O caixa automático‖ **onde** costumo levantar dinheiro não funciona hoje. いつもお金を下ろす ATM が今日は故障している。

A aldeia **onde** nasceu o famoso autor está situada na costa do Norte. 著名な作家の生まれた村は北部の海岸にある。

A casa **onde** o pintor passou a juventude é hoje museu. その画家が青年時代を過ごした家は現在博物館になっている。

---

131 6.8. 疑問詞 onde の用法, p.98参照。

第2週 第11日

Nas férias de Verão | verão, fomos à procura da nascente de água **onde** começa este rio.　夏休みにこの川の源流を捜しに行きました。

O bairro **onde** moro é uma zona residencial.　私の住んでいる地区は住宅地域です。

A vila fronteiriça, **onde** se encontravam mercadorias exóticas, já perdeu a sua atracção | atração.　国境の町、そこには風変わりな物資があったものだが、もうその魅力を失った。

N.B.　間接疑問文では疑問詞 onde が導く名詞節が目的節となります。　onde が先行詞を含む機能を持ち o lugar em que ... すなわち「～する場所」の意味をあらわします。前置詞をともなう場合もあります。

A juventude não sabe **aonde** deve ir.　若者たちはどこへ行くべきかがわからない。

Não sei **onde** estou.　どこにいるのかわからない。

—Não temos **onde** ir esta noite.　今夜は行き場がないなあ。

—Há tantas saídas. Não percebo **por onde** devo sair！　出口がたくさんあって、どこから出たらいいのかわからない。

Ele sabe **onde** está a namorada.　彼は、恋人がどこにいるのか知っている。

Sempre que o rapaz telefona ao patrão, ele pergunta-lhe **por onde** anda nesse momento.　その青年が店の主人に電話すると、いつも主人は今どこにいるのか訊ねる。

11.4．関係形容詞 cujo

関係詞 que, quem, o qual, a qual の所有格です。関係詞兼所有詞として、後続の名詞に性・数一致します。したがって、cujo, cuja, cujos, cujas の4とおりの形式があります。

No terreno quase estéril, **cujo** proprietário reside na capital, continua a viver um casal.　地主は首都にいるが、そのほとんど不毛の土地にはある夫婦がまだ住んでいる。

A casa, **cuja** dona lhe oferece um jantar, fica no Largo da Alegria.　彼に夕食をごちそうしてくれた女主人の家はアレグリーア広場にある。

Trataram por «condessa» a mulher **cuja** verdadeira profissão era a de simples atriz.　その女性を「公爵夫人」と皆は呼んだが、彼女の本当の職業は単なる女優だった。

A polícia tentou localizar o homem **cujo** paradeiro, na realidade, ninguém se atrevia a revelar.　警察はその男の居所を突き止めようとしたが、誰もそれを敢えて明かそうとはしなかったのだ。

11.5. 不定代名詞

ある種のもの・事を漠然と指し示すような代名詞を不定代名詞とよびます。独立して用いられる名詞としての不定代名詞と、名詞を形容する不定形容詞とがあります。後者は、他の形容詞と同様、修飾する名詞の性・数に一致します。ただし基本的に名詞の前に置かれます。

(1) 主要な不定代名詞

不変化形	変　化　形	
	男性形	女性形
algo 何か	algum　alguns いくらかの	alguma　algumas
nada 何も〜ない	nenhum　nenhuns ひとつも〜ない	nenhuma　nenhumas
tudo すべて	todo　todos すべての	toda　todas

第2週 第11日

■ ALGO

a) 不定代名詞の主格形 algo は代名詞としてはすでに廃れ、現代では古風体の印象を与えます。同じ意味をあらわすには alguma coisa が普通です。

O homem desconfia de **algo**.　男は何かを訝しく思う。

c.f. Quer tomar **alguma coisa**?　何かお飲みになりますか？

b) 不定形容詞の algum(ns), alguma(s) はいくらかの数量をあらわします。

Quero **alguma** coisa para comer.　何か食べるものがほしい。

Alguns edifícios estão incólumes.　無傷の建物もいくつかあります。

Vamos tomar **alguma coisa**?　何か飲みましょう。

Algumas delas podem falar inglês, penso eu.　彼女たちのうちで何人かは英語が話せると私は思います。

c) 副詞として、「幾分；やや」の意味で用いられます。

Ele parece **algo** diferente.　彼はちょっと違って見える

O palácio tem uma estrutura **algo** bizarra.　宮殿はやや奇怪な構造をしています。

d) 否定文では nenhum(ns), nenhuma(s) と同じ意味です。

Não percebo coisa **alguma**.　まったく何もわかりません。

■ NADA

a) 主語として nada が現れる場合、動詞の前に否定辞 não は不要です。

Nada o satisfaz.　彼を満足させるものは何もない。

Nada pode justificar a violência.　暴力を正当化できるものは何もない。

b) 目的語の位置に現れる場合、否定辞が必要です。

Não compro **nada** na feira.　縁日では何も買いません。

Vamos passar alguns dias **sem** fazer **nada**.　何日か何もせずに過ごすつもりです。

c) 副詞として、否定文の意味を強めて「まったく；ぜんぜん（～ない）」の意味で用いられます。

O presidente não está **nada** contente com o resultado.　会長は結果に全然満足していない。

O professor não gosta **nada** dos alunos barulhentos.　先生はやかましくする生徒が大嫌いだ。

Nada de conversas!　お喋りはいけません。

d) 普通名詞として、少量の意味で用います。この場合は冠詞がつきます。

Pode pôr um **nada** de sal.　ごく少量の塩をいれても良いです。

e) 不定形容詞の nenhum(ns), nenhuma(s) は名詞の前に置かれ、名詞の性・数に一致します。

Nenhuma escola vai adoptar | adotar o novo método.　新たな方法を採用する学校はひとつもないだろう。

É um caso de **nenhuma** curiosidade.　まったく好奇心のわかないケースだ。

代名詞として用いられる場合もあります。

A professora não pergunta a **nenhuma** das alunas.　先生は女子学生には誰にも尋ねない。

O comentário dele encoraja-me como **nenhum**.　彼のコメントは何よりも私の励ましになる。

■ TUDO

a) 一般には事物に関して用いられます。人の集団全体を指すこともあります。

第 2 週 第11日

Tudo indica que a figura é sósia do presidente.　あらゆることから、その人物が大統領の影武者だとわかります。

Não entendo **tudo**. Só coisas simples.　全部はわかりません。簡単なことだけです。

Anda **tudo** aflito com falta de dinheiro.　皆お金が足りなくて大いに困っています。

Nada de improvisações. As partituras são **tudo**.　アドリブはだめです。楽譜がすべてです。

b)　形容詞的に、代名詞を修飾する場合もあります。

Tudo isto é fado.　すべては宿命です。

Tudo aquilo é uma farsa!　あれはぜんぶ茶番です。

c)　不定形容詞 todo(s), toda(s) の用法

①〔todo / toda＋定冠詞＋単数名詞〕・〔定冠詞＋単数名詞＋todo / toda〕：特定の名詞全体を示します。

Ouço **toda** a noite o barulho esquisito do ar condicionado.　一晩中、エアコンのおかしな音が聞こえる。

Apesar dos esforços, **todo** o trabalho do João foi ao ar.　努力したにもかかわらずジョアンの仕事はすべて水泡に帰した。

Ele limpa a janela **toda**.　彼は窓一面を掃除します。

②単数形の名詞の前に置かれて、その名詞のあらわす意味の程度が高いことをあらわします。

Agradeço-lhe **toda** a gentileza.　大変親切にしていただき有り難うございます。

Toda a sua preocupação no serviço torna frustrante a vida da família.　彼は仕事の心配が大変で、家族の暮らしに支障がでている。

③主語の性・数と一致した形式で、副詞的に形容詞の直前に置かれます。

As crianças vão no avião **todas** entusiasmadas.　子供たちはみな飛行機の中ですごく興奮している。

A família continua **toda** boa.　家族はみな相変わらずとても元気です。

A rua está **toda** cheia de pessoas.　街路は人で溢れかえっている。

④代名詞の前に置くことも可能です。この場合、定冠詞はおきません。

Toda ela treme de frio.　彼女は寒さに体中を震わせる。

Todos nós queremos paz.　私たちはだれもが平和を欲する。

d) 〔定冠詞＋単数名詞＋todo / toda〕

名詞のあとに todo / toda を置くと、全体を包括する意味が強調されます。

O cão ladra a noite **toda**.　犬が一晩中吠えている。

e) 〔todos / todas＋定冠詞＋複数名詞〕・〔定冠詞＋複数名詞＋todos / todas〕

①複数名詞の表す概念の総体を示します。

Ouço **todas as noites** o barulho esquisito do ar condicionado.　毎晩エアコンのおかしな音が聞こえる。

O programa vai para o ar **todas as quintas-feiras** de manhã.　その番組は毎週木曜日の朝放送されます。

Ele limpa **as janelas todas**.　彼は窓という窓はぜんぶ掃除します。

②数詞を加えて表現することもあります。

Todas as quatro crianças estão muito cansadas.　子供は四人とも、皆とても疲れています。

第 2 週 第11日

N.B. ブラジルの規範では、〔todo / toda＋名詞単数形〕でも、上記 e ①と同様の意味をあらわすことができます。

O cão ladra **todas as noites | toda noite**.　犬が毎晩吠える。

O homem vai a **todos os lugares | todo lugar** com este chapéu.　その人はどこへ行くにも、この帽子をかぶって行く。

Todas as cidades têm os seus brasões. | **Toda cidade** tem seu brasão.　どんな町にもその紋章があります。

(2)　その他の主な不定代名詞、不定形容詞
■ **POUCO**

Poucos sabem a verdadeira finalidade da operação.　その作戦の本当の目標を知る人はほとんどいない。

副詞として「ほとんど～ない」という意味でも用いられます。

Os filhos dele são inteligentes mas estudam **pouco**.　彼の子供たちは頭はいいのだがちっとも勉強しない。

■ **QUALQUER**

人・物を問わず、名詞とともに用いられ、いくつかの名詞が集まってできる集合のうちから無作為に選ばれる要素をあらわします。複数形は quaisquer です。基本的に名詞の前に置かれます。

Qualquer pessoa pode dar uma informação destas.　こんな情報ならだれでも与えることができます。

Ele não vai aceitar **qualquer** condição.　彼はどんな条件でも受け入れるわけではないでしょう。

Não posso comprar a peça a **qualquer** preço.　値段はかまわずその部品を買うわけにはいきません。

Qualquer um pode enviar a sua opinião.　だれでも自分の意見を送って良い。

Quaisquer dúvidas são resolvidas nesta secretaria.　どんなことでも疑問があればこの事務局で解決できます。

　名詞のあとに置かれると、無作為の意味が強調され軽蔑的な意味が加わります。

Não se pode pedir este trabalho a uma pessoa **qualquer**.　この仕事は、だれでもいいから頼む、というわけにはいきません。

■ ALGUÉM

Alguém tem de resolver o problema.　誰かがその問題を解決せねばならない。

O rapaz ₍₍há-de | há de₎₎ ser **alguém** na vida.　青年はひとかどの人物になるだろう。

■ CADA

Cada bairro apresenta a sua característica.　どの地区にもそれなりの特徴がみられる。

Cada comida tem a sua história.　どんな食べ物にも歴史がある。

Cada um foge para seu lado.　それぞれ散り散りになって逃げる。

Cada qual escreve à sua maneira.　各人が自分なりのやり方で書く。

11.6. 否定

　否定の意味をもつ不定代名詞、不定形容詞を含む否定文は、統語的にさまざまな特徴を持っています。

(1)　**否定辞 não を用いない場合**

　否定の意味を含む語が、主語あるいは目的語として機能すると

第2週 第11日

き、この種の語が文頭におかれると、否定辞 não は不要です。

Ninguém me responde à pergunta.　誰も私の質問に答えない。

Nenhum de nós quer arriscar a vida.　私たちのうちで生命の危険を冒そうという人は誰もいない。

Poucos sabem a realidade do país.　その国の現実を知る人はほとんどいない。

Nada lhe posso fazer, infelizmente.　あなたには何もしてあげられません、残念ですが。

N.B.　文全体にかかる否定 nunca は必ず文頭に置きます。

Nunca ninguém diz nada.　けっして、だれも何も言わない。

Nunca mais quero ver o filme.　その映画はもう二度と見たくない。

(2)　否定辞 não を用いる場合

否定の意味を含む目的語が動詞のあとにおかれると、否定辞 não を用います。

Não tenho pressa **alguma**. Vou devagar.　私はまったく急いでいません。ゆっくりやります。

Ela **não** é advogada coisa **nenhuma**!　彼女は法学士でもなんでもない。

Não conheço **ninguém**.　わたしは誰も知りません

Estou satisfeito. **Não** quero mais **nada**.　もう充分です。もう何もいりません。

(3)　そのほかの否定辞

否定の意味をもつ不定代名詞、不定形容詞、副詞・副詞句が文頭に置かれた場合は、否定辞 não は不要ですが、これらが動詞の後に置かれる場合には、否定辞 não が必要です。

■ ninguém

Ninguém pode aturar o falatório daquele barbeiro.　あの床屋のお喋りを我慢できる人は誰もいない。

Ela **não** fala com **ninguém**.　彼女は誰とも口をきかない。

Ele trabalha mais que **ninguém**.　彼は誰よりもよく働く。

A Luísa cozinha o bacalhau como **ninguém**.　鱈料理といえばルイーザさんの右に出る人はいない。

■ nenhum

Nenhuma pessoa vai entrar no avião.　だれも飛行機に入ろうとしない。

Não vamos a **nenhuma** praia este mês.　今月はどこの海にも行かないつもりだ。

Ele **não** tem **nenhuma** informação válida neste momento.　現在のところ彼には有効な情報がまったくない。

O rapaz come mais que **nenhum** outro irmão.　その青年はほかの兄弟の誰よりもよく食べる。

O remédio resulta como **nenhum**.　その薬はどんな薬よりも良く効く。

■ nunca, jamais

Nunca lhe nego a existência do documento.　その書類があることを、あなたにはけっして否定はしません。

Não lhe nego **nunca** a existência do documento.　あなたには、けっしてその書類の存在を否定しません。

Jamais o velho nos conta a experiência na tropa.　老人は兵役での経験を決して私たちには話さない。

■ nem, nem sequer, nem ... sequer,

Nem quero saber o andamento do assunto.　その件の進行状況については、知りたくもない。

第2週　第11日

Não quero **nem** saber o andamento do assunto.　その件の進行状況については、知りたくもない。

Nem quero **sequer** saber o andamento do assunto.　その件の進行状況については、知りたくもない。

Vocês **nem sequer** pegaram no livro.　君たちは、本を手に取ることさえなかった。

11.7. 練習問題(11)

Ⅰ．以下の文のかっこ内に ir の直説法・現在形の適当な活用形を入れ、あわせて全文の日本語に訳しなさい。

1. Os pais (　) fazer compras ao supermercado.
2. O que é que nós (　) comer ao jantar hoje à noite?
3. Tu (　) fotografar os castelos do Japão?
4. Eu (　) conhecer pessoalmente a cantora.
5. Ela (　) entrar em ‖contacto connosco | contato conosco‖ por e-mail.

Ⅱ．例に従って、以下の各文の文末のかっこ内に示した poder あるいは dever を、直説法・現在形の正しい形で加えて全文を書き、それぞれに日本語に訳しなさい。

例：Isto é uma espécie de queijo. (dever)
　　→ Isto deve ser uma espécie de queijo.
　　　これはきっと一種のチーズだ

1. Os alunos resolvem os seus respectivos | respetivos problemas. (dever)
2. O governo aceita o pedido. (poder)
3. Os alunos voltam sãos e salvos do Brasil. (dever)
4. A indicação do preço com o imposto incluído ajuda os consumidores. (dever)

5. Como mais um prato. (poder)
6. Não encontras o tomate na mercearia. (poder)
7. O cozinheiro sabe preparar um jantar num instante. (dever)
8. Vamos ver um filme mexicano. (poder)
9. Os professores aconselham os alunos. (dever)
10. Os pais têm tanta obrigação de educar os filhos como as mães. (dever)

III. 以下の文のかっこ内に文脈から考えて que, cujo, onde のいずれか適当なものを入れ、あわせて日本語に訳しなさい。

1. Leio um livro (　) o autor analisa a sociedade moderna.
2. O professor explica um assunto complicado (　) os alunos não entendem bem.
3. Ela domina uma língua oriental (　) pormenores desconheço completamente.
4. Vou à padaria em (　) posso arranjar uma boa *baguette*.
5. Modéstia à parte, o meu filho é um daqueles tradutores (　) traduções conseguem boas críticas nas recensões.

IV. 以下の文において、かっこ内の語を意味が通るよう正しい語順に並び替え、あわせて日本語に訳しなさい。

1. Não (com falar ninguém quero).
2. Nenhum (aos de domingos nós quer trabalhar).
3. Ela passa (as cinema manhãs pelo todas).
4. Nunca (comer mais peixe queres)?
5. O João (ao entrega não o papel professor).

第 2 週 第11日

Ⅴ．例に従って、以下のポルトガル語文の下線部分を代名詞に置き換えて全文を書き、あわせて日本語に訳しなさい。

　例：Envio uma carta <u>a um amigo meu</u>.
　　　→ Envio-lhe uma carta.　彼に手紙を一通送ります
　1．Não quero comer mais <u>o arroz</u>.
　2．Eles ajudam <u>as pessoas carenciadas</u>.
　3．Não posso pagar hoje <u>ao amigo</u> todo o dinheiro que lhe devo.
　4．Consideramos <u>o assunto</u> muito importante.
　5．Não costumamos chamar "Xico" <u>ao nosso filho</u>.
　（解答例　p.661参照）

第12日

12.0. 読解

Pai　　— O que é que estás a fazer, Maria?
Maria— Estou a preparar o jantar de amanhã.
Pai　　— Já!?
Maria— Pois. Amanhã a gente vai comer bacalhau.
Pai　　— Ah ...
Maria— Agora estou a cortar o bacalhau em postas. Vou-as deitando assim na água.
Pai　　— Tens de as pôr de molho pelo menos um dia inteiro, não tens?
Maria— Pois, tenho. Só assim é que lhes retiro bem o sal.
Pai　　— Porque são muito grossas.
Maria— E o bacalhau salgado não presta para nada, pois não?
Pai　　— Pois não. E precisamos de arranjar um bom vinho.
Maria— Acho que ainda há muito vinho na despensa.
Pai　　— Mas é todo branco. Aliás é praxe da cozinha portuguesa usar o vinho tinto para acompanhar o bacalhau, mesmo nas ocasiões formais, compreendes?
Maria— Está bem, pai. Deixo isso consigo, pois não sou tão conhecedora de vinhos como o pai.

☞日本語訳は巻末 p.717参照。**O que é que**：é que の用法については、7.6., p.108、12.8.(4), b), p.236参照。**estás a fazer**：estar＋a＋不定詞（あるいは estar＋現在分詞）＝いまちょうど〜していると

第2週 第12日

ころだ，12.2.参照。**bacalhau**：食べ物としては普通は塩漬けの干鱈を指す。**Vou-as deitando**：ir（直説法現在）＋現在分詞＝すこしずつ〜していく，12.2.参照。**pôr de molho**：pôr ... de molho /ˈmoʎu/＝…を水に浸す。**pelo menos**＝少なくとも。**não tens ?** 付加疑問，5.9., p.79参照。**lhes retiro o sal**：retirar a ... o sal＝…から塩を抜く；…の塩抜きをする。**Porque**＝なぜならば（英＝because）．c.f. porque | por que＝なぜ（英＝why）．**presta para**：prestar para＝…の役に立つ。**pois não ?**：否定文に加える付加疑問，5.9.(2), p.81参照。**precisamos de arranjar**：precisar＋„de＋不定詞 | 不定詞„＝〜する必要がある。**Acho que ...**：que は接続詞。que に導かれた名詞節は acho の目的語節で「…ということを」の意味。**todo**：【副詞】完全に；ぜんぶ，11.5.(1) TUDO c) ③, p.205参照。**Deixo isto consigo**：deixar A com B＝A を B に任せる。

12.1. 現在分詞

現在分詞は不定詞の語末の -r を、-ndo と置き換えることによって得られます。

　　第1活用動詞：cantar .... canta＋ndo → cantando
　　第2活用動詞：vender .... vende＋ndo → vendendo
　　第3活用動詞：partir .... parti＋ndo → partindo

12.2. 現在分詞をともなう動詞迂言表現

現在分詞はさまざまな動詞迂言表現に用いられます。現在分詞は〔前置詞 a＋不定詞〕の形に置き換えが可能な場合と不可能な場合があります。

■ estar＋現在分詞、estar＋a＋不定詞

形式的に見ると現代のポルトガル語では〔estar＋現在分詞〕はブラジルで、〔estar＋a＋不定詞〕はポルトガルで一般的に用いら

れます。[132] ある状況が目下まさに実現しているところである、という意味をあらわします。進行相をあらわす代表的な形式です。不定詞・現在分詞との結びつきに意味的な制限はありません。状態をあらわす gostar, querer, ser などの動詞とも結びつき問題の状態が目下、一時的に実現していることをあらわします。

Os estudantes **estão** ‖**a estudar** | **estudando**‖ na biblioteca. 学生たちは図書館で勉強している。

Está ‖**a gostar** | **gostando**‖ deste filme? この映画が気に入っていますか？

O rapaz **está** ‖**a querer** | **querendo**‖ ser aviador. 青年はパイロットになりたがっている。

O senhor **está** ‖**a ser** | **sendo**‖ pessimista, não está? あなたは悲観的になってるんじゃありませんか？

■ andar＋現在分詞、andar＋a＋不定詞

ポルトガルでは〔andar＋a＋不定詞〕の形式が一般的ですが、ブラジルでは〔andar＋現在分詞〕が用いられます。ある状況が過去から現在にわたって何度も反復されていることをあらわします。estar を用いる迂言表現より口語的な色合いの強い表現です。

O homem **anda** ‖**a exagerar** | **exagerando**‖ o assunto. その男は話を大げさにして触れ回っている。

Ando ‖**a perguntar** | **perguntando**‖ se alguém conhece o endereço do Professor Cunha. クーニャ先生の住所を誰か知らないかと訊ね回っているところです。

Ele anda ‖**a escrever** | **escrevendo**‖ nos últimos meses

---

132 ポルトガルで〔estar＋a＋不定詞〕の形が一般化したのは比較的最近のこととと言われています。事実、19世紀末から20世紀初期の文語においても〔estar＋現在分詞〕の形が普通に用いられていました。現代でも Alentejo や Algarve 地方の口語では、この形式が好まれます。

artigos sobre filmes asiáticos.　彼はこの数か月間、アジアの映画について書いている。

■ ficar＋現在分詞、ficar＋a＋不定詞

不定詞で述べられる状況のまま、その状態を維持するという意味です。また、ある種の状態をあらわす動詞とともに、その状態に移行する意味をあらわします。

O detective｜detetive **fica ‖a olhar｜olhando‖** de longe, dentro duma cabina de telefone, para a porta de casa da Catarina para ver se o homem realmente abre a porta.　探偵は遠くの電話ボックスの中から、カタリーナの家のドアを見て、件の男が本当にドアをあけるかどうか見極めようとしている。

A porteira fica ‖**a limpar｜limpando**‖ o chão, escutando uma conversa interessante de duas senhoras à espera do elevador.　管理人が床の掃除をしながら、エレベーターを待つふたりの女性の興味深い会話を聞いている。

Fique ‖**a saber｜sabendo**‖ que a água não é potável.　その水は飲料に適さないということを承知して置いてください。

■ ir＋現在分詞

進行相をあらわす代表的な形式です。ある状況が現在から未来にむかって、少しずつ段階的に実現していく、という意味です。この形式はポルトガル、ブラジル共通です。現在分詞を〔a＋不定詞〕に置き換えることはできません。[133]

---

[133]〔ir＋不定詞〕については、11.1. 助動詞, p.189、〔ir の直説法・半過去（＋a）＋不定詞〕については、18.3.(8) 直説法・半過去形で用いる動詞迂言表現, p.335参照。

Vou sabendo pouco a pouco os preços das peças necessárias.　必要な部品の値段を少しずつ理解していこう。

Ela **vai limpando** uma por uma todas as teclas com extremo cuidado.　彼女はきわめて入念にキーをひとつずつ掃除していく。

A funcionária **vai recebendo** a quantia de acordo com a factura | fatura.　その女性事務員は請求書にしたがって、その額を受け取っていく。

動詞 ir が本来の移動の意味を残す場合もあります。

Os turistas **vão fazendo** visitas a cada monumento histórico indicado no mapa.　観光客は地図に記した各歴史的記念碑を見ていく。

Assustados com o grande ruído, os cães **vão fugindo**.　大音響に驚いて、犬は逃げていく。

Os estudantes **vão conversando** até à estação.　学生たちは駅までお喋りしながら行く。

■ vir＋現在分詞

ある状況が過去から現在にいたるまで、少しずつ段階的に実現してきている、目下も進行中という進行相をあらわします。どちらかというとブラジルで好まれる語法です。この形式はポルトガル、ブラジル共通です。現在分詞を〔a＋不定詞〕に置き換えることはできません。[134]

O homem **vem gastando** muito dinheiro na lotaria | loteria às escondidas da mulher.　あの人は奥さんに内緒で宝くじに多額のお金をつぎ込んできています。

---

[134]　17.2. 複合過去形と意味の類似した動詞迂言表現, p.314参照。

第2週 第12日

É o senhor que **vem insistindo** em realizar o programa, não é? その計画を実施することにずっと固執してきているのは、あなたではありませんか？

動詞 vir が本来の移動の意味を残している場合もあります。

Este jovem **vem visitando** os países da América do Sul. この若者は南米諸国を訪問してきています。

N.B. この形式ではポルトガル・ブラジル、どちらの規範でも共通して現在分詞を用います。いっぽう〔vir＋a＋不定詞〕は「（結果として；ついに）～することになる」という異なる意味をあらわします。[135]

O povo **veio a saber** a verdade. 国民は真実を知ることになった。

Os estudos estatísticos podem **vir a revelar** uma realidade inesperada. 統計的な研究によって思いがけない事実が明らかになるかもしれない。

12.3. 接続詞としての que の用法

接続詞 que によって導かれる名詞節は、統語的にはさまざまな機能を果たします。

(1) **文の主語**：ふつう que 節は動詞のあとに置かれます。

É claro **que** a situação está a melhorar. 状況がよくなっているのはあきらかです。

Sou eu **que** não posso participar na festa. パーティーに参加できないのは私です。

Convém **que** ele venha às dez o mais tardar. 彼には遅くとも10時には来てもらえるとありがたい。

Apenas falta **que** o pintor dê os toques finais para acabar a obra. 工事完了には、あとはペンキ屋に最後の仕上げをしてもらうだけだ。

---

[135]〔acabar＋por＋不定詞｜acabar＋現在分詞〕のあらわす意味とほぼ同じです。16.8. 主要な動詞迂言表現, p.305参照。

(2) **直接目的語**

Vou dizer-lhe a ele **que** chove hoje à tarde.　今日の午後は雨が降るとあの人に言っておきましょう。

Você pode não pensar **que** a influência é considerável.　君は、影響が相当だとは考えないかもしれません。

(3) **前置詞の目的語**

Informo V. Exª **de que** a reunião começa às 14 horas.　会合は14時に始まることを貴台にお知らせいたします。

(4) **補語**

O problema é **que** ele não sabe como deve conviver com os colegas.　問題は、どのように同僚とやっていくべきかが、彼にはわかっていないことなのです。

O certo é **que** ele vai entrar em contacto comigo daqui a nada.　確実なことは、間もなく彼が私に連絡してくるということです。

12.4. 疑問詞 porque｜por que の用法

理由を訊ねる特殊疑問文の文頭に置かれます（英語＝why に相当）。ポルトガルでは1語で porque と書きますが、ブラジルでは por que と2語に分けます。

「**Porque**｜**Por que**」é que me pergunta？　なぜ私に訊くのですか。

「**Porque**｜**Por que**」é que a gasolina está tão cara neste país？　どうしてこの国ではガソリンがこんなに高いのですか。

文脈によっては反語的な意味を表わします。

　"Porque | Por que" é que não vai comigo?　なぜ私と一緒に行かないのですか（一緒に行きましょう）。

　"Porque | Por que" é que fala tão alto?　なぜそんなに大きな声で話すのですか（大声で話さないでください）。

　返答として「なぜならば…」と理由を述べる時に文頭に置かれる接続詞（＝英語 because に相当）はポルトガル、ブラジルともに porque と1語で書きます。

　—"Porque | Por que" é que o senhor não vai participar na festa?　どうしてパーティーに参加なさらないのですか。

　—**Porque** tenho um compromisso, infelizmente.
　　先約があるんです、残念ながら。

N.B. 名詞化した porquê という形式があります。男性名詞です。
Desconhecemos **o porquê** do cancelamento da visita em cima da hora.　土壇場の訪問キャンセルの理由が我々には判らない。

12.5. 無強勢人称代名詞の縮約

　無強勢人称代名詞の与格形と対格形が同時にあらわれる場合、縮約します。ポルトガルでは口語でも普通に用いられますが、ブラジルの口語では見られず、文語でもまれにしか用いられません。与格形のあとに対格形という順序であらわれます。

```
me  + o(s), a(s)   →   mo(s), ma(s)
te  + o(s), a(s)   →   to(s), ta(s)
lhe + o(s), a(s)   →   lho(s), lha(s)
nos + o(s), a(s)   →   no-lo(s), no-la(s)
vos + o(s), a(s)   →   vo-lo(s), vo-la(s)
lhes + o(s), a(s)  →   lho(s), lha(s)
```

— Já viste as fotografias que tirei no passeio? 散歩の時僕が撮った写真をもう見たかい。
— Ainda não. Mostra-**mas**. まだだ。見せてくれよ。(me+as＜fotografias → mas)
— Tens aí o disco que te emprestei ontem? 昨日貸してあげたディスク持ってるかい。
— Ah, deixei no carro! Dou-**to** mais tarde, está bem? いや、車の中に置いてきてしまった。あとで返すからね。
(te+o＜disco → to)

また、口語では一般に文脈で補完される内容は省略し、簡潔に表現することが好まれます。
— Será que ela vai ficar contente com a nossa prenda? 彼女、私たちのプレゼントを気に入ってくれるかしら。
— Espero que sim. Vamos mandá-**la** por correio ainda hoje. そうだといいんだが。今日のうちにも郵便で送ろう。

N.B. ブラジルでは与格形と対格形との縮約は一般に避けられます。
— Você já viu as fotografias que tirei no passeio? 散歩の時僕が撮った写真をもう見たかい。
— Ainda não. **Me** mostra. (Br.) まだだ。見せてくれよ。

12.6. 無強勢代名詞の位置 — 3

無強勢人称代名詞の斜格形（与格形・対格形）は、基本的に動詞の後に置かれる前接辞です。しかしある種の条件によって動詞の前に移動し、後接辞として現れることはすでに述べたとおりです。[136] ポルトガル語では、代名詞が文脈によって補われ、コミ

---
136 8.6. 人称代名詞の用法と無強勢代名詞の位置—1, p.136および、9.6. 無強勢代名詞の位置—2, p.158参照。

第2週 第12日

ュニケーションに支障がなければ、代名詞は省いても構いません。しかしながら、代名詞を明示する必要のある場合、とくに文語において配慮すべき義務的な規則があります。以下のような条件によって、無強勢代名詞が移動して動詞の後接辞となります。

(1) **否定辞とともに：後接辞**

Não lhe parece possível pôr em ordem todas estas coisas? これをぜんぶ片づけるなんて、出来そうもありませんか。

Ninguém a lê com atenção num jornal digital. だれも電子新聞では注意してそれを読みません。

A telefonista **nunca lhe responde** que a linha está ocupada. 交換手はあなたには、けっして、お話中だという返事はしないのです。

(2) **特殊疑問文（疑問詞ではじまる疑問文）において：後接辞**

Quem é que **lhe parece** que tem culpa? だれのせいだとお思いですか。

A como o vende, ao quilo ou à arroba? 売り方は、キロ単位、それともアローバ単位ですか。[137]

Porque me perguntas o caminho para a casa dela? 彼女の家までの道をなぜ僕に訊くんだい。

(3) **従属節において**

a) 接続詞 se, que, como などの導く名詞節において：後接辞

Achas **que te digo** a verdade? 僕が君に本当のことを言うと思ってるのか。

c.f. Digo-te a verdade. 僕は君に本当のことを言う。

O protagonista acrescenta ainda **que o leva** em consideração muito brevemente. 主人公はさらに付け加えて、その件については早急に考慮すると言います。

---

137 arroba は伝統的な重さの単位で、約15キログラムに相当します。

c.f. O protagonista leva-o em cosideração. 主人公はそのことを考慮する。

O homem perguntou-me **se** eu **lhe** oferecia um cigarro. 男はタバコを一本もらえないだろうかと、私に訊いた。

Não sei **se lhe** devo responder. あの人に返事をしたものかどうかわからない。

c.f. Devo-lhe responder. あの人に返事をしなければならない。

A Maria sabe **como se** deve preencher o papel. マリーアさんはその書類にどうやって記入したらよいかわかっている。

c.f. Deve-se preencher o papel com uns códigos especiais. 特別のコードを使って書類に記入せねばなりません。

A moça pergunta ao motorista **quanto lhe** deve. その少女は運転手にいくらかと訊ねます。

c.f. Ela deve-me dois mil euros. 彼女は私に2000ユーロ借りがある。

祈願文は複文において espero などの主動詞を省略した名詞節です。祈願文における無強勢代名詞は接続詞 que に導かれた節内ですから、同様に後接辞としてあらわれます。[138]

Que a Santa **o** proteja！ 聖女様のご加護があの人にありますように。

Que o barco **me** leve ao paraíso！ 舟が私を楽園へ連れて行ってくれればよいのだが。

b) 接続詞に導かれる副詞節において：後接辞

Quando a vejo na rua, ela passeia sempre com o cão. 彼女に道で出会うといつも犬と散歩している。

---
138 23.2．祈願文, p.424参照。

A esta hora sei **onde o descubro**.　この時間に彼がどこにいるか知っている。

(4) 倒置法：後接辞

　文中のある要素を強調するため、倒置によって直接目的語や補語から文が始まっているとき、無強勢代名詞は後接辞として動詞の直前に置かれます。

　　Ele explica-**te** um audacioso tema.　彼は大胆なテーマを君に説明する。

　☞直接目的語 um audacioso tema を強調：

　　Um audacioso tema **te** explica ele!　大胆なテーマを君に説明するもんだ、彼は。

　O plano dele parece-**me** interessante　彼の計画は面白いと思います。

　☞目的格補語 interessante を強調：

　　Interessante **me** parece o projecto dele!　面白いと思います、彼の計画は。

　A obra parece-**nos** não só escandalosa mas também de má qualidade.　作品はスキャンダラスなだけでなく、質もよくないようです。

　☞主格補語 não só escandalosa mas também de má qualidade を強調：

　　Não só escandalosa, mas também de má qualidade **nos** parece a obra.　スキャンダラスなだけでなく、質もよくないように思えますね、その作品は。

　強調構文において、強調したい語句が é ... que で挟まれた場合、que 以下の節内では、通常の従属節における場合と同様、無強勢代

名詞は後接辞として動詞の直前に置かれます。[139]

Vi-**te** ontem na Rua Garrett.　昨日ガレット街で君を見かけた。

☞ 副詞句 na Rua Garrett を強調：

Foi na Rua Garrett **que te** vi ontem.　昨日君を見かけたのはガレット街だった。

Procuro-**as** no Chiado.　僕はシアード地区で彼女たちを捜す

☞ 副詞句 no Chiado を強調：

É no Chiado **que as** procuro.　僕が彼女たちを捜すのはシアード地区だ。

(5)　**動詞句とともに：前接辞、後接辞**

　無強勢人称代名詞の位置については、以下の原則を主として、さらに従属節内あるいは否定文における移動の諸規則が加わります。[140]　無強勢代名詞のうち、基本的に語頭が母音となる対格形と、語頭に子音のある与格形とではあらわれ方が異なる場合があるので、以下これらを分けて記述します。

a)　動詞＋不定詞

①動詞＋不定詞 － 対格形・与格形

　不定詞の前に置かれる動詞はモダリティーをあらわす助動詞です。[141]　無強勢代名詞は不定詞の前接辞としてハイフンを介して連結するのが標準的です。[142]

139　20.8. 強調構文《é ... que ...》, p.368参照。
140　8.6.(2) b), p.138, 12.6.(1), p.223参照。
141　21.4. モダリティー, p.388 参照。
142　ポルトガルでは、より口語的な形式で、無強勢代名詞が動詞と不定詞の間におかれ先行動詞の前接辞とすることも可能です。例：(1) Esta editora costuma-**o** enviar ao professor Dias. (Pt. Coloq.)・Esta editora costuma-**lhe** enviar o boletim mensal. (Pt. Coloq.) ブラジルの文語では対格形は先行動詞の後接辞となるのが一般的ですが与格形は不定詞の後接

第 2 週 第12日

Esta editora costuma enviá-**lo** ao professor Dias.　この出版社はディーアス先生にふだんからそれを送ってくる。

Esta editora costuma enviar-**lhe** o boletim mensal.　この出版社は彼にふだんから月刊の広報を送ってくる。

②動詞 − 対格形＋不定詞

　動詞が知覚動詞、使役動詞の場合、不定詞の意味上の主語は人称代名詞対格形を知覚動詞の前接辞としてハイフンを介して連結します。[143]　ブラジルの規範では、原則的にこの種の動詞をのぞいて、人称代名詞対格形が動詞に前接することはありません。[144]

O jornalista viu-**o** tocar berimbau.　その記者は彼がベリンバウを弾くのを見た。

O lojista ouviu-**os** falarem muito alto na rua.　商店主は彼らが道で大声で話すのを耳にした。

Os pais deixaram-**no** ficar na cama.　両親は彼を寝かせておいた。

A fotografia do amigo fez-**me** imaginar a vida dele.　友人の写真を見て私は彼の生活を思い浮かべた。

O episódio levou-**o** a estudar as lendas daquela terra.　そのエピソードが縁で彼は同地の伝説を研究することになった。

辞としてもひろく用いられます。例：Esta editora **o** costuma enviar ao professor Dias.(Br.)・Esta editora costuma **lhe** enviar o boletim mensal.(Br.) なおブラジルの口語で目的語として主格形を用いる場合については、8.6.(2), N.B. p.139参照。

143　知覚動詞については、21.3. 人称不定法、(2)用法 a), p.386参照。

144　ブラジルの口語では通常不定詞の意味上の主語は対格形(1)ではなく主格形(2)で表されます。例：(1) Deixa-**me** dizer o que penso disso. (2) Deixa **eu** dizer o que penso disso. (Br.) Bagno, Marcos, p.111. なお、se については、14.5., p.270参照。

モダリティーをあらわす動詞がさらに加わっても前接辞の位置は変わりません。

O povo desejaria vê-**lo** renunciar ao mandato se o partido não conseguir a maioria nas eleições legislativas.
もし総選挙でその政党が多数を獲得できなかったら、彼が辞任するのを国民は見届けたいと思っている。

Os pais querem fazê-**la** regressar à pátria. 両親は彼女を祖国に呼び戻したいと思っている

b) 助動詞＋現在分詞

①助動詞＋現在分詞 − 対格形・与格形

無強勢人称代名詞は前接辞として、ハイフンを介して現在分詞に連結するのが、標準的な文語の形式です。

O professor vai mostrando-**os** aos alunos. 教師はそれを学生に見せていく。

O professor vai mostrando-**lhes** os diapositivos. 教師はスライドを彼らに見せていく。

②助動詞 − 対格形・与格形＋現在分詞｜助動詞＋対格形・与格形＋現在分詞

無強勢人称代名詞を助動詞の前接辞とすることも可能です。より口語的な印象を与える形式です。ブラジルの規範では無強勢人称代名詞を現在分詞の後接辞とするこの形式は伝統的に排除されましたが現代では最も一般的な形です。[145]

---

[145] ブラジルにおいては無強勢代名詞の位置が比較的自由です。助動詞＋現在分詞の動詞句に対しては、以下の4とおりが可能ですが、(1)が現代ではもっとも標準的と言われます。(1) 主語＋助動詞＋無強勢代名詞＋現在分詞 (2) 主語＋無強勢代名詞＋助動詞＋現在分詞 (3) 主語＋助動詞 − 無強勢代名詞＋現在分詞 (4) 主語＋助動詞＋現在分詞 − 無強勢代名詞。詳しくは、例えば Perini, Mário A,：—*Gramática Descritiva do Português*, Editora Ática, 2001, São Paulo, §7.2.6. 参照。

第2週 第12日

O professor vai-**os** mostrando aos alunos. (Pt. Coloq.)
教師はそれを学生に見せていく。

O professor vai-**lhes** mostrando os diapositivos. (Pt. Coloq.) 教師はスライドを彼らに見せていく。

Ela ia **me** passando notícias interessantes. (Br.) 彼女は私に興味深いニュースを次々と送っていった。

c) 助動詞＋過去分詞

複合過去形など複合時称形の場合です。無強勢代名詞を過去分詞の前接辞とすることはできません。

助動詞 – 対格形・与格形＋過去分詞

標準的な文語において、無強勢人称代名詞は助動詞の前接辞となります。[146]

Tinha-**a** conhecido antes de visitar a Europa. ヨーロッパに行く前からその人を知っていた。

Ele tem-**lhe** dito a verdade. その人は彼らに真実を述べてきた。

モダリティーをあらわす動詞がさらに付加された場合も、無強勢代名詞が助動詞に前接する形が標準的とされます。[147]

Ele deve tê-**lo** comido. 彼はそれを食べたかも知れない。

O stress do exame deve tê-**la** feito perder alguns quilos. 試験のストレスで彼女は体重が数キロ減ったに違いない。

---

[146] ブラジルでは無強勢代名詞が過去分詞の後接辞となることもあります。例：Tinha **a** conhecido antes de visitar a Europa. (Br.) Ele tem **lhe** dito a verdade. (Br.)

[147] ポルトガルでは、助動詞に前接することもできますが、口語的です。例：Ele pode-**me** ter dito. (Pt.Coloq.) 彼は私に言ったかも知れない。ブラジルではこのような動詞句においても3人称対格形以外には、正書法上ハイフンをおかず無強勢代名詞が過去分詞に前接する形式がひろく見られます。例：Você deveria ter **me** chamado naquela hora. (Br.) 君はあの時私を呼ぶべきだったんだ。

(6) **前置詞句において：前接辞、後接辞**
①前置詞＋対格形＋不定詞｜前置詞＋不定詞 − 対格形
　前置詞句においては、ポルトガルの標準的文語では無強勢代名詞は後接辞として不定詞の直前にあらわれます（Cult：標準的文語）。
　O rapaz compra o gelado para **o** comer com calma em casa. (Pt. Culto)　少年はうちでゆっくり食べようと、アイスクリームを買う。

　ブラジルの標準的文語では一般的に無強勢代名詞は不定詞の前接辞となります。
　O rapaz compra o gelado para comê-**lo** com calma em casa. (Br. Culto)　少年はうちでゆっくり食べようと、アイスクリームを買う。

N.B.　前置詞が a, de, em, por の場合、無強勢代名詞対格形が不定詞の後接辞となると、〔a o/a＋不定詞〕、〔de o/a＋不定詞〕、〔em o＋不定詞〕、〔por o/a＋不定詞〕という連鎖が生じます。上記の規則にかかわらず、これらは多くの場合「耳障りなもの」として避けられ、ポルトガルの規範によっても人称代名詞は一般に前接辞として動詞の後におかれます。[148]
　Quando vem um barco, paro **a** vê-lo.　舟が来ると、私は立ち止まってそれを見ます。[149]

148　必ずしも "ter relutância **em** o dizer" 等の連鎖を完全に排除する規則があるわけではなく、音声的な基準には微妙な面があります。また、これらの前置詞に無強勢代名詞与格形（me, nos, te, vos, lhe, lhes）および se が後続する場合は、後接辞として代名詞は前置詞の直後、すなわち不定詞の直前におかれるのが普通です。
149　否定文においては以下の例(1)、(2)共に可能です。どちらがより良いかは音声的重複を避けるなど文体的配慮により決定されます。例：(1) Quando vem um barco, já não **o** paro a ver. (2) Quando vem um barco, já não paro a vê-**lo**. 舟が来ても私はもう立ち止まってそれを見たりしません。

第 2 週 第12日

O responsável gostava **de** subsitui-**lo**.　責任者はそれを取り替えたいと思っていた。

O homem persiste **em** mantê-**lo**.　その人は、それを維持することにやっきだ。

O Ricardo acabou **por** assiná-**la**.　リカルドは結局それを購読することにした。

②前置詞＋与格形＋不定詞

ポルトガル・ブラジル共に標準的文語においては、無強勢代名詞与格形を後接辞として、不定詞の前に置きます。

Quando a vê na rua de longe, ele costuma mudar de caminho para **lhe dizer** pelo menos uma palavra. (Pt. e Br. Culto)　彼女を道で遠くに見かけると、彼は道を変えて、一言でもいいから声をかけるようにしています。

Acabei por **lhe** enviar uma mensagem.　あなたにさっきメッセージを送ったところです。

A menina insistia **em** me mostrar a pintura.　その娘は何とかして私に絵を見せようとしていた。

ブラジルの標準的文語では無強勢代名詞与格形を不定詞の前接辞とすることもあります。

O professor procurou o João para dizer-**lhe** uma coisa. (Br. Culto)先生は一言伝えようとジョアンを捜した。

③前置詞＋対格形・与格形＋助動詞＋過去分詞

標準的なポルトガルの文語では無強勢代名詞は助動詞の後接辞となります。

Apareceu este sintoma alguns dias depois de **o** ter comido. (Pt. e Br. Culto)　それを食べて数日後に、こういう症状が出た。

Apesar de **lhe** ter escrito várias vezes, nunca mais recebeu a resposta. (Pt. e Br. Culto)　彼には何度も手紙を書いたが、一切返事は受け取らなかった。

いっぽうブラジルの標準的文語では前置詞に後続する動詞句の中では、無強勢代名詞対格形を助動詞の前接辞とする形式も広く用いられます。

Apareceu este sintoma alguns dias depois de tê-**lo** comido. (Br. Culto)　それを食べて数日後に、こういう症状が出た。

同様に、ブラジルの標準的文語では前置詞に後続する動詞句の中では、無強勢代名詞与格形を過去分詞の後接辞とする形式も広く用いられます。

O ex-prefeito acusou-o de ter **lhe** comunicado uma informação falsa. (Br. Culto)　前知事は彼が嘘の情報を流したと言って非難した。

12.7. 付加疑問 — 2 [150]

付加疑問には、すでにみたとおり、基本的には、主動詞あるいは代動詞を用いる方法があります。いっぽう、それとは異なる方法で、相手に対して同意を求めるため、さまざまな意味を付加することができます。以下に主要なものを示します。

Hoje está realmente muito calor, **não acha?**　今日は、ほんとうにあついですね。

O espaço é muito grande, **entende?**　スペースはたっぷりあるんですよ、おわかりですか。

150　5.9. 付加疑問—1, p.79参照。

Isto é soja fermentada, **está a compreender ?**　これはですね、大豆が発酵した物なんですよ。

Mas isto não preciso, senhor Lopes, **compreende ?**　そんなにしていただかなくてもいいいんですよ、ロペスさん。

Então, empresta-me amanhã vinte euros, **pode ser ?**　じゃ、あした20ユーロ貸してくれるかい。

A Hermínia telefona ao Dr. Soares, **está bem ?**　エルミニアさんがソアーレスさんに電話してくださいね。

A situação está cada vez mais complicada, **não é isso ?**　状況がますます込み入ってきた、そういうことですね？

Faltam aqui algumas páginas, **está a perceber ?**　ここに何ページかたりないんですよ。

Esta caixa é muito grande, **ouviu ?**　この箱じゃ大きすぎるんですよ。

O responsável vai preparar o relatório depois de observar o local do acidente, para verificar os danos concretos, **é isso ?**　責任者が事故現場をみて具体的な損害を見極めてから報告書を用意する、そういうことですね？

12.8. 疑問詞のまとめ

疑問詞は平叙文に あらわれる文の要素のひとつに焦点をあてて訊ねる特殊疑問文の文頭に置かれます。[151]　疑問詞には、疑問代名詞、疑問形容詞、疑問副詞があります。[152]

(1) **疑問代名詞**

— **Quem** é o autor deste livro ?　この本の著者は誰ですか。

151　4.2. 平叙文と疑問文：音調の役割, p.50参照。
152　それぞれ以下を参照。como (7.11., p.116), onde (6.8., p.98), porque | por que (12.4., p.220), qual (10.5., p.177), quando (7.12., p.117), quanto (4.1., p.50), que (7.10., p.115), quem (5.7., p.76).

— É o meu antigo professor.　私の昔の先生なんですよ。
— **Que** é isto?　これは何ですか。
　— É uma espécie de beringela, mas parece pimento.
　　茄子の一種です、ピーマンみたいですが。
— **O que** é que estuda agora o Manuel?　マヌエルは今、何を勉強して居るんですか。
　— Estuda Literatura.　文学を勉強しています。
— **Qual** é a razão de ser desta disciplina?　この科目の存在理由は何でしょう。
　— É treinar o raciocínio dos alunos.　学生の思考力トレーニングです。

(2) 疑問形容詞

— **Que** zona é esta? Industrial?　ここはどういう地区ですか。工業地区ですか。
— Em **que** região é que se produz esta abóbora esquisita?
　この奇妙なカボチャはどの地域で生産されるのですか。
— **Quantas** casas foram construídas no bairro?　この区画には何軒くらい家が建てられましたか。
— Entre **quantos** candidatos é que foi ele indicado?
　何人の候補者の中から彼が指名されたんですか。

(3) 疑問副詞

— **Como** é que conseguiu o livro?　どうやってその本を入手したんですか。
　— Consegui através da Internet.　インターネットで手に入れました。
— **Onde** é que aprendeu espanhol?　どこでスペイン語を覚えたのですか。

— Aprendi convivendo com argentinos.　アルゼンチンの人たちとつき合いながら覚えました。
— **Quando** é que volta?　いつまたいらっしゃいますか。
　— Volto para o ano, talvez.　多分来年来ます。
— **Porque | Por que** é que não visitamos o museu hoje?　きょうはなぜ美術館に行かないんだい。
　— Porque hoje já estamos cansados.　きょうはもう疲れているからだよ。

N.B.　否定疑問文、«Porque | Por que não ...?» は、率直に理由を訊ねることもあれば、文脈によっては、反語的に批判あるいは強い勧誘をあらわすこともあります。

— **Porque | Por que** é que não visitamos o museu hoje?　きょうはぜひ美術館に行きましょうよ。
　— Então, vamos!　そうですね、行きましょう。

(4) 特殊疑問文における語順

特殊疑問文においては通常文頭に疑問詞が置かれます。疑問詞の果たす統語的な役割はさまざまですが、以下のような制限があります。

a) 疑問詞＋動詞（＋目的語）＋主語

疑問詞で始まるこの種の特殊疑問文においては、疑問詞の直後に主語を置かず、まず動詞が置かれます。目的語があれば、さらに動詞に続き目的語が置かれ、主語は述語のあとに置かれます。

Onde comprou este livro o João?　ジョアンさんはこの本をどこで買いましたか？

O que comprou na livraria o João?　ジョアンさんは本屋で何を買いましたか？

Onde está a Maria?　マリーアさんはどこにいますか？

ポルトガルでは特殊疑問文における主語と述語の倒置が義務的なので、以下のように疑問詞の直後に主語を置くと非文となります。

*Onde o João comprou este livro? (Pt.)
*O que o João comprou na livraria? (Pt.)
*Onde a Maria está? (Pt.)

ブラジルのポルトガル語にはこのような制限はありません。

Onde o João comprou este livro? (Br.) ジョアンさんはこの本をどこで買いましたか？

O que o João comprou na livraria? (Br.) ジョアンさんは本屋で何を買いましたか？

Onde a Maria está? (Br.) マリーアさんはどこにいますか？

b) 疑問詞＋é que＋主語＋動詞（＋目的語）[153]

特殊疑問文では疑問詞の直後に "é que" を置くのが一般的です。とりわけ口語では、ほぼ例外なく "é que" が用いられます。この場合、"é que" に後続する文の語順は通常の平叙文と同様となり、主語と述語の倒置はおこりません。

Quando **é que** o senhor viu o filme? いつ貴方はその映画を見ましたか？

A quem **é que** você quer entregar este papel? 誰に君はこの書類を渡したいのですか？

c) 関係代名詞の導く形容詞節

従属節の形容詞節内では主語と述語の倒置は一般におこりません。しかし形容詞節が非制限的な場合、倒置があっても非文とはなりません。[154]

153　7.6. 特殊疑問文における é que の用法, p.108参照。
154　11.2. 関係代名詞 que の用法―2, p.196参照。

第2週 第12日

A aldeia **onde** o famoso pintor passou a sua infância fica perto daqui. / A aldeia, **onde** passou a sua infância o famoso pintor, fica perto daqui.　かの有名な画家が幼少時代を過ごした村はこの近くにあります。

A tijela **que** ele comprou num bricabraque em Tóquio é do século XVI.　彼が東京の骨董屋で買った碗は16世紀のものです。

d)　特殊疑問文を従節とする複文

特殊疑問文を従節とする複文においては、従属節内の疑問詞が複文全体の文頭に移動するので、たとえば以下の主節の文(i)が文(ii)を目的節とするとき、疑問詞 onde が文頭に置かれるため、主節の主語と述語の倒置がおこります。

(i)　Tu achas?
(ii)　Onde deixei a minha chave?
　　☞ ― Onde achas tu que deixei a minha chave?
　　　僕はカギをどこに置き忘れたんだと思う？

その他、主節には adivinhar, calcular, julgar, pensar, querer, recear などさまざまな動詞が可能です。

(i)　Vocês adivinham?
(ii)　Quantos anos tem o Jorge?
　　☞ ― Quantos anos adivinham vocês que tem o Jorge?
　　　君たち、ジョルジェは何歳だと思う？
(i)　Tu calculas?
(ii)　Porque tenho pressa eu?
　　☞ ― Porque calculas tu que eu tenho pressa?
　　　なぜ僕が急いでいると思うんだい？

(i) Voce julga?
(ii) Quem sou eu?
☞ — Quem julga você que eu sou? 君は私が誰だと思っているんだ？

(i) Tu queres?
(ii) Onde vou buscar eu o chapéu?[155]
☞ — Onde queres tu que eu vá buscar o chapéu? 僕に、どこに行って帽子を持ってきてほしいというんだい。

(i) A senhora receia?
(ii) Como se encontra ele?
☞ — Como receia a senhora que ele se encontre? 奥さん、彼がどうしているのかとご心配なんですか。

疑問詞の直後に "é que" が置かれると、主節の主語と述語の倒置はおこりません。

— Porque é que tu adivinhas que amanhã vai chover? なぜ君は明日雨だと予想するんだ。

— Quantos anos é que vocês acham que tem o José? ジョゼーが何歳だと君たちは思ってるのかい？

— Porque é que tu achas que eu tenho pressa? いったいなんで僕が急いでいると思う？

— Quem é que você acha que eu sou? いったい私が誰だと君は思っているんだ？

12.9. 練習問題(12)

Ⅰ. 例に従って、以下の各文の動詞を文末のかっこ内に示した形式に書き直し、それぞれに全文の日本語に訳しなさい。

―――――――
155 Onde vou eu buscar o chapéu? も可。

第2週 第12日

例：O caso é complicado. (estar＋a＋不定詞｜estar＋現在分詞) → O caso ₁₁está a ser｜sendo₁₁ complicado.　その件は複雑になっている。

1. Pensas no futuro？(ficar＋a＋不定詞｜ficar＋現在分詞)
2. O marido dela fuma muito. (andar＋a＋不定詞｜andar＋現在分詞)
3. O rapaz mostra fotografias da terra dele. (ir＋現在分詞)
4. Estudamos a discografia do cantor. (vir＋現在分詞)
5. Desejam terminar a reunião. (estar＋a＋不定詞｜estar＋現在分詞)

II．例に従って、以下の1〜5においてa, b, の2文のうち、aを主文として、bを名詞節あるいは形容詞節とした文に書き換えなさい。それぞれに日本語に訳しなさい。

例：a) É obvio.　b) A Terra é uma esfera. → É obvio que a Terra é uma esfera.　地球が球であることは明白である。

1. a) Transmito ao meu colega.
   b) O senhor vai telefonar ao meu colega mais tarde.
2. a) Ela afirma aos jornalistas.
   b) O povo está sempre preocupado com o destino do país.
3. a) Ouvi dizer.
   b) Os acidentes aumentam nas auto-estradas.
4. a) Conheço o rapaz.
   b) O rapaz está a falar com a senhora.
5. a) O director｜diretor quer informar os meus colegas.
   b) Um professor português vai dar uma conferência na próxima terça-feira.

III. 以下の文において、かっこ内の語を意味が通るよう正しい語順に並び替え、あわせて日本語に訳しなさい。
1. Como (a devo explicar lhe situação)？
2. Nada (dizer momento neste posso te).
3. O professor (a alunos as dos dúvidas pouco pouco tirando vai).
4. Onde (chamada é fazer posso que te uma)？
5. Faço (causar não mais o para possível te transtorno).

IV. 例に従って、以下の文が答えとなる質問を書きなさい。あわせて日本語に訳しなさい。
例：Vai estudar no café.　カフェーで勉強するつもりだろう
　→ O que é que ele vai fazer？　彼は何をするつもりだろう
1. Não me pode dizer nada.
2. Não, não me responde nada
3. Posso, sim. Posso enviar-te depois.
4. Vou ao mercado.
5. Volta amanhã de manhã.

V. 以下の日本語文を適当な付加疑問文をつけることに留意して、ポルトガル語に訳しなさい。
1. 先生は君によく説明してくれるんだろう？
2. 魚がほんとうに好きじゃないんですね。
3. すると、彼はひとりでうちに帰る、ということですね？
4. むろん、彼女はまだよくなっていないんでしょう？
5. あの方は北部出身のように見えますが、いかがですか？
　（解答例　p.664参照）

第13日

13.0. 読解

Daqui a poucos dias começam as férias de Verão. Após longos meses de trabalho, estamos ansiosos por passar alguns dias sem preocupações. O João e a família tencionam fazer uma viagem para o Sul, visitando vários lugares de interesse no caminho.

O João vai à estação para adquirir antecipadamente as passagens. Há muitas pessoas nas bilheteiras para comprar bilhetes. Vendo uma longa fila, o João fica nervoso porque se preocupa com a hora. Ele tem de voltar ao escritório daqui a meia hora por causa de um compromisso assumido há mais de uma semana. Não deve chegar atrasado ao encontro, pois o assunto a tratar é muito importante.

Mas logo se sente aliviado, porque o procedimento é muito rápido. Cada funcionário trabalha com o seu computador, sendo a reserva dos lugares e a emissão dos bilhetes feitas automaticamente.

☞日本語訳は巻末, p.718参照。**Verão**：Verão｜verão. 8.9. 季節の名称, p.144参照。**estamos ansiosos por passar**：estar ansioso por＋不定詞＝〜することを切望する；とても〜したがる。**o Sul**：南部。**se preocupa com**：preocupar-se com ...＝…のことを気にする。**um compromisso assumido**：assumir compromisso＝約束をする。過去分詞 assumido は受け身の意味で compromisso を修飾。

compromisso assumido は、事前にしてある約束；先約、の意味。
chegar atrasado ao encontro：chegar atrasado a ... ＝…に遅れる。**assunto a tratar**＝扱う事柄。17.3. 不定詞, (2) d), p. 319参照。
se sente aliviado：sentir-se＋形容詞＝…と感じる。**sendo ... feitas**：受動態の分詞構文。主語は a reserva ... e a emissão なので過去分詞は女性形複数の feitas になる。**lugares**＝座席。

13.1. 能動態と受動態

能動態の文に直接目的語をとる他動詞があれば、その文は一般に受動態で表現できます。能動態と受動態の関係は以下のように示すことができます。

能動態		受動態
名詞句1＋他動詞＋名詞句2	↔	名詞句2＋ser＋過去分詞＋por＋名詞句1
O médico receita os medicamentos.	↔	Os medicamentos são receitados pelo médico.
その医師は薬を処方する		薬がその医師によって処方される

13.2. 過去分詞

過去分詞は、原則的に不定詞の語末の -r を -do で置き換えること、すなわち語幹に -do を加えることによって得られます。ただし第2活用 (-er) 動詞の動詞は第3活用 (-ir) 動詞と同じく幹母音を -i に置き換えてから -do を加えます。

　　第1活用動詞 cantar .... canta＋do → cantado
　　第2活用動詞 vender .... vendi＋do → vendido
　　第3活用動詞 partir .... parti＋do → partido

上記の規則によらない独自の過去分詞を持つ動詞も多くあります。以下基礎動詞の例をいくつか示します。

第2週 第13日

不定詞	過去分詞	不定詞	過去分詞
abrir	aberto	ganhar	ganho
cobrir	coberto	gastar	gasto
dizer	dito	pagar	pago
entregar	entregue	pôr	posto
escrever	escrito	ver	visto
fazer	feito	vir	vindo [156]

A carta é **escrita** por ela.　手紙は彼女によって書かれる。

O documento vai ser **entregue** daqui a oito dias.　書類は一週間後に渡される。

O salário é **pago** sem atraso.　給与は遅延なく支給される。

A prova tipográfica deve ser **vista** sempre com a maior atenção possível.　校正刷りは、常に出来るだけ注意をして見るべきだ。

これらの語をもとにした派生語の過去分詞も、もとの動詞の過去分詞に準じます。

　　例：cobrir（coberto）　　→ descobrir（descoberto）
　　　　dizer（dito）　　　　→ condizer（condito）
　　　　escrever（escrito）　→ descrever（descrito）
　　　　pôr（posto）　　　　→ propor（proposto）
　　　　ver（visto）　　　　→ prever（previsto） [157]

A dificuldade de manutenção desta máquina já é **prevista** pelo responsável.　この機械の維持が困難なことは、責任者がすでに予測していることだ。

Os livros podem ser **descobertos** pelo bibliotecário.　本は図書館員が見つけてくれるだろう。

156　vir の過去分詞は現在分詞と同じ形です。
157　prover の過去分詞は例外的に provido です。

O processo de instalação deve ser **descrito** minuciosamente no manual.　インストールの手順はマニュアルに事細かに書いてあるはずだ。

　規則形のほか不規則形を含めて過去分詞を2とおり以上持つ動詞もあります。原則的には、規則形は ter, haver とともに能動態の複合時称をつくるときに用いられ、不規則形は受動態とともに用いられます。また叙述動詞 (ser, estar, ficar, andar, etc.) や ir, vir 等とともに形容詞として用いられる場合は不規則形を用います。以下基本的なものを掲げます。

不定詞	規則形	不規則形
aceitar	aceitado	aceite, aceito [158]
acender	acendido	aceso
eleger	elegido	eleito
emergir	emergido	emerso
entregar	entregado	entregue
expressar	expressado	expresso
exprimir	exprimido	expresso
expulsar	expulsado	expulso
extinguir	extinguido	extinto
frigir	frigido	frito
imprimir	imprimido	impresso
matar	matado	morto
morrer	morrido	morto
omitir	omitido	omisso
prender	prendido	preso

---

[158] ポルトガルでは一般に aceite の形式が用いられ、ブラジルでは aceito の形式が用いられます。

第2週 第13日

romper .... rompido .... roto
salvar .... salvado .... salvo
secar .... secado .... seco
suspender .... suspendido .... suspenso

■aceitar

A nova acepção da palavra "rato" está **aceite** | **aceito** entre os povos lusófonos? 「ねずみ」という語の新たな意味はポルトガル語を話す諸国民の間で受け入れられているのだろうか。

O corpo docente tem **aceitado** propostas mais bem definidas. 教員はもっと明確な提案を受け入れてきた。[159]

■expressar

O pensamento fica bem **expresso** sem estes rodeios. こういう遠回しな言い方をしなければ、考えていることが、明確に表現される。

O pintor tem **exprimido** a importância da paz através das suas obras. 画家は自らの作品を通して平和の尊さを表現してきた。

■matar

Os bombardeamentos têm **matado** centenas de pessoas. 爆撃で何百人もの人が死んでいる。

Os capturados não são **mortos** pelos soldados. 捕虜は兵士に殺されはしない。

■morrer

Muitos soldados têm **morrido** durante a última batalha. 多くの兵士が先の戦闘で死んだ。

---
[159] 〔ter の直説法・現在形＋過去分詞〕については17.1. 直説法・複合過去形, p.312参照。

A cidade parece **morta** a esta hora. この時間だと街は死んだようだ。

■**salvar**

Alguns passageiros feridos são **salvos** pelos bombeiros. 消防士によってけが人が何人か救出される。

Os voluntários terão **salvado** as crianças no edifício isolado pela cheia. ボランティアの人たちが洪水で孤立した建物にいる子供たちを救出したようだ。[160]

13.3. 過去分詞の用法

過去分詞は主に受動態、複合時称などに用いられますが、名詞に後続すると、名詞を限定する形容詞句・節をなします。

(1) 直接目的語をとる動詞の過去分詞は受動的な意味を表します。

Um texto por mim **escrito** vai ser reproduzido numa revista. 私の書いた文章が、とある雑誌に転載される予定です。

Todas as facturas | faturas **vistas** pelo responsável são entregues à contabilidade na próxima semana. 責任者が目を通した領収書は来週会計に渡されます。

(2) 間接目的語をとる動詞の過去分詞は能動的な意味を表します。

É um lugar muito **afastado** do centro, mas não deixa de ser bastante concorrido pelos turistas estrangeiros. そこは町の中心からはずっと離れた場所ですが、依然外国人観光客の客足が絶えません。

---

[160] 〔ter の直説法・未来形＋過去分詞〕については21.1. 直説法・複合未来形, p.380参照。

Uma brisa **vinda** do mar vai acariciando a praia.　海から吹いてくるそよ風が砂浜をなでるようにそよいでいく。

13.4. 現在分詞の用法

　現在分詞で導かれる副詞節は主文とともに複文を形作ります。この種の副詞節は分詞構文と呼ばれ、さまざまな意味をあらわすことができます。主に文語で用いられます。

(1) **主文の主語と副詞節の主語が同一の場合**：主文のあとにコンマをおき、そのあとに現在分詞が導く副詞節を続ける場合と、その反対に、現在分詞が導く副詞節のあとにコンマをおき、そのあとに主文を続ける場合があります。ただしコンマの使用は必ずしも義務的ではありません。

　a)　状況の連続……「(〜して) 〜する」：ふたつの異なる状況の連鎖を述べる場合、順序が同じであれば、どちらを副詞節にしても同じ意味です。

例1：

■Fecho a porta devagar e saio pé ante pé.　ドアをゆっくりと閉めて、忍び足で出ていく

副詞節	主節
Fechando a porta devagar,	saio pé ante pé.

主文	副詞節
Fecho a porta devagar,	**saindo** pé ante pé.

例2：

■Saio pé ante pé e fecho a porta devagar.　忍び足で出ていき、ドアをゆっくりと閉める

ポルトガル語四週間

副詞節	主節
Saindo pé ante pé,	fecho a porta devagar.

主文	副詞節
Saio pé ante pé,	**fechando** a porta devagar.

Todos nós vamos ao jardim botânico amanhã de manhã, **almoçando** num restaurante em frente do portão. (almoçando＝e almoçamos) 明日の朝、私たちは皆で植物園に行き、昼食は門の前の食堂でする予定です。

Amanhã vou limpar o meu computador, **tirando** todos os cabos que o ligam aos periféricos. 明日は、周辺機器に繋がっているケーブルを全部抜いて、コンピューターの掃除をしよう。

A constituição é a lei fundamental de um país, **definindo** todo o seu sistema legislativo. 憲法は一国の基本法で、その法体系全体を定義しています。

Dizendo estas palavras, o homem bebe a taça de vinho de uma vez. こう言うと、男は葡萄酒の杯を一気に空ける。

Armazenando o ficheiro numa disquete, ela desliga a máquina. 彼女はフロッピーにファイルを保存すると、機械の電源を落とす。

受動態の分詞構文の場合も同じ構造をとります。

Os documentos originais testemunham a história do grupo, **sendo** arquivados pelo presidente na caixa forte do seu escritório. 書類の原本はグループの歴史を証言するもので、会長が自分の書斎の金庫に保管している。

第2週 第13日

O depoimento da cantora revela uma inesperada verdade, **estando** gravado numa fita magnética há mais de dez anos.　その歌手の証言は意外な真実を明らかにしているが、これは10年以上前に磁気テープに記録されている。

N.B.　分詞の導く受動態の副詞節が文頭に置かれる場合、ふつうser 動詞、estar 動詞の分詞は省略され、過去分詞のみあらわれます。

Arquivados pelo presidente na caixa forte do seu escritório, os documentos originais testemunham a história do grupo.　書類の原本は会長が自分の書斎の金庫に保管しているが、これはグループの歴史を証言するものだ。

Gravado numa fita magnética há mais de dez anos, o depoimento da cantora revela uma inesperada verdade.　その歌手の証言は10年以上前に磁気テープに記録されたが、これは意外な真実を明らかにしている。

なお、dado は dar の過去分詞に由来する前置詞ともされますが、後続の名詞句に性・数一致します。名詞の前におかれて「……にしたがって；……に鑑み」という原因、理由をあらわす副詞句を導きます。文語的表現です。

Dada a dificuldade de comunicação, o nosso representante apenas vai propôr um novo encontro no mês que vem.　意志疎通が困難なので、我々の代表は来月のあらたな会議を提案するだけになるだろう。

Dadas as circunstâncias, vão desistir de algumas das condições iniciais.　状況に鑑み最初の条件のうちいくつかは放棄することになろう。

b)　状況が並行して実現……「(〜しながら) 〜する」

副詞節はふつう主文のあとにおかれます。コンマの使用は義務的ではありません。

Os homens bebem cerveja, **comendo** amendoins. 男たちは
ピーナツを食べながらビールを飲む。

O Teodoro adormece **pensando** no palácio em Pequim.
テオドーロさんは北京の宮殿に思いを馳せながら眠りに落
ちる。

O secretário fala ao telefone **vendo** o noticiário da
televisão. 書記官はテレビのニュースを見ながら電話で話す。

Os estudantes vão a pé até à estação, **conversando** em voz
alta. 学生たちは大声でお喋りしながら駅まで歩いて行く。

N.B. 副詞節を主文の前に置くことも可能です。

 Conversando em voz alta, os estudantes vão a pé até à estação.
 学生たちは大声でお喋りしながら駅まで歩いて行く。

c) 主文の状況が実現する時間を示す……「(~するとき) ~する」

Levantando-se da cama, a Joana ouve o despertador
tocar. ジョアーナさんは起きあがった時目覚まし時計が鳴
るのを聞く。

Mais tarde, **descendo** o Chiado, encontrei a Maria de novo.
そのあとシアード街を下っていくと、またマリーアに出く
わした。

d) 理由を示す……「(~するので) ~する」

Chegando atrasada ao aeroporto, ela perdeu o avião. 時
間に遅れて空港に着いたので、彼女は飛行機に乗り損ね
た。[161]

Trabalhando na biblioteca como funcionário temporário,
ele conhece bem alguns bibliotecários. 図書館の臨時職員
として働いているので、彼は図書館員を幾人かよく知って
いる。

---

[161] 直説法・過去形(perdeu, conseguiu)について詳しくは15.2., p.277参照。

第 2 週 第13日

e)　手段を示す……「(〜することによって) 〜する」

Utilizando alguns meios ilícitos mas necessários, o Dr. Sousa conseguiu escapar do escândalo.　不正とはいえ必要ないくつかの手段に訴えて、ソーザ氏は醜聞を免れることができた。

O Presidente pode tentar obter o apoio da maioria do povo, **controlando** cuidadosamente as informações a publicar.　公表する情報を周到にコントロールすることで、大統領は国民多数の支持を得ようとするかもしれない。

f)　条件を示す……「(〜すれば) 〜する」

Terminando os trabalhos de casa, podes sair.　宿題が終わったら出かけてもよろしい。

Entregando todos os papéis necessários, o senhor vai obter a autorização.　必要書類をすべて提出すれば、許可がおりるでしょう。

g)　形容詞節として、先行する直前の名詞を限定します。文語的です。現在分詞の限定的用法は一種のフランス語法として規範的に退けられ、関係代名詞による形容詞節が推奨されますが、ジャーナリスティックな文語では頻用されます。現在分詞の限定的用法では先行する直前の名詞とのあいだにコンマを省く傾向があります。[162]

O governo disporá de *um orçamento* **rondando** os 10 milhões de ienes. (＝que ronda)　政府は 1 千万円ほどの予算を計上する予定だ。

Há anos começaram a introduzir no Japão *o cartão de identidade* **contendo** um microchip. (＝que contém)　数年前から日本ではマイクロチップを内蔵した ID カードの導入が始まった。

162　不定詞を用いた限定的用法については17.3., (2) d), p.319参照。

Uma mulher **aparentando** entre 30 e 40 anos conduzia o carro em questão. (＝que aparentava)　年齢が30〜40歳のある女性が問題の自動車を運転していた。

N.B.　現在分詞の前に前置詞 em を置くことがあります。

Em se falando da democratização do país, há que ter em conta os conflitos políticos entre as populações de religiões diferentes.　その国の民主化を語るとき、異なる宗教をもつ住民同士の政治的軋轢を考慮せねばならぬ。

Em comendo, podes sair com os amigos.　食事した後なら友達と出かけてもいいよ。

(2) 主節の主語と副詞節の主語が異なる場合

原則的には、主節のあとにコンマをおき、そのあとに現在分詞が導く副詞節を続けます。副詞節においては、現在分詞の直後にその主語を置き、引き続きそれ以外の文の構成要素（直接目的語、間接目的語、補語など）を述べていきます。副詞節が主節の前に置かれることもあります。副詞節の構造は、以下のように、動詞のとる文型によって異なります。

■現在分詞＋主語

Os funcionários colocam novos computadores, **mantendo-se** as configurações anteriores.　職員は新しいコンピューターを入れるが、設定は以前のままにしておく。

■現在分詞＋主語＋目的語

O presidente pretende fazer uma viagem de serviço aos EUA, **programando** a sua secretária os pormenores do seu itinerário.　会長はアメリカに出張するつもりで、秘書が日程の詳細を計画している。

第 2 週 第13日

■現在分詞＋主語＋補語

Os professores apenas entregam os papéis devidamente preenchidos à secretária, **sendo** ela quem os formaliza para actualizar｜atualizar os dados armazenados no Ministério da Educação.　教員はしかるべく記入した書類を女性秘書に渡すだけで、その書類を処理して教育省に蓄積したデータを更新するのは彼女なのである。

■助動詞の現在分詞＋主語＋叙述動詞不定詞＋補語

Há informações de que o Governo não vai negociar com os representantes do movimento, **devendo** os interlocutores **ser** funcionários do Ministério da Justiça.　政府としてはその運動の代表者とは交渉しない、交渉相手は法務省の職員となろう、という情報がある。

■助動詞 ter の現在分詞＋主語＋主動詞の過去分詞：副詞節であらわされる状況が過去の事実である場合この構文を用います。

Tendo o arroz **desaparecido** do mercado, comemos sempre só batatas.　市場から米が姿を消したので、いつも芋ばかり食べている。

Comemos sempre só batatas, **tendo** o arroz **desaparecido** do mercado.　市場から米が姿を消したので、いつも芋ばかり食べている。

Tendo o povo **comido** sempre só batatas, o arroz desapareceu do mercado.　人々がいつも芋ばかり食べていたので、市場から米がなくなった。

O arroz desapareceu do mercado, **tendo** o povo **comido** sempre só batatas.　人々がいつも芋ばかり食べていたので、市場から米がなくなった。

N.B.　主節と副詞節との時間的関係について以下を比較してみま

しょう。(i)においては、副詞節で述べられる状況が、主節で述べられる状況よりも前におこったことが明らかです。(ii)においては、主節、副詞節、両者で述べられる状況が同時におこっていることが表現されます。

(i) **Tendo chamado** várias vezes o nome dele, ela entrou na casa. = Ela chamou o nome dele e entrou na casa.　彼女は、彼の名前を何度も呼んでから家に入った。

(ii) **Chamando** várias vezes o nome dele, ela entrou na casa. = Enquanto ela chamava o nome dele, entrou na casa.　彼女は、彼の名前を何度も呼びながら家に入った。

■助動詞 ser の現在分詞＋主語＋過去分詞（受動態の分詞構文）

Cada funcionário trabalha com o seu computador, **sendo** a reserva dos lugares e a emissão dos bilhetes **feitas** automaticamente.　各職員は自分のコンピューターで仕事をし、席の予約と発券は自動的に行われる。

O presidente pretende fazer uma viagem de serviço aos EUA, **sendo** os pormenores do seu itinerário **programados** pela sua secretária.　会長はアメリカに出張する意向で、日程の詳細は秘書によって計画されている。

13.5．再帰代名詞

直接目的語（対格）あるいは間接目的語（与格）を伴う他動詞において、動詞の主語と目的語が同一である場合、目的語は再帰代名詞 (me, nos, te, vos, se) の形をとります。

(1) 再帰代名詞の形式

すでに見たとおり、人称代名詞の形式は、3人称をのぞき対格形と与格形が同形です。[163]　再帰代名詞は、以下の表に示すとおり、3人称を含め、すべての人称で対格形と与格形が同形

---

[163] 8.5．人称代名詞, p.136参照。

です。すなわち、3人称・人称代名詞は対格形 (o, os / a, as)、与格形 (lhe, lhes) とで形が異なりますが3人称・再帰代名詞は対格形・与格形さらに単数形・複数形をひとつの形式 se で兼ねています。

人称	単数	複数
1人称	me	nos
2人称	te	vos
3人称	se	se

この種の目的語のあとには、主語の人称にしたがって、強調の意味（……自身を[に]）をあらわす a mim mesmo, a mim própria, a ti mesmo, a ti própria, a si mesmo, a si própria などを付加することができます。[164]

(2) **再帰代名詞の機能**

再帰代名詞が、対格であるか与格であるかによって、意味が異なります。

a) 対格の再帰代名詞 – 1：意味が明確な場合

A Maria **olha-se** ao espelho. = A Maria **olha-se a si própria** ao espelho.　マリーアは鏡で自分の姿を見る。

Tento **acalmar-me** perante a audiência = Tento **acalmar-me a mim mesmo** perante a audiência.　聴衆の前で自分を落ち着かせようとする。

Compreendo-me melhor agora. = **Compreendo-me a mim próprio** melhor agora.　こんどは自分のことがよくわかる。

---

[164] このような動詞を、伝統的に「再帰動詞」と呼ぶことがありますが、本書では、単に「se 付き動詞」と呼びます。また、伝統的には「再帰動詞」の用いられる態を「再帰態」と呼びますが、本書では再帰態という態を認めない立場をとります。

ポルトガル語四週間

b) 与格の再帰代名詞

Pergunto-me se isto é verdade. = **Pergunto-me a mim própria** se isto é verdade.　これは本当のことかと、私は自らに問う。

c) 対格の再帰代名詞 − 2：意味が不明確な場合

直接目的語をとる動詞が再帰代名詞を伴う場合、これに明確な意味を見出しにくいものもあります。このような場合には強調の意味（……じしん[を・に]）をあらわすa mim mesmo などを付加することはできません。[165]

Levanto-me às seis da manhã.　私は6時に起きます。

cf.　O homem consegue **levantar** esta mesa pesada.　その男はこの重い机を持ち上げられる。

As pessoas **preocupam-se com** a notícia do grande terramoto.　人々は大地震のニュースに心配している。

cf.　A notícia do grande terramoto **preocupa** as pessoas.　大地震のニュースが人々を心配させる。

O nome do arguido **tornou-se** público.　容疑者の名前が公になった。

cf.　O porta-voz **tornou** público os nomes dos candidatos.　報道官が候補者の名前を明らかにした。

常に再帰代名詞をともない、再帰代名詞なしでは実現しない動詞もあります。

■**queixar-se de ...**：…について不満を言う

„Vou-**me** | Vou me„ **queixar** ao padre Olavo **do** mau

---

[165] このような動詞を、伝統的に「再帰動詞」と区別して「代名動詞」と呼ぶことがあります。この分類はほとんどの辞書で用いられますが、分類基準が安定せず同一の動詞が辞書によっては異なる範疇に分類されることもあります。本書では両者を区別せず、単に「se付き動詞」と呼びます。

第2週 第13日

hábito do sacristão.　寺男の悪い癖について、オラーヴォ神父に苦言を呈しておこう。
■**atrever-se a＋不定詞**：敢えて～する
O menino não **se atreve a** dizer nem uma palavra aos pais.
男の子は敢えて両親に一言の口もきかない。
■**dignar-se＋不定詞**：お～になる
Sua Excelência **dignou-se** dirigir algumas palavras à comunidade reunida no dia nacional.　閣下は国祭日に集まった同国人に対しておことばをおかけになられた。
■**ir(-se) embora**：立ち去る
Os dois, contentes, **foram-se** | **foram** embora.　二人は満足して立ち去った。

N.B.　多くの se 付き動詞の意味は、もとの動詞の意味から割合簡単に類推される場合もあります。
Sinto uma forte dor nas costas.　腰がひどく痛む。
Sente-se bem agora？　もう気分は良くなりましたか？

いっぽう se 付き動詞に転義がおこり、意味の類推が容易でない場合もしばしばあります。また、用いられる前置詞によって意味が変化することもあります。
Ele **prende** o cavalo com a corda.　彼は馬を綱でつないだ。
O menino **prende-se com** os pormenores.　少年は詳細にこだわる。
O rapaz **prende-se a** ela.　青年は彼女にくびったけだ。

d)　相互作用をあらわす再帰代名詞
　　動詞が対格の目的語あるいは、あるいは前置詞の目的語をとる意味で用いられる場合、主語が複数で、se とともに用いられれば、「互いに～する」という意味をあらわします。
①　**直接目的語をとる動詞**……相互性を明確にするため、副詞句 um ao outro を付加することができます。

■**A entender B**：AはBを理解する。
Naquela situação de emergência, mesmo falando idiomas diferentes, elas **entendiam-se** perfeitamente.　その緊急事態では、異なる言語を話していても彼女たちは完全に理解し合えた。

■**A vigiar B**：AはBを見張る
Com o novo sistema, os interessados **vigiam-se** mais um ao outro do que tentam aprofundar o entendimento mútuo.　新たな機構によって、関係者は相互理解を深めようとするよりは互いに監視し合うようになる。

■**A separar B**：AはBを離す
Embora já não se amem, os dois não querem **separar-se** por motivos de força maior.　ふたりはもう愛し合っていないのに、どうにもならず別れようとしないのだ。

■**A ligar B a C**：AはBをCに連結する
Os dois computadores **ligam-se** um ao outro por este cabo.
　二台のコンピューターはこのケーブルで繋がっています。

② 前置詞が目的語をとる動詞……相互性を明確にするため、本来の構造〔動詞 - se＋前置詞＋名詞句〕において用いられる前置詞を含んだ副詞句、〔um＋前置詞＋outro〕が付加されます。

■**A aproximar-se de B**：AはBに接近する
Os dois navios **aproximaram-se** um do outro.　二隻の船がたがいに近づいていった。

■**A sobrepor-se a B**：AはBに重なる
Como o quadro é pequeno, as folhas de aviso **sobrepõem--se** uma à outra nas extremidades.　掲示板が小さいので、公告の紙が端で重なりあっている。

第 2 週 第13日

■**A apaixonar-se por B**：A は B が好きになる
Depois do primeiro encontro, os dois jovens logo **se apaixonaram** um pelo outro e acabaram por casar-se três meses depois.　最初に出会ってから、すぐに二人は相思相愛となり三か月後には結婚することになった。

■**A misturar-se com B**：A は B と混ざる
No restaurante, agora cheio de pessoas, as vozes da clientela **misturavam-se** umas com as outras, parecendo a voz de um monstro no ar denso do recinto.　もう満員になった食堂では、客の声が混ざりあって、室内の澱んだ空気のなかでは怪獣の声のように聞こえた。

13.6. 文型 — 3 [166]

　名詞と同様に、不定詞はそのままの形で動詞の目的語、あるいは前置詞の目的語として機能します。しかし、目的語が名詞句か不定詞かで異なる構造をとる動詞があります。特に動詞と不定詞とのあいだに限って前置詞を介す場合が多くあります。

【主＋動＋対】
　Quero uma maçã.　りんごがひとつほしい。
　cf.【主＋動＋不】
　Quero comer uma maçã.　りんごがひとつ食べたい。

【主＋動＋前＋名】
　Gosto de música.　音楽が好きだ。
　cf.【主＋動＋前＋不】
　Gosto de ouvir música.　音楽を聴くのが好きだ。

---

[166]　記号については、8.7. 文型—1, p.141, 9.4. 文型—2, p.154参照。

【主＋動＋前＋名】

Ela **pensa** muito **numa viagem** a Hong Kong.　彼女は香港旅行のことをじっくり考えている。

cf.【主＋動＋前＋不】

Ela **pensa** muito **em viajar** a Hong Kong.　彼女は香港に旅行することをじっくり考えている。

【主＋動＋前＋名】

Preciso de uma análise do estômago.　胃検診の必要があります。

cf.【主＋動＋ǁ前＋不｜不ǁ】

Preciso ǁ**de analisar** | **analisar**ǁ o estômago.　胃を検査する必要が あります。

【主＋動＋対】

Aprendi o alfabeto com a minha tia.　叔母にアルファベットを習った。

cf.【主＋動＋前＋不】

Aprendi a escrever o alfabeto com a minha tia.　叔母にアルファベットの書き方を習った。

【主＋動＋対】

Começamos já o almoço ao meio dia em ponto.　正午ちょうどにもう昼食を始めることにしましょう。

cf.【主＋動＋前＋不】

Começamos já **a almoçar** ao meio dia em ponto.　正午ちょうどにもう昼食を食べ始めることにしましょう。

13.7. 練習問題(13)

Ⅰ．以下の文において、能動態の文は受動態に、受動態の文は能動態に書き換え、それぞれの文の日本語に訳しなさい。

1. O rapaz diz a verdade.

第2週 第13日

2. Os papéis são postos em cima da mesa pela professora.
3. A funcionária abre os envelopes.
4. Esta paisagem maravilhosa é vista por todos os turistas.
5. O jornalista escreve um artigo sobre a visita do Presidente.

II. かっこ内の動詞を文脈から判断して過去分詞の適当な形にして全文を書き、日本語に訳しなさい。

1. A execução profissional do médico é (suspender) pelo Ministério da Saúde.
2. Os camarões (passar) pelo polme são (frigir) em óleo.
3. O artista nunca vai ser (expulsar) do grupo devido à sua ideia | idéia peculiar.
4. A antiga escola primária, já (extinguir) há alguns anos, vai ser (transformar) num jardim botânico.
5. Uma proposta acaba ⅠⅠpor ser | sendoⅠⅠ (aceitar) pelo adversário.

III. 以下の下線部を現在分詞を用いた副詞節に書き換え、日本語に訳しなさい。

1. Ele vai comprar um novo computador e estuda depois como trabalhar com os dados.
2. Quando acaba a tinta, costumo comprar dois cartuchos para não me faltar.
3. As pessoas tomam café enquanto comem bolos.
4. O famoso vírus que ataca milhares de computadores no mundo é analisado pelo professor Meneses.
5. Porque estou proibida de comer carne, como só sopa de legumes hoje.

ポルトガル語四週間

IV. かっこ内文脈から判断して適当な再帰代名詞を入れて全文を書き、日本語に訳しなさい。
 1. Tu olhas-(　) sempre ao espelho, antes de sair de casa?
 2. Costumo levantar-(　) pelas sete e meia.
 3. Os cônjuges entreolham-(　) um ao outro.
 4. O carro aproxima-(　) da ponte em questão.
 5. Eu apaixonei-(　) por uma menina francesa.

V. 以下の日本語をポルトガル語に訳しなさい。
 1. 私は日本人の女の子が好きになったブラジル人の青年を知っています。彼はジョアンと言います。
 2. 私たちは数年前から恋人同士で、3月に結婚します。
 3. さまざまな臭いが混ざり合う。
 4. 彼はリンゴをひとつ食べ始める。
 5. 私たちは祖国に戻る必要があります。
  （解答例　p.666参照）

第14日

14.0. 読解

Carla — Que grande chuvada!
Paulo — Chove mesmo torrencialmente.
Carla — Abrigamo-nos alí no café?
Paulo — Senta-te aí ao lado da janela, que eu gosto de ver daqui a chuva.
Carla — Este ano realmente chove muito. A previsão diz que continua a chover até amanhã de tarde.
Paulo — Que aborrecido!
Carla — Mas a água é que não nos falta este Verão. Lembras-te da terrível seca de há uns cinco anos?
Paulo — Se me lembro! Mas o excesso de chuva também causa problemas.
Carla — Pois é. As inundações causam grande prejuízo à agricultura...
Paulo — E matam muito gado nos vales onde correm rios.
Carla — A única coisa que se pode fazer neste momento é esperar.

☞日本語訳は巻末、p.718参照。**Que**：感嘆文を導く que, 14.8.参照。**chuvada**：chuva に接尾辞（指大辞）-ada が付加されている。補遺1.6. 指大辞・指小辞, p.549参照。**Chove**：「雨が降る」意味では常に3人称単数, 14.1.参照。**Abrigamo-nos**：abrigar-se em ...＝…に逃れる。**Senta-te**：sentar-se em ...＝…に座る；腰かける。ここでは

命令法・2人称単数形。**que eu gosto ...**：命令法のあとに現れる que 節は理由を説明しています。詳しくは22.4., p.412参照。**Verão**：Verão | verão. **Lembras-te da terrível situação ...**：lembrar-se de ... = …を覚えている；…を思い出す。**Se me lembro！**：反語的表現。se は接続詞, 14.7.参照。**se pode fazer**：se は動作主が不確定であることを示す, 14.4.(1)参照。

14.1. 非人称動詞

一般に自然現象をあらわす chover などの動詞は3人称単数形のみで実現します。これらの動詞が助動詞をはじめ他の動詞と結びつき動詞句を構成するときも、時称を担う最初の動詞が同様に3人称単数形のみで実現します。したがって、いわゆる非人称動詞が3人称単数形でしかあらわれないのは動詞の意味によるというよりは、英語で言えば天候・時間・距離などをあらわす形式主語の it のような3人称単数の主語が具体的に表に現れない結果と考えられます。事実、規範からはずれた卑俗体とされますが、自然現象をあらわす非人称動詞の形式主語が3人称単数の人称代名詞 ele として現れる場合もあります。[167]

Está a trovejar muito！　ひどい雷が鳴っているな。
Vai continuar a nevar na área durante todo o dia de amanhã.　その一帯では、明日は一日中雪が続くだろう。
Vai estar sol daqui a pouco.　もうすぐ晴れるだろう。
Neva incessantemente.　絶え間なく雪が降っている。
Chega de conversa fiada！　無駄話は沢山だ。
Hoje **está** calor　きょうは暑い。
Amanhã também **deve** estar muito frio e húmido | úmido.
　明日も寒くて湿度が高いでしょう。
Há cinco anos que não o vejo.　彼には5年間会っていない。

---

[167] 8.6. 人称代名詞の用法と無強勢代名詞の位置—1, 注84, p.136参照。

第 2 週 第14日

N.B.
①時間の経過をあらわす haver と同様の意味をあらわす表現として、同じく非人称動詞 fazer を用いた表現や過ぎた時間を主語として ir を用いる表現もあります。

Faz cinco anos que não o vejo.

Já lá vão cinco anos que não o vejo.　あの人には5年前から会っていない。

②非人称動詞が具体的な主語を持てば、通常の動詞と同様に動詞は主語の数に一致します。

Chovem balas.　弾が雨のように降ってくる

③痛みなど感覚をあらわす動詞は、問題の器官を主語とします。

Dói-me **o estômago**, do lado esquerdo.　胃が痛むんです、左側のあたりが。

Arde-me **a garganta** quando engulo.　飲み込むときに喉が焼けるように痛いのです（ひりひりします）。

14.2. 命令文

広い意味では、命令文とは、話し手が聞き手に対してある動作・行為を行うように促すために発する文のことです。この意味では命令文には、依頼、提案、勧誘などを含みます。また命令文には肯定命令文と否定命令文があります。ポルトガル語では対称詞(聞き手)が2人称で肯定命令の場合のみ命令法を使用し、そのほかの場合には接続法現在を用います。本章では対称詞が2人称の語である場合の命令法を概観します。[168]

14.3. 命令法

対称詞が2人称の場合、動詞は命令法を用います。命令法の形式は、直説法・現在・2人称単数形および複数形から語末の -s を取り去ることで得られます。形式的には、第1、第2、第3活用

---

[168]　その他の命令文については、22.1. 命令文：接続法・現在形, p.399参照。

動詞において、命令法・2人称単数形は直説法・現在・3人称単数形と同形となり、命令法・2人称複数形は、第3活用動詞においてのみ直説法・過去・1人称単数形と同形となります。どちらの意味かは文脈によって判断されます（2. sg.：2人称単数形、2. pl.：2人称複数形）。

	第1活用動詞 **cantar**	第2活用動詞 **comer**	第3活用動詞 **partir**
2. sg.	cantas → canta	comes → come	partes → parte
2. pl.	cantais → cantai	comeis → comei	partis → parti[169]

その他の不規則活用動詞の場合も基本的に上記の規則によって得られます。

	fugir	**crer**	**vir**
2. sg.	fojes → foje	crês → crê	vens → vem
2. pl.	fugis → fugi	credes → crede	vindes → vinde

Foge! Vem a passar um carro!　のきなさい。自動車が通るよ。
Crê na notícia, está bem?　そのニュースを信じるんだ。
Vem cá. **Põe-te** a andar!　こっちへおいで　さあ歩いて。

上記原則に従わない動詞、すなわち、命令法が直説法現在から派生せず、特別の形式を持つ動詞もあります。以下の表でいくつかの例について、直説法・現在・2人称単数形、複数形および命令法・2人称単数形、複数形を対照してみましょう。[170]

169　直説法過去・1人称単数と同形。第3活用動詞, p.279参照。
170　fazer の2人称単数については faze, dizer については dize という形も認められます。

第 2 週 第14日

	2 人称単数		2 人称複数	
原形	直説法	命令法	直説法	命令法
ser	és :	sê	sois :	sede
fazer	fazes :	faz	fazeis :	fazei
dizer	dizes :	diz	dizeis :	dizei
traduzir	traduzes :	traduz	traduzis :	traduzi

Sê romano em Roma.　郷に入っては郷に従え。

Diz a verdade, que preciso de a comunicar ao João.　本当のことを言えよ、ジョアンに伝えなきゃならないんだから。

Ó Filipe! **Traduz-me** o que este homem diz, se fazes favor, que não percebo nada de cantonês!　おい、フィリッペ君、この人の言ってることを訳してくれよ．僕は広東語はまったくわからないんだから。

詳しくは巻末の活用表 (p.577) や辞書の付録の活用表を参照してください。

14.4. se 付き動詞の用法
(1) 主語不確定をあらわす se
再帰代名詞の se と形の上では同じですが、se が 3 人称単数形の動詞とともに用いられると、動詞の主語が不確定であることをあらわすこともあります。[171] 動作の主体を明確にする必要のない場合、一般論として述べる場合などに頻繁に用いられます。[172]

Felizmente, **vive-se** muito melhor aqui do que na minha terra natal.　私の故郷にくらべて、幸い当地では暮らし向きがずっとましです。

171　13.5. 再帰代名詞, p.254参照。
172　se が動詞句と用いられる場合は無強勢代名詞に準じます。12.6. 無強勢代名詞の位置—3, (5), p.226参照。

Já se pode começar a morar neste apartamento. Está pronto para alugar.　もうこの部屋に住めます。すぐにお貸し出来る状態です。

Estuda-se pouco hoje nos cafés.　最近はカフェーで勉強する人はほとんどいない。

Vende-se muito bem nestas ruas onde passam muitas pessoas.　人通りの多いこのあたりの通りではモノがよく売れます。

N.B.

ブラジルの標準的文語の動詞連鎖では、①主語不確定をあらわす se は最初の動詞の前接辞となり、②主動詞が se 付き動詞の場合は主動詞の後接辞になるのが一般的です。

例：① Com o uso de gráficos, pode-**se** tornar o resultado mais explícito.（Br. Culto）グラフの利用によって結果がより明確にできる

② O uso de gráficos pode **se** tornar mais comum nesta área.（Br. Culto）グラフの利用がこの分野でもいっそう普通になる

同様の意味を、さまざまな方法であらわすことができます。

As pessoas comem bem neste restaurante.　人々はこのレストランではおいしく食事します。

Felizmente **as pessoas vivem** muito melhor aqui do que na minha terra natal.　幸いにして当地では人々は私の故郷よりずっとましな生活を送っています。

Felizmente **a gente vive** muito melhor aqui do que na minha terra natal.　（同上）

Dizem que vai haver eleições presidenciais dentro de um ano.　一年以内に大統領選挙があるとのことだ。

第2週 第14日

(2) 受け身の se

　直接目的語とともに用いられる se は、とくに「受け身の se」と呼ばれます。規範的には直接目的語を主語と見立てるので、動詞の数は直接目的語の数に一致します。[173]

　a) 動詞が単数形をとる場合

　　Vende-se arroz.　米販売します。(動詞 vender の数が形式上の主語＝直接目的語 arroz の数と一致)

　　Fala-se português.　ポルトガル語通じます。(動詞 falar の数が形式上の主語＝直接目的語 português の数と一致)

　b) 動詞が複数形をとる場合

　　Vendem-se coentros.　コリアンダー売ります。(動詞 vender の数が形式上の主語＝直接目的語 coentros の数と一致)

　　Falam-se várias línguas nesta zona, pois vivem aqui muitos estrangeiros de origens diferentes.　この地域では出身の異なる外国人が数多く暮らしていますから、さまざまな言語が話されています。(動詞 falar の数が形式上の主語＝直接目的語 várias línguas の数と一致)

　　Preferem-se os anfiteatros às salas normais.　階段教室の方が普通の教室より望ましい。(動詞 preferir の数が形式上の主語＝直接目的語 anfiteatros の数と一致)

　直接目的語を主語として動詞との数の一致を説く規範は、専門家のあいだでも、言語的直感に反する人為的な規則とする意見は根強く、むしろ、いわゆる「受け身の se」と、主語不確定をあらわす se は本質的には同じ機能をあらわすと考える説の

---

[173] 古くは (português antigo e médio)〔動詞 -se＋目的語＋por＋動作主〕、という語法が用いられていました。現代ではこの形式は廃れ、受動態の形式としては〔目的語＋ser＋過去分詞＋por＋動作主〕が一般的です。

ほうが説得力があると言えます。実際、直接目的語の数と動詞の数が一致しない、すなわち、動詞の数が直接目的語の数に一致せず、つねに単数形をとる例が多く見受けられます。しかしながら、以下のような例は現代の標準的な文語としてはポルトガル、ブラジルを問わず卑俗体とされ退けられるのが実状です。[174]

***Vende-se** carros usados.　中古車販売します。
***Compra-se** mobílias.　家具買い受けます。

14.5. 再帰代名詞の位置 [175]

再帰代名詞の位置は、無強勢代名詞の位置に準じます。

Fala-se inglês.　英語通じます。

Não **se** fala inglês.　英語は通じません。

Garanto **que se** fala inglês no hotel.　そのホテルでは英語が通じることを請け合いますよ。

Pergunto **se se** fala inglês no hotel.　そのホテルでは英語が通じるのかどうか訊ねてみます。

A Maria sabe **como se** deve preencher o papel.　マリーアさんはその書類にどのように記入すべきかわかっている。

c.f. **Deve-se** preencher o papel com uns códigos especiais.
　　特別のコードをつかって書類に記入せねばなりません。

O Fernando informa-me do **que se** pode fazer neste momento.　フェルナンドさんが今出来ることを私に教えてくれる。

c.f. **Pode-se** fazer isto neste momento.　今はこのことをしてもよい。

174　詳しい議論については、たとえば、池上岑夫『se 考』を参照。
175　8.6., p.136, 9.6., p.158, 12.6., p.222参照。

第2週 第14日

14.6. 接続詞 se の導く名詞節

接続詞の se は名詞節を導き、文の要素とします。疑問あるいは間接的な質問を文の一要素としてまとめる働きを持っています。節のなかでは直説法を用います。[176]

(1) **目的語**

Ninguém sabe **se** o estado do tempo vai afectar | afetar o resultado das eleições de amanhã.　天気の状態が明日の選挙結果に影響を与えるかどうかは誰にもわからない。

Ele não explica **se** se devem preencher todos os espaços.　空欄をすべて記入すべきかどうか、彼は説明しない。

(2) **主格補語**

O problema é **se** o povo aceita ou não a proposta do governo.　問題は国民が政府の提案を受け入れるかどうかだ。

(3) **文頭の接続詞 se の導く節**

文頭の接続詞 se が導く節に以下のような反語的な表現があります。単なる聞き直しの場合と、反語的強調表現の場合と、音調が明確に異なります。特に反語的表現の場合、本来は無強勢の se にアクセントが置かれることに注意しましょう。

— Lembra-se do professor de Matemática？　数学の先生のこと覚えてますか？

— Se me lembro？　降昇調【se−me−lem_bro ̄】| 昇降調【−se−me ̄lem_bro】私が覚えているか、ですって？　（聞き直し）

— Se me lembro！　降調【se ̄me−lem_bro_】　もちろんよく覚えていますよ。

---

[176]　接続詞について詳しくは28.1., p.517参照。

— Gosta de comida japonesa?
— Se gosto? 降昇調【–se_gos ̄to】｜昇降調【–se ̄gos_to】
私が好きかどうか、ですって？ （聞き直し）
— Se gosto! 降調【 ̄se_gos_to】 もちろん、大好きですよ。

14.7. 感嘆文

疑問詞 que によってはじまる疑問文は統語的には同じ構造で感嘆文としても機能します。正書法上はしばしば感嘆符と疑問符を文末に並置します。

Que grande função exerce esta peça? （質問）この部品がいったいどんなに大きな機能を果たしているんですか。

Que grande função exerce esta peça!? （感嘆）この部品は何と大きな機能を果たしていることだろう。

そのほか、一般的には、que のあとに形容詞句、名詞句を従えて感嘆文とします。

Que linda! なんて美しいんだろう。
Que bom! なんて素晴らしいんだろう。
Que desgraçado! 何とひどいことだろうか。
Que feliz! 何と幸せなことだろう。
Que sujeito sem vergonha! なんと恥知らずなやつだろう。
Que burro inteligente! なんて頭のいいロバだろうか。
Que grande coisa! なんとすごいことだろう。
Santa Barbara! **Que** trovoada! 聖女バルバラさま、なんという雷だろう。

14.8. 練習問題(14)

Ⅰ．以下の文のかっこ内の不定詞を直説法・現在形の正しい活用形に書き換え、日本語に訳しなさい。

1. (Vender-se) livros.

第2週 第14日

2. (Falar-se) italiano.
3. (Comprar-se) computadores usados.
4. (Haver) leitão.
5. (Chover) pedras sobre os manifestantes.

II. 例に従って命令文の全文を書き、日本語に訳しなさい。
   例：tu + escutar a música. → Escuta a música. その音楽を聞きなさい。
   1. tu + falar mais devagar.
   2. vós + estudar mais.
   3. tu + preparar o jantar.
   4. vós + vir cá.
   5. tu + ler o texto em voz alta.

III. 以下の文を否定文にし、日本語に訳しなさい。
   1. Fala-se chinês neste restaurante.
   2. Vendem-se revistas brasileiras.
   3. Compram-se bicicletas usadas.
   4. Ainda se pode arranjar um lugar?
   5. Devem copiar-se as fórmulas para se obterem os resultados correctos | corretos.

IV. 例に従って、以下の2文のうち、最初の文を命令文の主節として二番目の文を、"se" あるいは "que" のいずれかのうち、文脈から考えて最もよいものを介して名詞節とし、これらをひとつの複文にまとめ、全文を書いた上で日本語に訳しなさい。
   例：Dizes ao João. + Hoje o tempo está bom aqui.
      → Diz ao João **que** hoje o tempo está bom aqui.

ポルトガル語四週間

今日はこっちは良い天気だとジョアンに言ってやれ
1. Compreendes. + A situação vai mudar.
2. Perguntas-lhe. + O brasileiro vem amanhã.
3. Vais ver. + Ele volta a candidatar-se.
4. Pensas bem. + Ela gosta de ti.
5. Garantes-me. + Ele vem procrar-nos de novo.

V. 以下の日本語をポルトガル語に訳しなさい。
1. この地域では五月のはじめでも相変わらず寒い。
2. もう晴れた。
3. 山では明日は雪が降る。
4. 午後には風が吹き始めるだろう。
5. 今日はよく雨が降っている。
 (解答例 p.669参照)

第 3 週

第15日

15.0. 読解

　O João gosta de andar de bicicleta. Quando se mudou há dois anos para o apartamento onde mora agora com a família, deixou de conduzir o carro. Vendeu o seu automóvel velho e comprou uma bicicleta desportiva. Decidiu optar por este meio de transporte, porque passou a morar muito perto do seu escritório. A mulher dele, a Joana, não aceitou facilmente abandonar o conforto da vida com automóvel. Mas acabou por ceder. A razão foi simples. Primeiro, porque a bicicleta é mais saudável e ecológica do que o carro; segundo, porque descobriu um facto tão evidente, mas que não quis antes admitir : a bicicleta é muito mais económica do que o carro. Aliás, a despesa com táxis, mesmo usando-os à vontade, nunca supera a da gasolina que costuma gastar. O João conseguiu convencê-la destes factos tão claros como água !

　☞日本語訳は巻末, p.719参照。**se mudou**：mudar-se (para ...) = (…へ)引っ越す。**deixou de conduzir**：deixar de+不定詞=～するのをやめる。**optar por** ...=…を選択する；採択する。**desportiva**：< desportivo | esportivo. **passou a morar**：passar a+不定詞=～することになる；～しはじめる（状況の変化をあらわす）。**o conforto da vida**：(≒ a vida confortável) ☞15.7. 抽象名詞の用法, p.290参照。**acabou por ceder**：acabar por+不定詞 | acabar+現在分詞=ついに～することになる；結局～する。**porque** (pt.)=por que (br.). **mesmo usando**：mesmo＋現在分詞 たとえ〜しても。☞15.5. 譲歩をあらわす現在分詞の用法, p.286参照。**à vontade**：気の向くままに；好きなだけ。**económica**：＜económico｜econômico. **a da gasolina**：a は指示代名詞。☞ 9.7. 指示代名詞としての o(s), a(s), p.159参照。**factos**：＜facto｜fato. **claros como água**：きわめて明瞭な；わかりきった（比喩的表現）。**conseguiu convencê-la**：convencê-la ＝ convencer＋a ☞ 9.5. 人称代名詞、o(s), a(s)の形式 (2) c), p.157参照。

15.1. 直説法・過去形

発話時を基準点としたとき、その基準点と同時的あるいはそれ以後に実現する状況を述べるのに現在形を用いるのに対し、それより前に実現した状況を述べるのに過去形を用います。

15.2. 直説法・過去形の活用

過去形の規則動詞の活用は以下のとおりです。不定詞から -ar, -er, -ir を取り去って得られた語基に、以下の活用語尾を付加します。

第1活用動詞
活用語尾

1.sg.	**-ei**	/ ˈɐj｜ˈej /
2.sg.	**-aste**	/ ˈaʃti｜ˈastʃi /
3.sg.	**-ou**	/ ˈo /
1.pl.	**-ámos｜-amos**	/ ˈamuʃ｜ˈamus /
2.pl.	**-astes**	/ ˈaʃtiʃ｜ˈastʃis /
3.pl.	**-aram**	/ ˈarɐ̃w̃ /

■estimar

1.sg.	estim**ei**	/ iʃtiˈmɐj ǀ estʃiˈmej /
2.sg.	estim**aste**	/ iʃtiˈmaʃtɨ ǀ estʃiˈmastʃi /
3.sg.	estim**ou**	/ iʃtiˈmo ǀ estʃiˈmo /
1.pl.	estim**ámos** ǀ estim**amos**	/ iʃtiˈmamuʃ ǀ estʃiˈmamus /
2.pl.	estim**astes**	/ iʃtiˈmaʃtɨʃ ǀ estʃiˈmastʃis /
3.pl.	estim**aram**	/ iʃtiˈmarẽw̃ ǀ estʃiˈmarẽw̃ /

第2活用動詞
活用語尾

1.sg.	**-i**	/ i /
2.sg.	**-este**	/ eʃtɨ ǀ estʃi /
3.sg.	**-eu**	/ ew /
1.pl.	**-emos**	/ emuʃ ǀ emus /
2.pl.	**-estes**	/ eʃtɨʃ ǀ estʃis /
3.pl.	**-eram**	/ erẽw̃ /

■temer

1.sg.	tem**i**	/ tiˈmi ǀ teˈmi /
2.sg.	tem**este**	/ tiˈmeʃtɨ ǀ teˈmestʃi /
3.sg.	tem**eu**	/ tiˈmew ǀ teˈmew /
1.pl.	tem**emos**	/ tiˈmemuʃ ǀ teˈmemus /
2.pl.	tem**estes**	/ tiˈmeʃtɨʃ ǀ teˈmestʃis /
3.pl.	tem**eram**	/ tiˈmerẽw̃ ǀ teˈmerẽw̃ /

第3週 第15日

第3活用動詞
活用語尾

1.sg.	-i	/ ˈi /
2.sg.	-iste	/ ˈiʃtɨ | ˈistʃi /
3.sg.	-iu	/ ˈiw /
1.pl.	-imos	/ ˈimuʃ | ˈimus /
2.pl.	-istes	/ ˈiʃtɨʃ | ˈistʃis /
3.pl.	-iram	/ ˈirẽw̃ /

■dividir

1.sg.	dividi	/ diviˈdi | dʒiviˈdʒi /
2.sg.	divid**iste**	/ diviˈdiʃtɨ | dʒiviˈdʒistʃi /
3.sg.	divid**iu**	/ diviˈdiw | dʒiviˈdʒiw /
1.pl.	divid**imos**	/ diviˈdimuʃ | dʒiviˈdʒimus /
2.pl.	divid**istes**	/ diviˈdiʃtɨʃ | dʒiviˈdʒistʃis /
3.pl.	divid**iram**	/ diviˈdirẽw̃ | dʒiviˈdʒirẽw̃ /

N.B.

①直説法・過去形は、直説法・現在形、不定詞とともに基本3時称のひとつです。[177] 直説法・過去形の語幹、すなわち2人称単数形から屈折接尾辞 **-ste** を取り去ったあとの形から、直説法・大過去形、接続法・半過去形、接続法・未来形が派生するので重要です。[178] なお綴り上、幹母音に e をもつ場合、規則活用の動詞では、直説法・過去形の幹母音が / e / で、この音が直説法・大過去形、接続法・半過去形、接続法・未来形において維持されます。[179]

---

[177] 詳しくは、8.2. 動詞の活用, p.125、および巻末の活用早見表, p.577参照。
[178] 詳しくは、19.1. 直説法・大過去形, p.343、24.1. 接続法・半過去形, p.442、23.4. 接続法・未来形, p.425参照。
[179] 巻末補遺、4.0. 動詞活用の仕組み, p.573参照。

■**receber**

- 直説法・過去・2人称単数形 .... **recebe-ste**
  / risiˈbeʃtɨ | xeseˈbestʃi /
  - 直説法・大過去形 .... **recebe-ra**
    / risiˈbeʀɐ | xeseˈbeɾa /
  - 接続法・半過去形 .... **recebe-sse**
    /risiˈbesɨ | xeseˈbesi /
  - 接続法・未来形 .... **recebe-r**
    / risiˈber | xeseˈber /

　しかしながら、不規則活用の動詞は一般に、直説法・過去・2人称単数形の幹母音が /ε/ で、この音が上で見た規則活用の場合と同様、直説法・過去形の語幹から派生する活用形において維持されます。

■**fazer**

- 直説法・過去・2人称単数形 .... **fize-ste** / fiˈzεʃtɨ | fiˈzεstʃi /
  - 直説法・大過去形 .... **fize-ra** / fiˈzεʀɐ | fiˈzεɾa /
  - 接続法・半過去形 .... **fize-sse** / fiˈzεsɨ | fiˈzεsi /
  - 接続法・未来形 .... **fize-r** / fiˈzεr | fiˈzεr /

② 　1人称複数形については若干の注意が必要です。ポルトガルでは第1活用動詞（-ar動詞）については、以下のように直説法・現在形と直説法・過去形で対立しています。

chamamos / ʃɐˈmɐmuʃ / （現在形）

　　　　　　　　　～ **chamámos** / ʃɐˈmamuʃ / （過去形）

　しかしブラジルではこの対立は見られません。綴り、音、ともに変化しません。

chamamos / ʃaˈmamus / （現在形）

　　　　　　　　　～ **chamamos** / ʃaˈmamus / （過去形）

③ 　第2活用動詞、第3活用動詞の1人称複数形は、直説法・現在形と直説法・過去形が同形です。これらは文脈、特に時間をあらわす副詞・副詞句によって判断されます。

■**現在形の例**

Comemos todos os dias um bolo no café perto do escritório.
　事務所のそばのカフェーで毎日ケーキを一個食べます。

Partimos amanhã de manhã.　明日の朝出発します。

Definimos já o que vamos precisar amanhã.　明日何が必要かすぐにはっきりさせます。

■過去形の例

Ontem **comemos** num restaurante perto da Embaixada.　きのう大使館のそばのレストランで食事をしました。

Há dias **definimos** o programa do evento e já o encaminhei para a tipografia.　数日前に行事のプログラムを確定して、それを私が印刷屋に回しました。

■現在形か過去形かが曖昧な例：文脈によって判断されます。

Comemos hoje um bife ao almoço.　昼食にステーキを食べます・食べました。

Partimos hoje à tarde.　今日の午後出発します・出発しました。

15.3. 直説法・現在形の用法

(1) **発話時を基準点とした同時的な状況**

Está sol？　晴れてますか？

Chove torrencialmente.　ひどい雨が降っている。

Os dois presidentes **falam** da paz.　両国の大統領が平和について語っている。

(2) **話者が真理と見なしていること**

Um homem não **chora**.　男は泣かないものだ。

A baleia e o golfinho **são** mamíferos？　鯨と海豚は哺乳類ですか？

São Vicente **é** um mártir muito conhecido na Península Ibérica.　聖ウインケンティウスはイベリア半島ではよく知られた殉教者だ。

A Terra **faz** parte do universo.　地球は宇宙の一部である。

A constituição **estipula** as regras principais de uma nação.
憲法は国家の基本的な規則を定めている。

(3) **習慣的な状況**

O José **anda** com um burro chamado Nicolau.　ジョゼーはニコラウという名のロバと一緒だ。

O padre não **deixa** entrar o animal na igreja.　神父はその動物を教会には入れない。

O rapaz **come** muito.　その青年は大食だ。

(4) **歴史的現在**

D. Dinis **funda** a universidade em Lisboa em 1290 e transfere-a para Coimbra em 1307.　ドン・ディニース王は1290年にリスボンに大学を建て、それは1307年にコインブラに移転される。

A língua portuguesa **começa** a expandir-se como língua franca a partir do século XV.　ポルトガル語はリングアフランカとして15世紀以降広まるようになる。

(5) **未来の状況**

Vamos ao Brasil para a semana fazer uma visita a um parente residente no Rio.　僕らはリオ在住の親類を訪ねに来週ブラジルに行く。

Volto daqui a oito dias para buscar estas coisas, está bem?　一週間後にこれを受け取りに来ますからね。

Verifico estes documentos amanhã, pois hoje não tenho tempo.　この書類はあしたよく見ます。今日は時間がありませんから。

第3週 第15日

(6) **依頼**

A senhora **passa** a limpo estas folhas, está bem？　これを清書しておいてくださいね。

Então, amanhã você **telefona** ao Ministério para saber se o documento está pronto.　では、あした本省に電話して書類が出来てるかどうか聞いてください。

Ó José, depois do almoço, **metes** esta carta no correio！　ジョゼー君、昼食後に、この手紙をポストに入れといてくれ。

15.4. 直説法・過去形の用法

　単純形と複合形がありますが、本書では直説法・過去・単純形を単に直説法・過去形とよび、直説法・過去・複合形を複合過去形と呼びます。名称は似ていますが、それぞれのあらわす意味が異なります。[180]　直説法・過去形には以下のような用法があります。

(1) **すでに終了している状況を現時点から見て述べる**

A biblioteca **fechou** às 21 horas.　図書館は21時に閉まりました。

A comitiva do Presidente já **partiu** no avião das 14 horas.　大統領の随員一行は14時の飛行機でもう出発しました。

Já **lemos** os currículos dos candidatos.　もう候補者の履歴書は読みました。

　発話の時点からみて直前に終了した状況は、迂言法〔acabar de＋不定詞〕の過去によって表現します。

Acabei de receber há pouco a sua mensagem.　貴方のメッセージを先ほど受け取ったところでした。

---

[180]　詳細は17.1. 直説法・複合過去形, p.312以降を参照。

O senhor **acabou de ver** o tal programa da televisão? 例のテレビ番組をちょうど見終えたところだったのですか。

Há pouco a rádio **acabou de dar** uma notícia surpreendente. ラジオで驚くべきニュースが、つい先ほど発表されたところでした。

N.B. 寸前に完了したことを強調するには、動詞迂言表現〔acabar de＋不定詞〕の直接法・現在形によって表現します。

Acabo de receber os seus documentos. ちょうど貴方からの書類を受け取ったところです。

(2) 経験をあらわす

— Já alguma vez **esteve** nos EUA? 米国にいらしたことがありますか。

— Não. Nunca **estive** nos EUA. いいえ、一度も行ったことがないんです。

— O senhor já **esteve** no Brasil? ブラジルにいらしたことがありますか？

— Já. ええ。　　—Ainda não. いえ、まだです。

— Ainda não **viu** a versão filmada de «O crime do Padre Amaro»? まだ『アマーロ神父の罪』の映画版を見ていないのですか。

— Já **experimentou** alguma cerveja de marca russa? ロシアのメーカーのビールを何か飲んでみたことがありますか。

Ele **teve** a oportunidade de visitar a capital portuguesa já nos finais do século XIX. 彼はすでに19世紀の末にポルトガルの首都を訪れる機会を持った。

— Já **estiveste** em Pequim? 北京に行ったことあるかい。

第3週 第15日

— Infelizmente nunca lá **estive**. Mas hei-de lá ir um dia na minha vida.　残念ながら行ったことないんだ。いつか生きてるうちに行くつもりだ。

(3)　ふたつ以上の状況の前後関係を示す

現在形と対比して、既成事実を直説法・過去形であらわし、現在形で一般的事実を述べ、両者の前後関係を記述します。

Os negociantes de antiguidades nas grandes cidades **ganham** duas ou três vezes mais do que **pagaram** para obter as suas mercadorias.　大都市の骨董商は商品を入手するのに支払った金額の2,3倍儲ける。

Não **é** possível trocar os discos que já **foram** abertos.　いったん開封してしまったディスクは交換できません。

As pessoas que **saíram** da zona rural **chegam** primeiro às cidades litorais, procurando depois saídas para países estrangeiros.　農村部から出た人たちは、まず沿岸の都市に到着して、それから外国へ出ようとする。

A última pessoa que **saiu** do escritório, **tem** de se responsabilizar pela chave da porta.　事務所を最後に出た人が扉の鍵の責任を持たねばなりません。

N.B.　ふたつ以上の状況の前後関係を、ある規則として述べる場合は、接続法・未来形と直説法・現在形（未来形）で前後関係を対照します。[181]

A última pessoa que **sair** do escritório **tem** de se responsabilizar pela chave da porta.　事務所を最後に出る人が扉の鍵の責任を持たねばなりません。

181　23.4. 接続法・未来形, p.425、16.1. 直説法・未来形, p.295参照。法令文、規則等において条件と帰結を述べる場合は、接続法・複合未来形（条件）と直説法・未来形（帰結）の対が頻用されます。詳しくは、23.4. 接続法・未来形、p.425、23.6. 接続法・未来形の用法, p.428参照。

Só quando **for** comunicada a resposta afirmativa, **será** enviada uma passagem. 受諾の返答があった場合に限り、チケットを送付します。

(4) **命令**：口語では、まれにある種の特殊な動詞に限って、過去形で命令の意味をあらわすことがあります。
— **Calou!** お黙り。
— **Andou!** あっちへ行きなさい。
— Vinho, bagaço, tabaco, tudo isso se **acabou** por algum tempo. 葡萄酒、焼酎、タバコ、こういうものは全部しばらくの間止めにしましょう。

15.5. 譲歩をあらわす現在分詞の用法

現在分詞の前に mesmo をおく分詞構文は、副詞節として譲歩をあらわします。[182]

Mesmo fazendo grande esforço, não consigo imitar o estilo tão insinuante do autor. いくら努力したところで、私にはその作家のじつに巧みに仄めかす文体は真似できない。

Estranhamente ele não engorda nada, **mesmo comendo** e **bebendo** à vontade. ほしいだけ食べて飲んでも、不思議にあの人はぜんぜん太らない。

Esta mancha não sai, **mesmo lavando** muito bem com sabão. 石鹸でいくら洗ってもこのシミは抜けない。

15.6. 文型 — 4：動詞の意味と文型

同一の動詞が複数の文型をとり、それぞれに異なる意味をあらわす場合があります。そのいっぽうで、動詞の意味は変わらない

---
[182] 13.4. 現在分詞の用法, p.247、28.1. 接続詞(2) b), p.523参照。

第 3 週 第15日

のに、目的語が不定詞か名詞か、あるいは名詞節か、という文の構成要素の種類によって異なる文型を取ることもあります。以下、本課で用いられた動詞について、例を挙げます。[183]

■ **acabar**

【主＋動】

　Acabou o filme às 23 horas e meia.　映画は11時30分に終わった。

【主＋動＋前＋名】

　A gritaria das crianças acabou com a minha paciência. 子供たちの叫び声に堪忍袋の緒が切れた。

【主＋動＋前＋不】

　Acabei de receber as notícias de Portugal.　ちょうどポルトガルからの知らせを受け取ったところだ。

【主＋動＋前＋不】 [184]

　Acabámos por aceitar a proposta do homem.　その男の提案を結局受け入れることになった。

■ **convencer**

【主＋動＋対＋前＋不】

　O João convenceu a sua mulher a esquecer a questão.　ジョアンはその問題を忘れるように妻を説得した。

【主＋動＋対＋前＋**que** 節（直）】

　O professor tenta convencer os alunos de que a matéria é muito importante.　先生は、その内容がとても重要だと生徒に納得させようとする。

183　記号の意味については、8.7．文型―1 注, p.141、9.4．文型―2 注, p.154参照。それ以外は以下の通りです。**動 -se**：se 付き動詞、**que 節（直）**：que に導かれる節で、節内で直説法を用いる場合、**que 節（接）**：que に導かれる節で、節内で接続法を用いる場合、**不**：不定詞。

184　ブラジルでは【主＋動＋現分】の文型が好まれます。ex. Acabamos aceitando a proposta do homem. (Br.)

【主＋動＋対＋前＋名】

A D. Isaura convenceu os hóspedes do aumento da renda devido à recente subida do imposto.　イザウラさんは最近の税の上昇を理由に下宿人に部屋代の値上げを納得させた。

■ deixar

【主＋動＋対】

O homem deixou umas moedas na mesa como gorjeta.　その男はテーブルにチップの小銭をいくつか残した。

O escritor deixou a sua terra natal aos 15 anos para estudar na cidade vizinha.　その作家は15歳で故郷をあとにして隣町で勉強をすることになった。

O Dr. Pereira deixou o assunto por tratar, e saiu para almoçar.　ペレイラ氏はその件をあとで処理することにして昼食に出た。

【主＋動＋対＋不】

Ela deixou-o fumar no corredor, embora detestando o cheiro do tabaco.　彼女はタバコの臭いが大嫌いだったが、その男が廊下でタバコを吸うのはそのままにさせておいた。

【主＋動＋前＋不】

O homem teve de deixar de fumar, pois não pôde contrariar o conselho do médico.　その男は医師の忠告に逆らうわけにも行かず、禁煙せざるを得なかった。

■ gostar

【名＋動＋前＋名】

Ele gosta muito de música brasileira.　彼はブラジル音楽が大好きだ。

第3週 第15日

【名＋動＋前＋不】
　Ele gosta muito de ouvir música brasileira.　彼はブラジル音楽を聴くのが大好きだ。

【名＋動＋que節（接）】
　Ele gosta que a sua filha ande no curso de piano.　彼は娘がピアノを習っているのが気に入っている。

■ mudar

【主＋動＋前＋名】
　O meu amigo mudou de casa.　私の友人が引っ越しをした
　Penso que ele mudou de ideia | idéia depois de tantas complicações.　あれだけ面倒なことがあってから、彼は考えを変えたのだと思う。

【主＋動-se＋前＋名】
　A minha professora de Inglês mudou-se para Tóquio.　私の英語の先生は東京に引っ越した。

【主＋動＋対】
　Tentei mudar a mesa sozinha, mas não pude.　ひとりでテーブルを動かそうと思ったが、無理だった。

■ passar

【主＋動】
　A sopa não é muito boa, mas passa.　スープは大した物じゃないが、まあまあです。

【主＋動＋対】
　O médico passou um atestado.　医師が診断書を発行した。

【主＋動＋前＋名】
　O metro | metrô passa pela estação central.　地下鉄は中央の駅を通る。
　O pai dele passa por um matemático de génio | gênio, mas realmente não o é.　彼の父は天才的数学者として通っているが、じつはそうではない。

【主+動+前+不】

Entretanto quem é que passou a encarregar-se dos assuntos do pessoal? ところで従業員のことは誰が担当することになったんだい？

【主+動+与+対】【主+動+対+前+名】

Por favor, pode passar-me a água? 水を回していただけますか。

【主+動+前+名+前+名】

A gripe passa de uma pessoa para outra. 流感は人から人へと伝染する。

15.7. 抽象名詞の用法

抽象名詞と具象名詞を前置詞 de で連結した名詞句は、しばしば、その具象名詞に、抽象名詞の概念を含む同系の形容詞を加えることで表現し直すことができます。

〔抽象名詞＋de＋具象名詞≒具象名詞＋形容詞〕

意味的に完全に同値とは言えませんが、同様の概念をあらわす文体的な方法として、しばしば用いられます。

A simpatia do rapaz (o rapaz simpático) impressionou-me muito. 感じの良い青年は私に強い印象を与えた。

A amabilidade do médico (o médico amável) ajuda-o a convalescer. 親切な医師が彼の回復の助けとなる。

O conforto da vida (a vida confortável) pode prejudicar a nossa saúde. 心地よい生活が我々の健康を損なうこともある。

O encanto da voz (a voz encantadora) faz parte da personalidade dela. 魅力的な声は彼女の人柄の一部だ。

第3週 第15日

15.8. 比喩的表現

修辞法のひとつに、「〜のように」と、何かにたとえて表現する直喩法があります。この比喩は文脈から意味を知ることは容易とはいえ、ポルトガル語に特有な表現なので、日本語で表現し直そうとすると苦労するものも少なくありません。

os factos tão claros como água ……きわめて明白な事実
trabalhar como um cão, mouro ……苦しい、厳しい仕事をして働く
branco como a neve ……真っ白である
vermelho como a lagosta ……（日焼けして）真っ赤である
vermelho como o pimento ……（赤面して）真っ赤である
comer como um abade……飽食する
fiel como um cão……盲目的に従順である

また、二語以上の語が、語形や語順が常に一定の状態で結合して一単位として働き、全体の意味が個々の語の意味を合わせても容易には類推のつかないような、比喩的な意味を持つ場合があります。こうした表現を、慣用句と呼びます。原則的に言語に特有の表現なので、意味を知るには辞書を丹念に調べる必要があります。以下に比較的良く知られた、人間の体の部分を含む慣用句をいくつか挙げてみます。

pedir a mão de ... ：…に結婚を申し込む
meter o nariz em ... ：…に干渉する
apanhar ... com a boca na botija：…を現行犯で捕らえる
estar com as mãos na massa：（あることに）ちょうど手を付けている
perder a cabeça：激高する
ter orelhas a arder：…が他の人たちの話題になる
puxar pela língua a ... ：…に喋らせる；口を割らせる

entrar com o pé direito em ... : …を首尾良く始める
meter os dedos pelos olhos : 騙そうとする

15.9. 練習問題(15)

Ⅰ. 以下の文のかっこ内の不定詞を直説法・過去形の正しい活用形に書き換え、日本語に訳しなさい。

1. A neve (cobrir) ontem o campo todo.
2. Os agricultores (vender) as hortaliças do dia.
3. —Tu (viajar) por toda a Ásia?
4. —Vocês (vir) ao Japão de avião?
5. O grupo de estudantes (atravessar) a Sibéria para chegar ao Japão.
6. Moramos agora em Tóquio, mas já (viver) muito tempo em Osaca.
7. Nós já (falar) muito do assunto. Acho que chega.
8. (terminar) o trabalho de manhã e vou descansar um pouco.
9. —Quem é que (conduzir) o carro ontem?
10. Estou bem disposto. (dormir) muito bem.

Ⅱ. 以下の文のかっこ内の不定詞を直説法・過去形の正しい活用形に書き換え、空欄には適当な前置詞を入れ、全文を書いた上で日本語に訳しなさい。前置詞が不要な場合もあります。

1. O rapaz (tentar) ( ) descobrir um livro interessante.
2. Nós (aprender) ( ) ser pontuais com um senhor inglês.
3. O homem nunca mais (voltar) ( ) tomar avião.
4. Vocês (ir) ( ) comprar uma revista à livraria.
5. Ele (pensar) sempre ( ) regressar à sua terra natal.
6. Ele (querer) ( ) casar-se com uma brasileira.

第3週　第15日

7．Tu (falar) (　) oferecer um disco ao João.
8．O advogado (persuadir)-me (　) desistir da querela.
9．Eu não (precisar) (　) renovar o meu passaporte.
10．O professor (dar)-lhe (　) entender que sim.

Ⅲ．以下の日本語をポルトガル語に訳しなさい。
　1．その本をちょうど読み終わったところです。
　2．どれほどたくさん食べても彼は満足しなかった。
　3．私たちは引っ越ししたかった。
　4．私の夫はタバコを止めました。
　5．その英国人作家は日本風庭園を散歩するのがいたく気に入った。
　6．彼はついに妻を説き伏せて新しいパソコンを買わせた。
　7．彼らは日曜日の朝出発しました。
　8．君は日本に行ったことがありますか。
　9．その先生が説明し忘れました。
　10．私たちは幸い船に乗り遅れませんでした。

翻訳のヒント：引っ越しする＝mudar de casa，人を〜するよう説得する＝convencer 人＋a＋不定詞，乗り遅れる＝perder.
　（解答例　p.671参照）

第16日

16.0. 読解

　Daqui a poucas semanas o Ângelo vai entrar de férias. Toda a gente está ansiosa por ter tempo livre. O Ângelo tenciona passar alguns dias numa praia para festejar o início de tão deliciosos momentos. Haverá muitos turistas na praia onde costuma ir？ Não lhe interessa. O importante é livrar-se de todos os afazeres quotidianos. Mas realmente poderá esquecer o projecto de trabalho em que está envolvido？ É capaz de ser difícil ignorá-lo completamente durante todas as férias. Mas tentará afastar todas as preocupações relativas ao trabalho. Jura não repetir o erro do ano passado：como homem de negócios responsável, trabalhou incansavelmente na praia, enviando para o escritório os documentos através do computador portátil com o acesso à *Internet* sem fios. Não, nunca mais voltará a fazer coisa tão estúpida！

　☞日本語訳は巻末, p.719参照。**Daqui a ...**：(今から)…後に。**entrar de férias**：休暇をとる。**ansiosa**：estar ansioso por＋不定詞＝～することを切望する；とても～したがっている。**Não lhe interessa**：interessar a 人 ...＝…が人に利害がある；関係がある。動詞 interessar の主語は前の文の内容全体。**O importante**：形容詞 importante が定冠詞を付すことで名詞化されている。**quotidianos**：quotidiano ｜ cotidiano. **esquecer**：直接目的語をとる他動詞としては、あることを意識的に忘れ去る意味。これに対して se 付き動詞 esquecer-se

第3週第16日

de... は主に無意識にあることを失念する意味で用いる。☞13.5. 再帰代名詞, (2), c), p.256参照。**em que está envolvido**：estar envolvido em...＝…に関わっている。**É capaz de ser difícil**：ser capaz de＋不定詞＝〜することが可能かもしれない。É の主語は不定詞«ignorá-lo»。**preocupações relativas ao trabalho**：relativo a ...＝…に関する。**Jura não repetir**：jurar＋不定詞＝〜することを誓う。**homem de negócios**＝ビジネスマン。**enviando**＝e enviou. ☞ 13.4. 現在分詞の用法(1), a), p.247参照。**voltará a fazer**：voltar a＋不定詞＝ふたたび〜する。

16.1. 直説法・未来形

直説法・未来形の形式は、第1活用、第2活用、第3活用、どの活用の動詞についても同様に、不定詞に以下の活用語尾を付加することによって得られます。

1.sg.	-ei	/ˈɐj ｜ ˈej /
2.sg.	-ás	/ˈaʃ ｜ ˈas /
3.sg.	-á	/ˈa /
1.pl.	-emos	/ˈemuʃ ｜ ˈemus /
2.pl.	-eis	/ˈɐjʃ ｜ ˈejs /
3.pl.	-ão	/ˈɐ̃w̃ /

第1活用動詞
■ estimar

1.sg.	estimar**ei**	/ iʃtimɐˈɐj ｜ estʃimaˈrej /
2.sg.	estimar**ás**	/ iʃtimɐˈraʃ ｜ estʃimaˈras /
3.sg.	estimar**á**	/ iʃtimɐˈra ｜ estʃimaˈra /
1.pl.	estimar**emos**	/iʃtimɐˈremuʃ ｜ estʃimaˈremus /
2.pl.	estimar**eis**	/ iʃtimɐˈrɐjʃ ｜ estʃimaˈrejs /
3.pl.	estimar**ão**	/ iʃtimɐˈrɐ̃w̃ ｜ estʃimaˈrɐ̃w̃ /

第2活用動詞

■ **temer**

1.sg.	temer**ei**	/ tɨmɨˈɾɐj ǀ temeˈrej /
2.sg.	temer**ás**	/ tɨmɨˈɾaʃ ǀ temeˈras /
3.sg.	temer**á**	/ tɨmɨˈɾa ǀ temeˈra /
1.pl.	temer**emos**	/ tɨmɨˈɾemuʃ ǀ temeˈremus /
2.pl.	temer**eis**	/ tɨmɨˈɾɐjʃ ǀ temeˈrejs /
3.pl.	temer**ão**	/ tɨmɨˈɾẽw̃ ǀ temeˈrẽw̃ /

第3活用動詞

■ **dividir**

1.sg.	dividir**ei**	/ dividiˈɾɐj ǀ dʒividʒiˈrej /
2.sg.	dividir**ás**	/ dividiˈɾaʃ ǀ dʒividʒiˈras /
3.sg.	dividir**á**	/ dividiˈɾa ǀ dʒividʒiˈra /
1.pl.	dividir**emos**	/ dividiˈɾemuʃ ǀ dʒividʒiˈremus /
2.pl.	dividir**eis**	/ dividiˈɾɐjʃ ǀ dʒividʒiˈrejs /
3.pl.	dividir**ão**	/ dividiˈɾẽw̃ ǀ dʒividʒiˈrẽw̃ /

16.2．不規則活用

直説法・未来形において不規則な活用を持つ動詞、dizer, fazer, trazer の活用は、以下のとおり、不定詞から -ze- を取り除いて得られた語幹に、未来形の活用語尾を付加することによって得られます。

```
dizer   → dir- ⎫
fazer   → far- ⎬ ＋活用語尾
trazer  → trar-⎭
```

第 3 週第16日

	dizer	**fazer**	**trazer**
1.sg.	dir**ei**	far**ei**	trar**ei**
2.sg.	dir**ás**	far**ás**	trar**ás**
3.sg.	dir**á**	far**á**	trar**á**
1.pl.	dir**emos**	far**emos**	trar**emos**
2.pl.	dir**eis**	far**eis**	trar**eis**
3.pl.	dir**ão**	far**ão**	trar**ão**

16.3．直説法・未来形の用法
(1) 発話の時点よりあとに実現する状況を示します。蓋然性、予定、意向などを表現します。

O imposto de tabaco **subirá** para o ano.　タバコ税が来年上がることになっている。

Um amigo meu **partirá** para a Itália amanhã.　わたしの友人が明日イタリアに出発する予定だ。

A partir de amanhã, não **navegarei** mais na *Internet* horas a fio, passando a noite em branco.　明日から徹夜で何時間も際限なくネットサーフィンするのはもうやめよう。

(2) 発話の時点における推量

Que aroma especial! **Será** de uma especiaria típica desta terra.　なんてかわった香りだろうか！この地の独特の香料なのだろう。

Onde é que **encontrarei** o João agora? No Café Mandarim?　今どこに行ったらジョアンに会えるだろう。カフェーマンダリンだろうか。

Será que o Ângelo está a trabalhar na praia neste momento?　アンジェロはいま海岸で仕事をしているんだろうか。

(3) 丁寧表現として

Como é que eu **direi**? 何と申し上げたらよろしいでしょうか。

Eu não entendo muito bem. O senhor **poderá** explicar de novo? よくわかりません。もう一度説明してくださいますか。

O senhor **poderá** passar-me o açúcar, se faz favor? お砂糖を回していただけますでしょうか。

(4) 依頼、命令

O impresso **será** devidamente preenchido e enviado o mais tardar até ao dia 10 do corrente. 申込書はしかるべく記入の後、遅くとも今月10日までに送付すること。

Conforme o que se estipula, o candidato **apresentará** os documentos necessários na secretaria. 規定にしたがって志願者は必要書類を事務所に提出すること。

(5) 条件の帰結として、不確実な未来の状況について [185]

Se chegares tarde, **perderás** a oportunidade de a ver. 遅れて到着すると彼女に会う機会を逸することになるよ。

A recusa das propostas apresentadas simplesmente **adiará** a solução. 提示された提言を拒否すれば、たんに解決が遅れるだけだ。

16.4. 直説法・未来形と動詞迂言表現

未来に実現しうる状況を述べるのに、直説法・未来形のほか以下のような方法があります。

---

[185] 23.4. 接続法・未来形, p.425参照。

第3週第16日

(1) **ir の直説法・現在形＋不定詞**

近接未来をあらわすもっとも普通の形式です。[186]

O meu primo **vai partir** para os Estados Unidos amanhã. (vai partir＝partirá)　私の従兄(弟)は明日アメリカに出発します。

O encontro **vai realizar-se** na sala número 401. (vai ralizar-se＝realizar-se-á)　会議は401号室で行われます。

O avião **vai chegar** a Frankfurt às 11 horas e 15 minutos. (vai chegar＝chegará)　飛行機はフランクフルトに11時15分に到着予定です。

(2) **haver の直説法・現在形＋de＋不定詞** [187]

未来形に置き換えられる形式のひとつ。口語でよく用いられる形式です。なお表記上 haver の活用形が単音節の場合 (hei, hás, há, hão)、ポルトガルでは haver と前置詞 de の間にハイフンを入れますが、ブラジルでは入れません。

	ポルトガル	ブラジル
1.sg.	hei-de estimar	hei de estimar
2.sg.	hás-de estimar	hás de estimar
3.sg.	há-de estimar	há de estimar
1.pl.	havemos de estimar	havemos de estimar
2.pl.	haveis de estimar	haveis de estimar
3.pl.	hão-de estimar	hão de estimar

話者の強い意志、推量、などの意味をあらわします。

„**Hei-de** | **Hei de**„ ir ao Japão um dia.　(意志)　いつかは日本に行くつもりだ。

---
[186] 11.1. 助動詞、(2) a), p.190参照。
[187] haver de に後続する語が不定詞でなければ、ハイフンで接続しません。 ex. Não há de quê. どういたしまして。21.4.(4), p.391参照。

Onde é que o **„hei-de | hei de„** encontrar？ (推量) その人にどこに行けば会えるでしょうか。

Ó José! Você **„há-de | há de„** ver o destinatário antes de pôr os selos！(依頼・命令) ジョゼー君、あて先を見てから切手を貼ってくれたまえ。

(3) **ter＋de / que＋不定詞**

時称の担い手である ter が直説法・現在形におかれていれば、文脈によっては、未来における義務をあらわすことができます。原則的に〔ter＋de＋不定詞〕の形式は文語で用い、〔ter＋que＋不定詞〕の形式は口語で用います。[188]

A partir do ano que vem, os inquilinos **têm de suportar** igualmente a electricidade | eletricidade usada nas áreas comuns do edifício.　来年からは借家人が建物の共用部分で使用する電気料金も負担せねばならない。

Você **tem de aceitar** a proposta dela mais cedo ou mais tarde.　遅かれ早かれ、君は彼女の提案を受け入れねばならない。

Primeiro **tens que falar** com o responsável para resolver o caso.　その件を解決するには、まず担当者と話し合わなくちゃね。

16.5. 内接辞をともなう形式 ― 1

直説法・未来形と代名詞の斜格がともに用いられる場合、代名詞が前接辞となる条件下では、動詞の語幹と活用語尾にはさまれ、ハイフンで前後を連結したかたちの内接辞となります。ただし、語頭が母音で始まる代名詞 (o, os, a, as) を内接辞とする場合は、語幹の末尾にある -r を削除し、ハイフンを介して代名詞は lo, los,

---
188　9.2. 動詞 ter (2) b), p.151参照。

第3週第16日

la. las の形にして接続します。語頭が子音で始まるその他の代名詞が内接辞となる場合は、語幹は変化せず、代名詞の形も変化しません。以下に斜格（男性・対格・単数形および与格・単数形）を例にした活用表を挙げます。

■男性・対格・単数形を内接辞とする場合（規則動詞）

	第1活用	第2活用	第3活用
1.sg.	estimá-**lo**-ei	temê-**lo**-ei	dividi-**lo**-ei
2.sg.	estimá-**lo**-ás	temê-**lo**-ás	dividi-**lo**-ás
3.sg.	estimá-**lo**-á	temê-**lo**-á	dividi-**lo**-á
1.pl.	estimá-**lo**-emos	temê-**lo**-emos	dividi-**lo**-emos
2.pl.	estimá-**lo**-eis	temê-**lo**-eis	dividi-**lo**-eis
3.pl.	estimá-**lo**-ão	temê-**lo**-ão	dividi-**lo**-ão

■与格・単数形を内接辞とする場合（規則動詞）

	第1活用	第2活用	第3活用
1.sg.	estimar-**lhe**-ei	temer-**lhe**-ei	dividir-**lhe**-ei
2.sg.	estimar-**lhe**-ás	temer-**lhe**-ás	dividir-**lhe**-ás
3.sg.	estimar-**lhe**-á	temer-**lhe**-á	dividir-**lhe**-á
1.pl.	estimar-**lhe**-emos	temer-**lhe**-emos	dividir-**lhe**-emos
2.pl.	estimar-**lhe**-eis	temer-**lhe**-eis	dividir-**lhe**-eis
3.pl.	estimar-**lhe**-ão	temer-**lhe**-ão	dividir-**lhe**-ão

■男性・対格・単数形を内接辞とする場合（不規則動詞）

	dizer	**fazer**	**trazer**
1.sg.	di-**lo**-ei	fá-**lo**-ei	trá-**lo**-ei
2.sg.	di-**lo**-ás	fá-**lo**-ás	trá-**lo**-ás
3.sg.	di-**lo**-á	fá-**lo**-á	trá-**lo**-á
1.pl.	di-**lo**-emos	fá-**lo**-emos	trá-**lo**-emos
2.pl.	di-**lo**-eis	fá-**lo**-eis	trá-**lo**-eis
3.pl.	di-**lo**-ão	fá-**lo**-ão	trá-**lo**-ão

■与格・単数形を内接辞とする場合（不規則動詞）

	dizer	**fazer**	**trazer**
1.sg.	dir-**lhe**-ei	far-**lhe**-ei	trar-**lhe**-ei
2.sg.	dir-**lhe**-ás	far-**lhe**-ás	trar-**lhe**-ás
3.sg.	dir-**lhe**-á	far-**lhe**-á	trar-**lhe**-á
1.pl.	dir-**lhe**-emos	far-**lhe**-emos	trar-**lhe**-emos
2.pl.	dir-**lhe**-eis	far-**lhe**-eis	trar-**lhe**-eis
3.pl.	dir-**lhe**-ão	far-**lhe**-ão	trar-**lhe**-ão

16.6. 内接辞の用法

内接辞は基本的に文語的な複雑な語法です。口語では使用を避けるのが一般的です。ブラジルのポルトガル語では、文語・口語を問わず、無強勢代名詞は後接辞として動詞の前におかれるのが原則ですから、内接辞は文語においてもまれにしか見られません。以下具体的なあらわれかたについて概観します。

(1) 代名詞が対格形の場合：

O professor **explicará** os pormenores do critério. 先生が基準の詳細を説明してくれるだろう。

☞O professor **explicá-los-á**.

Todos os docentes **sugerirão** a leitura desta obra fundamental aos alunos. 教員のだれもがこの基本文献を読むように学生に勧めるはずだ。

☞Todos os docentes **sugeri-la-ão** aos alunos.

Um simples abalo de terra **arruinará** estas casas feitas de barro. ちょっとした地震でこういう泥で出来た家は崩れてしまうだろう。

☞Um simples abalo de terra **arruiná-las-á**.

第3週第16日

(2) **代名詞が与格形の場合**：

O documento **será** entregue ao senhor daqui a uma semana. 　書類は一週間後にあなたにお渡しします。

☞O documento **ser-lhe-á** entregue daqui a uma semana.

O documentário **dará** uma impressão muito forte aos pais. ドキュメンタリーは親には強い印象をあたえるだろう。

☞O documentário **dar-lhes-á** uma impressão muito forte.

(3) **再帰代名詞の場合**：現在形と未来形を比較してみましょう。[189]

Diz-se que é errado. 　それは間違いだと言われている。

☞**Dir-se-á** que é errado. 　それは間違いだと言われるだろう。

Recomenda-se a utilização de peças genuínas. 　純正部品の使用が推奨される。

☞**Recomendar-se-á** a utilização de peças genuínas. 　純正部品の使用が推奨されるだろう。

(4) **動詞句とともに**：動詞句における助動詞が未来形の場合、否定辞を伴う場合など、ほかの条件があれば代名詞は後接辞あるいは前接辞となり、内接辞として実現しません。[190]

O cliente **poderá** deixar *o ar condicionado* em funcionamento por muito tempo. 　客が長時間にわたりエアコンをつけっぱなしにすることもあろう。

☞O cliente **poderá deixá-lo** em funcionamento por muito tempo.

189　13.5. 再帰代名詞, p.254参照。
190　14.5. 再帰代名詞の位置, p.270、その他、8.6. 人称代名詞の用法と無強勢代名詞の位置—1, p.136、9.6. 無強勢代名詞の位置—2, p.158、12.6. 無強勢代名詞の位置—3, p.222参照。

Dizem que os formulários **serão** enviados *aos interessados* no próximo mês.　来月には、申込用紙を志願者に送ってくるということだ。

☞Dizem que **lhes serão** enviados os formulários no próximo mês.

Não **poderá** deixar *o radiador* ligado durante muito tempo.　ストーブを長い間つけっぱなしにしてはなりません。

☞Não **o poderá** deixar ligado durante muito tempo.

Jamais **direi** a verdade *ao homem*.　あの人には、ぜったい本当のことは言うまい。

☞Jamais **lhe** direi a verdade.

16.7. 蓋然性の表現

直説法・未来形のほかにも蓋然性をあらわすさまざまな手段があります。

(1) 副詞句を用いて

Provavelmete, o novo Embaixador vai fazer uma visita à nossa cidade em Novembro | novembro.　新任の大使はおそらく11月にわれわれの町を訪問するだろう。

É polaco | polonês, **talvez**.　たぶん、ポーランド製だよ。

(2) 動詞句を用いて

O rapaz **é capaz de** estar viciado no tabaco.　その青年がタバコに中毒している可能性もある。

Pelo seu nome, ela **pode** ser oriunda de uma família basca.　名前からして彼女はバスク人の家系出身かもしれない。

É bem **possível que** o filme **esteja** a passar nos outros países sem censura.　その映画が検閲のない他の国で上映されている可能性は十分にある。

蓋然性の表現から転じて、さまざまな意味の表現が可能です。

a)　丁寧な依頼

直説法・未来の文を疑問文にすることで丁寧な表現となります。[191]

Serás capaz de me explicar este exercício?　この練習問題を教えてくれないかな。

Terá tempo para me fazer esta cópia?　これをコピーしていただく時間がありますか。

b)　疑問 [192]

口語では疑問文であることを文頭で有標化して示す手段として、〔ser 動詞直説法・未来3人称単数形＋que 節〕が頻用されます。音調のみに依存しないで明確に文の機能を示すことができる便利な手段です。

Será que é polaco｜polonês?　あなたポーランド人ですか。

Será que todos eram alemães?　ぜんぶドイツ製だったのでしょうか。

Será que não havia nenhum japonês a bordo?　乗客には日本人はひとりも居なかったと言うことでしょうか。

16.8. 主要な動詞迂言表現

主動詞にさまざまな意味を付加する動詞迂言表現のうち重要なものをいくつか学びましょう。

■ **acabar** || **por**＋不定詞｜動名詞 ||

Depois de tanta pesquisa, **acabei** || **por descobrir**｜**desco-brindo** || uma informação pretendida.　研究を重ねて、ついに望みの情報を手に入れた。

191　20.5. 直説法・過去未来形の用法(2) b), p.362、22.3. 命令文の種類, p.403参照。
192　5.8. 文の種類(2), p.78参照。

Não gostaram da ideia | idéia do advogado, mas **acabaram por aceitá-la | acabaram aceitando-a**. 弁護士の考えは気に入らなかったが、結局それを受け入れた。

■ **chegar a**＋不定詞

Chegaste a ver as fotografias que te tinha enviado outro dia? このあいだ君に送った写真は、もう見たかい。

A fechadura estava tão perra que, às tantas, a chave **chegou a partir-se**. カギがあまりにかたくて、ある時ついに鍵が折れてしまった。

Ele **chegou a ir** à estação, mas já não a viu. 彼は結局駅まで行ったが、もう彼女に会えなかった。

■ **começar a**＋不定詞

Começou a chover há pouco. 少し前に雨が降り出した。

Vou **começar a estudar** o caso. その件を研究し始めようと思う。

■ **começar por**＋不定詞

A Paula **começou por estudar** Matemática. パウラはまず数学を勉強した。

Os convidados **começaram por tomar** o aperitivo. 招待客はまず食前酒を飲んだ。

■ **costumar**＋不定詞

A batata **costuma ser** mais barata nas mercearias. ジャガイモは、よろずやではふつうもっと安くなってます。

Os dois **costumam sentar-se** a esta mesa. そのふたりはこのテーブルのところにいつも座ります。

第 3 週第16日

■ **vir a**＋不定詞 [193]

Após a discussão, o presidente da associação **veio a aceitar** a admissão de novos membros.　議論の末、協会の会長は新会員の入会を受け入れることになった。

O importante acordo **veio** finalmente **a entrar** em vigor no dia um de Maio | maio findo.　重要な協定がついに去る5月1日をもって発効することになった。

■ **vir**＋不定詞 [194]

O Antunes **veio entregar** os papeis ao escritório do solicitador.　アントゥネスさんは司法書士の事務所に書類を渡しに来た。

A subida repentina do combustível **veio surpreender** de novo os europeus.　突然の燃料値上げに、西欧の人々はふたたび驚かされることになった。

■ **voltar a**＋不定詞

O Júlio ficou de me telefonar no dia seguinte, mas nunca mais **voltou a entrar** em contacto comigo.　ジュリオはその翌日に私に電話することになっていたが、ふたたび私に連絡をとることはなかった。

„Há-de | Há de„ **voltar a experimentar** a especialidade deste restaurante.　このレストランの特製料理をまた味わいに来なくてはなりませんね。

16.9．形容詞の支配 — 2

　動詞と同様に、形容詞も意味によって用いられる前置詞が異なることがあります。本文で用いられたものをはじめ、主要なものをいくつか示します。

193　12.2．現在分詞をともなう動詞迂言表現, p.215参照。
194　11.1．助動詞, p.189参照。

■ **ansioso por**

O rapaz anda ansioso por receber notícias da irmã que estuda na capital.　首都に勉強しに行っている姉の便りがくるのを、その少年は心待ちにしている。

■ **apoiado a**

O homem embriagado caminhava apoiado ao ombro de outro.　酔った男がもうひとりの肩にすがって歩いていた。

■ **capaz de**

Será que uma pessoa é capaz de fazer tanto trabalho num dia?　ひとりの人が一日にあれほどの仕事をこなせるだろうか。

■ **relativo a**

Perderam-se as facturas | faturas relativas às despesas de transporte.　交通費の領収書がなくなった。

■ **entusiasmado com**

Os estudantes estão entusiasmados com a inauguração da nova sala de computadores.　学生は新しいコンピューター室の開設に胸を躍らせている。

■ **responsável por**

O porteiro é responsável pela segurança do edifício.　守衛には建物の安全に対する責任がある。

16.10. 練習問題(16)

Ⅰ. 以下の文のかっこ内の不定詞を直説法・未来形の正しい活用形に書き換え、日本語に訳しなさい。

1. Amanhã (estar) sol.
2. Como é que nós (organizar) o curso?
3. Daqui a uma semana já tu (estudar) em Madrid.
4. Então, com quem é que eu (ter) de falar?

第3週第16日

5. A operação desta máquina (ser) difícil, não?
6. O que é que tu (fazer) a este aluno? Reprová-lo ou aprová-lo?
7. Onde é que (estar) tu agora?
8. Certamente o problema (ser) analisado na reunião.
9. O seu pedido não (poder) ser aceite｜aceito facilmente.
10. É um caso especial, que (dever) depender de várias condições.

II. 以下の文の下線部を代名詞化し全文を書いた上で日本語に訳しなさい。

1. O professor dará <u>algumas sugestões</u> aos alunos.
2. Eu explicarei o assunto <u>aos candidatos</u>.
3. A mensagem informará <u>a Professora Santos</u> sobre o procedimento.
4. Os acontecimentos recentes convencerão <u>os turistas</u> a ser mais cautelosos.
5. A notícia será logo transmitida <u>às minhas colegas</u>.

III. 以下の文のかっこ内に適当な前置詞を入れ、全文を書いた上で日本語に訳しなさい。前置詞が不要な場合もあります。

1. O professor começou (　) perguntar o nome do candidato.
2. O senhor Teixeira virá (　) ter comigo.
3. As notas do antigo regime passaram (　) ser papéis insignificantes.
4. Eles ainda chegaram (　) explicar-me em inglês.
5. A professora começou (　) ditar o texto muito devagar.
6. Tentamos (　) arranjar um melhor esclarecimento.

7. O surto da nova epidemia veio (　) diminuir o número dos turistas.
8. O porteiro voltou (　) falar do assunto preocupante.
9. Deixei (　) brincar as crianças na sala.
10. O instituto ajuda-nos (　) desenvolver a pesquisa.

IV．以下の日本語をポルトガル語に訳しなさい。
1．彼は事務所の鍵の責任者だ。
2．私は、自分の婚姻状況に関する書類が必要です。
3．マリーアはペドロとの再会を心待ちにしている。
4．ジョアンは結局マリオの申し入れを受け入れた。
5．いまから５分後にまた電話します。

翻訳のヒント：婚姻状況＝estado civil, …を心待ちにしている＝estar ansioso por ..., 申し入れ＝proposta.
（解答例　p.674参照）

第17日

17.0. 読解

O José — Olá, senhor Silva! Como tem passado?

O Sr. Silva — Oh, senhor José! Tenho passado mais ou menos. E o meu amigo, que há de novo?

O José — Olhe, ultimamente tenho andado bastante ocupado com os negócios.

O Sr. Silva — Então, tem ido ao estrangeiro, não é?

O José — Não. Este ano ainda só fui uma vez ao Canadá, para tratar de um assunto particular.

O Sr. Silva — Ah, pois! Você tem parentes que vivem lá, não é verdade? E os seus irmãos no Brasil, como é que estão? Há já muito tempo que não os vejo.

O José — Eles estiveram connosco no último Natal, não sabia? Aliás, o Manuel tem falado muito em si, senhor Silva! Está a organizar um négocio com o senhor Antunes.

O Sr. Silva — Qual Antunes? É o Joaquim Antunes, meu antigo colega?

O José — É, é! Depois de ter trabalhado consigo em França, ele voltou para cá há alguns anos. Agora ele vai investir um terço do capital que o meu irmão Manuel necessita para abrir um novo negócio em São Paulo.

☞日本語訳は巻末 p.720参照。**que há de novo**：最近はいかがですか；何か変わったことはありますか。ultimamente＝最近；このところ(副詞)，☞26.3．副詞の用法, p.488参照。**ocupado**：estar ocupado com …＝…で忙しい。**o estrangeiro**＝外国。**não é?**：付加疑問 ☞ 5.9., p.79, 12.7., p.232参照。**não é verdade?**：付加疑問, **connosco** (Pt.)＝conosco (Br.) **É, é!**：肯定の返答。☞5.8．文の種類(3), p.77参照。

17.1. 直説法・複合過去形

(1) 形式：〔ter の直説法・現在形＋過去分詞〕

直接法・複合過去形は、ter の直説法・現在形に過去分詞の男性・単数形を加えた形をとる複合時称です。規範的には haver の直説法・現在形に過去分詞を加えた形も認められますが、現代ポルトガル語では用いられません。[195]

■ **falar**

1.sg.	tenho falado	1.pl.	temos falado
2.sg.	tens falado	2.pl.	tendes falado
3.sg.	tem falado	3.pl	têm falado

複合過去形における過去分詞は、主語の性・数と一致せず常に男性・単数形で用いられます。

A Maria **tem falado** do acontecimento.　マリーアさんはたびたびその出来事の話をしてきた。

O Paulo **tem falado** do acontecimento.　パウロ君はたびたびその出来事の話をしてきた。

As alunas **têm trabalhado** muito neste semestre.　女生徒たちは今週はずっとよく勉強してきた。

Os rapazes **têm lido** notícias do Japão através da *Internet*.

---

[195] 13.2．過去分詞, p.242参照。

第3週第17日

青年たちはこのところインターネットを通じて日本のニュースを読んできた。

複合過去形の過去分詞は、動詞の目的語の性・数に影響を受けません。
   Tenho lido a carta dela.　私は彼女の手紙をたびたび読んだ。
   Ela **tem lido** cartas de amor do poeta.　彼女はその詩人のラブレターをたびたび読んだ。

まれに ter が所有の意味で用いられている場合、過去分詞はこれが修飾する ter の目的語のあとに置かれ、その目的語に性・数一致することがあります。この場合は、ter が元来の所有の意味をあらわしており、複合過去形とは意味が異なります。
   Os estudantes já **têm** os endereços **fixos**.　学生たちはもう決まったアドレスを持っています。
   A Maria já **tem** a carta **escrita**.　マリーアはもう手紙を書いてある。

(2) **意味**
主動詞の意味によって二とおりの意味をあらわします。
a) 主動詞であらわされる状況が、ある出来事ないしはある過程をあらわす場合、その状況が過去のある期間を通じて不定回数反復されたことを意味します。[196]
   —Este ano também **tem ido** ao estrangeiro?　今年も外国にたびたび行っているんですか。　—Não. Fui só uma vez

---

[196] Ultimamente ele tem ido à Brasileira várias vezes.　最近彼はブラジレイラ (カフェーの屋号) に何度か行っている。この文におけるように、状況の生起した回数を曖昧に "várias vezes" としてあれば、正しい文と認められますが、回数を具体的に示す副詞句を添えると非文となります。
*Ultimamente ele tem ido à Brasileira três vezes.

ao Japão no mês passado. いや、先月一度日本に行ったきりですよ。

Ultimamente o Paulo **tem preparado** o jantar. このところパウロが夕食をつくっています。

言語外的な常識的判断から、この反復が現在に及ぶと予想されることもありますが、複合過去形の意味としては、現在の状況は含んでいません。たとえば以下のような例によって了解されるでしょう。[197]

Ultimamente a equipa **tem vencido**, mas no jogo de hoje perdeu. そのチームは最近勝っていたが今日のゲームで負けた。

O homem **tem tomado** medicamentos, mas deixou de o fazer a partir desta manhã. その人はずっと薬を飲んでいたが今朝から飲むのを止めました。

b) 状態をあらわす主動詞の複合過去形は、その状況が過去のある期間を通じて継続されたことを意味します。

O homem **tem estado** doente. その人はずっと病気がちだった。

O controlo | controle de qualidade **tem sido** rigorosíssimo. 品質管理はずっと厳格をきわめていた。

17.2. 複合過去形と意味の類似した動詞迂言表現
【vir の直説法・現在形＋現在分詞】

現在の状況も含むという点で、現在を除外する直説法・過去複合形とは意味が異なります。[198]

---

197 他のロマンス諸語では複合形が完了の意味をあらわす場合がありますが、この点でポルトガル語は特異であると言われています。
198 12.2. 現在分詞をともなう動詞迂言表現, p.215参照。

Venho observando o crescimento deste bicho esquisito no tanque desde há um mês.　先月来タンクの中のこの奇妙な生き物の成長をずっと観察してきている。

O novo presidente **vem sublinhando** a importância da consolidação da democracia.　新大統領は民主主義の確立の重要性を強調してきている。

【terの直説法・現在形＋vindo＋a＋不定詞】

ポルトガルに特有の形式です。直説法・複合過去形に比べて、継続を強調する意味をあらわします。この形式はポルトガルでは一般的ですが、ブラジルでは用いられません。

O candidato da oposição **tem vindo a denunciar** uma alegada fraude nas últimas eleições.　対立候補は先般の選挙におけるいわゆる不正を絶えず糾弾してきた。

【terの直説法・現在形＋andado＋a＋不定詞】

ポルトガルに特有の形式です。直説法・複合過去形に比べて、長い時間にわたって状況が反復されたことを強調する意味をあらわします。口語的色合いの強い表現です。この形式はポルトガルでは一般的ですが、ブラジルでは用いられません。

O povo andino não **tem andado a ouvir** pacientemente as palavras demagógicas.　アンデスの民はそうした扇動的な言葉をじっと我慢して聞いてきたわけではなかった。

O professor **tem andado a tentar** decifrar o texto ilegível, mas acabou por desistir.　先生は、何とかして読みようのない文章の意味をとろうとしてみたが、結局諦めた。

17.3．不定詞

不定詞には非人称不定詞と人称不定詞の二種類があります。非

人称不定詞には語尾変化がなく、不定詞の意味上の主語にかかわらず変化しません。いっぽう人称不定詞は、不定詞の主語にしたがって語尾変化があります。[199]

Querer é **poder**.　欲すれば通ず。

O problema é **viverem** afastados da vila.　問題は彼らが町から離れたところに住んでいることだ。

(1) 不定詞の形式

不定詞には現在不定詞と過去不定詞があります。現在不定詞は簡単のために、単に不定詞と呼ばれます。過去不定詞は〔ter＋過去分詞〕あるいは〔haver＋過去分詞〕の形式をとります。ただし、後者の haver を用いる形式は規範的には認められていて格式張った文語でまれに用いられることがあるものの、実際に使用されることは滅多にありません。

現在不定詞	falar
過去不定詞	ter falado, haver falado

(2) 不定詞の用法

a)　名詞句として

不定詞は統語的には基本的に名詞と同様のさまざまな機能を果たすことが出来ます。

①主語

Viver é difícil.　生きることは難しい。

Encorajar os alunos faz parte do ensino.　生徒を励ますことは教育の一部だ。

Subir as escadas cansa muito.　階段を上ることは疲れる。

---

[199]　21.3. 人称不定詞, p.385参照。

第3週第17日

É proibido **comer e beber** na sala de aula.　教室で飲食することは禁止である。

②直接目的語

Um colega meu quis **mandar** vir através da *Internet* alguns livros duma livraria virtual sediada no Porto.　同僚のひとりがポルトにある仮想書店からインターネットで本を何冊か注文しようとした。

③間接目的語

A mulher aconselhou o marido a **vestir-se** melhor.＝A mulher aconselhou o marido a que se vestisse melhor.
　妻は夫にもっと身なりをよくするように忠言した。

④前置詞の目的語 [200]

Não gosta nada de **ter** gastado o tempo assim.　そんなふうに時間を浪費したことが気に入らない。

O livro não foi fácil de **ler**.　本は読みやすくなかった。

O texto é muito difícil de **entender**.　文章がとてもわかりにくい。

Rogo-lhe o favor de me **esclarecer** bem o assunto.　その件についてよく説明していただきたいのです。

Não tenho nem um segundo a **perder**.　一秒たりとも無駄にできない。

Ele verifica se há ainda contas para **pagar**.　彼はまだ未払いの勘定がないか調べる。

O médico fê-los entender que já não havia mais nada a **esperar**.　医師はかれらにもう何も為す術がないことをわからせた。

先行する前置詞によって、目的、時、などをあらわす副詞句を

---
[200]　21.5. 前置詞と定冠詞・無強勢代名詞が縮約しない場合, p.392参照。

なすこともあります。[201]

> Enviaste-me uma carta *para* me **dares** um conselho.　君は手紙を送って僕にひとこと助言してくれた。
>
> *Apesar de* **ter sujado** a honra da família, ele continuava insensível ao facto | fato.　その男は家族の名誉を汚したにもかかわらず、そのことには無感覚だった。
>
> *Ao* **regressar** à pátria, ele precisou sempre deste pretexto.　祖国に帰省するにあたり、彼にはいつもこういう口実が必要だった。

⑤主格補語

> O pior foi o João não me **ter dado** o seu endereço em França.　最悪なことに、ジョアンは私にはフランスでの居場所を知らせてくれていなかったのだ。

⑥同格

> Ninguém podia adivinhar o seu pensamento: **ficar** na aldeia toda a vida.
> だれにも彼女の心は読めなかった。一生その村で過ごすというのだから。

b)　命令の意味をあらわします。

> Não **fumar**.　禁煙。
>
> **Andar**！　進め。

c)　不定詞の叙述的用法：〔名詞＋a＋不定詞〕の構造をとり、主節で述べられる状況と並行して、ある状況が実現することを述べます。

> O homem entra na farmácia, e *o burro* **a esperar** pacientemente.　男は薬屋に入り、ロバは辛抱強く待っている。
>
> As mulheres trabalham, e *os homens* **a beberem e fumarem** nos cafés.　女たちは働き、男達はカフェーで飲んだりタバコをふかしたりである。

---

[201] 詳しくは、28.1. 接続詞(2) b), p.523参照。

第3週第17日

d)　不定詞の限定的用法：〔a＋不定詞〕が先行する直前の名詞を限定する形容詞節となる場合があります。未来の状況を述べる場合に用いられます。[202]

O certificado será entregue numa *cerimónia* | *cerimônia* **a decorrer** no fim do segundo semestre.（＝que decorre, decorrendo）　証明書は第二セメスターの終わりに行われる式で手渡される予定だ。

O governo disporá de um orçamento **a rondar** os 10 milhões de ienes.（＝que ronda, rondando）　政府は１千万円ほどの予算を計上する予定だ。

N.B.　不定詞の前にaoを置き〔ao＋不定詞〕で、「～する際に」という意味の副詞節を導きます。

Ao publicar este documento, precisou-se da garantia da sua autenticidade.　この書類を公にするにあたり、それが本物であるという保証が必要だった。

Ele foi firme **ao afirmar** que serão corrigidos os equívocos no texto.　文章の誤謬は訂正されるであろうと、彼は断固として語った。

Ainda me sobravam algumas pequenas dúvidas **ao ler** o relatório final.　最終報告を読むと、私にはまだいくつか些細な疑問が残った。

e)　使役動詞、知覚動詞とともに用いる。

O médico mandou-os **sair** da sala.　医師は彼らに部屋を出るよう命じた。

Ela deixa-o **fumar** na sala.　彼女は部屋で彼がタバコを吸うのをそのままにしている。

O guarda **fá-lo** parar.　警官は彼を停止させる。

---

[202]　28.1.　接続詞(2) b)，時間，p.527参照。

Vi a luz **piscar** várias vezes.　私は明かりが何度も点滅するのを見た。

Ouvimos a D. Fernanda **falar** na porta do Lucas.　私達はフェルナンダさんがルーカスさんの家の戸口で話しているのを聞いた。

Ele sentiu a mágoa **crescer** ainda mais.　彼は苦しい思いがさらに膨れていくのを感じた。

f)　a＋不定詞：文頭に置き、条件、理由などをあらわします。[203]

A comer tão devagar, somos capazes de madrugar no restaurante.　こんなにゆっくり食べているとレストランで夜を明かすことになるぞ。

A abusar da boa vontade dos outros, o sujeito acaba por se desgraçar um dia.　他人の好意を悪用すると、ああいう人はいつかひどい目にあうことになる。

A comer tão pouco, a moça podia ter ficado quase transparente!　あんなに少ししか食べなかったら、あの娘はカリカリにやせ細ってしまったことでしょう。

(3)　過去不定詞の用法

文の主動詞で述べられる状況が実現するより前に、すでに過去不定詞で述べられる状況が実現していることを示します。

Não me lembro de **ter posto** a chave no prego por cima do telefone.　電話の上のくぎに鍵を引っかけたことは覚えていない。

　c.f.　Esqueci-me de **pôr** a chave no prego por cima do telefone.　電話の上のくぎに鍵を引っかけるの忘れた。

Tenho grande respeito por ela **se ter formado** apesar de

203　13.4. 現在分詞の用法, p.247参照。

tantas dificuldades.　彼女があれほどの困難にもめげず大学を卒業したことに、私はたいへん感心している。

É considerado um médico competente por **ter estudado** muitos anos nos EUA.　彼は合衆国で長年勉強してきたことから、有能な医師と思われている。

Foi lembrado no encontro da Comissão o facto | fato de todos os países lusófonos **haverem ratificado** o aludido acordo ortográfico.　委員会の会合において、ポルトガル語圏のすべての国で例の正書法協定が批准済みであることが想起された。

Parece óbvio **ter partido** o avião conforme o horário.　飛行機が時間通り出発したのは明らかなようだ。

17.4．数に関する基礎的表現
(1) 倍数

倍数をあらわすには通常 ... vezes (mais / menos ...) の表現を用います。

Esta nova impressora é **cinco vezes** mais rápida do que o modelo anterior.　この新型のプリンターは前のモデルに比べて5倍速い。

A superfície do Japão é **vinte e três vezes** menor do que a do Brasil.　日本の国土面積はブラジルの23分の1である。

いっぽう、倍数をあらわす固有の形式もあります。dobro はもっぱら名詞として用いますが、dúplice, tríplice および語末に -plo を持つ形式は、名詞、形容詞、両方の文法的機能を持ちます。

　　duplo, dobro, dúplice............ 2倍　(の)
　　triplo, tríplice........................ 3倍　(の)
　　quádruplo .... 4倍　(の)

quíntuplo	5倍	（の）
sêxtuplo	6倍	（の）
séptuplo ǀ sétuplo	7倍	（の）
óctuplo	8倍	（の）
nônuplo	9倍	（の）
décuplo	10倍	（の）
undécuplo	11倍	（の）
duodécuplo	12倍	（の）
cêntuplo	100倍	（の）

これらの倍数詞のうち、2倍、3倍に関しては日常的に固有の形式を用いますが、4以上の数の倍数はいわゆる学識語の範疇であり滅多に使われません。通常は、前述の «... vezes» の表現を用います。

O preço do quarto **duplo** com casa de banho é mais que o **triplo** do que o do quarto simples sem casa de banho. バス付きの二人部屋の値段は、バスなしのひとり部屋の値段の三倍以上する。

O trabalho visa satisfazer a **dupla** finalidade : apresentar a realidade e apefeiçoá-la. この論文には二重の目標があります。現実を紹介することとそれを改善することです。

O político deixou o cargo para ganhar o **dobro** como presidente de uma firma. その政治家は職を辞すと、収入は二倍で、とある会社の社長におさまった。

A versão japonesa, estranhamente, tem mais ou menos o **dobro** das páginas do livro original. 日本語版は不思議なことに、原著のおよそ二倍のページ数がある。

Esta promessa pública do candidato terá um efeito **dúplice** nos eleitores, ou seja, positivo e negativo. 候補者のこの公約は選挙民に二重の影響、すなわち肯定的な影響と否定的な影響を与えるだろう。

第3週第17日

(2) **分数** (fracção | fração)

基本的に、分子(numerador)を基数詞で、分母(denominador)を序数詞であらわします。読み方は、日本語とは異なり「分子、分母」の順で読むので、たとえば、1/3は um terço と読みます。

a) 分母が10以下の整数(número íntegro)の場合は序数詞を使用して述べます。ただし、1/2は分数として読みません。

1/2：metade 二分の一
1/3：um terço, uma terça parte 三分の一
1/4：um quarto, uma quarta parte 四分の一
5/8：cinco oitavos, cinco oitavas partes 八分の五
3/10：três décimos, três décimas partes 十分の三

Mais de **um terço da herança** do tio foi levado pelo fisco.
　伯父の遺産の三分の一以上が税務署に徴収された

b) 分母が11以上の場合は、序数詞を使用せず「基数詞(分子)、基数詞(分母)＋avos」と表現します

3/11：três onze avos
6/25：seis vinte e cinco avos

(3) **百分率** (percentagem, porcentagem)

パーセント(％)は、ポルトガルで por cento と読みます。たとえば8％は oito por cento すなわち、文字どおり「100のうちの8」という意味です。

O imposto de consumo era de **três por cento** quando começou, mas já subiu para **cinco por cento**. 　消費税は導入時は3％だったがもう5％に上がった。

(4) 小数点

ポルトガル語では小数点をコンマ (,) で書き、以下のように読みます。

　　1,6＝um vírgula seis ; 3,14＝três vírgula catorze｜quatorze
　　4.567,15＝quatro mil, quinhentos e sessenta e sete vírgula quinze

(5) 加減乗除

Estudam-se na educação primária **as operações básicas**.
初等教育で四則を勉強します。

(6) 基礎的な計算の読み方

■和：soma：adicionar 動 加える　adição 名 足し算

2＋3＝5　Dois mais três são cinco. Dois mais três igual a cinco.　2足す3は5です。

■差：diferença：subtrair 動 引く　subtracção｜subtração 名 引き算

5－3＝2　Cinco menos três são dois.　5引く3は2です。

■積：produto：multiplicar 動 掛ける　multiplicação 名 掛け算

5×7＝35　Cinco vezes sete são trinta e cinco.　5掛ける7は35です。

O **produto** do diâmetro por π(pi) é igual ao perímetro de uma circunferência.　直径掛ける円周率は円周に等しい。

O comprimento de uma circunferência de raio r é dado por $2\pi r$.　半径 r の円の円周は $2\pi r$ です。

π≒3,14（a relação da circunferência com o diâmetro　円周率）

第3週第17日

- ■**商**：quociente：dividir 動　割る　divisão 名　割り算

    7÷2＝3,5　Sete a dividir por dois são três vírgula cinco.
    7割る2は3.5です。

    O comprimento da base de um triangulo é duas vezes o **quociente** da superfície dividida pela altura.　三角形の底辺の長さは面積を高さで割った商を2倍したものです。

- ■**累乗**：potência

    1 m²：um metro **quadrado**　1平方メートル

    100 km²：cem quilómetros | quilômetros **quadrados**　100平方キロメートル

    A superfície de um círculo é igual ao produto de π pelo raio **quadrado**.　円の面積はπr²です。

    1 m³：um metro **cúbico**　1立方メートル

    100 m³：cem metros **cúbicos**　100立方メートル

17.5. 練習問題(17)

Ⅰ．以下の文のかっこ内の不定詞のうち下線の付してある場合は直説法・過去形で、下線のない場合は直説法・複合過去形の正しい活用形に書き換え、日本語に訳しなさい。

1. (chover) muito neste mês.
2. Ultimamente o rapaz (faltar) às aulas.
3. Como (passar)?
4. —Então, o senhor (pintar) novos quadros?
5. —Vocês (ter) contacto com ela?
6. As pessoas (ter) de escrever de novo.
7. Nós (estudar) o caso cuidadosamente e (chegar) à conclusão.
8. O investigador (aceitar) propostas interessantes.
9. —O que é que você (fazer)?

10. O assunto (ser) discutido entre os especialistas.
11. —O senhor já alguma vez (estar) em Castelo Branco?
    —Já, sim. Já lá (estar) quando era estudante.
12. —Eu (ir) recentemente ao cinema.
13. Uma vez (comer) *sushi* num balcão, o que me (custar) os olhos da cara.
14. Nós não (comer) bacalhau em casa.
15. Tu (dizer-me) que o artigo era relativamente barato?

II. 以下の文のかっこ内の不定詞を指示（記号の意味を参照）に従って直説法の正しい活用形に書き換え、下線部の空欄には適当な前置詞を入れ、全文を書いた上で日本語に訳しなさい。

記号の意味：直・複過＝直説法・複合過去形、直・過＝直説法・過去形、直・現＝直説法・現在形、1単＝1人称単数, etc.

1. Desde Setembro, o aluno (andar, 直・複過) a fazer exames de admissão.
2. Os estudantes (estudar, 直・複過) bastante.
3. O senhor já alguma vez (experimentar, 直・過) aquele restaurante?
4. (rogar, 直・現、1単) o favor de me esclarecer melhor o assunto.
5. (ter, 直・現、3単) tanta capacidade de emocionar as pessoas.
6. (acabar, 直・現、1単) de enviar uma mensagem a uma amiga.
7. Os dirigentes do partido (vir, 直・現、3複) dizendo isso ao público há muito tempo.
8. O alerta (ser, 直・複過) repetido mas ninguém o respeitou.

第3週第17日

9．Ultimamente (ver, 直・複過、3複) o nosso amigo João por aqui？
10．(saber, 直・過、1単) a notícia dele precisamente agora.

Ⅲ．以下の数字、数式の読み方をポルトガル語で書きなさい。
 1．59％
 2．3/4 dos estudantes
 3．12×6＝72
 4．59,4÷6＝9,9
 5．1.200 km²

Ⅳ．以下の日本語をポルトガル語に訳しなさい。
 1．僕はまだブラジルに行ったことがない。いつか必ず行くつもりだ。
 2．最近は京都に行っていますか。
 3．十年前に僕はポルトガル風の八目鰻を食べたことがある。
 4．大臣は平和公園を訪問する際に、来訪者名簿に署名した。
 5．カルロスはあとひと月で終えねばならない仕事でとても忙しくしている。

翻訳のヒント：八目鰻：lampreia, 平和公園：o Parque da Paz, 来訪者名簿：o livro de visitas.
　（解答例　p.677参照）

第18日

18.0. 読解

　Quando ele chegou de táxi, já o amigo estava à sua espera, encostado à parede do restaurante. Estava uma tarde fria e já começava a escurecer. De súbito, o seu rosto ficou avermelhado, reflectindo a luz do néon que começava a iluminar o nome do estabelecimento: *Dragão Voador*.

　Era ali, o número vinte e cinco da Rua Augusta. Enquanto Pedro pagava ao motorista do táxi, ia recordando o colega da faculdade com quem conversava entusiasmado noites a fio sobre o culto do monstro fictício do Oriente, o símbolo do Imperador. Tinham então, vinte e poucos anos.

　Deixando algumas moedas de gorjeta e um ligeiro agradecimento ao motorista, saiu do carro para se aproximar da porta do restaurante. Já ouvia atrás de si o motor do táxi a arrancar, quando reparou no perfil do seu amigo. Era ele. Reconheceu-o logo. Mudou um pouco a figura, mas era o mesmo com o seu sorriso simpático.

　☞日本語訳は巻末, p.722参照。**estava à espera**：estar à espera de …＝…を待っている。**Estava**：後続する começava ともに非人称動詞。☞14.1., p.264参照。**ia recordando**：ia＋現在分詞＝次第に状況が実現していくことをあらわす。段々に思い出していった、の意味。18.3.(8), p.335参照。**falava ... do culto**：falar de＋名詞句＝…について話す。**entusiasmado**：主格補語, 18.5., p.338参照。**deixan-**

第3週 第18日

do ... um ligeiro agradecimento：ひとこと礼のことばを残して；ひとこと「ありがとう」と言い残して。**se aproximar da porta**：aproximar-se de ...＝…に近づく。**ouvir ... o motor ... a arrancar**：ouvir A a＋不定詞＝Aが～するのを聞く。arrancar＝スタートする；出ていく。**reparou no perfil**：reparar em...＝…に注目する；…をじっと見つめる。**Reconheceu-o**：reconhecer 人＝人が誰であるかわかる；認める。**era ...**：動詞 era の主語は o seu amigo, 補語が o mesmo. **o mesmo**：mesmo は定冠詞をともない代名詞として既出の人、物を指す。ここでは、o mesmo (seu amigo) その友人その人、の意味。

18.1．直説法・半過去形

直説法において半過去形は現在形と機能的にさまざまな並行関係をもつ重要な時称です。[204]

18.2．直説法・半過去形の活用
(1) 規則活用
a) 第1活用動詞

直接法・現在・1人称単数形の末尾母音 o を取り去り、得られた語基に以下の活用語尾を付加します。

1.sg.	**-ava**	/ ˈavɐ ǀ ˈava /
2.sg.	**-avas**	/ ˈavɐʃ ǀ ˈavas /
3.sg.	**-ava**	/ ˈavɐ ǀ ˈava /
1.pl.	**-ávamos**	/ ˈavɐmuʃ ǀ ˈavamus /
2.pl.	**-áveis**	/ ˈavɐjʃ ǀ ˈavejs /
3.pl.	**-avam**	/ ˈavẽw̃ /

b) 第2活用動詞、第3活用動詞

直接法・現在・1人称単数形の末尾母音 o を取り去り、得られた語基に以下の活用語尾を付加します。

---

[204] さまざまな日本語名称については、7.3., p.104参照。

1.sg.	-ia	/ ˈiɐ | ˈia /
2.sg.	-ias	/ ˈiɐʃ | ˈias /
3.sg.	-ia	/ ˈiɐ | ˈia /
1.pl.	-íamos	/ ˈiɐmuʃ | ˈiamos /
2.pl.	-íeis	/ ˈiɐjʃ | ˈiejs /
3.pl.	-iam	/ ˈiɐ̃w̃ /

第1活用動詞

■ estimar

1.sg.	estim**ava**	/ iʃtiˈmavɐ | estʃiˈmava /
2.sg.	estim**avas**	/ iʃtiˈmavɐʃ | estʃiˈmavas /
3.sg.	estim**ava**	/ iʃtiˈmavɐ | estʃiˈmava /
1.pl.	estim**ávamos**	/ iʃtiˈmavɐmuʃ | estʃiˈmavamus /
2.pl.	estim**áveis**	/ iʃtiˈmavɐjʃ | estʃiˈmavejs /
3.pl.	estim**avam**	/ iʃtiˈmavɐ̃w̃ | estʃiˈmavɐ̃w̃ /

第2活用動詞

■ temer

1.sg.	tem**ia**	/ tɨˈmiɐ | teˈmia /
2.sg.	tem**ias**	/ tɨˈmiɐʃ | teˈmias /
3.sg.	tem**ia**	/ tɨˈmiɐ | teˈmia /
1.pl.	tem**íamos**	/ tɨˈmiɐmuʃ | teˈmiamus /
2.pl.	tem**íeis**	/ tɨˈmiɐjʃ | teˈmiejs /
3.pl.	tem**iam**	/ tɨˈmiɐ̃w̃ | teˈmiɐ̃w̃ /

第3活用動詞
■ **dividir**

1.sg.	divid**ia**	/ diviˈdiɐ ǀ dʒiviˈdʒia /
2.sg.	divid**ias**	/ diviˈdiaʃ ǀ dʒiviˈdʒias /
3.sg.	divid**ia**	/ diviˈdiɐ ǀ dʒiviˈdʒia /
1.pl.	divid**íamos**	/ diviˈdiɐmuʃ ǀ dʒiviˈdʒiamus /
2.pl.	divid**íeis**	/ diviˈdiɐjʃ ǀ dʒiviˈdʒiejs /
3.pl.	divid**iam**	/ diviˈdiẽw̃ ǀ dʒiviˈdʒiẽw̃ /

(2) 不規則活用

以下の主要な不規則動詞について、直接法・半過去形の活用を学びましょう。

	ser	**ter**	**vir**	**pôr**
1.sg.	era	tinha	vinha	punha
2.sg.	eras	tinhas	vinhas	punhas
3.sg.	era	tinha	vinha	punha
1.pl.	éramos	tínhamos	vínhamos	púnhamos
2.pl.	éreis	tínheis	vínheis	púnheis
3.pl.	eram	tinham	vinham	punham

これらの動詞から派生する複合語、conter, manter, sobrevir, provir, impor, sobrepor などは、上記の活用に準じます。

18.3. 直説法・半過去形の用法
(1) 過去の基準点と同時的状況

過去の基準点において、同時的に実現している状況をあらわします。

Ontem pelas 10 horas, **escrevia** um texto para publicar

numa revista.　昨日十時頃、ある雑誌に発表する文章を書いていました。[205]

Em frente do correio, um pouco antes das nove, **estava** uma longa bicha | fila ansiosamente à espera de que a porta abrisse.　郵便局の前では、9時少し前になると、扉が開くのを心待ちにしている人々の長い行列がありました。

(2) **過去の習慣**

過去における習慣的な状況をあらわします。

Durante alguns anos, depois da guerra, as pessoas **passavam** fome.　戦後数年のあいだ人々は飢えていた。

Quando era criança, todos os dias, ele **fazia** uns dez quilómetros | quilômetros a pé para ir à escola.　子供の頃彼は毎日学校に行くのに10キロほど歩いたものだった。

No meu tempo de estudante, já não se **usavam** fardas.　僕が学生の頃はもう制服なんか着ていなかった。

Até então, as missas **eram** rezadas em latim.　その当時まで、ミサはラテン語でやったものだった。

No final da cerimónia | cerimônia, os alunos, cansados das formalidades, **começavam** a conversar.　式典の最後になると、堅苦しい儀式に飽きた生徒たちは雑談を始めたものだった。

(3) **過去の事実**

過去において話者が事実と認識していた状況をあらわします。

---

[205] 基準点において問題の状況が目下実現中であることを、さらに明確にあらわすには〔estarの直説法・半過去＋,,a＋不定詞｜現在分詞,,〕の形式であらわします。cf. estava,, a escrever　| escreverdo,, (12.2. 現在分詞をともなう迂言表現, p.215参照。)

第3週 第18日

As pessoas **tinham** de se sujeitar a condições desumanas.
人々は非人間的な条件に甘んずるしかなかった。

O arcabuz **servia** de exemplo da tecnologia avançada da Europa.　火縄銃は西欧の進んだ技術の例となっていた。

Os corvos já **figuravam** no escudo da cidade no século XIV.　からすは14世紀にはすでに市の紋章にあらわれていた。

As cidades **precisavam** de muralhas para se protegerem.
都市には防衛のため城壁が必要だったのである。

(4) **過去の背景的状況**

　過去において、いくつかの状況が同時に起こった場合、背景になる状況、すなわちすでに進行している状況を半過去で記述して、その上に実現することになる状況を過去であらわします。

Quando se **afastavam**, os dois ouviram os estrondos dos foguetes. Era dia de festa.　ふたりが離れていくと花火の音が聞こえた。祭りの日だった。

Eu **andava** de bicicleta na Avenida, nisto o pneu furou-se.
道を自転車で走っていると、そのときタイヤがパンクした。

Pensavam em começar a poupar, quando nasceu um casal de gémeos | gêmeos e o plano nunca chegou a realizar--se.
財布の紐を締めにかかろうと思っている矢先に双子が生まれて、その計画はついに実現に至らなかった。

(5) **条件文の帰結節**

　目下実現し得ない状況をあらわすのに用います。直説法・過去未来形の代用です。[206]

206　20.5. 直説法・過去未来形の意味・用法(2), p.363、24.5. 条件節と帰結節, p.452参照。

Se eu tivesse dinheiro agora, **comprava** logo este instrumento musical tão interessante para o levar para casa. (comprava＝compraria)　もし今手持ちのお金があれば、こんなに面白そうな楽器をすぐにでも買ってうちに持って帰るところなのだが。

条件文の帰結節が、条件節の部分を省いてあらわれる場合もあります。文脈がない場合は曖昧になる可能性もあります。

O livro **ficava** bonito.　きっと綺麗な本になりますよ。

Amanhã eu não **ia** ao aeroporto.　明日は空港に行かないだろう。

Penso que a minha mulher não **concordava**.　家内がうんと言わないと思います。

Agradecia que me telefonasse amanhã.　明日電話をくださると有り難いのですが。

(6) **婉曲・丁寧表現**
直説法・現在形の代用として、表現を婉曲・丁寧にします。

Vinha hoje apenas agradecer ao senhor doutor, pela gentileza que me dispensou.　先生にはご親切にしていただき、今日はひとこと御礼だけ申し上げようと思って参りました。

Muito obrigado pela sua oferta. Mas a senhora não **precisava** de se incomodar.　結構な物を有り難うございました。でも、そんなお心遣いいただかなくてもよろしかったのに……

第 3 週 第18日

(7) 成句

昔話の語り口として、以下の成句があります。

Era uma vez um velho muito avarento. 昔々あるところにとても欲張りなおじいさんがおりました。

Era uma vez um rapaz chamado João. 昔々あるところにジョアンという若者がいました。

(8) **直説法・半過去形で用いる動詞迂言表現**

■ ir＋現在分詞

現在分詞であらわす状況が次第に実現していく進行相をあらわします。直説法・半過去形の ir とともにしばしば用いられます。[207]

O pintor **ia revelando** um raro talento nos seus trabalhos de aguarela. その画家は水彩画で、非凡な才能を次第にあらわしていった。

■ ia＋a＋不定詞（PE）

動詞 ir の半過去形に前置詞 a を介して不定詞が続く場合、不定詞のあらわす状況が実現する寸前まで差し迫っていたが、実現しなかった意味をあらわします。〔estava＋para＋不定詞〕と同様の状況の切迫をあらわします。なお、この場合は〔a＋不定詞〕は現在分詞に置き換えられません。[208]

O Manuel **ia a cair** mas por um triz conteve-se. マヌエルは危ういところで倒れそうになったが持ちこたえた。

— Olhe, o que lhe **ia a dizer** há pouco é que amanhã não há transporte por causa da greve. ええと、さっき言おうとして言い損なったことですが、あしたはストライキで交通手段がないのです。

---

207 12.2. 現在分詞をともなう迂言表現, p.215参照。
208 状況の切迫をあらわすこの迂言表現は、直説法・半過去形に限られます。

— Eu **ia a telefonar-lhe** quando o senhor bateu à minha porta. あなたがドアをノックしたとき、ちょうど電話しようとしていたんですよ。

Os amigos **iam a sair para buscar** o José ao aeroporto, quando ouviram a notícia do Concord. ジョアンを空港に迎えに出ようとしていたとき、友人たちはコンコルドのニュースを聞いた。

Recebi a chamada dela precisamente quando eu **ia a telefonar-lhe**. 私が彼女に電話しようと思っていたちょうどその矢先に、彼女から電話がかかってきたのである。

N.B. 前置詞 a を伴わず、動詞 ir の直説法・半過去形に不定詞が続く場合は、状況の切迫を意味せず、単に主動詞の主語の意志・予定、近接未来を示します。

O que **ia a dizer** há pouco era o seguinte. さっき言い損なったのはこういうことです。

O que **ia dizer** há pouco era o seguinte. さっき言おうとしていたのはこういうことです。

Eu **ia escrever** se o senhor não me telefonasse. 貴方が電話してこなかったら手紙を書くつもりでした。

18.4. 時称の比較：直説法・過去形と直説法・半過去形

直説法・過去形と直説法・半過去形のあいだには、時称名称に「過去」という共通項があるため、同じ「過去」時称としてまとめて扱われることが多いのですが、それぞれのあらわす意味は異なります。二つの時称は状況をとらえる時、①基準点が発話時かある過去の時点か、②基準点から見て前か同時的か、という意味特徴の違いによって説明できます。

第3週 第18日

【基準点：発話時、基準点より前に実現】

Há dez anos atrás, no Verão | verão, **li** um romance do autor.　十年前の夏に、その作家の作品を読んだ。[209]

【基準点：過去の時点、基準点と同時的に実現】

Há dez anos atrás, no Verão | verão, **lia** todos os dias um romance do autor.　十年前の夏には、その作家の作品を毎日読んでいた。

時称体系はいくつもの時称の対が組合わさって構成されているので、総合的に観察する必要があります。[210]

18.5. 主格補語

叙述動詞 (ser, estar, ficar, parecer, continuar, etc.) は、すでに見たとおり、主格補語として形容詞、過去分詞、名詞をとります。[211]

O homem **estava cansado**.　その人は疲れていた。

O bebé **é menina** ou **menino**?　あかちゃんは男の子ですか女の子ですか。

A senhora Celeste parecia muito bem **conservada** apesar dos seus setenta e sete anos de idade.　セレステさんは七十七歳にしてはとても若々しく見えた。

A moça **ficou** tão **corada** como um pimento.　その女の子は赤面して赤ピーマンのように真っ赤になった。

A casa **continuava vazia**.　家は空き家のままだった。

209　ここで用いられている例、Há dez anos atrás という表現は、日常的に頻用されますが、過去のことを示す "há dez anos" に "atrás" を重ねる一種の冗語法です。
210　詳しくは、20.9. 時称のまとめ, p.369参照。
211　7.4. 主要な叙述動詞：ser と estar, p.106、8.4. 叙述動詞 ficar の用法, p.134参照。

A decisão do Presidente **soa** um pouco **contraditória** com a posição da OTAN.　大統領決定は NATO の立場とは少し矛盾しているようだ。

一般動詞も主格補語として、形容詞、過去分詞をとることがあります。このような場合、主格補語は主語と性・数一致します。分詞構文の一種です。[212]

 O avião **chegou atrasado**.　飛行機は遅れて到着した。

この文は以下の 2 文の和と考えられます。

 O avião chegou. ＋ O avião estava atrasado.
同様に、

 As duas senhoras **discutiram acaloradas**.　ふたりの女性が激しく口論していた。

この文は以下の 2 文の和と考えられます。

 As duas senhoras discutiram. ＋ As duas senhoras estavam acaloradas.

18.6. 目的格補語をとる動詞

他動詞には直接目的語と目的格補語を同時にとるものがあります。この場合、目的格補語は意味の上で動詞を補完する要素で、品詞は名詞あるいは叙述形容詞です。[213] また、直接目的語の修飾語句をともなう文も見かけ上同様の構造をとることがあります。

---

[212]　13.4., (1) a) N.B., p.249参照。
[213]　この種の〔主語＋動詞＋直接目的語＋目的格補語〕という文型をとる動詞は伝統的に Verbo transitivo predicativo, Verbo transobjectivo | transobjetivo 等と呼ばれます。叙述形容詞、限定形容詞については、5.2. 形容詞, p.70参照。

第3週 第18日

(1) **直接目的語の補語**

O povo tentou eleger o escritor como **presidente**. 人々ははその作家を大統領として選ぼうとした。

O homem considera-se **rei** da rumba. その男は、自分がルンバの王者だと思っている。

Achei a resposta **irresponsável** por não se ter referido concretamente à solução. 私はその返答を無責任だと思った。解決について具体的に触れていなかったからである。

O namoro com uma princesa árabe tornou-o **uma figura faladíssima** na imprensa. アラブの王女と恋におちたことで、彼はマスコミの寵児となった。

(2) **前置詞をともなう場合**

Os alunos tinham-**no por sábio**. 生徒たちは彼が物知りだと思っている。

(3) **間接目的語の補語**

Os amigos do rapaz chamavam-**lhe Zé do Corvo**. 青年の友人たちは、彼のことを「カラスのジョゼー」と呼んでいた。

(4) **直接目的語が修飾語句をともなう場合**

見かけ上は目的補語をともなう文と同様ですが、文型としては〔主語＋動詞＋直接目的語〕です。直接目的語を修飾する形容詞（句）、形容詞節は直接目的語の後におかれます。

Comprei um bom **dicionário editado** no Rio. リオで編集された良い辞書を買った。

Examinou cuidadosamente o **documento pronto**？ 出来上がった書類は注意深く吟味しましたか？

18.7. 練習問題(18)

Ⅰ．以下の文のかっこ内の不定詞のうち下線の付してある場合は直説法・過去形で、下線のない場合は直説法・半過去形の正しい活用形に書き換え、日本語に訳しなさい。

1. Quando (ser) menino, eu (assistir) uma vez a um concerto de Karajan.
2. Ele (ter) a certeza de que a Maria (ir) telefonar-lhe.
3. (faltar) ainda meia hora para a hora marcada.
4. O rapaz não (poder) estar sossegado.
5. —Vocês (saber) que o quadro (ser) atribuído a Mokkei?
6. Nós (ir) a Okinawa. (estar) muito calor.
7. O vento (vir) do mar.
8. Nos anos setenta ainda (haver) um fluxo de emigrantes para o Brasil.
9. Não me lembro bem onde é que (pôr) a chave.
10. Porque é que vocês (falar) assim?

Ⅱ．例に従って以下の2文 a), b) を1文にまとめ、日本語に訳しなさい。

例：a) O rapaz chegou a casa.　b) O rapaz estava curado.
☞ O rapaz chegou curado a casa.　青年は、病は癒えて家に帰った

1. a) A audiência escutava a bela voz da cantora.
   b) A audiência estava fascinada.
2. a) O professor falava da tragédia.
   b) O professor estava entusiasmado.
3. a) O homem agarrou uma palha na água.
   b) O homem estava desesperado.

第３週 第18日

4．a) O cliente saiu do restaurante.
　　b) O cliente estava descontente.
5．a) As pessoas esperam o discurso do líder político.
　　b) As pessoas estão ansiosas.

Ⅲ．以下の日本語をポルトガル語に訳しなさい。
　1．僕だったら買わないな。
　2．あのころは確かに奇妙な機械を使ったものでした。
　3．かつては商店の入り口に長い行列ができたものでした。
　4．ところで、君は何を言おうとしていたんだい？
　5．きのうは酔って、疲れ果てて家に着いた。

翻訳のヒント：疲れ果てて＝exausto
　（解答例　p.680参照）

第19日

19.0. 読解

A Cristina acordou antes de o despertador tocar. Nos dias importantes, era sempre assim. Parecia-lhe que o corpo estava controlado por um relógio invisível. Levantou-se e foi à janela, como de costume, ver o telhado da casa vizinha. Tinha chovido na véspera. Não havia dúvida. Mas o céu já estava claro! Era feriado e ia passear com alguns amigos naquele dia. Estava preocupada com a sua amiga Mariana, que era um pouco distraída e pouco pontual. Tinha-lhe dito que saíam todos no comboio das nove. Telefonou à Mariana, e perguntou-lhe: «Acordei-te?» A amiga respondeu com voz sonolenta: «Não sou tão madrugadora como tu.» Lembrou-se então da conversa do dia anterior com o João. «Mas o João disse que ele ia reservar os lugares no restaurante para almoçarmos. Vamos, Mariana! Despacha-te!» Quando finalmente a Mariana se levantou, a Cristina já tinha saído do seu apartamento, estando a caminho da casa da amiga.

☞日本語訳は巻末，p.721参照。**antes de o despertador tocar**：不定詞による節。☞21.5., p.392参照。**foi à janela, ... , ver o telhado**：ir＋a＋場所＋不定詞＝(場所)へ～しに行く。**Era feriado**：era は非人称の ser 動詞。☞14.1., p.264参照。**Tinha-lhe dito**：主語は Cristina、lhe は Mariana を指す。**tão madrugadora como tu**：tão A como B＝B と同じくらい A である。☞10.4.(3)., p.175参照。

342

madrugadora：＜madrugador＝早起きの。**Despacha-te**：despachar-se＝急ぐ。**estando a caminho da casa ...**：estar a caminho de ...＝…へ向かう途中である。

19.1. 直説法・大過去形

形式的には、複合形が2種類、単純形が1種類、合計3種類あります。形式的な違いは主に文体的なものです。

19.2. 直説法・大過去形の活用

大過去形は複合形2種類と単純形とあわせて3とおりの形式が可能です。口語、文語のどちらにおいても、助動詞を ter とする複合形が一般的で、助動詞を haver とする複合形および単純形は主に格式張った文語的文体に用いられます。とくに口語では、助動詞を ter とする複合形に限られます。なお本書で単に直説法・大過去形と言う場合、助動詞を ter とする複合形を指すこととし、必要に応じて助動詞の別、複合形・単純形の別を述べることにします。

(1) 直説法・大過去複合形

直説法・大過去複合形には〔ter の直説法・半過去形＋過去分詞〕の形式と〔haver の直説法・半過去形＋過去分詞〕の形式の2とおりがあります。前者が口語・文語を問わず一般的です。後者は文語的で、反復を避けたい場合など、文体的な要請がある場合に用いられます。[214]

1.sg.	tinha falado	1.sg.	havia falado
2.sg.	tinhas falado	2.sg.	havias falado
3.sg.	tinha falado	3.sg.	havia falado
1.pl.	tínhamos falado	1.pl.	havíamos falado
2.pl.	tínheis falado	2.pl.	havíeis falado
3.pl.	tinham falado	3.pl.	haviam falado

214　13.2. 過去分詞, p.242参照。

大過去・複合形における過去分詞は、つねに男性単数形におかれ、主語の性・数あるいは目的語の性・数に影響を受けません。

(2) 直説法・大過去単純形

直説法・大過去単純形の形式は、直説法・過去形の語幹（2人称単数形から活用語尾 -ste を除いた部分）に、以下の活用語尾を付加することによって得られます。第1活用動詞、第2活用動詞、第3活用動詞、すべてに同じ活用語尾を付加します。

1.sg.	**-ra**	/ ɾɐ | ɾa /
2.sg.	**-ras**	/ ɾɐʃ | ɾas /
3.sg.	**-ra**	/ ɾɐ | ɾa /
1.pl.	**-ramos**	/ ɾɐmuʃ | ɾamus /
2.pl.	**-reis**	/ ɾɐjʃ | ɾejs /
3.pl.	**-ram**	/ ɾɐ̃w̃ /

第1活用動詞

■ **estimar**

1.sg.	estim**a**r**a**	/ iʃtiˈmaɾɐ | estʃiˈmaɾa /
2.sg.	estim**a**r**as**	/ iʃtiˈmaɾɐʃ | estʃiˈmaɾas /
3.sg.	estim**a**r**a**	/ iʃtiˈmaɾɐ | estʃiˈmaɾa /
1.pl.	estim**á**r**amos**	/ iʃtiˈmaɾɐmuʃ | estʃiˈmaɾamus /
2.pl.	estim**á**r**eis**	/ iʃtiˈmaɾɐjʃ | estʃiˈmaɾejs /
3.pl.	estim**a**r**am**	/ iʃtiˈmaɾɐ̃w̃ | estʃiˈmaɾɐ̃w̃ /

第3週 第19日

第2活用動詞

■ **temer**

1.sg.	tem**era**	/ tɨˈmeɾɐ ǀ teˈmera /
2.sg.	tem**eras**	/ tɨˈmeɾɐʃ ǀ teˈmeras /
3.sg.	tem**era**	/ tɨˈmeɾɐ ǀ teˈmera /
1.pl.	tem**êramos**	/ tɨˈmeɾɐmuʃ ǀ teˈmeramus /
2.pl.	tem**êreis**	/ tɨˈmeɾɐjʃ ǀ teˈmerejs /
3.pl.	tem**eram**	/ tɨˈmeɾẽw̃ ǀ teˈmeɾẽw̃ /

第3活用動詞

■ **dividir**

1.sg.	dividi**ra**	/ diviˈdiɾɐ ǀ dʒiviˈdʒira /
2.sg.	dividi**ras**	/ diviˈdiaʃ ǀ dʒiviˈdʒias /
3.sg.	dividi**ra**	/ diviˈdiɾɐ ǀ dʒiviˈdʒira /
1.pl.	divid**íramos**	/ diviˈdiɾɐmuʃ ǀ dʒiviˈdʒiramus /
2.pl.	divid**íreis**	/ diviˈdiɾɐjʃ ǀ dʒiviˈdʒirejs /
3.pl.	dividi**ram**	/ diviˈdiɾẽw̃ ǀ dʒiviˈdʒiɾẽw̃ /

　第2活用動詞の直説法・過去形の幹母音 **-e-** の発音には注意が必要です。規則活用の2人称単数形では **recebeste** / risɨˈbeʃtɨ ǀ xeseˈbestʃi /, **recolheste** / rikuˈʎeʃtɨ ǀ xekoˈʎestʃi /, **comeste** / kuˈmeʃtɨ ǀ koˈmestʃi / に見られるように幹母音の音は / e / です。いっぽう不規則活用の場合、たとえば **fizeste** / fiˈzɛʃtɨ ǀ fiˈzɛstʃi /, **estiveste** / iʃtiˈvɛʃtɨ ǀ estʃiˈvɛstʃi /, **houveste** / oˈvɛʃtɨ ǀ oˈvɛstʃi /, **pudeste** / puˈdɛʃtɨ ǀ puˈdɛstʃi / のように幹母音 **-e-** の音は / ɛ / となります。

　直説法・大過去形の活用においては、直説法・過去形の幹母音の音が保たれるので、規則形においては、**recebera** / risɨˈbeɾɐ ǀ

345

xese'bɐrɐ /, **recolhera** / riku'ʎɛrɐ | xeko'ʎera /, **comera** / ku'mɐrɐ | ko'mera / に見られるように幹母音が / e / ですが、不規則活用の場合 **fizera** / fi'zɐrɐ | fi'zɛrɐ /, **estivera** / iʃti'vɐrɐ | estʃi'vɛrɐ /, **houvera** / o'vɐrɐ | o'vɛrɐ /, **pudera** / pu'dɐrɐ | pu'dɛrɐ / に見られるように幹母音が / ɛ / となります。[215]

19.3. 直説法・大過去形の用法

(1) 過去の基準点より前に実現した状況

　過去の状況がふたつ以上述べられる場合、それらの状況の前後関係、すなわちどちらが先で、どちらが後かという前後関係を示すため、先に実現した状況を大過去で述べます。換言すれば、過去のある時点を基準にして、その基準点より前に実現したことを述べる場合、直説法・大過去形を使います。

Em 1976, a censura já **tinha acabado**.　1976年には、もう検閲はなくなっていました。

O porteiro foi informar a senhora de que já **tinham levado** as malas dela.　門衛がその婦人に、彼女の荷物はもう運び出したと知らせた。

Não sabiam que eu já **tinha ido** ver a mãe do João ao Hotel Central.　連中は、わたしがジョアン君の母上に会いにホテル・セントラルに行ったとは知らなかった。

Quando voltei a casa, o pacote já **tinha chegado**.　家に戻ると小包はもう届いていた。

Quando cheguei ao aeroporto, já o avião **tinha aterrado**.　飛行場に着くと、飛行機はもう着陸していた。

Todos os aviões adiaram as suas partidas, salvo aquele com destino a Santiago que já **tinha saído** conforme o horário.　時刻表どおりすでに出発していたサンティアーゴ行きの飛行機をのぞいて、すべて出発を見合わせていた。

215　補遺—4.1. 活用早見表, p.577参照。

第3週 第19日

A minha mãe perguntou-me de novo a razão da minha atitude, que eu já lhe **tinha explicado** antes.　以前にもう説明したことだが、私がなぜそういう態度をとるか、母がまた訊ねた。

Disse-lhe que vocês **tinham saído** para fazer as compras.　きみたちは買い物に出たと言っておいたよ。

(2)　**過去における経験**

現在を基準にして、すでにある経験があるかどうかについては、ふつう過去形を用いて述べます。いっぽう、過去のある時点からみての経験の有無については大過去形を用いて述べます。

Quando recebi o convite para uma viagem de estudo ao Brasil, fiquei entusiasmadíssimo. Nunca **tinha estado** no Brasil.　ブラジル研修旅行の招待を受け取ったときは嬉しかったですね．ブラジルには行ったことがなかったものですから。

—Já sabia deste episódio?　この話はご存じでしたか。
　—Confesso que nunca **tinha ouvido**.　正直言って聞いたことがありませんでした。
　—Nunca **tinha pensado** nisso.　いままで考えてみたこともありませんでした。

N.B.　現在の視点からみた経験は直説法・過去形で表現し、[216] 過去の経験は直説法・大過去形で表現します。ときに区別が紛らわしい場合もありますが、表現している事情、すなわち意味が異なります。

216　15.4. 直説法・過去形の用法, p.283参照。

例1：
■経験
　—Conhece o famoso quadro de Picasso, "Guernica"?　ピカソの有名な絵『ゲルニカ』をご存じですか。
　—Já o **vi** em Paris.　パリで見たことがあります。

■過去の経験
　—Já conhecia o famoso quadro de Picasso, "Guernica", quando visitou Paris?　パリに行ったときには、ピカソの有名な絵『ゲルニカ』をもうご存じでしたか。
　—Conhecia. Já **tinha visto** várias vezes reproduções nos livros. Mas ainda não **tinha visto** o "Guernica" autêntico.
　ええ、本では何度も見たことがありました。でもホンモノの『ゲルニカ』は見たことがありませんでした。

例2：
■経験
　— Já **viu** este filme?　もうこの映画を見ましたか。
　— Não, nunca **vi**.　いいえ、見たことがありません。
　— Não, ainda não **vi**.　いいえ、まだ見ていません。

■過去の経験
　— Ainda não **tinha visto** este filme?　この映画を見たことがなかったんですか。
　— Não, nunca o **tinha visto**. (＝Já o vi.)　ええ、見たことがありませんでした（もう見た）。

(3) 慣用句・表現

願望をあらわす感嘆詞として以下のような大過去単純形、あるいは大過去単純形を含む慣用句が用いられます。

　— Vou ajudá-lo a resolver o problema.　その問題の解決に手を貸してあげましょう。
　— **Tomara！**　本当ですか（そうして下さると有り難いです）。

— Amanhã vou à minha terra.　あした帰省するんだ。
　— **Quem me dera !**　羨ましいな（僕もそうできたらいいんだが）。
— **Quem me dera** ter outra vez vinte anos !　また二十歳に戻れればいいんだけどなあ！

19.4．名詞節の機能
(1)　que の導く節

接続詞の que, 指示詞＋que，関係代名詞 que に導かれた節は、名詞節として複文においてさまざまな機能を果たします。[217]

■主語

É certo *que o vulcão entrou em erupção no passado remoto.*　遠い昔にその火山が爆発したことは確かだ。

■直接目的語

Pensei *que a vida dele era muito feliz.*　彼が幸福な人生を送っているものと思った。

■間接目的語

Comunicámos | Comunicamos o programa *aos que estavam presentes na reunião.*　会合の出席者には予定を知らせました。

■前置詞の目的語

Informo-o de *que a autorização já foi concedida.*　許可がおりたことをお知らせします。

■補語

O problema fundamental é *que há, entre nós, uma relutância em corrigir imediatamente os erros.*　基本的な問題は我々のなかには、間違いを直ちにただそうとするやる気の欠如がみられることだ。

217　28.1., (2) a), p.522, 10.6., p.180, 11.2., p.196参照。

(2) 疑問詞の導く節

直接目的節が疑問詞（疑問代名詞、疑問形容詞、疑問副詞）によって導かれる場合です。節内の動詞が前置詞をとる場合、前置詞は必ず節の先頭に置きます。

■ Que/o que

Perguntou-me *o que é que dizia do clima das ilhas*. 島嶼地方の気候をどう思うか私に訊ねた。

Ele não sabe *o que é que deve esclarecer*. 彼は何をはっきりさせればよいのか分かってない。

■ Quem

Não sabia *quem tomara a iniciativa daquele programa*. あの計画を主導したのが誰かは知らなかった。

Ignoramos *de quem é que depende a decisão*. 決定は誰が下しているのか我々には分からない。

Sei muito bem *de quem é que ela gosta*. 彼女は誰が好きなのか私は良く知ってる。

■ Qual

O homem recusou explicitar *qual o motivo do homicídio*. 男は何が理由で凶行に及んだかの説明を拒んだ。

■ Que＋名詞句

Ontem deixei claro *a que horas deviam aparecer*, mas não respeitaram o compromisso. 何時に来るようにと、昨日ははっきり言っておいたのに、約束を守ろうとしなかった。

A velha senhora indicou *que caminho devia seguir o cavalheiro*. 老女はどの道を行くべきか騎士に示した。

■ como

O senhor José nunca me explicou claro *como ele tinha conseguido transferir tanta fortuna do estrangeiro para a sua terra*, aliás na época confusa do pós-guerra. どのよう

にしてあれほどの大財産を外国から故郷へ、それも戦後の混乱時に、うまく移すことができたのか、ジョゼーさんは、はっきり私に説明したことがなかった。

■ **quando**

O rapaz tornou a telefonar à minha filha para saber ***quando*** *é que devia entregar o trabalho.* その青年はふたたび私の娘に電話していつ仕事を渡すべきかを訊ねた。

■ **onde**

Diz-me ***onde*** *é que estavas.* どこに居たのか言ってごらん。

■ **porque**

Queres explicar-me ***porque*** *é que sais a esta hora?* なぜこんな時間に外出するのか説明してくれるかね。

19.5. 話法

話者が自称(eu, nós, etc.)、対象(você, o senhor, etc.)あるいは他称(ele, ela, etc.)の思考・発話を伝達する時、伝達の仕方によって直接話法、間接話法および自由間接話法に分けます。

(1) 直接話法

話者が、思考・発話などの伝達内容を、直接引用する場合。ただしその内容を完全に再現することは不可能ですから、被伝達部は多かれ少なかれ伝達者の解釈を経たものになることは言うまでもありません。

O João disse:—Ela vai preparar tudo. ジョアンは「彼女がすべて準備するはずだ」と言った。

Eu já te disse:—Eu não vou contigo a Lisboa. 「君とリスボンにはいかない」と、もう言ったよ。

A Maria não se atreveu a reproduzir textualmente as palavras insolentes do patrão, afirmando à Paula apenas o essencial:—Ah, ele esqueceu-se do seu pedido. マリーア

は店主の傲慢な言葉を敢てそのまま繰り返してみせようとはせず、パウラには「あなたが頼んだことを彼は忘れちゃったのよ」と要点のみを言った。

(2) **間接話法**

話者が、思考・発話などの伝達内容を、話者の解釈を経て間接的に引用する場合。

O João disse que ela ia preparar tudo. ジョアンは彼女がすべて準備を整えるはずだと言った。

Eu já te disse que não ia contigo a Lisboa. きみには、一緒にリスボンに行くつもりはないともう言ったよ。

A Maria não se atreveu a reproduzir textualmente as palavras insolentes do patrão, afirmando à Paula apenas o facto | fato essencial de que ele se tinha esquecido do pedido dela. マリーアは店主の傲慢な言葉を敢てそのまま繰り返してみせることはせず、パウラには店主が彼女の頼みを忘れていたと言う要点のみを言った。

(3) **自由間接話法** [218]

伝達の方法としては間接話法とほぼ同じですが、形式的には、(i)伝達動詞を欠く、(ii)間接話法あるいは直接話法における時称の一致が基本的に維持される、(iii)直接話法の句読点（疑問符、感嘆符）が維持される、などの特徴があります。話者・筆者がきわめて自由に描写を行うことができ、文学作品における人物の心理描写の表現にはとりわけ頻用される話法です。

■**直接話法**

O Ricardo, indeciso, perguntou a si próprio：—Posso aceitar as palavras dela？ リカルドは躊躇って自問した。
「彼女の言葉を真に受けていいんだろうか」

---
218 描出話法とも言います。

第3週 第19日

■**間接話法**

O Ricardo, indeciso, perguntou-se a si próprio, se ele podia aceitar as palavras dela.　リカルドは彼女の言葉を真に受けていいものかと、戸惑って自問した。

■**自由間接話法**

O Ricardo, indeciso, perguntou a si próprio : Podia aceitar as palavras dela?　リカルドは戸惑って自問した。彼女の言葉を真に受けていいんだろうか。

19.6. 話法の転換 — 1

　主文の伝達動詞すなわち主節動詞の時称と、従属節における動詞の時称が一致します。間接話法で述べられる内容は、伝達者の解釈を経るため、多くの可能性があります。しかしながら、一般に以下のような原則を知っておくことが有効でしょう。

a)　**主節動詞が直説法・現在形**：従属節の動詞〔直説法・現在形→直説法・現在形〕

O João **diz**:—Ela **vai** preparar tudo.　ジョアンは「彼女がすべて準備してくれる」と言う。☞ O João **diz** que ela **vai** preparar tudo.　ジョアンは、彼女がすべて準備してくれると言う。

b)　**主節動詞が直説法・過去形**：従属節の動詞〔直説法・現在形→直説法・半過去形〕

O João **disse**:—Ela **vai** preparar tudo.　ジョアンは「彼女がすべて準備してくれる」と言った。☞ O João **disse** que ela **ia** preparar tudo.　ジョアンは、彼女がすべて準備してくれると言った。

c) **主節動詞が直説法・過去形**：従属節の動詞 〔直説法・過去形→直説法・大過去形〕

O João **disse**：—Ela **preparou** tudo.　ジョアンは「彼女がすべて準備した」と言った。☞ O João **disse** que ela **tinha preparado** tudo.　ジョアンは、彼女がすべて準備してくれたと言った。

19.7. 練習問題(19)

Ⅰ．以下の文のかっこ内の不定詞のうち実線の下線を付してあるものは直説法・過去形に、破線の下線を付してあるものは直説法・半過去形に、何もない場合は直説法・大過去形に正しく活用させて全文を書き、日本語に訳しなさい。

1．—Já (saber) o que é que (acontecer)?

2．—Nunca (ouvir) o mirandês.

3．Quando eu (chegar) atrasado à sala de aula, o professor (começar) a ditar um texto.

4．Quando a Luísa (adormecer) já (passar) das duas horas e meia da madrugada.

5．Nós (passar) dificuldades antes de ter chegado à pátria em 1976.

6．—Já na semana passada, lhe (dizer) que era urgente, não tinha?

7．—Sinceramente, nunca (pensar) que a situação (ir) agravar-se tanto.

8．A publicação já (ser) suspensa quando o novo presidente (tomar) posse.

9．(ser) dez e meia quando eu (reparar) que ela já (ir-se) embora.

第3週 第19日

10. O responsável do governo (declarar) que todos os documentos (ser) devidamente analisados.

II. 例に従って以下の2文 a), b) を1文にまとめ、日本語に訳しなさい。

例：a) O professor disse.　　b) A vida é difícil.
☞ O professor disse que a vida era difícil.　先生は人生は難しいものだと言った

1. a) Eu pensei.　　b) Ela é interesseira.
2. a) Vocês perguntaram.
   b) Temos de comprar este livro?
3. a) Não ||precisaram de | precisaram|| confirmar.
   b) O edifício foi demolido.
4. a) Todos nós sabíamos.
   b) A autorização vai chegar daqui a oito dias.
5. a) O pai perguntou-me.
   b) Quando foste ver o João?

III. 以下の日本語をポルトガル語に訳しなさい。
1. 本物のピザは食べたことがなかった。
2. 子供の頃にロンドンにいたと彼は言った。
3. 家に着いたらちょうど弟が出かけたところだった。
4. またリオで生活したいものだなあ。
5. 昨日は僕らがレストランに着いたら、彼がもう来ていて、ひとりでビールを飲んでいた。

翻訳のヒント：本物の＝autêntico
　　（解答例　p.681参照）

第20日

20.0. 読解

　Quando o homem chegou ao café um pouco atrasado, já tinha passado das seis horas da tarde. Começava a escurecer. A ventania que batia na janela prenunciava uma noite muito fria. Tomou um café e olhou para o relógio. Eram quase seis e meia. O maestro iria aparecer, tinha a certeza. Foi ele que lhe tinha pedido o encontro para conversar sobre um projecto de uma peça musical e o maestro tardava em aparecer. O poeta começava a ficar preocupado. Porque seria que ainda não tinha chegado? Ter-lhe-ia acontecido alguma coisa? Levantou-se e foi ao balcão fazer uma chamada. Enquanto o telefone tocava, pensou: «Será que me enganei no dia ou na hora?» Do outro lado da linha respondeu a senhora D. Rita, muito simpática, dizendo que ele já tinha saído de manhã para tratar de um assunto com uma editora e que à tarde iria falar com o poeta. Ficou sossegado. O maestro chegaria dali a pouco. Ao desligar o telefone deparou-se com o Maestro Pinto, sorridente, acenando-lhe da porta do café.

　☞日本語訳は巻末，722ページ参照。**já tinha passado das seis horas**：passar は非人称動詞として使われている。passar de ...＝時を過ぎる。☞14.1. 非人称動詞, p.264参照。**Começava a escurecer**：動詞 escurecer は非人称動詞。**olhar para**：…を見る。**Foi ele que ...**：強調構文, 20.8. 参照。**projecto**：projecto｜projeto.

第 3 週 第20日

foi ao balcão fazer：ir a＋場所＋不定詞＝～しに（場所）へ行く。
Porque ...：porque｜por que. 以下、alguma coisa？まで自由間接話法。☞19.5. 話法, p.351参照。**Ter-lhe-ia acontecido**：☞24.3. 直説法・複合過去未来形, p.448参照。この文脈では過去の状況に関する推量をあらわす。直接話法なら直説法・複合未来形で "Ter-lhe-á acontecido ...?" となる。☞21.1. 直説法・複合未来形, p.380参照。
Será que ...：疑問をあらわす。☞16.7. 蓋然性の表現(2) b, p.305参照。**Levantou-se**：levantar-se＝立ち上がる。☞13.5. 再帰代名詞, p.254参照。**me enganar no dia**：enganar-se em...＝…について間違える。**tratar de um assunto**：tratar de ...＝…を処理する。**O maestro chegaria dali a pouco.**：伝達動詞を欠いた自由間接話法の例。20.6. p.365参照。**Ao desligar o telefone**：ao＋不定詞＝～したとき；～する際。☞17.3. 不定詞(2) d) N.B., p.319参照。

20.1. 直説法・過去未来形

不定詞に以下の活用語尾を付加します。第 1 活用動詞、第 2 活用動詞、第 3 活用動詞、すべてに同じ活用語尾を付加します。直接法・過去未来形は、第 2 活用動詞、第 3 活用動詞の直説法・半過去形の活用語尾と同じです。[219] ポルトガルの規範文法では条件法という叙法範疇に分類されています。

1.sg.	**-ia**	/ˈiɐ｜ˈia /
2.sg.	**-ias**	/ˈiɐʃ｜ˈias /
3sg.	**-ia**	/ˈiɐ｜ˈia /
1.pl.	**-íamos**	/ˈiɐmuʃ｜ˈiamos /
2.pl.	**-íeis**	/ˈiɐjʃ｜ˈiejs /
3pl.	**-iam**	/ˈiɐ̃w̃ /

219　7.3. 直説法の時称体系, p.104参照。

第1活用動詞

■ estimar

1.sg.	estimar**ia**	/ iʃtimeˈɾiɐ ǀ estʃimaˈria /
2.sg.	estimar**ias**	/ iʃtimeˈɾiɐʃ ǀ estʃimaˈrias /
3.sg.	estimar**ia**	/ iʃtimeˈɾiɐ ǀ estʃimaˈria /
1.pl.	estimar**íamos**	/ iʃtimeˈɾiɐmuʃ ǀ estʃimaˈriamus /
2.pl.	estimar**íeis**	/ iʃtimeˈɾiɐjʃ ǀ estʃimaˈriejs /
3.pl.	estimar**iam**	/ iʃtimeˈɾiɐ̃w̃ ǀ estʃimaˈriɐ̃w̃ /

第2活用動詞

■ temer

1.sg.	temer**ia**	/ timiˈɾiɐ ǀ temeˈria /
2.sg.	temer**ias**	/ timiˈɾiɐʃ ǀ temeˈrias /
3.sg.	temer**ia**	/ timiˈɾiɐ ǀ temeˈria /
1.pl.	temer**íamos**	/ timiˈɾiɐmuʃ ǀ temeˈriamus /
2.pl.	temer**íeis**	/ timiˈɾiɐjʃ ǀ temeˈriejs /
3.pl.	temer**iam**	/ timiˈɾiɐ̃w̃ ǀ temeˈriɐ̃w̃ /

第3活用動詞

■ dividir

1.sg.	dividir**ia**	/ dividiˈɾiɐ ǀ dʒividʒiˈria /
2.sg.	dividir**ias**	/ dividiˈɾiɐʃ ǀ dʒividʒiˈrias /
3.sg.	dividir**ia**	/ dividiˈɾiɐ ǀ dʒividʒiˈria /
1.pl.	dividir**íamos**	/ dividiˈɾiɐmuʃ ǀ dʒividʒiˈriamus /
2.pl.	dividir**íeis**	/ dividiˈɾiɐjʃ ǀ dʒividʒiˈriejs /
3.pl.	dividir**iam**	/ dividiˈɾiɐ̃w̃ ǀ dʒividʒiˈriɐ̃w̃ /

20.2. 不規則動詞 dizer, fazer, trazer の活用

　直説法・過去未来形に不規則な活用を持つ動詞は、dizer, fazer, trazer です。以下のとおり、不定詞から -ze- を取り除いて得られた語幹に直説法・過去未来形の活用語尾を付加することによって得られます。

dizer → dir-
fazer → far- ＋活用語尾
trazer → trar-

	dizer	**fazer**	**trazer**
1.sg.	dir**ia**	far**ia**	trar**ia**
2.sg.	dir**ias**	far**ias**	trar**ias**
3.sg.	dir**ia**	far**ia**	trar**ia**
1.pl.	dir**íamos**	far**íamos**	trar**íamos**
2.pl.	dir**íeis**	far**íeis**	trar**íeis**
3.pl.	dir**iam**	far**iam**	trar**iam**

20.3. 内接辞をともなう形式 ― 2

　直説法・過去未来形と代名詞の斜格がともに用いられる場合、代名詞は前接辞あるいは後接辞とはならず、動詞の語幹と活用語尾にはさまれ、ハイフンで前後を連結した形の内接辞となります。ただし、語頭が母音で始まる代名詞 (o, os, a, as) を内接辞とする場合は、語幹の末尾にある -r を削除し、ハイフンを介して代名詞は lo, los, la. las の形にして接続します。第1活用・第2活用動詞の幹母音にアクセント記号を付けます。語頭が子音で始まるその他の代名詞が内接辞となる場合は、語幹は変化せず、代名詞の形も変化しません。以下に斜格（男性・対格・単数形および与格・単数形）を例にした活用表を挙げます。その他の代名詞の場合もこの例に準じます。

ポルトガル語四週間

	第1活用	第2活用	第3活用
1. sg.	estimá-**lo**-ia	temê-**lo**-ia	dividi-**lo**-ia
2. sg.	estimá-**lo**-ias	temê-**lo**-ias	dividi-**lo**-ias
3. sg.	estimá-**lo**-ia	temê-**lo**-ia	dividi-**lo**-ia
1. pl.	estimá-**lo**-íamos	temê-**lo**-íamos	dividi-**lo**-íamos
2. pl.	estimá-**lo**-íeis	temê-**lo**-íeis	dividi-**lo**-íeis
3. pl.	estimá-**lo**-iam	temê-**lo**-iam	dividi-**lo**-iam

	第1活用	第2活用	第3活用
1. sg.	estimar-**lhe**-ia	temer-**lhe**-ia	dividir-**lhe**-ia
2. sg.	estimar-**lhe**-ias	temer-**lhe**-ias	dividir-**lhe**-ias
3. sg.	estimar-**lhe**-ia	temer-**lhe**-ia	dividir-**lhe**-ia
1. pl.	estimar-**lhe**-íamos	temer-**lhe**-íamos	dividir-**lhe**-íamos
2. pl.	estimar-**lhe**-íeis	temer-**lhe**-íeis	dividir-**lhe**-íeis
3. pl.	estimar-**lhe**-iam	temer-**lhe**-iam	dividir-**lhe**-iam

	dizer	**fazer**	**trazer**
1. sg.	di-**lo**-ia	fá-**lo**-ia	trá-**lo**-ia
2. sg.	di-**lo**-ias	fá-**lo**-ias	trá-**lo**-ias
3. sg.	di-**lo**-ia	fá-**lo**-ia	trá-**lo**-ia
1. pl.	di-**lo**-íamos	fá-**lo**-íamos	trá-**lo**-íamos
2. pl.	di-**lo**-íeis	fá-**lo**-íeis	trá-**lo**-íeis
3. pl.	di-**lo**-iam	fá-**lo**-iam	trá-**lo**-iam

1. sg.	dir-**lhe**-ia	far-**lhe**-ia	trar-**lhe**-ia
2. sg.	dir-**lhe**-ias	far-**lhe**-ias	trar-**lhe**-ias
3. sg.	dir-**lhe**-ia	far-**lhe**-ia	trar-**lhe**-ia
1. pl.	dir-**lhe**-íamos	far-**lhe**-íamos	trar-**lhe**-íamos
2. pl.	dir-**lhe**-íeis	far-**lhe**-íeis	trar-**lhe**-íeis
3. pl.	dir-**lhe**-iam	far-**lhe**-iam	trar-**lhe**-iam

第3週 第20日

20.4. 内接辞の用法

　内接辞は基本的に文語において、直説法・未来形および直説法・過去未来形において用いられます。ブラジルのポルトガル語では、無強勢代名詞は後接辞として動詞の前におかれるのが原則ですから、内接辞は文語においてもまれにしか見られません。以下具体的な現れかたについて概観します。

(1) **代名詞が対格形の場合：**

　Quando tiver tempo, **escreverei** uma longa carta ao senhor Antunes.　時間があれば私がアントゥネスさんに長い手紙を書くつもりです。

　☞ Quando tiver tempo, **escrevê-la-ei** ao senhor Antunes.

　Só os interessados **tentariam** o novo sistema.　興味のある人しか新システムを試してみないだろう。

　☞ Só os interessados **tentá-lo-iam**.

　Os guardas **fechariam** as portas para evitar a confusão.　守衛たちは混乱を避けるためドアを閉めることになろう。

　☞ Os guardas **fechá-las-iam** para evitar a confusão.

(2) **代名詞が与格形の場合：**

　Embora as imagens sejam escandalosas, **dariam** uma forte impressão ao público.　写真はスキャンダラスなものだが、大衆にはきわめて強い印象を与えることだろう。

　☞ Embora as imagens sejam escandalosas, **dar-lhe-iam** uma forte impressão.

　O dinheiro **seria entregue** à minha filha.　そのお金は私の娘に渡されることになろう。

　☞ O dinheiro **ser-lhe-ia entregue.**

20.5. 直説法・過去未来形の意味・用法

直説法・過去未来形は、以下の(1)と(2)で述べるように、大きく分けて、ふたつの異なる状況をあらわします。両者には、一見したところ共通する意味がないので、区別して考えるのが適当です。

(1) 過去の推量

過去のある基準点からみて、同時的あるいはそれより後に実現すると思われた状況を述べます。基本的に推量の表現です。

a) 典型的な前後関係を示す場合

Terminadas as eleições, o resultado definitivo **tornar-se--ia** público na manhã do dia seguinte. 選挙が終われば、最終結果は翌日の朝に公になるはずだった。

Pensei que a Catarina não o **abandonaria**. Mas enganei--me. カタリーナがその男を見捨てることはないだろうと私は思ったのだが、それは私の思い違いだった。

b) 過去のある時点からみて、その基準点と同時的な状況について推量を表現します。直説法・未来形が、現在の視点からみた推量の意味をあらわすのと同様で、この意味において、未来形と過去未来形には並行関係がみられます。

Naquele tempo, a minha filha **teria** uns dez anos. 当時私の娘は十歳くらいだったろう。

Quando o grande terramoto atingiu a capital, o meu pai **andaria** na escola primária. 首都が大地震に見舞われた時、私の父は小学生だったはずだ。

自由間接話法において、よく用いられます。[220]

De repente tocou o telefone. Quem **seria**? Quem é que me **chamaria** àquela hora? 突然電話が鳴った。誰だろう。こんな時間に僕に電話してくるなんて。

---

[220] 19.5. 話法(3), p.352参照。

解説：この例ではたとえば以下のような直接話法をもとにしています。直説法・未来と直説法・過去未来の並行関係に留意しましょう。

c.f. De repente tocou o telefone. Ele pensou: «Quem **será**? Quem é que me **chamará** a esta hora?»　突然電話が鳴った.「いったい誰だろう。こんな時間に僕に電話してくるなんて」と思った

(2) 可能性

ある条件・仮定に対する帰結として、実現しうる状況を述べます。これは、仮定が se の導く副詞節によって明示されることもあれば、他の方法によって示される場合もあります。[221]

a) 文脈によって以後の結果が推測される場合

Após a imposição de sanções, o exemplo **constituiria** um precedente nos casos análogos.　制裁を加えたあとは、これが同様のケースの前例となるであろう。

解説：この例では「制裁を加える」ということはあくまでも仮定としてとらえられており、「もしこれが現実となれば」、という条件のもとに、その帰結となりうる状況 constituir が、過去未来形を用いて、ひとつの可能性として提示されています。

Regressadas de férias, muitas famílias **arrepender-se-iam** da viagem por que optaram.　休暇から帰った家族の多くが、自分で選んだ旅行のことを後悔することになるだろう。

---

[221] 18.3. 直説法・半過去の用法(5), p.333、24.5. 条件節と帰結節, p.452参照。

解説：この例では、たとえば目指した観光地の設備などが劣悪だということが既知の事実である場合、「もしそんなところで休暇をすごせば」という仮定に対して、予想される結果は、ひとつの可能性として動詞 arrepender-se の過去未来形によって述べられています。

O João, que ferve em pouca água, logo me **chamaria** para desabafar tudo. 気の短い、あのジョアンだったら、即電話してきて、ぜんぶ私にぶちまけるだろう。

解説：この例では、たとえばある問題がおこっている場合に、もしも、「あの短気のジョアンが当事者だったら」という仮定から予想される結果が、可能性の表現として、過去未来形 chamaria によってあらわされています。

b) 直説法・現在の代用として、希望などを婉曲に表現します。話し相手を主語にした疑問文は丁寧な依頼の意味をあらわします。一種の丁寧語法ですが、「もし……できれば」という仮定を踏まえたうえで、「〜するところなのだが」という帰結の部分が独立した表現と解釈されます。[222]

Poderia explicar-me como é que devo escrever？ どうやって書いたらよいのか説明していただけませんか。

Suponhamos que eu quero dar a entender que a comida já é suficiente. Como é que **diria** neste caso em japonês？ たとえば食事がもう十分であると相手に分かってもらいたい、としましょう．こういうとき日本語で何と言ったらよろしいのでしょうか。

Gostaria de lhe apresentar um amigo meu. 私の友人をご紹介申し上げましょう。

---
[222] 直説法・未来を用いた疑問文よりもいっそう丁寧な感じを与えます。16.7．蓋然性の表現(2) b), p.304参照。

第3週 第20日

Desejaria fazer-lhe uma sugestão interessante. ひとつ興味深いサジェスチョンを差し上げましょう。

直説法・過去未来形は文語的な格式張った印象を与えるため、このような婉曲表現においては、一般に、日常的な口語では直説法・半過去形で置き換えられます。特に quereria は同様の音の反復を含むことから、語呂が悪く「耳障りな語」として退けられ、直説法・半過去形 queria しか用いられません。

Gostava de te pedir um favor. ひとつお願いしたいんだけど。

Ah, eu **agradecia** muito! そうしていただければ大変にありがたいです。

Desejava um copo de água. 水を一杯いただきたいのですが。

Queria um café. コーヒーを一杯いただきたいんですが。

Ó João! Não **valia** a pena procurares a borracha. **Compravas** uma nova! ジョアン君、消しゴムを捜しても仕方ないよ。新しいのを一個買えばいいのに。

20.6. 話法の転換 — 2
被伝達部の平叙文で直説法・未来形が用いられる場合。
a) **主節動詞が直説法・現在形**：従属節の動詞〔直説法・未来形➡直説法・未来形〕

時称の一致の規則に従って、伝達動詞が直説法・現在形の場合は直接話法を間接話法に変換したのちも従属節内で直説法・未来形はその形を保ちます。

Diante do túmulo do compositor, a Maria **jura**:—**Farei** uma reportagem sobre ele. その作曲家の墓前でマリーアは「彼のルポルタージュを作ろう」と誓う。

Diante do túmulo do compositor, a Maria **jura** que **fará** uma reportagem sobre ele.　その作曲家の墓前でマリーアは彼のルポルタージュを作ろうと誓う。

b)　**主節動詞が直説法・過去形**：従属節の動詞〔直説法・未来形➡直説法・過去未来形〕

Diante do túmulo do compositor, a Maria **jurou**：—**Farei** uma reportagem sobre ele.　その作曲家の墓前でマリーアは「彼のルポルタージュを作ろう」と誓った。

Diante do túmulo do compositor, a Maria **jurou** que **faria** uma reportagem sobre ele.　その作曲家の墓前でマリーアは彼のルポルタージュを作ろうと誓った。

20.7. 動詞迂言表現

直説法・過去未来形、直説法・半過去形でしばしば用いられる特徴的な動詞迂言表現があります。[223]

■ **iria＋不定詞**

主文の動詞が過去形で、その従属節内においてしばしばみられます。

Ele disse que **iria participar** na reunião.　彼は会議に参加するつもりだと言った。

解説：この例では、直接話法での表現、Ele disse：«**Irei participar na reunião.**» を間接話法に変換した結果と理解されます。

Quando ela chegou a casa eram seis da tarde. **Pensou que iria cumprimentar** primeiro a avó que descansava no seu quarto, mas foi buscar um livro na estante e começou a ler.
　彼女が家に戻ると午後六時だった。まず部屋で休んでいる祖母に挨拶をしようと思ったのだが、本立ての所に本を探しに行って本を読み始めてしまった。

---

[223] 18.3. 直説法・半過去の用法(9), p.331参照。

第3週 第20日

■ haveria de ＋不定詞

蓋然性、意志など、〔haver de ＋不定詞〕の形式に固有の意味をあらわします。

O procurador dele enviou o documento, sabendo que ela **haveria de gostar**. 代理人は、彼女が気に入るにちがいないとわかっていたので、その書類を送ったのだ。

■ havia de ＋不定詞

上記〔haveria de ＋不定詞〕と同様ですが、過去未来形ほど格式張った表現ではありません。

A mulher do João nem queria saber o que a irmã do marido **havia de fazer**. ジョアンの妻は、夫の妹が何をしようという気なのかは知りたくもなかった。

解説：この場合 havia de fazer ではなく、faria とすると、前者ではより名詞節の主語、夫の妹の意志が明確になるほかは大きな違いはありません。いっぽう fazia とすると、主文の主語ジョアンの妻はすでに夫の妹が何かをしていて、それに感づいている場合によりふさわしい表現となります。

■ deveria ter ＋過去分詞

直説法・過去未来形、あるいは〔iria ＋不定詞〕の形式は、過去のある時間からみて時間的に後に状況を位置づけますが、これに dever の「〜すべき」という義務の意味が付加したものです。直説法・半過去形を用いる〔devia ＋ ter ＋過去分詞〕よりも、文語的で婉曲な表現です。

Quando cheguei a casa, **deveria ter cumprimentado** primeiro a mãe, como de costume. Mas fui buscar um livro ao meu escritório, ficando a lê-lo algumas horas. 家に着いたとき、普段どおり、まず母に挨拶をすべきだった。が、書斎に本を捜しに行ったまま数時間それを読みふけってしまったのだ。

20.8. 強調構文 «é ... que ...»

平叙文において、述語動詞以外の統語的な要素、たとえば主語、目的語、副詞句、などを é ... que で囲んで文頭におくことにより、その要素を強調することができます。なお «é ... que» における ser 動詞の時称は一般に que 節内の動詞の時称に一致します。

Ele envia-me um livro.　彼は私に本を送ってくれる。

☞ **É** ele **que** me **envia** um livro.　私に本を送ってくれるのは彼だ。

Ele enviava-me um livro.　彼は私に本を送ってくれたものだ。

☞ **Era** ele **que** me **enviava** um livro.　私に本を送ってくれるのは彼だった。

Ele enviar-me-ia um livro.　彼は私に本を送ってくれるはずだった。

☞ **Seria** ele **que** me **enviaria** um livro.　私に本を送ってくれるのは彼のはずだった。

Ele enviar-me-á um livro.　彼は私に本を送ってくれるだろう。

☞ **Será** ele **que** me **enviará** um livro.　私に本を送ってくれるのは彼だろう。

文の構成要素は、話者の意図によって、以下のとおり強調して表現することができます。

Ele enviou-me cuidadosamente um livro num envelope.　彼は封筒に入った本を私あて一冊念入りに送ってくれた。

・«Ele» を強調する ☞ **Foi** ele **que** me enviou cuidadosamente um livro num envelope.　封筒に入った本を一冊念入りに私あて送ってくれたのは彼だった。

第3週 第20日

- «um livro» を強調する☞ **Foi** um livro **que** me enviou cuidadosamente num envelope.　封筒に入れて彼が念入りに私あて送ってくれたのは、本が一冊だった。
- «num envelope» を強調する☞ **Foi** num envelope **que** ele me enviou cuidadosamente um livro.　彼が私あてに念入りに本を一冊おくってくれたのは、封筒に入れた状態で、であった。
- «cuidadosamente» を強調する☞ **Foi** cuidadosamente **que** ele me enviou um livro num envelope.　彼が封筒に入った本を一冊私あて送ってくれたときの様子は、念入りだった。

以下のような強調の方法も可能です。[224]

O que ele me enviou cuidadosamente num envelope **foi** um livro.　彼が封筒に入れて念入りに私に送ってくれたものは、一冊の本であった。

Quando acordei **eram** cinco da manhã.　目が覚めたのは朝5時だった

20.9. 時称のまとめ ─ 1：直説法時称(1)

時称は形態的な特徴によって分類され、それぞれの範疇に、現在形（第8日）、過去形（第15日）、未来形（第16日）、半過去形（第18日）、大過去形（第19日）、過去未来形（第20日）などの名称が与えられています。時称の基本的機能は問題となる状況を時間的に位置づけることです。

224　節を導く接続詞が省かれる場合もあります。規範的には破格ですが、口語では頻繁に用いられます。例1：Cuidadosamente, enviou-me **foi** um livro num envelope. 入念に彼が私におくってきたものは封筒に入れた本が一冊だった　例2：Acordei **eram** cinco da manhã. 目が覚めたら五時だった　例3：O rei achava que o povo precisava **era** de muito vinho. 王は人々に必要なのは大量の酒だと思っていた。

時間の経過を観察する場合、基準点を発話時において前後関係をみる場合と、基準点を過去のある時点において前後関係をみる場合とがあります。前者を現在の時間軸における前後関係と定義すれば、後者は過去の時間軸における前後関係と定義できます。時間軸上での位置づけ機能に焦点をあて、対となる2時称を対照的に観察すると、時称の機能を体系的に理解することが容易になるでしょう。

(1) 直説法・過去形と直説法・半過去形

 直説法・過去形と半過去形は時称の名称としては「過去」という共通項を持っていますが、時間軸上での位置づけという観点からは、異なった役割を果たしています。それぞれを同じ時間軸上で対となる時称と対照してみましょう。

a) 直説法・過去形と直説法・現在形：現在の時間軸上で

 発話の時点を基準にした場合：直説法・過去形と直説法・現在形によって、基準点のおかれている現在の時間軸における前後関係、すなわち、発話時と同時的か、発話時より前か、という点で対照をなします。以下、発話時と同時的かそれより前かという意味特徴を【＋同時】、【－同時】によって示します。また、現在の時間軸に基準点をおいていることを【＋現在】であらわすことにします。

■現在の時間軸上【＋現在】での対照

 基準点：発話時

・過去形	・現在形
【－同時】 ———	【＋同時】
Ontem ele **estudou**.	Agora ele **estuda**.
昨日彼は勉強した	今彼は勉強している

第3週　第20日

　基準点と同時的といっても、直説法・現在形は状況が時間的な幅をもって実現することを示します。状況の実現をより瞬間的に切り取って示す進行相は、estar の直説法・現在形をともなう動詞迂言表現によって可能です。

　Ele está ₍₍**a estudar** | **estudando**₎₎ precisamente neste momento.　彼はちょうど今勉強しているところです

b)　直説法・大過去形と直説法・半過去形：過去の時間軸上で
　過去の時点を基準にした場合：直説法・大過去形と直説法・半過去形によって、基準点のおかれている過去の時間軸における前後関係、すなわち、過去の基準点と同時的か、過去の基準点より前か、という対照をなします。過去の基準点を「«Quando recebi a chamada dela» 私が彼女の電話を受けた時」という副詞節で示すと、以下の例のような対照が見られます。また、過去の時間軸に基準点をおいていることを【−現在】であらわすことにします。

■過去の時間軸上【−現在】での対照
　基準点：Quando recebi a chamada dela, 私が彼女の電話を受けた時
　●大過去形　　　　　　　　　●半過去形
　【−同時】　　　―――――　【＋同時】
　ele já **tinha estudado**.　　　ele **estudava**.
　彼はもう勉強してあった　　　彼は勉強していた

　過去の時間軸上でも、estar の直説法・半過去形をともなう動詞迂言表現により、より瞬間的に状況が実現していることを示すことが出来ます。

　Precisamente quando recebi a chamada dela, ele **estava** ₍₍**a estudar** | **estudando**₎₎.　私が彼女の電話を受けたちょうどその時、彼は勉強しているところでした

N.B. 同じ文脈で直説法・過去形、直説法・半過去形両者ともに可能な場合もありますが、上述の基準点の違いと前後の位置関係の捉え方の差によって、意味の違いがよく理解されるでしょう。たとえば「10年前の夏に」という時点を設定した場合、発話時を基準点に考えて「その作家の本を読む」ということが実現したか否かを述べるとき過去を用います。

 Há dez anos, no Verão | verão, **li** o romance deste autor.　十年前の夏に、この作家の作品を読みました。

 いっぽう「10年前の夏」を過去の基準点として、「その作家の本を読む」ということが当時、同時的に実現していたか否かを述べるのが半過去形です。

 Há dez anos, no Verão | verão, **lia** o romance deste autor (quando descansava na praia).　十年前の夏に(海辺で休んでいるとき)、この作家の作品を読んだものでした。

(2)　直説法・未来形と直説法・過去未来形

　直説法・未来形と直説法・過去未来形は名称として共通の「未来」という語を持っています。これらの2時称は異なる時間軸上でそれぞれ基本時称の直説法・現在形ならびに直説法・半過去形と相対的な並行関係を保っていますので、対照すると意味が明確になります。

 a)　直説法・現在形と直説法・未来形：現在の時間軸上で

　直説法・現在形が発話時を基準点として、同時的に事実とみなされる状況をあらわすのに対して、直説法・未来形は同様に発話時を基準点として、同時的な状況について推量をあらわします。この意味では、直説法・現在形も直説法・未来形も【＋同時】という意味特徴を共有していますが、話者は事実とみなす命題を直説法・現在形で述べるのに対して、非事実を述べるのに直説法・未来形を用いると言えます。以下、話者が事実とみなすか否かという意味特徴を【＋事実】、【－事実】によって示します。

第3週 第20日

■現在の時間軸上【＋現在】での対照
　　基準点：発話時

• 現在形	• 未来形
【＋同時】	【＋同時】
【＋事実】 ———	【－事実】
O rapaz **está** em casa neste momento.	O rapaz **estará** em casa neste momento.
その子は今家にいます	その子は今家にいるでしょう

　話者にとっての非事実を述べるという機能を広く捉えることにより、時間的に基準点より後に実現する可能性がある不確実な状況、予定されている状況を述べることも可能です。いずれも、直説法・現在形が事実を述べるのに対して、未来形が非事実を述べる点で対照的です。

　O rapaz **estará** em casa amanhã.　その子は明日は家にいるでしょう。

　近接未来については〔ir の直説法・現在形＋不定詞〕の形式がよく用いられます。

　O rapaz **vai estar** em casa amanhã.　その子は明日は家にいるでしょう。

b)　直説法・半過去形と直説法・過去未来形：過去の時間軸上で

　直説法・半過去形と直説法・過去未来形との間には、直説法・現在形と直説法・未来形とに見られた意味上の対照が並行して見られます。すなわち、直説法・半過去形が過去のある時点を基準点として、同時的に事実とみなされる状況をあらわすのに対して、直説法・過去未来形は同様に過去のある時点を基準点として、同時的な状況について推量をあらわします。この意味

では、直説法・半過去形も直説法・過去未来形も【＋同時】という意味特徴を共有しています。このふたつの時称は過去のある時点を基準点として、話者がある命題を事実として提示するか推量として提示するかという点で対照的です。たとえば、「«Há dez anos» 10年前に」という過去の時間を基準点とすると、以下のような対照が見られます。

■過去の時間軸上【－現在】での対照

基準点：Há dez anos, 10年前に

● 半過去形　　　　　　　● 過去未来形
【＋同時】　　　　　　　【＋同時】
【＋事実】　　―――　　【－事実】
o meu avô **tinha**　　　 o meu avô **teria**
setenta anos.　　　　　 setenta anos.
祖父は70歳でした　　　 祖父は70歳だったでしょう

　話者にとっての非事実を述べるという機能を広く捉えることにより、時間的に基準点より後に実現する可能性がある不確実な状況、予定されている状況を述べることも可能です。いずれも、直説法・半過去形が事実を述べるのに対して、過去未来形が非事実を述べる点で対照的です。たとえば、過去の基準点に、「«Quando ele entrou, há dez anos, para a universidade» 10年前に彼が大学に入学した時」という時点を設定すれば、それよりもさらに後、たとえば「その年度の第一セメスターの終わり」に実現するはずのことが、過去未来形によって述べられます。これは基準点のおかれている過去の時間軸上で、半過去形と対照的に非事実を述べる機能の延長上で理解されます。

Ele tinha 18 anos quando entrou, há dez anos, para a universidade, mas no fim do primeiro semestre já **teria** 19 anos.　10年前に彼が大学に入学した時18歳だったが、最初のセメスターの終わりには19歳だったはずだ。

第3週 第20日

　基準点より後であることは〔irの直説法・過去未来形＋不定詞〕の形式により、いっそう明確に示されます。

　Quando, há dez anos, ele entrou para a universidade, **iria ter** 19 anos no fim do primeiro semestre.　10年前に彼が大学に入学した時、最初のセメスターの終わりには19歳になったはずだ。

　このように時間軸を移動させて時間軸上の基準点から状況を観察し位置づけるのが時称の役割です。過去、現在の異なる2つの基準点から、相対的に同様の関係をもつ諸状況を観察した以下の例を見ると、その並行関係がよく理解されるでしょう。[225]

■現在の時間軸上での諸状況

　O barco **está** atrasado. A hora da chegada marcada no horário já **passou**, mas o certo é que **está** a caminho e **chegará** ao porto de destino que já se **vislumbra** ao longe.　船は遅れている。時刻表に示された到着時間はもう過ぎていたが、確かなことは、船が航行中で、遠くかすかに見える目的の港に到着するはずだ、ということだ。

■過去の時間軸上での諸状況

　O barco **estava** atrasado. A hora da chegada marcada no horário já **tinha passado**, mas o certo era que **estava** a caminho e **chegaria** ao porto de destino que já se **vislumbrava** ao longe.　船は遅れていた。時刻表に示された到着時間はもう過ぎていたが、確かなことは、船が航行中で、遠くかすかに見える目的の港に到着するはず、ということだった。

225　この考え方は、伝統的な話法の変換規則（19.6., p.353参照）とも合致しています。詳しくは池上（1980）、彌永（1991）参照。

ポルトガル語四週間

　直説法時称のあらわす意味をこのように、対になる2時称の対照にしたがって、いくつかの意味特徴の有無としてとらえると、以下のように記述できます。

直説法時称の意味特徴 ― 1

【±現在】	【±事実】	【±同時】	時称名称	例
＋	＋	＋	現在形	estuda
＋	＋	－	過去形	estudou
＋	－	＋	未来形	estudará
－	＋	＋	半過去形	estudava
－	＋	－	大過去形	tinha estudado
－	－	＋	過去未来形	estudaria

凡例
時間軸：現在【＋】か過去【－】か：【±現在】
叙述する命題に対する話者の認識：事実【＋】か推量【－】か：【±事実】
基準点から見た前後関係：同時的【＋】か前【－】か：【±同時】

20.10. 練習問題⑳

Ⅰ．以下の文のかっこ内の不定詞のうち実線の下線の付してあるものは直説法・大過去形で、二重の下線が付してあるものは直説法・過去形、破線の下線が付してあるものは直説法・半過去形、何もない場合は直説法・過去未来形の正しい活用形に書き換え、各文を日本語に訳しなさい。

1. Eu não (gastar) tanto dinheiro para adquirir um objecto de gosto duvidoso.
2. Os homens (ir) reconstruir a cidade que se tinha transformado em escombros.
3. Quando o primeiro ministro nos (visitar) em 1976, (ser) rara uma ministra.

第3週 第20日

4. Amanhã, não me (convir) muito jantar fora com as visitas. Tenho um compromisso.
5. Alcançada a establidade económica | econômica nos finais dos anos sessenta, os jovens ainda (sonhar) com um futuro cor de rosa.
6. O logista (dizer) que já (enviar) as mercadorias, portanto, (chegar) dali a oito dias.
7. O avião já (chegar). Mas o meu tio (demorar) ainda para deixar a alfândega, porque (vir) sempre carregado de malas.
8. Quando ele (ir) a organizar um grupo de estudo, um colega dele (informar)-o de que o tema de estudo já (ser) apresentado por outro grupo.
9. O pai (pensar) que o rapaz não se (atrever) a pedir a mão da filha.
10. Ninguém (pagar) nem um tostão para o título da companhia em falência.

II. 例に従って以下の文の下線部を代名詞化して書き、あわせて日本語に訳しなさい。

例：O governo daria uma resposta positiva aos trabalhadores?

☞ O governo dá-la-ia aos trabalhadores?
政府は労働者にそれを与えるだろうか

1. O avanço da tecnologia diminuiria estas tarefas em casa?
2. Estas palavras comunicariam, na realidade, ao público a nossa intenção.

3. Esta estrutura poderia mostrar melhor <u>o que se pretende com esta base de dados</u>.
4. Eu pessoalmente não compraria <u>este artigo de segunda mão</u> por este preço.
5. Na reunião, o presidente nunca diria que sim <u>aos membros</u>.

III. 以下の日本語をポルトガル語に訳しなさい。
1. 自動車が壁にぶつかりそうになった。
2. 出来る限りのことをします（fazer の直説法・過去未来形を用いて）。
3. 喫茶店に約束時間より20分遅れて着いたら、彼はもうコーヒーを飲み終えていて、もう一杯注文しようというところだった。
4. その音楽家は日本公演をキャンセルしたら後悔することになろう。
5. 私の先生が今もっとも興味をもってやっていることはデータベースの設計でしょう。

翻訳のヒント：…を後悔する：arrepender-se de …　設計：planeamento | planejamento
　　（解答例　p.683参照）

第21日

21.0. 読解

　Muitas vezes pensamos no papel da inspiração na arte. É ela que nos dá força para criar algo novo. É ela que faz nascer no espírito dos artistas o fogo da paixão. Mas pouco se fala do doloroso caminho de os artistas transformarem as suas ideias num trabalho concreto. Quantos compositores se terão sentado ao piano, horas a fio, desesperados de não poderem apontar as notas que vão brotando dentro de si? Quantos escritores terão registado o texto fugidio nascido no seu espírito, sentindo a frustração pela morosidade da sua pena? As emendas feitas para burilar uma obra, poderiam modificar completamente o que se tinha pretendido no início. E acabam por pensar: «Não é isto o que queria!» Mas há obras elaboradas quase sem nenhuma alteração, fluindo tão naturalmente como a água da fonte. O artista terá concebido desde o princípio a forma definitiva, como um grande escultor dizia, «Apenas mostrei a imagem, pois ela já estava dentro da pedra.»

　☞日本語訳は巻末, p.722参照。**É ela que...**：ela＝a inspiração に焦点をあてた強調構文。☞20.8. 強調構文《... é ... que ...》, p.368参照。**caminho de os artistas transformarem ...**：de 以下が不定詞による名詞節をなす場合、前置詞と冠詞は縮約しません。詳しくは21.5. 参照。**transformarem**：transformar A em B＝A を B に変質させる、変える。**ideias**：ideias｜idéias. **se terão sentado ao piano**：

sentar-se　ao　piano＝ピアノに向かって座る；ピアノに向かう。**horas a fio**：何時間も続けて。**desesperado de não poderem**：desesperado de＋不定詞＝～することに絶望的になって。**registado**：＜registar｜registrar. **burilar**：(文章・表現を)推敲する、手を加える。**acabam por pensar**：acabar por＋不定詞｜acabar＋動名詞。☞15.0. 読解テキストの注, p.276、16.8. 主要な動詞迂言表現, p.305参照。

21.1. 直説法・複合未来形

(1) 形式

直説法・複合未来形には、〔ter (haver)の直説法・未来形＋過去分詞〕の2とおりの形式が可能です。

しかしながら、haverを用いる複合未来形は現代のポルトガル語では、古風体で書くというような、特殊な文体的必要がない限り用いられません。

1.sg.	terei falado	1.sg.	haverei falado
2.sg.	terás falado	2.sg.	haverás falado
3.sg.	terá falado	3.sg.	haverá falado
1.pl.	teremos falado	1.pl.	haveremos falado
2.pl.	tereis falado	2.pl.	havereis falado
3.pl.	terão falado	3.pl.	haverão falado

他の複合形の場合と同様、過去分詞は常に男性単数形におかれ、主語あるいは目的語の性・数に影響を受けることはありません。

(2) 意味

時称に関する意味と、モダリティーに関わる意味との、二つの異なる意味をあらわします。

a) 未来のある時点を基準にして、その基準点より前に完結するはずの状況を述べます。

第3週 第21日

Daqui a seis meses, portanto, no início do novo ano, o construtor **terá concluído** o novo edifício. いまから六ヶ月ののち、来年のはじめには、建設会社は新しい建物を竣工しているだろう。

Quando o próximo avião chegar de Hong Kong, esta pista já **terá sido** limpa. つぎの飛行機が香港から到着する頃には、滑走路はきれいになっているだろう。

Antes de receber a chamada do cliente impaciente, o documento já **terá sido** despachado para o entregar ainda hoje, utilizando o sistema de distribuição rápida. お客さんがいらいらしてかけてくる電話を受ける前に、書類は速配便を使って、今日のうちに渡せるように発送されることになるだろう。

ある条件のもとで、未来のある時点に完結しているはずの状況を述べます。

Se realmente ele criticou o conteúdo deste livro, **terá contribuído** mais uma vez para a unificação da ortografia. 彼がほんとうにこの本の内容を批判したのなら、正書法の統一にふたたび貢献したことになるだろう。

Se, pelo menos, alguns dos resultados obtidos naquele instituto brasileiro foram aceites | aceitos, o seu esforço no Brasil não **terá sido** inútil no fim deste curso. 少なくとも、そのブラジルの学校で取得した成績のうちいくらかでも認められたのなら、この課程を修了する際に、あなたのブラジルでの努力は無駄にならなかったことになる。

Se o grande investimento naquele país foi utilizado correctamente | corretamente, os trabalhos dos nossos técnicos **terão aperfeiçoado** parcialmente as suas infraestruturas. かの国に対する膨大な投資が正しく使われたのなら、我が国の技術者の仕事が部分的にせよ同国のインフラを改善したことになるだろう。

b) 過去に完結したと思われる状況に関する推量、疑問を述べる場合。[226] 過去形はある状況を事実として提示するのに対して、この形式は蓋然性をあらわしており、その意味で話者が事実として提示する過去形と対立しています。

Os professores **reuniram-se** ontem. 先生方は昨日会議があった。

Os professores **ter-se-ão reunido** ontem. 先生方は昨日会議があったようだ。

解説：前者の文において過去形で提示された状況は、話者が過去の事実として判断し提示しています。いっぽう後者の複合未来形では、過去の状況を事実としてではなく蓋然性を含んだ事実として判断し提示しているわけです。

O político **terá sabido** evitar os eventuais conflitos com os adversários. その政治家はたとえ反対者との軋轢があってもその避け方がわかっていたようである。

A gravura **terá sido** descoberta primeiro por um paleógrafo num armazém de um templo budista. その彫刻はとある仏教寺院の倉で、ある古文書学者によってはじめて発見されたようである。

Cerca de 80 por cento do orçamento **terá sido** investido na renovação de aparelhos antiquados. 予算のほぼ80パーセントが古くなった機材の更新に用いられたようだ。

---

[226] ブラジルの規範では過去の推量は主に複合過去未来形で表します。24. 3. 直接法・複合過去未来形, (2), b), p.448参照。

第3週 第21日

21.2. 時称のまとめ — 2：直説法時称(2)

すでに見たとおり直説法・未来形は、現在の時間軸上（【＋現在】）で発話時を基準点とした同時的（【＋同時】）な状況について推量をあらわします。その意味で、以下のように現在形と未来形は【＋事実】対【－事実】という意味特徴によって対照的です。[227]

- 現在形　　　【＋現在】【＋同時】【＋事実】
- 未来形　　　【＋現在】【＋同時】【－事実】

いっぽう直説法・複合未来形は、発話時を基準点とした過去の状況、すなわち基準点より前【－同時】の状況に対する推量をあらわします。また、その意味で、同様に【－同時】の意味特徴をもつ直説法・過去形と直説法・複合未来は【＋事実】対【－事実】という意味特徴によって対照的です。

■現在の時間軸上【＋現在】での対照

　　基準点：発話時

• 過去形	• 複合未来形
【－同時】	【－同時】
【＋事実】 ———	【－事実】
Ele **fez** bem.	Ele **terá feito** bem.
彼はうまくやりました	彼はうまくやったようです

意味特徴を列記すると以下のようになり、直説法・現在形と直説法・未来形の対および直説法・過去形と直説法・複合未来形の対が同様に【±事実】で対照的であることがわかります。

- 過去形　　　【＋現在】【－同時】【＋事実】
- 複合未来形　【＋現在】【－同時】【－事実】

いっぽう未来のある時点を基準点として設定すると、直説法・

227　20.9. 時称のまとめ—1, p.369参照。

未来形がその基準点と同時的な状況をあらわすのに対し直説法・複合未来形はその基準点よりも前に完結した状況をあらわし、基準点から見た前後関係、すなわち【±同時】において対照的です。たとえば、「«No fim deste ano» 今年の年末には」、という発話時より後の時間を基準点とすると、以下のような前後関係の対照が見られます。

■現在の時間軸上【＋現在】での対照

　　基準点：No fim deste ano,　今年の年末には

　　●複合未来形　　　　　　　　●未来形

　　【−同時】　　————　　【＋同時】

　　ele **terá voltado** a casa.　　ele **voltará** a casa.
　　彼は家に戻っているでしょう　　彼は家に戻るでしょう

　以上から、直説法・複合未来形と直説法・未来形の対照によってあらわされる前後関係（【±同時】）は、基準点が発話時であっても、未来の時点であっても関係なく保たれることがわかります。現在の時間軸上という共通の時間軸上で、このように基準点が発話時に固定せず、発話時以降の任意の点に自由に移動できる性質を【−基準】とあらわし、現在あるいは過去の時間軸で基準点が固定する性質を【＋基準】であらわせば、以下のように意味特徴を記述できます。

直説法時称の意味特徴—2

【±現在】	【±事実】	【±基準】	【±同時】	時称名称	例
＋	＋	＋	＋	現在形	estuda
＋	＋	＋	−	過去形	estudou
＋	−	＋	−	未来形	estudará
＋	−	−	−	複合未来形	terá estudado

第3週 第21日

21.3．人称不定詞
(1) 活用
　主語によって変化する不定詞です。不定詞に以下の活用語尾を加えます（—は何も加えないという意味です）。規則動詞の人称不定詞の活用は接続法・未来形と同じです。どの動詞にも例外なくこの活用語尾を付加します。

1.sg.	—	—
2.sg.	**-es**	/ iʃ | is /
3.sg.	—	—
1.pl.	**-mos**	/ muʃ | mus /
2.pl.	**-des**	/ diʃ | dʒis /
3.pl.	**-em**	/ ẽj̃ | ẽj̃ /

　　　　第1活用　　　　第2活用　　　　第3活用
　　　　estimar　　　**temer**　　　 **dividir**
1.sg.　estimar　　　　temer　　　　 dividir
2.sg　 estima**res**　　 teme**res**　　　dividi**res**
3.sg　 estimar　　　　temer　　　　 dividir
1.pl.　 estimar**mos**　 temer**mos**　　dividir**mos**
2.pl.　 estimar**des**　 temer**des**　　 dividir**des**
3.pl.　 estimar**em**　　temer**em**　　 dividir**em**

　過去人称不定詞は ter の人称不定詞に過去分詞を加えたものです。格式ばった文体では助動詞に haver の人称不定詞を用いることもあります。

■ **estimar**
　1.sg.　ter estimado　　　1.pl.　ter**mos** estimado
　2.sg.　ter**es** estimado　　2.pl.　ter**des** estimado
　3.sg.　ter estimado　　　3.pl.　ter**em** estimado

(2) 用法

　歴史的にみると人称不定詞は初期ロマンス語においてかなり広く行われていたと言われます。[228] しかし現代のロマンス諸語のうちで体系的に不定詞の活用を発達させているのはポルトガル語とならんでガリシア語、ミランダ語のみといわれます。人称不定詞は共時的にもポルトガル語文法の重要な課題として多くの研究者の注意を惹いてきました。[229] しかしながら、文法的な規則のみによっては説明しがたい、文体的な側面をもっています。文法的な条件が同様であっても、人称不定詞を用いるか否かの判断が、最終的に書き手の文体的直感による場合が多いとされているからです。以下、一般的な傾向として、どのような場合に人称不定詞が用いられるかを列挙しましょう。

a) 使役動詞(deixar, mandar, fazer, etc.)、知覚動詞 (ver, ouvir, sentir, etc.) に不定詞が後続する場合、使役動詞・知覚動詞と不定詞とのあいだに、普通名詞のかたちで意味上の主語がおかれると、意味上の主語の数にしたがって、多くの場合人称不定詞が用いられます。

O professor mandou os alunos **lerem** o texto em casa dez vezes em voz alta.　先生は生徒に、家でテキストを10回音読する宿題を出した。

Será que os pais deixam os dois irmãos **brincarem** até a esta hora?　いったい親はそのふたり兄弟をこんな時間に放って遊ばせているのだろうか。

Quando adormecia, o hóspede sentiu os ratos **correrem** no sótão.　うとうとしているとき、泊まり客は屋根裏でネズミが走り回っているのを感じた。

228　初期ロマンス語：ラテン語が変質して現代のロマンス諸語の前段階にあった諸言語。
229　詳しくは T. H. Maurer Jr. (1968) 参照。

第3週 第21日

N.B. 使役動詞・知覚動詞に不定詞が後続する場合：意味上の主語が代名詞の場合は人称不定詞の使用は義務的ではありません。人称不定法を用いると主語を強調すると言われますが、必ずしもそうとも言えない場合も多く見受けられます。

O porteiro ouviu o telefone e a campainha **tocarem** ao mesmo tempo.　門衛は電話と呼び鈴が同時に鳴るのを聞いた。

O porteiro ouviu-os **tocar** / **tocarem** ao mesmo tempo.　門衛はそれらが同時に鳴るのを聞いた。

意味上の主語が代名詞の場合は、人称不定詞の使用は義務的ではありません。しかし人称不定詞が用いられる場合も多いのです。

A falta de esclarecimento levou-os a **concluirem** erroneamente sobre o caso do João.　よく説明しなかったので、ジョアンの件については彼らは間違った結論に達してしまった。

A linguagem ambígua do jornal tinha culpa pois deixou-os **imaginarem** coisas mais inverosímeis.　彼らにあり得ないことを想像させてしまったのだから、新聞の曖昧な言い回しが悪かったのだ。

b) 不定詞が名詞節をなし、この名詞節の意味上の主語が明示される場合、人称不定詞が用いられます。

É muito provável os leitores **criticarem** um artigo deste género | gênero publicado neste momento.　こういう時期に発表されたこの種の記事は、読者の批判を受ける可能性が大である。

Gosto de ver as crianças **jogarem** à bola.　子供たちがボール遊びをするのを見るのが好きだ。

A sogra do Geraldo ficou aborrecida por tu **teres aceitado** cozinhar para toda a família. ジェラルドの姑は君が家族皆の食事を作ると引き受けたことで気を悪くした。

A mulher dele ficou aliviada por o seu filho João **ter sido** salvo no acidente. 彼の妻は息子のジョアンが事故で無事だったのにほっとした。

Tive de aturar ditos vangloriosos de **entristecerem** uma pessoa. 人を悲しくさせるほどの自慢話を我慢して聞かなければならなかった。

c) 意味上の主語が tu, vós, nós の場合、活用形によって明示できるので、主語は文面にあらわれないのが普通です。

Seria melhor **pensarmos** mais nos pormenores, não achas? もう少しわれわれは詳細について考えた方がよくはないかな。

Gostei imenso de **teres vindo** ter comigo. 君が会いに来てくれて嬉しかったよ。

O Carlos teve pena de não **termos vindo** à festa de ontem. カルロス君は僕らがきのうのパーティーに来ないのを残念がっていた。

Muito obrigado por nos **teres convidado** para o almoço. 僕たちを昼食によんでくれてどうもありがとう。

Valeu a pena **teres passado** alguns meses naquela escola. お前はあの学校で数ヶ月過ごした甲斐があったね。

21.4. モダリティー

話し手が叙述内容に関してとる態度をモダリティー（様態）とよびます。一般に、可能性、蓋然性、必然性などの意味的範疇を中心にモダリティーを捉えます。たとえば以下の文を例としてみましょう。

第3週 第21日

O João é o director.　ジョアンが課長である。

この文に含まれる判断、すなわち命題を話者がひとつの可能性ととらえた場合、可能性の程度によってある助動詞を加え、独自の判断がなされます。

O João **pode ser** o director.　ジョアンが課長かもしれない。
O João **deve ser** o director.　ジョアンが課長にちがいない。

いっぽう、ある命題が過去の出来事を叙述する場合もあります。たとえば以下の文を例としてみましょう。

Antigamente **existiu** um templo neste lugar.　かつてここに神殿があった。

このような過去の状況をあらわす文に含まれる命題に、話者が独自の判断を加える場合、可能性をあらわす助動詞の時称が問題になります。話者が現在の視点から判断を下すわけですから助動詞は現在形をとり、命題自体が過去のことであることを示すため、過去不定詞の形をとります。

Antigamente **pode ter existido** um templo neste lugar.　かつてここに神殿があったかもしれない。

このように、ある命題にモダリティーを加えるには、時称によって以下の2通りの場合が考えられます。
　① 現在形で述べられる命題：助動詞の現在形＋不定詞
　② 過去形で述べられる命題：助動詞の現在形＋過去不定詞
モダリティーにかかわる主要な助動詞は以下のとおりです。
(1) **蓋然性**：poder, dever, haver de

A aluna **pode encontrar** uma solução feliz para esta situação.　その女子学生はこの状況に対して上手い解決を見つけるかも知れない。

A testemunha **pode não ter visto** os homens fugirem. 目撃者は男たちが逃げるのを見ていなかったのかも知れない。

O senhor realmente **pode ter vindo** na sexta passada. 先週の金曜日に実際いらしたのかもしれません。

A epidemia **pode** temporariamente **ter afastado** os turistas daquela região. その流行病が一時的にその地域から観光客を遠ざけたかも知れない。

Ele **pode ser** japonês. あの方は日本人かも知れません。

O estudante **deve descobrir** as expressões acertadas para descrever o fenómeno | fenômeno. その学生は、その現象を記述するのにふさわしい表現をきっと見いだすだろう。

A senhora **deve ter tido** muito cuidado. きっとたいへん注意深くなさったんでしょうね。

Ouviu alguém bater à porta e pensou:—„**Há-de** | **Há de** ser o Jacinto. 誰かがドアをノックするのを聞いて「きっとジャシントにちがいない」と思った。

A criança „**há-de** | **há de**„ **ter ouvido** a música. その子はきっとその音楽を聞いたことがあるに違いありません。

(2) **許可**：poder

O senhor **pode vir** na próxima sexta-feira. つぎの金曜日に来てもいいですよ。

A senhora **podia ter mandado** vir este casaco ainda na semana passada. 先週のうちにこのコートをお取り寄せになっても良かったんですよ。

Podes sair quando terminares o trabalho de casa. 宿題がおわったら出かけてもいいよ。

第3週 第21日

(3) **能力**：poder

O alpinista **pode atingir** o cimo da montanha. 　登山家はその山の頂上に到達することが出来る。

Uma máquina destas **pode substituir** uma mão de obra que corresponde a três pessoas no mínimo. 　この種の機械なら最低人間三人分に相当する労働力の代わりになりうる。

(4) **意志**：haver de [230]

‖**Hei-de** | **Hei de**‖ **limpar** a garagem. 　ガレージを掃除しよう

O responsável ‖**há-de** | **há de**‖ **esclarecer** a situação dele. 　責任者が必ずや彼の状況を明確にするだろう。

さらに、助動詞を直説法・半過去形にすることで婉曲の意味を加えることも出来ます。直説法・半過去形を使用することで、より婉曲な表現が可能になります。たとえば、以下の二文を比較してみましょう。

Tu **deves fazer** estes trabalhos antes de sair de casa. 　君は家を出る前にこの仕事をしなくてはならない。

Tu **devias fazer** estes trabalhos antes de sair de casa. 　君は家を出る前にこの仕事をしたほうがいいと思うよ。

N.B. 直説法・半過去形による表現は、条件文の帰結部分が独立して用いられていると解釈されます。言外に「もし可能なら」という条件があると考えて良いでしょう。また、過去の事実について、助言、批判の意味で、〔devia＋過去不定詞〕の形式がよく用いられます。[231]

Tu **devias ter feito** estes trabalhos antes de sair de casa. 　君は外出前にこの仕事をやっておくべきだったんだけどね。

230　ハイフンの使用については、16.4.(2), p.299参照。
231　24.5. 条件節と帰結節, p.452参照。

O senhor **devia ter-me dito** que ainda não estava pronta a revelação quando lhe telefonei.　電話したときまだ現像ができてないって言ってくだされればよかったのですが。

21.5. 前置詞と定冠詞・無強勢代名詞が縮約しない場合

前置詞のあとに名詞節が続く場合、名詞節の先頭に定冠詞や無強勢代名詞があっても縮約しません。文語ではとくに注意が必要です。

Não sabia a decisão **de** *o aluno abandonar definitivamente o estudo*.　その学生が学業を完全に放棄すると決めたとは知らなかった。

解説：この文では、o aluno ... 以下が不定詞による名詞節をなしています。前置詞 de に連結するのは o aluno だけではありません。名詞節全体、すなわち o aluno ... o estudo という節全体が、de に連結しています。ここで、do aluno... と縮約すると、*a decisão do aluno という名詞句が出来てしまい、abandonar の主語が曖昧になってしまいます。

Muito obrigado **pela** chamada.　電話をどうも有り難うございました。

Muito obrigado **por** *a teres visitado*.　彼女を見舞ってくれてどうも有り難う。

解説：上記の二文のどちらも、por のあとに a が現れますが、前者では a が定冠詞で後者では無強勢代名詞対格形です。縮約は前置詞と定冠詞が連続する場合のみおこる現象ですから、前者では縮約がおきますが後者の文では縮約がおこりません。

第3週 第21日

■その他の例

Os pais admiram a decisão **de** *os professores obrigarem os alunos a fazerem tantos trabalhos de casa durante as férias.*
先生方が休み中に生徒にこれほど沢山の課題を課そうとする決定に、父兄は驚いている。

21.6. 引用符の用法

ポルトガル語では、引用符として、«......» あるいは、"......" を用います。これらは aspas と呼ばれます。語、表現、発言、書名、外国語などの引用を示します。

Já leu «O primo Basílio»? もう『従兄バジリオ』はお読みになりましたか。

N.B. 引用符のかわりに、イタリック体を用いる方法もあります。
um estudo d' *Os Maias* 『マイア家の人々』の研究

«Caminhão» no Brasil quer dizer «camião» em Portugal, não é? ブラジルでいう caminhão はポルトガルで言う camião ですよね。

O pai trouxe «aquilo que tu sabes»! お父さんが『例のもの』を持ってきたぞ。

É um periódico, conforme o meu professor «muito útil e não só; que nos elucida sobre novas tecnologias». それは私の先生の話によると「たいへんに有益なだけでなく、新技術について我々の目を開いてくれる」新聞とのことだ。

Há etimologia popular que erroneamente atribui a origem de «arigato» em japonês a «obrigado». 俗説で誤って日本語の「ありがとう」は obrigado に由来するというものがあります。

外国語の語、表現をアルファベット表記で引用する場合に用います。

problemas da «local machine»　ローカルマシンの問題
um dos restaurantes de «sushi» em Nova Iorque　ニューヨークにある鮨屋のひとつ

　ある語に愛情、皮肉など特殊な意味をこめて述べる場合、引用符で囲みます。引用部分が文の一部で、これが文末におかれる場合は、読点を引用符のあとにおきます。
É um professor «ideal».　「理想的な」教師だ
O autor relata a «situação complicada».　筆者は「複雑な状況」を報告する。

対話の引用には引用符よりもダッシュ（―）が一般的です。[232]
Ele disse: «Está calor.»　彼は「暑いな」と言った。
— Quantos? — perguntei eu com um sorriso.
— Dez! — respondeu o homem com brutalidade.　「何個になさいますか」と私がにこやかに訊ねると、男はつっけんどんに「十個だ」と答えた。
Ela perguntou: — Quem está aí?　彼女は訊いた。「そこに誰がいるの？」
— Adeus, Paulo, adeus—disse João apressadamente.　「じゃ、パウロさん失敬、失敬」とジョアンは急いで言った。
O Lopes disse pausadamente:
— É muito importante.　ロペスさんはゆっくりと言葉を切りつつ「それは、たいへんに重要ですな」と言った。
— Não pode ser! — replicou ela com uma voz estridente.
— Coisa incrível, meu senhor!　「そんなはずありません、とても信じられませんわ」と彼女は金切り声で切り返した。

---

[232] ポルトガル語では travessão と呼びます。ハイフン[-]については補遺 1.9. 合成語 p.556参照。

第3週 第21日

21.7. 練習問題(21)

Ⅰ．以下の文のかっこ内の不定詞を直説法・複合未来形の正しい活用形に書き換え、日本語に訳しなさい。

1. Alguém (morrer), pois ontem vimos passar muitas pessoas vestidas de preto.
2. Quando o grupo chegar ao restaurante, os cozinheiros já (preparar) o almoço.
3. Conforme o saldo da minha conta bancária, já (descontar) ontem o gás e a luz.
4. O meu pai já me (enviar) a mesada?
5. Até à última semana do mês, o programa do evento já (ser) entregue na nossa mão.

Ⅱ．以下の文のかっこ内の不定詞を人称不定詞の正しい活用形に書き換え、日本語に訳しなさい。

1. Explico-vos outra vez para vocês (entender) melhor.
2. Os pais fizeram os filhos (colaborar) um com o outro nas tarefas de casa.
3. Antigamente deixavam os doentes (fumar) à vontade na sala de espera nos hospitais.
4. Muito obrigado por me (informar) sobre o assunto importante.
5. Não agradou muito à senhora D. Maria o seu marido (tomar) a iniciativa na festa.

Ⅲ．以下の文のかっこ内の動詞を例に従って、直説法の正しい活用形にして全文を書き、日本語に訳しなさい。

例：Agora ela (poder 現在形) entrar?
☞ Agora ela pode entrar?　もうあの方に入ってもらってよろしいですか？

395

1. O senhor (poder 現在形) explicar o que se passou.
2. A senhora (dever 半過去形)-nos ter informado antes de fechar o contrato.
3. Mas ele (poder 現在形) não ter usado estas palavras tão caluniosas, pois é a interpretação do João, não acha?
4. O senhor (poder 半過去形) ter solicitado ainda no mês passado.
5. Os artistas (haver de 現在形) ter encontrado nova maneira de se exprimirem antes de ficar pronto o espaço de exposição.

IV. 以下の日本語をポルトガル語に訳しなさい。
1. プレゼントをお送りいただき有り難うございます。
2. 技術者がミスをおかしたという解釈は正しくないと思う。不可抗力だったんですよ。
3. そういえば、20年ほど前にも『パッション』という映画がありましたね。
4. 昨日東京では会議が行われたようである。
5. 映画館についたら、もう映画がはじまっているだろう。

翻訳のヒント：解釈：interpretação　不可抗力：acidente inevitável　会議：reunião
　（解答例　p.686参照）

第 4 週

第22日

22.0. 読解

Sr. Silva — Bom dia.
Empregada — Bom dia, senhor Silva. Faça favor de entrar.
Enfermeira — Entre, entre. Estávamos à sua espera.
Sr. Silva — Bom dia, Senhor Doutor.
Médico — Bom dia, senhor Silva. Sente-se, por favor.
Sr. Silva — Obrigado, senhor Doutor.
Médico — Então, de que é que se queixa?
Sr. Silva — Bem, há dois meses que faleceu um tio meu e acontece que eu e mais alguns parentes temos de repartir um prédio que herdámos. Agora, o problema que eu tenho é, embora com todas as procurações que tenho ...
Médico — Tenha paciência. Sou médico e não advogado! Se se trata de assuntos de herança, consulte um advogado.
Sr. Silva — Não, Senhor Doutor. Desculpe, mas o problema que tenho é todo o mal-estar que sinto, quando penso no caso. De vez em quando, sinto falta de ar ...
Médico — Ah, já sei! Receito-lhe um bom medicamento! É dispneia provocada pelo *stress*. Pronto! Avie a receita e não se esqueça de tomar o remédio três vezes por dia, depois de cada refeição, está bem? E não abuse de álcool.

第4週 第22日

☞日本語訳は巻末, p.723参照。**Faça**＜fazer の接続法・現在形。**Entre**＜entrar の接続法・現在。**Senhor Doutor**：医学部、文化系学部卒業の学士などに対する敬称。**Sente-se**＜sentar-se の接続法・現在形。**de que é que se queixa**：queixar-se de ...＝…について不満を述べる；…が不調であると（医師に）訴える。**acontece que ...**：じつは…ということである。**herdámos**：herdamos (Br.), 15.2., p.277参照。**Tenha paciência**：tenha＜ter の接続法・現在形, Tenha paciência. は相手に忍耐を促す常套句。**Se se trata de assuntos de herança**：最初の se は接続詞、「もしも；仮に」の意味。二番目の se は tratar-se の se が動詞の後接辞になっている。tratar-se は、この場合いわゆる非人称動詞で、主語は漠然と状況を示している。**consulte**＜consultar の接続法・現在形。**Desculpe**＜desculpar の接続法・現在形。**Avie**＜aviar の接続法・現在形。**abuse**＜abusar の接続法・現在形。

22.1. 命令文：接続法・現在形

対称詞の文法的人称が2人称の場合、肯定命令文には命令法を用います。[233] 対称詞の文法的人称が2人称以外の語の場合、たとえば、話し相手を você, o senhor, etc. の敬称で扱っている場合、肯定命令の意味は接続法・現在形によってあらわします。また、対称詞の人称に関係なく否定命令文では接続法・現在形を用います。自称詞複数、すなわち話し手を含めた複数の人に対する、勧誘や提案、「〜しよう」という意味をあらわす場合も接続法・現在形を用います。

接続法・現在形の活用は、直説法・現在・1人称単数形から、以下の方法にしたがって派生させます。

233　14.2. 命令文, p.265参照。

① 直説法・現在・1人称単数形の語末の **-o** を取り去る。
   例：　第1活用動詞　estimar　：estimo　→　estim-
   　　　第2活用動詞　encher　：encho　→　ench-
   　　　第3活用動詞　abrir　　：abro　→　abr-
② 上で得られた語基に接続法・現在形の活用語尾を加える。

	第1活用動詞	第2・3活用動詞
1.sg.	**-e**　　/ ɨ | i /	**-a**　　/ ɐ | a /
2.sg.	**-es**　/ ɨʃ | is /	**-as**　/ ɐʃ | as /
3.sg.	**-e**　　/ ɨ | i /	**-a**　　/ ɐ | a /
1.pl.	**-emos** /ˈemuʃ | ˈemus /	**-amos** /ˈɐmuʃ | ˈamus /
2.pl.	**-eis**　/ˈɐjʃ | ˈejs /	**-ais**　/ˈajʃ | ˈajs /
3.pl.	**-em**　/ ẽj̃ | ẽj /	**-am**　/ ɐ̃w̃ /

例：

■ **estimar**

1.sg.	estim**e**	/ iʃˈtimɨ | esˈtʃimi /
2.sg.	estim**es**	/ iʃˈtimɨʃ | esˈtʃimis /
3.sg.	estim**e**	/ iʃˈtimɨ | esˈtʃimi /
1.pl.	estim**emos**	/ iʃtɨˈmemuʃ | estʃiˈmemus /
2.pl.	estim**eis**	/ iʃtɨˈmɐjʃ | estʃiˈmejs /
3.pl.	estim**em**	/ iʃˈtimẽj̃ | esˈtʃimẽj /

■ **encher**

1.sg.	ench**a**	/ ˈẽʃɐ | ˈẽʃa /
2.sg.	ench**as**	/ ˈẽʃɐʃ | ˈẽʃas /
3.sg.	ench**a**	/ ˈẽʃɐ | ˈẽʃa /
1.pl.	ench**amos**	/ ẽˈʃɐmuʃ | ẽˈʃamus /
2.pl.	ench**ais**	/ ẽˈʃajʃ | ẽˈʃajs /
3.pl.	ench**am**	/ ˈẽʃɐ̃w̃ /

第 4 週 第22日

■ **abrir**

1.sg.	abr**a**	/ ˈabɐ | ˈabra /
2.sg.	abr**as**	/ ˈabɐʃ | ˈabras /
3.sg.	abr**a**	/ ˈabɐ | ˈabra /
1.pl.	abr**amos**	/ ɐˈbramuʃ | aˈbramus /
2.pl.	abr**ais**	/ ɐˈbrajʃ | aˈbrajs /
3.pl.	abr**am**	/ ˈabɐ̃w̃ /

直説法・現在・1人称単数形から接続法・現在形を派生させるという規則は、ほとんどすべての動詞にあてはまります。例外は以下の不規則な7動詞、dar, estar, haver, ir, querer, saber, ser です。

■ **dar**

1.sg.	**dê**	/ ˈde /
2.sg.	**dês**	/ ˈdeʃ | ˈdes /
3.sg.	**dê**	/ ˈde /
1.pl.	**demos**	/ ˈdemuʃ | ˈdemus /
2.pl.	**deis**	/ ˈdɐjʃ | ˈdejs /
3.pl.	**dêem**	/ ˈdeɐ̃j | ˈdeɐ̃j /

■ **estar**

1.sg.	**esteja**	/ iʃˈtɐʒɐ | esˈteʒa /
2.sg.	**estejas**	/ iʃˈtɐʒɐʃ | esˈteʒas /
3.sg.	**esteja**	/ iʃˈtɐʒɐ | esˈteʒa /
1.pl.	**estejamos**	/ iʃtiˈʒɐmuʃ | esteˈʒamus /
2.pl.	**estejais**	/ iʃtiˈʒajʃ | esteˈʒajs /
3.pl.	**estejam**	/ iʃˈtɐʒɐ̃w̃ | esˈteʒɐ̃w̃ /

■ haver

1.sg.	**haja**	/ ˈaʒɐ | ˈaʒa /
2.sg.	**hajas**	/ ˈaʒɐʃ | ˈaʒas /
3.sg.	**haja**	/ ˈaʒɐ | ˈaʒa /
1.pl.	**hajamos**	/ ɐˈʒɐmuʃ | aˈʒamus /
2.pl.	**hajais**	/ ɐˈʒajʃ | aˈʒajs /
3.pl.	**hajam**	/ ˈaʒẽw̃ /

■ ir

1.sg.	**vá**	/ ˈva /
2.sg.	**vás**	/ ˈvaʃ | ˈvas /
3.sg.	**vá**	/ ˈva /
1.pl.	**vamos**	/ ˈvɐmuʃ | ˈvamus /
2.pl.	**vades**	/ ˈvadiʃ | ˈvadʒis /
3.pl.	**vão**	/ ˈvẽw̃ /

■ querer

1.sg.	**queira**	/ ˈkɐjɾɐ | ˈkejɾa /
2.sg.	**queiras**	/ ˈkɐjɾɐʃ | ˈkejɾas /
3.sg.	**queira**	/ ˈkɐjɾɐ | ˈkejɾa /
1.pl.	**queiramos**	/ kɐjˈɾɐmuʃ | kejˈɾamus /
2.pl.	**queirais**	/ kɐjˈɾajʃ | kejˈɾajs /
3.pl.	**queiram**	/ ˈkɐjɾẽw̃ | ˈkejɾẽw̃ /

■ saber

1.sg.	**saiba**	/ ˈsajbɐ ǀ ˈsajba /
2.sg.	**saibas**	/ ˈsajbɐʃ ǀ ˈsajbas /
3.sg.	**saiba**	/ ˈsajbɐ ǀ ˈsajba /
1.pl.	**saibamos**	/ sajˈbɐmuʃ ǀ sajˈbamus /
2.pl.	**saibais**	/ sajˈbajʃ ǀ sajˈbajs /
3.pl.	**saibam**	/ ˈsajbɐ̃w̃ /

■ ser

1.sg.	**seja**	/ ˈsɐʒɐ ǀ ˈseʒa /
2.sg.	**sejas**	/ ˈsɐʒɐʃ ǀ ˈseʒas /
3.sg.	**seja**	/ ˈsɐʒɐ ǀ ˈseʒa /
1.pl.	**sejamos**	/ siˈʒɐmuʃ ǀ seˈʒamus /
2.pl.	**sejais**	/ siˈʒajʃ ǀ seˈʒajs /
3.pl.	**sejam**	/ ˈsɐʒɐ̃w̃ ǀ ˈseʒɐ̃w̃ /

22.2. 命令文：主語と動詞の形式

命令文の動詞の形式は、原則的に命令文の主語である対称詞の文法的人称に一致します。ただしブラジルの日常的口語については少々異なる面があります。

(1) 対称詞（命令文の主語）が親称

tu ǀ você（斜格が2人称：te）

対称詞が2人称単数の tu であれば、ポルトガルでは命令文に命令法を用います。ブラジルの日常的口語では対称詞に você という文法的に3人称単数の語を用いるので、接続法を使用すべきだと考えられますが、実際は命令法2人称単数形を用います。

Ó João, **compraste** um novo computador, não é? **Mostra-mo** um dia destes. | Ô João, você **comprou** um novo computador, não é? **Me mostra** um dia destes.

ジョアン、新しいコンピューターを買ったんだって？今度見せてくれよ。

このように、ブラジルの日常的口語では、文法的に3人称単数の対称詞 você に対する命令文において、動詞は命令法・2人称単数形を用います。[234] この種類の口語は、堅苦しくない家庭的な話し言葉として、ブラジル全国で一般的に通用しています。これを本書ではブラジル常用口語ポルトガル語（ブラジル常用口語あるいは単に常用口語と略す）と呼びます。[235]

(2) 対称詞（命令文の主語）が敬称

文法的人称が3人称の語。[236] | você, o senhor, a senhora（斜格が3人称：o, lhe, etc.）[237]

文語をはじめポルトガルの口語、ブラジルの標準的な口語ともに、接続法・現在3人称単数形を用います。

---

234 ブラジル常用口語では、平叙文：Você fala devagar. 命令文：Fala devagar. という対立から考えて、直説法と命令法の対立よりも、主語の有無という統語的な対立によって、命令文が成り立つと考えるのが一層合理的でしょう。
235 固有規範 (norma vernácula) にもとづく。Mattos e Silva, Rosa Virgínia, 2004, p.49参照。
236 ポルトガルで一般的な親称〔定冠詞＋名前〕については、5.5. 主格の親称代名詞：tu—vós, vocês | você—vocês, p.74参照。
237 ブラジルのポルトガル語では、斜格形 (o, a, lhe, etc.) は文語に限られ、口語では普通、対格形は主格形により、与格形は前置詞＋主格形により置き換えられます。8.6. 人称代名詞の用法と無強勢代名詞の位置—1, p.136参照。

第4週 第22日

O João **comprou** um novo computador, não é? **Mostre-mo** um dia destes.	Ô João, você **comprou** um novo computador, não é? Me **mostre** um dia destes.

ジョアンさんは新しいコンピューターを買ったんですって？ こんど見せてくださいよ。

　このように、ブラジルの標準的な口語では、文法的に3人称単数の対称詞vocêに対する命令文において、動詞は接続法・3人称単数形を用います。この種類の口語は規範的であるとともに、公式の場で用いられる標準的で洗練された口語と認められています。これを本書ではブラジル標準口語ポルトガル語（ブラジル標準口語、あるいは単に標準口語と略す）と呼びます。[238]

　ブラジル日常口語の使用域において標準口語の規範を持ち込むと、格式張った、気取った印象を与えるため、特別な意図がない限り避けられます。しかし文語あるいはフォーマルな場面に常用口語の規範を用いれば、卑俗的な印象を与えるという不都合な面があることも忘れてはなりません。

　とりわけ命令文では、それぞれの使用域において規範が顕著に異なる場合があります。したがって以下必要に応じてポルトガルとブラジルの規範を区別して示すほか、ブラジルのポルトガル語についてはさらに常用口語的規範によるものに(常)、標準口語的規範によるものには（標）とわけて示します。

22.3. 命令文の種類：肯定命令と否定命令

　対称詞に対する命令には「〜せよ」という肯定命令と「〜するな」という否定命令とがあります。自称詞については、「〜しよう」

---

[238] 標準規範（norma culta）にもとづく。Mattos e Silva, Rosa Virgínia, 2004, p.49参照。

という肯定命令と「〜しないでおこう」という否定命令とがあります。

　ヨーロッパのポルトガル語については、命令文のありかたについて、規範はひととおりで記述できますが、ブラジルのポルトガル語については上述のとおり、常用口語、標準口語（文語を含む）それぞれの使用域において規範を2通り考える必要があります。

(1)　**対称詞単数**

a)　tu：2人称単数

■**肯定命令文**

命令法・2人称単数形

Evita os gestos à mesa!　食事中に身振りをしないで。

Faz como quiseres.　いいようにしなさい。

■**否定命令文**

接続法・現在・2人称単数形

Não **faças** isso!　そんなことするんじゃないよ。

Não te **esqueças** de pôr a carta no correio, está bem?　手紙を出すのを忘れないでね。

b)　vós：2人称複数

　古ポルトガル語では頻繁に用いられた対称詞単数に対する、敬称としての2人称複数です。現代では意識的な古風体に限定された用法です。文法的には複数ですが、単数の対称詞に用います。古典をはじめ、時代劇、時代小説など、さまざまな文脈であらわれる可能性があります。[239]

■**肯定命令文**

命令法・2人称複数形

Senhora, **escrevei** agora o vosso nome.　さて、こんどは貴女の名前を書いて下され。

239　5.5.　主格の親称代名詞：tu—vós, vocês｜você—vocês、N.B. ③, p.75 参照。

第4週 第22日

■**否定命令文**

接続法・現在・2人称複数形

Não vos **aproximeis** do senhor do Lara.　ラーラの殿様に近寄ってはなりませぬ。

c)　o sr, a sra, o João, você, etc.：3人称単数

■**肯定命令文**

接続法・現在・ 3人称単数形	（常）命令法・2人称単数形・ （標）接続法・現在・3人称単数形 [240]
Fale mais alto.	（常）**Fala**・（標）**Fale** mais alto.

もっと大きな声で言って下さい。

■**否定命令文**

接続法・現在・ 3人称単数形	（常）命令法・2人称単数形・ （標）接続法・現在・3人称単数形
Não **fale** alto.	（常）Não **fala**・（標）Não **fale** alto.

大声で話さないで下さい。

N.B.　ブラジルにおいて常用口語、標準口語どちらの規範でも接続法しか用いない動詞もあります。一種の成句として用いられる場合です。

Sorria!　にっこりして！

Seja bonzinho, menino.　ボク、いい子にするんだよ。

接続法による表現が成句として固定している場合もあります。

Não me **diga**!　まさか。

Veja só!　ちょっと見るだけでもどうぞ！

(2)　**対称詞複数**

a)　vós：2人称複数

対称詞複数としてのvósは、現代の標準的な口語では廃れた

240　注234, p.404参照。

と言われますが、ポルトガルの北部の口語では日常的に用いられます。また古風体の文章、あるいは格式張った演説等において、しばしば用いられます。[241]

■**肯定命令文**

命令法・2人称複数形

Vós estudantes, **estudai** mais para os exames! 学生諸君、試験にそなえてもっと勉強したまえ。

■**否定命令文**：接続法・現在・2人称複数形

Vós, negociantes da capital, não **percais** a boa consciência! 汝ら、首都の商人よ、良識を失ってはならぬ。

b) os srs, as sras, vocês, etc.：3人称複数

■**肯定命令文**

接続法・現在・3人称複数形

Senhoras e senhores, **escutem** a voz maviosa da cantora. 皆さん、ではこの歌い手の素晴らしい声をお聞きください。

■**否定命令文**

接続法・現在・3人称複数形

Não **façam** barulho durante as aulas. 授業中騒がないで下さい。

⑶ **自称詞複数**

勧誘の意味では、ir の接続法・現在・1人称複数形 vamos 以外は接続法を用いる表現は口語では廃れ、成句や文語に限られると言って良いでしょう。現代ではひろく〔ir 接続法・現在・1人称複数形＋不定詞〕の形式が口語、文語において用いられます。

---

[241] 5.4. 文法的人称・機能的人称, p.72参照。

第4週 第22日

a)　nós：1人称複数
■**肯定命令文1**
　接続法・現在・1人称複数形
　Então **entremos** no assunto principal.　それでは主題に入ることと致しましょう。
　Digamos que a senhora não paga o imposto.　たとえば奥さんが税を支払わないとしましょう。
■**肯定命令文2**：ir 接続法・現在・1人称複数形＋不定詞
　Vamos ser mais tolerantes com as crianças.　子供にはもっと寛容になりましょう。
■**否定命令文1**
　接続法・現在・1人称複数形
　Agora não **especifiquemos** muito o conteúdo.　ここでは内容についてあまり詳しく扱わないことと致しましょう。
■**否定命令文2**
　ir 接続法・現在・1人称複数形＋不定詞
　Não **vamos pensar** muito no assunto.　そのことはあまり考えないようにしようよ。

b)　a gente：3人称単数[242]
■**肯定命令文**
　ir 接続法・現在・3人称単数形＋不定詞
　A gente **vai conversar** depois.　話はあとにしようや。

以上をまとめ、以下の表に示します。

242　ポルトガル、ブラジルを問わず日常的口語に特有のくだけた言い回しです。文語では用いません。

ポルトガル語四週間

命令文の主語と動詞(1)

	対 称 詞 単 数		
	tu 2.sg.	vós 2.pl.	o João, você, o senhor, a senhora, etc. 3.sg. ｜ 2.sg.（常）・3.sg.（標）
肯定	命 fala	命 falai	接 ｜ 命（常）・接（標）* fale ｜ fala（常）・fale（標）
否定	接 não fales	接 não faleis	接 ｜ 命（常）・接（標）* não fale ｜ fala（常）・fale（標）

*動詞により、接続法のみ用いられる。

命令文の主語と動詞(2)

	対 称 詞 複 数	
	vós 2.sg.	vocês, os srs., etc. 3.pl.
肯定	命 falai	接 falem
否定	接 não faleis	接 não falem

命令文の主語と動詞(3)

	自 称 詞 複 数
	nós 1.pl.
肯定	接・vamos＋不定詞 falemos**・vamos falar
否定	接・não vamos＋不定詞 não falemos**・não vamos falar

**文語、成句に限る

第 4 週 第22日

N.B.

①上記の命令法あるいは接続法のほか、不定詞をはじめさまざまな時称・表現を用いて命令の意味をあらわすことが出来ます。[243]

Conservar em local seco e fresco.　冷暗所に保存のこと。

Consumir preferencialmente antes de 20/12/13.　賞味期限13年12月20日。

Não **fumar**.　禁煙。

Empurre SFF(S.F.F.＝Se faz favor.).　押。

O senhor **vai** à cozinha e **abre** a janela.　台所に行って窓を開けてください。

Pode abrir a janela？　窓を開けてくださいますか。

O menino **não fala** agora.　ボクは今お話ししないでね。

Agradecia que abrisse a janela.　窓を開けてくださると有り難いんですが。

Não se importa de abrir a janela, se faz favor？　窓を開けていただいても構いませんか。

Abrimos a janela？　窓を開けましょうか。

動詞を欠く場合もあります。

Alto！　止まれ。

Não potável.　飲用不可。

Vedado ao público.　立入禁止。

②対称詞複数に用いる〔vamos（接続法・1人称複数形）＋不定詞〕と同様の形で、対称単数に対して〔vá（接続法・3人称単数形）＋不定詞〕、〔vai（命令法・2人称単数形）＋不定詞〕も口語では一般的に用いられます。irの移動の意味を残す場合もあります。

Vá ler atentamente.　注意深く読んでください。

Vá comprar cebolas.　玉葱を買いに行ってください。

Vai aviar esta receita. Não demores！　この処方箋で薬を買ってきてくれ。すぐに頼むぞ。

243　その他の時称による命令については、15.4．直説法・過去形の用法, p.283参照、18.3．直説法・半過去形の用法, p.331参照、20.5．直説法・過去未来形の意味・用法, p.362参照。

③命令の意味をやわらげる婉曲表現も数多くあります。
- ■直説法・現在の平叙文と付加疑問文を用いる
  Então, o João escreve o endereço deste senhor neste envelope, está bem?　じゃ、ジョアンさんがこの方の住所をこの封筒に書いてくださいね。
- ■直説法・未来の平叙文を用いる
  Vocês virão comigo.　君たちは私と一緒に来てください。
- ■条件をあらわす副詞節を用いる
  E se mudássemos esta cor, que acha?　では、もしこの色を変えてみたら如何ですか。
- ■動詞句を用いる
  Quer abrir a porta?　ドアを開けてくださいますか。
  A senhora vai passar a minha roupa?　奥さんがわたしの着るものにアイロンしてくださるんですね。
  Poder-me-ia ajudar, por favor?　手を貸して下さいますか。
- ■成句を用いる
  Tenha a bondade de me conceder o seu autógrafo.　あなたのサインをしていただきたいんです。
  Faz favor de se sentar.　どうぞおかけ下さい。[244]
  Não se importa de me dar um copo de água?　水を一杯下さいませんか。
  Apreciaria muito se me pudesse informar sobre esta situação.　この状況についてお教え頂けるとたいへんに有り難いのです。

22.4. 命令文に後続する副詞節 [245]

(1) 命令文に接続詞 que によって導かれる副詞節が後続する場合、que 以下は理由を示します。

244　標準的には、Faça o favor de＋不定詞を用います。
245　接続詞の導く副詞節について詳しくは28.1. 接続詞, p.517参照。

第4週 第22日

— **Senta-te** aí ao lado da janela, **que** eu gosto de ver daqui a chuva.　窓際に座ってくれ、ぼくはこっちから雨を眺めてるのが好きなんだ。
— **Vai** em frente, **que** eu te sigo.　先に行ってくれ。あとについていくから。
— **Lê** em voz mais alta, **que** quero ouvir melhor.　もっと大きな声で読んでくれよ、もっとよく聞こえるように。
— **Despacha-te**, **que** já está na hora.　早くしなさい、もう時間なんだから。

(2)　命令文に続いてその帰結を接続詞 e あるいは e assim で述べると、「～せよ、そうすれば～する」という意味になります。
　　Aplica esta pomada **e assim** a erupção desaparece logo.　この軟膏をつければ、吹き出物はすぐに治るさ。
　　Não faça muito esforço agora **e** vai ficar logo melhor.　今はあまり力をいれないようにしてください、そうすればすぐに良くなります。

(3)　命令文に続いて、その帰結を接続詞 senão で続けると、「～せよ、さもないと～することになる」という意味になります。
　　Estudem mais **senão** podem ser reprovados.　もっと勉強しなさい、そうしないと落第しますよ。
　　Mastiga bem **senão** vais ter má digestão.　よく物を噛みなさいよ、そうしないと消化に悪いぞ。
　N.B.　帰結を接続詞 ou で続ければ、命令とその帰結が選択的な可能性として示されるので、命令の意味自体は婉曲になります。
　　Escreve-me, **ou** nunca mais falo contigo.　僕に手紙をくれよ、でないともう君とは絶対に口をきかないことにするぞ。

22.5. 練習問題⑫

I. 例に従って、命令文の全文を書き、日本語に訳しなさい。

例：o senhor＋entregar o almoço à Maria
→ Entregue o almoço à Maria.　マリーアさんに昼食を渡してください

1. Tu＋estar em casa quietinho
2. Você＋estudar mais
3. A senhora＋vir cá buscar este papel amanhã
4. Vocês＋não pedir ajuda aos amigos
5. O senhor＋não ler este livro
6. Tu＋não comer muito
7. Nós＋entrar no café e tomar alguma coisa
8. Os senhores＋escutar os comentários dos utentes
9. Vocês＋ser honesto
10. Nós＋não comprar mais batata.

II. 例に従って、以下の2文を、"se", "que", "como" のいずれかのうち、文脈から考えて最もよいものを介して1文にまとめ、全文を書いた上で日本語に訳しなさい。

例：Digo ao amigo.＋Hoje o tempo está bom.
→ Digo ao amigo **que** hoje o tempo está bom.　友人に本日は良い天気だと言っておこう。

1. Pergunto-lhe.＋Ele é brasileiro.
2. Sei.＋Amanhã é feriado.
3. Vamos ver.＋Ele quer justificar o erro.
4. Garanto-te.＋Vais pedir-me um favor de novo.
5. O professor afirma-nos.＋As notas parecem-lhe muito altas.

第4週 第22日

III．以下の文のかっこ内に、"e assim"、"que"、"senão"のいずれかのうち、文脈から考えて最もよいものを入れ、全文を書いた上で日本語に訳しなさい。
1．Acaba os teus trabalhos de casa o mais depressa possível, (　) não podemos jantar fora hoje.
2．Não faças asneira em casa dos avós, (　) eles vão ralhar contigo!
3．Não se esqueça de pôr o cinto de segurança (　) o controle | controlo está muito rigoroso.
4．Estuda mais (　) podes passar no exame.
5．Não ponhas muito alto a televisão (　) o pai está a descansar.

IV．以下の命令文をより婉曲な表現で依頼する文に書き換え、下の文との違いを簡単に説明しなさい。
1．Nunca me repita estas palavras.
2．Vais aviar esta receita, está bem?
3．Lave as mãos antes do jantar.
4．Empreste-me 100 dólares.
5．Mande o documento necessário o mais cedo possível.

V．以下の日本語をポルトガル語に訳しなさい。
1．エネルギーを節約しなさい（tu に対して）。
2．この特殊なメガネをしないで太陽を見てはなりません。
3．熱帯産の木材で出来た家具を買うのは避けましょう。
4．必要のないときは灯りは消しましょう。
5．冷蔵庫の扉をきちんと閉めるのを忘れないようにしましょう。
6．指定場所、日時以外にゴミを出さぬようにしてください。

ポルトガル語四週間

翻訳のヒント：節約する：poupar, 熱帯産の：tropical, 避ける：evitar（～するのを避ける：evitar＋不定詞）, 冷蔵庫：frigorífico｜geladeira, refrigerador, きちんと閉める：fechar bem, 指定の、指定された：estipulado.
　（解答例　p.689参照）

第23日

23.0. 読解

Quando o tempo arrefece, os vendedores de castanhas instalam-se nas ruas e nas esquinas da cidade. Por muito que se modernize a cidade, o calor das castanhas continua a prender as mãos frias dos transeuntes. O cheiro e o fumo da assadura, confundido com o ar húmido e escuro, estranhamente evoca os tempos da nossa saudosa infância.

Embora pareça inverosímil, já houve tempo em que as pessoas usavam o fruto do castanheiro como base da alimentação. A sua decadência só começou quando a primeira batata, vinda do Novo Continente, foi semeada no século XVI.

Porém, a tradição dos magustos, em que se apreciam castanhas novas com a jeropiga, constitui uma boa prova do peso que o fruto teria disfrutado no passado. Basta citar o nome galego «castaña da India» dado à batata ou a sua versão beirã «castanha da Índia», para que este vestígio linguístico comprove a importância do fruto no Noroeste peninsular.

Oxalá se mantenha a tão simpática tradição culinária galego-portuguesa de preparar sopa de castanha nos dias de frio!

☞日本語訳は巻末723ページ参照。**Por ... que**：どれほど〜しても（接続法を用いて譲歩をあらわす節を導く）。**saudosa**：saudoso(adj.)＜ saudade. 過去の楽しい思い出のことを言う saudade は、他言語に翻

訳し難い、ポルトガル語話者に特有の感情をあらわす語と言われる。**magustos**：晩秋に新酒の利き酒をおこなう聖マルティヌスの祭日（11月11日）前後に、野外で焼き栗を楽しむ集い。**jeropiga**：葡萄の絞り汁に火酒を加えた飲料。**Basta citar**：basta＋不定詞＝～すれば十分である。不定詞が動詞 bastar の意味上の主語。**Noroeste peninsular**：イベリア半島の北西部。**Oxalá**：（接続法を用いて願望をあらわす節を導く）～すればよいのだが。**sopa de castanha**：ポルトガル北部やガリシアに伝わる「栗スープ」。

23.1. 従属節における接続法

伝統的に接続法には以下の6種類の時称を認めます。時称名称には直説法と接続法とのあいだで並行関係を保っているので、以下の表に示すとおり、本書でもこの並行関係を維持した日本語名称を用います。[246]

日本語名称	ポルトガル語名称	例
現在形	Presente	estude
過去形	Pretérito perfeito composto	tenha estudado
半過去形	Pretérito imperfeito	estudasse
大過去形	Pretérito mais-que-perfeito composto	tivesse estudado
複合未来形	Futuro perfeito	tiver estudado
未来形	Futuro imperfeito	estudar

(1) 従属節における接続法と直説法の相違

従属節が統語的に直接目的語の機能を果たしている場合です。従属節内で接続法と直説法いずれも可能な場合があります。

話者が従属節の名詞節内で述べる状況を確実な事実と判断している場合は、従属節内の動詞を直説法におきます。

---

[246] 日本語の接続法名称は他に以下のものがある。大過去形（過去完了）、複合未来形（未来完了）。直説法の名称については彌永（1992）参照。

第4週 第23日

Acredito que o homem **é** honesto.　あの人は正直だと思います。

　従属節において直説法を用いる場合は、話者がその状況を確実な、現実のものとして認識する場合です。したがって主動詞には確たる事実を提示するのに適した afirmar, confirmar, defender, dizer, garantir, verificar などの動詞が用いられます。

　これに反して、話者が従属節の名詞節内で述べる状況を確実な事実と判断していない場合は、主節を否定文として上記の動詞を用い、従属節内の動詞を接続法におきます。

Não acredito que o homem **seja** honesto.　あの人が正直だとは思いません。

　口語ではまれに主節を肯定文としながら、従属節で接続法を用いる場合もあります。ただし、確実な判断として直説法を用いて断定的に言い切る場合とは異なり、声の調子、音調、顔の表情、ジェスチャーなど、独特の付随的な要素が伴い、acreditar の意味が本来の意味とは異なった疑念を含んでいることが示されます。

Acredito que o homem **seja** honesto.　あの人は正直だと思うのですが。

　上記の例を聞き手の立場からみると、従属節において直説法が用いられていれば、話者がその事実を確かな事実と認識していることがわかり、接続法が用いられていれば話者がその事実を不確かな推測と認識していることがわかることになります。すなわち直説法が用いられているか接続法が用いられているかによって、問題の状況に対する話者の判断の仕方が、聞き手に伝えられているのです。

　従属節が形容詞節でも同様の事情が観察されます。たとえば、以下二例では、名詞 Uma pessoa を修飾している節で述べられる

状況、すなわち「現実を知っている」ということを、話者が確実なこととして述べたいのなら直説法を用い、ある仮定、憶測として述べたければ接続法を用いるという違いがあります。

 Uma pessoa que **sabe** a realidade aceita a proposta dela.
  現実を知っている人は彼女の提案を受け入れます。

 Uma pessoa que **saiba** a realidade aceita a proposta dela.
  現実を知っている人なら彼女の提案を受け入れます。

(2) 接続法のみ可能な場合

 いっぽう、従属節で必ず接続法が用いられる場合があります。名詞節内で述べられる状況を不確実な憶測、偶発的、非現実的な状況として話者が認識する場合です。したがって主動詞にはこのような場合に見合った、願望や疑問をあらわす動詞 esperar, desejar, pedir, querer, duvidar, recear などが主に用いられます。たとえば以下の二例を比較してみましょう。

 Garanto que o bebé **acorda** com o som da campainha.　呼び鈴の音でぜったい赤ちゃんは目が覚めてしまうよ。

 Receio que o bebé **acorde** com o som da campainha.　呼び鈴の音で赤ちゃんが目が覚めてしまうと困るな。

 両者ともに、「赤ん坊が呼び鈴の音で目を覚ます」という状況を話題にしていますが、前者では、主動詞に garantir という語を用い、話者が問題の状況を確実であると述べるべく直説法を用います。後者では、主動詞には recear という懸念をあらわす動詞を用い、話者が問題の状況を懸念として述べようとするので接続法が使われます。

 このように、従属節内で直説法、接続法、どちらの叙法を用いるかは、原則として主動詞の意味によって決まります。以下、従属節にはもっぱら接続法を用いる場合を主動詞の意味にしたがっ

第4週 第23日

て概観してみましょう。

　主動詞の意味は以下のように大別することが出来ますが、じっさいの運用にはそれぞれの動詞について、どのような構造が許されるのかを知る必要があります。

a) 　主語＋動詞＋名詞節：名詞節は統語的には動詞の目的語
　① 　主動詞が願望、希望、要求、命令などをあらわす場合。[247]

　　Queres que **vá** contigo até à estação?　駅まで一緒に行ってあげようか。

　　Deseja que ele **fale** em inglês?　彼に英語で話してもらいましょうか。

　　Só **desejo** que a **deixem** ir-se embora.　彼女を行かせてやってくれるだけでいいんです。

　　Espero que não **repita** mais.　再びこういうことのないように願います。

　　Peço que **aceite** os meus melhores cumprimentos.　私の最上のご挨拶をお受け下さるよう願い上げます（手紙の結びに使う常套句、「敬具」の意味）。

　　Solicito-lhe que me **envie** o texto depois por e-mail.　のちほどeメールでテキストを私宛に送って下さるようお願いします。

　　Exigem-lhe que **explique** melhor.　人々は、もっとよく説明するようにと彼に要求する。

　　O professor **manda** que os alunos não **façam** barulho.　先生は生徒たちに騒がないようにと命じます。

　　O médico **diz**-lhe que não **abuse** do álcool.　医師は彼に酒を飲み過ぎないようにと忠告する。

247　この種の動詞には以下のようなものがあります。aconselhar, querer, desejar, pretender, buscar, esperar, impedir, intentar, planear | planejar, ordenar, pedir, permitir, proibir, temer, duvidar, necessitar, sugerir

Ela ||está a **sugerir**-te | te está **sugerindo**|| que respon**das** em inglês.　彼女は君に英語で返事をしてくれるようにともちかけているのだよ。

② 主動詞が疑問、不確実性、懸念をあらわす場合。[248]

O João **receia** agora que a Maria não lhe **queira** escrever.　ジョアンは今度は、マリーアが手紙をくれたがっていないのではと、心配している。

Os alunos **duvidam** que a alteração do currículo **melhore** a qualidade das aulas.　学生たちは、カリキュラムの改訂で授業の質があがることには懐疑的だ。

Os professores **receiam** que o aluno não **apareça** hoje a horas.　先生方はきょうはその学生が時間どおりに来ないのではと懸念している。

Ninguém **acredita** que a medida ainda **seja** válida.　その措置がまだ効力があるとは誰も信じていない。

Duvido que ele **consiga** terminar o trabalho a tempo.　彼は時間通りに仕事を終えられそうにない。

N.B. 主動詞が確実性をあらわす動詞のうち、肯定文の場合従属節では直説法を用いるのに対して、否定文の場合従属節では接続法を用いるような一群の動詞があります。

Creio que ele **é** competente. 彼には力量があると思う	**Não creio** que ele **seja** competente. 彼に力量があるとは思えない

その他、achar, pensar, considerar などがこの範疇にはいります。

③ 主動詞が悔恨、感謝をあらわす場合。

Lamento que não **esteja** connosco neste momento.　あなたがいま私たちと一緒にいられなくて残念です。

---
[248] この種の動詞には以下のようなものがあります。recear, duvidar, temer.

第 4 週　第23日

Sinto muito que se **vá** embora.　お帰りになるとは残念です。

Agradeço que me **diga** a verdade no momento oportuno. 都合の良いときに本当のことを教えて下さるとありがたいです。

Aprecio muito que me **traga** um selo destes do seu país. 貴国のこの種の切手を一枚持って来てくださるととても嬉しいのですが。

④　主動詞が使役をあらわす動詞の場合

O lema da escola **manda** que **se respeite** a paz mundial. その学校のモットーは世界平和を尊ぶことだ。

Estas pequenas peças **fazem** com que o sistema de caixa nos supermercados se **transforme** drasticamente.　この小さな部品で、スーパーのレジのシステムが劇的に変化するのです。

b)　動詞(＋補語)＋名詞節：動詞は非人称動詞で常に3人称単数形です。意味上は que に続く名詞節が、先行する動詞の主語です。

Convém que **enviemos** imediatamente o documento.　書類は即、送るほうがいい。

É bom que **corrija** logo os erros.　誤りはすぐに正すのがよい。

Torna-se desejável ainda que o Presidente se **mostre** firme perante a situação complicada.　複雑な状況を眼前にして会長が毅然たる態度を示すことが、いっそう望ましくなる。

É natural que **haja** pessoas que reajam de outra maneira. 違った反応を示す人がいて当然だ。

É provável que a inflação **comece** de novo.　またインフレがはじまることになろう。

Parece suspeito que os preparativos **acabem** antes da inauguração do certame. 試合の開始前に準備が完了するかは疑問のようだ。

É de crer que **continuem** a nascer novos planetas no universo. 宇宙にはあいかわらず新たな惑星が生まれていると思われる。

É pena que ele não **faça** mais uma tentativa. 彼がもう一度試みようとしないとは残念です。

23.2. 祈願文

祈願を表す文は主動詞 quero, desejo などが省略され、接続詞 que が導く名詞節が独立したものと考えられます。接続詞 que が省かれる場合もあります。

Que a vida **continue** assim para sempre! 人生がこんなふうにずっと続いてくれればいいんだがなあ。

Oxalá **consigas** terminar o curso! 君が学校を終えられるといいんだけどね。

Venham ninfas! ニンフが来たらいいなあ。

23.3. 形容詞節における接続法
(1) 不確実な状況

O homem tem dificuldade em saber a intenção daquele rapaz que se **atreva** a pedir a mão da filha. 男は、娘に敢えて求婚するような、かの青年の目論見をはかりかねている。

Parece que eles estão a preparar uma proposta que nos **possa** atrapalhar. 連中はわれわれが面食らうかも知れないような提案を準備しているようだ。

Não compensa o estudo que se **faça** apenas para passar os exames.　試験に合格する目的だけでやるような勉強は、実りがない。

(2) 仮定としての状況

Ninguém acredita numa pessoa que se **esqueça** de uma coisa tão importante.　こんな大切なことを忘れる人のことを誰も信頼しない。

Os dois homens falam muito a sério do assunto que **possa** servir de bom divertimento aos outros.　ふたりの男は、他の人にはよい気晴らしにもなるようなことを、実に真剣に話し合う。

23.4．接続法・未来形

　接続法・未来形には単純形と複合形があります。本書では、前者を単に接続法・未来形、後者を接続法・複合未来形と呼びます。規則動詞においては、接続法・未来形は綴り・発音ともに、人称不定詞と重複します。しかしながら、接続法・未来形は人称不定詞とは派生の仕方が異なり直説法・過去形の語幹から派生します。したがって不規則動詞では、直説法・過去形の語幹から派生する接続法・未来形と、不定法から派生する人称不定詞とは綴り・発音ともに異なっています。[249]

23.5．接続法・未来形の活用

(1) 単純形

　接続法・未来・単純形の形式は、直説法・過去形の語幹（2人称単数形から活用語尾 **-ste** を除いた部分）に、以下の活用語尾を

249　21.3．人称不定詞, p.385、15.2．直説法・過去形の活用, p.277、補遺4.0．動詞活用の仕組み, p.573参照

付加することによって得られます。第1活用動詞、第2活用動詞、第3活用動詞、すべてに同じ活用語尾を付加します。

1.sg.	-r	/ ɾ /
2.sg.	-res	/ ɾiʃ | ɾis /
3.sg.	-r	/ ɾ /
1.pl.	-rmos	/ ɾmuʃ | ɾmus /
2.pl.	-rdes	/ ɾdiʃ | ɾdʒis /
3.pl.	-rem	/ ɾẽj̃ | ɾẽj̃ /

第1活用動詞
■ estimar

1.sg.	estimar	/ iʃtiˈmaɾ | estʃiˈmaɾ /
2.sg.	estimares	/ iʃtiˈmaɾiʃ | estʃiˈmaɾis /
3.sg.	estimar	/ iʃtiˈmaɾ | estʃiˈmaɾ /
1.pl.	estimarmos	/ iʃtiˈmaɾmuʃ | estʃiˈmaɾmus /
2.pl.	estimardes	/ iʃtiˈmaɾdiʃ | estʃiˈmaɾdʒis /
3.pl.	estimarem	/ iʃtiˈmaɾẽj̃ | estʃiˈmaɾẽj̃ /

第2活用動詞
■ temer

1.sg.	temer	/ tiˈmeɾ | teˈmeɾ /
2.sg.	temeres	/ tiˈmeɾiʃ | teˈmeɾis /
3.sg.	temer	/ tiˈmeɾ | teˈmeɾ /
1.pl.	temermos	/ tiˈmeɾmuʃ | teˈmeɾmus /
2.pl.	temerdes	/ tiˈmeɾdiʃ | teˈmeɾdʒis /
3.pl.	temerem	/ tiˈmeɾẽj̃ | teˈmeɾẽj̃ /

第 4 週 第 23 日

■ 第 3 活用動詞
■ dividir

1.sg.	dividir	/ diviˈdiɾ | dʒiviˈdʒiɾ /
2.sg.	dividires	/ diviˈdiɾiʃ | dʒiviˈdʒiris /
3.sg.	dividir	/ diviˈdiɾ | dʒiviˈdʒiɾ /
1.pl.	dividirmos	/ diviˈdiɾmuʃ | dʒiviˈdʒiɾmus /
2.pl.	dividirdes	/ diviˈdiɾdiʃ | dʒiviˈdʒiɾdʒis /
3.pl.	dividirem	/ diviˈdiɾẽj | dʒiviˈdʒiɾẽj /

　第 2 活用動詞の直説法・過去形の幹母音が **-e-** の場合、規則活用の 2 人称単数形は **recebeste** / risiˈbeʃti | xeseˈbestʃi /, **recolhes-te** / ʁikuˈʎeʃti | xekoˈʎestʃi /, **comeste** / kuˈmeʃti | koˈmestʃi / に見られるように幹母音が / e / です。いっぽう不規則活用の場合、たとえば **fizeste** / fiˈzeʃti | fiˈzɛstʃi /, **estiveste** / iʃtiˈveʃti | estʃiˈvɛstʃi /, **houveste** / oˈveʃti | oˈvɛstʃi /, **pudeste** / puˈdeʃti | puˈdɛstʃi / に見られるように幹母音は / ɛ / です。

　接続法・未来形の活用においては、直説法・過去形の幹母音が保たれるので、規則形では、**receber** / risiˈbeɾ | xeseˈbeɾ /, **reco-lher** / ʁikuˈʎeɾ | xekoˈʎeɾ /, **comer** / kuˈmeɾ | koˈmeɾ / となりますが、不規則形では **fizer** / fiˈzɛɾ | fiˈzɛɾ /, **estiver** / iʃtiˈvɛɾ | estʃiˈvɛɾ /, **houver** / oˈvɛɾ | oˈvɛɾ /, **puder** / puˈdɛɾ | puˈdɛɾ / となります。

(2) 接続法・複合未来形

　接続法・複合未来形には〔ter の接続法・未来形＋過去分詞〕の形式と〔haver の接続法・未来形＋過去分詞〕の形式の 2 とおりがあります。前者が口語・文語を問わず一般的です。後者はきわめて文語的でブラジルの法令文等には用いられますが、その他の分

野では反復を避けたい場合をはじめ文体的な要請がない限り滅多に用いられることはありません。[250]

1. sg. tiver falado	1. sg. houver falado
2. sg. tiveres falado	2. sg. houveres falado
3. sg. tiver falado	3. sg. houver falado
1. pl. tivermos falado	1. pl. houvermos falado
2. pl. tiverdes falado	2. pl. houverdes falado
3. pl. tiverem falado	3. pl. houverem falado

接続法・複合未来形における過去分詞は、常に男性単数形におかれ、主語あるいは目的語の性・数に影響を受けません。

23.6. 接続法・未来形の用法

接続法・未来形は副詞節内で、条件、可能性、未来の時などを示します。主動詞は直説法・現在形をはじめ文脈によってさまざまな時称におかれます。

Se **quiser**, vou arranjar-lhe uma cópia.　よかったら、コピーを差し上げましょうか。

Escreva como **entender** melhor.　より良いと思う方法で書いて下さい。

Telefona-me quando **tiveres** tempo, está bem?　時間のあるときに電話してくれるね。

Se não **houver** acordo até à data estabelecida, ficará o problema sem resolução.　期日までに同意が成立しなければ、その問題は未解決となろう。

Eles farão como **quiserem**. Não me importo.　彼らは好きなようにやるだろう。私は構わない。

Quando **souber** notícias dele, agradecia que me informasse imediatamente.　彼のことがわかったら、すぐに私に知らせてくださると幸いです。

250　13.2. 過去分詞, p.242参照。

形容詞節内で用いられる場合もあります。可能性を示します。

Os membros do grupo aceitarão os candidatos que **respeitarem** a harmonia.　そのグループのメンバーは和を尊ぶような志願者を受け入れるだろう。

O médico terá dificuldade de assistir aos doentes que não **seguirem** o conselho dele.　医師は言うことを聞かない患者の治療には難儀をすることになろう。

23.7. 接続法・複合未来形の用法

　接続法・複合未来形は、未来のある時点よりも前に終わっている可能性のある状況を述べます。また接続法・複合未来形と直説法・未来形とが対になって、仮定としての前後関係を対照的に示します。助動詞としては、通常 ter が用いられます。より古風な響きをもった助動詞 haver は、特にブラジルの法令関係の文章でよく用いられます。

No fim do mês, quando **tiveres gastado** todo o dinheiro, não poderás comprar o jogo que querias.　月末にお金を全部使ってしまっていたら、君はほしいゲームも買えないだろう。

Se em Agosto, o senhor Nunes já **tiver aceitado** um cargo tão importante, terá de abandonar a ideia | idéia de uma viagem ao Hawaii.　そんなに重要なポストをすでに8月に引き受けてしまっていれば、ヌネスさんはハワイ旅行の計画は諦めなければならないだろう。

O responsável enviará à Direcção | Direão de três em três meses um relatório, indicando os casos em que **tiverem comprovado** irregularidades.　責任者は三ヶ月に一度執行部に報告書を送り、異常が認められた場合を示さねばならない。

Não se aplicará o disposto no §2, quando **houver sido** apresentado um atestado médico que justifique a falta.
欠席を正当とする医師の診断書が提出された場合は第二項の規定は適用されない。

23.8. 副詞節における接続法

副詞節における接続法の使用は、副詞節を導く接続詞の意味によって決まっているため、名詞句の場合のように、動詞によっては話者の判断で直説法と接続法とのどちらかを選ぶということはありません。すなわち、副詞節の意味によって、接続法を使用することが自動的に決定します。以下、意味にしたがって、接続法が用いられる副詞句を列挙します。[251]

■目的

Ele deixou estes escritos **para que** os meus sucessores **possam** apreciá-los devidamente. 私のあとに続く人たちがそれらを正しく理解できるようにと、彼はこの書き付けを残したのである。

A fim de que se **possa** evacuar oportunamente a população, é forçosa a divulgação de informações correctas | corretas. 住民を適宜避難させるためには正しい情報を伝えることが義務である。

N.B. 目的をあらわす副詞句を、ir の接続法・現在形あるいは接続法・半過去形で導入する表現方法があります。副詞句の前に para que を補い副詞節として理解しましょう。口語的な表現です。

Leio-te esta carta em voz alta, não **vás** tu esquecer-te do documento. この手紙を声を出して読んであげよう、書類を忘れないようにね。

---

251 接続詞について詳しくは28.1.(2) b), p.523参照。

第4週 第23日

A mãe compra bolachas, não **vão** as crianças passar fome, para as comerem amanhã de manhã. お母さんが子供がお腹を空かさないように、ビスケットを買っておくけど、あしたの朝食べるためだよ。

Dei à Maria um porta-chaves grande, não **fosse** ela perdê-las. マリーアさんに大きなキーホルダーをあげたんだ、鍵をなくさないようにね。

■結果

O cozinheiro do hotel prepara um jantar delicioso, para que os clientes **queiram** voltar a lá comer. ホテルのコックが美味しい夕食を作るので、お客はまた食べに来ようという気になる。

Montam câmaras de observação em cada esquina do bairro, de tal forma que **mantenham** a segurança nas ruas, diminuindo a criminalidade. 監視カメラを同地区の辻々に設置すれば、治安を維持し、犯罪を減らすことになる。

■譲歩

Embora a comida **pareça** boa, não se deve comer, pois já passou o seu prazo de validade. その食べ物は美味しそうに見えても食べてはだめです。賞味期限が過ぎてますから。

Ainda que ele **apresse** o táxi, não chegará a tempo ao aeroporto. いくら彼がタクシーを急がせても、時間には空港には着けないだろう。

Por mais que ele **tente** regressar directamente | diretamente a casa, não consegue resistir à tentação de uns copos. いくら家にまっすぐ帰ろうとしても、彼は酒の誘惑には抗いきれないのだ。

N.B. 譲歩をあらわす副詞節は、接続詞・前置詞句に導かれるのが普通ですが、これを欠くこともあります。

Chova ou **neve**, ₁₁hei-de | hei de₁₁ ir amanhã a Quioto!　雨が降ろうと雪が降ろうと、とにかく明日は京都にいくぞ。

譲歩をあらわす成句に接続法・現在と接続法・未来が対になって用いられるものがあります。

Seja qual **for** a decisão tomada pela direcção | direção, teremos de levar a cabo o programa em curso.　執行部がどんな決定をしようと、われわれとしては進行中の計画を遂行せねばならない。

Aconteça o que **acontecer**, tentaremos o possível.　何が起こっても、やれるだけやってみよう。

Diga o que disser, o homem é honesto.　何と言おうと、その人は正直だ。

その他、同様の意味で、**seja** o que **for**, **seja** como **for**（いずれにせよ）、**venha** o que **vier**（何があろうと）などがあります。

■時間

Vai precisar de paciência até que se **habitue** às regras da nova escola.　新しい学校の規則になれるまでは気長にやる必要がある。

Temos de guardar os alimentos fundamentais antes que **suba** o preço.　物の値段が上がる前に主な食べ物は備蓄しなければならない。

Telefono-lhe **assim que** puder.　できるだけ早く電話します。

■比較

副詞節を導く〔como se＋節〕、「あたかも…のように」の従属節内で用います。[252]

252　24.7. 比較の表現：como se..., p.457参照。

Os cães começam a uivar como se **tivessem** medo. 犬どもは何かを恐れるかのように遠吠えを始める。

Os meninos devoram a comida como se **tivessem** tido longas horas de jejum. まるで長時間絶食していたかのように、子供たちはむさぼるように食べる。

■条件

Se **chovesse**, a calamidade não seria tão grande. もし雨が降っていれば、災害はこれほどひどくなることはないのだが。

Se **tivesse** andado com menos velocidade, o carro não se teria despistado naquela curva. もう少し速度を下げていたら、その車は、あのカーブで道からはみ出したりはしなかったはずだ。

■理由を否定

Não que o Dr. Pinto não **queira** candidatar-se novamente, simplesmente falta-lhe o apoio. ピント氏は再度立候補したくないわけではなく、単に支持が足りないのだ。

Não que eu não **goste**. 僕は好きじゃない、というわけではありません。

23.9. 文型 — 5：2種の目的語をとる動詞

　従属節内に接続法をとる動詞は、基本的に直接目的語と間接目的語をとる動詞です。直接目的語が〔動詞＋que節（接続法）〕としてあらわれますが、同じ動詞が、〔動詞＋〈前置詞＋〉不定詞〕という構造をとることもあります。主文の主語と従属節の主語が異なるので一般に不定詞は人称不定詞を用います。語によってどのような構造をとるかは、辞書などで知ることができます。以下いくつか主要動詞の例を挙げます。[253]

253　記号の意味については、8.7．文型－1, p.141、9.4．文型－2, p.154、13.6．文型－3, p.259、15.6．文型－4, p.286、参照。

■ **pedir**

【主＋動＋与＋対】

O João pediu-me um favor.　ジョアンはわたしに頼み事をした。

【主＋動＋与＋**que** 節(接)】

Peço-lhe que me escreva muito em breve.　すぐに手紙を下さるよう御願いします。

【主＋動＋与＋前＋不】

A minha mãe pediu-nos para lhe entregarmos uma coisa.　私の母からあなたにちょっとしたものを渡すように言付かってきました。

【主＋動＋与＋前＋**que** 節(接)】

Dizendo assim, ele pediu-me para que enfiasse um recado debaixo da porta do gabinete do Dr. Sousa.　こう言うと、彼はソーザ氏の執務室のドアの下からメモを差し込んで置いてくれるようにと私に頼んだのだった。

■ **solicitar**

【主＋動＋与＋対】

O aluno solicitou ao professor uma carta de recomendação.　その学生は先生に推薦状を依頼した。

【主＋動＋与＋**que** 節(接)】

O meu amigo solicitou ao advogado que me ajudasse a resolver o assunto.　私の友人はその弁護士に、その件の解決に私に手を貸してやってくれるよう頼んでくれた。

【主＋動＋与＋対】

Solicito-lhe o favor de me enviar o orçamento por fax.　ファクスで見積を送って下さい。

第4週 第23日

■ **impedir**
【主＋動＋que節（接）】
Uma grande pedra caída impedia que os carros passassem na estrada.　巨大な落石のせいで、車が道路を通れなくなっていた。

Mas o facto | fato nunca impede que o novo edifício surja no local.　しかしながらそういう事実があっても、その場所に新たなビルが建つことの妨げになることはまったくない。

【主＋動＋対＋前＋不】
O guarda impediu-os de entrar no prédio.　警官は連中がその建物に入ろうとするのを制止した。

【主＋動＋前＋名＋対】
O corte do orçamento impede à companhia a construção do prédio, transformando-o em ruínas.　予算のカットによって、その会社は建物の建設が出来なくなり、建物は廃墟と化してしまう。

【主＋動＋前＋名＋前＋不】
A complexidade do problema impede aos estudiosos de admitirem o essencial.　複雑な問題が妨げになって、学者達は本質的なことを認めようとしなくなる。

■ **convencer**
【主＋動＋対＋前＋不】
O padre não conseguiu convencer o guarda a prender o homem.　神父は警官にその男を逮捕させようとするが、警官は納得しなかった。

【主＋動＋対＋前＋que節（直）】
Ele tentou convencer o José de que o jornal tinha uma influência muito grande.　新聞には絶大な影響力があるということを、彼はジョゼーに納得させようとした。

【主＋動 -se＋前＋que 節(直)】
Todos se convenceram de que o velho dinheiro já não valia para nada.　昔のお金がもう何の価値もないということを、皆が納得した。

■ insistir
【主＋動＋前＋不】
Ele não insiste em pedir resposta à Maria. Escreveu-lhe apenas uma carta.　彼はマリーアから返事をもらうことに固執していない。　彼女に一度手紙したきりだ。

【主＋動＋que 節(直)】
O professor insiste que esta decisão não vai alterar nada.　先生はこの決定では何も変わらないと繰り返し強調した。

【主＋動＋que 節(接)】
O empregado insiste que aceitemos a sobremesa.　ボーイは私たちにデザートを食べて貰おうと躍起だ。

O dono do restaurante insistiu que ele aceitasse um copo.　レストランの主人は彼に一杯飲んでいただきたいと言って聞かなかった。

【主＋動＋前＋名＋前＋que 節(接)】
Ela insistiu com o marido para que fosse acompanhá-la ao escritório do advogado.　彼女は夫に弁護士事務所に一緒に行ってほしいと言って譲らなかった。

■ persuadir
【主＋動＋対＋前＋不】
O meu amigo persuadiu-me a almoçar com ele e a mulher dele em casa.　私の友人は家で彼の妻を交えて昼食をしようと私を説き伏せた。

第4週 第23日

A filha persuadiu o pai a aumentar-lhe a mesada.　娘は父親に月々の小遣いの値上げを承知させた。
【主＋動＋対＋前＋que 節(直)】
Persuadi-me de que ela fazia outro cartão de crédito.　彼女がもう一枚クレジットカードを作ることを私は納得した。

■ **encorajar**
【主＋動＋対＋前＋不】
As palavras do professor encorajavam os alunos a aprofundarem os seus temas de estudo.　先生のことばに励まされて、生徒達はその研究テーマを掘り下げようという気になったのだった。

■ **animar**
【主＋動＋対＋前＋不】
O bom resultado no primeiro teste animou bem o aluno a continuar a estudar com afinco.　最初のテストで良い点をとったので、その学生は引き続き一生懸命勉強した。

■ **compelir**
【主＋動＋対＋前＋不】
Os colegas nunca o compeliram a fazer a denúncia.　同僚達はけっして彼に内部告発を強要したわけではなかった。

■ **forçar**
【主＋動＋対＋前＋不】
Ele forçou-me a ficar de pé.　彼は無理矢理私を立たせた。

■ **obrigar**
【主＋動＋対＋前＋不】
O governo não obriga o povo a obter o bilhete de identidade naquele país.　かの国では、政府は国民に身分証明票の取得を義務づけていない。

【主＋動＋前＋que 節(接)】

O governo não obriga o povo a que obtenha o bilhete de identidade naquele país.　かの国では政府は国民に身分証明票の取得を義務づけていない。

■ **proibir**

【主＋動＋que 節(接)】

Proibiram que ele ponha o pé na casa da tia.　彼は叔母の家に足を踏み入れるのを禁じられた。

【主＋動＋対＋前＋不】

A mãe proibiu-o de ver o filme.　母親は彼にその映画を見るのを禁じた。

■ **evitar**

【主＋動＋que 節(接)】

Ele evitou que o perseguissem.　彼は追跡を免れた。

23.10. 練習問題(23)

I．例に従って a), b) の2文を1文にまとめ、日本語に訳しなさい。

例：a) Ele pensa.　b) A estação fica longe.
　→ Ele pensa que a estação fica longe.　彼は駅が遠いと思う

1. a) Preferes.　b) O rapaz vai-se logo embora.
2. a) Não acho.　b) A promessa é cumprida.
3. a) Eu não acredito.　b) Ele tem razão.
4. a) Ele deseja.　b) Ela acompanha-o.
5. a) Não penso.　b) Tu chegas atrasada hoje.
6. a) Queres?　b) Eu traduzo a carta.
7. a) Não acredito.　b) Ele vai lavar as mãos do assunto após ter criado tantos problemas.

第4週　第23日

8. a) Eles pensam.　b) Nós não vimos.
9. a) É desejável.　b) Vocês terminam este trabalho ainda hoje.
10. a) Desejamos.　b) Os senhores passam um bom Natal.

II．以下の文のかっこ内の不定詞を正しい活用形に書き換え、日本語に訳しなさい。

1. É necessário que (ir) primeiro ao cartório reconhecer a assinatura.
2. Duvidamos muito que o novo sistema (resolver) os problemas.
3. É preferível que vocês (consultar) o pediatra o mais cedo possível.
4. É conveniente que nós (poder) trabalhar na máquina do costume.
5. Neste caso, é preferível que tu (marcar) uma consulta no médico.
6. Mesmo que (parecer) difícil, vale a pena tentar.
7. Que Santa Bárbara me (proteger)!
8. Infelizmente eles sabem aproveitar a tecnologia moderna apenas para que uma minoria do público (divertir-se).
9. Comprou uma máquina usada por um bom preço. Daí que ele (poder) gastar ainda duas terças partes da verba atribuída.
10. Espero que vocês (gozar) bem a viagem e (usufruir) ao máximo de todas as vantagens que este passe vos oferece.

ポルトガル語四週間

Ⅲ．以下の日本語をポルトガル語に訳しなさい。

1. いくらタバコの煙は吸いたくなくても、喫煙者と非喫煙者との分離が形式的でしかないこの部屋の中では、避けようがない。
2. 私には難しそうに見えても、その青年は確実に父親との約束を果たすつもりだ。
3. おそらく彼がひとりでスーパーに買い物に行くことは可能だろう。が、私は、少なくとも大通りを渡るまで、誰かがついて行ってあげてほしいと思う。
4. お皿洗いはしないって言うわけじゃないんだ。ちょっと一杯飲ませてくれ。
5. ジョアンは、誰にも気付かれないように、忍び足で家から出る。

翻訳のヒント：喫煙者と非喫煙者：fumadores | fumantes e não fumadores | fumantes，吸う：inalar，…との約束を果たす：cumprir a promessa de＋（人），…に約束をする：fazer a promessa a＋人，忍び足で…から出る：sair de ... pé ante pé．～しないように：sem que＋接。

　（解答例　p.692参照）

第24日

24.0. 読解

　Quando tocou o telefone, apressei-me a responder. Estava à espera de uma chamada muito importante de um amigo meu. Tratava-se de um encontro de ex-alunos da faculdade que iam reunir-se no próximo sábado. Mas foi o colega do escritório, o Lopes que me ligou. Com um rodeio cuidadoso, disse-lhe que não precisava de dar-se ao incómodo de telefonar-me para casa a informar-me do andamento do assunto, embora soubesse bem que era importantíssimo e que urgia solucioná-lo dentro de poucos dias. Uma parte da responsabilidade era minha, é certo. Devia ter sido mais honesto com ele. Só que eu não quis comprometer a minha secretária que se tinha esquecido de lhe encaminhar o documento, tendo ficado o papel na gaveta dela durante alguns dias. São coisas que acontecem! Mas o meu colega simplesmente não gostou da demora. Se eu lhe tivesse dito logo a verdade sem arranjar pretextos para o atraso, não teria ocorrido tamanha confusão. Certamente o Lopes continuava sentido comigo. E se eu estivesse no lugar dele? Ah, não! Eu não teria telefonado para casa dele, por mais preocupado que tivesse estado com o caso! Aliás, num dia em que não se trabalhava!

　☞日本語訳は巻末724ページ参照。**apressei-me a responder**：apressar-se a+inf.＝急いで～する。**Estava à espera de uma**

chamada ...：estar à espera de ...＝…を待っている。**Tratava-se de um encontro ...**：tratar-se de ...＝(それは)…のことである。**foi o colega ... que me ligou**：foi ... que は強調構文。**rodeio**＝遠回しな言葉遣い。**não precisava de dar-se ao incómodo de telefonar--me**：não precisar de dar-se ao incómodo de＋不定詞＝「～するという面倒なことをしてくださる必要はありません；わざわざ～してくださり相済みません。」他人の好意を申し訳なく思う気持ちを言う常套句。**andamento do assunto**：andamento＝進行状況。**é certo**：「それは確かだ」挿入句として前述の内容を受けている。**urgia solucioná-lo**：urgir＋不定詞＝緊急に～する必要がある。文法的には不定詞が urgir の意味上の主語。**Devia ter sido**：teria sido に必然性をあらわす助動詞 dever のモーダルな意味が加わっている。直説法・半過去形 (devia) は直説法・過去未来形 (deveria) の代用。☞ 24.5. 参照。**Só que**：que 以下の内容を強調する。「単に…ということである」の意味。**São coisas que acontecem！**：「よくあることだ」の意味、常套句。**continuava sentido comigo**：estar sentido com＝…を快く思っていない；…に傷ついている、侮辱されたと思っている。**se eu estivesse no lugar dele**：A estar no lugar de B＝A が B の立場にある。**por mais preocupado que tivesse estado**：por mais ＋形容詞・副詞 ＋que 節 (接続法)＝どれほど～であろうと、～しようと。譲歩をあらわす副詞節を導く。☞23.8., p.431参照

24.1. 接続法・半過去形
(1) 形式

接続法・半過去形は、直説法・過去形の語幹（2人称単数形から活用語尾 -ste を除いた部分、あるいは3人称複数形から -ram を除いた部分）に、接続法・半過去形の活用語尾を付加することによって得られます。具体的には、以下の方法にしたがって派生させます。

第4週 第24日

① 直説法・過去・2人称単数形から **-ste** を取り去り、語幹を得る。[254]

 例： estimar : estimaste → estima-
    temer   : temeste   → teme-
    dividir   : dividiste   → dividi-

② 上で得られた語幹に以下の接続法・半過去形の活用語尾を加える。

1.sg.	**-sse**	/ sɨ ǀ si /
2.sg.	**-sses**	/ sɨʃ ǀ sis /
3.sg.	**-sse**	/ sɨ ǀ si /
1.pl.	**-ssemos**	/ sɨmuʃ ǀ semus /
2.pl.	**-sseis**	/ sɐjʃ ǀ sejs /
3.pl.	**-ssem**	/ sẽj ǀ sẽj) /

■ **estimar**

1.sg.	estima**sse**	/ iʃtiˈmasɨ ǀ estʃiˈmasi /
2.sg.	estima**sses**	/ iʃtiˈmasɨʃ ǀ estʃiˈmasis /
3.sg.	estima**sse**	/ iʃtiˈmasɨ ǀ estʃiˈmasi /
1.pl.	estimá**ssemos**	/ iʃtiˈmasimuʃ ǀ estʃiˈmasemus /
2.pl.	estimá**sseis**	/ iʃtiˈmasɐjʃ ǀ estʃiˈmasejs /
3.pl.	estima**ssem**	/ iʃtiˈmasẽj ǀ estʃiˈmasẽj /

■ **temer**

1.sg.	teme**sse**	/ tiˈmesɨ ǀ teˈmesi /
2.sg.	teme**sses**	/ tiˈmesɨʃ ǀ teˈmesis /
3.sg.	teme**sse**	/ tiˈmesɨ ǀ teˈmesi /
1.pl.	temê**ssemos**	/ tiˈmesimuʃ ǀ teˈmesemus /
2.pl.	temê**sseis**	/ tiˈmesɐjʃ ǀ teˈmesejs /
3.pl.	teme**ssem**	/ tiˈmesẽj ǀ teˈmesẽj /

---

254 8.2. 動詞の活用, p.125、15.2. 直説法・過去形の活用, p.277参照。

■ dividir

1.sg.	dividisse	/ diviˈdisɨ ǀ dʒiviˈdʒisi /
2.sg.	dividisses	/ diviˈdisɨʃ ǀ dʒiviˈdʒisis /
3.sg.	dividisse	/ diviˈdisɨ ǀ dʒiviˈdʒisi /
1.pl.	dividíssemos	/ diviˈdisɨmuʃ ǀ dʒiviˈdʒisemus /
2.pl.	dividísseis	/ diviˈdisɐjʃ ǀ dʒiviˈdʒisejs /
3.pl.	dividissem	/ diviˈdisẽj ǀ dʒiviˈdʒisẽj /

　直説法・過去の幹母音が **-e-** の場合、第二活用動詞の規則形においては、**recebeste** / risiˈbeʃtɨ ǀ xeseˈbestʃi /, **recolheste** / rikuˈʎeʃtɨ ǀ xekoˈʎestʃi /, **comeste** / kuˈmeʃtɨ ǀ komestʃi / のように / e / ですが、不規則活用の場合、たとえば **fizeste** / fiˈzɛʃtɨ ǀ fiˈzɛstʃi /, **estiveste** / iʃtiˈvɛʃtɨ ǀ estʃiˈvɛstʃi /, **houveste** / oˈvɛʃtɨ ǀ oˈvɛstʃi /, **pudeste** / puˈdɛʃtɨ ǀ puˈdɛstʃi / のように幹母音の音は / ɛ / です。したがって、これらの動詞の接続法・半過去形においては、幹母音の音質 / ɛ / が保たれ **fizesse** / fiˈzɛsɨ ǀ fiˈzɛsi /, **estivesse** / iʃtiˈvɛsɨ ǀ estʃiˈvɛsi /, **houvesse** / oˈvɛsɨ ǀ oˈvɛsi /, **pudesse** / puˈdɛsɨ ǀ puˈdɛsi / となります。

(2) **意味・用法**
　a) 主節において
　　主節に接続法・半過去形が単独で現れる場合はまれです。
　　Talvez **fosse** verdade.　多分真実だったのであろう。
　b) 従属節内において
　　① 直説法、接続法ともに可能な場合
　　　主動詞によっては、直説法、接続法ともに可能な場合もありますが、基本的には、主動詞の意味、すなわち従属節で述べる状況を真と捉えるか否かによって、どちらの法が選ばれ

第4週 第24日

るか決まります。[255]

Pensei que o tio não **vinha** jantar hoje à hora do costume.　今日は伯父がいつもの時間に夕食に来ないのだと私は思った。

主節が否定文の場合は、従節で述べる内容を真実と捉えないわけですから、従属節内で接続法が用いられます。

Não pensei que o tio **viesse** jantar hoje à hora do costume.　今日は伯父がいつもの時間に夕食に来るとは思わなかった。

いっぽう時称についてみると、主動詞と従属節の動詞の間には、時称の一致の原理に従った並行関係がみられます。

Não julgo que o tufão **atinja** a nossa cidade.　台風はわれわれの町には来ないだろうと思います。

Não julguei que o tufão **atingisse** a nossa cidade.　台風はわれわれの町には来ないだろうと思いました。

主節と従節の間に保たれる、こうした並行関係は、以下のように、主動詞が使役動詞の場合も見られます。

O enfermeiro **faz** com que o doente **espere** um pouco pelo médico.　看護士は患者が少し医師を待つようにさせる。

O enfermeiro **fez** com que o doente **esperasse um** pouco pelo médico.　看護士は患者が少し医師を待つようにさせた。

②　接続法のみ可能な場合

接続法・現在形の場合に準じます。[256]　主動詞の意味によ

255　23.1. 従属節における接続法, p.418参照。

445

って、従属節において義務的に接続法が選ばれます。接続法・半過去形は主動詞の時称が直説法の過去時称の場合(過去形、半過去形、大過去形、過去未来形、複合過去形など)用いられます。

O presidente do clube **lamentava** que o treinador **saísse** definitivamente no fim do ano.　クラブの理事長は監督が年末に退陣するのを残念に思っていた。

O rapaz **quis** que a namorada dele o **acompanhasse** até à estação A.　青年はA駅まで恋人に一緒に来てほしいと思った。

A polícia **tem duvidado** que a arguida | argüida **fugisse** para o país vizinho.　警察は容疑者が隣国に逃亡するのではないかと疑ってきた。

Nunca **tinha imaginado** que os elefantes **nadassem** no mar para se deslocarem de uma ilha para outra.　象が島から島へと海を泳ぎわたるとは想像したこともなかった。

O João **queria** que a Luísa **estivesse** sozinha em casa. ジョアンはルイーザがひとりで家にいてくれればいいと思った。

A professora **terá mostrado** o desejo de que o aluno **justificasse** melhor as repetidas faltas às aulas.　その生徒が繰り返し欠席した理由をもっと明確にするよう、先生は求めたようである。

Antes de receber a notícia há oito dias, ela já **teria calculado** que a reação **fosse** imediata.　一週間前にそのニュースを受け取る前に、すでに彼女は、即反応があるものと考えたかもしれなかった。

256　23.1. 従属節における接続法、(2)接続法のみ可能な場合, p.420参照。

第 4 週 第24日

　主動詞が直説法・過去未来形あるいは直説法・半過去形の場合、実際の時称機能を果たすのではなく、いわゆる婉曲・丁寧の意味で用いられている場合も、従属節の動詞は時称の一致によって接続法・半過去形になります。
　　Gostava que ele não **desistisse**.　彼には諦めないでほしいところだが。
　　Apreciaria que me **fizesse** um favor.　ひとつお願いしたいことがあるのですが。

24.2. 接続法・大過去形
(1) 形式
　接続法・大過去形は、複合形のみで、単純形は存在しません。規範的には、〔ter の接続法・半過去形＋過去分詞〕と〔haver の接続法・半過去形＋過去分詞〕の2とおりの形式が可能です。
　しかしながら、現代のポルトガル語では haver を用いる接続法・大過去形は、古風体で書くというような、特殊な文体的必要がない限り用いられません。

1.sg.	tivesse falado	1.sg.	houvesse falado
2.sg.	tivesses falado	2.sg.	houvesses falado
3.sg.	tivesse falado	3.sg.	houvesse falado
1.pl.	tivéssemos falado	1.pl.	houvéssemos falado
2.pl.	tivésseis falado	2.pl.	houvésseis falado
3.pl.	tivessem falado	3.pl.	houvessem falado

他の複合形の場合と同様、過去分詞は常に男性単数形におかれ、主語の性・数あるいは目的語の性・数に影響を受けることはありません。

(2) 意味
　主動詞が、従属節に接続法をとる場合、従属節において、過去

のある時点からみて、それ以前に実現した状況を示します。[257]

Duvidei que ele **tivesse ido** à reunião à hora marcada.　私は、かれが約束の時間に打ち合わせに行っていないのではないかと思った。

Os passageiros não **acreditaram** que o problema já **tivesse sido** resolvido.　乗客にはトラブルがもう解決したとは信じられなかった。

24.3. 直説法・複合過去未来形
(1) 形式
　直説法・複合過去未来形は、規範的には〔ter の過去未来形＋過去分詞〕と〔haver の過去未来形＋過去分詞〕の2とおりの形式が可能です。

　しかしながら haver を用いる直説法・複合過去未来形は現代のポルトガル語では、古風体で書くというような、特殊な文体的必要がない限り用いられません。

1.sg.	teria falado	1.sg.	haveria falado
2.sg.	terias falado	2.sg.	haverias falado
3.sg.	teria falado	3.sg.	haveria falado
1.pl.	teríamos falado	1.pl.	haveríamos falado
2.pl.	teríeis falado	2.pl.	haveríeis falado
3.pl.	teriam falado	3.pl.	haveriam falado

他の複合形の場合と同様、過去分詞は常に男性単数形に置かれ、主語の性・数あるいは目的語の性・数に影響を受けることはありません。

　助動詞 ter, haver の直説法・過去未来形を含むので、斜格代名詞は、基本的に助動詞の内接辞になります。[258]

　例：ter-me-ia dito, tê-lo-ia feito, ter-lhe-ia sido pago.

---
[257] 23.1. 従属節における接続法、(2)接続法のみ可能な場合, p.420参照。接続法・半過去形と接続法・大過去形の相異については、25.4. 話法の転換－4, p.477参照。

第4週 第24日

(2) 意味・用法

　直説法・複合過去未来形は主として仮定あるいは譲歩をあらわす副詞節の帰結節である主文にあらわれる形式です。詳しくは条件文の項で扱います。[259] また、過去のある時点からみて、それより以前に実現した状況に関する推量を表します。

a)　帰結節

　過去の事実に反する仮想条件を条件節では接続法・大過去形で表し、これに対する帰結節では直説法・複合過去未来形を用います。

　Se ela **tivesse visto** ontem o cartaz, **teria assistido** ao filme.　もしも彼女が昨日ポスターを見ていたら、その映画を見ていたところなのだが。

　Se eu **tivesse deixado** o indivíduo falar, não **teria concordado** com as suas ideias | idéias utópicas.　私が仮にその人が話すままにさせておいたとしたら、かれの空論には賛同しかねたであろう。

b)　過去の状況についての推量[260]

　過去の時点からみて既に実現していると推量される状況を述べます。従属節内における直説法・大過去形は、話者が事実とみなす状況を述べるのに対し、直説法・複合過去未来形は話者が事実とみなさないことを述べる点で対照的です。

　O avião já **teria chegado** quando cheguei ao aeroporto.　私が飛行場に着いたときには、飛行機はすでに到着していたはずであった。

258　16.5．内接辞をともなう形式—1, p.300、20.3．内接辞をともなう形式—2, p.359参照。
259　21.1．直説法・複合未来形、(2) b)., p.382参照。
260　24.5．条件節と帰結節, p.452参照。

c.f. O avião já **tinha chegado** quando cheguei ao aeroporto.　私が飛行場に着いたときには、飛行機はすでに到着していた。

O homem **teria chegado** antes da festa?　その男はパーティーの前に到着していた、ということだったのであろうか。

c.f. O porteiro sabia que o homem **tinha chegado** antes da festa.　その男はパーティーの前に到着していたのを門衛は知っていた。

24.4. 話法の転換 ― 3
(1) 被伝達部の命令文：命令法と接続法・現在形

直接話法の被伝達部に命令文があらわれる場合、被伝達部に含まれる命令法および接続法・現在形は、間接話法に変換した時、従属節において以下のような形をとります。

　a)　主節動詞が直説法・現在形：従属節の動詞〔命令法あるいは接続法・現在形➡接続法・現在形〕

A Paula **diz-me**：―**Aguenta** aí, que eu volto já！　パウラが「そこで待ってて。すぐ戻るから」と私に言う。

A Paula **diz-me** que **aguente** aqui, que ela volta já.　パウラがすぐ戻るからここで待つようにと私に言う。

O pai **ordena** aos filhos：―**Sigam-me** para não vos perderem.　父親が子供達に「迷子にならないようにお父さんについて来るんだぞ」と命ずる。

O pai **ordena** que os filhos o **sigam** para não se perderem.　父親が子供達に迷子にならないように自分について来るよう命ずる。

　b)　主節動詞が直説法・過去形：従属節の動詞〔命令法あるいは接続法・現在形➡接続法・半過去形〕

第 4 週 第24日

A mãe **mandou** ao filho：—**Está** quieto！　母親は息子に「じっとしてなさい」と命じた。

A mãe **mandou** ao filho que **estivesse** quieto．　母親は息子にじっとしているようにと命じた。

O capataz **exigiu** ao aprendiz：—Não **te demores**．　親方は見習いの小僧に「急いでやれ」と命じた。

O capataz **exigiu** que o aprendiz não **se demorasse**．　親方は見習いの小僧に急いでやるように命じた。

N.B.　話法と関係のない場合も、時称の一致の原則に従います。主節動詞と従節動詞がともに発話時と同時的な場合、従属節に接続法をとる主節動詞を現在から過去に変更すると、従属節における接続法・現在形は、主節動詞の時称と連動して接続法・半過去形に変化します。

O João **quer** que a Maria **venha** com ele．　ジョアンはマリーアに一緒に来てほしいと思っている。

O João **quis** que a Maria **viesse** com ele．　ジョアンはマリーアに一緒に来てほしいと思った。

(2)　**被伝達部の平叙文：直説法・複合未来形**

a)　**主節動詞が直説法・現在形**：従属節の動詞〔直説法・複合未来形➡直説法・複合未来形〕

Fonte não oficial **diz**：—**Um dos autores do crime terá sido** preso na capital．　非公式な情報によると「犯人のひとりが首都で拘束されたようである」とのことだ。

Fonte não oficial **diz** que um dos autores do crime **terá sido** preso na capital．　非公式な情報によると、犯人のひとりが首都で拘束されたもようとのことだ。

b)　**主節動詞が直説法・過去形**：従属節の動詞〔直説法・複合未来形➡直説法・複合過去未来形〕

Fonte não oficial **disse** ontem : —Um dos autores do crime **terá sido** preso na capital.　非公式な情報によると「犯人のひとりが首都で拘束されたようである」とのことだった。

Fonte não oficial **disse** ontem que um dos autores do crime **teria sido** preso na capital.　非公式な情報によると、犯人のひとりが首都で拘束されたもようとのことだった。

N.B.　直説法・複合未来形と直説法・複合過去未来形が、こうして主節動詞の時称にしたがって変化することをふまえて、間接話法的な複文を直接話法的に表現し直すことも可能です。しかし、話法の転換には話し手あるいは書き手の解釈が関わるため表現方法はひと通りとは限りません。

O jornal **noticiou** ontem que o líder do partido **teria pedido** uma maior colaboração dos seus membros.　昨日新聞が伝えたところによると、同党の党首が党員の一層の協力を求めたようである。

O jornal **noticiou** ontem que : O líder do partido **terá pedido** uma maior colaboração dos seus membros.　昨日新聞には、党首が党員の一層の協力を求めた模様とあった。

24.5．条件節と帰結節

　副詞節が条件をあらわす場合、条件節と呼びます。これに対する主節は帰結節とよびます。条件節と帰結節のあいだには単なる因果関係をはじめ、ある仮定条件およびそれにもとづいて想定される結論、提案など、さまざまな場合が認められます。

(1)　因果関係を示す条件節と帰結節

　条件節で示される状況について、話者は現実にそうであるかどうかについて関知していない場合です。どちらの節においても、直説法のさまざまな時称が用いられます。

第4週 第24日

Se se **comprime** o oxigénio｜oxigênio, **faz-se** um líquido.　酸素を圧縮すれば液体になる。

Se o João **está** a trabalhar, **vá** falar com ele depois.　ジョアンが仕事中ならあとで話をしなさい。

Se o condutor **guiou** o carro durante a noite, agora, **é** hora de descansar.　運転手が夜通し運転してきたのなら、もう休息する時間です。

Se já **meteste** a carta no correio, a resposta **vai chegar** daqui a alguns dias.　もう手紙を出したのなら返事は数日後に届くだろう。

Porque não **chegaste** a falar com a Maria, se a **tinhas visto** no mercado？　市場でマリーアに出会ったのなら、話をすれば良かったのに。

Se não **choveu** ontem, não **compreendo** porque a água do rio está tão turva.　昨日雨が降らなかったとすると、川の水がこんなに濁っているわけがわからない。

未来の状況については、条件節で接続法の未来が用いられます。
Se **nevar** amanhã, o horário do exame **poderá** ser alterado.　もし明日雪が降れば試験の時間割が変更されるかも知れない。

(2) 現在の事実に反する仮定を踏まえた条件文

　条件節において、現在の事実に反する状況を仮定として述べ、帰結節では、その仮定に従った願望、可能な結果、などを示します。条件節と帰結節で用いられる動詞は以下のように接続法と直説法で対比されます。[261]

261　20.1. 直説法・過去未来形, p.357、18.1. 直説法・半過去形, p.329参照。

条件節	帰結節
接続法・半過去形 **se fizesse** →	直説法・過去未来形(半過去形) **faria (fazia)**
Se eu **tivesse** dinheiro comigo agora,	**compraria** (**comprava**) este livro para ler em casa hoje à noite.

　もしもいまお金を持っていたら、この本を買って今夜家で読むところなんだが（実際は手元にお金がないので買えない）。

解説：たとえば書店でたいへん興味深い本を見つけ、ぜひ買って今夜じっくり読みたいと思ったとしましょう。しかしながら手元にお金がないので実際は買うことができません。このように目下の現実に反する仮想条件にしたがって可能性としての帰結を述べる表現です。

(3) 過去の事実に反する仮定を踏まえた条件文

条件節において、過去の事実に反する状況を仮定として述べ、帰結節では、その仮定に従った願望、可能な結果、などを示します。条件節と帰結節で用いられる動詞は以下のように接続法と直説法で対比されます。

条件節	帰結節
接続法・大過去形 **se tivesse feito** →	直説法・複合過去未来形 （大過去形、半過去形、過去未来形） **teria feito** (**tinha feito, fazia, faria**)
Se ele ontem **tivesse ido** a Tóquio,	não **teria chegado** a casa ainda antes da meia noite.

　もし彼が昨日東京に行っていたら、その日のうちには家に戻れなかったろう。

解説：たとえば大雪で昨日の夕刻から電車が運休してしまったとしましょう。もし東京に行っていたら関西に住む彼は家には戻れな

かったはずです。しかし実際は東京に行かなかったので、この問題とは何ら関係がなかったわけです。このように現実の出来事を踏まえて、過去の事実に反する仮定と帰結を述べる時の表現です。帰結節において、この例では、直説法・複合過去未来形が用いられていますが、事情によっては以下の例のように、過去未来形や半過去形が用いられることもあるでしょう。

 Se ele **tivesse ido** ontem a Tóquio, não **estaria** (**estava**) em Quioto neste momento.　もし彼が昨日東京に行っていたら、今頃京都にはいないだろう。

(4)　未来の事実に関する仮定を踏まえた条件文

　未来における状況はそもそも現実となるかどうか不明です。そのような意味において、未来における条件はすべて仮定と言えます。条件節は一般に接続法・未来形によって示されます。しかしながら、話者は、問題の事実が起こりうる可能性について考慮せず条件を単なる仮定としていることもあれば、またその事実の起こりうる可能性がきわめて低いと判断している場合もあります。条件の内容によって、帰結節において用いられる動詞の形式は、直説法・未来形を基本としますが、これ以外にもさまざまな可能性があります。

条件節	帰結節
接続法・未来形[262] **se fizer**	直説法・未来形 **farei**
Se eu **tiver** dinheiro no próximo Verão | verão,	**irei** a Málaga passar as férias.

（条件節 → 帰結節）

　こんどの夏にはお金があったらマラガへ行って休暇を過ごそう。

---

[262]　23.4．接続法・未来形, p.425参照。

解説:未来の状況は確実な予想が不可能ですから、「お金があるかどうかはわからないが仮にそのときになってお金があった場合は」という未来の条件に対する帰結を述べています。

Se **chegarmos** a casa antes das seis, primeiro **vamos fazer** compras.　もし6時前に家に戻れたら、まず買い物に行こう。

解説:仮に6時前に家に戻れたら、という条件にしたがって、帰結の主節では提案が述べられています。

N.B.　未来の状況について、条件節は接続法・未来形と接続法・半過去形どちらも可能です。前者にくらべて後者の蓋然性の程度が低いと言えます。

Se **chegarmos** cedo, ainda poderíamos tomar café no aeroporto.　早く着いたら空港でコーヒーを飲めるかもしれないね（早く到着する可能性もある）。

Se **chegássemos** cedo, ainda poderíamos tomar café no aeroporto.　万が一早く着くことでもあれば、空港でコーヒーを飲めるかもしれないね（早く到着する可能性はかなり低い）。

上の二文は両方とも空港に到着する前、たとえば空港に向かう途中に、まだ時間よりも早く着く可能性が残っているという事情を踏まえて、言うことが出来ます。しかし、すでに時間より遅れて到着したあとには、仮定ではなく過去の事実を踏まえて述べるので、過去の事実に反する条件は接続法・大過去形で述べます。

Se **tivéssemos chegado** cedo, ainda poderiamos tomar café no aeroporto.　早く着いていれば、空港でコーヒーを飲めたところだけどね（遅れて到着したからその時間がない）。

条件節において接続法・半過去形で発話時よりもあとの仮定を示すことにより、一種の丁寧語法として用いることもあります。

Então, Professor, **se**, por acaso, **tivesse** um tempinho na Biblioteca em Lisboa durante a sua viagem de estudo, **poderia** averiguar apenas a data da primeira edição deste livro？　では

第4週 第24日

先生、研究出張中にもしもリスボンの図書館で少し時間をとって頂けることがありましたら、この本の初版の出版時期だけでけっこうですが、調べて頂けますでしょうか。

24.6. 帰結節のモダリティー

単に「～するところだったのだが」という一般的な帰結節に対して、さまざまな助動詞を加えることで、モダリティーを変化させ、意味の幅を広げることができます。[263]

たとえば poder を加えて、「～してもよかったのだが；～できたのだが」という可能性をあらわしたり、また dever を加えて、「きっと～したにちがいない」、「～すればよかったのだが」という蓋然性や必然性という概念をあらわすことができます。助動詞の意味は文脈に依存しています。

Se tu não **tivesses ido** à capital naquele dia, **podíamos ter-te convidado** para vires à feira. もし君があの日首都に行かなかったら、君を誘って縁日に行けたんだが。

Se ela **tivesse vindo** sozinha, **podê-la-íamos ter hospedado** na nossa casa. 彼女がひとりで来たんだったら、家に泊めてあげられたんだけど。

Se ela **tivesse querido** ir ver a procissão, o pai **devia tê-la aconselhado** a que não saísse sozinha àquela hora na agitação da rua. もし彼女が行列を見に行きたがったのなら、父親は、そんな時間に大混雑の通りにひとりで行かないようにと忠告すべきだった。

24.7 比較の表現：**como se ...**

現在、あるいは過去の基準点から見て同時に実現する状況として como se に導かれる副詞節内で叙述する場合、接続法・半過去

---

[263] 21.4. モダリティー, p.388参照。

形を用います。[264]

Ele **explicou** minuciosamente a característica do tapete como se um tapeteiro **falasse** à clientela.　彼はその絨毯の特徴を、あたかも絨毯商人が顧客に話すような調子で、詳細に説明した。

A gata **está** a tremer como se **tivesse** febre.　雌猫は熱があるかのように震えている。

O gafanhoto **estava** imóvel como se **fosse** uma folha autêntica.　そのバッタはまるで本物の葉のようにじっとしていた。

　副詞節内で、基準点から見て完結している状況として叙述する場合は、接続法・大過去形を用います。

O rapaz estava a jogar à bola à vontade como se já **tivesse terminado** todos os trabalhos em casa.　少年は宿題は全部終わったかのようにノンビリとボール遊びをしていた。

Apesar do problema financeiro que o atormentava durante toda a vida, o escritor parecia alegre com a família, como se todas as suas preocupações já **tivessem desaparecido**.　経済的な問題では一生苦しんだにもかかわらず、まるで不安はすべて解消済みかのように、その作家は家族とともに楽しそうにみえた。

24.8. 練習問題(24)

Ⅰ. かっこ内の不定詞を、指示に従って適当な形に変えて全文を書きなさい。全文を日本語に訳しなさい(略号の意味：接・半＝接続法・半過去形、接・現＝接続法・現在形、直・過未＝直説法・過去未来形)。

---

[264]　23.4. 接続法・未来形, p.425参照。

第4週 第24日

1. Ainda que não me (apetecer 接・現), tenho de estudar, pois amanhã vai haver um exame.
2. Embora a falta do aluno nunca (poder 接・半) ser justificada, também não valia a pena chamar a atenção dele.
3. Não quero ser demasiadamente simpático para o homem, muito embora (saber 接・現) que ele tem dificuldades.
4. Se bem que me (custar 接・現), tenho de pôr os pontos nos iis sobre o assunto.
5. Se eu (poder 接・半) estar contigo, (explicar 直・過未)-te melhor.
6. Contanto que se (necessitar 接・現) de impor uma medida mais drástica, o governo tem de obter primeiro um testemunho concreto.
7. Por muito que (insistir-se 接・半) na conclusão da obra, já não havia hipótese de poder manter todas as condições iniciais do contrato.
8. Mesmo que (observar-se 接・現) uma imaturidade nas descrições daquela obra, não se pode deixar de admirar o seu valor artístico.
9. Posto que (explicar 接・半) de novo a situação, o director | diretor não conseguiu obter a compreensão dos funcionários.
10. Se não (trabalhar 接・半) nesta fábrica, dedicava-me à agricultura.

Ⅱ．以下のポルトガル語文のかっこ内を、対応する日本語の意味を参照して適当な語で埋めなさい。

1. Ele não (　) que este tufão (　) muito grande.　彼は今度の台風がきわめて大型だったとは信じていなかった。

2. Ele (　) que este tufão (　) muito grande.　彼は今度の台風はきわめて大型だと信じていた。

3. A Maria (　) que o João lhe (　) ontem à noite.　マリーアさんはジョアンが昨夜電話してきたと言っている。

4. A Maria (　) que o João te (　) ontem à noite.　マリーアさんはジョアンが君に昨夜電話してないのではないかと疑っていた。

5. Ele (　) que este tufão (　) muito grande.　彼は今度の台風がきわめて大型だったと言った。

6. Há dois anos, quando conversámos, eu (　) dito isso. Mas a situação agora é diferente.　二年前にお話ししたとき、私がそう言うことをあなたに申し上げたのかもしれません。でも今となっては状況が違います。

7. Se não (　) deixado o tabaco há dez anos, certamente eu não (　) agora nesta campanha anti-tabagismo.　10年前にタバコを止めていなかったら、むろんこのタバコ中毒反対運動にや関わらなかったよ。

8. Se ele não se (　) atrevido a pedir-te aquela informação, ninguém se (　) interessado no plano que ele tinha preparado.　彼があえて君に情報を求めたりしなかったら、だれも彼が準備していた計画に興味を持ったりしなかっただろう。

9. Se (　) este trabalho antes do almoço, teremos uma tarde tranquila, não achas？　もしも昼食前にこの仕事を終えてたら、午後はノンビリできると思わない？

第４週 第24日

10. Se o novo software ( ) *on line* sem problema, embora o número de acesso ( ) bastante limitado, isto ( ) um progresso muito grande.　新たなソフトウエアがオンラインでうまく動いたら、たとえアクセス数が相当限定されていても、大革新を意味する。

III．例に従って a), b) の２文を１文にまとめ、日本語に訳しなさい。

例：a) Eu pensei.　b) A estação fica longe.
　　→ Eu pensei que a estação ficava longe.
　　　私は駅が遠いものと思った

1. a) Agradecia.　b) O senhor dá-me um copo de água.
2. a) Gostaria.　b) Vocês lêm este livro.
3. a) Apreciaria.　b) A senhora informa-me sobre o número de telefone dele.
4. a) Duvidei.　b) O João chega a tempo ao local da reunião.
5. a) Receava muito.　b) A minha mala chega danificada.
6. a) Eu queria.　b) O professor explica-me melhor.
7. a) Ela quis.　b) Ele vai-se embora.
8. a) Ela esperava.　b) Eu falo ao público.
9. a) Convinha muito.　b) Ela escreve-nos.
10. a) As senhoras quiseram.　b) Nós ouvimos a conversa.

IV．以下の日本語をポルトガル語に訳しなさい。

1. ピザ屋がもう配達に出たというのは疑問だった。
2. 土砂崩れで道が通行止だと知らずにジョアンが車で出かけてしまったのではないかと、皆が心配していた。
3. もしこの計画がうまく行ったら君は大金持ちになる、というわけかい？

ポルトガル語四週間

4．もし君があのとき否と言わなかったら、僕は今でもあの悪癖を止められずにいたかも知れない。
5．もう昼食をしたのなら、もう食べない方がいい。

翻訳のヒント：ピザ屋：pizzaria, 通行止である：estar interdito, 土砂崩れ：o aluimento de terras, うまく行く：correr bem, 悪癖：vício.

　　（解答例　p.695参照）

第25日

25.0. 読解

Os gestos humanos diferem de uma área cultural para outra. Um determinado gesto corrente numa cultura pode ou não ser usado na outra. Há casos em que o mesmo gesto tem dois sentidos opostos em duas áreas culturalmente diferentes. A aprendizagem de uma língua estrangeira, portanto, necessariamente envolve um certo grau da assimilação dos gestos que associam a língua falada em causa.

Embora não pareça muito difícil enumerar os gestos usuais no presente, rotulando-os como italianos ou ingleses, o trabalho de remontar as suas origens ou de pesquisar as transformações dos seus simbolismos, significaria o levantamento de materiais da mais variada gama. É provável que um gesto actualmente corrente numa cultura tenha sido introduzido por outra no passado remoto, substituindo um gesto idêntico com um teor diferente. Não é de estranhar que as pessoas estivessem empenhadas em aprender os novos gestos usados pela gente recém-chegada e socialmente prestigiada.

A mesma área linguística costuma partilhar algumas peculiaridades gestuais, havendo, porém, uma sensível divergência entre os seus membros, dependendo das regiões geográficas. A discrepância do simbolismo dos gestos é ainda maior entre zonas culturalmente distintas. Por exemplo, no tradicional jogo de sombras japonês, entretêm-se as crianças com a posição dos dedos da mão que projecta a silhueta da raposa na parede. A disposição da mão, porém, expressando um gesto, pode ser, em determinado contexto, um forte insulto para o povo europeu. O mesmo gesto, porém, é usado na Turquia quando o povo recebe um herói, aclamando-o.

☞日本語訳は巻末 p.724参照。**pode ou não ser usado**：pode ser usado あるいは pode não ser usado という意味。**língua falada**：口語、話し言葉. c.f. língua escrita＝文語、書き言葉。**em causa**：問題の、今話題にしている。**no presente**：現代における。**gama**：さまざまに異なる要素の総体；ヴァラエティー。**actualmente**＝atualmente (Br.) **empenhadas em**：(estar) empenhado em＋inf.＝～する事に専念している。**sensível**：顕著な、著しい。**em determinado contexto**：ある文脈においては。

25.1. 接続法・過去形

(1) 形式：接続法・過去形は、〔ter の接続法・現在＋過去分詞〕と〔haver の接続法・現在＋過去分詞〕の2とおりの形式が可能です。

現代ポルトガル語では、もっぱら ter を助動詞として用います。haver を用いる接続法・過去形は古風体で書くなど、特殊な文体的必要がない限り用いられません。

1. sg. tenha falado 　　1. sg. haja falado
2. sg. tenhas falado 　　2. sg. hajas falado
3. sg. tenha falado 　　3. sg. haja falado
1. pl. tenhamos falado 　　1. pl. hajamos falado
2. pl. tenhais falado 　　2. pl. hajais falado
3. pl. tenham falado 　　3. pl. hajam falado

接続法・過去形には複合形のみ存在します。複合時称ですが、

単純形が存在せず、単純形と区別する必要がないので、単に接続法・過去形とします。[265] 他の複合形の場合と同様、過去分詞は常に男性単数形におかれ、主語あるいは目的語の性・数に影響を受けることはありません。

(2) 意味

接続法・過去形は従属節内で接続法が要求される場合、以下のような時称としての機能を果たします。

a) 発話時を基準点として、それより前に実現したとみなされる状況を述べます。直説法・過去形と接続法・過去形の並行関係を見ましょう。

Sei que o rapaz já **voltou** são e salvo a casa.　その男の子が無事家に戻ったことは承知しています。

Espero que o rapaz já **tenha voltado** são e salvo a casa.　その男の子が無事家に戻っていればよいのですが。

上記の2文においては、直説法・過去形および接続法・過去形はどちらも発話時を基準点として、「その男の子が無事家に戻る」という状況を、基準点より前に位置づけるという意味において共通した機能を果たしています。しかし叙法の観点からは話者の認識の仕方において対照的です。主動詞の意味から明らかなように、従属節内で、直説法・過去形で述べられる状況は、話者によって事実と認識されています。しかし、従属節内で、接続法・過去形で述べられる状況は、話者によって事実と認識されてはいません。

b) 未来の時点を基準点として、それより前にすでに実現しているはずとみなされる状況を、この形式で述べます。未来の基準点より前にある状況を位置づけるという意味において、

---

[265] ポルトガル語では Pretérito perfeito composto do Conjuntivo｜Subjuntivo. 23.1. 従属節における接続法, p.418参照。

接続法・過去形は直説法・複合未来形と共通した機能を果たしています。しかし、接続法・過去形は従属節内で直説法・複合未来形と、話者の認識の仕方においては対照的です。以下の二文を比較してみましょう。

Garanto que o pintor já **terá acabado** de pintar toda a parede daqui a oito dias. 一週間後にペンキ屋は壁を全部塗り終わってると保証します。

Duvido muito que o pintor já **tenha acabado** de pintar toda a parede daqui a oito dias. 一週間後にペンキ屋が壁を全部塗り終わってるとはとても思えません。

上記の２文にどちらにおいても、発話の時点から「一週間後」という未来の時点を基準点として考えたとき、「ペンキ屋が壁を全部塗り終わる」ということがすでに完結しているかどうかを問題にしています。前者では実現が確実なこととして、garantir という語によって提示され、従属節内では直説法・複合未来形が用いられます。いっぽう後者では、問題の状況が不確実なこととして、duvidar という語によって提示され、従属節内では接続法・過去形が用いられます。

以下の例文においても発話時からみて未来のある時点を基準としてみた場合、完結している状況が従属節内では接続法・過去形によってあらわされています。

Receio que o carpinteiro ainda não **tenha acabado** todo o trabalho quando voltarmos a casa amanhã. 私たちが明日家に戻ったとき、大工が仕事をまだ全部終えていないと困ったことになる。

Como o exame está marcado para o dia 3 de Novembro, quero pelo menos que todo o material necessário **tenha chegado** no dia 27 de Outubro, ou seja, uma semana antes da sua realização. 試験は11月3日に行う予定なので、私としては少なくとも必要な物すべてが10月27日、つまり試験実施の1週間前には到着していてほしいと思っている。

25.2. 時称のまとめ ─ 3：直説法と接続法

接続法の各時称は、ある種の動詞が従える従属節内において見られるという特徴がありますが、直説法と同様、発話時を基準として状況の前後関係を示す機能を果たします。

換言すれば、従属節内で、直説法と接続法のどちらが用いられるかは、もっぱら主動詞の性質によっています。たとえば、「O rapaz está em casa. その男の子は家にいます」という文を従属節に持つ複文を考えると、主動詞を saber にすれば以下のように従属節では直説法・現在形のままです。

Sei que o rapaz **está** em casa. その男の子が家にいることは承知しています。

いっぽう主動詞を esperar に置きかえると、主動詞の esperar が従属節で接続法を要求するので、従属節内の動詞 estar は接続法・現在形をとります。

Espero que o rapaz **esteja** em casa. その男の子が家にいればよいのですが。

このように、従属節内の動詞のとる叙法は主動詞によって自動的に決まるので、上の二例では従属節内の動詞の叙法が異なっていても時称としての機能は共通していることに留意しましょう。

(1) 現在の時間軸上
 a) 発話時に基準点をおく

従属節内で直説法を用いる動詞の例を見ましょう。基準点から見た前後関係は、直説法・過去形と直説法・現在形の対によって対照的にあらわされます。なお、以下では主動詞が従属節において接続法を要求する場合、従属節内の動詞が持つことになる意味特徴を【＋接続】と表し、主動詞が接続法を要求せず直説法を求める場合このような意味特徴を【－接続】と表すことにします。

■現在の時間軸上【＋現在】での対照
　基準点：発話時
　● 直・過去形　　　　　　　● 直・現在形
　【－同時】　————　【＋同時】
　【＋事実】　　　　　　　　【＋事実】
　【－接続】　　　　　　　　【－接続】
　Acho que ele **foi**.　　**Acho que** ele **vai**.
　彼は行ったと思います　　彼は行くと思います

上記の主動詞 achar を duvidar に置き換えると接続法における【±同時】の対照が明らかになります。

■現在の時間軸上【＋現在】での対照
　基準点：発話時
　● 接・過去形　　　　　　　● 接・現在形
　【－同時】　　　　　　　　【＋同時】
　【－事実】　————　【－事実】
　【＋接続】　　　　　　　　【＋接続】
　Duvido que ele **tenha ido**.　**Duvido que** ele **vá**.
　彼は行ってないのではと　　彼は行かないのではと
　思います　　　　　　　　　思います

第 4 週 第25日

　このように、直説法の過去形と現在形の対であらわされる前後関係が接続法においても維持されます。
　いっぽう、直説法・複合未来形と直説法・未来形は【−事実】の意味特徴を共有しつつ【±同時】については対照的です。
■現在の時間軸上【＋現在】での対照
　基準点：発話時

●直・複合未来形	●直・未来形
【−同時】 ———	【＋同時】
【−事実】	【−事実】
【−接続】	【−接続】
Acho que ontem ele **terá estado** em casa.	**Acho que** hoje ele **estará** em casa.
昨日彼は家に居たのだろうと思います	本日彼は家に居るのだろうと思います

　上記の主動詞acharをesperarに置き換えると接続法における【±同時】の対照が明らかになります。

■現在の時間軸上【＋現在】での対照
　基準点：発話時

●接・過去形	●接・現在形
【−同時】	【＋同時】
【−事実】 ———	【−事実】
【＋接続】	【＋接続】
Espero que ele **tenha estado** em casa ontem.	**Espero** que ele **esteja** em casa hoje.
彼が昨日家に居たことを願っています	彼が本日家に居ることを願っています

以上のように、直説法で対をなす2時称の前後関係は、接続法においても維持され、対と対の間には相似的関係が維持されています。

b) 発話時より後に基準点をおく

現在の時間軸上で、発話時よりさらに時間的に後になる時点を基準として、たとえば、「«daqui a duas horas» 今から二時間後に」、という未来の時間を基準点としましょう。すると主動詞が従属節で直説法を要求する場合、すなわち【−接続】という意味特徴をもつ主動詞の従える従属節内では、以下のように直説法・複合未来形と直説法・未来形の対によって前後関係の対照が示されます。従属節内でも【−基準】の意味特徴が保たれることがわかります。[266]

■現在の時間軸上【＋現在】での対照
基準点：daqui a duas horas,　今から二時間後に

• 直・複合未来形	• 直・未来形
【−同時】	【＋同時】
【−事実】	【−事実】
【−接続】	【−接続】
Acho que os alunos já **terão concluído** o trabalho daqui a duas horas.	**Acho que** os alunos **concluirão** o trabalho daqui a duas horas.
生徒達は二時間後にはもう仕事を終えているでしょう	生徒達は二時間後には仕事を終えるでしょう

---

[266] 21.2. 時称のまとめ—2, p.383参照。

第4週 第25日

　いっぽう、主動詞が従属節で接続法を要求する場合、すなわち【＋接続】という意味特徴をもつ主動詞 duvidar の従える従属節内では、直説法・複合未来形と直説法・未来形の対で示される【－基準】での前後関係が以下のように接続法・過去形と接続法・現在形の対によって示されます。

　■現在の時間軸上【＋現在】での対照
　　基準点：daqui a duas horas,　今から二時間後に
　　● 接・過去形　　　　　　　　● 接・現在形
　　【－同時】　　　————　　　【＋同時】
　　【－事実】　　　　　　　　　【－事実】
　　【＋接続】　　　　　　　　　【＋接続】

Duvido que os alunos já **tenham concluído** o trabalho daqui a duas horas.
生徒達が今から二時間後に、もう仕事を終えているとは思えません

Duvido que os alunos **concluam** o trabalho daqui a duas horas.
生徒達が今から二時間後に仕事を終えるとは思えません

N.B.　従属節内で直説法・過去形と直説法・複合未来形が【－同時】という意味特徴を共有すれば、【±事実】で対立します。すなわち、主動詞の主語が従属節内で述べることを事実と判断していれば直説法・過去形、事実ではない推測として提示するのなら直説法・複合未来形が用いられます。[267]
　Ele **diz** que o encontro já **foi realizado** ontem.　昨日すでに会合が行われたと、彼は言う。【＋事実】
　Ele **diz** que o encontro já **terá sido realizado** ontem.　昨日すでに会合が行われたようだと、彼は言う。【－事実】

267　21.1. 直説法・複合未来形, p.380参照。

しかしながら、上記の2文の主動詞 dizer を従属節に接続法を要求する動詞 recear に置きかえれば、従属節における動詞は【−事実】、【＋接続】という意味特徴を持つので、直説法・複合未来形と直説法・過去形との【±事実】という意味の対立が【−事実】に統一され、形式的にも中和される結果、従属節内では接続法・過去形に統一されます。

Ele **receia** que o encontro já **tenha sido realizado** ontem.
　　彼には昨日すでに会合が行われたのではと気を揉んでいる。

以上をまとめて、以下のような意味特徴を記述できます。

直説法と接続法：時称の意味特徴―3

【±現】	【＋基】	【±事】	【±接】	【±同】	名称	例
＋	＋	＋	−	＋	直・現在形	estuda
＋	＋	＋	−	−	直・過去形	estudou
＋	−	−	−	±	直・未来形	estudará
＋	−	−	−	−	直・複合未来形	terá estudado
＋	−	−	＋	＋	接・現在形	estude
＋	−	−	＋	−	接・過去形	tenha estudado

(2) 過去の時間軸上

a) 過去のある時点に基準点をおく

従属節内で直説法を用いる動詞の例を見ましょう。過去のある時点に基準点を設定すれば、その基準点から見た前後関係は、既に見たように直説法・大過去形と直説法・半過去形の対によって対照的にあらわされます。[268]

268　20.9. 直説法の時称のまとめ―1, (1) b), p.369参照。

第4週　第25日

■過去の時間軸上【－現在】での対照
基準点：Quando leu a resposta dela,　ジョアンは彼女の返
　　事を読んだとき

- 直・大過去形
  【－同時】　　　————
  【－接続】
  o João **compreendeu que**
  a Maria não **tinha perce-
  bido** a explicação dele.
  マリーアには説明が
  判らなかったのだと悟った

- 直・半過去形
  【＋同時】
  【－接続】
  o João **compreendeu que**
  a Maria não **percebia**
  a explicação dele.
  マリーアには説明が
  判らないのだと悟った

　上記の主動詞 compreender を recear に置き換えると接続法における【±同時】の対照が明らかになります。

■過去の時間軸上【－現在】での対照
基準点：Quando leu a resposta dela,　ジョアンは彼女の返
　　事を読んだとき

- 接・大過去形
  【－同時】　　　————
  【＋接続】
  o João **receou que**
  a Maria não **tivesse per-
  cebido** a explicação dele.
  マリーアには説明が判らな
  かったのではないかと心配
  になった

- 接・半過去形
  【＋同時】
  【＋接続】
  o João **receou que**
  a Maria não **percebesse**
  a explicação dele.
  マリーアには説明が判ら
  ないのではないかと心配
  になった

このように、直説法・大過去形と直説法・半過去形という対であらわされる前後関係が、接続法・大過去形と接続法・半過去形という対において相似的関係を保っています。

b) 過去の基準点よりさらに後に基準点をおく

同様に、過去の時間軸上で設定した基準点よりも、さらに時間的に後になる時点、いわば「過去の未来」を基準として前後関係を考察してみましょう。過去の基準点を、たとえば、"Quando ouvi a previsão"「天気予報を聞いたとき」とし、その基準点よりさらに後、"algumas horas depois"「その数時間後には」としてみましょう。すでに見たとおり直説法、すなわち【−接続法】においては、以下のような前後関係の対照が見られます。[269]

■過去の時間軸上【−現在】での対照
基準点：Quando ouvi a previsão, 天気予報を聞いたとき

● 直・複合過去未来形　　　● 直・過去未来形
【−同時】　　　　　　　　【＋同時】
【−接続】　　　　　　　　【−接続】

compreendi que o tufão　　**compreendi que** o tufão
teria atingido a capital　　**atingiria** a capital
algumas horas depois.　　algumas horas depois.
数時間後には台風が首都に　　数時間後には台風が首都に
到達しているのがわかった　　到達するらしいとわかった

上記の主動詞 compreender を recear に置き換えると接続法における【±同時】の対照が明らかになります。

269　20.9. 時称のまとめ—1：直接法時称(1), (2) b), p.373参照。

第 4 週 第25日

■過去の時間軸上【−現在】での対照
　基準点：Quando ouvi a previsão, 天気予報を聞いたとき

・接続法・大過去形	・接続法・半過去形
【−同時】————	【＋同時】
【＋接続】	【＋接続】
receei que o tufão **tivesse atingido** a capital algumas horas depois. 数時間後には台風が首都に到達しているのではないかと懸念した	**receei que** o tufão **atingisse** a capital algumas horas depois. 数時間後には台風が首都に到達するのではないかと懸念した

N.B. 従属節内では直説法・大過去形と直説法・複合過去未来形が【−同時】という基準点を共有しつつ、【±事実】で対立します。すなわち、主動詞の主語が従属節内で述べることを事実と判断していれば直説法・大過去形、事実ではない推測として提示するのなら直説法・複合過去未来形が用いられます。[270]

　Ele **disse** que o tufão já **tinha atingido** a capital havia dias.
　　すでに数日前に台風が首都に到達したと彼は言った。【＋事実】
　Ele **disse** que o tufão já **teria atingido** a capital havia dias.
　　すでに数日前に台風が首都に到達したようだと彼は言った。【−事実】

　しかしながら、主動詞が、従属節に接続法を要求する動詞ならば、従属節においては接続法・大過去形が用いられます。接続法・大過去形は【−事実】の意味特徴をもっていますから、結果として、上記の従属節における直説法・複合未来形と直説法・過去形との意味の対立は形式的にも中和されてしまいます。

270　21.1. 直説法・複合未来形, p.380参照。

Ele **receou** que o tufão já **tivesse atingido** a capital havia dias. すでに数日前に台風が首都に到達したのではないかと懸念した。【−事実】【＋接続法】

以上の前後関係の対立【±同時】をその他の意味特徴とあわせて示せば以下の表のようになります。

時称の意味特徴—4

【±現】	【＋基】	【±事】	【±接】	【±同】	名称	例
−	＋	＋	−	＋	直・半過去形	estudava
−	＋	＋	−	−	直・大過去形	tinha estudado
−	＋	−	−	＋	直・過去未来形	estudaria
−	＋	−	−	−	直・複合過去未来形	teria estudado
−	−	−	＋	＋	接・半過去形	estudasse
−	−	−	＋	−	接・大過去形	tivesse estudado

25.3. 接続法の時称としての機能

以上で見たとおり、接続法は、従属節内では直説法と同様、時称的機能、すなわち、問題となっている状況の時間的な前後関係を示す機能を果たしています。以下の2文を比較してみましょう。

Quando ele **fez** 55 anos, a mulher **pensou** que dali a alguns anos, o marido já **se teria jubilado** e ela já não **poderia viver** tão à vontade como agora. 夫が55才になったとき、妻は数年もすると夫も退職していて、もはや今のように気ままな生活はできないだろうと思った。

Quando ele **fez** 55 anos, a mulher **receou** que dali a alguns anos, quando o marido já **se tivesse jubilado**, ela já não **pudesse viver** tão à vontade como agora. 夫が55才になったとき、妻は数年もすると夫も退職していて、もはや今のように気ままな生活はできなくなることを危ぶんだ。

上記の例においては、過去のある時点、すなわち、「夫が55才になったとき」を基準点として、「それから数年後」の状況が表現されています。それは、「夫がすでに退職している」ことと、「妻が今ほど気楽に生活できない」ということです。この二点について、妻の心的状況によって異なる動詞が選ばれます。たんに「考える」場合は、pensar【－接続】という動詞を用いれば、従属節内では直説法・複合過去未来形(teria jubilado)および直説法・過去未来形(poderia viver)の対照によって前後関係を表現しています。いっぽう、これらの状況について「憂える」ことをあらわすため、recear【＋接続】という動詞を用いれば、従属節内では接続法・大過去形(tivesse jubilado)および接続法・半過去形(pudesse viver)の対照によって前後関係を表現しています。

25.4. 話法の転換 ― 4

主節動詞が従属節内で接続法を要求する場合は、直説話法の被伝達部において用いられる直説法・過去形は、主節動詞が直説法・現在形ならば間接話法に転換した時、従属節内で接続法・過去形をとります。いっぽう主節動詞が直説法・過去形ならば直接話法の被伝達部の直説法・過去形は従属節内で接続法・大過去形をとります。これは主節動詞が従属節内で接続法を要求しない場合と同様です。[271]

a) **主節動詞が直説法・現在形**：従属節の動詞過去〔直説法・過去形→直説法・過去形〕

A secretária **lamenta**：― O documento **foi** extraviado. 秘書は「書類が誤配されたのです」と嘆く。

A secretária **lamenta** que documento **tenha sido** extraviado. 秘書は書類が誤配されたのだと嘆く。

---

[271] 19.6. 話法の転換―1, p.353参照。

b) **主節動詞が直説法・過去形**：従属節の動詞〔直説法・過去形→直説法・大過去形〕

A secretária **lamentou**: — O documento **foi** extraviado.
秘書は「書類が誤配されたのです」と嘆いた。

A secretária **lamentou** que documento **tivesse sido** extraviado. 秘書は書類が誤配されてしまったのだと嘆いた。

25.5. 練習問題(25)

Ⅰ. 以下の文を日本語に訳し、下線部の主動詞を指示に従って変え全文を書き換え日本語に訳しなさい。

1. Penso que o rapaz foi jogar à bola.
→ É provável que ( ).

2. Sei que o meu avô esteve em Pequim nos anos 40.
→ Duvido que ( ).

3. O Dr. Barros diz que ela fez o curso no Brasil.
→ O Dr. Barros duvida que ( ).

4. Admitem que houve umas gralhas incríveis no texto.
→ Receiam que ( ).

5. Ela diz que o marido não saiu de carro hoje.
→ Ela espera que ( ).

6. Achei que os meus bisavós tinham passado um tempo muito feliz.
→ Imaginei que ( ).

7. O advogado quer que ela fale.
→ O advogado quis que ( ).

8. Espero que ela não se esqueça de entrar em contacto com ele.
→ Esperava que ( ).

第4週 第25日

9. O pai tinha a certeza de que o exame da filha tinha corrido bem.
→ O pai não duvidava que (　).
10. O Manuel sabia que o cão se iria curar dentro de alguns dias.
→ O Manuel implorava a Deus que (　).

II．以下のポルトガル語文のかっこ内の不定詞を、対応する日本語の意味を参照して適当な形に変えて書きなさい。

1. Não acredito que ela (dizer) isso. Deve (ser) mal interpretada.　彼女がそう言ったとは思いません。きっと誤解されたんでしょう。
2. Suponhamos que os seus amigos (estar) naquele país do Oriente.　あの東洋の国にあなた方の友人がいると考えてご覧なさい。
3. Parecia-nos incrível que o presidente (dar) a ordem dos ataques militares.　大統領が軍事攻撃の命令を下したとは、我らには信じがたく思われた。
4. É impossível que ela (enviar) a certidão sem ter posto o selo branco.　彼女が公印を押さずに証明書を送ったということはありえない。
5. Não tenho para mim que ele me (responder).　私はかれが返事をくれたものと確信しているわけではない。

III．以下の各文における不定詞をかっこ内の指示に従って書き、日本語に訳しなさい。

1. Quando fechei o contrato, há dois meses, **entender** (直説法・過去形) que o construtor já **ir** (直説法・過去未来形) iniciar a obra dali a oito dias.

2. Quando fechei o contrato, há dois meses, eu **querer** (直説法・半過去形) que o construtor já **iniciar** (接続法・半過去形) a obra dali a oito dias.
3. O presidente **dizer** (直説法・過去形) há dois meses que a tesouraria **adiantar** (直説法・過去未来形) toda a despesa.
4. O presidente **negar** (直説法・過去形) há dois meses que a tesouraria **adiantar** (接続法・半過去形) toda a despesa.
5. **ouvir** (直説法・過去・1人称単数形) dizer que a Joana **estar** (直説法・大過去形) com a Maria havia dias.
6. Não **poder** (直説法・過去・1人称複数形) acreditar que a Joana **estar** (接続法・大過去形) com a Maria havia dias.
7. **saber** (直説法・現在・1人称単数形) que o homem **estar** (直説法・半過去形) no café "A Brasileira" ontem à tarde.
8. **recear** (直説法・現在・1人称単数形) que o homem **estar** (接続法・半過去形) no café "A Brasileira" ontem à tarde.

IV. 例に従って a), b) の2文を1文にまとめ、日本語に訳しなさい。

例：a) Eu queria. b) Ele termina o trabalho antes do jantar.
→ Eu queria que ele terminasse o trabalho antes do jantar.
私は、彼に夕食前には仕事を終えてほしいと思っていた。

1. a) É incrível. b) O aquecimento não estava a funcionar esta manhã.
2. a) Não acho. b) A arguida | argüida é inocente.
3. a) Não cremos. b) A senhora informa-nos sobre o número do telefone dele.
4. a) Receio. b) Ela confessou o que tinha acontecido.
5. a) Espero. b) Ela conseguiu passar o exame.

第4週 第25日

6. a) Eu admiro-me.　b) O tio chegou a tempo à festa.
7. a) Surpreende-nos.　b) O televisor voltou a funcionar.
8. a) Acreditas?　b) Ele trabalhou para nós.
9. a) Parece impossível.　b) Os elefantes nadaram no mar.
10. a) Eu não acredito.　b) Ninguém viveu nesta ilha.

V．以下の日本語をポルトガル語に訳しなさい。
 1．彼がもう家を出たというのは信じがたい。
 2．ジョアンが定年後、もう働く気力を失ったとは信じられない。
 3．彼女は父親に本当のことをうち明けてしまったのではないだろうか？
 4．一週間前にこの映画を見ていたら、君の考え方も少し変わっていただろう。
 5．君は昨日昼食であんなにたくさん食べたりしなかったら、夜あれほど苦しい思いをしないで済んだだろうに。

翻訳のヒント：定年になる：jubilar-se｜aposentar-se, うち明ける：confessar, 苦しい思いをする：passar mal.
　　（解答例　p.699参照）

第26日

26.0. 読解

Embora conhecida, entre o povo japonês, como uma festa tropical tipicamente brasileira, o carnaval é um período de divertimento comum a todo o mundo cristão. Tendo origem nos velhos ritos romanos que festejavam o fim do Inverno, o carnaval, na liturgia cristã de hoje, é constituído pelos três dias imediatamente anteriores à Quarta-Feira de Cinzas, que marca o início do período de quarenta dias de abstinência, chamado Quaresma.

A Quaresma, embora o seu sentido original seja quarentena, consiste hoje em quarenta e seis dias. E isto, porque o período foi prolongado nos meados do século VI. O jejum era, então, considerado prática essencial, mas era proibido jejuar aos domingos. Foi necessário, portanto, perfazer dias de jejum efectivo.

O «Entrudo», designação castiça do carnaval em Portugal recorda os dias de permissividade, dando entrada a uma quadra de prece e de jejum. Os participantes da festa, entregando-se a todo o tipo de diversões e folias, preparam-se, por outro lado, para o longo tempo de purificação espiritual que vai da Quarta-Feira de Cinzas até ao dia de Páscoa.

A Semana Santa, que decorre desde o Domingo de Ramos até ao de Páscoa, constitui a última semana da Quaresma. Agora o Domingo de Páscoa é celebrado no primeiro domingo

第4週 第26日

depois da primeira lua cheia que se segue ao Equinócio da Primavera, caindo sempre entre os dias 21 de Março e 26 de Abril. A época deste festejo varia, portanto, de trinta e seis dias.

Daí resulta que o carnaval é uma festa móvel. Festeja-se nos três dias imediatamente anteriores à Quarta-Feira de Cinzas, fixada quarenta e seis dias antes do Domingo de Páscoa, podendo variar do início de Fevereio a meados de Março.

☞日本語訳は巻末725ページ参照。**Tendo origem nos velhos ritos romanos**：A ter origem em B＝AはBに起源を有する。**Inverno**：Inverno｜inverno. **Quarta-Feira de Cinzas**＝灰の水曜日。**Quaresma**＝四旬節。**consiste ... em quarenta e seis dias**：A consistir em B＝AはBからなる。**perfazer**＝…を付け加える、足す。**efectivo**：efectivo｜efetivo. **castiça**：castiço＝独特の。**entregando-se a ...**：A entregar-se a B＝AはBに身をゆだねる；没頭する；耽る。**Domingo de Ramos**＝枝の主日。〈棕櫚の主日〉〈聖枝祭〉〈受難の主日〉ともいう。**Domingo de Páscoa**＝復活祭日。**festa móvel**＝移動祝日。

26.1. 副詞の意味

副詞には意味によって、肯定の副詞 (sim, certamente, etc.)、否定の副詞 (não, nunca, jamais, etc.)、場所の副詞 (aqui, aquém, fora, perto, etc.)、時間の副詞 (ontem, hoje, nunca, sempre, etc.)、方法の副詞 (devagar, melhor, etc.) などさまざまな種類を認めることが出来ます。

26.2. 副詞の形式

副詞は意味と機能によって、一般の副詞と疑問副詞とに分類されます。副詞の形式は、形容詞から派生するものをはじめ、多様です。

(1) 形容詞から派生する副詞

形容詞の女性形に接尾辞 -mente を加えて副詞を派生させます。[272] この形の副詞には、もとの形容詞の意味からは類推がつきにくい意味を持つもの、文中で動詞に対する位置によって意味の異なるものもあります。[273] 以下いくつか例を挙げます。

■ **alegadamente**：(Pt. 確たる証拠はないが、風評によれば…)と言われている

Uma narrativa inédita, **alegadamente** do famoso escritor, escandalizou algumas pessoas muito conservadoras. かの著名な文筆家の手によると言われている、未刊の小説には、きわめて保守的な人々が憤慨することとなった。

■ **certamente**：当然、無論 (既述の情報に重ねて述べる場合)

Devido ao forte magnetismo, foi completamente danificada a disquete com importantes ficheiros, **certamente** relativos aos ofícios e à tabela de ordenados dos funcionários. 強力な磁力によって、重要なファイル、当然、公用文や職員の給与にかかわるファイルも入っていたフロッピーが、完全に駄目になったのである。

■ **dificilmente**：ほとんど…でない

O professor julgou que o aluno **dificilmente** conseguiria obter todos os créditos necessários para concluir o curso. その学生が課程を修了するのに必要な単位すべてを取得するのは、まず無理だろうと先生は思った。

■ **designadamente**：すなわち (Pt. 概要を述べた後具体的に列挙する場合)

Ela começou a estudar num curso virtual, **designadamente**, nas aulas de português pela *Internet*. 彼女はバ

---
[272] 9.10. 副詞―1, p.162参照。
[273] 26.4. 副詞の位置, (6), p.493参照。

第 4 週 第26日

ーチャル講座で、つまり、インターネットのポルトガル語授業で勉強をはじめた。

■ **inadvertidamente**：うっかりして；無意識に。
Ele disse **inadvertidamente** aquilo que se devia evitar.　彼はうっかりして避けるべきことを言ってしまった。

■ **novamente**：もう一度、再び
Terei de apresentar **novamente** o papel.　あらためてその書類を出さなければならない。

■ **nomeadamente**：すなわち（Pt. 概要を述べた後具体的に列挙する場合）
Os povos do extremo oriente, **nomeadamente** coreanos e japoneses, continuam a usar ainda hoje as letras chinesas, transmitidas há dois milénios.　極東の国々、すなわち韓国、北朝鮮、日本では、人々は今日もなお2千年前に伝わった中国の文字を使用している。

■ **possivelmente**：おそらく
A construção terminará **possivelmente** uma semana antes do novo ano.　建築工事はおそらく新年の1週間前には終了するだろう。

■ **respectivamente**：それぞれ
Os dois melhores estudantes deste semestre tiveram notas médias de 88 e 87, **respectivamente**.　今半期、もっとも成績優秀のふたりの平均点は、それぞれ、88点と87点だった。

■ **simplesmente**：要するに；結論として
Viajar no próximo mês é **simplesmente** impossível.　来月旅行するというのは要するに不可能です。

■ **ultimamente**：最近
A Lília tem estudado muito **ultimamente**, pois vai fazer exame daqui a oito dias.　リリアは試験を一週間後に控えているので、このところよく勉強している。

(2) 形容詞と同形式の副詞

副詞が形容詞の男性・単数形と同形の場合もあります。形容詞の意味から類推しにくいこともあります。

O Mário vai **primeiro** fazer compras para depois preparar o jantar.　マリオはまず買い物をしてからそのあとで夕食の準備をする。

Naquela noite a Paula ouviu o meu avô sonhar **alto** em alemão.　その夜、パウラは私の祖父がドイツ語で寝言を言うのを聞いた。

A Joana começou a falar **baixo**.　ジョアーナさんは小声で話しはじめた。

Os professores trabalham **duro**.　先生方は一生懸命に働いている。

(3) 一語の副詞

O número dos manifestantes é **bastante** grande.　デモ参加者の数は相当多い。

O professor dita **devagar**.　先生はゆっくりと書きとらせる。

A ruína do mosteiro fica **além** deste rio.　修道院跡はこの川の向こうにある。

A telefonista fala muito **depressa**.　交換手はとても早口だ。

Hoje o pai volta muito **tarde**.　お父さんは今日帰りがとても遅くなるよ。

Esta bicicleta parece grande **demais** para o menino.　この自転車は坊やには大きすぎるようだ。

第4週 第26日

(4) **副詞句**

語がいくつかまとまって副詞の機能を果たします。副詞句の構造はさまざまです。

■形容詞＋名詞

O presidente vai **raras vezes** à capital.　社長はめったに首都に行かない。

■前置詞＋名詞(句)

Os candidatos foram avaliados **com justiça**.　候補者は正当に評価された。

Esteja **à vontade**.　どうぞお楽に。

O meu pai escapou do desastre **por um triz**.　私の父はすんでのところで事故に遭わずに済んだ。

A moça joga o totoloto **às escondidas**.　その少女はこっそりとトトロットをやっている。

Sem dúvida o perigo da guerra está iminente.　間違いなく戦争の危険が迫っている。

■前置詞＋形容詞

Telefonei **de novo**.　再び電話しました。

O carro parou **de repente**.　車は突然停止した。

Um problema destes encontra, **em geral**, uma solução a curto prazo.　この種の問題には、一般に、短期的な解決があるものだ。

■前置詞＋副詞

Os rapazes estavam **por aqui**.　青年たちはこのあたりにいました。

■その他

Tomo um pouco de vinho mas só **de vez em quando**.　葡萄酒は少し飲みますが、ほんの時々です。

Trabalha **dia sim, dia não**.　一日おきに働く。

Tomo o remédio **de quatro em quatro horas**. 四時間おきに薬を飲む。

Escrevo **pouco a pouco**. 少しずつ書きます。

Quem descobriu o facto | fato, **modéstia à parte**, fui eu. 自慢じゃありませんが、その事実を発見したのは私です。

Vou limpar a sala **amanhã de manhã**. 明日の朝、部屋を掃除します。

26.3. 副詞の用法

副詞は、動詞、形容詞(句)、他の副詞(句)を修飾します。また文全体を修飾する場合もあります。

(1) **動詞を修飾する副詞**

As pessoas gostam de almoçar **devagar**. 人々はゆっくりと昼食をとるのが好きなんです。

O arroz esgotou-se **completamente**. 米は完全に底をついた。

(2) **形容詞(句)を修飾する副詞**

A qualidade das refeições está agora **sensivelmente** melhor. 食事の質は現在明らかによくなっている。

É difícil comer nos restaurantes uma sopa **autenticamente** à moda mirandesa. レストランで正真正銘のミランダ・ドーロ風スープを食するのは困難だ。

(3) **副詞(句)を修飾する副詞**

O professor ditou **tão** rápido que nenhum dos estudantes conseguiu tirar notas. 先生がとても早口で言うので学生は誰も書き取れなかった。

Começou a preocupar-se com o assunto **somente** a esta hora, é? いまごろになってようやくそのことが気になり始めたっていうんですか。

(4) **文全体を修飾する副詞**
   Infelizmente, hoje já fechou a inscrição. 残念ながら本日の申し込みはもう終わりました。
   Realmente, o assunto é muito complicado! 本当に、本件はきわめて複雑ですよ。

26.4. 副詞の位置
　副詞の位置は修飾する語との関係において、かなり自由と言えます。しかしながら、位置によって意味が変わる場合もあります。
(1) **形容詞を修飾する副詞**：形容詞の前に置かれます。
   Ignoras um artigo **tão** importante? こんな大事な論文を知らないのかい。
   A ideia | idéia parece-me **extremamente** ridícula. その考えは私にはきわめて滑稽に思える。
   A cantina está muito **bem** organizada. 食堂はたいへんによく整っている。
   A iniciativa dele foi **altamente** produtiva. 彼のイニシアティブはきわめて生産的だった。

(2) **動詞を修飾する副詞**：一般に動詞の後におかれます。
   Examinei **cuidadosamente** o texto. その文を注意深く吟味した。
   Cantaram **com voz bastante alta**. 相当な大声で歌った。

O homem entendeu **pouco** do assunto.　男はその件についてほとんど理解できなかった。

O avião vai sair **muito mais tarde**.　飛行機はずっと後になってから出発するだろう。

Ela está **quase** a perder a vontade de ir à exposição.　彼女には、展覧会に行こうという気がほとんどなくなっている。

Apesar de ser muito rica, ela vive **modestamente**.　彼女は大金持ちだが質素に暮らしている。

N.B.
① 動詞の前に置き、副詞の意味を強調する場合もあります。
　■普通の語順：
　　Hoje em dia, este vaso tradicional pode encontrar-se *apenas esporadicamente*.　こんにちでは、この伝統的な壺はほんのたまにしかみつかりません。
　■副詞の意味を強調する語順：
　　Hoje em dia, este vaso tradicional *apenas esporadicamente* se pode encontrar.　こんにちでは、ほんのたまにしか、この伝統的な壺はみつかりません。
② 時間、場所の副詞は動詞の前後、どちらにも置くことができます。
　　Comprei este livro **ontem**.　昨日この本を買いました。
　　Hoje já fiz o trabalho.　今日はもう仕事をしました。
　　Lá do fundo da casa, **do quarto do João**, veio um ruído.　家の奥の、ジョアンの部屋から何か音が聞こえてきた。
　　Conversavam em voz baixa **ali ao fundo do corredor**.　連中はあそこの廊下の突き当たりで小声で話をしていました。

(3) **副詞1が副詞2を修飾する場合**：副詞1を副詞2の前に置きます。

　Vai ao café **quase** *todas as tardes*.　ほとんど毎日午後にはカフェーに行く。

第4週 第26日

Quase *nunca* o vi.　その人をほとんど見かけたことがない。

O carro passou **precisamente** *por esta rotunda*.　その車はまさにこのロータリーを通ったのです。

Ele saiu **mesmo** *agora* [*agora* **mesmo**].　彼はたった今出ました。

Disse **muito** *apressadamente*.　大急ぎで言った。

O instrumento é usado **exclusivamente** *nesta região*.　その楽器はこの地方でのみ使われる。

N.B.

①副詞 só, somente, apenas は一般に修飾する副詞(句)の前に置かれます。動詞句の前に現れる場合は、動詞と目的語のどちらを修飾するかは文脈に依存します。

Nesta cidade, **só** aqui é que se vende peixe.　この町で魚を売るのはここだけです。

Este preço é aplicado **somente** para as senhoras.　これはご婦人専用値段です。

Aqui ao balcão, **só** se vendem os bolos. Não se servem. Se quiser, peça lá na mesa.　このカウンターではケーキは売るだけで召し上がっていただけません。よかったらあちらのテーブル席でどうぞ。

Aqui **só** se vende a carne. Se quiser o peixe, vá para o outro lado do mercado.　ここでは肉しか売ってません．魚がお入り用なら市場の向こう側へどうぞ。

②時間をあらわす副詞句・節と連繋して「…してようやく」の意味をあらわします。

O técnico **só** apareceu às onze horas.　職人は11時になってようやく現れた。

O guia **só** se sentiu aliviado quando soube que todo o grupo tinha voltado são e salvo.　ガイドは、団体全員が無事もどったと知ってはじめて安堵を感じた。

O aluno conseguiu entrar na sala de aula **apenas** dez minutos antes de acabar a aula. その学生は授業の終わるわずか10分前にようやくのことで教室に入ることが出来た。

(4) **成句：可能性の限界をあらわす〔o mais＋副詞＋possível〕**[274] 定冠詞は常に o が用いられます。

Agradeceria que me falasse o mais **devagar** possível. できるだけゆっくり話してください。

Procuro uma farmácia o mais **perto** possível. 私は出来るだけ近くにある薬局をさがしています。

Venha o mais **cedo** possível. できるだけ早く来てください。

(5) **文全体を修飾する副詞**：文頭から文末まで、さまざまな位置に置くことが出来ます。

Naturalmente, o político veterano não aceitará a jubilação forçada. むろん老練な政治家は、無理に引退せよといっても受け入れないであろう。

その他の位置におくことも可能です

・O político veterano, **naturalmente**, não aceitará a jubilação forçada.
・O político veterano não aceitará, **naturalmente**, a jubilação forçada.
・O político veterano não aceitará a jubilação forçada, **naturalmente**.

Estranhamente, o arguido ainda não está preso. 奇妙なことに、容疑者はいまだに逮捕されていない。

A música, **certamente**, lembrará aos ouvintes os saudosos

---

274 10.3. 形容詞の最上級, (4), p.173参照。

第4週 第26日

anos setenta.　その音楽は聞く者に必ずや懐かしい70年代のことを彷彿させるだろう。

Aparentemente, o ministério ainda não nomeou o novo presidente daquela corporação pública.　表面上的には、大臣はまだその公団の新総裁を任命してはいなかった。

O resultado da análise, **aparentemente**, até estava normalíssimo.　検査結果は、みたところまったく普通でさえあった。

―Mas, **bem entendido**, quero que faça o possível.　しかし、もちろん、出来るだけのことはしていただきたいのです。

(6)　**多義的な副詞**：位置により意味が変わる副詞があります。
■ ainda
　Ainda não lhe respondi.　いまだに彼に返答していなかった。

　Quando a conheci, **ainda** era solteira.　知り合いになった頃、彼女はまだ独身だった。

　A máquina **ainda** hoje funciona bem.　その機械は現在もなおよく機能している。

　Ainda lhe escrevi.　それでも彼に手紙を書いた。

　Escrevi-lhe **ainda**.　彼にまた手紙を書いた。

　Escrevi-lhe **ainda** há uma semana.　ちょうど一週間前彼に手紙を書いた。

■ já
　Já adormeceu.　やっと寝たぞ。

　Adormeceu **já**.　もう寝てしまった。

　Já lhe telefonei.　彼にはもう電話しました。

　Telefono-lhe **já**.　すぐに彼に電話します。

493

■ simplesmente

Apesar de ser muito rico, o velho vive **simplesmente**.　老人は大金持ちだが質素に暮らしている。

O menino, **simplesmente**, quer falar com alguém.　少年はただ誰かと話をしたいだけだ。

N.B.　副詞 sempre は位置と文脈によって意味が変わることがあります。通常は動詞の直後に置かれますが、以下の例では動詞の前におかれることで「常に」という意味が強調されます。

Por muito que chova, vou **sempre** de bicicleta para a escola.
どれほど雨が降ろうとも、いつも自転車で学校に行く。

Por muito que chova, **sempre** vou de bicicleta para a escola.
どれほど雨が降ろうとも、いつも必ず自転車で学校に行く。

いっぽう文脈によっては、この強調の位置におかれた sempre が、強い決意を示す「どうしても」という意味を表すこともあります (Pt.)。[275]

—**Sempre** vais a Lisboa？　明日どうしてもリスボンに行くのかい。

—Sim, sim. **Sempre** vou.　そうなんだよ。何としても行くことにしたんだ。

—Afinal **sempre** vou de bicicleta para a escola, mesmo que amanhã chova muito.　結局やっぱり自転車で学校に行くことにするよ、たとえ明日大雨でもね。

---

[275]　その他 sempre が「結局」の意味で用いられる場合(1)、「いずれにしても」の意味で用いられる場合(2)もあります。例：(1) Então, o João **sempre** deixou o curso que queria tanto !?　ではジョアンはあれほどやりたがっていたのに、結局そのコースを止めてしまったんですか。(2) Este ano recebemos apenas um terço do ordenado para o 13° mês, mas **sempre** foi uma ajudazinha.　今年は年末に給与一ヶ月分のわずか三分の一のボーナスを貰っただけだが、ともあれ少しは助かった。

第4週 第26日

(7) 否定辞 não

助動詞によっては、否定辞 não が動詞句の前ではなく主動詞の直前に位置して、主動詞のあらわす状況を否定することもあります。[276]

Ela **não** pode passar o exame.　彼女は試験に合格しないかもしれない。

Ela pode **não** passar o exame.　彼女が試験に合格しないこともあるだろう。

26.5. 副詞の序列
(1) 時間をあらわす副詞(句)

小さな単位から大きな単位へと並べます。日本語と逆です。

Eram cerca de 18 horas do dia dez de Outubro | outubro de 1993 quando ele nasceu.　彼が生まれたのは1993年の10月10日、18時ころでした。

O avião descolou exactamente | exatamente às 10 horas da manhã do dia 21 de Novembro | novembro de 2004.　飛行機は2004年11月21日、午前10時ちょうどに離陸しました。

A data foi fixada trinta dias depois do primeiro domingo de Janeiro | janeiro.　日取りは、1月の最初の日曜日から30日後と定められました。

O ritual será celebrado no vigésimo dia, contado a partir do primeiro domingo de Fevereiro | fevereiro.　儀式は2月最初の日曜日からかぞえて20日後に行われるでしょう。

---

276 否定辞 não が常に動詞句内で主動詞のみを否定することができるわけではありません。たとえば義務をあらわす dever では(1)に対して主動詞のみの否定は(2)の形で可能ですが(3)は非文となります。例：(1) O João **não** devia ter-lhe dito essa palavra tão provocadora. ジョアンは、貴方にそんな挑発的な言葉を言うべきではなかった。(2) O João devia é **não** ter-lhe dito essa palavra tão provocadora. ジョアンがすべきだったのは貴方にそういう挑発的な言葉を言わないことだった　(3) *O João devia **não** ter-lhe dito essa palavra tão provocadora.(非文)

Foi no dia 9 de Dezembro | dezembro de 1989.　それは1989年の12月9日のことでした。

(2) 場所をあらわす副詞(句)

狭い範囲から広い範囲へと並べます。日本語と逆です。

A casa fica no número 25 da Rua Augusta, em Coimbra, Portugal.　その家は、ポルトガルのコインブラ、アウグスタ街25号にあります。

Ele vivia numa casa na ladeira chamada Kagurazaka, no bairro popular situado ao sul do fosso que delimitava o castelo de Edo.　江戸城にめぐらされた堀の南側にひろがる下町に神楽坂という坂があり、そこに面したとある家に彼は住んでいました。

O sinal foi posto a cinco quilómetros | quilômetros a norte da ponte.　標識は橋の北、5キロメートルのところに立てられた。

(3) 場所と時間をあらわす副詞(句)

時と場所の示し方は、どちらを先に置いても構いません。一般には時間、場所、の序列で並べます。

Vamo-nos encontrar então na quinta-feira às 10 horas em frente da estação.　それでは、木曜日の10時に駅の前でお会いしましょう。

É pena que não possa demorar aqui muito tempo.　残念ながら余り長いこと居られないのです。

Viemos viver aqui para este apartamento precisamente há quinze anos.　このアパートに住むことになってちょうど15年が経ちました。

第4週 第26日

Fui a Londres visitar o meu tio em Agosto | agosto passado no bairro Vitória, onde ele trabalha.　昨年の八月、伯父を訪ねに、彼の働いているロンドンのヴィクトリア地区に行った。

26.6. 副詞（句）と無強勢代名詞の位置

ある種の副詞、副詞句が動詞の前に置かれると、無強勢代名詞は後接辞となることがあります。以下の対を比較しましょう。

Li-o **por alto**.　それを大雑把に読みました。

☞ **Apenas** o li por alto.　それは大雑把に読んだだけです。

Os alunos começam a falar-lhe do assunto.　学生たちがそのことを彼に話しはじめた。

☞ **Até** os alunos lhe começam a falar do assunto.　学生たちまでがそのことを彼に話しはじめた。

Vi-o.　彼を見かけました。

☞ **Não** o vi.　彼を見かけませんでした。

Perdoo-te. | Te perdôo.　おまえを許そう。

☞ **Nunca** te perdoo | perdôo.　おまえを決して許さない。

Esquecer-me-ei de ti.　君のことを忘れるだろう。

☞ **Jamais** me esquecerei de ti.　君のことは決して忘れないよ。

26.7. 副詞の名詞化

時間をあらわす副詞は、名詞として前置詞のあとにおかれる場合もあります。

■ **hoje**

Hoje o almoço foi muito bom.　今日は昼食が美味しかった。

c.f. O almoço de hoje foi muito bom.　今日の昼食はとても美味しかった。

■ **amanhã**

Amanhã o trabalho será bastante duro.　あしたは仕事が相当大変だろう。

c.f.　O trabalho de amanhã será bastante duro.　あしたの仕事が相当大変だろう。

26.8. 副詞の比較

副詞も、形容詞と同様、あらわす意味の程度の違いを以下のように表現します。

(1) **優等・劣等比較**：〔mais / menos＋副詞＋do que …〕

Ela fala **mais** devagar **do que** ele.　彼女は彼よりもゆっくりと話す。

A máquina classifica a correspondência **mais rápido do que** o homem.　機械のほうが人手でやるよりよほど速く郵便物を分類する。

Ele fala **menos** devagar do que o Dr. Cunha.　彼はクーニャ氏ほどゆっくりと話さない。

(2) **同等比較**：〔tão＋副詞＋como, etc.〕

Anda **tão** devagarinho **como** o caracol.　カタツムリのようにゆっくりと動く。

Trabalhei hoje **que nem** um mouro.　今日はめちゃくちゃに働いた。

Ele mostrou-se fiel **que nem** um cão.　彼は犬でもああはしないほど忠実にしていた。

(3) **最上級**：〔o mais＋副詞＋possível〕〔o mais＋副詞＋de / entre …〕定冠詞は常に男性形の o を用います。

第4週 第26日

Entre todos os políticos dos partidos da oposição, foi ele quem criticou **o mais severamente possível** a decisão do ministro.　全野党議員のうちでは、もっとも厳しく大臣の判断を批判したのは彼だった。

O carteiro é **o mais rápido** de todos a distribuir as cartas.　全郵便配達人のうちで手紙の配達にかけては彼が一番早い。

O homem grita o **mais alto que pode**.　その男はあらん限りの声で叫ぶ。

Ela fala **muito depressa**.　彼女はとても早口でしゃべる。

O velho fala **devagaríssimo**.　老人はきわめてゆっくりと喋る。

N.B.　比較されるものの数が限られていて、何を比較するかが文脈から明らかで、話し手にも聞き手にも了解事項となっている場合、定冠詞を伴わずに最上級の意味をあらわすこともあります。

　De que marca de cerveja o senhor gosta **mais**?　ビールはどの銘柄が一番お好きですか。

　Então de quem é que se fala **mais**?　では誰が一番の話題の主ですか。

表にして以下のようにまとめることができます。

■規則形

基本形	比 較 級	最　　上　　級		
^	^	絶 対 最 上 級		相 対 最 上 級
^	^	総合形	分析形	^
tarde	mais tarde tão tarde menos tarde	tardíssimo	muito tarde	o mais tarde possível o menos tarde possível

499

■不規則形

基本形	比較級	最上級		相対最上級
		絶対最上級		
		総合形	分析形	
pouco	menos	pouquíssimo	muito pouco	o menor possível
muito	mais	muitíssimo		o maior possível
bem	melhor	óptimo | ótimo	muito bem muito melhor bem melhor	o melhor possível
mal	pior	péssimo	muito mal muito pior	o pior possível

N.B. 形容詞句で bem /mal をともなうもの比較級では、mais＋bem ... , menos＋bem ... , mais＋mal ... , menos＋mal ... の形をとります。melhor / pior は用いられません。

O trabalho ficou muio **mais bem organizado** do que antes.
以前に比べて仕事はきわめてよく組織立てられた。

Esta parede está um pouco **mais mal pintada** do que aquela, não acha？ この壁はあの壁に比べてやや塗り方が下手だと思いませんか。

26.9. 練習問題(26)

Ⅰ．以下の文において、副詞、副詞句、副詞節に下線を引き、修飾関係に留意して日本語に訳しなさい。

1. Para já é o máximo que podemos fazer.
2. De momento, não dispomos da resposta.
3. O proprietário dificilmente cederá o terreno.
4. Vamo-nos encontrar então amanhã às 10 horas em frente da estação.
5. — Então tu foste sozinho para tão longe？ Foi muito imprudente！
   — Certamente que sim.

第4週 第26日

6. O jornalista escreve dificilmente ao teclado, usando apenas dois ou três dedos.
7. O Sr. Santos esqueceu-se deliberadamente de deixar algumas palavras de agradecimento ao médico para não se queixar de todas as complicações causadas pelo provável erro de diagnóstico.
8. Ele está novamente ₁₁a estudar | estudando₁₁ Medicina.
9. Embora seja grande conhecedor do tema, ele sabe explicar simplesmente.
10. Ultimamente não tenho comprado revistas pois estão muito caras.

II．以下のポルトガル語文のかっこ内を、対応する日本語の意味を参照して適当な副詞(句)で埋めなさい。以下の選択肢から選択すること。各文を日本語に訳しなさい。

1. O senhor Silva teve de vender a propriedade(仕方なく).
2. Ele não sabe（記憶して）o número de telefone do escritório dele.
3. Envio-lhe o documento（出来るだけ早く）.
4. Como neste restaurante（時々）.
5. Quando vinha à Brasileira, ele sentava-se（常に）nesta mesa.
6. Vejo（時折）um helicóptero a seguir para o Norte.
7. Quando estou na capital, vou（まれに）almoçar à Outra Banda.
8. Informo-te（もうすぐ）.
9. O Dr. Cunha falava muito（ゆっくり）, às vezes, pausadamente.

10. O professor Galvão falava (早く), com o sotaque gaúcho.

選択肢：
- de cor　・de quando em quando　・de vez em quando
- depressa　・devagar　・muito em breve
- o mais breve possível　・por motivos de força maior.
- raramente　・sempre

Ⅲ．以下の日本語をポルトガル語に訳しなさい。
1．彼は急いで、電話番号を大声で読み上げた。
2．うっかりして、彼に別れた恋人のことを訊ねてしまった。
3．できるだけ早くご返事賜りたく、お願い申し上げます。
4．この字は疑いもなく彼のものだ。
5．新しいとはいえ、このアイディアは要するに役に立たない。

翻訳のヒント：大声で読み上げる＝ditar em voz alta, 〜していただきたくお願い申し上げます＝agradeceria que ... (接続法・過去形) などを使う。役に立つ＝servir

　（解答例　p.703参照）

第27日

27.0. 読解

O fado é conhecido internacionalmente como a «canção nacional» portuguesa. Assim como outros tipos de música vinculados a características regionais de cada terra, é um género musical bastante apreciado entre os povos lusófonos e mesmo entre muitos estrangeiros.

As origens desta canção popular têm sido alvo de grande controvérsia entre os estudiosos do tema. Os últimos estudos realizados por José Ramos Tinhorão, especialista brasileiro de música popular, revelaram que a raiz do fado viria de cantos improvisados durante os intervalos da dança do mesmo nome nascida no Brasil.* A dança do fado, foi provavelmente criada pela camada baixa da sociedade carioca, com base no lundu, género de dança sensual de origem africana.

O rei D. João VI regressou à metrópole, em 1821, com milhares de vassalos, incluindo um número siginificativo de criados e escravos. Estes eram fruto da mestiçagem entre portugueses e africanos, integrando-se, desde o início, na camada popular de Lisboa. Abriram-se, assim, outras perspectivas à dança do fado, como uma nova forma de lazer para o povo lisboeta.

---

* Tinhorão, José Ramos: *Fado, dança do Brasil, cantar de Lisboa: o fim de um mito*, Editorial Caminho, Lisboa, 1994

☞日本語訳は巻末 p.726参照。**género musical**：género｜gênero＝音楽のジャンル。 **os povos lusófonos**：lusófono＝ポルトガル語を話す；ポルトガル語を国語あるいは公用語とする。**Os últimos estudos**：último＝最近の。**com base no lundu**：com base em …＝…にもとづいて。**lundu**：lundum とも言う。男女が対になって踊る官能的舞踊。アフリカ起源と言われる。ブラジルで18世紀末から19世紀初めに流行した。同名の音楽ジャンルはモディーニャ等の影響を受けて19世紀半ば以降あらわれた独唱歌謡。**D. João Ⅵ**：(1767-1826)、仏軍侵攻(1807)の際、家臣とともにブラジルに逃れ、自由主義革命(1820)を機に帰国(1821)。

27.1. 前置詞

前置詞は文中で二つの要素を連結し、前者の意味を後者の意味によって補完する役割を果たします。前置詞は変化しません。たとえば、以下の2文を比較してみましょう。

As pessoas chegaram **a** Lisboa. 人々はリスボンに到着した。

As pessoas chegaram **de** Lisboa. 人々はリスボンから到着した。

前者の例では、前置詞 a が到着する方向を示すのに対して、後者の例では前置詞 de が出所を示しています。このように前置詞が動詞 chegaram と場所をあらわす Lisboa との関係を明確にし、文全体の意味を明らかにする重要な役割を担っています。

27.2. 前置詞の形式

前置詞は、一語でその機能を果たす単純形前置詞と、数語が集まって前置詞の機能を果たす句前置詞とがあります。

(1) **単純形前置詞**

a) 常に前置詞としてのみ用いられます。前置詞そのものの意

第4週 第27日

味によってある文脈で用いられるというよりは、多くの場合、前置詞に先行する動詞、形容詞、名詞によって特定の前置詞が選ばれます。

■ a

Foram **a**o Brasil passar as férias de Natal. クリスマス休暇を過ごしにかれらはブラジルに行った。

O médico aconselha-o **a** que faça um exame endoscópico. 医師は彼に内視鏡検査をするよう勧める。

Ela renuncia **aos** doces para seguir o conselho do médico. 彼女は医師の助言に従おうと、甘いものを控える。

■ ante

O guarda não podia fazer nada **ante** a multidão enfurecida. 警官は興奮した群衆を前にして何もできなかった。

■ após

O fotógrafo registou sinais de vida nos escombros, **após** o terramoto. 写真家は地震の後、瓦礫の中にある命の証を記録した。

■ até

Ele esteve na biblioteca **até** ao fim do horário. 彼は閉館時間まで図書館にいた。

■ com

Concordo **com** o senhor. 私はあなたに同感です。

No final do concerto, o cantor presenteou o público **com** uma bela balada. その歌手はリサイタルの最後に、聴衆に美しいバラードを贈った。

■ contra

Todos são **contra** a proposta dele. 皆が彼の提案に反対だ。

A opinião pública está **contra** mim. 世論は私に反対している。

O povo tinha ódio **a**os militares estrangeiros.　人々は外国の軍人を憎んでいた。

■ **de**

O pai acabou de voltar **de** França.　父はちょうどフランスから戻ったところだ。

O pianista tinha ciúme **do** talento do compositor.　ピアニストは作曲家の才能に嫉妬を感じていた。

Ele tem inveja **de** ti.　彼は君のことを羨ましいと思っている。

Não foi muito fácil resistir à tentação **do** tabaco após ter deixado de fumar.　禁煙してからは、タバコの誘惑に抗うことは簡単ではなかった。

■ **desde**

O cartaz está posto **desde** ontem.　そのポスターはきのうから貼ってある。

Estava mal disposto **desde** sexta-feira.　金曜から体調が悪かった。

■ **em**

A minha amiga trabalha **em** Tóquio.　私の友人は東京で仕事をしています。

Ele tinha orgulho **em** falar japonês.　彼は日本語を話すことにプライドを感じていた。

O compositor tem manifestado relutância **em** tocar piano ao vivo.　その作曲家はピアノのライブ演奏には気が乗らないと再三言っていた。

■ **entre**

Foi inaugurada uma auto-estrada **entre** Lisboa e Coimbra.　リスボン・コインブラ間の高速道路が開通した。

第4週 第27日

■ **para**

O tio dele emigrou **para** o Brasil.　彼の伯父はブラジルに移住した。

Procuro uma alga especialmente benéfica **para** o fígado.　肝臓に特に効能がある海藻を捜しています。

Ela está muito conservada **para** a idade dela.　彼女は年の割にとても若々しい。

■ **perante**

O homem não pôde mentir **perante** as testemunhas.　男は目撃者の前では嘘を付けなかった。

■ **por**

O táxi passou **por** um bairro industrial da cidade.　タクシーは町の工業地区を通った。

Avolumou-se-lhe no espírito uma repugnância **pelas** decisões antidemocráticas.　彼の心には非民主的な決定に対する嫌気が膨らんだ。

O músico mostrou satisfação **por** ter ganho um prémio de grande prestígio.　その音楽家は著名な賞を獲得したことに満足の意を表した。

■ **sem**

O menino ficou **sem** dinheiro.　その男の子は一文無しになった。

Durante a prova, os alunos tiveram de escrever **sem** dicionários.　試験中は学生達は辞書を使わずに書かねばならなかった。

■ **sob**

As ruas estão de novo **sob** vigilância da polícia.　町はふたたび警察の監視下におかれている。

Sob o antigo regime antidemocrático, o povo não dispunha da liberdade de expressão.　かつての非民主的な政体のもとでは、国民には表現の自由がなかった。

■ **sobre**

Pus os papéis **sobre** o armário.　私は引き出しの上に書類を置いた。

Os dois partidos chegaram a acordo **sobre** a necessidade de continuar as discussões.　二政党は議論の必要性に関しては一致した。

b)　他の品詞としても用いられる語が、場合によって前置詞として機能することがあります。一種の多義語です。

Tem de tomar os remédios **conforme** a receita, está bem？　処方箋通り薬をのまなきゃダメですよ。

Todos os funcionários compareceram, **fora** ele.　彼以外の職員はみんな現れた（口語的）。

Excepto | **Exceto** o João, que estava doente, todos foram passear ontem.　病気だったジョアン以外はみな遊びに出かけた。

Salvo o calor, tudo lhe parecia confortável.　暑さをのぞけば、彼には何もかもが心地よかった。

Segundo o rumor, ele quer manter-se na posição do presidente.　噂では彼は引き続き会長の地位に留任するつもりだそうだ。

Visto a dificuldade financeira ter sido resolvida, o plano foi autorizado.　経済的困難が解決したので、計画は許可された。

Eu **mais** o Rui fomos ao café.　僕とルイとでカフェーに行った（口語的）。

第4週 第27日

(2) 句前置詞

句前置詞は数語が集まって前置詞の機能を果たします。すなわち、名詞句を従えて副詞句や形容詞句となります。以下いくつか主要な句前置詞を見ましょう。

■ **a fim de**　…を目的として、…するために

Tentou sorrir ***a fim de*** disfarçar a tristeza.　悲しいのを誤魔化そうと笑ってみた。

■ **à custa de**　…を犠牲にして；…の金銭的援助を受けて

O rapaz quis deixar de viver ***à custa dos*** pais.　青年は親がかりの生活は止めたいと思った。

■ **antes de**　…の前に（時間を示す）

Tivemos de acabar o trabalho ***antes das*** 14 horas.　14時前には仕事を終えなくてはなりませんでした。

■ **atrás de**　…の後方に

Na quinta, havia uma capoeira ***atrás da*** figueira.　農場の無花果の木の後ろに鶏小屋があった。

■ **além de**　…の向こうに；…に加えて

Comemos arroz ***além de*** batata e massa.　ジャガイモとパスタに加えて米も食べます。

■ **ao redor de**　…のまわりに

Os pombos voavam ***ao redor da*** estátua.　鳩が銅像の回りを飛んでいた。

■ **cerca de**　おおよそ…ほど

A máquina custou naquele tempo ***cerca de*** 400 dólares.　その機械は当時ほぼ400ドルしました。

■ **de acordo com**　…によると；…にしたがって

De acordo com o aviso, a biblioteca não funciona durante as férias grandes.　通知によると夏休み中、図書館は開いていません。

- **depois de** …の後で（時間を示す）
  O rei viveu apenas alguns anos *depois de* ter retornado à pátria.　その王は祖国に帰ってからほんの数年で没した。
- **de trás de** …の後方の
  As crianças estavam sentadas no banco *de trás do* carro.　子供達は車の後部席に座っていた。
- **devido a** …が理由で
  Devido a uma falha técnica, a emissão da rádio foi interrompida alguns minutos.　技術的な欠陥が原因でラジオ放送は数分間中断された。
- **em baixo de** …の下に
  Decidiram colocar a máquina *em baixo do* balcão.　カウンターの下にその機械を置くことにした。
- **em cima de** …の上に
  Pegou num papel *em cima da* mesa.　食卓の上にある紙を一枚取った。
- **em frente de** …の前に（位置を示す）
  Deixou o carro estacionado *em frente do* correio.　郵便局の前に自動車を駐車しておいた。
- **em prol de** …を目的として
  Organizamos um encontro *em prol da* compreensão mútua entre os dois países.　二国間の相互理解のために会合を企画した。
- **graças a** …のお陰をもって
  Ele conseguiu terminar o trabalho *graças à* colaboração dos colegas.　同僚の協力のお陰で彼は仕事を終えることが出来た。
- **junto de** …のそばで；…において
  Esforçou-se *junto do* ministério por melhorar a situação.　状況の改善のため本省において尽力した。

第4週 第27日

■ **por trás de** …の後ろに
A cantora escondia a origem caipira *por trás do* forte sotaque carioca. その女性歌手は強いリオ訛りで田舎出であることを隠していた。

■ **por volta de** ほぼ……に（概数を示す）
A expectativa de vida então era apenas *por volta de* 40 anos. 当時の平均寿命はわずか40歳ほどだった。

27.3. 前置詞の機能

前置詞句は、前置詞に名詞句が後続したものです。前置詞句は文の中でさまざまな役割を果たします。

(1) **形容詞句として：**
café **à brasileira**　ブラジル風コーヒー
obra **sem par**　比類なき作品
crítica **com razão**　正当な批評
edifício **à direita**　右側の建物
homem **às direitas**　真っ当な人物

(2) **副詞句として：**
前置詞句が状況をあらわす副詞句を構成する場合、前置詞句の意味が文全体に関わっています。
Escrevi uma carta a um amigo **às duas horas**. 二時に友人に手紙を一通書いた。
Escrevi uma carta a um amigo **pelas duas horas**. 二時ごろ友人に手紙を一通書いた。
Escrevi uma carta a um amigo **durante duas horas**. 二時間かけて友人に手紙を一通書いた。
Escrevi uma carta a um amigo **em duas horas**. 二時間内に友人に手紙を一通書いた。

Escreverei uma carta a um amigo **dentro de duas horas**.
二時間のうちに友人に手紙を一通書こう。

N.B. 前置詞句にどの前置詞を用いるかは慣用的に決まっていて、意味からどの前置詞を用いるかを類推することが困難な場合も多くあります。

Vou à escola **de bicicleta**. 自転車で学校へ行く。

Vou à escola sempre **em pé** no autocarro. バスでいつも立って学校へ行く(座席に座らずに)。

Vou à escola **a pé**. 歩いて学校へ行く。

Vou à escola **ao pé da estação**. 駅のそばの学校へ行く。

(3) **文の構成要素を導いて:**

a) 動詞の意味が変化する場合

動詞の意味によって用いられる前置詞が決まっている場合があります。言い換えれば、どのような前置詞が動詞とともにあらわれるかによって、動詞の意味が変化します。前置詞が節を従えることもあります。[277]

O menino **conta** os bonecos. 少年は人形を数える。

O menino **conta** uma história aos bonecos. 少年は人形に話をする。

O menino **conta com** os bonecos para concretizar o seu plano. 少年は計画実行のため人形をあてにする。

O menino **conta por** dois, pois é muito trabalhador. 少年はとても働き者で二人分の働きをする。

O menino **conta que** os bonecos o ajudam a realizar o sonho. 少年は人形が夢の実現を助けてくれると語る。

O menino **conta com que** com os bonecos o ajudem a realizar o sonho. 少年は人形が夢の実現を助けてくれるのをあてにする。

---

[277] 28.1. 接続詞(2) b., p.524参照。

O menino **conta** muito **para** a vida dos bonecos.　人形の生活には少年がとても重要だ。

b)　動詞の意味が変化しない場合

動詞の意味に変化を及ぼすことなく、後続する前置詞句が前置詞によって、さまざまな統語的機能を担う場合があります。

O meu amigo falou **ao João**.　私の友人はジョアンに話をした。

O meu amigo falou **com o João sobre o assunto**.　私の友人はジョアンとその件について話した。

O meu amigo falou **do João ao meu pai**.　私の友人はジョアンのことを私の父に話した。

O meu amigo falou **em visitar o João**.　私の友人はジョアンを訪問することについて話した。

27.4. 練習問題(27)

Ⅰ. 以下の文のかっこ内を適当な前置詞、あるいは前置詞と冠詞の縮約形で埋め、各文を日本語に訳しなさい。

1. A polícia aconselha as crianças (　) não andarem nas ruas desertas.
2. A mulher sobreviveu (　) o bombardeamento da capital.
3. A fotocópia pode constituir uma ofensa grave (　) o direito de autor.
4. Os pais acabaram ||por ceder | cedendo|| (　) as lamúrias da criança.
5. Na modernização do país, houve sempre preocupação (　) a educação elementar.
6. O médico tinha confiança (　) a segurança do medicamento.

7. Se os professores universitários tivessem preocupação ( ) melhorar as suas aulas, este relatório dar-lhes-ia um sério impacto.
8. O político sublinhou a sua admiração ( ) o historiador.
9. Ele mostrou o profundo amor ( ) música.
10. Ele teve grande respeito ( ) o escritor que introduziu o realismo em Portugal.

II. 以下の語群より適当な語を選んで、各文のかっこ内を埋め、各文を日本語に訳しなさい。

1. A reunião foi convocada com o ( ) de discutir alguns assuntos urgentes.
2. Seria necessário perseguir os benefícios económicos à ( ) da destruição de um ecossistema?
3. A construção do grande edifício em ( ) do bem-estar dos habitantes locais suscitou as piores críticas.
4. Foi criado um grupo de estudo em ( ) do melhoramento da rede de bibliotecas universitárias.
5. A emissora decidiu pôr de novo no ar o programa a ( ) dos ouvintes.
6. Um bando de pombos encontra-se sempre na praça em ( ) à estação.
7. Muitos camiões | camihões continuam estacionados, desde a semana passada, ( ) ao portão da fábrica.
8. Escondidos ( ) dos pseudónimos | pseudônimos, os cibernautas podem optar por outras personalidades diferentes das suas.
9. Estava ao lado do volante um homem, que saltou por dentro do carro para o banco de ( ).

第４週　第27日

10．Um galho caiu por（　）de um burro.

語群

atrás, cima, custa, detrimento, fim, frente, junto, pedido, prol, trás

Ⅲ．以下の日本語をポルトガル語に訳しなさい。
1．タクシーの前の席にご婦人がひとり座っていました。
2．訪問に提案された日はコンクールの予定日にあまりに近かった。
3．販売の上昇は、製品によって、5.5％から6.9％の間で揺れがあります。
4．講演者は何百人もの聴衆を前に意のままに話せた。
5．彼女はその雑誌の第一号からの熱心な読者でした。

翻訳のヒント：前の席：o banco da frente, 上昇：crescimento, 揺れがある：oscilar, 意のままに話す：falar à vontade, 熱心な：assíduo

　　（解答例　p.706参照）

第28日

28.0. 読解

Além de grupos da população pobre e simples da capital, pessoas da nobreza vulgarmente conhecidas como *marialvas* contribuiam muito para o desenvolvimento da futura canção nacional. Eram filhos de famílias distintas e amantes da boémia, que conviviam com os *fadistas*, considerados na época marginais típicos de Lisboa e «bravos de viela», como lhes chamou Ramalho Ortigão. Surgiu deste modo, nas tabernas de Lisboa, em meados de século XIX, o fado já independente como canto solo e acompanhado à guitarra.

A paixão pessoal de certos nobres por esta nova canção urbana certamente promoveu o estatuto social da nova canção nascida entre a população humilde. A classe média que estava em plena expansão nesta época logo aderiu ao novo gosto em moda. A comercialização de partituras de fado adaptadas ao piano propagou o novo estilo musical, acabando por o levar, nos finais de Oitocentos, das tascas aos salões nobres. As filhas de burgueses, já podiam tocar tranquilamente a música plebeia ao piano, instrumento que simbolizava o poder económico da classe.

No início do século XX, o fado começou a divulgar-se através dos novos meios de comunicação, ou seja, a rádio e o cinema. Já aceite por todas as camadas sociais como prestigiosa «canção nacional», conheceu apuro no estilo no decorrer do século. Os músicos, poetas e cantadeiras excepcionais como Amália Rodrigues, cultivando a nova estética, continuam a atrair novos apreciadores pelo mundo fora.

☞日本語訳は巻末 p. 727参照。**marialvas**：ポルトガルで馬術を確立したマリアルヴァ伯爵(Marquês de Marialva 1713-1799)にあやかろうと、当時、貴族や大商人の子弟には、出で立ちだけは騎士を気取り放縦な生活に耽る若者がいた。marialva という語はこれらの若者に対して一種の蔑称として用いられた。**fadistas**：元来、首都を徘徊し悪事を生業とする「やくざ者」のこと。「ファド歌手」の意味は20世紀に広まったと思われる。**Ramalho Ortigão**：ポルトガルの19世紀末の社会批評家(1836-1915)。文豪エッサ・デ・ケイロースとともに小冊子『ファルパス』を1871年に創刊。**em meados de ...**：…の半ばに。**canto solo**：独唱歌。**guitarra**：ポルトガルギター。マンドリンに似た音色の12弦の楽器。日本で言うギターは普通 viola | violão と呼ばれる。**Oitocentos**：1800年代。**económico** = econômico (Br.)。**aceite**：aceitar の過去分詞。c.f. aceite | aceito. **Amália Rodrigues**：ポルトガルの女性ファド歌手(1920-1999)。アンリ・ヴェルヌイユ(Henri Verneuil)監督、映画『過去を持つ愛情(Les Amants du Tage)』(1955)の主題歌『黒い小舟(Barco negro)』で国際的に知られる。この歌は『暗い艀』として知られるが、歌詞にあるとおり barco は漁労用の小舟。**pelo mundo fora**：世界中で。

28.1. 接続詞

接続詞は二つ以上の文、節、句などを、文法的あるいは意味的に関係づける役割をはたす語です。

(1) **等位接続詞**：二つ以上の文、統語的に同質の要素を同等の関係において連結します。

　a) 連繋接続詞…論理的には、前述の概念と同様の概念を加える順接の接続詞と、前述の概念とは対照的な概念を加える逆接の接続詞との2とおりあります。

■**順接的**：以下のような接続詞、句接続詞があります。
　e, ou, não ... nem, sem ... nem, não só ... mas também, etc.
代表的な e について、その機能を詳しく見ると、さまざまな意味を表すことがわかります。

Comemos **e** bebemos.　我々は食べて飲んだ。(連鎖)
Ele voltou a casa **e** foi para a cama.　彼は家に帰ると床についた。(連鎖)
A Maria comprou um lápis **e** um caderno.　マリーアは鉛筆を一本とノートを一冊買った。(並置)
Anda à procura da chave da bicicleta que era pequena **e** que se perdeu há alguns dias.　自転車のカギで小さなものだが、数日前になくしたものを捜している。(並置)
Gastou todo o dinheiro **e** não está satisfeito.　お金を使い果たしたが満足していない。(対照)
Esqueceu-se da hora **e** por isso perdeu o avião.　時間を忘れたので飛行機に乗り遅れた。(結末)
A água é um líquido **e** escorre.　水は液体だから流れる。(必然性)
Comeu o caldo, um pão **e** uma sobremesa.　スープを飲み、パンに続いてデザートを食べた。(連鎖の終結)

その他の接続詞、句接続詞の例。

O rapaz **nem** trabalha **nem** se diverte.　青年は働きもしなければ気晴らしもしない。
Passa a vida **sem** computador **nem** televisão.　コンピューターもテレビもなしの生活をしている。
O jornalista **não só** escreve **mas também** faz entrevistas.　その記者は執筆だけでなくインタビューもこなす。

第4週 第28日

■**逆接的**：以下のような接続詞があります。

mas, porém, entretanto, contudo, mesmo assim, excepto | exceto, senão, salvo, etc.

Ele comia muito **mas** não engordava.　かれはたくさん食べるのに太らなかった。

Expliquei tudo muito claro, **contudo**, houve alguns que chegaram a perguntar-me de novo.　私が何もかも、はっきりと説明したにも拘らず、また何人か聞きに来る人がいた。

O aluno faltou, mas **entretanto**, veio ter comigo para me entregar o trabalho.　その学生は欠席したのだが、私のところに来て課題を渡した。

O pianista não se lembrava de nada, **excepto | exceto** terem-no descoberto numa praia deserta há alguns dias.　そのピアニストは、数日前自分が人気のない浜で見つかったこと以外何も覚えていなかった。

Os pais não deram os devidos conselhos, **mesmo assim** o filho percebeu a sua própria falta.　両親がしかるべき助言を与えなかったにも拘らず、息子は自分の過ちを悟った。

Responde-me **senão** nunca mais falo contigo.　返事をしてくれないと二度と口をきいてやらないぞ。[278]

N.B.

①逆接接続詞が順接接続詞の付加的意味をあらわす場合もあります。

　Ele tem um olfato especial para descobrir restaurantes baratos **mas** onde se come bem.　値段が安く、しかもしっかり食べられるレストランを見つける、特殊な嗅覚が彼にはある。

278　senão を用いるよりも ou を用いる方が、選択的で強要の度合いが弱いという意味的な差があります。c.f. Responde-me ou nunca mais falo contigo. 返事をしてくれ、さもないと二度と口を利いてやらないぞ　☞ 22.4 命令文に後続する副詞節、(3), p.413参照。

②逆接の句接続詞に否定辞の加わる表現 nem mesmo assim（それにもかかわらず…ではない）があります。

Fizeram o possível utilizando meios lícitos e ilícitos para evacuar o bairro degradado, **nem mesmo assim** conseguiram persuadir o velho a abandonar a casa. 手段の善し悪しをとわず、彼らは出来る限りのことをやって、その荒廃した地区の立ち退きを行なおうとしたが、何としてもその老人には家の明け渡しを納得させられなかった。

b) 離接接続詞：A ou B（A あるいは B）、quer A quer B（A でも B でも）等、選択的な結合を示す接続詞です。

Vai ficar aqui **ou** vem connosco？ ここに残りますか、それとも私たちと一緒に来ますか。

Os dois vão-se sentar num café **ou** continuam a passear. ふたりはカフェーで座るかそれとも散歩を続けるか、どちらかだ。

Quer em Portugal, **quer** no Brasil, fala-se a mesma língua—português. ポルトガルでもブラジルでも同じ言語、つまりポルトガル語を話している。

c) 帰結接続詞：2文の間におかれて、前の文の内容とその結果あるいは帰結としての内容を連結する接続詞、句接続詞で、logo, portanto, por conseguinte, por isso, assim, などがあります。

Paradoxalmente, a tecnologia desenvolve-se rápido, **logo** a vida torna-se difícil para os anciãos. 逆説的だが、技術が急速に進歩するので、高齢者には生活が困難になる。

第 4 週 第28日

A taxa de natalidade está a diminuir e a longevidade está a aumentar, **por consequência**, torna-se cada vez mais difícil a manutenção do sistema de pensões.　出生率が減少し寿命が延びているので、結果として年金システムを維持することがますます難しくなる。

Falaram muito, **por isso** ficaram cansados.　連中はよく喋ったので、疲れてしまった。

N.B. 帰結的意味をあらわす句接続詞 por isso に逆接の接続詞 mas および否定辞 nem が加わった表現があります。mas nem por isso は「しかし、だからといって…というわけではない」という複合的な意味をあらわします。

De facto | fato havia muitas cenas violentas no aludido filme, **mas nem por isso** os pais precisavam de proibir os filhos de o ver.　じっさい例の映画には暴力的な場面が数多くあったが、だからといって親が子供に見るのを禁止する必要もなかった。

d)　説明接続詞：理由をあらわす副詞節を導き、前後におかれる主節の内容を説明するように、連結する接続詞です。

como, que, porque, pois, etc.

Como estava muito cansado, deitei-me cedo.　私はとても疲れていたので早々と床についた。

Adormeci imediatamente, **pois** estava muito cansado e com sono.　すぐに寝入ってしまったのはなぜかと言えばとても疲れていて眠かったからだ。

Hoje não vou de bicicleta ao trabalho, **porque** está a chover.　きょうは仕事に自転車で行かないが、それは雨が降っているからだ。

(2) **従位接続詞**：文法的に従属する節を導く接続詞です。
 a) 名詞節を導く場合
　　動詞の意味によって、接続詞が que(…ということ)、se(…かどうか)、como (どういうふうに) と異なります。

O primeiro ministro afirmou **que** as eleições seriam realizadas em breve.　首相は選挙が間もなく行われると述べた。
O responsável está convencido de **que** se trata de um problema estrutural.　責任者は、要は構造的な問題だと確信している。
Ele perguntou à secretária **se** já a tinha informado sobre o acontecimento.　彼はその出来事について彼女に伝えたかどうかを秘書に訊ねた。
Eu gostava de saber **como** os nossos antecessores conseguiam dominar a língua naquele tempo.　私は当時我々の先人がどのようにその言語を習得したのか知りたかった。

N.B.
①同格節を導く que と同格におかれる名詞の間には必ず前置詞 de がおかれます。
　Chamemos a atenção para o facto | fato de **que** a maioria hesita em dizer não perante a situação.　大多数がこういう状況のもとでは否と言うのに躊躇するという事実に注意したい。
　Chegou-nos a informação de **que** o cavaleiro brasileiro ia conquistar a medalha de ouro.　ブラジル人の馬術家が金メダルを獲得するようだという情報がわれわれのもとに届いた。
　Ele tem provas de **que** os documentos são autênticos？　書類が本物であるという証拠を彼は持っているのだろうか。

第4週 第28日

Os assinantes tinham receio de **que** os dados pessoais pudessem ser extraviados.　講読予約をした人々には個人情報が漏れるのではないかという不安があった。

②同格節の de か、従属節の動詞や名詞句の構造上必要になる前置詞 de かは、文脈によって判断されます。同格節の de の場合は、que が接続詞で、従属節の動詞が要求する前置詞 de の場合は、que は関係代名詞です。以下は関係代名詞の例です。

O restauro da ponte é o assunto **de que** mais se fala na povoação.　その橋の再建は村で一番の話題である。

O programa incluía o concerto de piano **de que** ela apanhou apenas a parte final.　そのプログラムはピアノコンサートを含んでいたが、彼女はその最後の部分しか見られなかった。

O pianista tocou uma obra **de que** gosto muito.　ピアニストは私の大好きな曲を弾いた。

b)　副詞節を導く場合

従属節はさまざまな意味を担います。副詞節を導く接続詞、句接続詞は多様です。以下主なものをあげます。[279]

■**理由**：理由を述べる従属節を導きます。

porque, visto que, já que, uma vez que, etc.

Hoje ele não quis sair de casa **porque** estava muito calor.　ひどく暑かったので、彼は今日は家を出たがらなかった。

De momento podemos apresentar livremente as ideias | idéias **visto que** serão analisadas conforme o orçamento.　今のところは自由にアイディアを出して良いんです、予算にしたがってこれを吟味するんですから。

Faço uma proposta **desde que** ninguém queira fazer comentário.　誰もコメントをしたがらないので、私がひとつ提案をします。

---

[279] 23.8. 副詞節における接続法, p.430参照。

523

ポルトガル語四週間

■**譲歩**：主節の内容と対照的なことがらを従節で述べる場合に用います。従属節内では動詞は接続法を用います。

　　ainda que, embora, nem que, se bem que, mesmo que, apesar de que, por ... que（たとえ～でも）etc.

Vou ler este livro **embora** me pareça um pouco difícil.　やや難しそうですがこの本を読みます。

Se bem que haja pequenas discordâncias, somos unânimes em cumprir a tarefa.　若干の意見の違いはあるかもしれませんが、われわれはその仕事を成し遂げることについては一致しています。

O dia finalmente acabou bem, **apesar de que** tenham acontecido tantas coisas.　たくさんのことが起こったが、ようやく一日が無事終わった。

Ele havia de pagar a promessa, **nem que** fosse grande o seu sacrifício.　いくら犠牲が大きくとも、彼は願をほどかねばならなかった。

Por mais sincero **que** seja o professor, as suas avaliações nunca podem ser inteiramente justas.　いくら教師が誠実でも、評価は決して完璧に正当ではあり得ない。

Por muito **que** deseje evitar as disciplinas que detesto, é obrigatório estudar algumas delas.　わたしが嫌いな科目をいくら避けようとしても、いくつかは必修なのである。

Por pouco **que** queira tomar vinho, custa-me recusar a oferta.　いくら酒は飲みたくなくても、勧められるものを断るには骨が折れる。

■**条件**：条件を述べる従属節を導きます。従属節内では接続法を用います。

　　se, caso, dado que, desde que（もしも～するなら、仮に～とすれば), sem que（～することなく、～しないままで),

第4週 第28日

salvo se, excepto｜exceto se, a não ser que（もしも～することがなければ；～であることをのぞけば）, etc.

Ele não hesitará em me pedir a ajuda, **caso** decida concretizar o projecto｜projeto. 彼が計画を実施する決断をすれば、躊躇わずに私に援助を依頼するだろう。

Os moradores do apartamento não se importavam de o abandonar, **desde que** lhes arranjassem casas para morar. マンションの住人は住む家を用意してくれるのなら退去しても構わなかった。

Eu não vou à excursão, **a não ser que** ela faça parte do grupo. 彼女がグループに加わっていないなら僕は旅行に行かない。

A extinção deste animal é inevitável, **a não ser que** sejam tomadas novas medidas. さらなる方策が採られない限り、この動物の絶滅は避けられない。

Tentam-se as pesquisas **sem que** tenham as condições mínimas de segurança. 安全に関する最低限の条件も整わぬままで研究が試みられる。

Durante o almoço continua uma conversa fiada **sem que** se entre nos assuntos por definir. 昼食の間は懸案に触れず無駄話が続く。

O menino nem quer cumprimentá-lo, **salvo se** for obrigado. その男の子は強いられない限り、彼には挨拶もしたがらない。

O teimoso do meu tio, não vai ao dentista **se** não ficar mesmo aflito com dor. 頑固者の伯父は痛くてどうしようもなくならない限り歯医者には行こうとしない。

■**結果**：主節で述べた内容の結果として従属節が述べられる場合に用いられます。従属節では直説法を用います。

tanto que, a tal ponto que, de tal modo que, de tal maneira que, de modo que, de forma que, de maneira que, etc.

Foi remodelado todo o interior do edifício, **de modo que** os clientes encontrarão um ambiente completamente novo. その建物の内部は全面改装されたので、顧客はまったく新しい雰囲気を感じるだろう。

Os alunos estudaram **tanto** antes de entrar na universidade **que** estão já cansados desde o início. 学生達は大学にはいるまでに大いに勉強したので、はじめからもう疲れているのだ。

O preço da gasolina subiu **a tal ponto que** o povo perdeu a vontade de manter o carro. ガソリンの値段があまりにあがったので、人々は自動車を維持する気をなくした。

N.B. 文頭の daí que に導かれる節は主文を欠き、前文で述べられた内容を踏まえた結果を述べます。節内では接続法を用います。

Alguns dos membros principais estavam no estrangeiro, voltando só no mês seguinte. **Daí que** todas as reuniões tenham sido canceladas até ao final do mês. 主要メンバーが数人外国にいて来月にならないと戻らなかった。このようなわけで、会議はすべて当月の終わりまでキャンセルされたのである。

■目的：目的をあらわす従属節を導く句接続詞は、que に導かれる場合は接続法が用いられます（a fim de que, para que, etc.）。前置詞に導かれる場合は不定詞が後続します（a fim de＋不, para＋不, com o fim de＋不, etc.）。

Visito-a **para que** o assunto seja devidamente esclarecido. 彼女を訪ねて、その件をしかるべく明らかにしてもらおう。

O presidente fêz um esforço **a fim de** não deixar dúvidas aos consumidores. 会長は消費者に疑問を残さぬよう努力した。

第4週 第28日

Remodelaram os quartos **a fim de que** os hóspedes pudessem apreciar melhor o ambiente. 泊まり客が雰囲気をもっと楽しめるようにと、部屋の模様替えをした。

Os chefes dos dois partidos conversaram **com o fim de** fixar a data do próximo encontro. 両党の党首は次回の会談の日取りを決めるために話し合った。

■**時間**：従属節において、時間に関するさまざまな状況を示します。未来のことを述べる場合は接続法を用いるものもあります。

    sempre que（〜するときは常に）, assim que, logo que, mal, apenas（〜するとすぐ、したらすぐ、〜するや否や）, depois que（〜したあとで）, quando（〜するとき）, enquanto（〜する間に、〜するいっぽうで）, antes que（〜する前に）, até que（〜するまで）, desde que（〜して以来）, primeiro que（〜する前に）, cada vez que（〜するたびに）, ao passo que（〜するにつれて）, etc.

Naturalmente vou agradecer primeiro ao João **quando** receber uma boa nova. いい知らせが来たら、当然のことだが、まずジョアンに礼を言うつもりだ。

Telefono-lhe **assim que** souber o resultado da análise. 検査の結果が分かり次第ご連絡します。

Mal chegou o barco, saíram dele os trabalhadores a apressar-se para o trabalho. 船が着くやいなや、そこから仕事に急ぐ労働者が出て来た。

Pago-lhe **logo que** possa. 出来るだけ早く払います。

Sempre que vai a Lisboa, o José vai à Outra Banda jantar, apreciando a paisagem nocturna | noturna da capital. ジョゼーはリスボンに行くたびに川向こうに夕食に出かけて、首都の夜景を楽しむ。

Cada vez que visito o país vizinho, reparo em algumas novidades.　隣国を訪問するたびに、なにがしかの新たなことに気付く。

Desde que o novo porteiro está neste prédio, não tivemos problema nenhum.　この建物の門衛が代わってからは、何の問題も起こっていない。

Os alunos vão progredindo **ao passo que** procuram imitar o modelo.　学生達は模範を真似しようとするにつれて進歩していく。

A gente espera **até que** a porta se abra.　扉が開くまで僕らは待つんだ。

Primeiro que assinasse o documento, verificou se todos os papéis necessários estavam em ordem.　書類に署名するまえに、必要書類が全部整っているかどうか確かめた。

N.B.　副詞句の同格として、quando の導く副詞節が後続して現れる場合があります。

Ontem pelas nove horas, **quando** começou a chover, recebi uma chamada do Paulo.　昨日9時ころ、雨が降り出した頃だが、パウロから電話がかかった。

Agradecia que o esperasse até às nove, **quando** ele volta do serviço.　彼が仕事から戻る、9時まで待っていただけると有り難いのですが。

Lembra-se da última aula do primeiro semestre **quando** o aluno apareceu na sala?　その学生が教室に現れた、前期の最後の授業のことを覚えていますか。

■**合致**：従属節で述べられる内容に応じた内容が主節が述べられる場合用いられる接続詞です。

conforme, como, segundo, consoante, etc.

第4週 第28日

A maioria da população, **conforme** os jornais têm divulgado desde o ano passado, recebeu com agrado a proposta.
昨年から新聞で報道されてきているとおり、大部分の住民は、その提案を快く受け取ったのである。

Tentou-se analisar os acidentes rodoviários **consoante** o signo das vítimas.　交通事故を犠牲者の星座によって分析しようという試みがあった。

As eleições foram marcadas no fim do ano, **como** revelam os noticiários.　ニュースが明らかにしているとおり、選挙は年末に予定されている。

A reunião não será realizada, **segundo** apurou o jornalista.　その新聞記者が明らかにしたところでは、会議は行われないとのことだ。

■**比例**：従属節で述べられる内容と並行して、主節で述べられる状況が実現していくことをあらわします。主節と従属節とのある種の並行関係のありかたはさまざまですから、それによってふさわしい句接続詞が用いられます。

　à medida que（～するにつれて）, ao passo que（～であるいっぽうで）, quanto mais ... (tanto) mais（～すればするほどいっそう～する）, quanto menos ... (tanto) menos（～しなければそれだけ～しなくなる）, etc.

À medida que se vai ouvindo o disco, percebe-se que a influência da música africana é muito grande.　そのディスクを聴いていくとアフリカ音楽の影響がきわめて強いことがわかる。

O medo cresceu **à medida que** nos aproximávamos da gruta.　洞穴に近づくにつれて、恐怖心が増していった。

Na capital registou-se um calor inédito com mais de 40 graus **ao passo que** no Norte a temperatura rondava por volta de 20 a 25 graus. 首都では40度を超える前代未聞の暑さを記録するいっぽうで、北部では気温は20度から25度くらいであった。

O caule desta planta é muito flexível quando é novo. **Quanto mais** velho é, **menos** flexível fica e verga-se com **maior dificuldade**. この植物の茎は若いときはきわめて柔軟である。古くなればなるほど柔軟ではなくなり、曲がりにくくなる。

É um caso típico de que **quanto mais** palavras são usadas para transmitir uma mensagem, **menor** é a impressão que deixam. あるメッセージを伝えるのに、多くの言葉を使えば使うほど残る印象が薄くなるという、典型的なケースである。

■比較：接続詞、句接続詞の前後にある要素を比較します。もっぱら句の比較に用いられるもの assim como, bem como, como que, que nem, のほかに、節の比較に用いられるもの como se, (mais / menos ...) do que, do mesmo modo que, etc. があります。

A criminalidade não baixou facilmente na nossa cidade, **assim como** nas das outras regiões. われわれの町では、他の地域の町のように容易に犯罪が減らない。

É necessário ter um computador **bem como** um modem para estabelecer a ligação à *Internet*. インターネットに接続するにはコンピューターとならんでモデムを持っていることが必要だ。

A boneca estava colocada **como que** uma obra de arte. 人形は芸術作品のように置かれていた。

第4週 第28日

O povo daquele estado tende a apoiar **menos** o novo candidato **do que** o presidente em exercício. その国の人々は新たな候補者を現職大統領ほど支持しない傾向がある。

A criança comia **que nem** um alarve. その子は大食漢だった。

Naquele tempo trabalhava **mais do que** estudava. 当時は勉強するよりも働いていた。

Espero que ele aceite a nova proposta, **tal como** eu fiz. わたしがそうしたように、彼も新たな提案を受け入れてくれるといいが。

O filósofo renega o milagre **do mesmo modo que** não acredita na democracia. その哲学者は、民主主義を信じないのと同じように奇跡を退ける。

従属節において como se（あたかも…のように）のように接続法を用いるものもあります。[280]

Eles discutiram os defeitos da moção do partido oposto, **como se** tal assunto não lhes dissesse respeito. 彼らは反対党の動議の欠点を、それが自分たちには無縁の件であるかのように論じた。

28.2. 練習問題⒆

Ⅰ. 以下の文のかっこ内を語群に示した語で埋め、各文を日本語に訳しなさい。

 1. O João tentou fazer sempre tudo o que o seu chefe tinha mandado fazer, nem mesmo (　) os seus colegas lhe reconheciam o sacrifício.

280　24.7. 比較の表現：como se..., p.457参照。

ポルトガル語四週間

2. Cumprimos a nossa missão ( ) o estatuto de trabalho estipula.
3. Enviaram os livros por superfície ( ) por avião.
4. ( ) desligou o telefone, saiu correndo.
5. É natural que ( ) mais estiverem todos os professores empenhados no ensino, melhor será para os alunos.
6. Ele gosta muito de ver os jogos de futebol, mas nem ( ) isso se esquece dos seus afazeres diários.
7. Tentaremos preparar a comida do mesmo ( ) que esta receita nos ensina.
8. Ela nunca conduziu o carro ( ) que passou a morar nesta cidade, pois o transporte público é muito bem organizado.
9. Ela correu tanto ( ) que não podia mais.
10. Os dados não são suficientes, ( ) informa o presidente da comissão.
11. A competição terminou ( ) que existisse qualquer suspeita de *doping*.
12. Os professores recusam-se a recorrer ao novo aparelho ( ) que o efeito seja confirmado entre os especialistas.
13. Trabalharam dia e noite ( ) que pudessem voltar ricos à terra natal.
14. Trabalho no meu escritório ( ) que o colega bata à porta.
15. O José escreveu o nome ( ) o pai dele lhe tinha ensinado.

語群

assim, até, conforme, desde, mal, modo, ou, para, por, quanto, segundo, sem

第4週 第28日

II. 以下の文のかっこ内に必要ならば前置詞 de を入れ、que の品詞が接続詞か関係代名詞かを判断しなさい。あわせて各文を日本語に訳しなさい。

1. O atleta mostrou a prova (　) que a análise foi feita devidamente.
2. O atleta mostrou a prova (　) que garantia a autenticidade da análise.
3. A professora também não gostou da informação (　) que surpreendera toda a gente.
4. A professora também não gostou da informação (　) que o resultado supreendeu toda a gente.
5. Não acreditámos | acreditamos na calúnia (　) que ele foi vítima.
6. Não acreditámos | acreditamos na calúnia (　) que ele foi vítima da mulher.
7. Ignorávamos o facto | fato (　) que se falava muito naquela cidade.
8. Ignorávamos o facto | fato (　) que se falava muito daquela figura na cidade.
9. Agradou-nos muito o programa (　) que acabámos | acabamos de ver a parte essencial.
10. Agradou-nos muito a ideia | idéia (　) que os alunos vão ver a parte essencial do filme.

III. 日本語をポルトガル語に訳しなさい。指定された句接続詞がある場合はそれを用いること。

1. 職員は仕事をするか休息をしているかどちらかである。
2. 主賓がホストに送られて出ていこうとするのに気付くまで、人々は食べて飲んでいた (até que)。

ポルトガル語四週間

3. 彼女は、この町に住むようになったら自動車はまったくいらなくなるはずだった (desde que)。それは公共交通がよく整備されているからだ。
4. 首都では公共交通が整備されぬままモータリゼーションが進んだ (sem que)。
5. インターネット経由の音質がこれほど良いとはきわめて感動的だ。

翻訳のヒント：主賓＝o convidado principal, ホスト＝anfitrião, 公共交通を整備する＝organizar o transporte público.
　（解答例　p.709参照）

補　遺

1.0. 語形成―単語の構造

　言語において意味をもつ最小の単位を形態素と呼びます。たとえば livros という語を例に取ると、これは語彙的な意味を担っている livro という語彙形態素に複数という文法的な意味を担う文法形態素 -s が連なったものです。いっぽう desdobramento という語を詳しくみると、動詞 dobrar の語基 dobra に、接頭辞 des- と接尾辞 -mento とが加わっていることがわかります。接頭辞 des- が「分離、逆の動作」をあらわし、接尾辞 -mento が動詞の語基に接して動作の結果をあらわす名詞を派生する役割を果たしているので、「折りたたむ」意味の dobrar から（折りたたんだものを）「開くこと、のばすこと；展開」という意味の desdobramento という語が派生することになります。

　ひとつの語基に異なる接辞を加えることで、同系の語が多く派生されます。たとえば aroma を例にすると以下のような多くの語が見出されます。

aroma	名詞(m)：良い香り；芳香
aromal	形容詞：香りに関する
aromar	動詞：芳香をつける
aromaticidade	名詞(f)：芳香性
aromático	形容詞：香しい；芳香のある
aromatização	名詞(f)：…に良い香り・芳香をつけること
aromatizado	形容詞：良い香りがついている；芳香がつけてある

aromatizador	形容詞：良い香りをつける；芳香をつける
	名詞(m)：芳香剤
aromatizante	形容詞：良い香・芳香をつける
	名詞(m)：芳香剤
aromatizar	動詞：香りをつける
aromaterapia	名詞(f)：芳香療法
desaromatizar	動詞：芳香を取り除く
desaromatização	名詞(f)：芳香を除去すること

このように、意味を担う語基を中心として、さまざまな接辞を用いて新たな語を形作っていく過程を、語形成とよびます。接辞には大きく分けて接頭辞、接中辞と接尾辞があります。

1.1. 接頭辞

ラテン語、ギリシア語を起源とする接辞には、語源的に異なっていても現代ポルトガル語においては形式的に同一の接頭辞もあります。結果的に同一の接頭辞がさまざまな意味をあらわすことになり、複雑な様相を呈することになりますが、以下主要なものを概観しましょう。

■ラテン語起源の接頭辞

接頭辞	意味	例
ab-, abs-, a-	接近、方向、変化	acorrer, assimilar
de-	下降、否定、逆転	decrescer, decodificar
des-	分離、逆の動作	despovoamento, desordem
ex-, es-, e-	外部へ、以前の	exprimir, espargir, emitir, ex-presidente

接頭辞	意味	例
in-¹(im-), i-(ir), em-(en-)	内部へ、変化	ingressar, irrigar, embarcar, ensopar, empobrecimento
in-²(im-), i-(ir)	否定	inofensivo, impecável, ilógico, irreal
per-	通過	percorrer, perfurar
pro-	前へ	progresso, promover
re-	後ろへ、反復	regresso, reencontro
sub-, sus, su-, sob-, so-	下から上へ、下位	subentender, suspender, supor, sobpor, sonegar
trans-, tras-, tres-	越えて、向こう側へ	trasmitir, traspassar, tresnoitar

■ギリシア語起源の接頭辞

接頭辞	意味	例
an-(a-)	欠如、否定	analfabeto, apneia ǀ apnéia
anti-	対立、逆の動作	antibélico, antípoda
arqui-(arc-, arce-, arque-)	首位の、第一の	arquipélago, arcanjo, arquétipo, arcebisbo
dis	困難、不調	dispneia ǀ dispnéia
endo-(end-)	内部の、内部に向かう	endoscópio
hiper-	過度に、非常に	hipertensão
peri-	周囲の	perímetro, periferal
sin-(sim-, si-)	同時、同伴	sinfonia, simetria, sílaba

1.2. 接中辞

接頭辞あるいは接尾辞を語基に連結するとき、連母音を避けるなどさまざまな理由で、接中辞が挿入されることがあります。

café コーヒー ＞ café+**z**+inho ＞ cafezinho デミタスコーヒー
chá 紅茶 ＞ cha+**l**+eira ＞ chaleira ティーポット
café コーヒー ＞ café+**t**+eira ＞ cafeteira コーヒーポット
pedra 石 ＞ pedra+**g**+al ＞ pedregal 多量の石

同じ語基 café と接尾辞 -eiro から接中辞を含まない cafeeiro（コーヒーの木）と接中辞 -z- を含む cafezeiro（コーヒーの木、コーヒー農園主）との2とおりの語が派生されます。このことからもわかるように、接中辞のあらわれ方は必ずしも一定しているとは言えない面があります。

1.3. 接尾辞

接尾辞は同系の語、特に異なる品詞の語を派生させるのに、大きな役割を果たします。たとえば、pedra の派生語、すなわち語根 pedr- から派生する語と、同源の petr- を語根とするものを含めてあげると、以下の通りです。

pedra s.f. 石	pedrada s.f. 投石
pedrado adj. 敷石を敷いた	pedraria s.f. 大量の石材
pedregal s.m. 石地	pedregoso adj. 石の多い
pedregulho s.m. 大石	pedreira s.f. 採石場
pedreiro s.m. 石工	
pedrento adj. （外観が）石のような	
pedrês adj. 白黒まだらの	pedrisco s.m. 霰（あられ）
pedrouço s.m. 積み石の山	pedroso adj. 石質の
pedroucento adj. 積み石の山だらけの	
petrificar v.td. 石化する	
petróleo s.m. 石油	petrologia s.m. 岩石学
petroquímica s.f. 石油化学	

動詞を派生する場合は、語根の前後に接頭辞と接尾辞を置く方法がよくとられます。

補　遺

a＋**pedr**＋ar ＞ apedrar　v.td.[281]　石で覆う
a＋**pedra**＋g＋ulho＋ar ＞ apedregulhar　v.td.　(〜に)砂利を詰め込む
a＋**pedr**＋ejar ＞ apedrejar　v.td.　(〜に向かって)投石する
em＋**pedr**＋ar ＞ empedrar　v.td.　敷石を敷き詰める

1.4. 接尾辞の機能

特定の品詞を派生する機能を果たす接尾辞があります。以下の例を見ましょう。

■**名詞から形容詞**

auxílio　援助　　　　　＞ auxili**ar**　補助的な
aventura　冒険　　　　＞ aventur**eiro**　冒険好きの；大胆な
fronte　額　　　　　　＞ front**al**　額の；直截な
interesse　興味；好奇心 ＞ interess**ante**　興味深い
telefone　電話　　　　＞ telefón**ico** | telefôn**ico**　電話の
vento　風　　　　　　＞ vent**oso**　風の強い

■**名詞から動詞**

armazém　倉庫　　　　＞ armaz**enar**　保管する
dano　損害　　　　　　＞ dan**ificar**　損害を与える
diploma　修了証書　　＞ diplom**ar**　修了証書を交付する
economia　経済；節約　＞ econom**izar**　節約する
faro　嗅覚　　　　　　＞ far**ejar**　臭いを嗅ぐ
favor　好意　　　　　　＞ favor**ecer**　好意的に扱う
golo | gol　ゴール　　　＞ gol**ear**　得点する
informática　情報学　　＞ informat**izar**　情報化する
trovão　雷鳴　　　　　＞ trov**ejar**　雷鳴が轟く

---

[281] v.td. は verbo transitivo directo | direto の略。[主＋動＋対]の文型をとる。13.6. 文型 - 3, p.259参照.

■名詞から名詞
- carro 自動車 > car**rinha** ライトバン(Pt.)
- carta 札 > cart**az** ポスター
- figueira イチジクの木 > figueir**edo** イチジク園
- governador 総督 > governador**ia** 総督府
- folha 葉 > folh**agem** 葉(集合的)
- viola ヴィオラ > viol**ino** ヴァイオリン
- pensão 年金(Pt.) > pension**ato** 年金受給者養老院

■形容詞から名詞
- caro 親愛な > car**inho** 愛撫
- profissional 専門職の > profissional**ismo** 職人気質
- agudo 鋭い > agud**ez** 鋭さ
- aposentador 退職者の > aposentador**ia** 退職生活；年金(Br.)
- burro 愚かな > bur**rice** 愚行
- parvo 間抜けな > parvo**íce** 愚行
- perfeito 完璧な > perfei**ção** 完璧
- vital 活気ある > vital**idade** 活気

■形容詞から動詞
- robusto 頑強な > robust**ecer** 頑強にする
- farto 飽和した > fart**ar** 飽和させる
- móvel 可動の > mob**ilizar** 動員する
- húmido | úmido 湿気を帯びた > humed**ecer** | umed**ecer** 湿気を与える
- verde 緑色の > verd**ejar** 緑色にする
- pálido 蒼白の > palid**ecer** 蒼白にする

■形容詞から形容詞
- bonito 格好がよい > bonit**ão** とても格好が良い
- gordo 太った > gord**ucho** でっぷり太った
- magro やせた > magr**ote** やせ気味の

補　遺

■動詞から名詞
　passar　通る　　　　　　　＞ pass**agem**　切符
　contar　数える　　　　　　＞ cont**ador**　メーター
　educar　教育する　　　　　＞ educ**ação**　教育
　falar　話す　　　　　　　　＞ fal**atório**　ざわめき
■動詞から形容詞
　depender　依存する　　　　＞ depend**ente**　依存的な
　viajar　旅行する　　　　　＞ viaj**ante**　旅行する
　aceitar　受諾する　　　　　＞ aceit**ável**　受諾可能な
　cortar　切る　　　　　　　＞ cort**ador**　切り裂く
■動詞から動詞
　dormir　眠る　　　　　　　＞ dorm**itar**　居眠りする
　saltar　跳ぶ　　　　　　　＞ salt**itar**　跳びはねる
　beber　飲む　　　　　　　＞ bebe**ricar**　ちびちび飲む
　andar　歩く　　　　　　　＞ anda**rilhar**　さまよい歩く
　cantar　歌う　　　　　　　＞ canta**rolar**　鼻歌を歌う
　fumar　タバコを吸う　　　＞ fuma**rar**　煙が立ち上る

1.5．接尾辞の意味

　上で見たとおり、接尾辞は異なる品詞の語を派生する役割を果たすほか、品詞は変更せず、さまざまな意味を添加する場合もあります。品詞を変更しない場合でも接尾辞の意味が一定であるとは限りません。たとえば、fruta (f.)（果物）＞ frut**eira** (f.)（果物入れ）、açúcar (m.)（砂糖）＞ açucar**eiro** (m.)（砂糖壺）という派生の方法からは、**-eiro, -eira** という接尾辞が物の名称から、その物の性に従って物の入れ物の名称を派生することがわかります。いっぽう、leite (m.)（牛乳）＞ leit**eira** (f.)（牛乳入れ）＞ leit**eiro** (m.)（牛乳屋）、あるいは、castanha (f.)（栗の実）＞ castanh**eira**（栗の木）、castanh**eiro**（栗売り人）という派生におい

ては、**-eiro, -eira** の機能がまた異なっていることがわかります。このように、接尾辞の機能は多岐に渡っていることが多いのです。以下意味によって概観します。

■**集合**（名詞 > 集合名詞）

　arma　武器　　　　　　> arma**dura**　甲冑
　bengala　杖　　　　　　> bengal**ada**　杖による殴打
　boi　牛　　　　　　　　> boi**ada**　牛の群
　choupo　ポプラの木　　　> choup**al**　ポプラ林
　livro　本　　　　　　　> livr**aria**　本屋；書庫
　oliveira　オリーブの木　> oliv**al**　オリーブ林
　parente　親類の人　　　 > parent**ela**　親族全員
　professor　教師　　　　> professor**ado**　教授陣
　quarenta　40　　　　　 > quarent**ena**　40日間
　ramo　枝　　　　　　　 > ram**agem**　茂み
　rocha　岩　　　　　　　> roch**edo**　大きな岩
　vinha　葡萄の木　　　　 > vinh**edo**　葡萄畑

■**動作・行為、その結果の状態**（動詞 > 動作・行為をあらわす名詞）

　apontar　メモする　　　> aponta**mento**　メモ
　contar　数える　　　　 > cont**agem**　計算
　crer　信ずる　　　　　 > cre**nça**　信条
　criar　創造する　　　　> cria**ção**　創造
　enredar　網に掛ける　　> enr**edo**　筋書き
　exigir　要求する　　　 > exig**ência**　要求
　fartar　飽和させる　　 > fart**ura**　豊富
　gritar　叫ぶ　　　　　 > grit**aria**　大声でわめき散らす声
　laborar　仕事をする　　> labora**tório**　実験室
　lavar　洗う　　　　　　> lava**douro**　洗濯場
　matar　殺す　　　　　　> mat**ança**　屠殺

補　遺

   mondar　雑草を抜く　　　＞ monda**dura**　草取り
   olhar　見る　　　　　　　＞ olha**dela**　一瞥
■**動作主・行為主、人**（動詞・名詞＞名詞：ものを扱う人、動作・行為を行う人・もの）
   agir　行う　　　　　　　＞ ag**ente**　斡旋者
   azeite　オリーブ油　　　＞ azeit**eiro**　オリーブ油商人
   cantar　歌う　　　　　　＞ cant**or**　歌手
   comprimir　圧縮する　　＞ compre**ssor**　圧縮機
   dente　歯　　　　　　　＞ dent**ista**　歯科医師
   explicar　説明する　　　＞ explica**dor**　家庭教師
   falar　話す　　　　　　　＞ fala**nte**　話し手 [282]
   interesse　利益　　　　＞ interess**eiro**　欲張りな人
   leite　牛乳　　　　　　　＞ leit**eiro**　牛乳ポット
   mondar　雑草を抜く　　　＞ monda**deiro**　草取り人
   motor　エンジン　　　　＞ motor**ista**　運転手
   nadar　泳ぐ　　　　　　＞ nada**deira**　魚のひれ
   ouvir　聴く　　　　　　　＞ ouvi**nte**　聴講生
■**動作・行為の受け手**（動詞＞名詞：動作・行為の目的となる人）
   confessar　懺悔をさせる　＞ confess**ando**　懺悔を行う者
   doutourar　博士号を与える　＞ doutour**ando**　博士号取得志願者
   explicar　説明する　　　＞ explic**ando**　家庭教師の生徒
   examinar　試験をする　　＞ examin**ando**　受験者
   operar　手術する　　　　＞ oper**ando**　手術を受ける患者
   vestibular　大学を受験する(Br.)　＞ vestibul**ando**　大学志願者(Br.)
■**道具**（動詞・名詞＞道具名）
   arar　鋤で耕す　　　　　＞ ar**ado**　鋤
   café　コーヒー　　　　　＞ cafet**eira**　コーヒーポット

282　接尾辞 -nte をもつ語はラテン語の現在分詞に起源をもち、ポルトガル語では形容詞、名詞として機能します。

computar　演算する　　　　＞ computa**dor**　コンピューター
comunicar　連絡する　　　＞ **inter**comunica**dor**　インターフォン
fritar　揚げる　　　　　　＞ frita**deira**　フライ鍋
regar　水やりをする　　　＞ rega**dor**　じょうろ

■**料理**（素材としての食べ物 ＞ 調理済みの食べ物）
bacalhau　干鱈　　　　　　＞ bacalho**ada**　干鱈料理
feijão　豆　　　　　　　　＞ feijo**ada**　豆煮込
goiaba　グアバ　　　　　　＞ goiab**ada**　グアバペースト
limão　レモン　　　　　　＞ limon**ada**　レモネード
pão　パン　　　　　　　　＞ **em**pan**ada**　カツレツ

■**器**（器に入れる中身 ＞ 器名）
açúcar　砂糖　　　　　　　＞ açucar**eiro**　砂糖ポット
azeite　オリーブ油　　　　＞ azeit**eira**　オリーブ油差し
fruta　果物　　　　　　　＞ frut**eira**　果物容器
leite　牛乳　　　　　　　＞ leit**eira**　牛乳ポット
molho　ソース　　　　　　＞ molh**eira**　ソース入れ
sal　塩　　　　　　　　　＞ sal**eiro**　塩入れ
sopa　スープ　　　　　　　＞ sop**eira**　スープ入れ
vinagre　酢　　　　　　　＞ vinagr**eira**　酢差し

■**商店**（商品 ＞ 店）
café　コーヒー　　　　　　＞ cafet**aria**（Br.）コーヒー店
cerveja　ビール　　　　　＞ cervej**aria**　ビール店
confeito　菓子　　　　　　＞ confeit**aria**　菓子店
doce　菓子　　　　　　　　＞ doç**aria**　菓子店
ferramenta　工具　　　　　＞ ferrament**aria**　工具店
livro　本　　　　　　　　＞ livr**aria**　書店
papel　紙　　　　　　　　＞ papel**aria**　文具店
pastel　菓子パン（Pt.）　＞ pastel**aria**　菓子パン屋（Pt.）

補 遺

■**果樹、果菜**（果実名 > 果樹名・果菜名）
　abóbora　カボチャ(実)　　　＞ abobor**eira**　カボチャ
　amêndoa　アーモンド　　　＞ amendo**eira**　アーモンドの木
　amora　木イチゴ　　　　　＞ amor**eira**　木イチゴの木
　castanha　栗　　　　　　　＞ castanh**eira**　栗の木
　cereja　サクランボ　　　　＞ cerej**eira**　サクランボの木
　manga　マンゴー　　　　　＞ mangu**eira**　マンゴーの木
　morango　苺(実)　　　　　＞ morangu**eiro**　苺
　pepino　キュウリ(実)　　　＞ pepin**eiro**　キュウリ
　pera　梨　　　　　　　　　＞ per**eira**　梨の木
　pêssego　桃　　　　　　　＞ pessegu**eira**　桃の木
　tomate　トマト(実)　　　　＞ tomat**eiro**　トマト

■**地名**（地方名・都市名 > 地方名・都市名形容詞）[283]
　Alentejo　アレンテージョ　＞ alentej**ano**　アレンテージョの
　Algarve　アルガルヴェ　　＞ algarv**io**　アルガルヴェの
　Bahia　バイーア　　　　　＞ bai**ano**　バイーアの
　Brasília　ブラジリア　　　＞ brasili**ense**　ブラジリアの
　Coimbra　コインブラ　　　＞ coimbr**ão** / coimbr**ã**　コインブラの
　Europa　ヨーロッパ　　　　＞ europ**eu** / europ**eia**　ヨーロッパの
　Lisboa　リスボン　　　　　＞ lisbo**eta**　リスボンの
　Madrid　マドリッド　　　　＞ madri**leno**　マドリッドの
　Málaga　マラガ　　　　　　＞ malagu**enho**　マラガの
　Minho　ミーニョ　　　　　＞ minh**oto**　ミーニョの
　Moscovo | Moscou　モスクワ ＞ mosco**vita**　モスクワの
　Paris　パリ　　　　　　　 ＞ parisi**ense**　パリの
　Porto　ポルト　　　　　　 ＞ portu**ense**　ポルトの
　São Paulo　サンパウロ　　 ＞ paul**ista**　サンパウロ州の

283　巻末の固有名詞・形容詞対照表, p. 638参照。

ポルトガル語四週間

■**国名**(国名 > 国名形容詞)[284]
Angola　アンゴラ　　　> angol**ano**
Brasil　ブラジル　　　> brasil**eiro**
Chile　チリ　　　　　> chil**eno**
Espanha　スペイン　　> espanh**ol**, **–ola**（複数：**-óis**, **-olas**）
Galiza　ガリシア　　　> gal**ego**
Japão　日本　　　　　> japon**ês**, **–esa**（複数：**-eses**, **-esas**）
Macau　マカオ　　　　> maca**ense**
Moçambique　モザンビーク > moçambic**ano**
Peru　ペルー　　　　　> peru**ano**
Portugal　ポルトガル　> portugu**ês**, **–sa**（複数：**-eses**, **-esas**）
Vietname | Vietnã　ベトナム > vietnam**ita**

■**学問**（研究対象 > 学問の名称）
biblioteca　図書館　　> bibliotec**ologia**　図書館学
língua　言語　　　　　> ling**uística** | ling**üística**　言語
ped(o)-　子供（語根）　> ped**iatria**　小児科学
psic(o)-　精神（語根）　> psiqu**iatria**　精神科学

■**性質、特質**（形容詞・名詞・動詞 > 名詞）
alto　背が高い　　　　> alt**ura**　背丈
azedo　酸っぱい　　　> azed**ume**　酸味
bom　良い　　　　　　> bon**dade**　親切
doce　甘い　　　　　　> doç**ura**　甘さ
estúpido　馬鹿げた　　> estupid**ez**　愚行
cómico | cômico　滑稽な > comic**idade**　滑稽さ
idiota　間抜けな　　　> idiot**ice**　間抜けな行い
imenso　広大な　　　　> imens**idão**　無限
Japão　日本　　　　　> japon**ismo**　日本趣味
lembrar　思い出す　　> lembr**ança**　思い出；土産

284　5.0. ポルトガル・ブラジル関係地名一覧, p.638参照。

補　遺

solidário　連帯的な　　＞ solidari**edade**　連帯意識
triste　哀しい　　　　＞ trist**eza**　哀しみ
vizinho　隣近所の　　　＞ vizinh**ança**　隣近所

■性質、特質（名詞・動詞 ＞ 形容詞）

avaro　欲張り　　　　＞ avar**ento**　貪欲な
barriga　腹　　　　　＞ barrig**udo**　腹の突き出た
barro　粘土　　　　　＞ barr**ento**　粘土質の
cabeça　頭　　　　　＞ cabeç**udo**　頭でっかちの
capricho　気まぐれ　　＞ caprich**oso**　気まぐれな
casa　家　　　　　　＞ cas**eiro**　自家製の
cativar　捕らえる　　　＞ cativ**ante**　魅惑的な
energia　活動力　　　＞ enérg**ico**　活動
esquerda　左　　　　＞ esquerd**ista**　左翼的な
família　家族　　　　＞ famili**ar**　親しみのある
gigante　巨人　　　　＞ gigant**esco**　巨大な
mania　熱狂　　　　　＞ maní**aco**　熱狂的な
mão　手　　　　　　＞ mãoz**udo**　手の大きい
servo　下僕　　　　　＞ serv**il**　卑屈な

■可能性（動詞 ＞ 形容詞）

crer　信ずる　　　　　＞ crí**vel**　信じられる
dobrar　曲がる　　　　＞ dobra**diço**　曲がりやすい
escorregar　滑る　　　＞ escorrega**dio**　滑りやすい
mover　動く　　　　　＞ move**diço**　動きやすい
preferir　好む　　　　＞ preferí**vel**　望ましい
resistir　抵抗する　　　＞ resistí**vel**　持ちがよい
variar　変化させる　　　＞ variá**vel**　変化できる

■人名の参照（人名 ＞ 形容詞）

Camilo　カミーロ　　　＞ camil**iano**　カミーロの
Camões　カモンイス　　＞ camon**iano**　カモンイス

Eça de Queirós エッサ・デ・ケイロース ＞ queiros**iano** エッサの
Gil Vicente ジル・ヴィセンンテ ＞ vicent**ino** ジル・ヴィセンンテの
S. Vicente 聖ウィンケンティウス ＞ vicent**ino** 聖ウィンケンティウスの
João, Joana ジョアン・ジョアーナ ＞ joan**ino** ジョアン・ジョアーナの
Marquês de Pombal ポンバル侯爵 ＞ pombal**ino** ポンバル侯爵の

■**様態、方法**（形容詞 ＞ 副詞）

    consequente 必然の ＞ consequente**mente** 結果として
    cultural 文化的な ＞ cultural**mente** 文化的に
    franco 率直な ＞ franca**mente** 率直に
    nomeado 任命された ＞ nomeada**mente** 要するに
    precipitaddo 不注意な ＞ precipitada**mente** 慌てて
    vulgar 一般の ＞ vulgar**mente** 普通は

■**職権、権限のおよぶ範囲、期間**（職名・称号 ＞ 職能など）

    artesão 工芸家 ＞ artesan**ato** 工芸品
    barão 男爵 ＞ baron**ato** 男爵の地位、称号
    campião 優勝者 ＞ campion**ato** 選手権大会
    cônsul 領事 ＞ consul**ado** 領事館
    Papa 教皇 ＞ pap**ado** 教皇の在位期間；教皇の地位
    príncipe 親王 ＞ princip**ado** 親王の地位；親王領
    professor 教師 ＞ professor**ado** 教授陣
    sultão スルタン ＞ sultan**ato** スルタン領

■**病気の名称**（器官の名称・中毒の因子 ＞ 疾患・中毒名）

    apêndice 盲腸 ＞ apendic**ite** 盲腸炎
    brônquio 気管支 ＞ bronqu**ite** 気管支炎
    estômago 胃 ＞ estomat**ite** 口内炎
    tímpano 鼓膜；中耳 ＞ timpan**ite** 中耳炎
    tabaco タバコ ＞ tabag**ismo** タバコ中毒
    álcool アルコール ＞ alcool**ismo** アルコール依存症

補 遺

1.6. 指大辞と指小辞

　指大辞と指小辞はそれぞれ増大辞、縮小辞とも呼びます。これらは名詞に加える接尾辞の一種で、元来物の大きさを強調したり、話者の物に対する情緒的な意味を添えたりします。ポルトガル語に独特の形式が多くあります。主要な例をいくつか以下に示します。

(1) 指大辞
■物理的な大きさを強調
　この種の接尾辞は、papel（紙）— papelão（厚紙）という対にみられるように、異なる意味に固定されている場合もあります。また、文脈によっては話し手の感情、主に軽蔑的な意味をあらわすことがあります。

　caixa　箱　　　　　　　＞ caix**ão**　棺
　casa　家　　　　　　　＞ casa**rão**　大邸宅
　feijão 豆　　　　　　　＞ feij**oca**　大豆
　navalha　ナイフ（折り畳み）＞ nav**alhão**　大型ナイフ
　papel　紙　　　　　　　＞ papel**ão**　厚紙
　rapariga　女の子　　　　＞ rapariga**ça**　大柄な女の子
　rico　金満家　　　　　　＞ ric**aço**　成金
　solteiro/a　独身者　　　＞ solteir**ão** / solteir**ona**　適齢期を過ぎた未婚者
　valente　勇者　　　　　＞ valent**ão**　見かけ倒しの勇者

■軽蔑的な意味を付加
　元の語の意味にもよりますが、指大辞にもっぱら話し手の軽蔑的な意味がこめられる場合もあります。

　asno　愚か者 ＞ asneira　へま ＞ asn**eirão**　ひどいへま
　cabeça　頭　　　　　　＞ cabe**çorra**　頭の大きな人
　criança　子供　　　　　＞ crian**çola**　子供っぽい人
　doido　狂人　　　　　　＞ doid**arrão**　ひどい狂人

ポルトガル語四週間

 homem　男の人　　　＞ hom**enzarrão**　巨漢
 parvo　間抜けな人　＞ parv**alhão**　大馬鹿者
 pata　（動物の）足　＞ pat**orra**　ひどく大きな足
 povo　衆人　　　　　＞ pov**aréu** / povo**léu**　下層民
 sapato　靴　＞ sapat**orra** / sapat**ola**　不出来で大きな靴

(2) 指小辞

　元来大きさの違いを示していた指小辞が付加された結果、転義がおこり特定の物を示すようになった語もあります。文脈によっては軽蔑的な意味がこめられる場合もあります。

■指小辞付加により派生した異義語

 caixa　箱　　　　　＞ caix**ote**　通い箱
 chama　炎　　　　　＞ cham**usco**　火で炙ること
 chuva　雨　　　　　＞ chuv**isco**　雨粒
 cinto　帯、ベルト　＞ cint**ilho**　細帯、細いベルト
 fazenda　農園　　　＞ fazend**ola**　小農園
 lugar　場所　　　　＞ lugar**ejo**　集落
 pedra　石　　　　　＞ pedr**isco**　みぞれ
 rapaz　男の子　　　＞ rapaz**elho**, rapaz**ote**　思春期初期の少年
 sono　睡眠　　　　＞ son**eca**　居眠り
 vilar　村落　　　　＞ vilar**ejo**　小集落

■指小辞に汎用性のある場合

　いっぽう、指小辞 -inho / -inha は、単なる大きさに関する判断だけでなく、casa（家）— casinha（可愛らしい家）という対に見られるように、小さくて可愛らしい物に対する愛情を表現することもあります。接中辞 -z- を含むこともあります。

 livro　本　　＞ livr**inho**　小冊子
 pão　パン　 ＞ pão**zinho**　小さな可愛らしいパン
 rua　通り　 ＞ rua**zinha**　小さな可愛らしい通り

補　遺

■人名に付加する指小辞

指小辞は人の名前に添加して親愛の情を示すこともあります。主に -ito / -ita, -inho / -inha が用いられます。接中辞 -z- を挟んで -zito / -zita, -zinho / -zinha を付加することもあります。日本語でも名前の一部の音節をとって「〜ちゃん」と呼ぶことがありますが、これと似たものと考えて良いでしょう。

Ana	> An**it**a
Carlos	> Carl**itos**, Carl**inho**
Francisca（> Chica）	> Chiqu**inha**
João	> Joan**it**o
Jorge	> Jorg**inho**
José（> Zé）	> Zé**zinho**, Zé**zito**
Rui	> Ruiz**inho**

■謙遜、謙譲の意味

文脈によっては、謙遜、謙譲の意味に用いることも可能です。

　Ofereço-lhe um exemplar do meu **livrinho** que acabou de sair.　出たばかりの拙著を一冊差し上げます。

■軽蔑的な意味

いっぽう、livro（本）― livr**eco**（下らない本）の対に示されるように、主に軽蔑的な意味で使用される名詞を派生する指小辞もあります。以下の例は辞書にも記載されている一般的用法です。

bisbilhotar　悪意で詮索する　> bisbilhot**ice**　悪意で詮索し告げ口すること
casa　家　　　　　> cas**ebre**　小さくて見すぼらしい家
grupo　集団　　　　> grup**elho**　つまらない小集団
livro　本　　　　　> livr**eco**　雑本
papel　紙　　　　　> papel**ucho**　ざら紙
rua　通り　　　　　> ru**ela**　狭くむさ苦しい路地
via　街道　　　　　> vi**ela**　狭い路地

指小辞の情緒的な意味は口語的で複雑な面があるので、基本的

な意味を知り実際の使用において慣れていくことが重要です。
　N.B.　指小辞が二重に付加される場合もあります。
　　saco　袋 > saco + ola + ita > saco**lita**　小さな振り分け袋
　　　・はじめの指小辞 - ola が付いた sacola が「振り分け袋」の意味となり、二番目の指小辞 -ita で情緒的な意味を加えています。
　　casa　家 > casa + inha + oto > cas**inhoto**　ひどく小さな家
　　　・はじめの指小辞 -inha が物理的な大きさを示し、二番目の -oto で小さいという意味をさらに強調しています。

1.7．接頭辞・接尾辞添加

　接頭辞と接尾辞を同時に語基に添加して語を派生する場合があります。たとえば despenalizar という語をみると、pena を語根として、動詞 penalizar が派生し、これに否定の意味をあらわす接頭辞 des が添加されていることがわかります。名詞や形容詞から動詞を派生するときは、このように接頭辞と接尾辞を同時に語基に添加する方法がよくみられます。
　　botão　ボタン > a+**boto**+ar > abotoar　ボタンをかける
　　emprego　職業 > des+**empreg**+ar > desempregar　失業する
　　fio　ひも > en+**fi**+ar > enfiar　…にひもを通す
　　jeito　器用さ > des+a+**jeit**+ar > desajeitar　不器用にさせる
　　pálido　青白い > em+**palid**+ecer > empalidecer　青白くする
　　pedra　石 > a+**pedr**+ejar > apedrejar　投石する
　　podre　腐敗した > a+**podr**+ecer > apodrecer　腐らせる

　接頭辞が二重に添加される場合も少なくありません。たとえば、desafinado という語を例に考えてみましょう。これは動詞 desafinar の過去分詞です。この動詞は fino (均整の取れた) という形容詞の語基 fin- に接頭辞 a- と接尾辞 -ar を付加して得られた動詞 afinar (均整の取れた状態にする>正しく調弦する) にさ

らに接頭辞 des- を加えて得られます。派生の過程は以下の(1)(3)のとおりです。

■ **desafinado**
(1) fino　均整の取れた　>　**fin-**
(2) a+**fin**+ar　>　afinar　正しく調弦する
(3) des+**afinar**　>　desafinar　音が狂う　>　desafinado　調子外れな

いくつか同様の例を見ましょう。

■ **desencaminhado**
(1) caminho　道　>　**caminh-**
(2) en+**caminh**+ar　>　encaminhar　道を進む
(3) des+**encaminhar**　>　desencaminhar　道を外れる　>　desencaminhado　道を外れた

■ **desencarregamento**
(1) carregar　荷を負う　>　**encarreg-**
(2) en+**carreg**+ar　>　encarregar　荷を積む
(3) des+**encarregar**　>　desencarregar　荷を下ろす
(4) **desencarregar**　>　desencarrega-
(5) **desencarrega**+mento　>　desencarregamento　荷下ろし

■ **desabotoar**
(1) botão　ボタン　>　**boto-**
(2) a+**boto**+ar　>　abotoar　ボタンを掛ける
(3) des+**abotoar**　>　desabotoar　ボタンを外す

1.8. 派生

派生は基本的に名詞を出発点としてさまざまな品詞の派生語を得る過程です。しかし異なる品詞の語から名詞が得られる場合もあります。こうした名詞化のうちもっともよく見られるのは、動詞の語基に接尾辞 -o, -a, -e のうちのいずれかを加えて名詞を派生する場合です。

■動詞から名詞を派生

abalar	> abalo	destacar	> destaque
atacar	> ataque	errar	> erro
caçar	> caça	esforçar	> esforço
chorar	> choro	perder	> perda
dançar	> dança	pescar	> pesca
debater	> debate	tocar	> toque

動詞によっては異なる意味の名詞を二語以上派生する場合もあります。

gritar	> grito, grita	custar	> custo, custa
cortar	> corta, corte	trocar	> troco, troca

またこれらの同系の語については、動詞から名詞が派生したのか、それともその逆かを見極めるのが困難な場合も多くあります。

■名詞から動詞　　　　■動詞から名詞

telefone	> telefonar	dançar	> dança
azeite	> azeitar	falar	> fala
samba	> sambar	pintar	> pinta

■他の品詞の語から名詞を派生

他の品詞の語を形を変えずに名詞化する場合です。

circular（形容詞）　　　> a circular
jantar（動詞）　　　　> o jantar
olhar（動詞）　　　　 > o olhar
parecer（動詞）　　　 > o parecer
passado（過去分詞）　 > o passado
ser（動詞）　　　　　 > o ser
repetente（形容詞）　 > o /a repetente

補　遺

■その他の派生語
■固有名詞から普通名詞へ
Damasco　　> damasco
Bond　　　　> bonde (Br.)
Don Juan　　> dom-joão

■普通名詞から固有名詞（人名）へ
coellho　　> Coelho
carvalho　 > Carvalho
pereira　　> Pereira
oliveira　 > Oliveira

■文から普通名詞へ
　　Sentiu um **não-sei-quê** estranho na maneira de falar dele.　彼の話しぶりには何か奇妙なものを感じた。

N.B.
①その他の名詞化の方法で、もっとも単純なのは、男性形の不定冠詞あるいは定冠詞を語の前に置くことです。この方法によって、あらゆる品詞の語、表現は名詞化できます。
　　Os colegas nem pensavam em ouvir **um não** do presidente.
　　　同僚達は会長の口から否ということばを聞くとは考えてもみなかった。

②名詞化以外の派生には以下のような場合もあります。
　salvo（形容詞 > 前置詞）, mediante（現在分詞 > 前置詞）, conteúdo（過去分詞 > 名詞）

1.9. 合成語

二つ以上の語基によって形成された新たな語を合成語とよびます。合成語は意味の点で元の語とは大きく離れることもあります。

形式的には、元の語の形を保ち、そのまま並置されて一語をなす場合もあります。

passar + tempo > passatempo, madre + pérola > madre-
-pérola

ハイフンを介していくつかの語が並置され一語をなす場合があります。

mão-de-obra, pé-de-galinha, olho-de-perdiz, criado-mudo, sexta-feira, caminho-de-ferro, rés-do-chão, lusco-fusco, luso-descendente

さらには、語と語が融合して、音節が脱落し、強勢の位置が一箇所のみになる場合とがあります。

em + boa + hora > embora, agua + ardente > aguardente, filho + de + algo > fidalgo

合成語のもとになった語の構成は、品詞についてみると、以下のようにさまざまな型があります。
■名詞+名詞……sapo-boi, gato-sapato, navio-escola
■名詞+形容詞・形容詞+名詞……aguas-furtadas, jardim-infantil, lusco-fusco, cabeça-dura, cara-metade
■名詞+前置詞+名詞……nariz-de-cera, jardim-de-infância, unhas-de-fome, porta-a-porta
■形容詞+形容詞……luso-brasileiro, azul-escuro
■形容詞+動詞……bom-serás
■数詞+名詞……quinta-feira, trimotor, quadripétalo
■前置詞+名詞……sem-razão, sem-fim, contra-ataque

補　遺

- ■代名詞(所有格)＋名詞……meu-consolo　(Br.＝cachaça), seu-vizinho(＝dedo anular)
- ■動詞＋名詞(目的語)……saca-rolhas, pára-queda, porta-moedas, corta-papéis, guarda-chuva
- ■動詞＋動詞……corre-corre, vaivém, anda-que-anda
- ■副詞＋形容詞……bem-amado, meio-morto, malfadado, sempre-viva
- ■副詞＋動詞……bem-estar, bem-fazer, maldizer

1.10. 重要な語基

　日本語における漢字と同様、学識語の範疇においては特に、新語を作り出すにはギリシア語、ラテン語起源の語基を用いることが多くあります。たとえば、ギリシア語起源の「空」を意味する aero- という語基に「走路」を意味するギリシア語起源の語基 -dromo を連結して、aeródromo（飛行場）ができます。同様な考え方に従って、ブラジルではサンバのグループが練り歩くのを観覧するため観客席を備えた大通りのことを名付けるのに samba＋dromo ＞ sambódromo という語が造語されるわけです。

1.11. 語基一覧

凡例：ラテン語起源の語基には(Lat.)を付してあります。それ以外はギリシア語起源の語基です。ハイフンが語基のあとに付く場合(ex. bio-)は、語頭にあらわれる形式であることを意味します。ハイフンが語基の前に付く場合(ex. -grafia)は、語末にあらわれる形式であることを意味します。ハイフンがついていない語基(ex. cosmo)は語頭、語末両方の位置にあらわれる形式であることを意味します。

ポルトガル語四週間

語基	ポルトガル語	意味	例
aero-	ar	空	aeroporto, aeronave
antropo	homem	人	antropologia, antropófago
arqueo-	antigo	古代	arqueologia, arqueobactéria
audio (Lat.)	ouvir	聞く	audiovisual, audiofone
auto-	por si mesmo	自分自身で	automóvel, autógrafo
avi- (Lat.)	ave	鳥	avicultura, aviário
biblio-	livro	書籍	biblioteca, bibliografia
bio-	vida	生	biografia, biologia
cosmo	universo	宇宙	cosmopolita, microcosmo
crono	tempo	時	cronómetro, cronologia
demo	povo	人々	democracia, demografia
dromo	corrida	走路	aeródromo, hipódromo
etno-	raça	人種	etnografia, etnologia
filo	amigo	友	filosofia, cinéfilo
fobo/-fobia	receio	嫌悪	fobofobia, xenófobo
fono	som	音	fonologia, lusófono
gamo/-gamia	casamento	婚姻	gamofobia, polígamia
geo-	terra	地球、土地	geografia, geologia
grafo/-grafia	que escreve	書く	grafologia, caligrafia
grama	letra, texto escrito	文字、文章	gramática, telegrama
hidro-	água	水	hidrogénio | hidrogênio, hidroeléctrico | hidrelétrico
hipo	cavalo	馬	hipódromo, hipocampo
logo/logia	ciência	学問	teólogo, filologia
luso- (Lat.)	português	ポルトガル	luso-brasileiro, luso-descendente
macro-	comprido	長い	macrobiótica, macrocosmo
mega-/megalo-	grande	大きい	megafone, megalomania
micro-	pequeno	小さい	micróbio, microfone
mini- (Lat.)	mínimo	極小の	minimizar, minifundio

補　遺

語基	ポルトガル語	意味	例
mito-	mito	神話	mitologia, mítico
multi- (Lat.)	muito	多くの	multilíngual, multidisciplinar
neo-	novo	新しい	neologismo, neorealismo
neuro-	nervo	神経	neurologia, neurose
odonto-／-odonte	dente	歯	odontologia, hienodonte
oftalmo-	olhos	目	oftalmologia, oftalmoscópio
omni- (Lat.)	todo	あらゆる	omnipotente, omnilingue ｜ onilingüe
orto-	exacto ｜ exato	正しい	ortografia, ortodoxo
pan-／panto-	inteiro	すべての	pandemónio, pantógrafo
pato-／-pata	doença	病	patologia, psicopata
pedo-	criança	子供	pedagogia, pedofobia
pisci- (Lat.)	peixe	魚	piscicultura, piscívoro
poli-^{1}／-pole	cidade-estado	都市国家	polícia, metrópole
poli-^{2}	muito	多量の	polifónico, poligamia
pseudo-	mentira	偽り	pseudónimo ｜ pseudônimo, pseudofecundação
psico-	alma	心	psicologia, psiquiatra
quilo-	mil	一千	quilómetro, quilograma
-sofia	sabedoria	知識	filosofia, pansofia
-sofo	sábio	物知り	filósofo, teósofo
-teca	caixa	収納場所	biblioteca, discoteca
tele-	longe	遠い	telefone, telescópio
topo	lugar	場所	topologia, topónimo ｜ topônimo
uni- (Lat.)	um	一つの	universo, uníssono
-voro (Lat.)	comer	食べる	carnívoro, herbívoro
xeno-	estrangeiro	外国人	xenomania, xenofobia
zoo-	animal	動物	zoologia, zoológico

1.12. 英語とポルトガル語：接尾辞の対照

ポルトガル語の接尾辞と英語の接尾辞の対応関係を知ると、英語の語彙の多く、とりわけ学識語に関しては、容易にポルトガル語化することができます。また、ポルトガル語から英語への変換も容易に可能です。ポルトガル語を学ぶ場合、とりわけ初歩のうちは接尾辞の対応関係を知ると語彙の強化に大いに役立ちますので参考にしてください。ただし、形の上で密接な対応があっても当然のことながら発音も意味の広がりも異なるので注意が必要です。以下主要なポルトガル語と英語の接尾辞の対応を各接尾辞について5例のみ例示します。さらに知識を深めるには、電子辞書を使用するとよいでしょう。

1.13. 英・葡接尾辞一覧

al — al
animal　　animal
cultural　　cultural
dental　　dental
national　　nacional
total　　total

an — ano
African　　africano
American　　americano
Angolan　　angolano
metropolitan　　metropolitano
vegetarian　　vegetariano

ate — ar
appreciate　　apreciar
criate　　criar
educate　　educar
meditate　　meditar
separate　　separar

ble — vel
comfortable　　confortável
impossible　　impossível
provable　　provável
sensible　　sensível
visible　　visível

cy — cia
democracy　　democracia
frequency　　frequência
pharmacy　　farmácia
potency　　potência
urgency　　urgência

ence — ência
audience　　audiência
conference　　conferência
existence　　existência

補　遺

influence	influência	heroism	heroismo
residence	residência	**ist — ista**	
ent — ente		artist	artista
client	cliente	Buddhist	budista
independent	independente	florist	florista
intelligent	inteligente	journalist	jornalista
president	presidente	realist	realista
urgent	urgente	**ive — ivo**	
fy — ficar		agressive	agressivo
amplify	amplificar	educative	educativo
classify	classificar	native	nativo
justify	justificar	productive	produtivo
modify	modificar	sensitive	sensitivo
unify	unificar	**ize — izar**	
ics — ica		authorize	autorizar
didatics	didáctica | didática	economize	economizar
		industrialize	industrializar
linguistics	linguística | lingüística	normalize	normalizar
		visualize	visualizar
mathematics	matemática	**logy — logia**	
phonetics	fonética	biology	biologia
physics	física	ecology	ecologia
ine — ina / ína		ideology	ideologia
caffeine	cafeína	sociology	sociologia
discipline	disciplina	technology	tecnologia
gasoline	gasolina	**ly — mente**	
heroine	heroína	constantly	constantemente
tangerine	tangerina	correctly	correctamente | corretamente
ism — ismo			
alcoholism	alcoolismo	elegantly	elegantemente
Buddhism	budismo	popularly	popularmente
capitalism	capitalismo	technically	tecnicamente
egoism	egoismo		

ment — mento

apartment	apartamento
document	documento
element	elemento
instrument	instrumento
moment	momento

ous — oso

ambitious	ambicioso
curious	curioso
famous	famoso
nervous	nervoso
religious	religioso

sion — são

decision	decisão
impression	impressão
recession	recessão
television	televisão
version	versão

tion — ção

action	acção	ação
condition	condição
station	estação
education	educação
tradition	tradição

tor — dor

curator	curador
elevator	elevador
educator	educador
liberator	liberador
operator	operador

tor — tor

editor	editor
doctor	doutor
factor	factor	fator
monitor	monitor
motor	motor

tude — tude

altitude	altitude
attitude	atitude
gratitude	gratitude
latitude	latitude
magnitude	magnitude

ture — tura

agriculture	agricultura
caricature	caricatura
culture	cultura
miniature	miniatura
temperature	temperatura

ty — dade

capacity	capacidade
city	cidade
liberty	liberdade
necessity	necessidade
quality	qualidade

2.0. 感嘆詞

　無変化で単独でひとつの文になります。話し手の感動や精神状態をあらわしたり、話し相手にある行動を引き起こすことを目的とする語あるいは表現です。

　感嘆詞には性、排泄にかかわるもの、差別的・冒瀆的な罵りなど、使用域が限られたり標準的には使用が禁じられた禁忌語も多いので、場面を踏まえて用いることに留意する必要があるでしょう。それぞれの感嘆詞がどのような感情と関わっているかを把握するには、実際の口語において用例に親しむことが肝心です。

2.1. 人間の声に由来する感嘆詞

　人間がある感情に囚われたとき自然に発する叫び声、うめき声に由来しているものが多く、語そのものには意味がありません。感嘆詞とそれがあらわす感情との関係は文化圏に固有のもので、ポルトガル語圏のなかでも一様ではありません。もとより口語に特有の語ですから変種も多くみられます。ある地方に特徴的な感嘆詞もあります。また、ひとつの感嘆詞がある種の感情表現に固定している場合もあれば、さまざまな感情表現に用いられる場合もあります。以下概ね標準的なものを挙げます（reg.＝regional, vul.＝vulgar, br.＝Brasil）

■喜び

　Oh！ Que coincidência！　おや、こりゃ偶然ですね。

　その他：**Ah**！ **Eh**！

■痛み・苦痛

　Ai, que desgraça！　ああ、何と言うことだろう。

■怖れ

　Uh！ Esta travoada mete-me medo！　うわーっ、こりゃ恐ろしい雷だ。

ポルトガル語四週間

■躊躇

Hum ... vamos estudar bem o caso. うむ、まずこの件をよく調べてみましょう。

■疑問

Hem？ Você faz o quê？ え？君は何をやっているって？

■感動

Ena！ Que lindo vestido！ まあ、何て綺麗なドレスでしょう。

その他：**Éia**！ **Eh**！ **Uau**！ **Ena**！ **É pá**！(vul.)

■憤慨

Arre que isto é difícil！うーん、これは難しいな。

■苛立

Apre que sabe mal！ うわっ、不味いな。

■焦燥

Irra！ Estou farto de dizer a mesma coisa！ もう、同じ事を言うのは飽き飽きだ。

■驚き・当惑

Ih！ Parece impossível！ えーっ、まさか。

その他：**Ui**！ **Uê**！ (br.) **Ah**！ **Upa**！ **Chiça**！(vul.) **Puxa**！(br.)

■疲労

Ufa！ Subir mais um andar!? いやー、もう一階上るのか。

■安堵

Uf！ Chegámos | Chegamos finalmente. あーあ、やっと着いた。

■呼びかけ

Xô, xô！ Galinhas vão-se embora para a capoeira！ シッシッ、鶏どもは鶏小屋へ行け。

その他：**Ala**！ **Alô**！ (br.) **Pst**！ (vul.) **Psiu**！ (vul.) [285]

564

補　遺

■激励

　Eia！Para frente！　それ、行け。

　その他：**Olé**！

■挨拶

　Olá！Senhor Santos！Como tem passado？　おや、サントスさん、いかがお過ごしでしたか。

　その他：**Olé**！**Oi**！[286]

■静粛

　Xiu！Agora nada de conversa！　シーッ、もうお喋りは止めなさい。

2.2. 擬声語・擬態語に由来する感嘆詞

　動物の鳴き声、物音あるいは、ある種の動作の描写を言語音で表すものです。いくつか代表的なものを挙げます。

　　ão　　ワン（犬の鳴き声）
　　brrr　ブルブル（寒さで震える様子）
　　bum　ビシッ、バン（叩く音、発砲の音）
　　chape　ビシャ（水に物が落ちるときの音）
　　cocorocó　コケコッコー（鶏の鳴き声）
　　mé　　メー（羊、ヤギの鳴き声）
　　miau　ニャー（猫の鳴き声）

285　Pst！Psiu！は上品な呼びかけとはみなされないので、避けた方が無難です。

286　oi！はポルトガルでは通常元気良く相手に呼びかける時に用います。
　例：Oi, Manuel！Estás bom？　よう、マヌエル君、元気かい。
　　ブラジルでは呼びかけに対する返答としても用いられます。
　例：— Ô Maria！マリーアさん。　— Oi.　なあに。
　　ブラジルでは相手の注意を惹くためにも用いられます。
　例：— Oi, por favor！　ちょっと、御願いします。
　　ポルトガルでは、このような呼びかけの場合通常 Ó..., を用います。
　例：— Ó Maria, vem cá！マリーアさん、こっちへ来て。　— Ó faz favor！　ちょっと、すみません！

mu　モー（牛の鳴き声）
pimba　ポイ、バタン（投げる・倒れ込む等の急激な動作）
pum　バン、パン（ピストルの発射音等）
pumba　ドサッ（落ちるなどの急激な動作）、ドカーン（大砲）
ronrom　ゴロゴロ（猫が喉を鳴らす音）、ガラゴロ（機械の回転音）
tau　バシッ（叩く音）
tchim-tchim　乾杯！（saude！と同義）
tic tac　チクタク（時計）
tráz　バシン、ドサッ（叩く、落ちるときの音）
tuc tuc　トントン（ドアをノックする音）
tumba　バシッ、ドサッ（叩く、落ちるときの音）
zás　さっ（素早い動作）、ビシッ、ドシン（叩く、落ちる音）

N.B.　動物の鳴き声については、「…が鳴く」という日本語の表現とは異なり、動物によって用いる動詞が異なります。以下代表的なものを挙げます。

ave	piar, pipiar, pipilar	鳥が鳴く・さえずる
burro	zurrar	ロバが鳴く
cão	ladrar	犬がワンワンと鳴く・吠える
carneiro (cabra)	berrar	羊・山羊が鳴く
cavalo	relinchar	馬が鳴く・嘶く
cigarra	cantar, fretenir	蟬が鳴く
corvo	crocitar, grasnar	鳥がカアカア鳴く
elefante	barrir, urrar	ゾウが吠える
galo	cantar, cucuritar	鶏が鳴く
gato	miar	猫が鳴く、ronronar　喉を鳴らす、bufar　歯を剥き出し息を強く吐いて威嚇する
grilo	cantar	コオロギが鳴く
insectos	zumbir, zunir	虫が鳴く
leão	rugir	ライオンが吠える

補　遺

　　lobo .... uivar　狼が吠える（遠吠え）
　　macaco .... guinchar　猿が鳴く
　　mocho .... piar　フクロウが鳴く
　　passaro .... chilrear　小鳥がさえずる
　　pinto .... pipiar　ヒヨコが鳴く・さえずる
　　porco .... grunhir　豚が鳴く
　　rã .... coaxar　蛙が鳴く
　　rato .... chiar　鼠が鳴く
　　vaca .... mugir　牛が鳴く、
　　　　　　　　　　　 bramar　盛りがついて鳴く

2.3. 語に由来する感嘆詞

　名詞、形容詞などさまざまな品詞の語が、感嘆詞として用いられる場合も多くあります。以下典型的な例を挙げます。
　　Adeus.　さようなら。（別れの挨拶）
　　　　　　　やあ。（出会ったときの挨拶、olá などと同義 [Pt.]）
　　Alto！　止まれ。
　　Basta！　もういい！（十分だ）
　　Bis！　アンコール！（コンサートでのかけ声）
　　Bolas (vul.)　へえー！（驚き、苛立ち）
　　Bravo！　ブラボー！（コンサートでのかけ声）
　　Caluda！　お黙り！
　　Carago！(reg. Porto)　何だって！（苛立ち、驚きなど）
　　Caramba！　何てこった（否定的な驚き、苛立ち、失望など）
　　Coragem！　頑張れ！
　　Credo！　まさか！（相手の言に対する驚き・否定）
　　Então！　えっ！（驚き、疑問、苛立ち、憤慨など）
　　Fogo！　へえー（驚き、苛立ち、憤慨など）、撃て（発砲の命令）
　　Força！　頑張れ！

Jesus！　えーっ！（驚き、憤慨など）
Nossa！(Br.)　うわー！（驚き、感慨。＜Nossa Senhora）
Obrigado.　有り難う。
Paciência！　仕方ない。（我慢が必要な状況について）
Palavra！　誓います。（強い肯定。＜palavra de honra）
Perdão！　失礼、ご免なさい。（体が当たったりしたとき）
Santinho [–a]！　お大事に。[287]（くしゃみをした相手への呼
　　　　　　　　びかけ。相手の性に一致。[Pt.]）
Saude！　乾杯。
　　　　　お大事に（くしゃみをした相手への呼びかけ。
　　　　　[Br.]）
Silêncio！　静かに。
Socorro！　助けて！
Vá！　さあ。（激励）
Viva！　万歳、やあ。（出会ったときの挨拶、olá などと同義、
　　　　[Pt.]）

2.4. 句感嘆詞

　二語以上の語がまとまった句がある種の感嘆詞として機能する場合があります。主なものを以下に挙げます。

　　Ai de mim！　なんてことだ。（我が身を嘆く）
　　Bem feito！　いい気味だ。
　　Bem haja！　有り難うございます。
　　Meu Deus do céu！　神様！

---

[287] 本来、「«Que o Santo o[a] proteja das constipações!» 聖人様が貴方を風邪からお護り下さるように」という意味から転じたと考えられるので、Santo の縮小辞が話し相手の性に一致することは大衆的な類推によるものでしょう。日本語ではくしゃみをした人に対して声をかけるという、決まった習慣がありませんが、西欧語では一般的です。"(God) Bless you!"，（英語）。

Ó de casa! ごめん下さい。(他人の家を訪れたときの呼びかけ)

Palavras de honra! 誓って本当のことです。(相手に自分の言い分を請け合う)

Santa Bárbara! くわばら、くわばら。(雷が鳴ったとき、守護神の聖女バラバラの名を呼ぶ)

3.0. 母音交替

　動詞の直説法・現在形の活用において、語根母音字の音が強勢の有無によって変化することはすでにみたとおりです。このように語根母音の音質が変化することを母音交替とよびます。直説法・現在形の活用は4.0．動詞活用の仕組み(p.573参照)にあるとおり、基本時称としてさまざまな時称を派生します。したがって、直説法・現在形における母音交替、すなわち母音の質の変化が派生される時称に受け継がれていくのできわめて重要です。動詞の母音交替を簡単にまとめると以下のようになります。

語根母音字	ポルトガル	ブラジル	例
第1活用動詞			
e	/ɛ/〜/ɨ/	/ɛ/〜/e/	levar
o	/ɔ/〜/u/	/ɔ/〜/o/	lograr
a	/a/〜/ɐ/	/a/	falar
第2活用動詞			
e	/e/〜/ɛ/〜/ɨ/	/e/〜/ɛ/	dever
o	/ɔ/〜/o/〜/u/	/ɔ/〜/o/	mover
第3活用動詞			
e/i	/i/〜/ɛ/〜/ɨ/	/i/〜/ɛ/〜/e/	servir
o/u	/u/〜/ɔ/	/u/〜/ɔ/〜/o/	dormir
a	/a/〜/ɐ/	/a/	agir

規則動詞における語根母音の音質変化は正書法上に反映しません。すなわち、語根母音字は変化せず同じ文字を保ちますが、音は上記のとおり変化します。いっぽう、不規則動詞の語根母音の音質変化は正書法上に一部反映します。換言すれば母音交替のようすが部分的に正書法に連動しています。

　このように、語根母音の母音交替と正書法との関係を見ると、音質の変化が正書法上に部分的に反映される動詞の活用のみを不規則活用動詞とみなすという複雑な基準があることが理解されます。見方によっては、正書法に偏った基準であるとも言えます。なぜならば、ポルトガル発音を例にとれば、語根母音が3とおり (/e/〜/ɛ/〜/ɨ/) に変化する場合も、正書法上で文字としての **e** が保たれていると規則的な活用であるとみなすのに対し、同じように、語根母音が3とおり (/i/〜/ɛ/〜/ɨ/) に変化する場合は、正書法上で対応する音にしたがって /i/ には、**i** の文字をあて、/ɛ/ と /ɨ/ には、**e** の文字をあてるがゆえに、不規則活用とみなしているからです。つまり、見かけ上の母音交替が起こる場合のみ不規則であるという基準です。

　したがって、仮に語根母音の音質の変化を基準にすれば、すべての動詞が不規則活用とみなされるでしょう。また伝統的な基準、すなわち、正書法上の母音字の変化にのみ注目して規則・不規則という区別をすれば、音声的な不規則性が覆い隠されてしまうのです。

■ -ear 型動詞

　動詞によっては、語基の強勢母音が二重母音化するものもあります。たとえば、**apelar** という動詞は、**apelo** / ɐˈpelu | aˈpɛlu /、**apelas** / ɐˈpɛlɐʃ | aˈpɛlas /, ... と正書法上の **e** を維持して活用しますが、不定詞が **-ear** で終わる種類の動詞には注意が必要です（以下、この種の動詞を **-ear 型動詞**と呼ぶことにします）。

　この種の **-ear** 型動詞は、規則どおり活用させれば、直説法・現

補　遺

在形においては、語基末の母音と活用語尾をあわせた部分が以下のようになるはずです（以下の表で * アステリスク記号は本来はあり得ないことを示します）。

*-eo / ˈɐu / 　　　　　　　　**-eamos** / iˈɐmuʃ | eˈamus /
*-eas / ˈɐɐʃ | ˈɛas / 　　　**-eais** / iˈajʃ | eˈajs /
*-ea / ˈɐɐ | ˈɛa / 　　　　　***-eam** / ˈwɐ̃w̃ /

しかしながら、じっさいは、このようなアクセントのある母音 **e** / ɛ / は現れません。これは、二重母音化した **ei** / ɐj | ej / というかたちで実現し、語基末の母音と活用語尾をあわせた部分は以下のようになります。

-eio / ˈɐju | ˈeju / 　　　　　**-eamos** / iˈɐmuʃ | eˈamus /
-eias / ˈɐjɐʃ | ˈejas / 　　　**-eais** / iˈajʃ | eˈajs /
-eia / ˈɐjɐ | ˈeja / 　　　　　**-eiam** / ˈɐjɐ̃w̃ | ˈejẽw̃ /

例として、動詞 **passear** の活用を見ましょう。

passeio / pɐˈsɐju | paˈseju / 　　　**passeamos** / pɐsiˈɐmuʃ | paseˈamus /
passeias / pɐˈsɐjɐʃ | paˈsejas / 　**passeais** / pɐsiˈajʃ | paseˈajs /
passeia / pɐˈsɐjɐ | paˈseja / 　　　**passeiam** / pɐˈsɐjɐ̃w̃ | paˈsejẽw̃ /

この種の、**-ear** 型動詞は、すべて上記の例と同様に活用します。

■ **-iar** 動詞

不定詞の語末に **-iar** を持つ一群の動詞があります（以下この種の動詞を **-iar** 型動詞と呼ぶことにします）。**-iar** 型動詞は基本的に規則活用です。したがって、直説法・現在形においては、語基末の母音と活用語尾の和は以下のようになります。

-io / ˈiu / 　　　　　　　　　　　**-iamos** / iˈɐmuʃ | iˈamus /
-ias / ˈiɐʃ | ˈias / 　　　　　　**-iais** / iˈajʃ | eˈajs /
-ia / ˈiɐ | ˈia / 　　　　　　　　**-iam** / ˈiɐ̃w̃ | ˈiẽw̃ /

571

たとえば、動詞 **anunciar** の直説法・現在形は以下のように活用します。

anuncio / ɐnũˈsiu | anũˈsiu /   **anunciamos** / ɐnũsiˈɐmuʃ | anũsiˈamus /

anuncias / ɐnũˈsiɐʃ | anũˈsias /   **anunciais** / ɐnũsiˈajʃ | anũsiˈajs /

anuncia / ɐnũˈsiɐ | anũˈsia /   **anunciam** / ɐnũˈsiẽw̃ | anũˈsiẽw̃ /

しかしながら **-ear** 型動詞の例ですでに見たとおり、**passear** の発音が / pɐsiˈaɾ | paseˈaɾ, pasiˈaɾ / であるように、ポルトガルでは **-iar** / iˈaɾ / 型動詞と **-ear** / iˈaɾ / 型動詞の区別は音声的には不可能で、正書法によらぬ限り判断できません。ブラジルでも **-ear** / eˈaɾ, iˈaɾ / と揺れがあり、ポルトガル発音と同様に **-ear** 型動詞と **-iar** 型動詞の区別が音声的に曖昧になる場合もあり、正書法によってのみ明確に判断されると言えます。

このような理由から、類推がおこったと考えられ **-iar** 型動詞のなかには規則的に活用せず一部 **-ear** 型動詞の活用をするものもあります。例として、動詞 **odiar** / odiˈaɾ | odʒiˈaɾ / の活用を見ましょう。1人称複数形および2人称複数形のみ **-iar** 型動詞の規則活用を維持しますが、それ以外は **-ear** 型動詞の活用形が流用されています。

odeio / oˈdɐju | oˈdeju /   **odiamos** / odiˈɐmuʃ | odʒiˈamus /

odeias / oˈdɐjɐʃ | oˈdejas /   **odiais** / odiˈajʃ | odʒiˈajs /

odeia / oˈdɐjɐ | oˈdeja /   **odeiam** / oˈdɐjẽw̃ | oˈdejẽw̃ /

すでに述べたとおり **-iar** 動詞は原則的に規則活用をします。従って **-ear** 型の活用を一部にもつものは例外的に扱われ、規範的には以下の5動詞およびその合成語のみ、一部に **-ear** 型の活用を持ちます。

    ansiar, incendiar, mediar, odiar, remediar

補　遺

　以上の原則にかかわらず、2種の動詞の不定詞が音声的に同一あるいは類似しているうえ、**-ear** 型動詞が数の上で **-iar** 型動詞を大きく上回っていることもあり、類推が容易に起こり **-iar** 型の活用に **-ear** 型の活用を用いることがよくあります。特に口語ではこの種の揺れがよく観察されます。上記5動詞、およびその合成語以外の **-iar** 型動詞に **-ear** 型の活用の一部を流用することは、ポルトガルでは揺れとして認められていますが、ブラジルでは規範的には誤りとされています。このような範疇とされる動詞は、agenciar, comerciar, negociar obsequiar, premiar, sentenciar などです。

4.0. 動詞活用の仕組み
■ 活用形の構造

語幹		活用語尾		
語基	幹母音	時称接辞	人称接辞	活用形
logr / luɡɾ ｜ loɡɾ / ↑　　↑ 語根母音	**a** / ˈa ｜ ˈa /	**sse** / si ｜ se /	**mos** / muʃ ｜ mos /	**lograssemos** / luˈɡɾasimuʃ ｜ loˈɡɾasems /

■ 動詞派生の仕組み
　動詞は基本3時称（直説法・現在形、直説法・過去形、非人称不定詞）から派生します。派生の仕方は、以下の表のとおりです（→は基本時称から直接派生する時称、⇒は助動詞を介して間接的に派生する複合時称をあらわしています）。

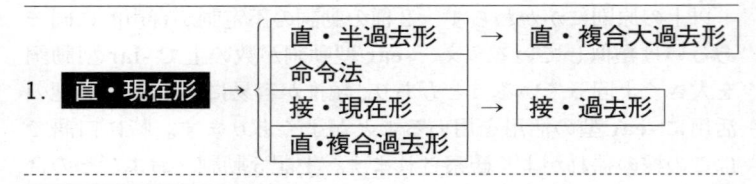

1. | 直・現在形 | → { 直・半過去形 → 直・複合大過去形 / 命令法 / 接・現在形 → 接・過去形 / 直・複合過去形 }

直説法・現在形

→ 直説法・半過去形
（直・現の語基＋活用語尾）falava, etc.
⇒ 直説法・大過去形（複合形）
（ter 直・半過去形＋過去分詞）tinha falado, etc.
→ 命令法
（直・現・2人称単数形の -s を取る）fala, etc.
→ 接続法・現在形：直・現・1人称単数形の -o を取り語基を得る
（語基＋活用語尾）fale, etc.
⇒ 接続法・過去形
（ter 接・現在形＋過去分詞）tenha falado, etc.
⇒ 直説法・複合過去形
（ter 直・現在形＋過去分詞）tenho falado, etc.

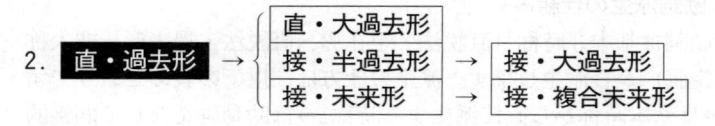

2. | 直・過去形 | → { 直・大過去形 / 接・半過去形 → 接・大過去形 / 接・未来形 → 接・複合未来形 }

注意！

第2活用動詞の幹母音：/ e / か / ɛ / か？

直説法・過去 **recebeste** / risiˈbeʃti | xeseˈbestʃi / の幹母音 / e / が、直説法・過去形から派生する3種の活用形（直説法・大過去形、接続法・半過去形、接続法・未来形）で保たれるので、規則形においては、直説法・大過去形 **recebera** / risiˈbeɾɐ | xeseˈbera /, 接続法・

補　遺

半過去形 **recebesse** / risiˈbesi｜xeseˈbesi /，接続法・未来形 **receber** / risiˈbeɾ｜xeseˈbeɾ / に見られるように幹母音が / e / です。いっぽう、不規則活用の場合、直説法・過去形 **fizeste** / fiˈzɛʃti｜fiˈzɛstʃi / の幹母音 / ɛ / が、直説法・過去形から派生する3種の活用形（直説法・大過去形、接続法・半過去形、接続法・未来形）で保たれるので、直説法・大過去形 **fizera** / fiˈzɛɾɐ｜fiˈzɛɾa /，接続法・半過去形 **fizesse** / fiˈzɛsi｜fiˈzɛsi / 、接続法・未来形 **fizer** / fiˈzɛɾ｜fiˈzɛɾ / に見られるように幹母音は / ɛ / です。

直説法・過去形：直・過去・2人称単数形あるいは3人称複数形から語幹を得る。

　　　　→直説法・大過去形（単純形）
　　　　　（語幹＋活用語尾）falara, etc.
　　　　→接続法・半過去形
　　　　　（語幹＋活用語尾）falasse, etc.
　　　　⇨接続法・大過去形
　　　　　（ter 接・半過去形＋過去分詞）tivesse falado, etc.
　　　　→接続法・未来形
　　　　　（語幹＋活用語尾）falar, etc.
　　　　⇨接続法・複合未来形
　　　　　（ter 接・未来形＋過去分詞）tiver falado, etc.

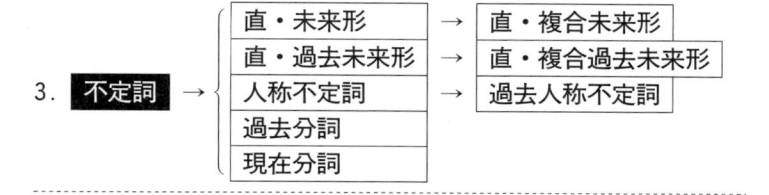

---

3. **不定詞** → ｛ 直・未来形　　　→　直・複合未来形
　　　　　　　直・過去未来形　→　直・複合過去未来形
　　　　　　　人称不定詞　　　→　過去人称不定詞
　　　　　　　過去分詞
　　　　　　　現在分詞 ｝

不定詞(非人称不定法)

　　　　→直説法・未来形
　　　　　（不定詞＋活用語尾）falar, etc.

⇨ 直説法・複合未来形
　(ter 直・未来形＋過去分詞) terei falado, etc.
→ 直説法・過去未来形
　(不定詞＋活用語尾) falaria, etc.
⇨ 直説法・複合過去未来形
　(ter 直・過去未来形＋過去分詞) teria falado, etc.
→ 人称不定法
　(不定詞＋活用語尾) falar, falares, etc.
⇨ 過去人称不定詞
　(ter 人称不定詞＋過去分詞) ter falado, etc.
→ 過去分詞：不定詞の語末の -r を削除して語幹を得る。
　(語幹＋接尾辞 -ado, -ido) falado, etc.
→ 現在分詞：不定詞の語末の -r を削除して語幹を得る。
　(語幹＋接尾辞 -ndo) falando, etc.

補　遺

4.1. 活用早見表：規則動詞の活用
■直説法 1

時称	人称数	第1活用動詞 acabar	第2活用動詞 colher	第3活用動詞 abrir
現在形	1単	acabo /ɐˈkabu ǀ aˈkabu/	colho /ˈkoʎu/	abro /ˈabɾu/
	2単	acabas /ɐˈkabɐʃ ǀ aˈkabas/	colhes /ˈkɔʎiʃ ǀ ˈkɔʎis/	abres /ˈabɾiʃ ǀ ˈabɾis/
	3単	acaba /ɐˈkabɐ ǀ aˈkaba/	colhe /ˈkɔʎi ǀ ˈkɔʎi/	abre /ˈabɾi ǀ ˈabɾi/
	1複	acabamos /ɐkɐˈbɐmuʃ ǀ akaˈbamus/	colhemos /kuˈʎemuʃ ǀ koˈʎemos/	abrimos /ɐˈbɾimuʃ ǀ aˈbɾimus/
	2複	acabais /ɐkɐˈbajʃ ǀ akaˈbajs/	colheis /kuˈʎejʃ ǀ koˈʎejs/	abris /ɐˈbɾiʃ ǀ aˈbɾis/
	3複	acabam /ɐˈkabɐ̃w̃ ǀ aˈkabɐ̃w̃/	colhem /ˈkɔʎẽj̃ ǀ ˈkɔʎẽj̃/	abrem /ˈabɾẽj̃ ǀ ˈabɾẽj̃/
半過去形	1単	acabava /ɐkɐˈbavɐ ǀ akaˈbava/	colhia /kuˈʎiɐ ǀ koˈʎia/	abria /ɐˈbɾiɐ ǀ aˈbɾia/
	2単	acabavas /ɐkɐˈbavɐʃ ǀ akaˈbavas/	colhias /kuˈʎiɐʃ ǀ koˈʎias/	abrias /ɐˈbɾiɐʃ ǀ aˈbɾias/
	3単	acabava /ɐkɐˈbavɐ ǀ akaˈbava/	colhia /kuˈʎiɐ ǀ koˈʎia/	abria /ɐˈbɾiɐ ǀ aˈbɾia/
	1複	acabávamos /ɐkɐˈbavɐmuʃ ǀ akaˈbavamus/	colhíamos /kuˈʎiɐmuʃ ǀ koˈʎiamus/	abríamos /ɐˈbɾiɐmuʃ ǀ aˈbɾiamus/
	2複	acabáveis /ɐkɐˈbavɐjʃ ǀ akaˈbavejs/	colhíeis /kuˈʎiɐjʃ ǀ koˈʎiejs/	abríeis /ɐˈbɾiɐjʃ ǀ aˈbɾiejs/
	3複	acabavam /ɐkɐˈbavɐ̃w̃ ǀ akaˈbavɐ̃w̃/	colhiam /kuˈʎiɐ̃w̃ ǀ koˈʎiɐ̃w̃/	abriam /ɐˈbɾiɐ̃w̃ ǀ aˈbɾiɐ̃w̃/

ポルトガル語四週間

■直説法 2

時称	人称数	第1活用動詞 acabar	第2活用動詞 colher	第3活用動詞 abrir
過去形	1単	acabei / ɐkɐˈbɐj | akaˈbej /	colhi / kuˈʎi | koˈʎi /	abri / ɐˈbɾi | aˈbɾi /
	2単	acabaste / ɐkɐˈbaʃtɨ | akaˈbastʃi /	colheste / kuˈʎeʃtɨ | koˈʎestʃi /	abriste / ɐˈbɾiʃtɨ | aˈbɾistʃi /
	3単	acabou / ɐkɐˈbo | akaˈbo /	colheu / kuˈʎew | koˈʎew /	abriu / ɐˈbɾiw | aˈbɾiw /
	1複	acabámos | acabamos / ɐkɐˈbamuʃ | akaˈbamus /	colhemos / kuˈʎemuʃ | koˈʎemos /	abrimos / ɐˈbɾimuʃ | aˈbɾimus /
	2複	acabastes / ɐkɐˈbaʃtiʃ | akaˈbastʃis /	colhestes / kuˈʎeʃtiʃ | koˈʎestʃis /	abristes / ɐˈbɾiʃtiʃ | aˈbɾistʃis /
	3複	acabaram / ɐkɐˈbɐɾɐ̃w | akaˈbaɾɐ̃w /	colheram / kuˈʎeɾɐ̃w | koˈʎeɾɐ̃w /	abriram / ɐˈbɾiɾɐ̃w | aˈbɾiɾɐ̃w /
大過去（単純）形	1単	acabara / ɐkɐˈbaɾɐ | akaˈbara /	colhera / kuˈʎeɾɐ | koˈʎera /	abrira / ɐˈbɾiɾɐ | aˈbɾira /
	2単	acabaras / ɐkɐˈbaɾɐʃ | akaˈbaras /	colheras / kuˈʎeɾɐʃ | koˈʎeras /	abriras / ɐˈbɾiɾɐʃ | aˈbɾiras /
	3単	acabara / ɐkɐˈbaɾɐ | akaˈbara /	colhera / kuˈʎeɾɐ | koˈʎera /	abrira / ɐˈbɾiɾɐ | aˈbɾira /
	1複	acabáramos / ɐkɐˈbaɾɐmuʃ | akaˈbaramus /	colhêramos / kuˈʎeɾɐmuʃ | koˈʎeramus /	abríramos / ɐˈbɾiɾɐmuʃ | aˈbɾiramus /
	2複	acabáreis / ɐkɐˈbaɾɐjʃ | akaˈbarejs /	colhêreis / kuˈʎeɾɐjʃ | koˈʎerejs /	abríreis / ɐˈbɾiɾɐjʃ | aˈbɾirejs /
	3複	acabaram / ɐkɐˈbaɾɐ̃w | akaˈbaɾɐ̃w /	colheram / kuˈʎeɾɐ̃w | koˈʎeɾɐ̃w /	abriram / ɐˈbɾiɾɐ̃w | aˈbɾiɾɐ̃w /

補　遺

■直説法 3

時称	人称数	第1活用動詞 acabar		第2活用動詞 colher		第3活用動詞 abrir	
複合過去形	1単	tenho /ˈtɐɲu | ˈteɲu/	acabado /ɐkɐˈbadu | akaˈbadu/	tenho /ˈtɐɲu | ˈteɲu/	colhido /kuˈʎidu | koˈʎidu/	tenho /ˈtɐɲu | ˈteɲu/	aberto /ɐˈbɛrtu | aˈbɛrtu/
	2単	tens /ˈtɐ̃jʃ | ˈtẽjs/		tens /ˈtɐ̃jʃ | ˈtẽjs/		tens /ˈtɐ̃jʃ | ˈtẽjs/	
	3単	tem /ˈtɐ̃j | ˈtẽj/		tem /ˈtɐ̃j | ˈtẽj/		tem /ˈtɐ̃j | ˈtẽj/	
	1複	temos /ˈtemuʃ | ˈtemos/		temos /ˈtemuʃ | ˈtemos/		temos /ˈtemuʃ | ˈtemos/	
	2複	tendes /ˈtẽdiʃ | ˈtẽdʒis/		tendes /ˈtẽdiʃ | ˈtẽdʒis/		tendes /ˈtẽdiʃ | ˈtẽdʒis/	
	3複	têm /ˈtɐ̃j̃ | ˈtẽj̃/		têm /ˈtɐ̃j̃ | ˈtẽj̃/		têm /ˈtɐ̃j̃ | ˈtẽj̃/	
大過去（複合）形	1単	tinha /ˈtiɲɐ | ˈtʃiɲa/	acabado /ɐkɐˈbadu | akaˈbadu/	tinha /ˈtiɲɐ | ˈtʃiɲa/	colhido /kuˈʎidu | koˈʎidu/	tinha /ˈtiɲɐ | ˈtʃiɲa/	aberto /ɐˈbɛrtu | aˈbɛrtu/
	2単	tinhas /ˈtiɲɐʃ | ˈtʃiɲas/		tinhas /ˈtiɲɐʃ | ˈtʃiɲas/		tinhas /ˈtiɲɐʃ | ˈtʃiɲas/	
	3単	tinha /ˈtiɲɐ | ˈtʃiɲa/		tinha /ˈtiɲɐ | ˈtʃiɲa/		tinha /ˈtiɲɐ | ˈtʃiɲa/	
	1複	tínhamos /ˈtiɲɐmuʃ | ˈtʃiɲamus/		tínhamos /ˈtiɲɐmuʃ | ˈtʃiɲamus/		tínhamos /ˈtiɲɐmuʃ | ˈtʃiɲamus/	
	2複	tínheis /ˈtiɲɐjʃ | ˈtʃiɲejs/		tínheis /ˈtiɲɐjʃ | ˈtʃiɲejs/		tínheis /ˈtiɲɐjʃ | ˈtʃiɲejs/	
	3複	tinham /ˈtiɲɐ̃w̃ | ˈtʃiɲɐ̃w̃/		tinham /ˈtiɲɐ̃w̃ | ˈtʃiɲɐ̃w̃/		tinham /ˈtiɲɐ̃w̃ | ˈtʃiɲɐ̃w̃/	

ポルトガル語四週間

■直説法 4

時称	人称数	第1活用動詞 acabar	第2活用動詞 colher	第3活用動詞 abrir
未来形	1単	acabar**ei** / ɐkɐbɐˈɾɐj | akabaˈrej /	colher**ei** / kuʎiˈɾɐj | koʎeˈrej /	abrir**ei** / ɐbɾiˈɾɐj | abriˈrej /
	2単	acabar**ás** / ɐkɐbɐˈɾaʃ | akabaˈras /	colher**ás** / kuʎiˈɾaʃ | koʎeˈras /	abrir**ás** / ɐbɾiˈɾaʃ | abriˈras /
	3単	acabar**á** / ɐkɐbɐˈɾa | akabaˈra /	colher**á** / kuʎiˈɾa | koʎeˈra /	abrir**á** / ɐbɾiˈɾa | abriˈra /
	1複	acabar**emos** / ɐkɐbɐˈɾemuʃ | akabaˈremus /	colher**emos** / kuʎiˈɾemuʃ | koʎeˈremos /	abrir**emos** / ɐbɾiˈɾemuʃ | abriˈremus /
	2複	acabar**eis** / ɐkɐbɐˈɾɐjʃ | akabaˈrejs /	colher**eis** / kuʎiˈɾɐjʃ | koʎeˈrejs /	abrir**eis** / ɐbɾiˈɾɐjʃ | abriˈrejs /
	3複	acabar**ão** / ɐkɐbɐˈɾɐ̃w̃ | akabaˈrɐ̃w̃ /	colher**ão** / kuʎiˈɾɐ̃w̃ | koʎeˈrɐ̃w̃ /	abrir**ão** / ɐbɾiˈɾɐ̃w̃ | abriˈrɐ̃w̃ /
複合未来形	1単	terei / tiˈɾɐj | teˈrej /	terei / tiˈɾɐj | teˈrej /	terei / tiˈɾɐj | teˈrej /
	2単	terás / tiˈɾaʃ | teˈras /	terás / tiˈɾaʃ | teˈras /	terás / tiˈɾaʃ | teˈras /
	3単	terá / tiˈɾa | teˈra /	terá / tiˈɾa | teˈra /	terá / tiˈɾa | teˈra /
	1複	teremos / tiˈɾemuʃ | teˈremus / acabado / ɐkɐˈbadu | akaˈbadu /	teremos / tiˈɾemuʃ | teˈremus / colhido / kuˈʎidu | koˈʎidu /	teremos / tiˈɾemuʃ | teˈremus / aberto / ɐˈbɛɾtu | aˈbɛɾtu /
	2複	tereis / tiˈɾɐjʃ | teˈrejs /	tereis / tiˈɾɐjʃ | teˈrejs /	tereis / tiˈɾɐjʃ | teˈrejs /
	3複	terão / tiˈɾɐ̃w̃ | teˈrɐ̃w̃ /	terão / tiˈɾɐ̃w̃ | teˈrɐ̃w̃ /	terão / tiˈɾɐ̃w̃ | teˈrɐ̃w̃ /

補　遺

■直説法 5

時称	人称数	第1活用動詞 acabar	第2活用動詞 colher	第3活用動詞 abrir
過去未来形	1単	acabar**ia** / ɐkɐbɐˈriɐ | akabaˈria /	colher**ia** / kuʎiˈriɐ | koʎeˈria /	abrir**ia** / ɐbriˈriɐ | abriˈria /
	2単	acabar**ias** / ɐkɐbɐˈriɐʃ | akabaˈrias /	colher**ias** / kuʎiˈriɐʃ | koʎeˈrias /	abrir**ias** / ɐbriˈriɐʃ | abriˈrias /
	3単	acabar**ia** / ɐkɐbɐˈriɐ | akabaˈria /	colher**ia** / kuʎiˈriɐ | koʎeˈria /	abrir**ia** / ɐbriˈriɐ | abriˈria /
	1複	acabar**íamos** / ɐkɐbɐˈriɐmuʃ | akabaˈriamus /	colher**íamos** / kuʎiˈriɐmuʃ | koʎeˈriamus /	abrir**íamos** / ɐbriˈriɐmuʃ | abriˈriamus /
	2複	acabar**íeis** / ɐkɐbɐˈriɐjʃ | akabaˈriejs /	colher**íeis** / kuʎiˈriɐjʃ | koʎeˈriejs /	abrir**íeis** / ɐbriˈriɐjʃ | abriˈriejs /
	3複	acabar**iam** / ɐkɐbɐˈriɐ̃w | akabaˈriɐ̃w /	colher**iam** / kuʎiˈriɐ̃w | koʎeˈriɐ̃w /	abrir**iam** / ɐbriˈriɐ̃w | abriˈriɐ̃w /
複合過去未来形	1単	teria / tiˈriɐ | teˈria /	teria / tiˈriɐ | teˈria /	teria / tiˈriɐ | teˈria /
	2単	terias / tiˈriɐʃ | teˈrias /	terias / tiˈriɐʃ | teˈrias /	terias / tiˈriɐʃ | teˈrias /
	3単	teria / tiˈriɐ | teˈria /	teria / tiˈriɐ | teˈria /	teria / tiˈriɐ | teˈria /
	1複	teríamos / tiˈriɐmuʃ | teˈriamos / acabado / ɐkɐˈbadu | akaˈbadu /	teríamos / tiˈriɐmuʃ | teˈriamos / colhido / kuˈʎidu | koˈʎidu /	teríamos / tiˈriɐmuʃ | teˈriamos / aberto / ɐˈbɛrtu | aˈbɛrtu /
	2複	teríeis / tiˈriɐjʃ | teˈriejs /	teríeis / tiˈriɐjʃ | teˈriejs /	teríeis / tiˈriɐjʃ | teˈriejs /
	3複	teriam / tiˈriɐ̃w | teˈriɐ̃w /	teriam / tiˈriɐ̃w | teˈriɐ̃w /	teriam / tiˈriɐ̃w | teˈriɐ̃w /

ポルトガル語四週間

■命令法

時称	人称数	第1活用動詞 acabar	第2活用動詞 colher	第3活用動詞 abrir
現在形	2単	acaba / ɐˈkabɐ | aˈkaba /	colhe / ˈkɔʎɨ | ˈkɔʎi /	abre / ˈabrɨ | ˈabri /
	2複	acabai / ɐkɐˈbaj | akaˈbaj /	colhei / kuˈʎɐj | koˈʎej /	abri / ɐˈbri | aˈbri /

■接続法1

時称	人称数	第1活用動詞 acabar	第2活用動詞 colher	第3活用動詞 abrir
現在形	1単	acabe / ɐˈkabɨ | aˈkabi /	colha / ˈkoʎɐ | ˈkoʎa /	abra / ˈabrɐ | ˈabra /
	2単	acabes / ɐˈkabɨʃ | aˈkabis /	colhas / ˈkoʎɐʃ | ˈkoʎas /	abras / ˈabrɐʃ | ˈabras /
	3単	acabe / ɐˈkabɨ | aˈkabi /	colha / ˈkoʎɐ | ˈkoʎa /	abra / ˈabrɐ | ˈabra /
	1複	acabemos / ɐkɐˈbemuʃ | akaˈbemus /	colhamos / kuˈʎɐmuʃ | koˈʎamus /	abramos / ɐˈbrɐmuʃ | aˈbramus /
	2複	acabeis / ɐkɐˈbɐjʃ | akaˈbejs /	colhais / kuˈʎajʃ | koˈʎajs /	abrais / ɐˈbrajʃ | aˈbrajs /
	3複	acabem / ɐˈkabẽj | aˈkabẽj /	colham / ˈkoʎɐ̃w̃ /	abram / ˈabrɐ̃w̃ /

補　遺

■接続法　2　半過去形、過去形

時称	人称数	第1活用動詞 acabar	第2活用動詞 colher	第3活用動詞 abrir	
半過去形	1単	acabasse / ɐkɐˈbasɨ ǀ akaˈbasi /	colhesse / kuˈʎesɨ ǀ koˈʎesi /	abrisse / ɐˈbrisɨ ǀ aˈbrisi /	
	2単	acabasses / ɐkɐˈbasɨʃ ǀ akaˈbasis /	colhesses / kuˈʎesɨʃ ǀ koˈʎesis /	abrisses / ɐˈbrisɨʃ ǀ aˈbrisis /	
	3単	acabasse / ɐkɐˈbasɨ ǀ akaˈbasi /	colhesse / kuˈʎesɨ ǀ koˈʎesi /	abrisse / ɐˈbrisɨ ǀ aˈbrisi /	
	1複	acabássemos / ɐkɐˈbasimuʃ ǀ akaˈbasemus /	colhêssemos / kuˈʎesimuʃ ǀ koˈʎesemus /	abríssemos / ɐˈbrisimuʃ ǀ aˈbrisemus /	
	2複	acabásseis / ɐkɐˈbasɐjʃ ǀ akaˈbasejs /	colhêsseis / kuˈʎesɐjʃ ǀ koˈʎesejs /	abrísseis / ɐˈbrisɐjʃ ǀ aˈbrisejs /	
	3複	acabassem / ɐkɐˈbasẽj ǀ akaˈbasẽj /	colhessem / kuˈʎesẽj ǀ koˈʎesẽj /	abrissem / ɐˈbrisẽj ǀ aˈbrisẽj /	
過去形	1単	tenha / ˈtɐɲɐ ǀ ˈteɲa /	tenha / ˈtɐɲɐ ǀ ˈteɲa /	tenha / ˈtɐɲɐ ǀ ˈteɲa /	
	2単	tenhas / ˈtɐɲɐʃ ǀ ˈteɲas /	tenhas / ˈtɐɲɐʃ ǀ ˈteɲas /	tenhas / ˈtɐɲɐʃ ǀ ˈteɲas /	
	3単	tenha / ˈtɐɲɐ ǀ ˈteɲa /	tenha / ˈtɐɲɐ ǀ ˈteɲa /	tenha / ˈtɐɲɐ ǀ ˈteɲa /	
	1複	tenhamos / tiˈɲɐmuʃ ǀ teˈɲamos /	acabado / ɐkɐˈbadu ǀ akaˈbadu /	tenhamos / tiˈɲɐmuʃ ǀ teˈɲamos /	colhido / kuˈʎidu ǀ koˈʎidu /	tenhamos / tiˈɲɐmuʃ ǀ teˈɲamos /	aberto / ɐˈbɛrtu ǀ aˈbɛrtu /
	2複	tenhais / tiˈɲajʃ ǀ teˈɲajs /	tenhais / tiˈɲajʃ ǀ teˈɲajs /	tenhais / tiˈɲajʃ ǀ teˈɲajs /	
	3複	tenham / ˈtɐɲẽw̃ ǀ ˈteɲẽw̃ /	tenham / ˈtɐɲẽw̃ ǀ ˈteɲẽw̃ /	tenham / ˈtɐɲẽw̃ ǀ ˈteɲẽw̃ /	

■接続法　3　大過去形、未来形

時称	人称数	第1活用動詞 acabar		第2活用動詞 colher		第3活用動詞 abrir	
大過去形	1単	tivesse / tiˈvɛsɨ | tʃiˈvesi /	acabado / ɐkɐˈbadu | akaˈbadu /	tivesse / tiˈvɛsɨ | tʃiˈvesi /	colhido / kuˈʎidu | koˈʎidu /	tivesse / tiˈvɛsɨ | tʃiˈvesi /	aberto / ɐˈbɛɾtu | aˈbɛrtu /
	2単	tivesses / tiˈvɛsɨʃ | tʃiˈvesis /		tivesses / tiˈvɛsɨʃ | tʃiˈvesis /		tivesses / tiˈvɛsɨʃ | tʃiˈvesis /	
	3単	tivesse / tiˈvɛsɨ | tʃiˈvesi /		tivesse / tiˈvɛsɨ | tʃiˈvesi /		tivesse / tiˈvɛsɨ | tʃiˈvesi /	
	1複	tivéssemos / tiˈvɛsimuʃ | tʃiˈvɛsemos /		tivéssemos / tiˈvɛsimuʃ | tʃiˈvɛsemos /		tivéssemos / tiˈvɛsimuʃ | tʃiˈvɛsemos /	
	2複	tivésseis / tiˈvɛsɐjʃ | tʃiˈvesejs /		tivésseis / tiˈvɛsɐjʃ | tʃiˈvesejs /		tivésseis / tiˈvɛsɐjʃ | tʃiˈvesejs /	
	3複	tivessem / tiˈvɛsɐ̃j | tʃiˈvɛsẽj /		tivessem / tiˈvɛsɐ̃j | tʃiˈvɛsẽj /		tivessem / tiˈvɛsɐ̃j | tʃiˈvɛsẽj /	
未来形	1単	acabar / ɐkɐˈbaɾ | akaˈbar /		colher / kuˈʎer | koˈʎer /		abrir / ɐˈbɾiɾ | aˈbɾir /	
	2単	acabares / ɐkɐˈbaɾiʃ | akaˈbaris /		colheres / kuˈʎeɾiʃ | koˈʎeris /		abrires / ɐˈbɾiɾiʃ | aˈbɾiris /	
	3単	acabar / ɐkɐˈbaɾ | akaˈbar /		colher / kuˈʎer | koˈʎer /		abrir / ɐˈbɾiɾ | aˈbɾir /	
	1複	acabarmos / ɐkɐˈbaɾmuʃ | akaˈbarmus /		colhermos / kuˈʎeɾmuʃ | koˈʎermus /		abrirmos / ɐˈbɾiɾmuʃ | aˈbɾirmus /	
	2複	acabardes / ɐkɐˈbaɾdiʃ | akaˈbardʒis /		colherdes / kuˈʎeɾdiʃ | koˈʎerdʒis /		abrirdes / ɐˈbɾiɾdiʃ | aˈbɾirdʒis /	
	3複	acabarem / ɐkɐˈbaɾɐ̃j | akaˈbarẽj /		colherem / kuˈʎeɾɐ̃j | koˈʎerẽj /		abrirem / ɐˈbɾiɾɐ̃j | aˈbɾirẽj /	

補 遺

■接続法4　複合未来形

時称	人称数	第1活用動詞 acabar	第2活用動詞 colher	第3活用動詞 abrir
複合未来形	1単	tiver /tiˈvɛʁ | tʃiˈvɛɾ/	tiver /tiˈvɛʁ | tʃiˈvɛɾ/	tiver /tiˈvɛʁ | tʃiˈvɛɾ/
	2単	tiveres /tiˈvɛɾiʃ | tʃiˈvɛɾis/	tiveres /tiˈvɛɾiʃ | tʃiˈvɛɾis/	tiveres /tiˈvɛɾiʃ | tʃiˈvɛɾis/
	3単	tiver /tiˈvɛʁ | tʃiˈvɛɾ/	tiver /tiˈvɛʁ | tʃiˈvɛɾ/	tiver /tiˈvɛʁ | tʃiˈvɛɾ/
	1複	tivermos /tiˈvɛɾmuʃ | tʃiˈvɛɾmus/ acabado /ɐkɐˈbadu | akaˈbadu/	tivermos /tiˈvɛɾmuʃ | tʃiˈvɛɾmus/ colhido /kuˈʎidu | koˈʎidu/	tivermos /tiˈvɛɾmuʃ | tʃiˈvɛɾmus/ aberto /ɐˈbɛɾtu | aˈbɛɾtu/
	2複	tiverdes /tiˈvɛɾdiʃ | tʃiˈvɛɾdʒis/	tiverdes /tiˈvɛɾdiʃ | tʃiˈvɛɾdʒis/	tiverdes /tiˈvɛɾdiʃ | tʃiˈvɛɾdʒis/
	3複	tiverem /tiˈvɛɾẽj | tʃiˈvɛɾẽj/	tiverem /tiˈvɛɾẽj | tʃiˈvɛɾẽj/	tiverem /tiˈvɛɾẽj | tʃiˈvɛɾẽj/

■人称不定詞1　現在

時称	人称数	第1活用動詞 acabar	第2活用動詞 colher	第3活用動詞 abrir
現在形	1単	acabar /ɐkɐˈbaʁ | akaˈbaɾ/	colher /kuˈʎɛʁ | koˈʎeɾ/	abrir /ɐˈbɾiʁ | aˈbɾiɾ/
	2単	acabares /ɐkɐˈbaɾiʃ | akaˈbaɾis/	colheres /kuˈʎɛɾiʃ | koˈʎeɾis/	abrires /ɐˈbɾiɾiʃ | aˈbɾiɾis/
	3単	acabar /ɐkɐˈbaʁ | akaˈbaɾ/	colher /kuˈʎɛʁ | koˈʎeɾ/	abrir /ɐˈbɾiʁ | aˈbɾiɾ/
	1複	acabarmos /ɐkɐˈbaɾmuʃ | akaˈbaɾmus/	colhermos /kuˈʎɛɾmuʃ | koˈʎeɾmus/	abrirmos /ɐˈbɾiɾmuʃ | aˈbɾiɾmus/
	2複	acabardes /ɐkɐˈbaɾdiʃ | akaˈbaɾdʒis/	colherdes /kuˈʎɛɾdiʃ | koˈʎeɾdʒis/	abrirdes /ɐˈbɾiɾdiʃ | aˈbɾiɾdʒis/
	3複	acabarem /ɐkɐˈbaɾẽj | akaˈbaɾẽj/	colherem /kuˈʎɛɾẽj | koˈʎeɾẽj/	abrirem /ɐˈbɾiɾẽj | aˈbɾiɾẽj/

■人称不定詞2　過去

時称	人称数	第1活用動詞 acabar		第2活用動詞 colher		第3活用動詞 abrir	
過去形	1単	ter / ˈter /	acabado / ɐkɐˈbadu ǀ akaˈbadu /	ter / ˈter /	colhido / kuˈʎidu ǀ koˈʎidu /	ter / ˈter /	aberto / ɐˈbɛrtu ǀ aˈbɛrtu /
	2単	teres / ˈteriʃ ǀ ˈteris /		teres / ˈteriʃ ǀ ˈteris /		teres / ˈteriʃ ǀ ˈteris /	
	3単	ter / ˈter /		ter / ˈter /		ter / ˈter /	
	1複	termos / ˈtermuʃ ǀ ˈtermus /		termos / ˈtermuʃ ǀ ˈtermus /		termos / ˈtermuʃ ǀ ˈtermus /	
	2複	terdes / ˈter diʃ ǀ ˈterdʒis /		terdes / ˈter diʃ ǀ ˈterdʒis /		terdes / ˈter diʃ ǀ ˈterdʒis /	
	3複	terem / ˈterẽj ǀ ˈterẽj /		terem / ˈterẽj ǀ ˈterẽj /		terem / ˈterẽj ǀ ˈterẽj /	

■非人称不定詞　現在形、過去形

	第1活用動詞 acabar	第2活用動詞 colher	第3活用動詞 abrir
現在形	acabar / ɐkɐˈbar ǀ akaˈbar /	colher / kuˈʎer ǀ koˈʎer /	abrir / ɐˈbrir ǀ aˈbrir /
過去形	ter acabado / ˈter ɐkɐˈbadu ǀ ˈter akaˈbadu /	ter colhido / ˈter kuˈʎidu ǀ ˈter koˈʎidu /	ter aberto / ˈter ɐˈbɛrtu ǀ ˈter aˈbɛrtu /

■過去分詞（規則型・不規則形については13.2., p.242参照）

第1活用動詞 acabar	第2活用動詞 colher	第3活用動詞 partir
acab**ado** / ɐkɐˈbadu ǀ akaˈbadu /	colh**ido** / kuˈʎidu ǀ koˈʎidu /	part**ido** / pɐrˈtidu ǀ parˈtʃidu /

補　遺

■現在分詞

	第1活用動詞 acabar	第2活用動詞 colher	第3活用動詞 abrir
単純形	acab**ando** / ɐkɐˈbẽdu ǀ akaˈbẽdu /	colh**endo** / kuˈʎẽdu ǀ koˈʎẽdu /	abr**indo** / ɐˈbɾĩdu ǀ aˈbɾĩdu /
複合形	tendo acabado / ˈtẽdu ɐkɐˈbadu ǀ ˈtẽdu akaˈbadu /	tendo colhido / ˈtẽdu kuˈʎidu ǀ ˈtẽdu koˈʎidu /	tendo aberto / ˈtẽdu ɐˈbɛɾtu ǀ ˈtẽdu aˈbɛɾtu /

ポルトガル語四週間

4.2. 不規則動詞

caber / kɐˈbeɾ | kaˈbeɾ /　　現在分詞　**cabendo** / kɐˈbẽdu | kaˈbẽdu /

	直説法・現在形	直説法・半過去形	直説法・過去形
1 単	caibo / ˈkajbu /	cabia / kɐˈbiɐ	kaˈbia /	coube / ˈkobɨ	ˈkobi /
2 単	cabes / ˈkabɨʃ	ˈkabis /	cabias / kɐˈbiɐʃ	kaˈbias /	coubeste / koˈbeʃtɨ	koˈbestʃi /
3 単	cabe / ˈkabɨ	ˈkabi /	cabia / kɐˈbiɐ	kaˈbia /	coube / ˈkobɨ	ˈkobi /
1 複	cabemos / kɐˈbemuʃ	kaˈbemus /	cabíamos / kɐˈbiɐmuʃ	kaˈbiamus /	coubemos / koˈbemuʃ	koˈbemus /
2 複	cabeis / kaˈbɐjʃ	kaˈbejs /	cabíeis / kɐˈbiɐjʃ	kaˈbiejs /	coubestes / koˈbeʃtiʃ	koˈbestʃis /
3 複	cabem / ˈkabẽj	ˈkabẽj /	cabiam / kɐˈbiẽw̃	kaˈbiẽw̃ /	couberam / koˈbɐɾẽw̃ /
	接続法・現在形	接続法・半過去形	接続法・未来形
1 単	caiba / ˈkajbɐ	ˈkajba /	coubesse / koˈbɛsɨ	koˈbɛsi /	couber / koˈbɛɾ /
2 単	caibas / ˈkajbɐʃ	ˈkajbas /	coubesses / koˈbɛsiʃ	koˈbɛsis /	couberes / koˈbɛɾiʃ	koˈbɛɾis /
3 単	caiba / ˈkajbɐ	ˈkajba /	coubesse / koˈbɛsɨ	koˈbɛsi /	couber / koˈbɛɾ /
1 複	caibamos / kajˈbɐmuʃ	kajˈbamus /	coubéssemos / koˈbɛsɨmuʃ	koˈbɛsemus /	coubermos / koˈbɛɾmuʃ	koˈbɛɾmus /
2 複	caibais / kajˈbajʃ	kajˈbajs /	coubésseis / koˈbɛsɐjʃ	koˈbɛsejs /	couberdes / koˈbɛɾdiʃ	koˈbɛɾdʒis /
3 複	caibam / ˈkajbẽw̃ /	coubessem / koˈbɛsẽj	koˈbɛsẽj /	couberem / koˈbɛɾẽj	koˈbɛɾẽj /

直説法・現在形、直説法・過去形において不規則性がみられる。したがって、これらから派生する活用形は不規則である。

補　遺

過去分詞　cabido / kɐˈbidu | kaˈbidu /

	直説法・大過去形	直説法・未来形	直説法・過去未来形
1単	coubera / koˈbɛɾɐ | koˈbeɾa /	caberei / kɐbiˈɾɐj | kabeˈrej /	caberia / kɐbiˈɾiɐ | kabeˈria /
2単	couberas / koˈbɛɾɐʃ | koˈbeɾas /	caberás / kɐbiˈɾaʃ | kabeˈras /	caberias / kɐbiˈɾiɐʃ | kabeˈrias /
3単	coubera / koˈbɛɾɐ | koˈbeɾa /	caberá / kɐbiˈɾa | kabeˈra /	caberia / kɐbiˈɾiɐ | kabeˈria /
1複	coubéramos / koˈbɛɾɐmuʃ | koˈbeɾamus /	caberemos / kɐbiˈɾemuʃ | kabeˈremus /	caberíamos / kɐbiˈɾiɐmuʃ | kabeˈriamus /
2複	coubéreis / koˈbɛɾɐjʃ | koˈbeɾejs /	cabereis / kɐbiˈɾɐjʃ | kabeˈrejs /	caberíeis / kɐbiˈɾiɐjʃ | kabeˈriejs /
3複	couberam / koˈbɛɾɐ̃w̃ | 	caberão / kɐbiˈɾɐ̃w̃ | kabeˈrɐ̃w̃ /	caberiam / kɐbiˈɾiɐ̃w̃ | kabeˈriɐ̃w̃ /

	人称不定詞	命令法
1単	caber / kɐˈbeɾ | kaˈbeɾ /	
2単	caberes / kɐˈbeɾiʃ | kaˈbeɾis /	cabe / ˈkabi | ˈkabi /
3単	caber / kɐˈbeɾ | kaˈbeɾ /	
1複	cabermos / kɐˈbeɾmuʃ | kaˈbeɾmus /	
2複	caberdes / kɐˈbeɾdiʃ | kaˈbeɾdʒis /	cabei / kaˈbɐj | kaˈbej /
3複	caberem / kɐˈbeɾẽj | kaˈbeɾẽj /	

ポルトガル語四週間

cair / kɐˈiɾ ǀ kaˈiɾ /　　現在分詞　**caindo** / kɐˈĩdu ǀ kaˈĩdu /

	直説法・現在形	直説法・半過去形	直説法・過去形
1単	caio / ˈkaju /	caía / kɐˈiɐ ǀ kaˈia /	caí / kɐˈi ǀ kaˈi /
2単	cais / ˈkaiʃ ǀ ˈkais /	caías / kɐˈiɐʃ ǀ kaˈias /	caíste / kɐˈiʃtɨ ǀ kaˈistʃi /
3単	cai / ˈkai /	caía / kɐˈiɐ ǀ kaˈia /	caiu / kɐˈiw ǀ kaˈiw /
1複	caímos / kɐˈimuʃ ǀ kaˈimus /	caíamos / kɐˈiɐmuʃ ǀ kaˈiamus /	caímos / kɐˈimuʃ ǀ kaˈimus /
2複	caís / kɐˈiʃ ǀ kaˈis /	caíeis / kɐˈiɐjʃ ǀ kaˈiejs /	caístes / kɐˈiʃtiʃ ǀ kaˈistʃis /
3複	caem / ˈkaẽj ǀ ˈkaẽj /	caíam / kɐˈiɐ̃w̃ ǀ kaˈiɐ̃w̃ /	caíram / kɐˈiɾẽw̃ ǀ kaˈiɾẽw̃ /
	接続法・現在形	接続法・半過去形	接続法・未来形
1単	caia / ˈkajɐ ǀ ˈkaja /	caísse / kɐˈisi ǀ kaˈisi /	cair / kɐˈiɾ ǀ kaˈiɾ /
2単	caias / ˈkajɐʃ ǀ ˈkajas /	caísses / kɐˈisiʃ ǀ kaˈisis /	caíres / kɐˈiɾiʃ ǀ kaˈiɾis /
3単	caia / ˈkajɐ ǀ ˈkaja /	caísse / kɐˈisi ǀ kaˈisi /	cair / kɐˈiɾ ǀ kaˈiɾ /
1複	caiamos / kajˈamuʃ ǀ kajˈamus /	caíssemos / kɐˈisɨmuʃ ǀ kaˈisemus /	cairmos / kɐˈiɾmuʃ ǀ kaˈiɾmus /
2複	caiais / kajˈajʃ ǀ kajˈajs /	caísseis / kɐˈisɐjʃ ǀ kaˈisejs /	cairdes / kɐˈiɾdiʃ ǀ kaˈiɾdʒis /
3複	caiam / ˈkajẽw̃ /	caíssem / kɐˈisẽj ǀ kaˈisẽj /	caírem / kɐˈiɾẽj ǀ kaˈiɾẽj /

補　遺

過去分詞　caído / kɐˈidu ǀ kaˈidu /

	直説法・大過去形	直説法・未来形	直説法・過去未来形
1単	caíra / kɐˈirɐ ǀ kaˈira /	cairei / kɐjˈrej ǀ kajˈrej /	cairia / kɐjˈriɐ ǀ kajˈria /
2単	caíras / kɐˈirɐʃ ǀ kaˈiras /	cairás / kɐjˈraʃ ǀ kajˈras /	cairias / kɐjˈriɐʃ ǀ kajˈrias /
3単	caíra / kɐˈirɐ ǀ kaˈira /	cairá / kɐjˈra ǀ kajˈra /	cairia / kɐjˈriɐ ǀ kajˈria /
1複	caíramos / kɐˈirɐmuʃ ǀ kaˈiramus /	cairemos / kɐjˈremuʃ ǀ kajˈremus /	cairíamos / kɐjˈriɐmuʃ ǀ kajˈriamus /
2複	caíreis / kɐˈirɐjʃ ǀ kaˈirejs /	caireis / kɐjˈrejʃ ǀ kajˈrejs /	cairíeis / kɐjˈriɐjʃ ǀ kajˈriejs /
3複	caíram / kɐˈirɐ̃w̃ ǀ kaˈirɐ̃w̃ /	cairão / kɐjˈrɐ̃w̃ ǀ kajˈrɐ̃w̃ /	cairiam / kɐjˈriɐ̃w̃ ǀ kajˈriɐ̃w̃ /
	人称不定詞	命令法	
1単	cair / kɐˈir ǀ kaˈir /		
2単	caíres / kɐˈiriʃ ǀ kaˈiris /	cai / ˈkaj /	
3単	cair / kɐˈir ǀ kaˈir /		
1複	cairmos / kɐˈirmuʃ ǀ kaˈirmus /		
2複	cairdes / kɐˈirdiʃ ǀ kaˈirdʒis /	caí / kɐˈi ǀ kaˈi /	
3複	caírem / kɐˈirẽj ǀ kaˈirẽj /		

ポルトガル語四週間

dar / ˈdaɾ /　　現在分詞　**dando** / ˈdẽdu /　　過去分詞　**dado** / ˈdadu /

	直説法・現在形	直説法・半過去形	直説法・過去形
1単	dou / ˈdo /	dava / ˈdavɐ | ˈdava /	dei / ˈdɐj | ˈdej /
2単	dás / ˈdaʃ | ˈdas /	davas / ˈdavɐʃ | ˈdavas /	deste / ˈdɛstɨ | ˈdɛstʃi /
3単	dá / ˈda /	dava / ˈdavɐ | ˈdava /	deu / ˈdew /
1複	damos / ˈdɐmuʃ | ˈdamus /	dávamos / ˈdavɐmuʃ | ˈdavamus /	demos / ˈdɛmuʃ | ˈdemus /
2複	dais / ˈdajʃ | ˈdajs /	dáveis / ˈdavɐjʃ | ˈdavejs /	destes / ˈdɛʃtiʃ | ˈdɛstʃis /
3複	dão / ˈdẽw̃ /	davam / ˈdavẽw̃ /	deram / ˈdɛɾẽw̃ /
	接続法・現在形	接続法・半過去形	接続法・未来形
1単	dê / ˈde /	desse / ˈdɛsɨ | ˈdɛsi /	der / ˈdɛɾ /
2単	dês / ˈdeʃ | ˈdes /	desses / ˈdɛsiʃ | ˈdɛsis /	deres / ˈdɛɾiʃ | ˈdɛɾis /
3単	dê / ˈde /	desse / ˈdɛsɨ | ˈdɛsi /	der / ˈdɛɾ /
1複	dêmos / ˈdemuʃ | ˈdemus /	déssemos / ˈdɛsɨmuʃ | ˈdɛsemus /	dermos / ˈdɛɾmuʃ | ˈdɛɾmus /
2複	deis / ˈdɐjʃ | ˈdejs /	désseis / ˈdɛsɐjʃ | ˈdɛsejs /	derdes / ˈdɛɾdiʃ | ˈdɛɾdʒis /
3複	dêem / ˈdeẽj | ˈdeẽj /	dessem / ˈdɛsẽj | ˈdɛsẽj /	derem / ˈdɛɾẽj | ˈdɛɾẽj /

補　遺

	直説法・大過去形	直説法・未来形	直説法・過去未来形
1単	dera / ˈdɛɾɐ | ˈdɛra /	darei / dɐˈɾej | daˈrej /	daria / dɐˈɾiɐ | daˈria /
2単	deras / ˈdɛɾɐʃ | ˈdɛras /	darás / dɐˈɾaʃ | daˈras /	darias / dɐˈɾiɐʃ | daˈrias /
3単	dera / ˈdɛɾɐ | ˈdɛra /	dará / dɐˈɾa | daˈra /	daria / dɐˈɾiɐ | daˈria /
1複	déramos / ˈdɛɾɐmuʃ | ˈdɛramus /	daremos / dɐˈɾemuʃ | daˈremus /	daríamos / dɐˈɾiɐmuʃ | daˈriamus /
2複	déreis / ˈdɛɾɐjʃ | ˈdɛɾejs /	dareis / dɐˈɾejʃ | daˈrejs /	daríeis / dɐˈɾiɐjʃ | daˈriejs /
3複	deram / ˈdɛɾɐ̃w̃ /	darão / dɐˈɾɐ̃w̃ | daˈrɐ̃w̃ /	dariam / dɐˈɾiɐ̃w̃ | daˈriɐ̃w̃ /

	人称不定詞	命令法
1単	dar / ˈdaɾ /	
2単	dares / ˈdaɾiʃ | ˈdaɾis /	dá / ˈda /
3単	dar / ˈdaɾ /	
1複	darmos / ˈdaɾmuʃ | ˈdaɾmus /	
2複	dardes / ˈdaɾdiʃ | ˈdaɾdʒis /	dai / ˈdaj /
3複	darem / ˈdaɾẽj | ˈdaɾẽj /	

593

ポルトガル語四週間

dizer / di'zeɾ /　　現在分詞　**dizendo** / di'zẽdu | dʒi'zẽdu /

	直説法・現在形	直説法・半過去形	直説法・過去形
1単	digo / 'digu ǀ 'dʒigu/	dizia / di'ziɐ ǀ dʒi'zia /	disse / 'disɨ ǀ 'dʒisi /
2単	dizes / 'dizɨʃ ǀ 'dʒizis /	dizias / di'ziɐʃ ǀ dʒi'zias /	disseste / di'sɛʃtɨ ǀ dʒi'sɛstʃi /
3単	diz / 'diʃ ǀ 'dʒis /	dizia / di'ziɐ ǀ dʒi'zia /	disse / 'disɨ ǀ 'dʒisi /
1複	dizemos / di'zemuʃ ǀ dʒi'zemus /	dizíamos / di'ziɐmuʃ ǀ dʒi'ziamus /	dissemos / di'sɛmuʃ ǀ dʒi'semus /
2複	dizeis / di'zɐjʃ ǀ dʒi'zejs /	dizíeis / di'ziɐjʃ ǀ dʒi'ziejs /	dissestes / di'sɛʃtɨʃ ǀ dʒi'sɛstʃis /
3複	dizem / 'dizẽj̃ ǀ 'dʒizẽj̃ /	diziam / di'ziɐ̃w̃ ǀ dʒi'ziɐ̃w̃ /	disseram / di'sɛɾɐ̃w̃ ǀ dʒi'sɛɾɐ̃w̃ /
	接続法・現在形	接続法・半過去形	接続法・未来形
1単	diga / 'digɐ ǀ 'dʒiga /	dissesse / di'sɛsi ǀ dʒi'sesi /	disser / di'sɛɾ ǀ dʒi'sɛɾ /
2単	digas / 'digɐʃ ǀ 'dʒigas /	dissesses / di'sɛsiʃ ǀ dʒi'sesis /	disseres / di'sɛɾiʃ ǀ dʒi'sɛɾis /
3単	diga / 'digɐ ǀ 'dʒiga /	dissesse / di'sɛsi ǀ dʒi'sesi /	disser / di'sɛɾ ǀ dʒi'sɛɾ /
1複	digamos / di'gɐmuʃ ǀ dʒi'gamus /	disséssemos / di'sɛsimuʃ ǀ dʒi'sesemus /	dissermos / di'sɛɾmuʃ ǀ dʒi'sɛɾmus /
2複	digais / di'gajʃ ǀ dʒi'gajs /	dissésseis / di'sɛsɐjʃ ǀ dʒi'sesejs /	disserdes / di'sɛɾdiʃ ǀ dʒi'sɛɾdʒis /
3複	digam / 'digɐ̃w̃ ǀ 'dʒigɐ̃w̃ /	dissessem / di'sɛsẽj̃ ǀ dʒi'sesẽj̃ /	disserem / di'sɛɾẽj̃ ǀ dʒi'sɛɾẽj̃ /

直説法・半過去形および現在分詞のみ規則的。

補　遺

過去分詞　dito / ˈditu | ˈdʒitu /

	直説法・大過去形	直説法・未来形	直説法・過去未来形
1単	dissera / diˈsɛɾɐ | dʒiˈsɛɾa /	direi / diˈrej | dʒiˈrej /	diria / diˈriɐ | dʒiˈria /
2単	disseras / diˈsɛɾɐʃ | dʒiˈsɛɾas /	dirás / diˈraʃ | dʒiˈras /	dirias / diˈriɐʃ | dʒiˈrias /
3単	dissera / diˈsɛɾɐ | dʒiˈsɛɾa /	dirá / diˈra | dʒiˈra /	diria / diˈriɐ | dʒiˈria /
1複	disséramos / diˈsɛɾɐmuʃ | dʒiˈsɛɾamus /	diremos / diˈremuʃ | dʒiˈremus /	diríamos / diˈriɐmuʃ | dʒiˈriamus /
2複	disséreis / diˈsɛɾɐjʃ | dʒiˈsɛɾejs /	direis / diˈrejʃ | dʒiˈrejs /	diríeis / diˈriɐjʃ | dʒiˈriejs /
3複	disseram / diˈsɛɾɐ̃w̃ | dʒiˈsɛɾɐ̃w̃ /	dirão / diˈrẽw̃ | dʒiˈrẽw̃ /	diriam / diˈriɐ̃w̃ | dʒiˈriɐ̃w̃ /

	人称不定詞	命令法
1単	dizer / diˈzeɾ | dʒiˈzeɾ /	
2単	dizeres / diˈzeɾiʃ | dʒiˈzeris /	diz / ˈdiʃ | ˈdʒis /
3単	dizer / diˈzeɾ | dʒiˈzeɾ /	
1複	dizermos / diˈzeɾmuʃ | dʒiˈzermus /	
2複	dizerdes / diˈzeɾdiʃ | dʒiˈzerdʒis /	dizei / diˈzɐj | dʒiˈzej /
3複	dizerem / diˈzeɾẽj | dʒiˈzerẽj /	

ポルトガル語四週間

estar / iʃˈtaɾ | esˈtaɾ / 　　現在分詞 **estando** / iʃˈtẽdu | esˈtẽdu /

	直説法・現在形	直説法・半過去形	直説法・過去形
1 単	estou / iʃˈto	esˈto /	estava / iʃˈtɐvɐ	esˈtava /	estive / iʃˈtivɨ	esˈtʃivi /
2 単	estás / iʃˈtaʃ	esˈtas /	estavas / iʃˈtavɐʃ	esˈtavas /	estiveste / iʃtiˈvɛʃti	estʃiˈvɛstʃi /
3 単	está / iʃˈta	esˈta /	estava / iʃˈtavɐ	esˈtava /	esteve / iʃˈtevɨ	esˈtevi /
1 複	estamos / iʃˈtɐmuʃ	esˈtamus /	estávamos / iʃˈtavɐmuʃ	esˈtavamus /	estivemos / iʃtiˈvɐmuʃ	estʃiˈvemus /
2 複	estais / iʃˈtajʃ	esˈtajs /	estáveis / iʃˈtavɐjʃ	esˈtavejs /	estivestes / iʃtiˈvɛʃtiʃ	estʃiˈvɛstʃis /
3 複	estão / iʃˈtɐ̃w̃	esˈtɐ̃w̃ /	estavam / iʃˈtavɐ̃w̃	esˈtavɐ̃w̃ /	estiveram / iʃtiˈvɛɾɐ̃w̃	estʃiˈvɛɾɐ̃w̃ /
	接続法・現在形	接続法・半過去形	接続法・未来形
1 単	esteja / iʃˈteʒɐ	esˈteʒa /	estivesse / iʃtiˈvɛsi	estʃiˈvɛsi /	estiver / iʃtiˈvɛɾ	estʃiˈvɛɾ /
2 単	estejas / iʃˈteʒɐʃ	esˈteʒas /	estivesses / iʃtiˈvɛsiʃ	estʃiˈvɛsis /	estiveres / iʃtiˈvɛɾiʃ	estʃiˈvɛɾis /
3 単	esteja / iʃˈteʒɐ	esˈteʒa /	estivesse / iʃtiˈvɛsi	estʃiˈvɛsi /	estiver / iʃtiˈvɛɾ	estʃiˈvɛɾ /
1 複	estejamos / iʃtiˈʒɐmuʃ	esteˈʒamus /	estivéssemos / iʃtiˈvɛsɨmuʃ	estʃiˈvɛsemus /	estivermos / iʃtiˈvɛɾmuʃ	estʃiˈvɛɾmus /
2 複	estejais / iʃtiˈʒajʃ	esteˈʒajs /	estivésseis / iʃtiˈvɛsɐjʃ	estʃiˈvɛsejs /	estiverdes / iʃtiˈvɛɾdiʃ	estʃiˈvɛɾdʒis /
3 複	estejam / iʃˈteʒɐ̃w̃	esˈteʒɐ̃w̃ /	estivessem / iʃtiˈvɛsɐ̃j̃	estʃiˈvɛsẽj̃ /	estiverem / iʃtiˈvɛɾɐ̃j̃	estʃiˈvɛɾẽj̃ /

直説法・半過去形および現在分詞、過去分詞は規則的。基本時称（直説法・現在形、直説法・過去形、非人称不定詞）からの派生方法は規則的。

補　遺

過去分詞　estado / iʃˈtɐdu ǀ esˈtadu /

	直説法・大過去形	直説法・未来形	直説法・過去未来形
1 単	estivera / iʃtiˈvɐɾɐ ǀ estʃiˈvɛɾa /	estarei / iʃtɐˈɾej ǀ estaˈɾej /	estaria / iʃtɐˈɾiɐ ǀ estaˈɾia /
2 単	estiveras / iʃtiˈvɐɾɐʃ ǀ estʃiˈvɛɾas /	estarás / iʃtɐˈɾaʃ ǀ estaˈɾas /	estarias / iʃtɐˈɾiɐʃ ǀ estaˈɾias /
3 単	estivera / iʃtiˈvɐɾɐ ǀ estʃiˈvɛɾa /	estará / iʃtɐˈɾa ǀ estaˈɾa /	estaria / iʃtɐˈɾiɐ ǀ estaˈɾia /
1 複	estivéramos / iʃtiˈvɛɾɐmuʃ ǀ estʃiˈvɛɾamus /	estaremos / iʃtɐˈɾemuʃ ǀ estaˈɾemus /	estaríamos / iʃtɐˈɾiɐmuʃ ǀ estaˈɾiamus /
2 複	estivéreis / iʃtiˈvɛɾɐjʃ ǀ estʃiˈvɛɾejs /	estareis / iʃtɐˈɾejʃ ǀ estaˈɾejs /	estaríeis / iʃtɐˈɾiɐjʃ ǀ estaˈɾiejs /
3 複	estiveram / iʃtiˈvɐɾɐ̃w̃ ǀ estʃiˈvɛɾɐ̃w̃ /	estarão / iʃtɐˈɾɐ̃w̃ ǀ estaˈɾɐ̃w̃ /	estariam / iʃtɐˈɾiɐ̃w̃ ǀ estaˈɾiɐ̃w̃ /
	人称不定詞	命令法	
1 単	estar / iʃˈtaɾ ǀ esˈtar /		
2 単	estares / iʃˈtaɾiʃ ǀ esˈtaris /	está / iʃˈta ǀ esˈta /	
3 単	estar / iʃˈtaɾ ǀ esˈtar /		
1 複	estarmos / iʃˈtaɾmuʃ ǀ esˈtarmus /		
2 複	estardes / iʃˈtaɾdiʃ ǀ esˈtardʒis /	estai / iʃˈtaj ǀ esˈtaj /	
3 複	estarem / iʃˈtaɾɐ̃j ǀ esˈtarẽj /		

ポルトガル語四週間

fazer / fɐˈzeɾ ǀ faˈzɐɾ /   現在分詞 **fazendo** / fɐˈzẽdu ǀ faˈzẽdu /

	直説法・現在形	直説法・半過去形	直説法・過去形
1単	faço / ˈfasu /	fazia / fɐˈziɐ ǀ faˈzia /	fiz / ˈfiʃ ǀ ˈfis /
2単	fazes / ˈfaziʃ ǀ ˈfazis /	fazias / fɐˈziɐʃ ǀ faˈzias /	fizeste / fiˈzɛʃti ǀ fiˈzɛstʃi /
3単	faz / ˈfaʃ ǀ ˈfas /	fazia / fɐˈziɐ ǀ faˈzia /	fez / ˈfez ǀ ˈfes /
1複	fazemos / fɐˈzemuʃ ǀ faˈzemus /	fazíamos / fɐˈziɐmuʃ ǀ faˈziamus /	fizemos / fiˈzemuʃ ǀ fiˈzemus /
2複	fazeis / fɐˈzɐjʃ ǀ faˈzejs /	fazíeis / fɐˈziɐjʃ ǀ faˈziejs /	fizestes / fiˈzɛʃtiʃ ǀ fiˈzɛstʃis /
3複	fazem / ˈfazɐ̃j̃ ǀ ˈfazẽj̃ /	faziam / fɐˈziɐ̃w̃ ǀ faˈziɐ̃w̃ /	fizeram / fiˈzɐɾɐ̃w̃ /
	接続法・現在形	接続法・半過去形	接続法・未来形
1単	faça / ˈfasɐ ǀ ˈfasa /	fizesse / fiˈzɛsi ǀ fiˈzɛsi /	fizer / fiˈzɐɾ /
2単	faças / ˈfasɐʃ ǀ ˈfasas /	fizesses / fiˈzɛsiʃ ǀ fiˈzɛsis /	fizeres / fiˈzɐɾiʃ ǀ fiˈzɐɾis /
3単	faça / ˈfasɐ ǀ ˈfasa /	fizesse / fiˈzɛsi ǀ fiˈzɛsi /	fizer / fiˈzɐɾ /
1複	façamos / fɐˈsɐmuʃ ǀ faˈsamus /	fizéssemos / fiˈzɛsimuʃ ǀ fiˈzɛsemus /	fizermos / fiˈzɐɾmuʃ ǀ fiˈzɐɾmus /
2複	façais / fɐˈsajʃ ǀ faˈsajs /	fizésseis / fiˈzɛsɐjʃ ǀ fiˈzɛsejs /	fizerdes / fiˈzɐɾdiʃ ǀ fiˈzɐɾdʒis /
3複	façam / ˈfasɐ̃w̃ /	fizessem / fiˈzɛsɐ̃j̃ ǀ fiˈzɛsẽj̃ /	fizerem / fiˈzɐɾɐ̃j̃ ǀ fiˈzɐɾẽj̃ /

直説法・半過去形および現在分詞のみ規則的。基本時称（直説法・現在形、直説法・過去形、非人称不定形）からの派生方法は規則的。

補　　遺

過去分詞　feito / ˈfɐjtu ǀ ˈfejtu /

	直説法・大過去形	直説法・未来形	直説法・過去未来形
1単	fizera / fiˈzɐɾɐ ǀ fiˈzɛɾa /	farei / fɐˈɾɐj ǀ faˈrej /	faria / fɐˈɾiɐ ǀ faˈria /
2単	fizeras / fiˈzɐɾɐʃ ǀ fiˈzɛɾas /	farás / fɐˈɾaʃ ǀ faˈras /	farias / fɐˈɾiɐʃ ǀ faˈrias /
3単	fizera / fiˈzɐɾɐ ǀ fiˈzɛɾa /	fará / fɐˈɾa ǀ faˈra /	faria / fɐˈɾiɐ ǀ faˈria /
1複	fizéramos / fiˈzɐɾɐmuʃ ǀ fiˈzɛɾamus /	faremos / fɐˈɾemuʃ ǀ faˈremus /	faríamos / fɐˈɾiɐmuʃ ǀ faˈriamus /
2複	fizéreis / fiˈzɐɾɐjʃ ǀ fiˈzɛɾejs /	fareis / fɐˈɾejʃ ǀ faˈrejs /	faríeis / fɐˈɾiɐjʃ ǀ faˈriejs /
3複	fizeram / fiˈzɐɾɐ̃w̃ /	farão / fɐˈɾɐ̃w̃ ǀ faˈrɐ̃w̃ /	fariam / fɐˈɾiɐ̃w̃ ǀ faˈriɐ̃w̃ /

	人称不定詞	命令法
1単	fazer / fɐˈzeɾ ǀ faˈzeɾ /	
2単	fazeres / fɐˈzeɾiʃ ǀ faˈzeris /	faz / ˈfaʃ ǀ ˈfas /
3単	fazer / fɐˈzeɾ ǀ faˈzeɾ /	
1複	fazermos / fɐˈzeɾmuʃ ǀ faˈzermus /	
2複	fazerdes / fɐˈzeɾdiʃ ǀ faˈzerdʒis /	fazei / fɐˈzɐj ǀ faˈzej /
3複	fazerem / fɐˈzeɾẽj ǀ faˈzerẽj /	

ポルトガル語四週間

haver / ɐˈver | aˈver /   現在分詞 **havendo** / ɐˈvẽdu | aˈvẽdu /

	直説法・現在形	直説法・半過去形	直説法・過去形
1単	hei / ˈɐj	ˈej /	havia / ɐˈviɐ	aˈvia /	houve / ˈoviɨ	ˈovi /
2単	hás / ˈaʃ	ˈas /	havias / ɐˈviɐʃ	aˈvias /	houveste / oˈveʃtɨ	oˈvestʃi /
3単	há / ˈa /	havia / ɐˈviɐ	aˈvia /	houve / ˈoviɨ	ˈovi /
1複	havemos / ɐˈvemuʃ	aˈvemus /	havíamos / ɐˈviɐmuʃ	aˈviamus /	houvemos / oˈvɐmuʃ	oˈvemus /
2複	haveis / ɐˈvɐjʃ	aˈvejs /	havíeis / ɐˈviɐjʃ	aˈviejs /	houvestes / oˈveʃtiʃ	oˈvestʃis /
3複	hão / ˈɐ̃w /	haviam / ɐˈviɐ̃w	aˈviɐ̃w /	houveram / oˈvɐrɐ̃w /

	接続法・現在形	接続法・半過去形	接続法・未来形
1単	haja / ˈaʒɐ	ˈaʒa /	houvesse / oˈvesɨ	oˈvesi /	houver / oˈvɛɾ /
2単	hajas / ˈaʒɐʃ	ˈaʒas /	houvesses / oˈvesiʃ	oˈvesis /	houveres / oˈvɛɾiʃ	oˈvɛris /
3単	haja / ˈaʒɐ	ˈaʒa /	houvesse / oˈvesɨ	oˈvesi /	houver / oˈvɛɾ /
1複	hajamos / ɐˈʒɐmuʃ	aˈʒamus /	houvéssemos / oˈvesimuʃ	oˈvesemus /	houvermos / oˈvɐɾmuʃ	oˈvɛrmus /
2複	hajais / ɐˈʒajʃ	aˈʒajs /	houvésseis / oˈvesjɐʃ	oˈvesejs /	houverdes / oˈvɐɾdiʃ	oˈvɛrdʒis /
3複	hajam / ˈaʒɐ̃w /	houvessem / oˈvesɐ̃j	oˈvesẽj /	houverem / oˈvɐɾɐ̃j	oˈvɛrẽj /

接続法・現在形は不規則。その他の時称については、基本時称（直説法・現在形、直説法・過去形、非人称不定詞）からの派生方法は規則的。

600

補　遺

過去分詞　havido / ɐˈvidu ǀ aˈvidu /

	直説法・大過去形	直説法・未来形	直説法・過去未来形
1単	houvera / oˈvɛɾɐ ǀ oˈvɛɾa /	haverei / ɐviˈɾɐj ǀ aveˈrej /	haveria / ɐviˈɾiɐ ǀ aveˈria /
2単	houveras / oˈvɛɾɐʃ ǀ oˈvɛɾas /	haverás / ɐviˈɾaʃ ǀ aveˈras /	haverias / ɐviˈɾiɐʃ ǀ aveˈrias /
3単	houvera / oˈvɛɾɐ ǀ oˈvɛɾa /	haverá / ɐviˈɾa ǀ aveˈra /	haveria / ɐviˈɾiɐ ǀ aveˈria /
1複	houvéramos / oˈvɛɾɐmuʃ ǀ oˈvɛɾamus /	haveremos / ɐviˈɾemuʃ ǀ aveˈremus /	haveríamos / ɐviˈɾiɐmuʃ ǀ aveˈriamus /
2複	houvéreis / oˈvɛɾɐjʃ ǀ oˈvɛɾejs /	havereis / ɐviˈɾɐjʃ ǀ aveˈrejs /	haveríeis / ɐviˈɾiɐjʃ ǀ aveˈriejs /
3複	houveram / oˈvɛɾɐ̃w̃ /	haverão / ɐviˈɾɐ̃w̃ ǀ aveˈrɐ̃w̃ /	haveriam / ɐviˈɾiɐ̃w̃ ǀ aveˈriɐ̃w̃ /

	人称不定詞	命令法
1単	haver / ɐˈver ǀ aˈver /	
2単	haveres / ɐˈveriʃ ǀ aˈveris /	há / ˈa /
3単	haver / ɐˈver ǀ aˈver /	
1複	havermos / ɐˈvermuʃ ǀ aˈvermus /	
2複	haverdes / ɐˈverdiʃ ǀ aˈverdʒis /	havei / ɐˈvɐj ǀ aˈvej /
3複	haverem / ɐˈverɐ̃j̃ ǀ aˈverẽj̃ /	

ポルトガル語四週間

ir / ˈir /　　現在分詞 **indo** / ˈidu /　　過去分詞 **ido** / ˈidu /

	直説法・現在形	直説法・半過去形	直説法・過去形
1単	vou / ˈvo /	ia / ˈiɐ | ˈia /	fui / ˈfuj /
2単	vais / ˈvajʃ | ˈvajs /	ias / ˈiɐʃ | ˈias /	foste / ˈfoʃtɨ | ˈfostʃi /
3単	vai / ˈvaj /	ia / ˈiɐ | ˈia /	foi / ˈfoi /
1複	vamos / ˈvɐmuʃ | ˈvamus /	íamos / ˈiɐmuʃ | ˈiamus /	fomos / ˈfomuʃ | ˈfomus /
2複	ides / ˈidiʃ | ˈidʒis /	íeis / ˈiɐjʃ | ˈiejs /	fostes / ˈfoʃtiʃ | ˈfostʃis /
3複	vão / ˈvɐ̃w̃ /	iam / ˈiɐ̃w̃ /	foram / ˈforɐ̃w̃ /
	接続法・現在形	接続法・半過去形	接続法・未来形
1単	vá / ˈva /	fosse / ˈfosɨ | ˈfosi /	for / ˈfor /
2単	vás / ˈvaʃ | ˈvas /	fosses / ˈfosiʃ | ˈfosis /	fores / ˈforiʃ | ˈforis /
3単	vá / ˈva /	fosse / ˈfosɨ | ˈfosi /	for / ˈfor /
1複	vamos / ˈvɐmuʃ | ˈvamus /	fôssemos / ˈfosimuʃ | ˈfosemus /	formos / ˈformuʃ | ˈformus /
2複	vades / ˈvadiʃ | ˈvadʒis /	fôsseis / ˈfosɐjʃ | ˈfosejs /	fordes / ˈfordiʃ | ˈfordʒis /
3複	vão / ˈvɐ̃w̃ /	fossem / ˈfosɐ̃j | ˈfosẽj /	forem / ˈforɐ̃j | ˈforẽj /

直説法・半過去形、直説法・未来形、直説法・過去未来形のみ規則的でその他の時称には不規則性が見られる。直説法・過去形およびそれから派生する時称形式は、動詞 ser と同じ。

補　遺

	直説法・大過去形	直説法・未来形	直説法・過去未来形
1単	fora / ˈfoɾɐ | ˈfora /	irei / iˈɾej | iˈrej /	iria / iˈɾiɐ | iˈria /
2単	foras / ˈfoɾɐʃ | ˈforas /	irás / iˈɾaʃ | iˈras /	irias / iˈɾiɐʃ | iˈrias /
3単	fora / ˈfoɾɐ | ˈfora /	irá / iˈɾa /	iria / iˈɾiɐ | iˈria /
1複	fôramos / ˈfoɾɐmuʃ | ˈforamus /	iremos / iˈɾemuʃ | iˈremus /	iríamos / iˈɾiɐmuʃ | iˈriamus /
2複	fôreis / ˈfoɾɐjʃ | ˈforejs /	ireis / iˈɾejʃ | iˈrejs /	iríeis / iˈɾiɐjʃ | iˈriejs /
3複	foram / ˈfoɾɐ̃w̃ /	irão / iˈɾɐ̃w̃ /	iriam / iˈɾiɐ̃w̃ /

	人称不定詞	命令法
1単	ir / ˈiɾ /	
2単	ires / ˈiɾiʃ | ˈiris /	vai / ˈvaj /
3単	ir / ˈiɾ /	
1複	irmos / ˈiɾmuʃ | ˈirmus /	
2複	irdes / ˈiɾdiʃ | ˈirdʒis /	ide / ˈidɨ | ˈidʒi /
3複	irem / ˈiɾẽj | ˈirẽj /	

ポルトガル語四週間

ler /ˈleɾ/　　現在分詞 **lendo** /ˈlẽdu/　　過去分詞 **lido** /ˈlidu/

	直説法・現在形	直説法・半過去形	直説法・過去形
1単	leio /ˈlɐju ǀ ˈleju/	lia /ˈliɐ ǀ ˈlia/	li /ˈli/
2単	lês /ˈleʃ ǀ ˈles/	lias /ˈliɐʃ ǀ ˈlias/	leste /ˈleʃtɨ ǀ ˈlestʃi/
3単	lê /ˈle/	lia /ˈliɐ ǀ ˈlia/	leu /ˈlew/
1複	lemos /ˈlemuʃ ǀ ˈlemus/	líamos /ˈliɐmuʃ ǀ ˈliamus/	lemos /ˈlemuʃ ǀ ˈlemus/
2複	ledes /ˈledɨʃ ǀ ˈledʒis/	líeis /ˈliɐjʃ ǀ ˈliejs/	lestes /ˈleʃtɨʃ ǀ ˈlestʃis/
3複	lêem /ˈleɐ̃j ǀ ˈleẽj/	liam /ˈliɐ̃w̃ ǀ ˈliɐ̃w̃/	leram /ˈleɾɐ̃w̃/
	接続法・現在形	接続法・半過去形	接続法・未来形
1単	leia /ˈlɐjɐ ǀ ˈleja/	lesse /ˈlesɨ ǀ ˈlesi/	ler /ˈleɾ/
2単	leias /ˈlɐjɐʃ ǀ ˈlejas/	lesses /ˈlesiʃ ǀ ˈlesis/	leres /ˈleɾiʃ ǀ ˈleɾis/
3単	leia /ˈlɐjɐ ǀ ˈleja/	lesse /ˈlesɨ ǀ ˈlesi/	ler /ˈleɾ/
1複	leiamos /lɐjˈamuʃ ǀ lejˈamus/	lêssemos /ˈlesɨmuʃ ǀ ˈlesemus/	lermos /ˈleɾmuʃ ǀ ˈleɾmus/
2複	leiais /lɐjˈajʃ ǀ lejˈajs/	lêsseis /ˈlesɐjʃ ǀ ˈlesejs/	lerdes /ˈleɾdiʃ ǀ ˈleɾdʒis/
3複	leiam /ˈlɐjɐ̃w̃ ǀ ˈlejɐ̃w̃/	lessem /ˈlesɐ̃j ǀ ˈlesẽj/	lerem /ˈleɾɐ̃j ǀ ˈleɾẽj/

直説法・現在形において不規則性がみられる。したがって、これらから派生する活用形は不規則である。基本時称（直説法・現在形、直説法・過去形、非人称不定詞）からの派生方法は規則的。

補　遺

	直説法・大過去形	直説法・未来形	直説法・過去未来形
1 単	lera / ˈlerɐ | ˈlera /	lerei / liˈrej | leˈrej /	leria / liˈriɐ | leˈria /
2 単	leras / ˈlerɐʃ | ˈleras /	lerás / liˈraʃ | leˈras /	lerias / liˈriɐʃ | leˈrias /
3 単	lera / ˈlerɐ | ˈlera /	lerá / liˈra | leˈra /	leria / liˈriɐ | leˈria /
1 複	lêramos / ˈlerɐmuʃ | ˈleramus /	leremos / liˈremuʃ | leˈremus /	leríamos / liˈriɐmuʃ | leˈriamus /
2 複	lêreis / ˈlerɐjʃ | ˈlerejs /	lereis / liˈrejʃ | leˈrejs /	leríeis / liˈriɐjʃ | leˈriejs /
3 複	leram / ˈlerɐ̃w̃ /	lerão / liˈrɐ̃w̃ | leˈrɐ̃w̃ /	leriam / liˈriɐ̃w̃ | leˈriɐ̃w̃ /

	人称不定詞	命令法
1 単	ler / ˈler /	
2 単	leres / ˈleriʃ | ˈleris /	lê / ˈle /
3 単	ler / ˈler /	
1 複	lermos / ˈlermuʃ | ˈlermus /	
2 複	lerdes / ˈlerdiʃ | ˈlerdʒis /	lede / ˈledɨ | ˈledʒi /
3 複	lerem / ˈlerẽj | ˈlerẽj /	

ポルトガル語四週間

mentir / mẽˈtiɾ | mẽˈtʃiɾ /   現在分詞 **mentindo** / mẽˈtĩdu | mẽˈtʃĩdu /

	直説法・現在形	直説法・半過去形	直説法・過去形
1単	minto / ˈmĩtu /	mentia / mẽˈtiɐ	mẽˈtʃia /	menti / mẽˈti	mẽˈtʃi /
2単	mentes / ˈmẽtiʃ	ˈmẽtʃis /	mentias / mẽˈtiɐʃ	 mẽˈtʃias /	mentiste / mẽˈtiʃtɨ	 mẽˈtʃistʃi /
3単	mente / ˈmẽti	ˈmẽtʃi /	mentia / mẽˈtiɐ	mẽˈtʃia /	mentiu / mẽˈtiw	 mẽˈtʃiw /
1複	mentimos / mẽˈtimuʃ | mẽˈtʃimus /	mentíamos / mẽˈtiɐmuʃ | mẽˈtʃiamus /	mentimos / mẽˈtimuʃ | mẽˈtʃimus /
2複	mentis / mẽˈtiʃ	mẽˈtʃis /	mentíeis / mẽˈtiɐjʃ	 mẽˈtʃiejs /	mentistes / mẽˈtiʃtiʃ	 mẽˈtʃistʃis /
3複	mentem / ˈmẽtẽj̃	ˈmẽtʃẽj̃ /	mentiam / mẽˈtiẽw̃	 mẽˈtʃiẽw̃ /	mentiram / mẽˈtiɾẽw̃	 mẽˈtʃiɾẽw̃ /
	接続法・現在形	接続法・半過去形	接続法・未来形
1単	minta / ˈmĩtɐ	ˈmĩta /	mentisse / mẽˈtisɨ	mẽˈtʃisi /	mentir / mẽˈtiɾ	mẽˈtʃiɾ /
2単	mintas / ˈmĩtɐʃ	ˈmĩtas /	mentisses / mẽˈtisiʃ	 mẽˈtʃisis /	mentires / mẽˈtiɾiʃ	 mẽˈtʃiɾis /
3単	minta / ˈmĩtɐ	ˈmĩta /	mentisse / mẽˈtisɨ	mẽˈtʃisi /	mentir / mẽˈtiɾ	mẽˈtʃiɾ /
1複	mintamos / mĩˈtɐmuʃ | mĩˈtamus /	mentíssemos / mẽˈtisɨmuʃ | mẽˈtʃisemus /	mentirmos / mẽˈtiɾmuʃ | mẽˈtʃiɾmus /
2複	mintais / mĩˈtajʃ	mĩˈtajs /	mentísseis / mẽˈtisɐjʃ	 mẽˈtʃisejs /	mentirdes / mẽˈtiɾdiʃ	 mẽˈtʃiɾdʒis /
3複	mintam / ˈmĩtẽw̃ /	mentissem / mẽˈtisẽj̃ | mẽˈtʃisẽj̃ /	mentirem / mẽˈtiɾẽj̃ | mẽˈtʃiɾẽj̃ /

直説法・現在・1人称単数形が不規則形。これから派生する接続法・現在形に不規則性が受け継がれる。基本時称（直説法・現在形、直説法・過去形、非人称不定詞）からの派生方法は規則的。

補　遺

過去分詞　mentido / mẽˈtidu ǀ mẽˈtʃidu /

	直説法・大過去形	直説法・未来形	直説法・過去未来形
1単	mentira / mẽˈtiɐ ǀ mẽˈtʃira /	mentirei / mẽtiˈɾej ǀ mẽtʃiˈrej /	mentiria / mẽtiˈɾiɐ ǀ mẽtʃiˈria /
2単	mentiras / mẽˈtiɐʃ ǀ mẽˈtʃiras /	mentirás / mẽtiˈɾaʃ ǀ mẽtʃiˈras /	mentirias / mẽtiˈɾiɐʃ ǀ mẽtʃiˈrias /
3単	mentira / mẽˈtiɐ ǀ mẽˈtʃira /	mentirá / mẽtiˈɾa ǀ mẽtʃiˈra /	mentiria / mẽtiˈɾiɐ ǀ mẽtʃiˈria /
1複	mentíramos / mẽˈtiɐmuʃ ǀ mẽˈtʃiramus /	mentiremos / mẽtiˈɾemuʃ ǀ mẽtʃiˈremus /	mentiríamos / mẽtiˈɾiɐmuʃ ǀ mẽtʃiˈriamus /
2複	mentíreis / mẽˈtiɐjʃ ǀ mẽˈtʃirejs /	mentireis / mẽtiˈɾejʃ ǀ mẽtʃiˈrejs /	mentiríeis / mẽtiˈɾiɐjʃ ǀ mẽtʃiˈriejs /
3複	mentiram / mẽˈtiɐ̃w̃ ǀ mẽˈtʃirẽw̃ /	mentirão / mẽtiˈɾɐ̃w̃ ǀ mẽtʃiˈrẽw̃ /	mentiriam / mẽtiˈɾiɐ̃w̃ ǀ mẽtʃiˈriẽw̃ /

	人称不定詞	命令法
1単	mentir / mẽˈtir ǀ mẽˈtʃir /	
2単	mentires / mẽˈtiɾiʃ ǀ mẽˈtʃiris /	mente / ˈmẽti ǀ ˈmẽtʃi /
3単	mentir / mẽˈtir ǀ mẽˈtʃir /	
1複	mentirmos / mẽˈtirmuʃ ǀ mẽˈtʃirmus /	
2複	mentirdes / mẽˈtirdiʃ ǀ mẽˈtʃirdʒis /	menti / mẽˈti ǀ mẽˈtʃi /
3複	mentirem / mẽˈtiɾẽj̃ ǀ mẽˈtʃirẽj̃ /	

ポルトガル語四週間

ouvir / oˈviɾ /　　**現在分詞　ouvindo** / oˈvĩdu /

	直説法・現在形	直説法・半過去形	直説法・過去形
1単	ouço / ˈosu /	ouvia / oˈviɐ ǀ oˈvia /	ouvi / oˈvi /
2単	ouves / ˈoviʃ ǀ ˈovis /	ouvias / oˈviɐʃ ǀ oˈvias /	ouviste / oˈviʃtɨ ǀ oˈvistʃi /
3単	ouve / ˈovɨ ǀ ˈovi /	ouvia / oˈviɐ ǀ oˈvia /	ouviu / ˈoviw /
1複	ouvimos / oˈvimuʃ ǀ oˈvimus /	ouvíamos / oˈviɐmuʃ ǀ oˈviamus /	ouvimos / oˈvimuʃ ǀ oˈvimus /
2複	ouvis / oˈviʃ ǀ oˈvis /	ouvíeis / oˈviɐjʃ ǀ oˈviejs /	ouvistes / oˈviʃtiʃ ǀ oˈvistʃis /
3複	ouvem / ˈovɐ̃j̃ ǀ ˈovẽj̃ /	ouviam / oˈviɐ̃w̃ /	ouviram / oˈviɐ̃w̃ /
	接続法・現在形	接続法・半過去形	接続法・未来形
1単	ouça / ˈosɐ ǀ ˈosa /	ouvisse / oˈvisɨ ǀ oˈvisi /	ouvir / oˈviɾ /
2単	ouças / ˈosɐʃ ǀ ˈosas /	ouvisses / oˈvisiʃ ǀ oˈvisis /	ouvires / oˈviɾiʃ ǀ oˈviɾis /
3単	ouça / ˈosɐ ǀ ˈosa /	ouvisse / oˈvisɨ ǀ oˈvisi /	ouvir / oˈviɾ /
1複	ouçamos / oˈsɐmuʃ ǀ oˈsamus /	ouvíssemos / oˈvisimuʃ ǀ oˈvisemus /	ouvirmos / oˈviɾmuʃ ǀ oˈviɾmus /
2複	ouçais / oˈsajʃ ǀ oˈsajs /	ouvísseis / oˈvisjɐʃ ǀ oˈvisejs /	ouvirdes / oˈviɾdiʃ ǀ oˈviɾdʒis /
3複	ouçam / ˈosɐ̃w̃ /	ouvissem / oˈvisɐ̃j̃ ǀ oˈvisẽj̃ /	ouvirem / oˈviɾɐ̃j̃ ǀ oˈviɾẽj̃ /

直説法・現在・1人称単数形が不規則形。これから派生する接続法・現在形に不規則性が引き継がれる。基本時称（直説法・現在形、直説法・過去形、非人称不定詞）からの派生方法は規則的。

補　遺

過去分詞　ouvido / oˈvidu /

	直説法・大過去形	直説法・未来形	直説法・過去未来形
1単	ouvira / oˈvirɐ ǀ oˈvira /	ouvirei / oviˈrej ǀ oviˈrej /	ouviria / oviˈriɐ ǀ oviˈria /
2単	ouviras / oˈvirɐʃ ǀ oˈviras /	ouvirás / oviˈraʃ ǀ oviˈras /	ouvirias / oviˈriɐʃ ǀ oviˈrias /
3単	ouvira / oˈvirɐ ǀ oˈvira /	ouvirá / oviˈra /	ouviria / oviˈriɐ ǀ oviˈria /
1複	ouvíramos / oˈvirɐmuʃ ǀ oˈviramus /	ouviremos / oviˈremuʃ ǀ oviˈremus /	ouviríamos / oviˈriɐmuʃ ǀ oviˈriamus /
2複	ouvíreis / oˈvirɐjʃ ǀ oˈvirejs /	ouvireis / oviˈrejʃ ǀ oviˈrejs /	ouviríeis / oviˈriɐjʃ ǀ oviˈriejs /
3複	ouviram / oˈvirɐ̃w̃ /	ouvirão / oviˈrɐ̃w̃ /	ouviriam / oviˈriɐ̃w̃ /

	人称不定詞	命令法
1単	ouvir / oˈvir /	
2単	ouvires / oˈviriʃ ǀ oˈviris /	ouve / ˈovi ǀ ˈovi /
3単	ouvir / oˈvir /	
1複	ouvirmos / oˈvirmuʃ ǀ oˈvirmus /	
2複	ouvirdes / oˈvirdiʃ ǀ oˈvirdʒis /	ouvi / oˈvi /
3複	ouvirem / oˈvirẽj ǀ oˈvirẽj /	

ポルトガル語四週間

pedir / piˈdiɾ | peˈdʒiɾ /　　現在分詞　**pedindo** / piˈdĩdu | peˈdʒĩdu /

	直説法・現在形	直説法・半過去形	直説法・過去形
1単	peço / ˈpesu /	pedia / piˈdiɐ	peˈdʒia /	pedi / piˈdi	peˈdʒi /
2単	pedes / ˈpɛdiʃ	ˈpɛdʒis /	pedias / piˈdiɐʃ	peˈdʒias /	pediste / piˈdiʃti | peˈdʒistʃi /
3単	pede / ˈpɛdi	ˈpɛdʒi /	pedia / piˈdiɐ	peˈdʒia /	pediu / piˈdiw	peˈdʒiw /
1複	pedimos / piˈdimuʃ | peˈdʒimus /	pedíamos / piˈdiɐmuʃ | peˈdʒiamus /	pedimos / piˈdimuʃ | peˈdʒimus /
2複	pedis / piˈdiʃ	peˈdʒis /	pedíeis / piˈdiɐjʃ | peˈdʒiejs /	pedistes / piˈdiʃtiʃ | peˈdʒistʃis /
3複	pedem / ˈpɛdẽj	ˈpɛdẽj /	pediam / piˈdiɐ̃w̃ | peˈdʒiɐ̃w̃ /	pediram / piˈdiɾɐ̃w̃ | peˈdʒiɾɐ̃w̃ /
	接続法・現在形	接続法・半過去形	接続法・未来形
1単	peça / ˈpesɐ	ˈpesa /	pedisse / piˈdisi | peˈdʒisi /	pedir / piˈdiɾ	peˈdʒiɾ /
2単	peças / ˈpesɐʃ	ˈpesas /	pedisses / piˈdisiʃ | peˈdʒisis /	pedires / piˈdiɾiʃ | peˈdʒiɾis /
3単	peça / ˈpesɐ	ˈpesa /	pedisse / piˈdisi	peˈdʒisi /	pedir / piˈdiɾ	peˈdʒiɾ /
1複	peçamos / piˈsɐmuʃ | peˈsamus /	pedíssemos / piˈdisɨmuʃ | peˈdʒisemus /	pedirmos / piˈdiɾmuʃ | peˈdʒiɾmus /
2複	peçais / piˈsajʃ	peˈsajs /	pedísseis / piˈdisɐjʃ | peˈdʒisejs /	pedirdes / piˈdiɾdiʃ | peˈdʒiɾdʒis /
3複	peçam / ˈpesɐ̃w̃ /	pedissem / piˈdisẽj | peˈdʒisẽj /	pedirem / piˈdiɾẽj | peˈdʒiɾẽj /

直説法・現在・1人称単数形が不規則形。これから派生する接続法・現在形に不規則性が引き継がれる。基本時称（直説法・現在形、直説法・過去形、非人称不定詞）からの派生方法は規則的。

補　遺

過去分詞　pedido / piˈdidu ǀ peˈdʒidu /

	直説法・大過去形	直説法・未来形	直説法・過去未来形
1単	pedira / piˈdiɾɐ ǀ peˈdʒiɾa /	pedirei / pidiˈɾɐj ǀ pedʒiˈɾej /	pediria / pidiˈɾiɐ ǀ pedʒiˈɾia /
2単	pediras / piˈdiɾɐʃ ǀ peˈdʒiɾas /	pedirás / pidiˈɾaʃ ǀ pedʒiˈɾas /	pedirias / pidiˈɾiɐʃ ǀ pedʒiˈɾias /
3単	pedira / piˈdiɾɐ ǀ peˈdʒiɾa /	pedirá / pidiˈɾa ǀ pedʒiˈɾa /	pediria / pidiˈɾiɐ ǀ pedʒiˈɾia /
1複	pedíramos / piˈdiɾɐmuʃ ǀ peˈdʒiɾamus /	pediremos / pidiˈɾemuʃ ǀ pedʒiˈɾemus /	pediríamos / pidiˈɾiɐmuʃ ǀ pedʒiˈɾiamus /
2複	pedíreis / piˈdiɾɐjʃ ǀ peˈdʒiɾejs /	pedireis / pidiˈɾɐjʃ ǀ pedʒiˈɾejs /	pediríeis / pidiˈɾiɐjʃ ǀ pedʒiˈɾiejs /
3複	pediram / piˈdiɾɐ̃w̃ ǀ peˈdʒiɾɐ̃w̃ /	pedirão / pidiˈɾɐ̃w̃ ǀ pedʒiˈɾɐ̃w̃ /	pediriam / pidiˈɾiɐ̃w̃ ǀ pedʒiˈɾiɐ̃w̃ /

	人称不定詞	命令法
1単	pedir / piˈdiɾ ǀ peˈdʒiɾ /	
2単	pedires / piˈdiɾiʃ ǀ peˈdʒiɾis /	pede / ˈpɛdɨ ǀ ˈpɛdʒi /
3単	pedir / piˈdiɾ ǀ peˈdʒiɾ /	
1複	pedirmos / piˈdiɾmuʃ ǀ peˈdʒiɾmus /	
2複	pedirdes / piˈdiɾdiʃ ǀ peˈdʒiɾdʒis /	pedi / piˈdi ǀ peˈdʒi /
3複	pedirem / piˈdiɾẽj ǀ peˈdʒiɾẽj /	

ポルトガル語四週間

perder / piɾˈdeɾ | perˈdeɾ /　　　現在分詞　**perdendo** / piɾˈdẽdu | perˈdẽdu /

	直説法・現在形	直説法・半過去形	直説法・過去形
1単	perco / ˈpɛɾku /	perdia / piɾˈdiɐ | perˈdʒia /	perdi / piɾˈdi | perˈdʒi /
2単	perdes / ˈpɛɾdiʃ | ˈpɛɾdʒis /	perdias / piɾˈdiɐʃ | perˈdʒias /	perdeste / piɾˈdeʃti | perˈdestʃi /
3単	perde / ˈpɛɾdɨ | ˈpɛɾdʒi /	perdia / piɾˈdiɐ | perˈdʒia /	perdeu / piɾˈdew | perˈdew /
1複	perdemos / piɾˈdemuʃ | perˈdemus /	perdíamos / piɾˈdiɐmuʃ | perˈdʒiamus /	perdemos / piɾˈdemuʃ | perˈdemus /
2複	perdeis / piɾˈdejʃ | perˈdejs /	perdíeis / piɾˈdiɐjʃ | perˈdʒiejs /	perdestes / piɾˈdeʃtiʃ | perˈdestʃis /
3複	perdem / ˈpɛɾdẽj̃ | ˈpɛɾdẽj̃ /	perdiam / piɾˈdiẽw̃ | perˈdʒiẽw̃ /	perderam / piɾˈdeɾẽw̃ | perˈdeɾẽw̃ /
	接続法・現在形	接続法・半過去形	接続法・未来形
1単	perca / ˈpɛɾkɐ | ˈpɛɾka /	perdesse / piɾˈdesɨ | perˈdesi /	perder / piɾˈdeɾ | perˈdeɾ /
2単	percas / ˈpɛɾkɐʃ | ˈpɛɾkas /	perdesses / piɾˈdesiʃ | perˈdesis /	perderes / piɾˈdeɾiʃ | perˈdeɾis /
3単	perca / ˈpɛɾkɐ | ˈpɛɾka /	perdesse / piɾˈdesɨ | perˈdesi /	perder / piɾˈdeɾ | perˈdeɾ /
1複	percamos / piɾˈkɐmuʃ | perˈkamus /	perdêssemos / piɾˈdesɨmuʃ | perˈdesemus /	perdermos / piɾˈdeɾmuʃ | perˈdeɾmus /
2複	percais / piɾˈkajʃ | perˈkajs /	perdêsseis / piɾˈdesɐjʃ | perˈdesejs /	perderdes / piɾˈdeɾdiʃ | perˈdeɾdʒis /
3複	percam / ˈpɛɾkẽw̃ /	perdessem / piɾˈdesẽj̃ | perˈdesẽj̃ /	perderem / piɾˈdeɾẽj̃ | perˈdeɾẽj̃ /

直説法・現在・1人称単数形が不規則形。これから派生する接続法・現在形に不規則性が引き継がれる。基本時称（直説法・現在形、直説法・過去形、非人称不定詞）からの派生方法は規則的。

補　遺

過去分詞　perdido / piɾˈdidu ǀ perˈdʒidu /

	直説法・大過去形	直説法・未来形	直説法・過去未来形
1 単	perdera / piɾˈdeɐ ǀ perˈdera /	perderei / pɨɾdiˈɾej ǀ perdeˈrej /	perderia / pɨɾdiˈɾiɐ ǀ perdeˈria /
2 単	perderas / piɾˈdeɐʃ ǀ perˈderas /	perderás / pɨɾdiˈɾaʃ ǀ perdeˈras /	perderias / pɨɾdiˈɾiɐʃ ǀ perdeˈrias /
3 単	perdera / piɾˈdeɐ ǀ perˈdera /	perderá / pɨɾdiˈɾa ǀ perdeˈra /	perderia / pɨɾdiˈɾiɐ ǀ perdeˈria /
1 複	perdêramos / piɾˈdeɐmuʃ ǀ perˈderamus /	perderemos / pɨɾdiˈɾemuʃ ǀ perdeˈremus /	perderíamos / pɨɾdiˈɾiɐmuʃ ǀ perdeˈriamus /
2 複	perdêreis / piɾˈdeɐejʃ ǀ perˈderejs /	perdereis / pɨɾdiˈɾejʃ ǀ perdeˈrejs /	perderíeis / pɨɾdiˈɾiɐjʃ ǀ perdeˈriejs /
3 複	perderam / piɾˈdeɾɐ̃w̃ ǀ perˈderɐ̃w̃ /	perderão / pɨɾdiˈɾɐ̃w̃ ǀ perdeˈrɐ̃w̃ /	perderiam / pɨɾdiˈɾiɐ̃w̃ ǀ perdeˈriɐ̃w̃ /

	人称不定詞	命令法
1 単	perder / piɾˈder ǀ perˈder /	
2 単	perderes / piɾˈdeɾiʃ ǀ perˈderis /	perde / ˈpɛɾdɨ ǀ ˈpɛɾdʒi /
3 単	perder / piɾˈder ǀ perˈder /	
1 複	perdermos / piɾˈdeɾmuʃ ǀ perˈdermus /	
2 複	perderdes / piɾˈderdiʃ ǀ perˈderdʒis /	perdei / piɾˈdej ǀ perˈdej /
3 複	perderem / piɾˈdeɾẽj ǀ perˈderẽj /	

ポルトガル語四週間

poder / puˈder | poˈder /　　現在分詞　**podendo** / puˈdẽdu | poˈdẽdu /

	直説法・現在形	直説法・半過去形	直説法・過去形
1単	posso / ˈpɔsu /	podia / puˈdiɐ	poˈdʒia /	pude / ˈpudɨ	ˈpudʒi /
2単	podes / ˈpɔdiʃ	ˈpɔdʒis /	podias / puˈdiɐʃ	poˈdʒias /	pudeste / puˈdɛʃti	puˈdɛstʃi /
3単	pode / ˈpɔdɨ	ˈpɔdʒi /	podia / puˈdiɐ	poˈdʒia /	pôde / ˈpodɨ	ˈpodʒi /
1複	podemos / puˈdemuʃ	poˈdemus /	podíamos / puˈdiɐmuʃ	poˈdʒiamus /	pudemos / puˈdemuʃ	puˈdemus /
2複	podeis / puˈdɐjʃ	poˈdejs /	podíeis / puˈdiɐjʃ	poˈdʒiejs /	pudestes / puˈdɛʃtiʃ	puˈdɛstʃis /
3複	podem / ˈpɔdẽj̃	ˈpɔdẽj̃ /	podiam / puˈdiɐ̃w̃	poˈdʒiɐ̃w̃ /	puderam / puˈdɛrɐ̃w̃ /
	接続法・現在形	接続法・半過去形	接続法・未来形
1単	possa / ˈpɔsɐ	ˈpɔsa /	pudesse / puˈdɛsɨ	puˈdɛsi /	puder / puˈdɛr /
2単	possas / ˈpɔsɐʃ	ˈpɔsas /	pudesses / puˈdɛsɨʃ	puˈdɛsis /	puderes / puˈdɛrɨʃ	puˈdɛris /
3単	possa / ˈpɔsɐ	ˈpɔsa /	pudesse / puˈdɛsɨ	puˈdɛsi /	puder / puˈdɛr /
1複	possamos / puˈsɐmuʃ	poˈsamus /	pudéssemos / puˈdɛsimuʃ	puˈdɛsemus /	pudermos / puˈdɛrmuʃ	puˈdɛrmus /
2複	possais / puˈsajʃ	poˈsajs /	pudésseis / puˈdɛsɐjʃ	puˈdɛsejs /	puderdes / puˈdɛrdiʃ	puˈdɛrdʒis /
3複	possam / ˈpɔsɐ̃w̃ /	pudessem / puˈdɛsẽj̃	puˈdɛsẽj̃ /	puderem / puˈdɛrẽj̃	puˈdɛrẽj̃ /

直説法・現在形、直説法・過去形において不規則性がみられる。これから派生する接続法・現在形に不規則性が引き継がれる。基本時称（直説法・現在形、直説法・過去形、非人称不定詞）からの派生方法は規則的。

補　遺

過去分詞　**podido** / puˈdidu ǀ poˈdʒidu /

	直説法・大過去形	直説法・未来形	直説法・過去未来形
1単	pudera / puˈdɛɐ ǀ puˈdɛra /	poderei / pudiˈrej ǀ podeˈrej /	poderia / pudiˈriɐ ǀ podeˈria /
2単	puderas / puˈdɐɐʃ ǀ puˈdɛras /	poderás / pudiˈraʃ ǀ podeˈras /	poderias / pudiˈriɐʃ ǀ podeˈrias /
3単	pudera / puˈdɛɐ ǀ puˈdɛra /	poderá / pudiˈra ǀ podeˈra /	poderia / pudiˈriɐ ǀ podeˈria /
1複	pudéramos / puˈdɛɐmuʃ ǀ puˈdɛramus /	poderemos / pudiˈremuʃ ǀ podeˈremus /	poderíamos / pudiˈriɐmuʃ ǀ podeˈriamus /
2複	pudéreis / puˈdɛɐjʃ ǀ puˈdɛrejs /	podereis / pudiˈrejʃ ǀ podeˈrejs /	poderíeis / pudiˈriɐjʃ ǀ podeˈriejs /
3複	puderam / puˈdɛɐ̃w̃ ǀ	poderão / pudiˈrɐ̃w̃ ǀ podeˈrɐ̃w̃ /	poderiam / pudiˈriɐ̃w̃ ǀ podeˈriɐ̃w̃ /

	人称不定詞	命令法
1単	poder / puˈder ǀ poˈder /	
2単	poderes / puˈdeɾiʃ ǀ poˈderis /	pode / ˈpɔdɨ ǀ ˈpɔdʒi /
3単	poder / puˈder ǀ poˈder /	
1複	podermos / puˈdermuʃ ǀ poˈdermus /	
2複	poderdes / puˈderdiʃ ǀ poˈderdʒis /	podei / puˈdej ǀ poˈdej /
3複	poderem / puˈdeɾẽj ǀ poˈderẽj /	

ポルトガル語四週間

pôr / ˈpoɾ /　　現在分詞　**pondo** / ˈpõdu /

	直説法・現在形	直説法・半過去形	直説法・過去形
1単	ponho / ˈpoɲu /	punha / ˈpuɲɐ /	pus / ˈpuʃ | ˈpus /
2単	pões / ˈpõjʃ | ˈpõjs /	punhas / ˈpuɲɐʃ | ˈpuɲas /	puseste / puˈzeʃti | puˈzestʃi /
3単	põe / ˈpõj /	punha / ˈpuɲɐ | ˈpuɲa /	pôs / ˈpoʃ | ˈpos /
1複	pomos / ˈpomuʃ | ˈpomus /	púnhamos / ˈpuɲɐmuʃ | ˈpuɲamus /	pusemos / puˈzemuʃ | puˈzemus /
2複	pondes / ˈpõdiʃ | ˈpõdʒis /	púnheis / ˈpuɲɐjʃ | ˈpuɲejs /	pusestes / puˈzeʃtiʃ | puˈzestʃis /
3複	põem / ˈpõẽj | ˈpõẽj /	punham / ˈpuɲẽw̃ /	puseram / puˈzeɾẽw̃ /

	接続法・現在形	接続法・半過去形	接続法・未来形
1単	ponha / ˈpoɲɐ | ˈpoɲa /	pusesse / puˈzesɨ | puˈzesi /	puser / puˈzeɾ | puˈzɹ /
2単	ponhas / ˈpoɲɐʃ | ˈpoɲas /	pusesses / puˈzesiʃ | puˈzesis /	puseres / puˈzeɾiʃ | puˈzeris /
3単	ponha / ˈpoɲɐ | ˈpoɲa /	pusesse / puˈzesɨ | puˈzesi /	puser / puˈzeɾ | puˈzɹ /
1複	ponhamos / puˈɲɐmuʃ | poˈɲamus /	puséssemos / puˈzesimuʃ | puˈzesemus /	pusermos / puˈzeɾmuʃ | puˈzɹmus /
2複	ponhais / puˈɲajʃ | poˈɲajs /	pusésseis / puˈzesejʃ | puˈzesejs /	puserdes / puˈzeɾdiʃ | puˈzɹdʒis /
3複	ponham / ˈpoɲẽw̃ /	pusessem / puˈzesẽj | puˈzesẽj /	puserem / puˈzeɾẽj | puˈzɹẽj /

不定詞が不規則性を見せる唯一の動詞。基本時称（直説法・現在形、直説法・過去形、非人称不定詞）からの派生方法は規則的。

補　遺

過去分詞　**posto** / ˈpoʃtu ǀ ˈpostu /

	直説法・大過去形	直説法・未来形	直説法・過去未来形
1単	pusera / puˈzɐɾɐ ǀ puˈzeɾa /	porei / puˈɾɐj ǀ poˈɾej /	poria / puˈɾiɐ ǀ poˈɾia /
2単	puseras / puˈzɐɾɐʃ ǀ puˈzeɾas /	porás / puˈɾaʃ ǀ poˈɾas /	porias / puˈɾiɐʃ ǀ poˈɾias /
3単	pusera / puˈzɐɾɐ ǀ puˈzeɾa /	porá / puˈɾa ǀ poˈɾa /	poria / puˈɾiɐ ǀ poˈɾia /
1複	puséramos / puˈzɐɾɐmuʃ ǀ puˈzeɾamus /	poremos / puˈɾemuʃ ǀ poˈɾemus /	poríamos / puˈɾiɐmuʃ ǀ poˈɾiamus /
2複	puséreis / puˈzɐɾɐjʃ ǀ puˈzeɾejs /	poreis / puˈɾejʃ ǀ poˈɾejs /	poríeis / puˈɾiɐjʃ ǀ poˈɾiejs /
3複	puseram / puˈzɐɾɐ̃w̃ ǀ puˈzeɾɐ̃w̃ /	porão / puˈɾɐ̃w̃ ǀ poˈɾɐ̃w̃ /	poriam / puˈɾiɐ̃w̃ ǀ poˈɾiɐ̃w̃ /
	人称不定詞	命令法	
1単	pôr / ˈpoɾ /		
2単	pores / ˈpoɾiʃ ǀ ˈporis /	põe / ˈpõj /	
3単	pôr / ˈpoɾ /		
1複	pormos / ˈpoɾmuʃ ǀ ˈpormus /		
2複	pordes / ˈpoɾdiʃ ǀ ˈpordʒis /	ponde / ˈpõdɨ ǀ ˈpõdʒi /	
3複	porem / ˈpoɾɐ̃j ǀ ˈporẽj /		

ポルトガル語四週間

querer / kiˈrer | keˈrer /　　現在分詞　**querendo** / kiˈrẽdu | keˈrẽdu /

	直説法・現在形	直説法・半過去形	直説法・過去形
1単	quero / ˈkɛru /	queria / kiˈriɐ	keˈria /	quis / ˈkiʃ	ˈkis /
2単	queres / ˈkɛriʃ	ˈkɛris /	querias / kiˈriɐʃ	keˈrias /	quiseste / kiˈzɛʃti	kiˈzɛstʃi /
3単	quer / ˈkɛɾ /	queria / kiˈriɐ	keˈria /	quis / ˈkiʃ	ˈkis /
1複	queremos / kiˈremuʃ	keˈremus /	queríamos / kiˈriɐmuʃ	keˈriamus /	quisemos / kiˈzɛmuʃ	kiˈzemus /
2複	quereis / kiˈrejʃ	keˈrejs /	queríeis / kiˈriɐjʃ	keˈriejs /	quisestes / kiˈzɛʃtiʃ	kiˈzɛstʃis /
3複	querem / ˈkɛrẽj	ˈkɛrẽj /	queriam / kiˈriɐ̃w̃	keˈriɐ̃w̃ /	quiseram / kiˈzɛrẽw̃ /
	接続法・現在形	接続法・半過去形	接続法・未来形
1単	queira / ˈkɐjɾɐ	ˈkejɾa /	quisesse / kiˈzɛsɨ	kiˈzɛsi /	quiser / kiˈzɛɾ /
2単	queiras / ˈkɐjɾɐʃ	ˈkejɾas /	quisesses / kiˈzɛsiʃ	kiˈzɛsis /	quiseres / kiˈzɛriʃ	kiˈzɛris /
3単	queira / ˈkɐjɾɐ	ˈkejɾa /	quisesse / kiˈzɛsɨ	kiˈzɛsi /	quiser / kiˈzɛɾ /
1複	queiramos / kɐjˈɾɐmuʃ	kejˈramus /	quiséssemos / kiˈzɛsimuʃ	kiˈzɛsemus /	quisermos / kiˈzɛrmuʃ	kiˈzɛrmus /
2複	queirais / kɐjˈrajʃ	kejˈrajs /	quisésseis / kiˈzɛsɐjʃ	kiˈzɛsejs /	quiserdes / kiˈzɛrdiʃ	kiˈzɛrdʒis /
3複	queiram / ˈkɐjɾẽw̃	ˈkejɾẽw̃ /	quisessem / kiˈzɛsẽj	kiˈzɛsẽj /	quiserem / kiˈzɛrẽj	kiˈzɛrẽj /

直説法・現在形、直説法・過去形において不規則性がみられる。したがって、これらから派生する活用形に不規則性が引き継がれる。接続法・現在形は直説法・現在形から派生しない。命令法は通常用いられない。その他の活用形については、基本時称(直

618

補　遺

過去分詞　querido / kiˈridu ǀ keˈridu /

	直説法・大過去形	直説法・未来形	直説法・過去未来形
1単	quisera / kiˈzɐɾɐ ǀ kiˈzɛɾa /	quererei / kiɾiˈɾɐj ǀ kereˈrej /	quereria / kiɾiˈɾiɐ ǀ kereˈria /
2単	quiseras / kiˈzɐɾɐʃ ǀ kiˈzɛɾas /	quererás / kiɾiˈɾaʃ ǀ kereˈras /	quererias / kiɾiˈɾiɐʃ ǀ kereˈrias /
3単	quisera / kiˈzɐɾɐ ǀ kiˈzɛɾa /	quererá / kiɾiˈɾa ǀ kereˈra /	quereria / kiɾiˈɾiɐ ǀ kereˈria /
1複	quiséramos / kiˈzɐɾɐmuʃ ǀ kiˈzɛɾamus /	quereremos / kiɾiˈɾemuʃ ǀ kereˈremus /	quereríamos / kiɾiˈɾiɐmuʃ ǀ kereˈriamus /
2複	quiséreis / kiˈzɐɾɐjʃ ǀ kiˈzɛɾejs /	querereis / kiɾiˈɾɐjʃ ǀ kereˈrejs /	quereríeis / kiɾiˈɾiɐjʃ ǀ kereˈriejs /
3複	quiseram / kiˈzɐɾɐ̃w /	quererão / kiɾiˈɾɐ̃w ǀ kereˈrɐ̃w /	quereriam / kiɾiˈɾiɐ̃w ǀ kereˈriɐ̃w /

	人称不定詞	命令法
1単	querer / kiˈreɾ ǀ keˈrer /	
2単	quereres / kiˈreɾiʃ ǀ keˈreris /	quer / ˈkɛɾ /
3単	querer / kiˈreɾ ǀ keˈrer /	
1複	querermos / kiˈreɾmuʃ ǀ keˈrermus /	
2複	quererdes / kiˈreɾdiʃ ǀ keˈrerdʒis /	querei / kiˈɾɐj ǀ keˈrej /
3複	quererem / kiˈreɾẽj ǀ keˈrerẽj /	

説法・現在形、直説法・過去形、非人称不定詞）からの派生方法は規則的。

619

ポルトガル語四週間

rir / ˈriɾ | ˈxiɾ /　　現在分詞　**rindo** / ˈrĩdu | ˈxĩdu /

	直説法・現在形	直説法・半過去形	直説法・過去形
1単	rio / ˈriu	ˈxiu /	ria / ˈriɐ	ˈxia /	ri / ˈri	ˈxi /
2単	ris / ˈriʃ	ˈxis /	rias / ˈriɐʃ	ˈxias /	riste / ˈriʃtɨ	ˈxistʃi /
3単	ri / ˈri	ˈxi /	ria / ˈriɐ	ˈxia /	riu / ˈriw	ˈxiw /
1複	rimos / ˈrimuʃ	ˈximus /	ríamos / ˈriɐmuʃ	ˈxiamus /	rimos / ˈrimuʃ	ˈximus /
2複	rides / ˈridiʃ	ˈxidʒis /	ríeis / ˈriɐjʃ	ˈxiejs /	ristes / ˈriʃtiʃ	ˈxistʃis /
3複	riem / ˈriẽj̃	ˈxiẽj̃ /	riam / ˈriɐ̃w̃	ˈxiɐ̃w̃ /	riram / ˈriɾɐ̃w̃	ˈxiɾɐ̃w̃ /
	接続法・現在形	接続法・半過去形	接続法・未来形
1単	ria / ˈriɐ	ˈxia /	risse / ˈrisɨ	ˈxisi /	rir / ˈriɾ	ˈxiɾ /
2単	rias / ˈriɐʃ	ˈxias /	risses / ˈrisɨʃ	ˈxisis /	rires / ˈriɾiʃ	ˈxiɾis /
3単	ria / ˈriɐ	ˈxia /	risse / ˈrisɨ	ˈxisi /	rir / ˈriɾ	ˈxiɾ /
1複	riamos / riˈɐmuʃ	xiˈamus /	ríssemos / ˈrisimuʃ	ˈxisemus /	rirmos / ˈriɾmuʃ	ˈxiɾmus /
2複	riais / riˈajʃ	xiˈajs /	rísseis / ˈrisɐjʃ	ˈxisejs /	rirdes / ˈriɾdiʃ	ˈxiɾdʒis /
3複	riam / ˈriɐ̃w̃	ˈxiɐ̃w̃ /	rissem / ˈrisẽj̃	ˈxisẽj̃ /	rirem / ˈriɾẽj̃	ˈxiɾẽj̃ /

直説法・現在形において不規則性がみられる。これから派生する接続法・現在形に不規則性が引き継がれる。基本時称（直説法・現在形、直説法・過去形、非人称不定詞）からの派生方法は規則的。直接法・半過去形と接続法・現在形に重複が多い。

補　遺

過去分詞　rido / ˈridu | ˈxidu /

	直説法・大過去形	直説法・未来形	直説法・過去未来形
1単	rira / ˈriɾɐ	ˈxiɾa /	rirei / riˈɾej	xiˈɾej /	riria / riˈɾiɐ	xiˈɾia /
2単	riras / ˈriɾɐʃ	ˈxiɾas /	rirás / riˈɾaʃ	xiˈɾas /	ririas / riˈɾiɐʃ	xiˈɾias /
3単	rira / ˈriɾɐ	ˈxiɾa /	rirá / riˈɾa	xiˈɾa /	riria / riˈɾiɐ	xiˈɾia /
1複	ríramos / ˈriɾɐmuʃ	ˈxiɾamus /	riremos / riˈɾemuʃ	xiˈɾemus /	riríamos / riˈɾiɐmuʃ	xiˈɾiamus /
2複	ríreis / ˈriɾejʃ	ˈxiɾejs /	rireis / riˈɾejʃ	xiˈɾejs /	riríeis / riˈɾiɐjʃ	xiˈɾiejs /
3複	riram / ˈriɾɐ̃w̃	ˈxiɾɐ̃w̃ /	rirão / riˈɾɐ̃w̃	xiˈɾɐ̃w̃ /	ririam / riˈɾiɐ̃w̃	xiˈɾiɐ̃w̃ /

	人称不定詞	命令法
1単	rir / ˈriɾ	ˈxiɾ /	
2単	rires / ˈriɾiʃ	ˈxiɾis /	ri / ˈri	ˈxi /
3単	rir / ˈriɾ	ˈxiɾ /	
1複	rirmos / ˈriɾmuʃ	ˈxiɾmus /	
2複	rirdes / ˈriɾdiʃ	ˈxiɾdʒis /	ride / ˈridɨ	ˈxidʒi /
3複	rirem / ˈriɾẽj̃	ˈxiɾẽj̃ /	

ポルトガル語四週間

saber / sɐˈbeɾ | saˈbeɾ /　　現在分詞　**sabendo** / sɐˈbẽdu | saˈbẽdu /

	直説法・現在形	直説法・半過去形	直説法・過去形
1単	sei / ˈsɐj | ˈsej /	sabia / sɐˈbiɐ | saˈbia /	soube / ˈsobɨ | ˈsobi /
2単	sabes / ˈsabɨʃ | ˈsabis /	sabias / sɐˈbiɐʃ | saˈbias /	soubeste / soˈbɛʃtɨ | soˈbɛstʃi /
3単	sabe / ˈsabɨ | ˈsabi /	sabia / sɐˈbiɐ | saˈbia /	soube / ˈsobɨ | ˈsobi /
1複	sabemos / sɐˈbemuʃ | saˈbemus /	sabíamos / sɐˈbiɐmuʃ | saˈbiamus /	soubemos / soˈbemuʃ | soˈbemus /
2複	sabeis / sɐˈbɐjʃ | saˈbejs /	sabíeis / sɐˈbiɐjʃ | saˈbiejs /	soubestes / soˈbɛʃtiʃ | soˈbɛstʃis /
3複	sabem / ˈsabẽj | ˈsabẽj /	sabiam / sɐˈbiẽw̃ | saˈbiẽw̃ /	souberam / soˈbɛɾẽw̃ /
	接続法・現在形	接続法・半過去形	接続法・未来形
1単	saiba / ˈsajbɐ | ˈsajba /	soubesse / soˈbɛsɨ | soˈbɛsi /	souber / soˈbɛɾ /
2単	saibas / ˈsajbɐʃ | ˈsajbas /	soubesses / soˈbɛsiʃ | soˈbɛsis /	souberes / soˈbɛɾiʃ | soˈbɛɾis /
3単	saiba / ˈsajbɐ | ˈsajba /	soubesse / soˈbɛsɨ | soˈbɛsi /	souber / soˈbɛɾ /
1複	saibamos / sajˈbɐmuʃ | sajˈbamus /	soubéssemos / soˈbɛsimuʃ | soˈbɛsemus /	soubermos / soˈbɛɾmuʃ | soˈbɛɾmus /
2複	saibais / sajˈbajʃ | sajˈbajs /	soubésseis / soˈbɛsɐjʃ | soˈbɛsejs /	souberdes / soˈbɛɾdiʃ | soˈbɛɾdʒis /
3複	saibam / ˈsajbẽw̃ /	soubessem / soˈbɛsẽj | soˈbɛsẽj /	souberem / soˈbɛɾẽj | soˈbɛɾẽj /

接続法・現在形が直説法・現在・1人称単数形から派生しない。その他については、基本時称（直説法・現在形、直説法・過去形、非人称不定詞）からの派生方法は規則的。

補　遺

過去分詞　sabido / sɐˈbidu ǀ saˈbidu /

	直説法・大過去形	直説法・未来形	直説法・過去未来形
1単	soubera / soˈbɐɾɐ ǀ soˈbɛɾa /	saberei / sɐbiˈɾɐj ǀ sabeˈɾej /	saberia / sɐbiˈɾiɐ ǀ sabeˈɾia /
2単	souberas / soˈbɐɾɐʃ ǀ soˈbɛɾas /	saberás / sɐbiˈɾaʃ ǀ sabeˈɾas /	saberias / sɐbiˈɾiɐʃ ǀ sabeˈɾias /
3単	soubera / soˈbɐɾɐ ǀ soˈbɛɾa /	saberá / sɐbiˈɾa ǀ sabeˈɾa /	saberia / sɐbiˈɾiɐ ǀ sabeˈɾia /
1複	soubéramos / soˈbɐɾɐmuʃ ǀ soˈbɛɾamus /	saberemos / sɐbiˈɾemuʃ ǀ sabeˈɾemus /	saberíamos / sɐbiˈɾiɐmuʃ ǀ sabeˈɾiamus /
2複	soubéreis / soˈbɐɾɐjʃ ǀ soˈbɛɾejs /	sabereis / sɐbiˈɾɐjʃ ǀ sabeˈɾejs /	saberíeis / sɐbiˈɾiɐjʃ ǀ sabeˈɾiejs /
3複	souberam / soˈbɐɾɐ̃w̃ ǀ soˈbɛɾɐ̃w̃ /	saberão / sɐbiˈɾɐ̃w̃ ǀ sabeˈɾɐ̃w̃ /	saberiam / sɐbiˈɾiɐ̃w̃ ǀ sabeˈɾiɐ̃w̃ /
	人称不定詞	命令法	
1単	saber / sɐˈbeɾ ǀ saˈbeɾ /		
2単	saberes / sɐˈbeɾiʃ ǀ saˈbeɾis /	sabe / ˈsabi ǀ ˈsabi /	
3単	saber / sɐˈbeɾ ǀ saˈbeɾ /		
1複	sabermos / sɐˈbeɾmuʃ ǀ saˈbeɾmus /		
2複	saberdes / sɐˈbeɾdiʃ ǀ saˈbeɾdʒis /	sabei / sɐˈbɐj ǀ saˈbej /	
3複	saberem / sɐˈbeɾɐ̃j ǀ saˈbeɾẽj /		

ポルトガル語四週間

ser / ˈser / 現在分詞 **sendo** / ˈsẽdu /

	直説法・現在形	直説法・半過去形	直説法・過去形
1単	sou / ˈso /	era / ˈɛɾɐ | ˈɛra /	fui / ˈfuj /
2単	és / ˈɛʃ | ˈɛs /	eras / ˈɛɾɐʃ | ˈɛras /	foste / ˈfoʃtɨ | ˈfostʃi /
3単	é / ˈɛ /	era / ˈɛɾɐ | ˈɛra /	foi / ˈfoj /
1複	somos / ˈsomuʃ | ˈsomus /	éramos / ˈɛɾɐmuʃ | ˈɛramus /	fomos / ˈfomuʃ | ˈfomus /
2複	sois / ˈsojʃ | ˈsojs /	éreis / ˈɛɾejʃ | ˈɛrejs /	fostes / ˈfoʃtiʃ | ˈfostʃis /
3複	são / ˈsẽw̃ /	eram / ˈɛɾɐ̃w̃ /	foram / ˈfoɾẽw̃ /

	接続法・現在形	接続法・半過去形	接続法・未来形
1単	seja / ˈseʒɐ | ˈseʒa /	fosse / ˈfosɨ | ˈfosi /	for / ˈfor /
2単	sejas / ˈseʒɐʃ | ˈseʒas /	fosses ˈfosɨʃ | ˈfosis /	fores / ˈfoɾɨʃ | ˈforis /
3単	seja / ˈseʒɐ | ˈseʒa /	fosse / ˈfosɨ | ˈfosi /	for / ˈfor /
1複	sejamos / siˈʒɐmuʃ | seˈʒamus /	fôssemos / ˈfosɨmuʃ | ˈfosemus /	formos / ˈfoɾmuʃ | ˈformus /
2複	sejais / siˈʒajʃ | seˈʒajs /	fôsseis / ˈfosɐjʃ | ˈfosejs /	fordes / ˈfoɾdɨʃ | ˈfordʒis /
3複	sejam / ˈseʒẽw̃ | ˈseʒẽw̃ /	fossem / ˈfosẽj | ˈfosẽj /	forem / ˈfoɾẽj | ˈfoɾẽj /

直説法・過去形は ir 動詞と同形。したがって、直説法・過去形から派生する直説法・大過去形、接続法・半過去形、接続法・未来形も ir 動詞と同じ。

補　遺

過去分詞　sido / ˈsidu /

	直説法・大過去形	直説法・未来形	直説法・過去未来形
1単	fora / ˈfoɾɐ ǀ ˈfora /	serei / siˈɾɐj ǀ seˈrej /	seria / siˈɾiɐ ǀ seˈria /
2単	foras / ˈfoɾɐʃ ǀ ˈforas /	serás / siˈɾaʃ ǀ seˈras /	serias / siˈɾiɐʃ ǀ seˈrias /
3単	fora / ˈfoɾɐ ǀ ˈfora /	será / siˈɾa ǀ seˈra /	seria / siˈɾiɐ ǀ seˈria /
1複	fôramos / ˈfoɾɐmuʃ ǀ ˈforamus /	seremos / siˈɾemuʃ ǀ seˈremus /	seríamos / siˈɾiɐmuʃ ǀ seˈriamus /
2複	fôreis / ˈfoɾɐjʃ ǀ ˈforejs /	sereis / siˈɾɐjʃ ǀ seˈrejs /	seríeis / siˈɾiɐjʃ ǀ seˈriejs /
3複	foram / ˈfoɾɐ̃w̃ /	serão / siˈɾɐ̃w̃ ǀ seˈrɐ̃w̃ /	seriam / siˈɾiɐ̃w̃ ǀ seˈriɐ̃w̃ /

	人称不定詞	命令法
1単	ser / ˈseɾ /	
2単	seres / ˈseɾiʃ ǀ ˈseris /	sê / ˈse /
3単	ser / ˈseɾ /	
1複	sermos / ˈseɾmuʃ ǀ ˈsermus /	
2複	serdes / ˈseɾdiʃ ǀ ˈserdʒis /	sede / ˈsedi ǀ ˈsedʒi /
3複	serem / ˈseɾẽj ǀ ˈserẽj /	

ポルトガル語四週間

ter / ˈter / 現在分詞 **tendo** / ˈtẽdu /

	直説法・現在形	直説法・半過去形	直説法・過去形
1単	tenho / ˈtɐɲu ǀ ˈteɲu /	tinha / ˈtiɲɐ ǀ ˈtʃiɲa /	tive / ˈtivɨ ǀ ˈtʃivi /
2単	tens / ˈtẽjʃ ǀ ˈtẽjs /	tinhas / ˈtiɲɐʃ ǀ ˈtʃiɲas /	tiveste / tiˈvɛʃtɨ ǀ tʃiˈvestʃi /
3単	tem / ˈtẽj ǀ ˈtẽj /	tinha / ˈtiɲɐ ǀ ˈtʃiɲa /	teve / ˈtevɨ ǀ ˈtevi /
1複	temos / ˈtemuʃ ǀ ˈtemus /	tínhamos / ˈtiɲɐmuʃ ǀ ˈtʃiɲamus /	tivemos / tiˈvɛmuʃ ǀ tʃiˈvemus /
2複	tendes / ˈtẽdiʃ ǀ ˈtẽdʒis /	tínheis / ˈtiɲɐjʃ ǀ ˈtʃiɲejs /	tivestes / tiˈvɛʃtiʃ ǀ tʃiˈvestʃis /
3複	têm / ˈtẽj ẽj ǀ ˈtẽj /	tinham / ˈtiɲɐ̃w̃ ǀ ˈtʃiɲẽw̃ /	tiveram / tiˈvɛrɐ̃w̃ ǀ tʃiˈvɛrẽw̃ /
	接続法・現在形	接続法・半過去形	接続法・未来形
1単	tenha / ˈtɐɲɐ ǀ ˈteɲa /	tivesse / tiˈvɛsɨ ǀ tʃiˈvɛsi /	tiver / tiˈvɛr ǀ tʃiˈvɛr /
2単	tenhas / ˈtɐɲɐʃ ǀ ˈteɲas /	tivesses / tiˈvɛsiʃ ǀ tʃiˈvɛsis /	tiveres / tiˈvɛriʃ ǀ tʃiˈvɛris /
3単	tenha / ˈtɐɲɐ ǀ ˈteɲa /	tivesse / tiˈvɛsɨ ǀ tʃiˈvɛsi /	tiver / tiˈvɛr ǀ tʃiˈvɛr /
1複	tenhamos / tiˈɲɐmuʃ ǀ teˈɲamus /	tivéssemos / tiˈvɛsimuʃ ǀ tʃiˈvɛsemus /	tivermos / tiˈvɛrmuʃ ǀ tʃiˈvɛrmus /
2複	tenhais / tiˈɲajʃ ǀ teˈɲajs /	tivésseis / tiˈvɛsɐjʃ ǀ tʃiˈvɛsejs /	tiverdes / tiˈvɛrdiʃ ǀ tʃiˈvɛrdʒis /
3複	tenham / ˈtɐɲɐ̃w̃ ǀ ˈteɲẽw̃ /	tivessem / tiˈvɛsɐ̃j ǀ tʃiˈvɛsẽj /	tiverem / tiˈvɛrɐ̃j ǀ tʃiˈvɛrẽj /

直説法・現在形、半過去形、過去形は変則的。基本時称（直説法・現在形、直説法・過去形、非人称不定詞）からの派生方法は規則的。

補　遺

過去分詞　tido /ˈtidu | ˈtʃidu /

	直説法・大過去形	直説法・未来形	直説法・過去未来形
1単	tivera / tiˈvɐɾɐ	tʃiˈvɛɾa /	terei / tiˈrej	teˈrej /	teria / tiˈɾiɐ	teˈria /
2単	tiveras / tiˈvɐɾɐʃ | tʃiˈvɛɾas /	terás / tiˈraʃ	teˈras /	terias / tiˈɾiɐʃ	teˈrias /
3単	tivera / tiˈvɐɾɐ | tʃiˈvɛɾa /	terá / tiˈra	teˈra /	teria / tiˈɾiɐ	teˈria /
1複	tivéramos / tiˈvɐɾɐmuʃ | tʃiˈvɛɾamus /	teremos / tiˈremuʃ | teˈremus /	teríamos / tiˈɾiɐmuʃ | teˈriamus /
2複	tivéreis / tiˈvɐɾɐjʃ | tʃiˈvɛɾejs /	tereis / tiˈrejʃ	teˈrejs /	teríeis / tiˈɾiɐjʃ	teˈriejs /
3複	tiveram / tiˈvɐɾɐ̃w̃ | tʃiˈvɛɾɐ̃w̃ /	terão / tiˈɾɐ̃w̃	teˈɾɐ̃w̃ /	teriam / tiˈɾiɐ̃w̃	teˈriɐ̃w̃ /

	人称不定詞	命令法
1単	ter / ˈter /	
2単	teres / ˈteɾiʃ	ˈteris /	tem / ˈtẽj	ˈtẽj /
3単	ter / ˈter /	
1複	termos / ˈteɾmuʃ | ˈteɾmus /	
2複	terdes / ˈteɾdiʃ	ˈteɾdʒis /	tende / ˈtẽdɨ	ˈtẽdʒi /
3複	terem / ˈteɾẽj	ˈteɾẽj /	

ポルトガル語四週間

trazer / tɾɐˈzeɾ | tɾaˈzeɾ /　　現在分詞　**trazendo** / tɾɐˈzẽdu | tɾaˈzẽdu /

	直説法・現在形	直説法・半過去形	直説法・過去形
1単	trago / ˈtɾagu /	trazia / tɾɐˈziɐ | tɾaˈzia /	trouxe / ˈtɾosɨ | ˈtɾosi /
2単	trazes / ˈtɾazɨʃ | ˈtɾazis /	trazias / tɾɐˈziɐʃ | tɾaˈzias /	trouxeste / tɾoˈsɛʃtɨ | tɾoˈsɛstʃi /
3単	traz / ˈtɾaʃ | ˈtɾas /	trazia / tɾɐˈziɐ | tɾaˈzia /	trouxe / ˈtɾosɨ | ˈtɾosi /
1複	trazemos / tɾɐˈzemuʃ | tɾaˈzemus /	trazíamos / tɾɐˈziɐmuʃ | tɾaˈziamus /	trouxemos / tɾoˈsɛmuʃ | tɾoˈsemus /
2複	trazeis / tɾɐˈzɐjʃ | tɾaˈzejs /	trazíeis / tɾɐˈziɐjʃ | tɾaˈziejs /	trouxestes / tɾoˈsɛʃtɨʃ | tɾoˈsɛstʃis /
3複	trazem / ˈtɾazɐ̃j | ˈtɾazẽj /	traziam / tɾɐˈziɐ̃w | tɾaˈziẽw /	trouxeram / tɾoˈsɛɾɐ̃w /
	接続法・現在形	接続法・半過去形	接続法・未来形
1単	traga / ˈtɾagɐ | ˈtɾaga /	trouxesse / tɾoˈsɛsɨ | tɾoˈsesi /	trouxer / tɾoˈsɛɾ /
2単	tragas / ˈtɾagɐʃ | ˈtɾagas /	trouxesses / tɾoˈsɛsɨʃ | tɾoˈsesis /	trouxeres / tɾoˈsɛɾɨʃ | tɾoˈsɛɾis /
3単	traga / ˈtɾagɐ | ˈtɾaga /	trouxesse / tɾoˈsɛsɨ | tɾoˈsesi /	trouxer / tɾoˈsɛɾ /
1複	tragamos / tɾɐˈgɐmuʃ | tɾaˈgamus /	trouxéssemos / tɾoˈsɛsimuʃ | tɾoˈsesemus /	trouxermos / tɾoˈsɛɾmuʃ | tɾoˈsɛɾmus /
2複	tragais / tɾɐˈgajʃ | tɾaˈgajs /	trouxésseis / tɾoˈsɛsɐjʃ | tɾoˈsesejs /	trouxerdes / tɾoˈsɛɾdɨʃ | tɾoˈsɛɾdʒis /
3複	tragam / ˈtɾagɐ̃w /	trouxessem / tɾoˈsɛsɐ̃j | tɾoˈsesẽj /	trouxerem / tɾoˈsɛɾɐ̃j | tɾoˈsɛɾẽj /

直説法・現在・1人称単数形が不規則形。直説法・半過去形、不定詞、過去分詞および現在分詞のみ規則的。基本時称（直説法・現在形、直説法・過去形、非人称不定詞）からの派生方法は規則的。

補　遺

過去分詞　trazido / trɐˈzidu | traˈzidu /

	直説法・大過去形	直説法・未来形	直説法・過去未来形
1単	trouxera / troˈsɛrɐ | troˈsɛra /	trarei / trɐˈrej | traˈrej /	traria / trɐˈriɐ | traˈria /
2単	trouxeras / troˈsɛrɐʃ | troˈsɛras /	trarás / trɐˈraʃ | traˈras /	trarias / trɐˈriɐʃ | traˈrias /
3単	trouxera / troˈsɛrɐ | troˈsɛra /	trará / trɐˈra | traˈra /	traria / trɐˈriɐ | traˈria /
1複	trouxéramos / troˈsɛrɐmuʃ | troˈsɛramus /	traremos / trɐˈremuʃ | traˈremus /	traríamos / trɐˈriɐmuʃ | traˈriamus /
2複	trouxéreis / troˈsɛrejʃ | troˈsɛrejs /	trareis / trɐˈrejʃ | traˈrejs /	traríeis / trɐˈriɐjʃ | traˈriejs /
3複	trouxeram / troˈsɛrɐ̃w̃ /	trarão / trɐˈrɐ̃w̃ | traˈrɐ̃w̃ /	trariam / trɐˈriɐ̃w̃ | traˈriɐ̃w̃ /

	人称不定詞	命令法
1単	trazer / trɐˈzer | traˈzer /	
2単	trazeres / trɐˈzɛriʃ | traˈzɛris /	traz / ˈtraʃ | ˈtras /
3単	trazer / trɐˈzer | traˈzer /	
1複	trazermos / trɐˈzɛrmuʃ | traˈzɛrmus /	
2複	trazerdes / trɐˈzɛrdiʃ | traˈzɛrdʒis /	trazei / trɐˈzɐj | traˈzej /
3複	trazerem / trɐˈzɛrẽj | traˈzɛrẽj /	

ポルトガル語四週間

valer / vɐˈleɾ | vaˈleɾ /　　現在分詞　**valendo** / vɐˈlẽdu | vaˈlẽdu /

	直説法・現在形	直説法・半過去形	直説法・過去形
1単	valho / ˈvaʎu /	valia / vɐˈliɐ	vaˈlia /	vali / vɐˈli	vaˈli /
2単	vales / ˈvaliʃ	ˈvalis /	valias / vɐˈliɐʃ	vaˈlias /	valeste / vɐˈleʃti	vaˈlestʃi /
3単	vale / ˈvali	ˈvali /	valia / vɐˈliɐ	vaˈlia /	valeu / vɐˈlew	vaˈlew /
1複	valemos / vɐˈlemuʃ	vaˈlemus /	valíamos / vɐˈliɐmuʃ	vaˈliamus /	valemos / vɐˈlemuʃ	vaˈlemus /
2複	valeis / vɐˈlɐjʃ	vaˈlejs /	valíeis / vɐˈliɐjʃ	vaˈliejs /	valestes / vɐˈleʃtiʃ	vaˈlestʃis /
3複	valem / ˈvalɐ̃j̃	ˈvalẽj̃ /	valiam / vɐˈliɐ̃w̃	vaˈliɐ̃w̃ /	valeram / vɐˈlerɐ̃w̃	vaˈlerɐ̃w̃ /
	接続法・現在形	接続法・半過去形	接続法・未来形
1単	valha / ˈvaʎɐ	ˈvaʎa /	valesse / vɐˈlesi	vaˈlesi /	valer / vɐˈleɾ	vaˈleɾ /
2単	valhas / ˈvaʎɐʃ	ˈvaʎas /	valesses / vɐˈlesiʃ	vaˈlesis /	valeres / vɐˈleɾiʃ	vaˈleɾis /
3単	valha / ˈvaʎɐ	ˈvaʎa /	valesse / vɐˈlesi	vaˈlesi /	valer / vɐˈleɾ	vaˈleɾ /
1複	valhamos / vɐˈʎɐmuʃ	vaˈʎamus /	valêssemos / vɐˈlesimuʃ	vaˈlesemus /	valermos / vɐˈleɾmuʃ	vaˈleɾmus /
2複	valhais / vɐˈʎɐjʃ	vaˈʎajs /	valêsseis / vɐˈlesiɐjʃ	vaˈlesejs /	valerdes / vɐˈleɾdiʃ	vaˈleɾdʒis /
3複	valham / ˈvaʎɐ̃w̃ /	valessem / vɐˈlesẽj̃	vaˈlesẽj̃ /	valerem / vɐˈleɾẽj̃	vaˈleɾẽj̃ /

直説法・現在・1人称単数形が不規則形。基本時称（直説法・現在形、直説法・過去形、非人称不定詞）からの派生方法は規則的。

補　遺

過去分詞　**valido** / vɐˈlidu | vaˈlidu /

	直説法・大過去形	直説法・未来形	直説法・過去未来形
1 単	valera / vɐˈlerɐ | vaˈlera /	valerei / vɐliˈrej | valeˈrej /	valeria / vɐliˈriɐ | valeˈria /
2 単	valeras / vɐˈlerɐʃ | vaˈleras /	valerás / vɐliˈraʃ | valeˈras /	valerias / vɐliˈriɐʃ | valeˈrias /
3 単	valera / vɐˈlerɐ | vaˈlera /	valerá / vɐliˈra | valeˈra /	valeria / vɐliˈriɐ | valeˈria /
1 複	valêramos / vɐˈlerɐmuʃ | vaˈleramus /	valeremos / vɐliˈremuʃ | valeˈremus /	valeríamos / vɐliˈriɐmuʃ | valeˈriamus /
2 複	valêreis / vɐˈlerɐjʃ | vaˈlerejs /	valereis / vɐliˈrejʃ | valeˈrejs /	valeríeis / vɐliˈriɐjʃ | valeˈriejs /
3 複	valeram / vɐˈlerɐ̃w̃ | vaˈlerɐ̃w̃ /	valerão / vɐliˈrɐ̃w̃ | valeˈrɐ̃w̃ /	valeriam / vɐliˈriɐ̃w̃ | valeˈriɐ̃w̃ /
	人称不定詞	命令法	
1 単	valer / vɐˈler | vaˈler /		
2 単	valeres / vɐˈlerɨʃ | vaˈleris /	vale / ˈvali | ˈvali /	
3 単	valer / vɐˈler | vaˈler /		
1 複	valermos / vɐˈlermuʃ | vaˈlermus /		
2 複	valerdes / vɐˈlerdɨʃ | vaˈlerdʒis /	valei / vɐˈlej | vaˈlej /	
3 複	valerem / vɐˈlerẽj | vaˈlerẽj /		

ポルトガル語四週間

ver / ˈver / 　　現在分詞　**vendo** / ˈvẽdu /

	直説法・現在形	直説法・半過去形	直説法・過去形
1 単	vejo / ˈvɐʒu ǀ ˈveʒu /	via / ˈviɐ ǀ ˈvia /	vi / ˈvi /
2 単	vês / ˈveʃ ǀ ˈves /	vias / ˈviɐʃ ǀ ˈvias /	viste / ˈviʃti ǀ ˈvistʃi /
3 単	vê / ˈve /	via / ˈviɐ ǀ ˈvia /	viu / ˈviw /
1 複	vemos / ˈvemuʃ ǀ ˈvemus /	víamos / ˈviɐmuʃ ǀ ˈviamus /	vimos / ˈvimuʃ ǀ ˈvimus /
2 複	vedes / ˈvediʃ ǀ ˈvedʒis /	víeis / ˈviɐjʃ ǀ ˈviejs /	vistes / ˈviʃtiʃ ǀ ˈvistʃis /
3 複	vêem / ˈveẽj ǀ ˈveẽj /	viam / ˈviẽw̃ /	viram / ˈvirẽw̃ /
	接続法・現在形	接続法・半過去形	接続法・未来形
1 単	veja / ˈvɐʒɐ ǀ ˈveʒa /	visse / ˈvisɨ ǀ ˈvisi /	vir / ˈvir /
2 単	vejas / ˈvɐʒɐʃ ǀ ˈveʒas /	visses / ˈvisɨʃ ǀ ˈvisis /	vires / ˈviriʃ ǀ ˈviris /
3 単	veja / ˈvɐʒɐ ǀ ˈveʒa /	visse / ˈvisɨ ǀ ˈvisi /	vir / ˈvir /
1 複	vejamos / vɨˈʒɐmuʃ ǀ veˈʒamus /	víssemos / ˈvisɨmuʃ ǀ ˈvisemus /	virmos / ˈvirmuʃ ǀ ˈvirmus /
2 複	vejais / vɨˈʒajʃ ǀ veˈʒajs /	vísseis / ˈvisɐjʃ ǀ ˈvisejs /	virdes / ˈvirdiʃ ǀ ˈvirdʒis /
3 複	vejam / ˈvɐʒẽw̃ ǀ ˈveʒẽw̃ /	vissem / ˈvisẽj ǀ ˈvisẽj /	virem / ˈvirẽj ǀ ˈvirẽj /

直説法・現在形および直説法・過去形に不規則性がみられる。基本時称（直説法・現在形、直説法・過去形、非人称不定詞）からの派生方法は規則的。ver の接続法・未来形は vir の人称不定詞と同じ。

632

補 遺

過去分詞 visto / ˈviʃtu | ˈvistu /

	直説法・大過去形	直説法・未来形	直説法・過去未来形
1単	vira / ˈvirɐ	ˈvira /	verei / viˈrej	veˈrej /	veria / viˈriɐ	veˈria /
2単	viras / ˈvirɐʃ	ˈviras /	verás / viˈraʃ	veˈras /	verias / viˈriɐʃ	veˈrias /
3単	vira / ˈvirɐ	ˈvira /	verá / viˈra	veˈra /	veria / viˈriɐ	veˈria /
1複	víramos / ˈvirɐmuʃ	ˈviramus /	veremos / viˈremuʃ	veˈremus /	veríamos / viˈriɐmuʃ	veˈriamus /
2複	víreis / ˈvirɐjʃ	ˈvirejs /	vereis / viˈrejʃ	veˈrejs /	veríeis / viˈriɐjʃ	veˈriejs /
3複	viram / ˈvirɐ̃w /	verão / viˈrɐ̃w	veˈrɐ̃w /	veriam / viˈriɐ̃w	veˈriɐ̃w /

	人称不定詞	命令法
1単	ver / ˈver /	
2単	veres / ˈveriʃ	ˈveris /	vê / ˈve /
3単	ver / ˈver /	
1複	vermos / ˈvermuʃ	ˈvermus /	
2複	verdes / ˈverdiʃ	ˈverdʒis /	vede / ˈvedɨ	ˈvedʒi /
3複	verem / ˈverẽj	ˈverẽj /	

ポルトガル語四週間

vestir / viʃˈtir ǀ vesˈtʃir /　　現在分詞　**vestindo** / viʃˈtĩdu ǀ vesˈtʃĩdu /

	直説法・現在形	直説法・半過去形	直説法・過去形
1単	visto / ˈviʃtu ǀ ˈvistu /	vestia / viʃˈtiɐ ǀ vesˈtʃia /	vesti / viʃˈti ǀ vesˈtʃi /
2単	vestes / ˈvɛʃtiʃ ǀ ˈvɛstʃis /	vestias / viʃˈtiɐʃ ǀ vesˈtʃias /	vestiste / viʃˈtiʃti ǀ vesˈtʃistʃi /
3単	veste / ˈvɛʃti ǀ ˈvɛstʃi /	vestia / viʃˈtiɐ ǀ vesˈtʃia /	vestiu / viʃˈtiw ǀ vesˈtʃiw /
1複	vestimos / viʃˈtimuʃ ǀ vesˈtʃimus /	vestíamos / viʃˈtiɐmuʃ ǀ vesˈtʃiamus /	vestimos / viʃˈtimuʃ ǀ vesˈtʃimus /
2複	vestis / viʃˈtiʃ ǀ vesˈtʃis /	vestíeis / viʃˈtiɐjʃ ǀ vesˈtʃiejs /	vestistes / viʃˈtiʃtiʃ ǀ vesˈtʃistʃis /
3複	vestem / ˈvɛʃtẽj ǀ ˈvɛstʃẽj /	vestiam / viʃˈtiɐ̃w̃ ǀ vesˈtʃiɐ̃w̃ /	vestiram / viʃˈtirɐ̃w̃ ǀ vesˈtʃirɐ̃w̃ /
	接続法・現在形	接続法・半過去形	接続法・未来形
1単	vista / ˈviʃtɐ ǀ ˈvista /	vestisse / viʃˈtisɨ ǀ vesˈtʃisi /	vestir / viʃˈtir ǀ vesˈtʃir /
2単	vistas / ˈviʃtɐʃ ǀ ˈvistas /	vestisses / viʃˈtisɨʃ ǀ vesˈtʃisis /	vestires / viʃˈtiriʃ ǀ vesˈtʃiris /
3単	vista / ˈviʃtɐ ǀ ˈvista /	vestisse / viʃˈtisɨ ǀ vesˈtʃisi /	vestir / viʃˈtir ǀ vesˈtʃir /
1複	vistamos / viʃˈtɐmuʃ ǀ visˈtamus /	vestíssemos / viʃˈtisɨmuʃ ǀ vesˈtʃisemus /	vestirmos / viʃˈtirmuʃ ǀ vesˈtʃirmus /
2複	vistais / viʃˈtajʃ ǀ visˈtajs /	vestísseis / viʃˈtisɐjʃ ǀ vesˈtʃisejs /	vestirdes / viʃˈtirdiʃ ǀ vesˈtʃirdʒis /
3複	vistam / ˈviʃtẽj ǀ ˈvistẽj /	vestissem / viʃˈtisẽj ǀ vesˈtʃisẽj /	vestirem / viʃˈtirẽj ǀ vesˈtʃirẽj /

直説法・現在形に不規則性がみられる。基本時称（直説法・現在形、直説法・過去形、非人称不定詞）からの派生方法は規則的。命令法・2人称複数形が直説法・過去・1人称単数形と同形。接続法・未来形と人称不定詞は重複している。

補　遺

過去分詞　vestido / viʃˈtidu ǀ vesˈtʃidu /

	直説法・大過去形	直説法・未来形	直説法・過去未来形
1 単	vestira / viʃˈtiɐ ǀ vesˈtʃira /	vestirei / viʃtiˈɐj ǀ vestʃiˈrej /	vestiria / viʃtiˈɐ ǀ vestʃiˈria /
2 単	vestiras / viʃˈtiɐʃ ǀ vesˈtʃiras /	vestirás / viʃtiˈraʃ ǀ vestʃiˈras /	vestirias / viʃtiˈɐʃ ǀ vestʃiˈrias /
3 単	vestira / viʃˈtiɐ ǀ vesˈtʃira /	vestirá / viʃtiˈra ǀ vestʃiˈra /	vestiria / viʃtiˈɐ ǀ vestʃiˈria /
1 複	vestíramos / viʃˈtiɐmuʃ ǀ vesˈtʃiramus /	vestiremos / viʃtiˈremuʃ ǀ vestʃiˈremus /	vestiríamos / viʃtiˈɐmuʃ ǀ vestʃiˈriamus /
2 複	vestíreis / viʃˈtiɐjʃ ǀ vesˈtʃirejs /	vestireis / viʃtiˈrejʃ ǀ vestʃiˈrejs /	vestiríeis / viʃtiˈɐjʃ ǀ vestʃiˈriejs /
3 複	vestiram / viʃˈtiɐ̃w̃ ǀ vesˈtʃirɐ̃w̃ /	vestirão / viʃtiˈrɐ̃w̃ ǀ vestʃiˈrɐ̃w̃ /	vestiriam / viʃtiˈɐ̃w̃ ǀ vestʃiˈriɐ̃w̃ /

	人称不定詞	命令法
1 単	vestir / viʃˈtir ǀ vesˈtʃir /	
2 単	vestires / viʃˈtiriʃ ǀ vesˈtʃiris /	veste / ˈvɛʃtɨ ǀ ˈvɛstʃi /
3 単	vestir / viʃˈtir ǀ vesˈtʃir /	
1 複	vestirmos / viʃˈtirmuʃ ǀ vesˈtʃirmus /	
2 複	vestirdes / viʃˈtirdiʃ ǀ vesˈtʃirdʒis /	vesti / viʃˈti ǀ vesˈtʃi /
3 複	vestirem / viʃˈtirẽj ǀ vesˈtʃirẽj /	

ポルトガル語四週間

vir / ˈviɾ / 　現在分詞 **vindo** / ˈvĩdu / 　過去分詞 **vindo** / ˈvĩdu /

	直説法・現在形	直説法・半過去形	直説法・過去形
1単	venho / ˈvɐɲu ǀ ˈveɲu /	vinha / ˈviɲɐ ǀ ˈviɲa /	vim / ˈvĩ /
2単	vens / ˈvẽʃ ǀ ˈvẽjs /	vinhas / ˈviɲɐʃ ǀ ˈviɲas /	vieste / viˈɛʃtɨ ǀ viˈestʃi /
3単	vem / ˈvɐ̃j ǀ ˈvẽj /	vinha / ˈviɲɐ ǀ ˈviɲa /	veio / ˈvɐju ǀ ˈveju /
1複	vimos / ˈvimuʃ ǀ ˈvimus /	vínhamos / ˈviɲɐmuʃ ǀ ˈviɲamus /	viemos / viˈɛmuʃ ǀ viˈemus /
2複	vindes / ˈvĩdiʃ ǀ ˈvĩdʒis /	vínheis / ˈviɲɐjʃ ǀ ˈviɲejs /	viestes / viˈɛʃtiʃ ǀ viˈestʃis /
3複	vêm / ˈvɐ̃j̃ ǀ ˈvẽj̃ /	vinham / ˈviɲɐ̃w̃ /	vieram / viˈɛɾɐ̃w̃ /
	接続法・現在形	接続法・半過去形	接続法・未来形
1単	venha / ˈvɐɲɐ ǀ ˈveɲa /	viesse / viˈɛsɨ ǀ viˈɛsi /	vier / viˈɛɾ /
2単	venhas / ˈvɐɲɐʃ ǀ ˈveɲas /	viesses / viˈɛsiʃ ǀ viˈɛsis /	vieres / viˈɛɾiʃ ǀ viˈɛris /
3単	venha / ˈvɐɲɐ ǀ ˈveɲa /	viesse / viˈɛsɨ ǀ viˈɛsi /	vier / viˈɛɾ /
1複	venhamos / vɨˈɲɐmuʃ ǀ veˈɲamus /	viéssemos / viˈɛsimuʃ ǀ viˈɛsemus /	viermos / viˈɛɾmuʃ ǀ viˈɛrmus /
2複	venhais / vɨˈɲajʃ ǀ veˈɲajs /	viésseis / viˈɛsɐjʃ ǀ viˈɛsejs /	vierdes / viˈɛɾdiʃ ǀ viˈɛrdʒis /
3複	venham / ˈvɐɲɐ̃w̃ ǀ ˈveɲɐ̃w̃ /	viessem / viˈɛsɐ̃j̃ ǀ viˈɛsẽj̃ /	vierem / viˈɛɾɐ̃j̃ ǀ viˈɛɾẽj̃ /

直説法・現在形、直説法・半過去形、直説法・過去形に不規則性がみられる。基本時称（直説法・現在形、直説法・過去形、非人称不定詞）からの派生方法は規則的。現在分詞と過去分詞の形が同形。 vir の人称不定詞は ver の接続法・未来形と同じ。

補　　遺

	直説法・大過去形	直説法・未来形	直説法・過去未来形
1単	viera / viˈɛɾɐ | viˈɛɾa /	virei / viˈrej | viˈrej /	viria / viˈriɐ | viˈria /
2単	vieras / viˈɛɾɐʃ | viˈɛɾas /	virás / viˈraʃ | viˈras /	virias / viˈriɐʃ | viˈrias /
3単	viera / viˈɛɾɐ | viˈɛɾa /	virá / viˈra | viˈra /	viria / viˈriɐ | viˈria /
1複	viéramos / viˈɛɾɐmuʃ | viˈɛɾamus /	viremos / viˈremuʃ | viˈremus /	viríamos / viˈriɐmuʃ | viˈriamus /
2複	viéreis / viˈɛɾejʃ | viˈɛɾejs /	vireis / viˈrejʃ | viˈrejs /	viríeis / viˈriejʃ | viˈriejs /
3複	vieram / viˈɛɾɐ̃w̃ /	virão / viˈrɐ̃w̃ /	viriam / viˈriɐ̃w̃ /

	人称不定詞	命令法
1単	vir / ˈvir /	
2単	vires / ˈviriʃ | ˈviris /	vem / ˈvẽj | ˈvẽj /
3単	vir / ˈvir /	
1複	virmos / ˈvirmuʃ | ˈvirmus /	
2複	virdes / ˈvirdɨʃ | ˈvirdʒis /	vinde / ˈvĩdɨ | ˈvĩdʒi /
3複	virem / ˈvirẽj | ˈvirẽj /	

ポルトガル語四週間

5.0. ポルトガル・ブラジル関係地名一覧
■ポルトガル語圏の国・地域名と形容詞（—は冠詞不要）
　Angola, (—) .... angolano
　Brasil, (o) .... brasileiro
　Cabo Verde, (—) .... cabo-verdiano
　Guiné-Bissau, (a) .... guineense
　Macau, (—) .... macaense
　Moçambique, (—) .... moçambicano
　Portugal, (—) .... português / portuguesa
　São Tomé e Príncipe, (—) ... são-tomense
　Timor-Leste, (—) .... timorense

■日本の都市・地域名
以下のようなポルトガル語特有の伝統的表記があります。ヘボン式のローマ字表記も排除されません。

　Tóquio .... 東京
　Osaca .... 大阪
　Quioto .... 京都
　Hiroxima .... 広島
　Cobe / Kobe......................... 神戸
　Nagasáqui............................ 長崎
　Nagóia.................................. 名古屋
　Tocuxima .... 徳島

■ポルトガルの地方名（冠詞）と形容詞
　Alentejo, (o) .... alentejano
　Algarve, (o) .... algarvio
　Beira, (a) .... beirão / beirã
　Douro, (o) .... duriense
　Estremadura, (a) .... estremenho
　Minho, (o) .... minhoto

補　遺

Ribatejo, (o) .... ribatejano
Trás-os-Montes, (o) .... transmontano

■ポルトガルの県名（冠詞）、都市名と形容詞 （—は冠詞不要）

Aveiro, （—） .... aveirense
Beja, （—） .... bejense
Braga, （—） .... bracarense
Bragança, （—） .... bragançano, bragantino
Castelo Branco, （—） .... albicastrense
Coimbra, （—） .... coimbrão, coimbrã, conimbricense
Évora, （—） .... eborense
Faro, （—） .... farense
Guarda, (a) .... guardense, egitaniense
Leiria, （—） .... leiriense
Lisboa, （—） .... lisboeta, lisbonense, olisiponense
Portalegre, （—） .... portalegrense
Porto, (o) .... portuense
Santarém, （—） .... santareno, escalabitano
Setúbal, （—） .... setubalense, sadino
Viana do Castelo, （—） .... vianense
Vila Real, （—） .... vila-realense
Viseu （—） .... viseense

■ブラジルの州名（冠詞）と形容詞

Acre, (o) .... acreano
Alagoas, （—） .... alagoano
Amapá, (o) .... amapaense
Amazonas, (o) .... amazonense
Bahia, (a) .... baiano
Brasília-DF, （—） .... brasiliense
Ceará, (o) .... cearense

Espírito Santo, (o) .... espírito-santense, capixaba
Goiás, (—) .... goiano
Maranhão, (o) .... maranhense
Mato Grosso, (—) .... mato-grossense
Mato Grosso do Sul, (—) .... sul-mato-grossense
Minas Gerais, (—) .... mineiro
Pará, (o) .... paraense
Paraíba, (a) .... paraibano
Paraná, (o) .... paranaense
Pernambuco, (—) .... pernambucano
Piauí, (o) .... piauiense
Rio de Janeiro, (o) .... fluminense
Rio Grande do Norte, (o) .... rio-grandense-do-norte
Rio Grande do Sul, (o) .... rio-grandense-do-sul
Rondônia, (—) .... rondoniano, rondoniênse
Roraima, (—) .... roraimense
Santa Catarina, (—) .... catarinense
São Paulo (—) .... paulista
Sergipe, (—) .... sergipano
Tocantins, (—) .... tocantinense

練習問題解答例・解説

練習問題(1)

Ⅰ．省略

解説 まず自分で音声記号を読んでみて、これでよいと思ったところで模範発音と聞き比べる、あるいは教師に矯正してもらうと言う方法が望ましいでしょう。音声記号と綴りとが似ているので混同しないように注意が必要です。

Ⅱ．1. / ˈpa / .... pá　　2. / ˈnu / .... nu
　　3. / ˈpɛ / .... pé　　4. / ˈsiu / .... cio
　　5. / ˈse / .... sê　　6. / ˈʃiu / .... chio
　　7. / ˈsɔ / .... só　　8. / ˈsɛ / .... sé
　　9. / siˈɡredu | seˈɡredu / ... segredo　10. / ɐˈdiɐ | aˈdʒia / ... adia

解説 まぎらわしいものを注意して区別しましょう。

問2．正書法上でnoと書かれる語（前置詞 em /ẽj | ẽj̃/と定冠詞 o / u / の縮約形）の発音は無強勢の / nu / です。いっぽう / ˈnu / は強勢がある「強勢語」ですから、nuという形容詞であることがわかります。

問6．chio / ˈʃiu / と cio / ˈsiu / は語頭の音については、日本語の「シ」で代用しないよう注意が必要です。

問10．日本語の母語話者には / dʒ / と / ʒ / の区別が困難です。agia / ɐˈʒiɐ | aˈʒia / と adia / ɐˈdiɐ | aˈdʒia / の違いに注意しましょう。ブラジル発音の場合は特に / dʒ / と / ʒ / を明確に区別する必要があります。

Ⅲ．省略

解説 それぞれが最小対になって、ひとつの音を入れ替えるだけで意味が異なる語になります。対になっている音をよく注意しましょう。問4．, 問5．はアクセントの位置で対立しています。問5．の日本語例にある撥音とポルトガル語の鼻母音との違いにも留意してください。

練習問題(2)

Ⅰ．省略

(解説) まず自分で音声記号を読んでみて、これでよいと思ったところで模範発音と聞き比べる、あるいは教師に矯正してもらうと言う方法が望ましいでしょう。音声記号と綴りとが似ているので混同しないように注意が必要です。ブラジル発音では、鼻子音の前の母音が鼻音化することがあるので、tema / 'temɐ | 'tẽma / という発音もよく聞かれます。

Ⅱ．1. enfim..... / ẽˈfĩ /　　　　2. íntimo....... / ˈĩtimu | ˈĩtʃimu /
　　3. ênfase.... / ˈẽfɐzɨ | ˈẽfazi /　4. empenho.. / ẽˈpɐɲu | ẽˈpeɲu /
　　5. manhã... / mɐˈɲẽ | maˈɲẽ /　6. câmbio..... / ˈkɐ̃biu /
　　7. sombra.. / ˈsõbrɐ | ˈsõbra /　8. contem..... / kõˈtẽj̃ | kõˈtẽj̃ /
　　9. decisão ...... / disiˈzɐ̃w̃ | desiˈzɐ̃w̃ /
　　10. decidam ...... / dɨˈsidɐ̃w̃ | deˈsidɐ̃w̃ /

(解説) 選択肢としては、ポルトガル発音とブラジル発音と分けて書いてありますから、学習者の必要に応じて、どちらかで統一して、縦線 | の左右のどちらかで解答の正誤を判断してください。

Ⅲ．省略

(解説) この問題では、学習者が日本語の撥音とポルトガル語の鼻母音とは別物であると納得することを目的としています。たとえば10番のカタカナ表記は、いろいろ工夫をしても、どれも実際の音とは異なることが自覚できればよいのです。

練習問題(3)

Ⅰ．1. Há um livro.
　2. Há duas revistas ao lado do sofá.
　3. Há um caderno debaixo do jornal.
　4. Há apenas um prato em cima da mesa.
　5. Há uma televisão (um televisor) na sala.

練習問題解答例・解説

解説 この問題では、存在を示す動詞 haver の直説法・3人称単数形の用い方を理解することを主眼としています。位置を示す前置詞と冠詞の縮約、代表的な句前置詞 (em cima de) 等にも慣れてください。

II．1. os sacos .... / ʃ | s /　　2. as asas .... / z | z /
　　3. as mesas .... / ʒ | z /　　4. os garfos .... / ʒ | z /
　　5. os pratos .... / ʃ | s /　　6. as caixas .... / ʃ | s /
　　7. as laranjas .... / ʒ | z /　　8. os livros .... / ʒ | z /
　　9. os bolos .... / ʒ | z /　　10. os hinos .... / z | z /

解説 語末の -s の同化の規則を問う問題です。疑問のある場合は本文を参照しましょう (☞ 3.2. 語末の **-s, -z** / ʃ | s / の発音)。規則は3とおりしかありませんから、慣れれば簡単です。日常的に注意していると無意識に同化が行われるようになります。

III．1. um cavalo　　　　　　2. duas éguas
　　3. três couves　　　　　　4. seis cigarras
　　5. duas mãos　　　　　　6. quatro anos
　　7. cinco cartas　　　　　　8. oito sapatos
　　9. nove lulas　　　　　　10. sete pessoas

解説 名詞の性については辞書をひく他に知る方法はありません。複数形についても辞書で例外でないことを確かめることが大切です。音読の際は、上の問題 II. で見た同化の規則をよく意識して発音の練習をしてください。注意深く、というのは、同化をよく意識するためです。

練習問題(4)

I．1. **estudante** / iʃtuˈdɐ̃ti | estuˈdɐ̃tʃi /　　**estudantes** / iʃtuˈdɐ̃tiʃ | estuˈdɐ̃tʃis /

　　意味：学生

　2. **café**　　　/ kɐˈfɛ | kaˈfɛ /　　**cafés** / kɐˈfɛʃ | kaˈfɛs /
　　意味：カフェー

3. **tabelião** / tɐbiliˈẽw̃ | tabeliˈẽw̃ / **tabeliães** / tɐbiliˈẽȷ̃ʃ | tabeliˈẽȷ̃ʃ /
   意味：公証人
4. **peru** / piˈru | peˈru / **perus** / piˈruʃ | peˈrus /
   意味：七面鳥
5. **pai** / ˈpaj / **pais** / ˈpajʃ | ˈpajs /
   意味：父親（複数では、両親の意味も）
6. **herói** / eˈrɔj / **heróis** / eˈrɔjʃ | eˈrɔjs /
   意味：英雄
7. **boi** / ˈboj / **bois** / ˈbojʃ | ˈbojs /
   意味：雄牛
8. **mãe** / ˈmẽȷ̃ / **mães** / ˈmẽȷ̃ʃ | ˈmẽȷ̃s /
   意味：母親
9. **balão** / bɐˈlẽw̃ | baˈlẽw̃ / **balões** / bɐˈlõȷ̃ʃ | baˈlõȷ̃s /
   意味：風船
10. **botão** / buˈtẽw̃ | boˈtẽw̃ / **botões** / buˈtõȷ̃ʃ | boˈtõȷ̃s /
    意味：ボタン

(解説) 名詞のうち、とくに -ão で終わるものについては、本文にあるとおり、辞書で複数形を調べる必要があります。音声記号の正しい読み方に慣れましょう。

II.1. — Quantas laranjas há em cima da mesa? — Há umas dez.
  2. — Quantos empregados há no café?
  3. — Quantos alemães há na sala de aula?
  4. — Há umas quinze caixas atrás do edifício.
  5. — Há uns vinte documentos ao lado do computador.

(解説) 存在をあらわす動詞 haver の直説法・3人称単数形を用いて可能なさまざまな表現を扱っています。疑問文にはもちろん é que を用いて、"Quantas lalanjas é que há ..." としてもよろしい。詳しくは「7.6. 特殊疑問文における é que の用法」を参照。

644

練習問題解答例・解説

III. 1. quinze portos
2. doze ovos
3. dezoito guarda-chuvas
4. dezassete | dezessete fósseis
5. dezanove | dezenove porcos
6. treze cristãos
7. dezasseis | dezesseis canções / ʃ | s /
8. onze irmãos
9. zero horas | hora
10. dezoito pães
11. vinte rapazes
12. doze mulheres
13. vinte e uma colheres
14. quinze animais
15. onze papéis
16. treze barris
17. dezassete | dezsste cônsules
18. catorze | quatorze navios-escolas
19. vinte pisa-papéis
20. dezasseis | dezesseis porta-chaves / ʃ | s /

(解説) この問題には10以上の数しかありませんが、例にある基数詞2と1については名詞の性によって um /uma, dois / duas と変化させることに留意してください。問 9. の zero については、数学的には単数とも複数とも言えないわけですが、文法的にはポルトガルでは複数扱い、ブラジルでは単数扱いします。ゆっくりと読み、語末の -s の同化に注意して、音声記号の読みに慣れましょう。語末の -s の同化の規則を間違えたときは「3.2. 語末の **-s, -z** / ʃ | s / の発音」を見直してください。

IV. 1. Carlos V .... Carlos quinto
2. Isabel II .... Isabel segunda
3. Século XIX .... século dezanove | dezenove
4. XX Exposição .... vigésima Exposição
5. Capítulo XIII .... Capítulo treze
6. Luís XIV .... Luís catorze | quatorze
7. XVIII Colóquio .... décimo oitavo Colóquio
8. 12ª versão .... décima segunda versão
9. 11º andar .... décimo primeiro andar
10. Folha 18 .... Folha dezoito

解説　本文の解説にあるとおり、序数詞の読み方にはやや複雑な規則があります。問2.の女王の名前などは Isabel が女性なので segunda となります。なおブラジルでは Elisabeth の翻訳として Elisabete が用いられます。問7.のローマ数字のあとにも、XVIII° とするものを目にすることもありますが、規範的には "°, ª" は不要です。

V.1. a. いちじくがふたつあります。
　　 b. いちじくがふたつありますか？
 2. a. オレンジがふたつあります。
　　 b. オレンジがふたつありますか？
 3. a. きょうは展覧会があります。
　　 b. きょうは展覧会がありますか？
 4. a. けっこうです。
　　 b. よろしいですか？
 5.　研究室には本が何冊ありますか？

　解説　音調は本文で示した原則に従えばコミュニケーションの上で支障はありません。教師について練習すれば一層よい結果が得られるでしょう。日本語の音調は平坦なので誇張気味にピッチを上下させるのがコツです。

練習問題(5)

I.1.　—O senhor (é) brasileiro?　あなたはブラジル人ですか。
　　　—Não. (Sou) moçambicano.　いいえ、わたしはモサンビーク人です。
 2.　—Eu (sou) japonesa. E a senhora?　わたしは日本人ですがあなたは？
　　　—(Sou) brasileira.　わたしはブラジル人です。
 3.　—Vocês (são) japoneses?　あなたがたは日本人ですか。
　　　—(Somos), sim.　ええ、そうです。
 4.　—Quem (é) Eça de Queirós? (É) um poeta?　エッサ・デ・ケイロースとは誰ですか。詩人ですか？
　　　—Não. (É) escritor.　いえ、作家です。

練習問題解答例・解説

5. —Há umas quinze pessoas na sala. Quem (são)? (São) alemães?　部屋には15人ほどの人がいます。誰でしょうか。ドイツ人ですか？

(解説)　音調と代表的叙述動詞 ser の直説法・現在形の活用を練習するための問題です。疑問文の音調とともに、肯定の返答のときに適当な人称と数で動詞を繰り返すというポルトガル語独特の肯定方法を修得しましょう。

II．1．彼はブラジル人です。
　2．貴女はブラジル人ですかそれともポルトガル人ですか？
　3．君たちは中国人ですか？
　4．彼女は中国人ですかそれとも日本人ですか？
　5．君はポルトガル人かい？

(解説)　選択疑問文の2と4については音調に特別の配慮が必要です。選択肢AかBかというとき、Aのところで、相当に思い切って音調を上昇させ"ou"のところで一気に中程度の高さに下げるのがコツです。

III．1．Vocês são portugueses, não são?　君たちはポルトガル人なんでしょう？
　2．Os senhores não são japoneses, „pois não？| são？„　あなた方は日本人ではないんですよね？
　3．Nós somos de Lisboa, não somos?　僕らはリスボン出身じゃあないか。
　4．Ele não é de Paris, „pois não？| é？„　あの人はパリの出ではないんでしょう？
　5．Tu és de Coimbra, não és?　君はコインブラの出身なんでしょう？

(解説)　典型的な付加疑問文によって本文で解説したとおり、聞き手に対する同意を求める、という意味が付け加えられます。実際のコミュニケーションでは、むろん音調のほか、表情、その他の要素も加わって、より豊かな表現とすることが可能でしょう。

IV.1. XLVI Concurso .... quadragésimo sexto concurso
  2. página 38 .... página trinta e oito
  3. 82 pessoas .... oitenta e duas pessoas
  4. nº 25 .... número vinte e cinco
  5. 41 anos .... quarenta e um anos
  6. 59 € .... cinquanta e nove euros
  7. 98 dólares .... noventa e oito dólares
  8. 86º aniversário .... octogésimo sexto aniversário
  9. 64ª reunião .... sexagésima quarta reunião
 10. 71ª testemunha .... septuagésima ｜ setuagésima
                                                  primeira testemunha

(解説) 序数詞の場合は、後続する名詞の性に一致させることをうっかり忘れがちです。ポルトガルとブラジルとで少しだけ綴りの異なる場合もありますので注意しましょう。

練習問題(6)

I.1. —De onde (é) o senhor? —(Sou) do [Japão].
  2. —Quem (és) tu? —(Sou) o João.
  3. —Ela (é) [estudante] japonesa. E tu? —(Sou) também [estudante].
  4. —Eles (são) [funcionários] ou [professores]? —(São) [funcionários].
  5. —Nós (somos) de Tóquio. E vocês? —(Somos) de Portalegre, de Portugal.

(解説) 音調について、疑問詞ではじまる特殊疑問文は降調であることに留意しましょう。問5.の Portalegre について：ブラジルのリオ・グランデ・ド・スル州の州都は Porto Alegre (無冠詞) です。

II.1. os sacos grandes 大きな袋
  2. as facas afiadas 研いであるナイフ
  3. as mesas redondas 丸いテーブル
  4. as portas férreas 鉄の扉

練習問題解答例・解説

5. os assuntos familiares　家庭の事情
6. as gavetas largas　幅の広い引き出し
7. as laranjas frescas　新鮮なオレンジ
8. as maneiras profissionais　プロのやり方
9. os lápis compridos　長い鉛筆
10. os estudantes trabalhadores　勤労学生

解説　語末の -s は以下のとおりです。問 3. では語頭の r が [r] ならば有声子音なので mesas の語末の -s が /ʒ/ となり、語頭の r- が [x]、[h] ならば、これらは無声子音なので mesas の語末の -s は同化を受けず /ʃ | s/ となります。

1. /ʃ | s/, /ʒ | z/, /ʃ | s/　　2. /ʃ | s/, /z/, /ʃ | s/
3. /ʒ | z/, /ʒ, ʃ | s/, /ʃ | s/　　4. /ʃ | s/, /ʃ | s/, /ʃ | s/
5. /z/, /ʃ | s/, /ʃ | s/　　6. /ʒ | z/, /ʒ | z/, /ʃ | s/
7. /ʒ | z/, /ʃ | s/, /ʃ | s/　　8. /ʒ | z/, /ʃ | s/, /ʃ | s/
9. /ʒ | z/, /ʃ | s/, /ʃ | s/　　10. /z/, /ʃ | s/, /ʃ | s/

III. 1. os usos e costumes locais　現地の風俗習慣
2. os trajes e os utensílios baianos　バイーア地方の衣装と生活用具
3. os pratos e os falares típicos　典型的な食べ物と言葉
4. os chapéus e os sapatos escuros　暗い色の帽子と靴
5. as fotografias e as caricaturas ultrapassadas　時代遅れの写真とカリカチュア

解説　上の問題 II. と同様に語末の -s の同化によく留意することが重要です。

IV. 1. quinhentos e dezoito ienes
2. setecentos e oitenta reais
3. duzentos e sessenta e cinco exemplares
4. quadringentésima　septuagésima | setuagésima　quinta cerimónia | cerimônia
5. mil novecentos e sessenta e quatro

6. setecentos e oitenta e nove euros
7. mil seiscentos e sessenta e cinco
8. mil oitocentos e noventa e nove
9. mil novecentos e setenta e quatro
10. mil duzentos e cinquenta | cinqüenta e nove

(解説) 年号を表記するときは問7.～10.のローマ数字がしばしば用いられますので、慣れることが必要です。R$(real, reais)は現代ブラジルの通貨単位の記号です。

練習問題(7)

I. 1. ―Maria, onde (é) que (estás) tu agora? ―(Estou) no Rio, no Brasil.
 2. ―O senhor (é) motorista deste carro? ―(Sou), sim.
 3. ―O taxi (está) em frente do correio.
 4. ―Mas, quem (está) à procura de quem? ―Nós (estamos) à procura do Mário.
 5. ―Hoje (está) chuvoso.
 6. ―Depressa! O navio (está) para sair!
 7. ―Isto (é) para o senhor.
 8. ―O rascunho (está) por passar a limpo.
 9. ―Não (estou) para ver um filme musical hoje.
 10. ―Ela (é) uma pessoa muito atenciosa mas hoje (está) um pouco mal humorada.

(解説) 同じestar para＋不定詞、という形で意味が二通り可能(問6.と問7.)ですが、文脈によることを理解しましょう。

II. 1. estes livros azuis aqui → ここにあるこの青い本
 2. aquela faca grande ali → あそこにあるあの大きなナイフ
 3. esses rapazes auxiliares aí → そこにいるその助手の青年たち
 4. essas gatas pequenas aí → そこにいるその小さな猫たち
 5. aquele calendário escolar ali → あそこにあるあの学校予定表

6. esta praça linda aqui → ここにあるこの綺麗な広場
7. esta rua estreita aqui → ここにあるこの狭い通り
8. aquelas pedras pesadas ali → あそこにあるあの重い石
9. essas cordas compridas aí → そこにあるその長いヒモ
10. esse documento pessoal aí → そこにあるその個人的な書類

(解説) 音読するときには同化の規則に留意しましょう。また母音の開閉も重要な点です。

III.1. a sua bicicleta | a bicicleta de você　君の自転車
   2. a vossa casa | a casa de vocês　君達の家
   3. os teus pais　君の両親
   4. o computador dela　彼女のパソコン
   5. as minhas filhas　私の娘達
   6. a nossa professora　我々の教師
   7. a carta dos senhores　貴方がたの手紙
   8. os vossos sonhos　君たちの夢
   9. as vossas notas | as notas de vocês　君たちの成績
   10. as minhas compreensões　私の理解

(解説) 所有形容詞の前にある定冠詞はブラジルでは通常省かれます。☞ 7.9. 所有形容詞, p.113参照。問 8. の vosso は古風体であれば敬称としての 対称詞複数 vós の所有形容詞として、「貴殿の夢の数々」ということになります。

IV.1. ― Que horas são?　― São quinze horas e vinte minutos.
   2. ― Hoje está bom tempo, não está?
   3. ― Onde é que estamos?
   4. ― Hoje estou sem dinheiro.
   5. ― O que é que é isso?

(解説) 叙述動詞の ser, estar の使い分けと付加疑問を考えるための作文です。叙述動詞の使い分けについて疑問があれば、今一度7.4., 7.5.を参照しましょう。

ポルトガル語四週間

練習問題(8)

I.1. O senhor Meneses **é** jornalista e **escreve** artigos.　メネーゼスさんはジャーナリストで記事を書きます。

2. A Teresa **está** neste momento no escritório. Ela **trabalha** como contabilista.　テレーザはいま事務所にいます。彼女は会計士として働いています。

3. A senhora Gouveia e o seu marido **trabalham** para o governo. Eles **são** funcionários públicos. Os dois **discutem** de vez em quando a situação pública geral. Mas em casa eles **evitam** tocar nos assuntos dos seus serviços.　ゴーヴェイアさんとその夫は政府の職員です。彼らは公務員です。ふたりはときどき一般的な公務関係のことを議論することもあります。しかし家庭では自分の仕事に触れないようにしています。

4. —Onde **fica** o novo hiper-mercado grande?　新しい大きなスーパーはどこにありますか?
   —**Fica** ao pé do cruzamento desta avenida com a Rua Augusta.　この大通りとアウグスタ街との交差点の近くにあります。

5. —Que línguas vocês **falam**?　君たちは何語を話しますか?
   —Nós **falamos** inglês e português.　僕たちは英語とポルトガル語を話します。

(**解説**)　すべて規則動詞です。活用形に疑問のあるときは本文をよく読み直して活用の原理をいま一度理解しましょう。巻末の活用表や辞書の活用表を参照してもよいでしょう

II.1. Onde (é) que (está) o seu dicionário?　あなたの辞書はどこにありますか。

2. A Faculdade de Medicina (fica / é) mesmo em frente da estação.　医学部は駅の目の前にあります。

3. A estátua do Presidente (fica / está / é) no centro da praça.　大統領の像は広場の中央にあります。

4. Os senhores (ficam) alguns dias nesta cidade?　あなた方はこの町に数日滞在なさるんですか。

練習問題解答例・解説

5. Nós (estamos) agora num café ao lado de um restaurante chinês.　いま僕らは中華料理店のとなりのカフェーにいるんだ。
6. Vocês (ficam) doentes com o abuso de bebidas alcoólicas.　君たちはアルコール飲料の飲み過ぎで具合が悪くなる。
7. O João e eu (estamos) ao telefone há mais de meia hora.　ジョアンと僕は30分以上前から電話中だ。
8. Tu (ficas) com o pai, (está) bem?　君はお父さんと一緒に居るんだよ、いいね。
9. Então, eu (fico) com a maçã e tu (ficas) com a pera.　じゃあ僕はリンゴをもらうから君は梨をとれよ。
10. O trânsito (está) um pouco confuso. Os funcionários dos transportes públicos (estão) em greve hoje.　交通がやや混乱している。公共交通の職員がきょうはストライキだ。

(解説)　建物など動かぬものの所在については、ficar のほか、ser 動詞、estar 動詞も可能です。しかし ficar がもっとも典型的な動詞です。なお、問 9. の ficar com は本文で解説したとおり成句の一種です。

III. 1. sentar (eu) .... sento / ˈsẽtu /
　2. jantar (vocês) .... jantam / ˈʒɐ̃tɐ̃w̃ /
　3. fechar (tu) .... fechas / ˈfɛʃɐʃ | ˈfɛʃas /
　4. engarrafar (eu e ele) .... engarrafamos / ẽgɐrɐˈfɐmuʃ | ẽgaxaˈfamus /
　5. tomar (vós) .... tomais / tuˈmajʃ | toˈmajs /
　6. timbrar (vocês) .... timbram / ˈtĩbrɐ̃w̃ | ˈtʃĩbrɐ̃w̃ /
　7. meter (eles) .... metem / ˈmɛtẽj̃ | ˈmɛtẽj̃ /
　8. aceder (ele e ela) .... acedem / ɐˈsɛdẽj̃ | aˈsɛdẽj̃ /
　9. torcer (eu) .... torço / ˈtɔrsu /
　10. despir (eu) .... dispo / ˈdiʃpu | ˈdʒispu /
　11. crescer (eu), (tu) .... cresço / ˈkrɛʃsu | ˈkrɛsu /,
　　　　　　　　　　　　　　　　　　　cresces / ˈkrɛʃsiʃ | ˈkrɛsis /

12. receber (nós) .... recebemos / risiˈbemuʃ ǀ xeseˈbemus /
13. exigir (eu), (eles) .... exijo / iˈziʒu ǀ eˈziʒu /, exigem / iˈziʒẽj ǀ eˈziʒẽj /
14. erguer (eu), (vocês) .... ergo / ˈerɡu /, erguem / ˈɛrɡẽj ǀ ˈɛrɡẽj /
15. frigir (eu), (eu e vocês) ..... frijo / ˈfriʒu /, frigimos / friˈʒimuʃ ǀ friˈʒimus /

(解説) 不規則動詞は despir のみ(巻末不規則動詞活用一覧表、vestir を参照)、あとはすべて規則動詞の活用です。綴りの調整は以下のとおりです。

問9. / s / 音を保つために ç を用いること(綴りに c を残すと、*torco / ˈtɔrku / となってしまう)

問11. / s / 音を保つために ç を用いること(綴りに c を残すと、*cresco / ˈkrɛsku / となってしまう)音声的にはやや複雑な面もありますが、綴りにあらわれない母音の開閉については、正確な読みで活用を記憶しておくことが重要です。

問13. / ʒ / 音を保つために j を用いること(綴りに g を残すと、*exigo / iˈzigu ǀ eˈzigu / となってしまう)

問15. / ʒ / 音を保つために j を用いること(綴りに g を残すと、*frigo / ˈfrigu / となってしまう。一方で1人称複数形で g のかわりに j にすると、*frijimos という形式は音声的には / friˈʒimuʃ ǀ friˈʒimus / と発音しうるが、できるだけ不定詞の文字を維持するという原則に反するので、規範的には frigimos とする)。

IV. 1. Preciso de um / dum bom revisor para emendar o texto. 文章の訂正に力のある校正者が必要だ。
 2. Ela considera a condição inaceitável. 彼女はその条件は受け入れられないと思っている。
 3. O carteiro traz um pacote ao meu vizinho. 近所の人に郵便配達人が包みをひとつもってくる。
 4. O amigo do João entende muito bem a situação. ジョアンの友人は状況をよく理解している。

練習問題解答例・解説

5. O menino gosta muito de jogos de computador.　少年はコンピューターゲームが大好きだ。
6. A senhora Pinto é responsável pelos assuntos pessoais.　ピントさんは人事関係の責任者です。
7. O rapaz está impaciente com a atitude ambígua dos pais.　少年は両親の煮え切らない態度に我慢が出来ないでいる。
8. Os filhos ficam mais dependentes dos professores.　子供達は先生にいっそう頼るようになります。
9. A condição parece mais favorável aos candidatos.　条件は志願者にとっていっそう好都合のように見えます。
10. Os documentos são relativos às notas dos alunos aprovados.　書類は合格した学生達の成績に関する物です。

(解説)　本文で述べたとおり、〔de＋不定冠詞〕の縮約は義務的ではありません(問1参照)。どのような前置詞を使うべきかは動詞、形容詞によって決まる場合が多いので注意しましょう。

練習問題(9)

I.1.　☞ ① O João ₁₁assina-a｜a assina₁₁.　ジョアンはそれの購読予約をする。
　　　☞ ② O João não a assina.　ジョアンはそれの購読予約をしない。
2.　☞ ① Ela não os permite.　彼女はそれを許さない。
　　☞ ② Ela ₁₁permite-os｜os permite₁₁.　彼女はそれを許す。
3.　☞ ① O professor quer ₁₁oferecê-las｜as oferecer₁₁.　教師はそれらを提供したいと思う。
　　☞ ② O professor não quer oferecê-las. / O professor não as quer oferecer.　教師はそれらを提供したいと思わない。
4.　☞ ① Os candidatos não querem mostrá-las. / Os candidatos não as querem mostrar.　候補者たちはそれらを見せたがらない。
　　☞ ② Os candidatos querem mostrá-las. / Os candidatos ₁₁querem-nas mostrar｜querem as mostrar₁₁.　候補者たちはそれらを見せたがる。

5. ☞ ① Eles não os vendem. 彼らはそれらを売らない。
   ☞ ② Eles ₁₁vendem-nos | os vendem₁₁. 彼らはそれらを売る。

(解説) 否定文において無強勢代名詞の位置は動詞の前に置く、後接辞となることが原則です。位置についての間違いがあったときは、いま一度本文の「9.2. 無強勢代名詞の位置」を読み直し、規則を理解してください。

II．1. (Há / Tem) muitos papéis no escritório. 事務所には書類がたくさんあります。
2. (Há) quantos minutos é que esperas a chamada aqui? ここで何分前から君は電話を待っているんだい。
3. —Que (há) de novo? —Nada de especial. 「何か変わったことはありますか」「特に何もありませんね」
4. Nós (temos) de ficar em casa hoje. きょうは我々が家にいなければなりません。
5. Vocês (têm) de consultar primeiro o médico. 君たちはまず医師の診察を受けなくてはなりません。
6. —Muito obrigado. —Não (há / tem) de quê. 「どうもありがとうございます」「どういたしまして」
7. —O senhor (tem) de aviar esta receita numa farmácia, entende? 「貴方がこの処方箋で薬を入手しなければならないんですよ」
8. Infelizmente, não (tenho) dinheiro suficiente comigo. 残念ながら十分な手持ちの現金がありません。
9. (Há) quantas horas é que vocês trabalham? 何時間前から君たちは仕事をしていますか。
10. Os textos ainda (têm) alguns pequenos erros. 文章にはまだ小さな間違いがいくつかあります。

(解説) 存在を表す haver の代わりに ter が用いられることもありますが、これは口語的です。

練習問題解答例・解説

III.1. Ele (quer) falar a verdade?　彼は真実を話そうとするだろうか。
  2. O governo (sabe) responder às necessidades do povo?　政府は国民のニーズに応えられるだろうか。
  3. A sua máquina (consegue) satisfazer os requisitos mínimos.　あなたのマシンは最低限必要な条件を満たせます。
  4. Eu (sei) contar até dez em chinês.　僕は中国語で十まで数えられる。
  5. Vocês (querem) descansar um pouquinho agora, não (querem)?　君たちはそろそろ少し休みたいでしょう。
  6. Nós (sabemos) explicar bem o assunto.　われわれはその件を十分に説明する仕方がわかっています。
  7. Tu (consegues) entrar em contacto com ele, não (consegues)?　君は彼とコンタクトできるんだろう。
  8. Eu (quero) falar contigo, está bem?　君と話をしたいんだ、いいかね？
  9. Vocês não (sabem) fazer cama?　君たちはベッドメークのやりかたを知らないのかい？
  10. Eu (consigo) entender mais ou menos as palavras dele.　私は彼の言葉をだいたい理解できます。

(解説)　この課で学んだ不規則動詞の直説法・現在形の活用の復習です。付加疑問を加える（問5. および問7.）場合は、動詞句の最初の要素を文末で繰り返すことに注意しましょう。

IV.1. directo｜direto → directa｜direta → directamente｜
　　　　　　　　　　　　　　　　　　diretamente　直接に
  2. completo　　　→ completa　　→ completamente　完全に
  3. feliz　　　　　→ ──　　　　 → felizmente　幸福に
  4. longo　　　　 → longa　　　　→ longamente　長々と
  5. visível　　　　→ ──　　　　 → visivelmente　明瞭に
  6. franco　　　　→ franca　　　 → francamente　率直に
  7. aparente　　　→ ──　　　　 → aparentemente
　　　　　　　　　　　　　　　　　　明らかに

657

8. eficaz → ── → eficazmente 効率的に
9. incrível → ── → incrivelmente
　　　　　　　　　　　　　　　信じられないように
10. anterior → ── → anteriormente 以前に

(解説) 一般的には形容詞の女性形に -mente を加えますが、男性形・女性形の区別のない形容詞もありますので、その場合はどのようにするかをこの問題で理解してください。

V.1. Há quanto tempo é que estuda português?
2. Estudo português só há algumas semanas.
3. Quero comprar um bom dicionário português-inglês.
4. Ele sabe escrever o nome em árabe.
5. Temos de sair do Japão na sexta-feira.

(解説) 時間経過に関する表現 (問1.および問2.) は、代表的な文型ですから記憶しましょう。英語で言えば how to do と言う場合に〔saber＋不定詞〕を用います。

練習問題(10)

I.1. O menino (faz) um avião de papel.　少年は紙飛行機を作る。
2. Tu já (fazes) a cama sozinho?　おまえはもうひとりでベッドメークができるのかい？
3. Os professores também (fazem) erros gramaticais.　先生達も文法的な間違いをするものだ。
4. A educação dos avós (faz) dele um escritor excelente.　祖父母の教育のお陰で彼はすばらしい作家になる。
5. Nós (fazemos) o João responsável pela actividade | atividade.　わたしたちはジョアンをその活動の責任者にする。

(解説) 不規則動詞 fazer の活用については巻末の活用早見表も参照してください。さまざまな成句があります。問4.の «fazer de A B» は「AからBを作り出す」という意味です。「教育」というような抽象名詞が原文の主語にある場合は、そのままの構文は日本語に馴染まな

練習問題解答例・解説

いので、翻訳例のような解決方法があります。

II. 解答例：比較級については、優等比較・劣等比較のどちらかのみを挙げますが、場合によっては両方可能です。

1. Este rapaz é dois centímetros (mais alto) do que o Manuel. この男の子はマヌエルに比べて2 cm背が高い。
2. O bebé está 200 gramas (mais pesado) do que o mês passado. 赤ん坊は先月より200グラム重くなった。
3. A capital de um país nem sempre apresenta o (maior) crescimento demográfico. 一国の首都で必ずしもつねに最大の人口増加がみられるとはかぎらない。
4. Com o aumento do custo de vida, temos de gastar o (menos) dinheiro possível. 生活費の上昇で、われわれは出来るだけ出費を抑えなくてはならない。
5. Quero ouvir uma música (mais calma). 私はもっと静かな音楽を聴きたい。
6. Tens de descobrir uma (melhor) solução. 君はもっと良い解決を見いださねばならない。
7. A biblioteca mostra algumas das obras (mais representativas) do escritor. 図書館はその作家のもっとも代表的な作品のうちいくつかを展示する。
8. Envio-lhe em anexo uma fotografia para uma (melhor) compreensão. よりよくご理解いただけるように、写真を添付いたします。
9. Este filme parece (mais interessante) do que o outro. この映画はもうひとつのより面白そうだ。
10. O preço é muito (mais elevado) do que ele pensa. 彼が考えているより、価格はずっと高い。

(解説) あくまでも解答例というものもあります。たとえば、問1.ではdois centímetros menos alto「2センチ背が高くない」、問5.では、uma música menos calma「これほど静かではない音楽」ということも可能です。

III.1. dificílimo　きわめて難しい
　2. paupérrimo　非常に貧しい
　3. óptimo | ótimo　とてもよい
　4. amicíssimo (amiguíssimo)　きわめて友好的な
　5. facílimo　じつに簡単な
　6. libérrimo　きわめて自由な
　7. sapientíssimo　非常に博識な
　8. péssimo　非常に悪い
　9. máximo　きわめて大きい
　10. pouquíssimo　とても少ない

(解説) これらはごく代表的なものですからよく記憶しておくのがよいでしょう。

IV.1. O homem deseja uma vida mais feliz.
　2. Ela é tão alta como ele.
　3. Tens de falar mais claro. / Você tem que falar mais claro.
　4. O rio fica mais largo aqui dentro da cidade.
　5. O televisor ‖mais pequeno | menor‖ é mais conveniente para casa.
　6. Este computador é ‖mais pequeno | menor‖ do que aquele mas tem tanta capacidade como o outro.
　7. Acontece nesta cidade o caso mais incrível.
　8. Estou muito melhor do que há um pouco.
　9. Ela é mais simpática do que a Maria.
　10. As obras do escritor não são tão interessantes como pensas.

(解説) ポルトガルでは大きさについて mais pequeno が、ブラジルでは menor が一般的です(6)。詳しくは注109, p.169参照。

V.1. ―(Qual) é o seu nome?　お名前は何とおっしゃいますか。
　2. ―(Quem) são aquelas senhoras?　あのご婦人方はどういう方々ですか。　―São bibliotecárias.　図書館員です。

3．—O (que) é que quer estudar nesta escola？　この学校で何を勉強なさりたいのですか。

　　4．—(Que) horas são agora？　今、何時ですか。

　　5．—(Quantos) jornalistas visitam a nossa fábrica？　私たちの工場を何人の記者が訪れるのですか。　—São cinco.　5名です。

(解説)　疑問詞のまとめとしての問題です。疑問形容詞が性、数で変化する場合もあるので、よく見直してください。

練習問題(11)

Ⅰ．1．Os pais (vão) fazer compras ao supermercado.　両親はスーパーマーケットに買い物をしに行く。

　　2．O que é que nós (vamos) comer ao jantar hoje à noite？　今晩は何を食べようか。

　　3．Tu (vais) fotografar os castelos do Japão？　君は日本の城の写真をとるつもりかい。

　　4．Eu (vou) conhecer pessoalmente a cantora.　僕はその歌手を個人的に知ることになるだろう。

　　5．Ela (vai) entrar em ‖contacto connosco｜contato conosco‖ por e-mail.　彼女は私たちにeメールで連絡してくるだろう。

(解説)　動詞 ir が本来の移動の意味を残しているという解釈が成り立つ場合もあります。また単なる近接未来と解釈してもよい場合もあるでしょう。したがって、問1.「買い物をする予定だ」も可、問2.「食べに行こうか」も可、問3.「写真を撮りに行く」も可。ただし問4.「知り合いになりに行く」も不可能ではないが、特殊な文脈とも言えます。また5については ir はいわゆる近接未来以外の解釈は難しいでしょう。

661

ポルトガル語四週間

Ⅱ.1. Os alunos devem resolver os seus respectivos | respetivos problemas.　生徒達は必ずやそれぞれの問題を解決するだろう［解決せねばならない］。
2. O governo pode aceitar o pedido.　政府は要請を受け入れるかも知れない。
3. Os alunos devem voltar sãos e salvos do Brasil.　生徒達はきっと無事にブラジルから戻るだろう［必ず……戻らねばならない］。
4. A indicação do preço com o imposto incluído deve ajudar os consumidores.　税込価格の表示は消費者の助けになるに違いない［消費者の助けにならねばならない］。
5. Posso comer mais um prato.　もう一皿食べられます［食べてもいいです］。
6. Não podes encontrar o tomate na mercearia.　よろず屋にトマトはないかもしれない［よろず屋でトマトは見つけられない］。
7. O cozinheiro deve saber preparar um jantar num instante.　そのコックはあっという間に夕食をつくるにはどうすればよいか知ってなければならない［どうすればよいかきっと知っているだろう］。
8. Podemos ir ver um filme mexicano.　メキシコ映画を見に行ってもいい［見に行ける］。
9. Os professores devem aconselhar os alunos.　教師たる者生徒に助言すべきだ［必ず助言するだろう］。
10. Os pais devem ter tanta obrigação de educar os filhos como as mães.　父親は母親と同様子供を教育せねばならない［教育する義務を負っているはずだ］。

(解説)　助動詞 poder, dever の意味は多義的なので日本語訳例にはかっこ内に、ほかの可能な訳を示してあります。どちらがよいということはなく、文脈によってどちらの意味にもなりうるということです。

練習問題解答例・解説

III. 1. Leio um livro (onde) o autor analiza a sociedade moderna. 私はある本を読んでいるがそこでは著者は現代社会を分析している。
  2. O professor explica um assunto complicado (que) os alunos não entendem bem.　生徒達がよく理解しがたい、込み入った件を先生は説明する。
  3. Ela fala uma língua oriental (cujos) pormenores desconheço completamente.　彼女はとある東洋の言語を話すが、その詳細について私はまったく無知である。
  4. Vou à padaria em (que) posso arranjar uma boa *baguette*. おいしいバゲットが買えるパン屋に行きます。
  5. Modéstia a parte, o meu filho é um daqueles tradutores (cujas) traduções conseguem boas recenções críticas.　自慢ではないが、息子は良い書評がもらえる翻訳がこなせる翻訳家のひとりである。

(解説)　関係形容詞の cujo が性・数によって変化することに注意してください。

IV. 1. Não (quero falar com ninguém).　私はだれとも話をしたくない。
  2. Nenhum (de nós quer trabalhar aos domingos).　私たちはだれも日曜日には働きたいと思わない。
  3. Ela passa (pelo cinema todas as manhãs).　彼女は毎朝映画館の所を通る。
  4. Nunca (mais queres comer peixe)?　二度と魚は食べたくないのかい。
  5. O João (não entrega o papel ao professor).　ジョアンは先生に書類を渡さない。

(解説)　否定の意味を含む不定代名詞等が主語か目的語かによって否定辞のあらわれかたが異なります。疑問のある場合は本文にさかのぼって見直しましょう。

ポルトガル語四週間

V．1． Não o quero comer mais. もうそれを食べたくない。
  2． Eles ajudam-nas.(Pt.) Eles as ajudam. (Br.)
       彼らはその人達を助ける。
  3． Não lhe posso pagar hoje todo o dinheiro que lhe devo.
       今日は彼に借りているお金を全部払えない。
  4． Consideramo-lo muito importante.
       私達はそれをとても重要だと考える。
  5． Não costumamos chamar-lhe "Xico".
       わたしたちは普段彼のことを「シコ」とは呼んでません。

(解説) 否定文において無強勢代名詞の位置が変わることについては「12.6．無強勢代名詞の位置—3」を参照。

練習問題(12)

I．1． ‖Ficas a pensar | Ficas pensando‖ no futuro？ 将来のことを考えこんでいるのかい。
  2． O marido dela ‖anda a fumar | anda fumando‖ muito. 彼女の亭主はこのところタバコをすごく吸っている。
  3． O rapaz vai mostrando fotografias da terra dele. 青年は郷里の写真を次々と見せていく。
  4． Vimos estudando a discografia do cantor. その歌手のディスコグラフィーをわたしたちは調べてきている。
  5． Estão ‖a desejar | desejando‖ terminar a reunião. 彼らはミーティングを終えたいと思っているところです。

(解説) 問3．の a terra dele をよりはっきりと a terra natal dele ということもあります。問4．の動詞 estudar は「学究的に研究する、勉強する」、という意味もありますが、日常的には「調べてみる」という軽い意味で使用します。

II．1． Transmito ao meu colega que o senhor vai telefonar-lhe mais tarde. あなた様がのちほどお電話下さると、私が同僚に申し伝えましょう。
  2． Ela afirma aos jornalistas que o povo está sempre preocupado com o destino do país. 彼女は記者達に、国民は常に国家の行く末に心を配っていると述べる。

練習問題解答例・解説

3. Ouvi dizer que os acidentes aumentam nas auto-estradas.　自動車道路で事故が増えているとのことだ。
4. Conheço o rapaz que ||está a falar｜está falando|| com a senhora.　あの婦人と話をしている青年を知っています。
5. O director｜diretor quer informar os meus colegas de que um professor português vai dar uma conferência na próxima terça-feira.　課長は、来る火曜日に、あるポルトガル人教授が講演をすると、同僚達に伝えたいと思っている。

(解説) 問3. ouvi dizer は、伝聞情報を述べる常套句。ouvi は ouvir の直説法・1人称単数形。問5.の動詞 informar は、〔informar 人 de que 節〕という構文で、「人に…ということを知らせる」意味になります。知らせる内容が節ではなく名詞句の場合は、〔informar 人 sobre＋名詞句〕も可能です。

III.1. Como lhe devo explicar a situação?　あなたにどのように状況を説明すべきなんだろうか。
2. Nada te posso dizer neste momento.　今は君に何も言えない。
3. O professor vai tirando pouco a pouco as dúvidas dos alunos.　先生は生徒の疑問をひとつづつ説明していく。
4. Onde é que te posso fazer uma chamada?　どこで君に電話をかけられるかな。
5. Faço o possível para te não causar mais transtorno.　君にこれ以上迷惑をかけないよう最善を尽くすよ。

(解説) 否定の不定代名詞、疑問詞などが文頭に来ることで語順がかわることがあります。疑問のあるときは、まず「12.6. 無強勢代名詞の位置—3, p.222」を参照してください。

IV. 解答例
1. Não me pode dizer nada.　僕には何も言えやしないさ。
　　→ O que é que o João lhe pode dizer?　ジョアンはあなたに何が言えるでしょうか。

ポルトガル語四週間

2. Não, não me responde nada.　いや、何も返事しないさ。
　　→ Ele vai ||responder-te | te responder||?　彼は君に返事をするだろうか。
3. Posso, sim. Posso ||enviar-te | te enviar|| depois.
　　いいよ。あとで送ってあげよう。
　　→ Podes-me enviar estas coisas por correio? (Pt.)
　　　Você pode enviar estas coisas por correio para mim?
　　　(Br.)　これを郵便でわたしに送ってくれる?
4. Vou ao mercado.　ぼくは市場に行く。
　　→ Onde é que vais? (Pt.)
　　　Onde é que você vai? (Pt. e Br.)　どこへ行くんだい。
5. Volta amanhã de manhã.　あしたの朝また来ます。
　　→ Quando é que ele volta?
　　　いつまたあの人は来るつもりなんでしょう。

(解説) 場合によってはさまざまな解答の可能性があるでしょう。上の解答例はあくまでもひとつの可能性として考えてください。

Ｖ．解答例
1. O professor explica-te bem, não explica?
2. O senhor não gosta nada de peixe, ||pois não | gosta||?
3. Então, ele volta à casa dele sozinho, é isso?
4. Naturalmente ela ainda não está melhor, ||pois não | está||?
5. Aquele senhor parece-me que é do Norte, não lhe parece?

(解説) 解答例以外にも可能性はあります。問2.において、否定疑問文に加える付加疑問については、肯定形を加える方法はポルトガルでも可能です。O senhor não gosta de peixe, gosta?　詳しくは5.9., p. 79, 12.7., p. 232参照。念を押すためには、他にもいろいろな表現ができるでしょう。上の例は、あくまでも、もっとも簡単で典型的なものです。

練習問題(13)
Ｉ.1. O rapaz diz a verdade.　その少年は真実を言う。
　　　←→ A verdade é dita pelo rapaz.
　　　　　真実はその少年によって言われる。

666

練習問題解答例・解説

2. Os papéis são postos em cima da mesa pela professora.
　　書類は先生によってテーブルの上に置かれる。
　　⟵⟶ A professora põe os papéis em cima da mesa.
　　　　先生はテーブルの上に書類を置く。
3. A funcionária abre os envelopes.　女性事務員が封筒を開ける。
　　⟵⟶ Os envelopes são abertos pela funcionária.
　　　　封筒は女性事務員によって開けられる。
4. Esta paisagem maravilhosa é vista por todos os turistas.
　　この素晴らしい景色はあらゆる観光客によって見られる。
　　⟵⟶ Todos os turistas vêem esta paisagem maravilhosa.
　　　　観光客はみなこの素晴らしい景色を見る。
5. O jornalista escreve um artigo sobre a visita do Presidente.
　　その記者が大統領の訪問についての記事を書く。
　　⟵⟶ Um artigo sobre a visita do Presidente é escrito pelo jornalista.　大統領の訪問についての記事がその記者によって書かれる。

(解説) 受動態の文にする場合、過去分詞が主語の性・数に一致することに留意しましょう。上記の問題では過去分詞が不規則な場合ばかりを選んであります。これらはひとつひとつ記憶せねばなりません。

II.1. A execução profissional do médico é (suspensa) pelo Ministério da Saúde.　その医師の医療行為が保健大臣によって停止される。
　2. Os camarões (passados) pelo polme são (fritos) em óleo　衣をつけた海老は油で揚げられる。
　3. O artista nunca vai ser (expulso) do grupo devido à sua ideia peculiar.　特殊な考え方をしているからといって、その芸術家が同グループから追放されることは決してないだろう。
　4. A antiga escola primária, já (extinta) há alguns anos, vai ser (transformada) num jardim botânico.　数年前に廃校になった、かつての小学校は植物園になるはずだ。

5. Uma proposta acaba ₌por ser | sendo₌ (aceite | aceita) pelo adversário.　ある提案が結局は反対者によって受け入れられることになる。

(解説)　この問題でも受動態の文で用いられる過去分詞のかたちがテーマになっています。また、先行する名詞を限定する過去分詞のはたらきについても、よく注意してください。過去分詞は限定する名詞の性・数に一致します。

III. 1. Ele vai comprar um novo computador, estudando depois como trabalhar com os dados.　彼は新しいコンピューターを買って、その後でデータの扱い方を研究する。

2. Acabando a tinta, costumo comprar dois cartuchos para não me faltar.　インクがなくなると、不足しないようにカートリッジをふたつ買うのを常にしている。

3. As pessoas tomam café comendo bolos.　人々はケーキを食べながらコーヒーを飲む。

4. O famoso vírus atacando milhares de computadores no mundo é analisado pelo professor Meneses.　何千ものパソコンを攻撃した、有名なビールスがメネーゼス先生によって解析されます。

5. Estando proibida de comer carne, como só sopa de legumes hoje.　肉を食べるのを禁じられているので、きょうは野菜スープだけ食べます。

(解説)　いわゆる分詞構文の意味を問題文との比較でよく味わってみましょう。なお、5の解答例にある Estando は省略して Proibida de … としてもよろしい。☞ 13.4.(1) a) N.B., p.249参照。

IV. 1. Tu olhas-(te) sempre ao espelho, antes de sair de casa?　家を出る前に君はいつも鏡で自分の姿をみているかい？

2. Costumo levantar-(me) pelas sete e meia.　僕はいつも7時半ごろ起床する。

3. Os cônjuges entreolham-(se) um ao outro.　配偶者たちはたがいに相手を盗み見る。
4. O carro aproxima-(se) da ponte em questão.　自動車は例の橋に近づく。
5. Eu apaixonei-(me) por uma menina francesa.　私はとあるフランス娘に恋をした。

(解説)　問1,問2：日本語で言う「いつも〜する」は「動詞＋sempre」、「costumar＋不定詞」のふた通りに訳すことが可能です。意味は読んだとおり異なりますが、事情は似たようなことになります。どちらも翻訳としてはよいでしょう。

V.1. Conheço um rapaz brasileiro que se apaixonou por uma menina japonesa. Chama-se João.
2. Namoramos há alguns anos e casamo-nos em Março | março.
3. Misturam-se vários cheiros.
4. Ele começa a comer uma maçã.
5. Precisamos ₁₁de voltar | voltar₁₁ à pátria.

(解説)　問2.にある「恋人である」という事情を namorar という語で訳してあります。「〜と恋人(の関係)である」ということは namorar ＋人(直接目的語)であらわします。

練習問題(14)

I.1. (Vendem-se) livros.　本売ります。
2. (Fala-se) italiano.　イタリア語話します。
3. (Compram-se) computadores usados.　中古パソコン買います。
4. (Há) leitão.　子豚丸焼きあり。
5. (Chovem) pedras sobre os manifestantes.　デモ参加者たちの上に石が雨のように降る。

(解説)　問5.にある「石が雨あられのように降り注ぐ、落ちてくる」ということを、動詞 chover を用いて表現しています。ここでは chover

が非人称動詞ではなく、pedras が主語になっていることに留意してください。chover のかわりに、cair などを使用してもよいでしょう。

II．1．Fala mais devagar.　もっとゆっくり話してくれ。
  2．Estudai mais.　汝ら、もっと勉強せよ。
  3．Prepara o jantar.　夕食を作ってくれ。
  4．Vinde cá.　こちらへ来給え。
  5．Lê o texto em voz alta.　テキストを音読せよ。

(解説) この課では2人称に対する命令文のみ扱いました。そのほかの命令については、接続法を用います。☞ 22.1. 命令文：接続法・現在形, p.399参照。問2.では複数の相手という解釈で翻訳してありますが、文脈によっては古風体で「もっと勉強なされませ」という単数の話し相手に対する丁寧体ということもあり得ます。問4.についても、同様です。古風体ならば、単数の相手に対して「来てくだされ」という丁寧表現となります。

III．1．Não se fala chinês neste restaurante.　このレストランでは中国語は通じない。
  2．Não se vendem revistas brasileiras.　ブラジルの雑誌は売っていません。
  3．Não se compram bicicletas usadas.　中古自転車は買い受けません。
  4．Já não se pode arranjar um lugar?　もう席は取れませんか。
  5．Não se devem copiar as fórmulas para se obterem os resultados correctos | corretos.　正しい結果を得るには、式をコピーすべきではない。

(解説) 否定文で前接辞が後接辞になるという文法的規則を理解するためのドリルです。もとの文と比較して se の位置の移動をよく味わって音読してください。問2., 問3.は看板に表示するような場合を想定してよいでしょう。問4.は問題文の「まだ…ですか」をふまえて否定文としては「もう…ではありません」という意味の否定文にしてあります。単に否定文として「Ainda não se pode arranjar um lugar? まだ席は取れませんか」としてもよろしい。

練習問題解答例・解説

IV.1. Compreende qua a situação vai mudar.　状況が変わることを理解しろよ。
 2. Pergunta-lhe se o brasileiro vem amanhã.　そのブラジル人が明日来るかどうか訊けよ。
 3. Vai ver se ele volta a candidatar-se.　彼がまた立候補するか見ていてごらん。
 4. Pensa bem que ela gosta de ti.　彼女が君のことを好きだってことをよく考えろよ。
 5. Garante-me que ele vem procurar-nos de novo.　かれがまた僕らに会いに来ると保証しろよ。

(解説) 主動詞の意味によって、接続詞 que を用いるか se を用いるかが決まります。問4.は se を用いることも可能です。

V.1. Continua a estar frio mesmo no início de Maio | maio nesta região.
 2. Já está sol.
 3. Vai nevar nas montanhas amanhã.
 4. Vai começar a ventar à tarde.
 5. Hoje está ‖a chover | chovendo‖ muito.

(解説) 問1.にある「…でさえも」の意味を mesmo という副詞であらわします。いわゆる非人称動詞、3人称・単数でのみ実現する動詞が動詞句の主動詞となる例(vai nevar..., vai começar a ventar...)に留意しましょう。

練習問題(15)

I.1. A neve (cobriu) ontem o campo todo.　昨日は雪が野原一面を覆った。
 2. Os agricultores (venderam) hortaliças do dia.　農民たちはとれたての野菜を売った。
 3. —Tu (viajaste) por toda a Ásia?　君はアジア中を旅行したのかね。

ポルトガル語四週間

4. —Vocês (vieram) ao Japão de avião?　きみたちは空路で日本にやって来たのかい。
5. O grupo de estudantes (atravessou) a Sibéria para chegar ao Japão.　その学生グループはシベリアを横切って日本にやって来た。
6. Moramos agora em Tóquio, mas já (vivemos) muito tempo em Osaca.　わたくしたちは今は東京に住んでおりますが、大阪に長いこといたことがあります。
7. Nós já (falámos | falamos) muito do assunto. Acho que chega.　そのことはもうたくさんに話しました．もう十分です。
8. (Terminei) o trabalho de manhã e vou descansar um pouco.　午前の仕事を終えたから少々休みます。
9. —Quem é que (conduziu) o carro ontem?　だれが昨日運転したんですか。
10. Estou bem disposto. (Dormi) muito bem.　私は良い気分です。　よく眠れました。

(解説)　不規則動詞の活用（vir）については巻末の活用表、辞書の活用表を参照しましょう。動詞 vir は ver と混同しやすいので、記憶に定着するよう十分な練習が必要です。問 7.の１人称複数形についてはポルトガルの正書法では鋭アクセントが必須です。

II.1. O rapaz (tentou) (　) descobrir um livro interessante.　その青年は面白い本を見つけようとした。
2. Nós (aprendemos) (a) ser pontuais com um senhor inglês.　私たちは、とあるイギリス人の方に時間に正確たることを学びました。
3. O homem nunca mais (voltou) (a) tomar nenhum avião.　その人は二度と飛行機には乗らなかった。
4. Vocês (foram) (　) comprar uma revista à livraria.　君たちは本屋に雑誌を一冊買いに行った。
5. Ele (pensou) sempre (em) regressar à sua terra natal.　彼はつねに故郷に戻ることを考えたのである。

練習問題解答例・解説

6. Ele (quis) ( ) casar-se com uma brasileira. 彼はブラジル人女性と結婚したいと思ったのだ。
7. Tu (falaste) (em) oferecer um disco ao João. きみはジョアンにディスクを一枚あげると語った。
8. O advogado (persuadiu)-me (a) desistir da querela. 弁護士は告発を思いとどまるよう私を納得させた。
9. Eu não (precisei) (de | ―) renovar o meu passaporte. 私はパスポートを更新する必要がなかった。
10. O professor (deu)-lhe (a) entender que sim. 先生が彼に、そうだとわからせた。

(解説) 動詞の意味と前置詞とは密接な関係があるので、組み合わせと意味を一緒に記憶する必要があります。問10.の dar a entender はあることを「ほのめかす、間接的にわからせる」という意味の成句です。

III.1. Acabei de ler o livro.
2. Mesmo comendo muito, ele não ficou satisfeito.
3. Nós quisemos mudar de casa.
4. O meu marido deixou de fumar.
5. O escritor inglês gostou imenso de passear no jardim japonês.
6. Ele acabou ₙpor convencer | convencendoₙ a mulher a comprar um novo computador.
7. Eles partiram no domingo de manhã.
8. Já estiveste no Japão?
9. O professor esqueceu-se de explicar.
10. Felizmente não perdemos o barco.

(解説) 問4.「～するのを止める」は〔deixar de＋不定詞〕。〔deixar＋不定詞〕は「～させておく」という使役の意味です。違いに注意しましょう。問6.「ついに～する」の表現については、15.0.（テキストの注）, p.276、16.8. 主要な動詞迂言表現, p.305、に解説があります。問8. 経験を問う場合は、直説法・過去形を用います。直説法・複合過

去形は意味が異なることに注意しましょう。17.1. 直説法・複合過去形, p.312参照。問10.「乗り遅れる」は perder を肯定文で用いればよろしい。

練習問題(16)
I .1. Amanhã (estará) sol.　明日は晴れるだろう。
 2. Como é que nós (organizaremos) o curso?　わたしたちはどのように過程を組織だてたものだろうか。
 3. Daqui a uma semana já tu (estudarás) em Madrid.　一週間後には、君はもうマドリッドで勉強しているわけだね。
 4. Então, com quem é que eu (terei) de falar?　それでは、いったい誰と話をしたらよいのでしょうか。
 5. A operação desta máquina (será) difícil, não?　この機械の操作は難しいんでしょうね。
 6. O que é que tu (farás) a este aluno? Reprová-lo ou aprová-lo?　この生徒はどうする？　落第、それとも及第？
 7. Onde é que (estarás) tu agora?　君は今どこにいるんだろうか。
 8. Certamente o problema (será) analisado na reunião.　必ずや問題は会議で吟味されることになろう。
 9. O seu pedido não (poderá) ser aceite | aceito facilmente.　あなたの依頼は簡単には受け入れられないかも知れない。
 10. É um caso especial, que (deverá) depender de várias condições.　これは特殊なケースで、きっとさまざまな条件に依存することになるだろう。

(解説)　直説法・未来形の活用は、すべて規則的であることを思い起こしてください。意味は、予定、推量など文脈によって変わります。問5.の付加疑問では簡単に não のみを付ける例をあげましたが、«não será», «não é», なども可能です。助動詞 poder, dever などの未来形に加えるモーダルな意味についても慣れるようにしましょう。

練習問題解答例・解説

II．1．O professor dá-las-á aos alunos.　先生は学生達にそれらを与えることになるだろう。

2．Eu explicar-lhes-ei o assunto.　私が彼らにその件を伝達しましょう。

3．A mensagem informá-la-á sobre o procedimento.　そのメッセージで彼女は手続きの仕方を知ることになろう。

4．Os acontecimentos recentes convencê-los-ão a ser mais cautelosos.　最近の出来事によって彼らはもっと注意深くすべきと納得するだろう。

5．A notícia ser-lhes-á logo transmitida.　その知らせはただちに彼らに伝えられるだろう。

(解説)　内接辞のあらわれ方を理解する練習です。もっぱら文語的な用法ですが、規範をよく理解しておくことが重要です。ブラジルの文語では内接辞は避けて多くの場合後接辞とすることは本文で述べたとおりです。内接辞が複数のsを持ちdá-las-áなどとなる場合は、音声的環境から複数のsの発音が / z / となることも思い出してください。

III．1．O professor começou (por) perguntar o nome do candidato.　先生はまず受験者の名前を尋ねました。

2．O senhor Teixeira virá (　) ter comigo.　テイシェイラさんは私に会いに来るはずです。

3．As notas do antigo regime passaram (a) ser papéis insignificantes.　旧体制で出回っていた紙幣は意味のない紙になってしまった。

4．Eles ainda chegaram (a) explicar-me em inglês.　かれらはさらに私に英語で説明することになった。

5．A professora começou (a) ditar o texto muito devagar.　女性教師はとてもゆっくりとその文章の書き取りをさせはじめた。

6．Tentamos (　) arranjar um melhor esclarecimento.　より明瞭な説明を用意するように努めましょう。

7. O surto da nova epidemia veio ( ) diminuir o número dos turistas.　新たな流行病の突発のせいで観光客が減少することとなった。

8. O porteiro voltou (a) falar do assunto preocupante.　管理人が懸案についてまた話した。

9. Deixei ( ) brincar as crianças na sala.　子供達を広間で遊ばせておいた。

10. O instituto ajuda-nos (a) desenvolver a pesquisa.　その研究所は我々が研究を進めるのを支援する。

(解説) 本文で扱ったさまざまな文型の復習です。問1.では、前置詞をａとして「尋ねはじめました」ということも無論可能です。面接などの場合を想定すると、前置詞 por がより文脈に合致するでしょう。問5.では同様に前置詞を por として「まず～する」の意味にしてもよろしい。問7.の surto は「突然発生すること」動詞 surgir の名詞形です。なお、前置詞 a をともなうことも不可能ではありませんが、diminuir という状況が実現するまでの長い経緯を含意するのでこの場合は前置詞なしが適当です。問9.の〔deixar＋不定詞〕は「～させておく」使役の意味ですが、「～するままにさせておく」という放っておく意味があります。その他にも fazer(強いて～させる)、persuadir(なだめすかして～させる)、obrigar(無理矢理～させる)など使役の動詞はさまざまありますが、同様の文型をとります。

IV.1. Ele é o responsável pela chave do escritório.
　2. Preciso de um documento relativo ao meu estado civil.
　3. A Maria está ansiosa pelo reencontro com o Pedro.
　4. O João acabou ₁₁por aceitar | aceitando₁₁ a proposta do Mário.
　5. Volto a telefonar-lhe daqui a cinco minutos.

(解説) 本文で扱った文型や形容詞の支配の復習です。問4.については副詞を用いて «aceitou finalmente», 問5.については同様に «Telefono-lhe de novo» なども可能ですが、例にあげた動詞迂言表現を用いるのが、いかにもポルトガル語らしい表現と言えましょう。

練習問題解答例・解説

練習問題(17)

Ⅰ.1. (Tem chovido) muito neste mês.　今月は良く降った。

2. Ultimamente o rapaz (tem faltado) às aulas.　このところあの青年は授業を休んでいた。

3. Como (tem passado)?　いかがお過ごしでしたか。

4. — Então, o senhor (tem pintado) novos quadros?　では、新しい絵を何枚もお描きになりましたか。

5. — Vocês (têm tido) contacto com ela?　君たちは彼女と連絡を取ってきましたか。

6. As pessoas (tiveram) de escrever de novo.　人々はあらためて書かなければなりませんでした。

7. Nós (temos estudado) o caso cuidadosamente e (chegámos | chegamos) à conclusão.　わたしたちはそのケースを注意深く審査して、結論に達しました。

8. O investigador (tem aceitado) propostas interessantes.　その研究者は興味深い提案を受け入れてきました。

9. — O que é que você (tem feito)?　どうなさってましたか？

10. O assunto (tem sido) discutido entre os especialistas.　その件は専門家の間で議論されてきました。

11. — O senhor já alguma vez (esteve) em Castelo Branco?
 — Já, sim. Já lá (estive) quando era estudante.　「カステーロ・ブランコに行ったことがありますか」「ええ、学生の時に一度あります」

12. — Eu (tenho ido) recentemente ao cinema.　最近は映画に何度か行きました。

13. Uma vez (comi) sushi num balcão, o que me (custou) os olhos da cara.　一度寿司をカウンターで食べたことがありますが、すごい値段でした。

14. Nós não (temos comido) bacalhau em casa.　家ではこのところ鱈を食べていません。

15. Tu (tens-me dito) que o artigo era relativamente barato?　商品は比較的安いと君は何度か僕に言ってたでしょう。

ポルトガル語四週間

解説 形式的な違いと意味の違いについてよく理解するための練習です。問7.ポルトガルの正書法では直説法・過去1人称複数形はchegámos 直説法・現在形では chegamos と、鋭アクセントの有無が弁別に役割をはたすので注意が必要です。ブラジルではどちらも chegamos です。経験をあらわすときは直説法・過去形で、問11.にあるように «alguma vez» という副詞句をしばしば伴います。

II.1. Desde Setembro | setembro, o aluno (tem andado) a fazer exames de admissão.　九月からその生徒は入学試験をいくつも受けてきた。

2. Os alunos (têm estudado) bastante.　学生達は相当に勉強してきた。

3. O senhor já alguma vez (experimentou) aquele restaurante?　貴方はあのレストランで食べてみたことがありますか。

4. (Rogo) o favor de me esclarecer melhor quanto ao assunto.　その件については、私にもっとわかりやすく説明してくださるよう宜しくお願いします。

5. (Tem) grande capacidade de emocionar as pessoas.　人を感動させる大きな能力をもっている。

6. (Acabei) de enviar uma mensagem a uma amiga.　友人にメッセージを一通送ったところです。

7. Os dirigentes do partido (vêm) dizendo isso ao público há muito tempo.　その党の指導者たちはずっと以前からそのことを公言してきている。

8. O alerta (tem sido) repetido, mas ninguém o respeitou.　警告は何度も繰り返されてきたがだれもそれを省みなかったのだ。

9. Ultimamente (têm visto) o nosso amigo João por aqui?　このところ我らが友ジョアン君をこのあたりで見かけてきましたか。

10. (Soube) notícias dele precisamente agora.　彼のニュースをちょうど今知ったところだ。

練習問題解答例・解説

(解説) 問1.の [tem andado a＋不定詞] はヨーロッパのポルトガル語に特有の形式です。ブラジルでは同様の意味は tem feito でよろしい。問10.では「ちょうど〜する」という意味を副詞句とともに過去形をもちいて表現していますが、本文で解説した [acabar de＋不定詞] も同様の意味を表せます。☞ 15.4. 直説法・過去の用法, p.283参照。

III.1. 59%：cinquenta e nove por cento
2. 3/4 dos estudantes：três quartos dos estudantes
3. 12×6＝72：doze vezes seis são setenta e dois
4. 59,4÷6＝9,9：cinquenta e nove vírgula quatro a dividir por seis são nove vírgula nove.
5. 1.200 km²：mil e duzentos quilómetros｜quilômetros quadrados

(解説) 数の表現については、この問題にあらわれるケースが最も必要とされるものでしょう。計算結果は são のかわりに fazem でもよろしい。疑問のあるときは本文に戻って、規範的な表現を確かめてください。

IV.1. Nunca estive no Brasil. Um dia ״hei-de｜hei de״ ir lá.
2. O senhor tem ido a Quioto ultimamente?
3. Já comi a lampreia à portuguesa há dez anos.
4. Ao visitar o Parque da Paz, o ministro deixou o autógrafo no livro de visitas.
5. O Carlos está muito ocupado com o trabalho que ele tem de terminar daqui a um mês.

(解説) 問1.の «hei-de ir» はポルトガルの正書法によっています。ブラジルでは hei de ir とハイフンを必要としません。☞ 16.4. 直説法・未来と動詞迂言表現, p.298ページ参照。4.の署名するの翻訳は、契約書などに署名する場合は assinatura や firma もよいと思われますが、上記のような文脈では autógrafo がふさわしいでしょう。辞書でその他の類語、rubrica, chancela なども含めて意味の違いを調べてみましょう。

ポルトガル語四週間

練習問題(18)

I.1. Quando (era) menino, eu (assisti) uma vez a um concerto de Karajan.　子供の頃私はカラヤンのコンサートを聞きに行ったことがある。

2. Ele (tinha) a certeza de que a Maria (ia) telefonar-lhe.　彼はマリーアが電話してくると確信していた。

3. (Faltava) ainda meia hora para a hora marcada.　約束の時間までにはまだ三十分あった。

4. O rapaz não (podia) estar sossegado.　少年はじっとしていられなかった。

5. ―Vocês (sabiam) que o quadro (era) atribuído a Mokkei?　その絵が伝牧谿画と言われていることは知っていましたか。

6. Nós (fomos) a Okinawa. (Estava) muito calor.　私達は沖縄に行きました．とても暑かったです。

7. O vento (vinha) do mar.　風が海から吹いていた。

8. Nos anos setenta ainda (havia) um fluxo de emigrantes para o Brasil.　1970年代にはまだブラジルへの移住者の流れがあった。

9. Não me lembro bem onde é que (pus) a chave.　私はどこに鍵を置いたのかよく思い出せない。

10. Porque é que vocês (falavam) assim?　なぜ君たちはそう言う風に話していたのですか。

(解説)　不規則活用の復習です。問5.の過去分詞 atribuído「伝……画，作」は美術館でよく目にする表現です。問8.における直説法・半過去形はいわゆる過去の習慣をあらわしています。

II.1. A audiência escutava fascinada a bela voz da cantora.
　　　聴衆はその女性歌手の美声にうっとりと聞き入っていた。

2. O professor falava entusiasmado da tragédia.
　　　先生は熱心にその悲劇のことを話していた。

3. O homem agarrou desesperado uma palha na água.
   その男は必死になって水中で藁をつかんだ。
4. O cliente saiu descontente do restaurante.
   お客は満足せずにレストランを出た。
5. As pessoas esperam ansiosas o discurso do líder político.
   人々はその政治的指導者の演説を首を長くして待っていた。

(解説) 主格補語としての過去分詞の用法の復習です。過去分詞が主文の主語に性・数一致するところが要点です。情景を思い浮かべながら何回も音読して意味をよく摑んでください。

III.1. Eu não comprava.(＝compraria)
2. Naquele tempo, usávamos realmente uma máquina esquisita.
3. Antigamente, fazia-se uma longa fila na entrada da loja.
4. Então, o que é que ias a dizer?
5. Ontem cheguei a casa embriagado e exausto.

(解説) 直説法・半過去形のさまざまな用法の復習です。問 1. では、直説法・過去未来形と同値です。半過去形は過去未来形に比べて口語的であることに注意が必要です。☞ 20.1. 直説法・過去未来形, p.357参照。問 4. における «ia a dizer» についてはもう一度本文の解説で «ia dizer» と比較して意味の違いをよく理解しましょう。問 5. の embriagado はより口語的に bêbedo, bêbado でも可。

練習問題(19)

I.1. —Já (sabia) o que é que (tinha acontecido)? 何が起こったのかご存じでしたか。
2. —Nunca (tinha ouvido) o mirandês. ミランダ語は聞いたことがありませんでした。
3. Quando eu (cheguei) atrasado à sala de aula, o professor (tinha começado) a ditar um texto. 教室に遅れて着くと、先生が文章の書き取りをはじめていた。
4. Quando a Luísa (adormeceu) já (tinha passado) das duas horas e meia da madrugada. ルイーザが眠りについたときはもはや午前二時半を回っていた。

5. Nós (tínhamos passado) dificuldades antes de ter chegado à pátria em 1976.　祖国に1976年に戻る前、私達はさまざまな苦難を体験しました。
6. —Já na semana passada, lhe (tinha dito) que era urgente, não tinha?　先週すでに、緊急だとあなたに言っておいたでしょう。
7. —Sinceramente, nunca (tinha pensado) que a situação se (ia) agravar tanto.　正直言って、状況がこれほど深刻になるとは考えても見ませんでした。
8. A publicação já (tinha sido) suspensa quando o novo presidente (tomou) posse.　新社長が就任したとき、出版はすでに保留とされていた。
9. (Eram) dez e meia quando eu (reparei) que ela já (se tinha ido) embora.　彼女がもう帰ったと私が気付いたのは10時半でした。
10. O responsável do governo (declarou) que todos os documentos (tinham sido) devidamente analisados.　政府の責任者は、あらゆる書類はしかるべく調査済みだと述べました。

(解説) 直説法の諸時称を復習する練習です。いろいろな時称が出てきてまぎらわしいかもしれませんが、まず基本的な意味をとらえ、特に「19.6. 話法の変換—1」で解説した並行関係を理解すると全体像が次第に見えてきます。詳しくは「時称のまとめ」(20.8., 21.2., 25.2.)で総合的に考察します。問7, 問9における無強勢代名詞の移動にも注意しましょう。

II.1. Eu pensei que ela era interesseira.　私は彼女が利己的だと思った。
2. Vocês perguntaram se tinham de comprar aquele livro.　きみたちはあの本を買わなくてはならないかどうか問うた。
3. Não ‖precisaram de | precisaram‖ confirmar que o edifício tinha sido demolido.　その建物が解体されたことを確かめる必要はなかった。

練習問題解答例・解説

4. Todos nós sabíamos que a autorização ia chegar dali a oito dias.　許可がその一週間後に来ることは私たち皆が知っていた。
5. O pai perguntou-me quando tinha ido ver o João.　父が私に、いつジョアンに会いに行ったのかを訊いた。

(解説)　話法の転換を復習する練習問題です。時称の一致においては、主動詞の意味によって接続詞を que とするか se とするかが決まります。また直接話法において疑問詞で始まる文は、形の上ではそのまま目的節になります (quando, onde, quem, qual, que / o que, porque | por que, como)。

III.1. Nunca tinha comido a pizza autêntica.
2. Ele disse que tinha vivido em Londres quando era pequeno.
3. Quando cheguei a casa, o meu irmão tinha acabado de sair.
4. Quem me dera viver de novo no Rio !
5. Quando chegámos | chegamos ontem ao restaurante, ele já tinha chegado e bebia cerveja sozinho.

(解説)　過去の経験について述べる問1.の大過去形は、「食べたことはなかったが、もう食べたからその味がわかった」というような文脈で用いられます。単に「食べたことがないし、いまも味を知らない」というのなら、直説法・過去形で述べます。そのほかの直説法・大過去形の用法については、おおむね英語の過去完了と同様に考えて間違いありません。問3.では、過去のある時点の直前にすでに完結した状況を〔tinha acabado de＋不定詞〕によって表現しています。情景を思い描きつつ繰り返し音読するとよく意味が定着します。

練習問題⒇

I.1. Eu não **gastaria** tanto dinheiro para adquirir um objecto de gosto duvidoso.　私だったら怪しげな趣味のものを手に入れようと、こんな大金を使うことはしないでしょう。
2. Os homens **iriam** reconstruir a cidade que se tinha transformado em escombros.　男達は瓦礫の山と化した町を再興することになるだろう。

3. Quando o primeiro ministro nos **visitou** em 1976, **era** rara uma ministra.　首相が1976年に我が国を訪れたとき、女性の大臣はまれだった。
4. Amanhã, não me **conviria** muito jantar fora com as visitas. Tenho um compromisso.　明日は訪問客と夕食を外でというのはあまり都合がよくありません。約束がひとつあるのです。
5. Alcançada a estabilidade económica | econômica nos finais dos anos sessenta, os jovens ainda **sonhariam** com um futuro cor de rosa.　1960年代に経済的安定が達成されると、若者達はさらにバラ色の未来を夢見ることになった。
6. O logista **disse** que já **tinha enviado** as mercadorias, portanto, **chegariam** dali a oito dias.　商店主は、もう商品は発送したので一週間後には到着するだろうと言った。
7. O avião já **tinha chegado**. Mas o meu tio **demoraria** ainda para deixar a alfândega, porque **vinha** sempre carregado de malas.　飛行機はもう到着していた。しかし私の叔父が税関をあとにするにはまだ時間がかかるはずだった。いつも大荷物でやって来るからだった。
8. Quando ele **ia** a organizar um grupo de estudo, um colega dele **informou**-o de que o tema de estudo já **tinha sido** apresentado por outro grupo.　彼が研究グループを組織しようと思った矢先に、同僚が、その研究テーマはもうほかのグループが提案していたということを、彼に知らせたのだ。
9. O pai **pensava** que o rapaz não se **atreveria** a pedir a mão da filha.　父親は、その若者が敢えて娘に結婚を申し込むことはなかろうと思っていた。
10. Ninguém **pagaria** nem um tostão para o título da companhia em falência.　倒産しそうな会社の株に、誰も一銭たりとも払うはずがなかろう。

練習問題解答例・解説

解説 直説法のさまざまな時称を総合的に見直す練習問題です。問3.では visitar-nos が quando に導かれる副詞節内にあるので、無強勢代名詞は、後接辞として動詞の前に置かれなければなりません。従って、«Quando ... nos visitou...» となります。この文では nos は「われわれを、われわれの国、我が国を」という意味です。問6.の «dali a oito dias» について。dali=de+ali ですから、ali は場所ではなく「その時」という時間を示しています。c.f. «daqui a oito dias»「今から1週間後」。

II．1．☞ O avanço da tecnologia diminui-las-ia? 技術進歩でそれらが減少することになるだろうか。
　2．☞ Estas palavras comunicar-lhe-iam, na realidade, a nossa intenção. こういうことばなら実際、我々の意図が彼らに伝わることになるだろう。
　3．☞ Esta estrutura poderia mostrá-lo melhor. / Esta estrutura podê-lo-ia mostrar melhor. こういう構造にすればそのことをよりよく示せるであろう。
　4．☞ Eu pessoalmente não o compraria por este preço. 私個人としては、この値段でそれを買うことはしないでしょうね。
　5．☞ Na reunião, o presidente nunca lhes diria que sim. 会議では、会長は彼らに決してそうだとは言わないだろう。

解説 無強勢代名詞が直説法・過去未来形と用いられると内接辞となる場合があります。否定文、ある種の副詞の存在など、さまざまな条件によって無強勢代名詞が後接辞になることを思い出しましょう。☞ 8.6．人称代名詞の用法と無強勢代名詞の位置―1, p.136、9.6．無強勢代名詞の位置―2, p.158、12.6．無強勢代名詞の位置―3, p.222参照。

III．1．O carro ia bater na parede.
　2．Faria o possível.
　3．Quando cheguei ao café vinte minutos atrasado da hora marcada, ele já tinha tomado um café e ia pedir outro.

4. O músico arrepender-se-ia do cancelamento dos concertos no Japão.
5. O que o meu professor está mais interessado neste momento seria o planeamento | planejamento da base de dados.

(解説) 問1.で、状況の切迫感をいっそう如実に表現したければ、«ia a bater»（ほとんどぶつかりそうになった）という表現も可能です。問5.の «seria» は一種の婉曲表現として直説法・過去未来形を用いている例です。断定したければ «é» でよいわけです。

練習問題(21)

I .1. Alguém **terá morrido**, pois ontem vimos passar muitas pessoas vestidas de preto.　誰かなくなったようだ。昨日喪服で歩いている人たちをたくさん目にしたからだ。
2. Quando o grupo chegar ao restaurante, os cozinheiros já **terão preparado** o almoço.　一行がレストランに着くころには、料理人たちはもう昼食を作ってあるだろう。
3. Conforme o saldo da minha conta bancária, já **terão descontado** ontem o gás e a luz.　私の銀行口座の残高によると、ガス代、電気料金は昨日引き落とされたようだ。
4. O meu pai já me **terá enviado** a mesada?　父はわたしにもう月の小遣いを送ってくれたのだろうか。
5. Até à última semana do mês, o programa do evento já **terá sido entregue** na nossa mão.　当月の最後の週までには、そのイベントの計画は、すでに我々の元に届いているはずだ。

(解説) 問1.では、過去分詞が不規則形 morto ではなく規則形 morrido であることに注意。☞ 13.2. 過去分詞, p.242参照。問2.では、未来のある時点からみて、それ以前に完結している（料理人が昼食を作り終えてある）という事情が直説法・複合未来形で述べられている点をよく味わってください。問3.では descontar の主語を3人称複数として主語不確定をあらわしています。o gás e a luz は descontar の直接目的語です。問5.でも同様の未来における完結を表現しています。その他は、過去で起こったはずのことについて、話者の推量を表現しています。いずれも文脈次第なので、前後関係をよく理解しましょう。

練習問題解答例・解説

II．1． Explico-vos outra vez para vocês **entenderem** melhor. より判りやすいように皆さんにもう一度説明します。

2． Os pais fizeram os filhos **colaborarem** um com o outro nas tarefas de casa. 両親は子供達を、お互いに協力して家事にあたるようにさせた。

3． Antigamente deixavam os doentes **fumarem** à vontade na sala de espera nos hospitais. かつては病院の待合室では、患者にタバコは吸いたい放題にさせていた。

4． Muito obrigado por me **ter informado** sobre o assunto importante. その重要な情報をいただきどうも有り難うございました。

5． Não agradou muito à senhora D. Maria o seu marido **ter tomado** a iniciativa na festa. マリーア奥様には、パーティーで亭主がイニシアティブを取ったのが気に入らなかったのだ。

（解説） 問5．の過去不定詞については、過去の事情を思い出して不定詞で述べている点に留意しましょう。一般論として「亭主がイニシアティブをとることが気に入らない」のだったら、«ter tomado» ではなく、単に «tomar» とすればよいわけです。

III．1． O senhor **pode** explicar o que se passou. 何がおこったのか説明してもいいですよ［説明してください］。

2． A senhora **devia**-nos ter informado disso antes de fechar o contrato. 契約する前に、奥さんがそういう事情を私たちに説明してくださるべきでしたね。

3． Mas ele **pode** não ter usado estas palavras tão caluniosas, pois é a interpretação do João, não acha？ でも彼はそんな他人を中傷するような言葉を使わなかったかもしれませんよ、それはジョアンの解釈でしょう、そう思いませんか？

4． O senhor **podia** ter solicitado ainda no mês passado. 先月のうちにも依頼していただいてよかったんですよ。

5. Os artistas „**hão-de | hão de**„ ter encontrado nova maneira de se exprimirem antes de ficar pronto o espaço de exposição. 展示スペースが出来上がる前に、芸術家達は、必ずや新たな表現方法を見いだしていることだろう。

(**解説**) 助動詞と時称のはたらきで、微妙なモダリティーをあらわす方法を復習かたがた学ぶための練習問題です。問2.の〔devia ter＋過去分詞〕の表現には、非難、不満の表現、嫌味などさまざまな意味を含ませることができます。口語では顔の表現から音調にいたるさまざまな要素がかかわることも忘れてはなりません。問4.の〔podia ter＋過去分詞〕の表現も同様です。本文で解説したとおり、問3.の〔pode não ter＋過去分詞〕（～していなかったのかもしれない）の表現と〔não pode ter＋過去分詞〕（～したはずがない）との違いは重要です。

IV.1. Muito obrigado por me ter enviado o presente.
  2. Não acho correcta | correta a interpretação de o técnico ter cometido um erro. Foi um acidente inevitável.
  3. É verdade, foi exibido um filme também intitulado «A Paixão» há uns vinte anos, não foi?
  4. Terá sido realizada ontem uma reunião em Tóquio.
  5. Quando chegarmos ao cinema, o filme já terá começado.

(**解説**) 問3.の「そういえば」を翻訳例では «É verdade.» としてありますが、相手の注意を喚起し、話を切り出すという機能からすると、ほかにも、«Ouça lá», «Sabe uma coisa», などいろいろ可能性があります。問4.は「会議が行なわれた」«foi realizada a reunião»という過去の出来事についての推量表現として、直接法・複合未来形を用いる例です。ブラジルでは標準的に直接法・複合過去未来形が用いられます。問5.では直説法・複合未来の「未来のある時点から見てすでに完結しているはずの状況をあらわす」という重要な機能を踏まえた作文です。

練習問題解答例・解説

練習問題⑵

Ⅰ.1. Está em casa quietinho.　家でじっとしてるんだよ。
  2. Estude mais.　もっと勉強しなさい。
  3. Venha cá buscar este papel amanhã. あしたこの書類を取りに来てください。
  4. Não peçam ajuda aos amigos.　友達に助けを頼まないようにしなさい。
  5. Não leia este livro.　この本は読まないようにしなさい。
  6. Não comas muito.　あまりたくさん食べるなよ。
  7. Vamos entrar no café e tomar alguma coisa.　カフェーに入って何か飲もう。
  8. Escutem os comentários dos utentes.　ユーザーのコメントを聞きなさい。
  9. Sejam honestos.　誠実であるようにしなさい。
  10. Não vamos comprar mais batata.　これ以上馬鈴薯を買わないでおこう。

(解説) 問1.以外はすべて接続法・現在で命令をあらわします。問6.も対称詞 (話し相手) に tu が用いられていますが、否定命令文の場合はすべて接続法・現在を用いることに留意しましょう。問7., 問10.では、vamos＋不定詞のかわりに接続法・1人称複数形を用いても意味は理解できます。しかし文体的には前者が望ましいと言えます。22.3 (3), p.408参照。

Ⅱ.1. Pergunto-lhe se ele é brasileiro.　私が彼にブラジル人かどうか尋ねます。
  2. Sei que amanhã é feriado.　明日は祭日だということはわかっています。
  3. Vamos ver como / se ele quer justificar o erro.　彼が間違いをどうやって言い訳するかみてみましょう／彼が間違いを言い訳するかどうかみてみましょう。
  4. Garanto-te que vais pedir-me um favor de novo.　君は必ずまた僕に頼みに来るさ。

5. O professor afirma-nos que as notas lhe parecem muito altas.
   先生は成績がとてもいいと思えると私たちに述べる。

(解説) 主文の動詞の意味によって、"se", "que", "como" のうちのどれを使うべきかがおのずから決まります。問3.では、como も se もどちらも可能です。

III. 1. Acaba os teus trabalhos de casa o mais depressa possível, (senão) não podemos jantar fora hoje. できるだけ早く君の宿題をしてしまいなさい、そうでないと夕ご飯を外で出来なくなるぞ。
  2. Não faças asneiras em casa dos avós, (que) eles vão ralhar contigo! おじいさんの家でお行儀悪くするんじゃないよ、叱られるからね。
  3. Não se esqueça de pôr o cinto de segurança (que) o controle | controlo está muito rigoroso. 安全ベルトをするのを忘れないようにしてくださいね、取り締まりが厳しいですから。
  4. Estuda mais (e assim) podes passar no exame. もっと勉強しなさい、そうすりゃ試験に合格できるよ。
  5. Não ponhas muito alto a televisão (que) o pai está a descansar. テレビの音をあまり大きくしないで、お父さんが休んでいるんだから。

(解説) 文脈によってどの語句をいれるかが決まります。問2., 3., 5. における命令文に後続する〔que節〕は本文 (p.22.4., (1), p.412) で解説したとおり理由をあらわします。

IV. 解答例
  1. Espero que não volte a repetir as palavras deste género.
  2. Agradecia se pudesses ir aviar esta receita.
  3. Não seria melhor lavar as mãos antes do jantar?
  4. Peço-lhe desculpa por dar esta maçada, mas apreciaria muito se me pudesse emprestar 100 dólares.

練習問題解答例・解説

5. Ficaria extremamente grato se pudesse diligenciar no sentido de me facultar o documento na maior brevidade possível.

(解説) 婉曲な言い方、丁寧な言い方にはさまざまな可能性があります。上記の解答例はあくまでもひとつの可能性として考えて下さい。また、口語の場合は声の調子、音調、顔の表情、適当な付加疑問の有無などさまざまな条件も加わってきます。いずれにしても、直接的な命令文は避けて、少なくとも «Agradeceria se ...» などの決まり文句を積極的に使ってみてください。コミュニケーションが円滑になるでしょう。

V.1. Poupa energia.
 2. Não olhe para o Sol sem estes óculos especiais.
 3. Evite comprar mobiliário produzido com madeiras tropicais.
 4. Apague as luzes quando não precisar delas.
 5. Não se esqueça de fechar bem a porta ₁₁do frigorífico | da geladeira₁₁.
 6. Não deposite lixo em locais impróprios ou fora das horas estipuladas.

(解説) 問1.の「節約する」で類語としては economizar もよいでしょう。問2.では olhar のあとの前置詞 para が必要です。問6.の estipulado は直前の horas に一致して estipuladas となっています。locais impróprios で、「定められていない場所；指定場所外」ということになります。上記はいずれも一種の掲示として掲げることを意識した文語としての翻訳なので、同じ語の反復を避ける、わかりやすい簡潔な命令を使用するなどの工夫をしてあります。しかし「ゴミを出す」ひとつにしても、動詞は colocar, deixar, pôr などが可能で、口語的に訳せばさらに他にもいろいろな翻訳の可能性があるでしょう。この種の翻訳は、実例を参照した上で翻訳し、作成したものをバックグラウンドのあるネイティブの人に校閲してもらうことが肝心です。正書法、語彙の違いがあるので、ブラジル向けか、あるいはそれ以外のポルトガル語圏の人々向けかというターゲットに関する配慮も大切です。

練習問題(23)

Ⅰ.1. Preferes que o rapaz se vá logo embora.　君としては、その男の子に直ちに出ていって貰ったほうがいいというわけだね。

2. Não acho que a promessa seja cumprida.　僕は約束が果たされるとは思わないな。

3. Eu não acredito que ele tenha razão.　彼の言うとおりだとは思わないよ。

4. Ele deseja que ela o acompanhe.　彼としては、彼女が一緒に来てほしいと思っている。

5. Não penso que tu chegues atrasada hoje.　今日は君が遅れてくるとは思っていないよ。

6. Queres que eu traduza a carta？　その手紙を僕に翻訳してほしいのかい。

7. Não acredito que ele vá lavar as mãos do assunto após ter criado tantos problemas.　これほど問題を起こしたあとで、彼がその件から手を引くとは私には思えない。

8. Eles pensam que nós não vimos.　彼らは私達が来ないと思っている。

9. É desejável que vocês terminem este trabalho ainda hoje.　君たちは今日のうちにもこの仕事を終えるのが望ましいのです。

10. Desejamos que os senhores passem um bom Natal.　良いクリスマスをお過ごし下さるようお祈りします。

(解説) 従属節において接続法を用いるか否かで迷う場合は、本文の解説をもう一度読み直して原則を理解しましょう。問3.で用いられている主動詞 acreditar の日本語訳を「思う」としてあります。日常的な口語では pensar, acreditar, achar, julgar, などは類語ですから、翻訳にしてもそれほど語の違いを反映させる必要がない場合もあることを理解しましょう。問6.「～してほしいかい？」と訳してありますが、むしろ「～してあげようか？」というような含みで相手に対する提案として用いる場合が多いでしょう。問9. 原文の ainda hoje には「何とか今日中には」という含みがあります。

練習問題解答例・解説

II．1． É necessário que (vá) primeiro ao cartório reconhecer a assinatura.　公証人役場に行ってまず署名を認証することが必要です。

2． Duvidamos muito que o novo sistema (resolva) os problemas.　新たなシステムで諸問題が解決するかどうかは、我々は大いに疑問に思っています。

3． É preferível que vocês (consultem) o pediatra o mais cedo possível.　君たちは出来るだけ早く小児科を受診するのが望ましいです。

4． É conveniente que nós (possamos) trabalhar na máquina do costume.　われわれにはいつものマシンで仕事ができるほうが都合がよいのです。

5． Neste caso, é preferível que tu (marques) uma consulta no médico.　それだったら、医師の診察を予約するのがいいね。

6． Mesmo que (pareça) difícil, vale a pena tentar.　難しそうに見えても、やってみる価値はある。

7． Que Santa Bárbara me (proteja)！　聖女バルバラ様のご加護がありますように。

8． Infelizmente eles sabem aproveitar a tecnologia moderna apenas para que uma minoria do público (se divirta).　残念ながら、彼らが現代のテクノロジーをどう利用するかを知っていると言っても、少数の人が楽しむためでしかない。

9． Comprou uma máquina usada por um bom preço. Daí que ele (possa) gastar ainda duas terças partes da verba atribuída.　彼は中古の機械を安く買った。そういうわけで、まだ与えられた予算の三分の二を使える。

10． Espero que vocês (gozem) bem a viagem e (usufruam) ao máximo de todas as vantagens que este passe vos oferece.　君たちが旅行をよく楽しんでこのパスで使える特典を最大限に利用できるといいね。

ポルトガル語四週間

解説 従属節内で接続法を用いる複文の練習です。活用について疑問がある場合は巻末活用表等で確かめてください。問5.の marcar はこの場合「予約する」意味です。問5.の vale a pena の主語は不定詞の tentar です。問7.は祈願文です。☞ 23.2．祈願文, p.424参照。問10. 原文の oferece を生かして言えば「パスが与えてくれるあらゆる特典」ですが、もう少しわかりやすく「パスで使える特典」としてあります。

III．(翻訳例)
1. Por pouco que se queira inalar o fumo de tabaco dentro desta sala, onde a separação entre os fumadores | fumantes e não fumadores | fumantes é apenas formal, não é possível evitá--lo.
2. Ainda que me pareça difícil, o rapaz está determinado em cumprir a promessa que fez ao pai.
3. Talvez seja possível ele ir sozinho fazer as compras no supermercado. Mas quero que alguém o acompanhe pelo menos até que ele atravesse a avenida.
4. Não que não vou lavar a louça! Deixa-me tomar um copo.
5. O João sai de casa pé ante pé sem que ninguém dê conta disso.

解説 問1.では「どれほど〜したくなくても」という意味をあらわす、〔por pouco que＋接続法〕を使うとぴったりと表現できるでしょう。そのほか譲歩をあらわす副詞節を導く embora, mesmo que なども類似した意味をあらわすことができます。問3．他にも «Talvez ele possa ir...» あるいは «Ele pode ir ... talvez» などさまざまな解決が考えられます。問4.「〜しないわけではない」という部分的な否定は、特に口語では必要を感じる表現だと思います。常套句として記憶しておくと便利でしょう。また〔deixar＋不定詞〕の命令形は「〜させてください」という意味で口語で頻用される依頼の表現です。

練習問題解答例・解説

練習問題(24)

I.1. Ainda que não me **apeteça,** tenho de estudar, pois amanhã vai haver um exame.　やる気になれないが勉強しなくてはならない。明日試験だから。

2. Embora a falta do aluno nunca **pudesse** ser justificada, também não valia a pena chamar a atenção dele.　その学生の欠席は決して正当化され得ないが、彼に注意しても意味がなかろう。

3. Não quero ser demasiadamente simpático para o homem, muito embora **saiba** que ele tem dificuldades.　その人が困っているのは重々承知しているが、親切にしすぎることはしたくないんです。

4. Se bem que me **custe**, tenho de pôr os pontos nos iis sobre o assunto.　苦しいところだが、その件については、はっきりせねばならない。

5. Se eu **pudesse** estar contigo, **explicar-te-ia** melhor.　僕が君のそばに居たら、よく説明してあげられるのだが。

6. Contanto que se **necessite** de impor uma medida mais drástica, o governo tem de obter primeiro um testemunho concreto.　もっと思い切った施策を適用することが必要であるとは言え、政府はまず具体的な証言を確保せねばならない。

7. Por muito que **se insistisse** na conclusão da obra, já não havia hipótese de poder manter todas as condições iniciais do contrato.　工事完了に、いくら固執したとしても、契約にある最初の条件をすべてそのままに維持しておくことは不可能だろう。

8. Mesmo que **se observe** uma imaturidade nas descrições daquela obra, não se pode deixar de admirar o seu valor artístico.　その作品には記述に未熟なところが観察されるとしても、その芸術的価値には感嘆せざるを得ない。

9. Posto que **explicasse** de novo a situação, o director não conseguiu obter a compreensão dos funcionários.　再び状況

説明をしたにもかかわらず、課長は職員の理解を得ることはできなかった。

10. Se não **trabalhasse** nesta fábrica, dedicava-me à agricultura.
この工場で働いていなかったら、私は農業をやっていたでしょう。

(解説) 問1.の apetecer はここでは主語がはっきりしませんが、文脈からは「勉強すること」であるとわかります。通常は〔apetecer a 人＋主語〕という構文をとります。たとえば «Apetece-me um copo de água.»（コップ一杯水が飲みたい）という例で主語が um copo de água であるように、〔apetecer a 人＋不定詞〕の構文では、不定詞が apetecer の主語で「…(人)は〜する気になる」の意味です。ポルトガル的な表現です。問3.の embora が muito で強調されていることに留意しましょう。「どれほど〜しているとはいえ」という譲歩を強調した意味になります。問4.の «pôr os pontos nos iis» は「(言いにくい問題など)をはっきりさせる」という意味の成句です。iis は / iˈiʃ | iˈis / と読みます。問6.〜9.：譲歩の副詞節については p.431参照。問6.の impor は「適用する」と訳してありますが、ほんらい上から否応なく強要する意味があります。問8.の〔não poder deixar de＋不定詞〕は「〜せざるを得ない；〜せずにはいられない」の意味です。ここで用いられている se は主語不確定をあらわします。

II.1. Ele não **acreditou** que este tufão **tivesse sido** muito grande.
2. Ele **acreditava** que este tufão **era** muito gande.
3. A Maria **diz** que o João lhe **telefonou** ontem à noite.
4. A Maria **duvidava** a que o João te **tivesse telefonado** ontem à noite.
5. Ele **disse** que este tufão **tinha sido** muito grande.
6. Há dois anos, quando conversámos, eu **ter-lhe-ia** dito isso. Mas a situação agora é diferente.
7. Se não **tivesse deixado** o tabaco há dez anos, certamente eu não **participaria** agora nesta campanha anti-tabagismo.

練習問題解答例・解説

8. Se ele não se **tivesse** atrevido a pedir-te aquela informação, ninguém se **teria** interessado no plano que ele tinha preparado.
9. Se **terminarmos** este trabalho antes do almoço, teremos uma tarde tranquila, não achas?
10. Se o novo software **funcionar** *on line* sem problema, embora o número de acesso **seja** bastante limitado, isto **significa** um progresso muito grande.

(**解説**) 観察点からの前後関係に留意して日本語の意味と対照することが解決の糸口です。問 7. の直説法・過去未来 participaria の代わりに直説法・半過去 participava も可能です。ただし後者はより口語的で、「標準的文語には直説法・過去未来を用いるべき」という規範意識が母語話者のあいだに一般的です。時称体系は原理を理解した上で、多くの実例に触れることで次第に馴染んでいくものです。☞ 20.9. 時称のまとめ―1：直説法時称(1), p.369、21.2. 時称のまとめ―2：直説法時称(2), p.383、25.2. 時称のまとめ―3：直説法と接続法, p.467参照。

III.1. Agradecia que o senhor me desse um compo de água. 水をコップ一杯いただけませんか。
 2. Gostaria que vocês lessem este livro. 君たちにこの本を読んでいただきたい。
 3. Apreciaria que a senhora me informasse sobre o número de telefone dele. 彼の電話番号を教えていただければ幸いです。
 4. Duvidei que o João chegasse a tempo ao local da reunião. 打ち合わせの場所にジョアンが時間通りに到着するとは思えなかった。
 5. Receava muito que a minha mala chegasse danificada. 私のスーツケースが破損して到着するのではないかと気が気ではなかった。
 6. Eu queria que o professor me explicasse melhor. 先生、もっとよく説明していただきたいのですが。

7. Ela quis que ele se fosse embora.　彼女は、彼に立ち去ってほしかったのだ。
8. Ela esperava que eu falasse ao público.　彼女は私が皆に話してくれることを望んでいたのである。
9. Convinha muito que ela nos escrevesse.　彼女が私達に手紙をくれると、大変に都合がよいのだが。
10. As senhoras quiseram que nós ouvíssemos a conversa.　ご婦人方は私達にその会話を聞かせたかったのです。

(解説) いわゆる時称の一致の練習です。問1.では agradecia と直説法・半過去形を用いていますが、より文語的、規範的には、agradeceria と直説法・過去未来形を使います。おおむね丁寧な依頼の常套句です。その他、gostaria ... (問2.), apreciaria ... (問3.) も同様に依頼の表現です。問9.の convinha は直説法・半過去形ですが、これもやはり conviria のほうがより文語的、格式張った印象を与えます。通常の口語では convinha が用いられます。また convir の主語は que 以下の名詞節です。文型としては〔動詞＋不定詞あるいは名詞節〕で、不定詞、名詞節が主語となるタイプの動詞です。☞ 24.4. 話法の転換—3, p. 450参照。

IV. (翻訳例)
1. Duvidei que o distribuidor da pizzaria já tivesse saído.
2. Todos receavam que o João tivesse saído de carro sem saber que a estrada estava interdita pelo aluimento de terras.
3. Se este projecto | projeto correr bem, ficarás um milionário, é isso?
4. Se não me tivesses dito "não" naquele momento, eu não podia deixar aquele vício ainda hoje.
5. Se já almoçou, é melhor não comer mais.

(解説) 問3.の "é isso?" は付加疑問文です。☞ 5.9. 付加疑問—1, p.79、12.7. 付加疑問—2, p.232参照。問4.の「悪癖 vício」とは、具体的には深酒、喫煙、賭博などのことを言います。問5.では、話者が相手に対して「もう昼食をとったのかとってないのか知らないが、も

練習問題解答例・解説

しとってあるなら」という単なる条件としている点に留意しましょう。もし「昼食をとっていない」と知っていれば、現実に反する仮定を述べるために "se tivesse almoçado"（もしも昼食をとっていたのなら）となるわけです。微妙な違いとはいえ、状況がまったく異なりますから、注意が必要です。

練習問題(25)

Ⅰ.1. その男の子はボール遊びに行ったと思います。
→ É provável que (o rapaz **tenha ido** jogar à bola). その男の子はボール遊びに行ったのかもしれません。

2. 私は祖父が40年代に北京にいたのを知っています。
→ Duvido que (o meu avô **tenha estado** em Pequim nos anos 40). 私は祖父が40年代に北京にはいなかったんだろうと思います。

3. バローゾ氏は、彼女がブラジルで過程を終えたと言っている。
→ O Dr. Barros duvida que (ela **tenha feito** o curso no Brasil). バーロス氏は、彼女がブラジルで過程を終えたというのはあやしいと思っている。

4. 文章には信じ難い誤植があったと認めている。
→ Receiam que (**tenha havido** umas gralhas incríveis no texto). 文章には信じ難い誤植があったのではないかと懸念している。

5. 彼女は、夫が今日は車で出かけてはいないと言っている。
→ Ela espera que (o marido não **tenha saído** de carro hoje). 彼女は、夫が今日は車で出かけていないことを祈っている。

6. わたしは、曾祖父母がとても幸福な一時期を過ごしたのだと思った。
→ Imaginei que (os meus bisavós **tivessem passado** um tempo muito feliz). わたしは、曾祖父母がとても幸福な一時期を過ごしたのだろうと想像した。

7. 弁護士は彼女に話をして貰いたいと思っている。
→ O advogado quis que (ela **falasse**). 弁護士としては彼女に話をして貰いたいと思っていた。

8. 彼女が忘れずに彼と連絡をとってくれるよう祈っている。
   → Esperava que (ela não se **esquecesse** de entrar em contacto com ele). 彼女が忘れずに彼と連絡をとってくれるよう祈っていた。
9. 父は娘の試験がうまくいったと確信していた。
   → O pai não duvidava que (o exame da filha **tivesse corrido** bem). 父は娘の試験がうまくいったことを疑わなかった。
10. マヌエルは犬が数日でよくなるとわかっていた。
    → O Manuel implorava a Deus que (o cão se **fosse curar** dentro de alguns dias). マヌエルは犬が数日でよくなるようにと神に祈った。

(解説) 問2.の «nos anos 40» は一般に1940年代のことを指します。問7.両親というときは父親の複数形を用いますが、祖父母、曾祖父母の場合は女性形で代表します。cf. pai＋mãe ⇒ pais, avô＋avó ⇒ avós, bisavô＋bisavó ⇒ bisavós. どの問いも、いわゆる時称の一致の練習問題で、直説法と接続法を対照してありますので、時称間の並行関係をよく理解してください。☞ 25.2. 時称のまとめ―3：直説法と接続法, p.467参照。さらに25.4. 話法の転換, p.477参照。

II.1. Não acredito que ela **tenha dito** isso. Deve **ter sido** mal interpretada.
  2. Suponhamos que os seus amigos **estão** naquele país do Oriente.
  3. Parecia-nos incrível que o presidente **tivesse dado** a ordem dos ataques militares.
  4. É impossível que ela **tenha enviado** a certidão sem ter posto o selo branco.
  5. Não tenho para mim que ele me **tenha respondido**.

(解説) どの問いも、いわゆる時称の一致・話法の転換に関する練習問題で、基準点から見た前後関係をよく意識することが重要でしょう。日本語で言えば「そう言うかもしれない」と「そう言ったかもしれない」との違いがポルトガル語の時称にどのように反映されるのか、本

練習問題解答例・解説

文で述べたとおり、共通の物差しとしての時間軸と基準点を想定し、図に描いてみると事情がよく把握できます。問5. ter para si que（接続法）＝…であると確信する。

III. 1. Quando fechei o contrato, há dois meses, **entendi** que o construtor já **iria** iniciar a obra dali a oito dias. 二か月前に契約をしたとき、私としては一週間もすれば工務店がもう工事を始めるものと思っていた。

2. Quando fechei o contrato, há dois meses, eu **queria** que o construtor já **iniciasse** a obra dali a oito dias. 二か月前に契約をしたとき、私としては、一週間もしたら、工務店にはもう工事にかかってほしいと思っていた。

3. O presidente **disse** há dois meses que a tesouraria **adiantaria** toda a despesa. 会長は、費用はすべて出納課が前払いするはずだと二か月前に言った。

4. O presidente **negou** há dois meses que a tesouraria **adiantasse** toda a despesa. 会長は、費用をすべて出納課が前払いすることはないと二か月前に言った。

5. **Ouvi** dizer que a Joana **tinha estado** com a Maria havia dias. 数日前ジョアーナさんがマリーアさんと一緒にいたそうです。

6. Não **pudemos** acreditar que a Joana **tivesse estado** com a Maria havia dias. 数日前ジョアーナさんがマリーアさんと一緒にいたとは、僕らには信じられませんでした。

7. **Sei** que o homem **estava** no café "A Brasileira" ontem à tarde. その男が昨日午後カフェー・ア・ブラジレイラにいたのは知っています。

8. **Receio** que o homem **estivesse** no café "A Brasileira" ontem à tarde. その男が昨日午後カフェー・ア・ブラジレイラにいたのではないかと懸念しています。

(解説) この練習問題も、時称を体系的に理解するためのものです。やはり図解してみるとわかりやすいでしょう。たとえば、問2.におい

て扱われているふたつの状況の前後関係を過去の基準点（2ヶ月前）でみれば図1.で示すとおりですが、過去の時点における、歴史的現在として前後関係を考えれば図2.となり、並行関係が理解されます。

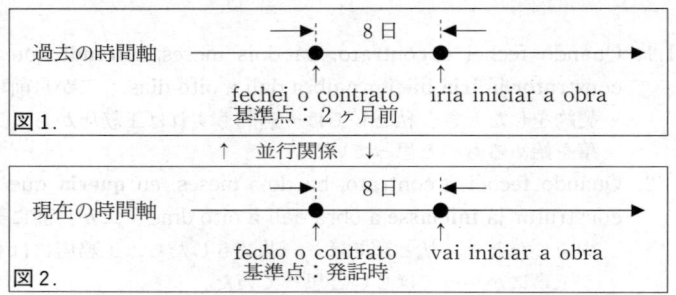

```
過去の時間軸 ──────●──── 8日 ────●──────→
                  ↑              ↑
            fechei o contrato  iria iniciar a obra
図1.          基準点：2ヶ月前
```

↑　並行関係　↓

```
現在の時間軸 ──────●──── 8日 ────●──────→
                  ↑              ↑
            fecho o contrato   vai iniciar a obra
図2.          基準点：発話時
```

IV.1. É incrível que o aquecimento não estivesse a funcionar esta manhã.　今朝暖房がきかなかったとは信じられない。

2. Não acho que a arguida | argüida seja inocente.　容疑者の女性が無罪とは思わない。

3. Não cremos que a senhora nos informe sobre o número do telefone dele.　彼の電話番号を貴女が私たちに教えてくれるとは思えません。

4. Receio que ela tenha confessado o que tinha acontecido.　彼女が何が起こったかを白状してしまっていたら困ったことだ。

5. Espero que ela tenha conseguido passar o exame.　彼女が試験に通っていたらよいと思う。

6. Eu admiro-me que o tio tenha chegado a tempo à festa.　伯父が時間通りに宴会にやって来たのには驚きだ。

7. Surpreende-nos que o televisor tenha voltado a funcionar.　テレビ受像器がまた見えるようになったのは私達には驚きである。

8. Acreditas que ele trabalhou para nós?　彼がうちで働いていたなんて信じられるかい。

練習問題解答例・解説

9. Parece impossível que os elefantes tenham nadado no mar.　象が海を泳いだなんて信じられない。
10. Eu não acredito que ninguém tenha vivido nesta ilha.　この島で生活した人が誰もいないとは思わない。

(解説) 従属節の接続法の用法を時称の一致とともに復習する練習問題です。上の問題Ⅲ.で見たのと同様、直説法における時称の関係と接続法の時称の関係には並行関係がありますから、これを理解することで全体が把握できるでしょう。従属節において、接続法・半過去形があらわれる場合は、これを直説法・現在にしたときの意味を考えてみる、という方法で意味が了解できるでしょう。疑問のある時は 24.4. 話法の転換—3, p.450, , 25.4 話法の転換—4, p.477参照。

Ⅴ.1. Parece incrível que ele já tenha saído de casa.
2. Não acredito que o João tenha perdido a vontade de trabalhar depois de se ter jubilado.
3. Receio que ela tenha confessado a verdade ao pai.
4. Se tivesses visto este filme há uma semana, a tua maneira de pensar teria mudado um pouco.
5. Se tu não tivesses comido tanto ontem ao almoço, não terias passado tão mal à noite.

(解説) 問2.において、定年退職することを jubilar-se で表現していますが、この語は教師について定年退職・退官の場合にふさわしい語です。一般的には aposentar-se, reformar-se も可能です。問4.と問5.は現実に反する仮定・帰結がテーマです。☞ 24.5. 条件節と帰結節, p.452参照。

練習問題(26)

Ⅰ.1. <u>Para já</u> é o máximo que podemos fazer.　今のところは、これが我々の出来ることの最大限です。
2. <u>De momento</u>, não dispomos da resposta.　現在のところ、返答はありません。
3. O proprietário <u>dificilmente</u> cederá o terreno.　その地主が土地を譲渡することはまずないだろう。

703

4. Vamo-nos encontrar então amanhã às 10 horas em frente da estação.　それでは明日10時に駅前で会いましょう。
5. —Então tu foste sozinho para tão longe? Foi muito imprudente!　それじゃおまえはひとりでそんなに遠くまで行ったのか。随分と無謀なことだね。
　—Certamente que sim.　たしかにそうだったよ。
6. O jornalista escreve dificilmente ao teclado, usando apenas dois ou três dedos.　新聞記者は、ほんの２、３本の指だけを使って、やっとのことでキーボードで書く。
7. O Sr. Santos esqueceu-se deliberadamente de deixar algumas palavras de agradecimento ao médico para não se queixar de todas as complicações causadas pelo provável erro de diagnóstico.　サントス氏は故意に医師には謝意の言葉を忘れたことにして、おそらく誤診によっておこった、あらゆる混乱には苦言を呈すことなしに済ませたのだ。
8. Ele está novamente ||a estudar | estudando|| Medicina.　かれはこんどは医学部で勉強している。
9. Embora seja grande conhecedor do tema, ele sabe explicar simplesmente.　あの人は、このテーマについてはきわめてよく通じているが、簡潔に説明する方法を心得ている。
10. Ultimamente não tenho comprado revistas pois estão muito caras.　このところ雑誌が高いのであまり買ってない。

(解説)　問6.においては、«escrever ao teclado»「キーボードで書く」という動作を dificilmente という副詞が修飾し、«O jornalista ... ao teclado» という主文に、現在分詞の導く副詞節 «usando ... dedos» が修飾しているという構造です。問7.においては、«para não se queixar de ... diagnóstico» が前置詞 para の導く副詞節となっています。この例では para 以下を結果の意味で日本語訳していますが、むろん文脈によっては目的の意味でとらえてもよいでしょう。ここでは文脈がないので、どちらも可能です。

練習問題解答例・解説

II．1. O senhor Silva teve de vender a propriedade **por motivos de força maior**.　シルヴァさんはやむを得ぬ事情で土地を手放さねばならなかった。
 2. Ele não sabe **de cor** o número de telefone do escritório dele.　彼は事務所の電話番号をそらんじていない。
 3. Envio-lhe o documento **o mais breve possível**.　出来るだけ早く書類をお送りします。
 4. Como neste restaurante **de quando em quando**.　時々このレストランで食べます。
 5. Quando vinha à Brasileira, ele sentava-se **sempre** nesta mesa.　彼はア・ブラジレイラ（カフェーの名前）にくるといつもこのテーブルについたものだった。
 6. Vejo **de vez em quando** um helicóptero a seguir para o Norte.　私は時折北に向かっていくヘリコプターを目にする。
 7. Quando estou na capital, vou **raramente** almoçar à Outra Banda.　首都にいるとき、川向こうにはめったに行きません。
 8. Informo-te **muito em breve**.　君にもうすぐ知らせる。
 9. O Dr. Cunha falava muito **devagar**, às vezes, pausadamente.　クーニャ氏はとてもゆっくりと、ときに間を置きながら話したものだった。
 10. O professor Galvão falava **depressa**, com o sotaque gaúcho.　ガルヴァン先生はリオグランデ訛で早口で喋ったものだった。

（**解説**）副詞句は文の表現にさまざまな彩りを与えるもので、無限の可能性があります。この練習問題では一般的によく用いられるものをとりあげています。その他にも、気取ったもの、きわめて学識的なもの、さまざまなヴァラエティがありますので、類語、反義語などに注意して折に触れて親しむことが肝要です。

III．（翻訳例）
 1. Apressadamente, ele ditou em voz alta o número de telefone.
 2. Inadvertidamente perguntei-lhe da namorada de quem já se tinha separado.

3. Agradeceria muito se me pudesse responder na maior brevidade possível.
4. Indubitavelmente estas letras são dele.
5. Apesar de ser nova, esta ideia | idéia pura e simplesmente não serve.

(解説) 問2.の inadvertidamente の類語としては involuntariamente, inconscientemente なども良いでしょう。問3.では、o mais rápido possível 等も可能です。ここでは文語的に少し凝った表現を紹介してあります。問4.の indubitavelmente は、副詞では、certamente, incontestavelmente, など、副詞句で sem qualquer dúvida, com toda a certeza, 等が類義的と言えましょう。

練習問題(27)

I.1. A polícia aconselha as crianças **a** não andarem nas ruas desertas.　警察は子供達が人気のない道を歩かないようにとアドバイスする。
2. A mulher sobreviveu (**ao**) bombardeamento da capital.　その女性は首都の爆撃から生き残った。
3. A fotocópia pode constituir uma ofensa grave (**ao**) direito de autor.　複写は版権に対する重大な犯罪となりうる。
4. Os pais acabaram ,,por ceder | cedendo,, (**às**) lamúrias da criança.　両親は結局その子の泣き言に負けることになった。
5. Na modernização do país, houve sempre preocupação (**com**) a educação elementar.　同国の近代化をつうじて、常に初等教育への配慮があった。
6. O médico tinha confiança (**na**) segurança do medicamento.　医師は、その薬品の安全性には安心していた。
7. Se os professores universitários tivessem preocupação (**em**) melhorar as suas aulas, este relatório dar-lhes-ia um sério impacto.　仮に大学教員が授業の改善に関心を寄せているとしたら、この報告は彼らに重大な衝撃を与えることになろう。

練習問題解答例・解説

8. O político sublinhou a sua admiração (**pelo**) historiador.
   政治家はその歴史家への讃辞を強く述べた。
9. Ele mostrou o profundo amor (**por**) música.　彼は音楽への深い愛情をあらわした。
10. Ele teve grande respeito (**pelo**) escritor que introduziu o realismo em Portugal.　ポルトガルに写実主義を導入した著者に対して、彼は大いなる敬意を表した。

（**解説**）どのような前置詞を用いるべきかは、多くの場合動詞、形容詞、名詞の支配によって決まっています。本文で述べた前置詞の意味特徴を踏まえて、意味の核となる語との関係でまとめていくのが前置詞の用法に習熟する方法です。辞書などで例文を読むことによって前置詞の用法に親しんでください。

II.1. A reunião foi convocada com o (fim) de discutir alguns assuntos urgentes.　緊急の要件をいくつか議論するために会議が招集された。
2. Seria necessário perseguir os benefícios económicos à (custa) da destruição de um ecossistema？　生態系の破壊を犠牲にして経済的利益を追求する必要があるのだろうか。
3. A construção do grande edifício em (detrimento) do bem-estar dos habitantes locais suscitou as piores críticas.　周辺住民の福祉を損ない巨大なビルを建築することはきわめて厳しい批判を引き起こした。
4. Foi criado um grupo de estudo em (prol) do melhoramento da rede de bibliotecas universitárias.　大学図書館網の改善を目標とした研究会が創設された。
5. A emissora decidiu pôr de novo no ar o programa a (pedido) dos ouvintes.　聴取者の依頼をうけて、放送局はそのプログラムを再放送することを決定した。
6. Um bando de pombos encontra-se sempre na praça em (frente) à estação.　鳩の群はいつも駅前の広場に居ます。

7. Muitos camiões | caminhões continuam estacionados, desde a semana passada, (junto) ao portão da fábrica.　工場の大門のそばに、先週来、多くのトラックが駐車したままになっています。
8. Escondidos (atrás) dos pseudónimos | pseudônimos, os cibernautas podem optar por outras personalidades diferentes das suas.　匿名の陰に隠れて、インターネット使用者は自分とは異なる他の人格を選択できるのだ。
9. Estava ao lado do volante um homem, que saltou por dentro do carro para o banco de (trás).　運転席の隣に男がひとり人居て、その男が車の中で後部座席に飛び移った。
10. Um galho caiu por (cima) de um burro.　枝が一本とあるロバの上に落ちた。

(解説)　前置詞、句前置詞ともに孤立して記憶することは避けて、出来る限り文脈の中で意味を把握し記憶に定着させるのが望ましい勉強法でしょう。意味を考えながら例文をよく音読しましょう。

III. （翻訳例）
1. Uma senhora sentava-se no banco da frente do táxi.
2. A data proposta para a visita foi muito em cima do dia marcado para o concurso.
3. O crescimento da venda oscila, consoante os produtos, entre 5,2 e 6,9 por cento.
4. O conferencista conseguiu falar à vontade perante centenas de ouvintes.
5. Ela era leitora assídua da revista desde o primeiro número.

(解説)　問2.の表現、«muito em cima de» は予定などが重なってくるときによく用いられる表現です。問3.では「…によって」という語を consoante というやや難しい前置詞で訳してありますが、conforme, de acordo com 等もよいでしょう。問5.の「…以来」は desde と訳されていますが、句前置詞の a partir de もはっきりしてよいでしょう。

練習問題㉘

Ⅰ.1. O João tentou fazer sempre tudo o que o seu chefe tinha mandado fazer, nem mesmo **assim** os seus colegas lhe reconheciam o sacrifício. ジョアンはチーフに命じられたことは何もかもこなすよういつも努めていたが、それにもかかわらず同僚たちは彼の犠牲心を認めていたわけではなかった。
2. Cumprimos a nossa missão **conforme** o estatuto de trabalho estipula. 就業規則に則って、我々は使命を果たします。
3. Enviaram os livros por superfície **ou** por avião. 本は陸路か空路かどちらかで送った。
4. **Mal** desligou o telefone, saiu correndo. 電話を切るが早いか、駆け出していった。
5. É natural que **quanto** mais estiverem todos os professores empenhados no ensino, melhor será para os alunos. 教師がみな教育にもっと熱心になれば学生にとってはいっそうよいことはもちろんである。
6. Ele gosta muito de ver os jogos de futebol, mas nem **por** isso se esquece dos seus afazeres diários. かれはサッカーの試合を見るのが大好きだが、だからといって毎日の仕事を忘れはしない。
7. Tentaremos preparar a comida do mesmo **modo** que esta receita nos ensina. このレシピー通りに料理してみましょう。
8. Ela nunca conduz o carro **desde** que passou a morar nesta cidade, pois o transporte público é muito bem organizado. この町に住むようになってから彼女は一度も車の運転をしていないが、それは公共交通がよく整っているからだ。
9. Ela correu tanto **até** que não podia mais. 彼女はもうダメだというところまで走った。
10. Os dados não são suficientes, **segundo** informa o presidente da comissão. 委員長の情報では、データが不十分だそうだ。

11. A competição terminou **sem** que existisse qualquer suspeita de *doping*.　ドーピングの疑惑が持ち上がることはまったくなく、競技会は終了した。
12. Os professores recusam-se a recorrer ao novo aparelho **sem** que o efeito seja confirmado entre os especialistas.　新たな機械の効果が専門家の間で定まらないままでは、先生達はそれに頼ることを拒否する。
13. Trabalharam dia e noite **para** que pudessem voltar ricos à terra natal.　故郷に錦を飾れるようにと日夜働いた。
14. Trabalho no meu escritório **até** que o colega bata à porta.　同僚がドアをノックするまで、私は執務室で仕事をする。
15. O José escreveu o nome **conforme** o pai dele lhe tinha.　ジョゼーは父親に教わったとおり名前を書いた。

(**解説**) 問2、10.および15で用いられている conforme, segundo は入れ替えが可能です。問12.の «sem que» を «para que» あるいは «até que» で置きかえることも可能ですが、もちろん意味が変わります。その他にも文意が非合理的にならなければ上記と異なる解決も可能でしょう。たとえば問11.において «para que» とすると「ドーピングの何らかの疑惑が持ち上がってくることを目的として競技会が終了した」となり、これはある特殊な事情があれば不可能ではありません。しかし練習問題としては論理的にもっと簡潔なものを揃えるように工夫してあることを踏まえて解決を考えてみてください。

II．1. O atleta mostrou a prova (de) que a análise foi feita devidamente.【que は接続詞】その選手は検査がしかるべく行われた証拠を示した。
 2. O atleta mostrou a prova (　) que garantia a autenticidade da análise.【que は関係代名詞】その選手は検査の正当性を保証する証明を示した。
 3. A professora também não gostou da informação (　) que surpreendera toda a gente.【que は関係代名詞】皆が驚いた情報は、先生にも気に入らなかった。

練習問題解答例・解説

4. A professora também não gostou da informação (de) que o resultado supreendeu toda a gente. 【que は接続詞】その結果には皆が驚いたという情報は、先生にも気に入らなかった。

5. Não acreditámos | acreditamos na calúnia (de) que ele foi vítima. 【que は接続詞】彼が犠牲者だという中傷は、我々は信じなかった／【que は関係代名詞】彼が犠牲になったその中傷を我々は信じなかった(彼はその中傷の犠牲者だったが、我々はその中傷を信じなかった)。

6. Não acreditámos | acreditamos na calúnia (de) que ele foi vítima da mulher. 【que は接続詞】彼が妻の犠牲者だという中傷は、我々は信じなかった。

7. Ignorávamos o facto | fato (de) que se falava muito naquela cidade. 【que は関係代名詞】その町では大いに噂になっている事実を我々は知らなかったのだ。

8. Ignorávamos o facto | fato (de) que se falava muito daquela figura na cidade. 【que は接続詞】その町でかの人物が大いに噂になっていると言うことを我々は知らなかったのだ。

9. Agradou-nos muito o programa (de) que acabámos | acabamos de ver a parte essencial. 【que は関係代名詞】その番組のさわりの部分を私達は見たところだが、この番組は大変に気に入った。

10. Agradou-nos muito a ideia | idéia (de) que os alunos vão ver a parte essencial do filme. 【que は接続詞】その映画のさわりの部分を学生達が見ることになるという案は大変に良いことだと私達は考えた。

(解説) 同格節の de か、従属節の動詞や名詞句の構造上必要になる前置詞 de かを文脈によって判断する練習です。問 5. は que が曖昧な例です。「彼が犠牲者である」というだけで何の犠牲かが文脈で補完されるなら、que は接続詞として解釈するのがよいでしょうし、「ele foi vítima da calúnia 彼が中傷の犠牲者だ」ということであれば、主文の calúnia を共通項として関係代名詞 que で結ぶために前置詞 de が

必要になります。このような場合曖昧さを避けたければ、a qual を用いて、da qual ele foi vítima とすれば疑問の余地ない関係節を構成できます。また問7.と問8.では、同じ前置詞 de の出所が異なるということをよく理解しましょう。前者は falar de ...（…のことを話題にする）における、前置詞の目的語が facto なので、que は先行詞 facto | fato を受ける関係代名詞で、この場合前置詞はかならず関係代名詞の前に置かれるため、こういう形になります。後者は facto | fato の同格節を導くための de です。他の問いについてもこのような基準で解決を考えてみましょう。

III．(翻訳例)
1. Os funcionários trabalham **ou** descansam.
2. As pessoas comiam e bebiam **até que** perceberam que o convidado principal ia sair acompanhado do anfitrião.
3. Ela nunca precisaria do carro **desde que** passasse a morar nesta cidade, pois o transporte público é muito bem organizado.
4. A motorização desenvolveu-se na capital **sem que** se organizasse o transporte público.
5. É muito inpressionante o facto de que a qualidade sonora através da *Internet* é tão boa.

(解説) 問2.の〔até que 節〕において、節内で接続法を用いるか直説法を用いるかの基準は以下のとおりです。節の内部で述べる状況が実際に実現してある結果に至ること、すなわち「〜するまで〜する・した」であれば、節の内部では、問2.の翻訳例にあるように直説法でよいのです。他の例を挙げれば、例：«Ela esperou até que se cansou.»（彼女は疲れ果てるまで待った）しかし、ある可能性、条件の表現として、「〜するまでは〜する・した」という場合は節の中で接続法を用います。例：«Ela esperou até que a loja fechasse.»（彼女は店が閉まるまで待った）また、形式的には同じでも até が副詞として que 節の強調をする場合もありますので注意しましょう。例：«Parece-me até que ele está a gostar da confusão.»（私には彼が混乱を楽しんでいるようにさえ見える）

巻末日本語訳

第3日
テーブルの上にコップがひとつあります。
カウンターの上にコップがふたつあります。
かごの中にはオレンジがひとつしかありません。
箱の中にはオレンジがふたつあります。
本の下には新聞が一部あります。
テレビの横に新聞が3部あります。
皿の上にはパンがひとつあります。
袋の中にはパンが6個あります。
台所の引き出しの中にはナイフとフォークが1本ずつあります。
ナプキンの上にはナイフが4本とフォークが5本あります。

第4日
A —— 果物入れにリンゴがいくつありますか？
B —— およそ十個あります。
A —— 映画館の前に人が何人いますか？
B —— 二十人ほどいます。映画館の裏手にある道には自転車が何台かあります。
A —— 町には駅がいくつありますか？
B —— およそ十五あります。
A —— 大学にはドイツ人は何人居ますか？
B —— 三人しかいません。
A —— 広間には傘が何本ありますか？
B —— 一本だけです。
A —— 台所には、洗い桶の中にカリフラワーがいくつありますか？
B —— ふたつあります。

第5日
カモンイスというのは誰ですか？

ポルトガル語四週間

それは16世紀の有名な詩人です。
「ルシタニアの人々」の作者です。
ポンバル侯爵というのは誰ですか？
国王ドン・ジョゼー1世の宰相です。
カモインスとポンバルはポルトガル人ですか？
そうです。
＊　　＊
君はポルトガル人？
ええ。
彼もポルトガル人ですか？
ええ。
すると君たちはポルトガル人だね？
そうですよ。

第6日
貴方はどちらのご出身ですか？
私は日本の出身です。
で、君たちは？
僕たちはブラジルの出身です。
貴女方はブラジルのご出身ですか？
いいえ、わたしはモサンビークです。
ええ。私はブラジルです。
＊　　＊
その分厚い本は日本語の百科事典ですか？
そうです。博物館の大きなカタログもたいへんに厚いです。
安価なものですか？
いいえ、そうではありません。高価なものです。

第7日
テレーザ ── マリーア？　テレーザだけど。
マリーア ── どう、元気？　テレーザ。
テレーザ ── お陰様で、ありがとう。ところで、そっちにまだルイーザはいる？

マリーア	——	いいえ。彼女なら今の時間はカフェー・インテルナシオナルにいるわよ。
テレーザ	——	彼女、そのカフェーにいないのよ。私とジョゼーともう一人私の友達で彼女を捜してるんだけど。
マリーア	——	いま、どこ？
テレーザ	——	カフェーの反対側。郵便局の前よ。

ルイ	——	あ、それが貴方の新車のキーですか？
パウロ	——	いや、車のキーはこれですよ。
ルイ	——	貴方の車はどちらに？
パウロ	——	この駐車場にあります。で貴方の自転車は？
ルイ	——	私の自転車ですか？　あそこの本屋の前の通りにありますよ。
パウロ	——	ああ、あの赤いのが貴方のですか？
ルイ	——	ええ、そうです。

第8日

　テイシェイラ氏は中央図書館のとある部署に勤めています。彼は公務員です。彼の事務所は建物の3階にあります。図書館は午前10時に開館し、午後5時に閉館します。テイシェイラ氏は月刊の広報を編集します。記事を書いたり利用者に有益な情報を提供したりします。写真を撮って広報の説明用に載せることもあります。この種のクリエイティブな仕事がたいへん気に入っています。課長で、その広報の編集責任者である彼の上司は職員に常に質の良い仕事を求めます。職員は完璧たることの必要性は良く理解していて間違いの理由について議論します。テイシェイラ氏は、しかしながら、自分の経験から言って、誤植は避けられないと考えています。

第9日

| ルシア | —— | カルロス君、フランス語を勉強してどれくらいになるの？ |

ポルトガル語四週間

カルロス —— 2年になるな。
ルシア —— もう上手に話せるんでしょう？
カルロス —— まあ、まあね。で、ルシア、君は？　英語は第一外国語としてどのくらいやってるの？
ルシア —— もう5年以上やってる。まだイギリスもアメリカも行ってないけど。でも英語はだいたい話せる。言葉の構造がわたしの母国語のポルトガル語とそっくりだからね。
カルロス —— で、パウロ君、君は？　まだ日本語やってるの？
パウロ —— そうだよ。日本語の雑誌を持ってるけど、見たいかい？
カルロス —— 見せてくれよ。もうどんな文章でも読めるの？
パウロ —— いやぁ、辞書を使えば大体読み方はわかるけど、聞いてもあまりよくわかんないな。
カルロス —— これ、ここでいつも買うのかい？
パウロ —— いいや、リスボンの本屋を通じて講読予約をするんだ。月初めにいつも受け取ることになってる。今月は購読予約がきれるからリスボンの本屋に小切手を送らなくちゃ。

第10日

マルコ —— 折り入って頼みたいことがあるんだけど。歴史のノートを貸してくれない？
エミリア —— もう遅いわよ。試験はあさってなんだから。
マルコ —— あっという間にコピーするよ。
エミリア —— でも、コンピュータの使い方知ってるんでしょう？
マルコ —— 知ってるよ。
エミリア —— だったら、テキストが全部入っているフロッピーを貸してあげる。そうすれば、手間がほとんど省けるじゃない。
マルコ —— どうもありがとう、エミリア。読みやすいテキストがあればあとは勉強して覚えるだけだ。画面上で読む方が本で読むよりじっさい楽だからね。

エミリア	──	でも印刷したテキストを読む方が、モニター上で字を追うよりずっと疲れないよ。
マルコ	──	一番楽なのはポータブルのコンピューターとプリンターを、筆記具として試験に持っていくことだね、鉛筆と消しゴムみたいに。
エミリア	──	それで、どうするつもり？
マルコ	──	コンピューターに保存してある僕の記憶を複製するのさ。

第11日

　パウロは今日の午後、サントス教授の講演会に出席する予定だ。教授は我が国でもっとも著名な芸術評論家のひとりで、その町のとある博物館の開館式のあと大学に講演に来るのだ。どんな書店にも彼の著作は見られるが、そのテーマは芸術についての哲学的考察から映画評論にわたっている。今日は20世紀のポルトガル映画について話す予定だ。そのテーマについて造詣の深い人の話を聞くのはきっと、たいへんに興味深いに違いない。

　きっとかれがコメントする映画の重要な部分をいくつか見せるだろう。講演会はまさに視聴覚的なものになるだろう。

　パウロは友人のうちの何人かを誘う。しかし本日午後都合の付く人がほとんどいない。アメリアがふだん行きそうな場所に行って彼女をさがす。ようやく彼女を図書館の入り口ホールで見つけ、彼女と階段教室の入り口で講演会の始まる30分前に会う約束をする。

第12日

父	──	おや、マリーア、何をしているんだい？
マリーア	──	あしたの夕食の準備よ。
父	──	もうかい!?
マリーア	──	ええ、あしたは鱈にしようかと思って。
父	──	そうか。
マリーア	──	いま、鱈を切り身に切っているところよ。こうやって水に浸していくわけ。

ポルトガル語四週間

父　　　　—— 最低でも丸一日塩抜きしなきゃだめなんだろう？
マリーア —— そうよ。そうしてはじめてよく塩抜きができるのよ。
父　　　　—— とても身が厚いからな。
マリーア —— それに、鱈が塩辛かったらどうしようもないでしょう。
父　　　　—— そうだね。では良いワインを用意しなきゃね。
マリーア —— まだ食料庫にたくさん葡萄酒はあると思うけど。
父　　　　—— でも、ぜんぶ白だぞ。それに鱈には赤ワインというのがポルトガル料理の不文律で、フォーマルな場合でもそうなんだよ。
マリーア —— わかったわ、お父さん。そのことはお任せする。わたしはお父さんほどワイン通じゃないから。

第13日

あとほんの数日で夏休みのはじまりだ。何ヶ月もの長い労働ののち、われわれは心おきなく数日間を過ごしたいと切望している。ジョアンは家族と南部への旅行をして、道すがらあちこち面白そうな所に寄って行こうと考えている。

ジョアンは駅に行って前もって切符を買う。切符売り場には切符を購入しようという人がたくさん居る。長い行列をみてジョアンは時間が気になって、いらいらしてくる。一週間以上前からの約束があるので、事務所にあと30分で戻らなくてはならないのだ。ミーティングに遅れるわけにはいかない。要件はきわめて重要なのだ。

しかしすぐに安心した。手続きはとても迅速だからだ。駅員はそれぞれのコンピューターで仕事をしていて、席の予約と切符の発行は自動的に行われるからだ。

第14日

カルラ —— 土砂降りだわ！
パウロ —— まさに激流のように降っているな。
カルラ —— あそこのカフェーに入ろうか？
パウロ —— 窓側に座ってよ、僕は雨が降ってるのをこっちから見ていたいんだ。

カルラ ── 今年はほんとに良く降るね。天気予報じゃ明日の午後まで雨が続くんだって。
パウロ ── うんざりだな。
カルラ ── でも、今年の夏は水不足って事はないわね。五年くらい前のひどい旱魃のこと覚えてる？
パウロ ── 覚えてるとも。でも雨の降り過ぎも問題だな。
カルラ ── ホントね。洪水で農業にひどい被害が出ている……。
パウロ ── 川の流域じゃ家畜がたくさん死んでるし。
カルラ ── 今、唯一出来ることといえば、待つことだけね。

第15日

　ジョアンは自転車に乗るのが好きだ。現在家族と住んでいるアパルトマンに二年前に越してきたとき、自動車の運転を止めたのである。古い自動車を売って、スポーツタイプの自転車を買ったのだ。こういう交通手段にすると決めたのは、仕事場からすぐ近くに住むようになったからだった。妻のジョアーナは車のある快適な生活を手放すことを簡単には受け入れようとしなかった。が、結局妥協した。理由は簡単だった。まず、自転車は自動車より健康的で環境にやさしいこと、第二に、あまりに明らかで認めたがらなかった事実、すなわち、自転車は自動車よりずっと経済的であること、がわかったからである。おまけにタクシー代は、乗りたい放題乗ったとしても普段使うガソリン代を決して上回ることがないのである。ジョアンは、火を見るより明らかなこうした事実を、彼女に納得させることが出来たのだった。

第16日

　あと数週間もしないうちにアンジェロは休暇を取ることになっている。だれもが自由な時間を持ちたくて仕方ないのは一緒である。アンジェロは、とある海岸で数日間過ごして、かくも心地よい時間の始まりを祝おうというつもりだ。いつも行く海には観光客がたくさんいるのだろうか。それはどうでもよい。重要なことはあらゆる日常の雑務から解放されることである。でもほんとうに、自分がいま関わっている業務計画のことを忘れることが出来るだろうか。休暇中ずっと完全

に忘れ去ることはむずかしいだろう。が、仕事に関係する問題はすべて遠ざけようという心づもりだ。去年の轍は踏むまいと心に誓っている。責任感のあるビジネスマンとして休みなく砂浜で仕事をしては、無線インターネット機能のあるポータブルパソコンで、事務所に書類を送っていたのだ。もう、ぜったいにあんな愚かな真似はするものか！

第17日
ジョゼー ―― やあ、シルヴァさん、いかがお過ごしでしたか。
シルヴァ氏 ―― おや、ジョゼーさんですか。なんとかやっておりましたよ。あなたはいかがでしたか、何かいい話はありますか。
ジョゼー ―― いや、このところ、仕事で忙しくしておりましてね。
シルヴァ氏 ―― では、外国にちょくちょくおでかけでしたかな？
ジョゼー ―― いえ、今年は個人的な用事で一度カナダにいったきりです。
シルヴァ氏 ―― おや、そうでしたか。あなたは、あちらにご親類がおありでしたね。で、ブラジルのご兄弟はいかがですかな。長いことお会いしていないが。
ジョゼー ―― 連中は、このあいだのクリスマスにはウチに来ておりましたが、ご存知ありませんでしたか。それに、マヌエルはシルヴァさんのことをずいぶんと話題にしておりました。やつはアントゥネスさんと事業を計画しているのですよ。
シルヴァ氏 ―― どのアントゥネスさんかね？　以前わたしの同僚だったジョアキン・アントゥネスさんかね。
ジョゼー ―― そうそう、その方です。シルヴァさんとフランスで仕事をなさったあと、数年前こちらへ戻られましたね。こんどは、あたしの弟のマヌエルがサンパウロであらたな事業を始めるのに、必要な資本の三分の一を投資なさるんですよ。

巻末日本語訳

第18日

　彼がタクシーで到着したとき、友人はもうレストランの壁に寄りかかって彼を待っていた。寒い午後でもう暗くなりかけていた。とつぜん男の顔が、『飛龍』という、そのレストランの名前を明るく映しだし始めたネオンの色で赤く染まった。

　アウグスタ街25番、そこに違いなかった。ペドロは運転手に支払いをする段になって大学時代の中国人の級友のことを思い出していた。彼とは熱っぽく、夜を徹してその東洋の架空の怪獣のことを語ったものだった。それは皇帝の象徴だった。当時はほんの二十歳そこそこだった。

　心付けに小銭をいくつか残して運転手に軽く礼を言うと、車の外に出てレストランのドアへと近づいていった。友人の横顔をじっと見つめた時には後ろではもう、走り出して行くタクシーのエンジン音がしていた。それは彼だった。すぐに彼だとわかった。少し姿が変わっていたが、あの気持ちの良い微笑みをたたえたその人だった。

第19日

　クリスティーナは目覚まし時計が鳴る前に目が覚めた。大切なことのある日はいつもこうだった。目に見えない時計によって、体がコントロールされているように思えた。起きあがって、いつものように窓の所へ行くと隣家の屋根を見た。前の晩に雨が降っていた。間違いなかった。しかし空はもう明るかった。その日は休日で友人達と遊びに行く予定だった。友達のマリアーナのことが心配だった。彼女は少々ぼんやりとしていて時間にはほとんど正確ではなかった。彼女には皆で九時の電車で出発すると言ってあった。マリアーナに電話して、「起こしちゃった？」とたずねた。すると眠そうな声で彼女は、「あなたみたいに早起きじゃないのよ」と答えた。そのとき昨日のジョアンとの話を思い出した。「でもジョアンが言ってたけど、昼御飯にレストランを予約しておくって。マリアーナ、さあ、早く！」マリアーナがようやく起きあがったときには、クリスティーナは彼女のアパルトマンを出て、マリアーナの家へと向かっていた。

ポルトガル語四週間

第20日

　男が約束の時間より少し遅れてカフェーについたとき、もう午後の六時を回っていた。暗くなり始めていた。窓に叩きつける強風が寒さ厳しい夜を予感させていた。コーヒーを飲むと時計を見た。もう六時半になろうとしていた。かの音楽家は姿を現すはずだった。それは確かだった。会ってミュージカルの計画について話したいと頼んできたのはあちらだったが、なかなか現れなかったのだ。詩人の男は心配になってきた。なぜ来ていなかったんだろうか。何かあったんだろうか。立ち上がってカウンターに行って電話をかけた。電話が鳴っている間、「ひょっとして、こちらが日時をまちがえたのかな」と思った。電話口で奥さんのリータさんが、愛想良く、朝家を出て午後にある出版社と打ち合わせをして夕刻には詩人と話をする予定だと言った。ほっとした。音楽家はもうすぐやってくるだろう。電話を切ろうと言うときに、音楽家のピント氏の姿が目に入った。にっこりとして、カフェーの扉のところから彼に手を振っていた。

第21日

　私たちは芸術における霊感の役割について考えることがよくある。われらに何か新たなものを創造する力を与えてくれるのが霊感である。芸術家の精神に情熱の炎を燃え立たせるのが、その霊感である、しかしながら、芸術家がみずからの思想を具体的な作品に変化させる、辛い道のりについてはほとんど語られることはない。いったいどれほど多くの作曲家が、心に浮かぶ音を書き留めることが出来ず、絶望的な気分で延々とピアノに向かったことだろうか。どれほど多くの作家が、その心の内にわき出る、儚い文章を書き留めては、遅い筆に挫折感を抱いたことだろうか。ある作品を推敲しようと修正を加えると、はじめに意図していたものがまったく別のものに姿を変えてしまうこともあり得る。そして結局は、「こんなはずではなかった」と思うのだ。しかし、泉から湧き出る水のように自然に流れ出て来て、ほぼ何の変更もなく出来上がる作品というものもある。とある著名な彫刻家が「わたしはその姿を見せただけだ、その姿は石の中にすでに在ったのだから」と語っていたように、芸術家はその最終的な姿をはじめから感じ取っていたのであろう。

第22日

シルヴァ氏 ── おはようございます。
家政婦 ── おはようございます、シルヴァさん。どうぞお入り下さい。
看護婦 ── どうぞ、どうぞ。お待ちしてましたよ。
シルヴァ氏 ── 先生、おはようございます。
医師 ── おはようございます、シルヴァさん。どうぞ、かけて下さい。
シルヴァ氏 ── 有り難うございます、先生。
医師 ── で、どうなさいましたか。
シルヴァ氏 ── じつは二か月前に伯父が亡くなりまして、遺産の地所を私と親類何人かで分割せねばならぬことになったんです。そこで、私の問題はと申しますと、委任状は全部とったのですが……。
医師 ── 済みませんが、私は医師で弁護士ではありませんよ。相続のことなら弁護士に相談してください。
シルヴァ氏 ── いえ、先生。申し訳ありませんが、私の問題というのは、この件について考えると感じる不快感のことなんです。時々息が苦しくて……。
医師 ── なるほど、そうでしたか。いい薬を処方しましょう。ストレスによって引き起こされる呼吸困難です。さあ、この処方箋で薬を買って、忘れず一日三回飲んでください。食後ですよ、よろしいですか。それからアルコールを摂りすぎないように。

第23日

　寒くなってくると町の辻々に、焼き栗売りが立つようになる。いくら町が近代化しようと、冷たい手で町をゆく人々は、やはり暖かい栗に惹かれるものなのだ。焼き栗の炉から立ち上り、湿った薄暗い大気と混ざり合った香りと煙に、不思議と懐かしい子供の頃のことが思い出されてくる。
　嘘のように思えるかもしれないが、人々が栗を主食としていた時代

もあった。それがようやく廃れ始めたのは、新大陸からもたらされた馬鈴薯がはじめて十六世紀に栽培されるようになってからである。

しかしながら、新物の栗とジェロピーガ(マグストス)を楽しむ栗焼きの伝統は、かつて栗が持っていた重要性のよい証しとなっている。ガリシア語やベイラ方言で馬鈴薯に与えられた「インディアの栗」という名前をみれば、この言語的痕跡がイベリア半島北東部における栗の重要性を明らかにするのに十分である。

寒い日々に栗のスープをつくるという、かくも好感の持てるガリシア・ポルトガル料理の伝統が続けばよいのだが。

第24日

電話が鳴ったとき、私は急いで電話口に出た。とある友人からの大切な電話を待っていたのだ。翌週の土曜日に大学の同窓生の集まる会合のことだった。しかし電話してきたのは事務所の同僚のロペス氏だった。きわめて重要な案件で緊急に解決する必要があるのはよく承知しているが、わざわざ家まで電話して例の件の進捗状況について連絡していただくには及ばないということを、彼には注意深く婉曲に述べた。責任の一部は私にあった。これは確かだ。もっと彼に対して正直であるべきだった。ただ、私は、書類を数日間引き出しに入れたままにして、彼に渡すのを忘れた私の秘書を巻き込みたくなかったのだ。よくあることなのだから。しかし私の同僚は単純に遅れたことが気に入らなかったのだ。もし遅れた言い訳をせず、すぐに本当のことを言っていたら、こんな面倒なことにはならなかったろう。むろんロペス氏は私のことで気を損じたままだったろうが。で、私が彼の立場だったらどうするだろう。まさか、いくらそのことが気になっていたとしても、彼の家まで電話したりするわけがない。おまけに勤務のない日だというのに。

第25日

ヒトのジェスチャーは文化によって異なる。ある文化において常用される一定のジェスチャーが他の文化において用いられることもあれば用いられないこともある。同一のジェスチャーが文化的に異なるふ

たつの地域において、対立するふたつの意味を有する場合もある。外国語を学ぶということは、従って、その話し言葉にともなうジェスチャーにある程度まで同化することを必然的に意味するのである。

　現代の通常のジェスチャーを羅列し、これはイタリアのもの、これは英国のもの、と区別することはそれほど困難とは思われないが、その起源を遡ったり、その象徴的意味の変遷を研究するという仕事はきわめて多様な資料の調査を意味するであろう。ある文化において現在常用されるジェスチャーが、非常に古い時代に他の文化によって導入されたものであり、これが意味の異なる同じジェスチャーを置きかえたということがあるかもしれない。新参の社会的に威信のある人々の用いる新たなジェスチャーを人々が習得しようと躍起になったのも無理からぬ話だからである。

　同一の言語圏ではジェスチャーに関する特殊性をある程度共有するのが普通であるが、地域によってその構成員のあいだでは著しい違いがある。ジェスチャーの象徴的意味の乖離は文化的に異なる地域においてはいっそう大きくなる。たとえば、伝統的な日本の影絵遊びでは、子供達が壁にキツネの影を映し出す手の形をして遊ぶ。その手の形は、あるジェスチャーを表現すれば、一定の文脈では西欧の人々に対してきわめて激しい侮辱となりうる。そしてこの同じジェスチャーがトルコでは人々が英雄を迎え称えるときに用いられるのである。

第26日

　日本人には、いかにもブラジル的な熱帯の祭りとして知られているが、謝肉祭はキリスト教世界に共通のお楽しみの期間である。謝肉祭は冬の終わりを祝うローマ時代の古い祭礼に起源を遡るが、今日のキリスト教の典礼によれば、四旬節と呼ばれる禁欲の四十日間が始まる灰の水曜日の直前の三日間のことである。

　四旬節は、元来四十日間を意味するが、今日では四十六日間からなる。それはなぜかというと、その期間は六世紀の半ばに延長されたからだ。当時は断食が必須の行とされたが、日曜日の断食は禁じられていた。そこで、実際の断食の日を延ばすことが必要になったのである。

　謝肉祭のことをいかにもポルトガルふうの呼び名で、「入口」エントウルードと言

うが、これは、祈りと断食の期間の始まりを告げる寛容の日々を想起させる。祭りに加わる人々はありとあらゆる娯楽と乱痴気騒ぎに耽り、そのいっぽうで、灰の水曜日から復活祭まで続く、精神の浄化の長い時期にそなえるというわけである。

聖週間は枝の主日から復活祭日まで続くが、この週が四旬節の最後の週となる。いっぽう復活祭日は春分の日に続く最初の満月からかぞえて最初の日曜日に祝われ、この日は必ず三月二十一日から四月二十六日のあいだになる。この祭日の時期は、したがって、三十六日間の間で変動するのである。

結果として謝肉祭は移動祭日となる。復活祭日の四十六日前に定められた灰の水曜日の直前の三日間に祝われ、二月の初めから三月の中頃までの間で移動しうるのである。

第27日

ファドはポルトガルの「国民歌謡」として世界に知られている。それぞれの地域に地方的特徴に根づいた様々な音楽があるが、こうした種類の音楽と同様に、ファドはポルトガル語圏の人々や多くの外国人によってもよく親しまれている音楽のジャンルである。

この大衆的歌謡の起源は、専門家のあいだでも長い間論争の的になってきた。ブラジルの大衆音楽研究家、ジョゼー・ラモス・ティニョランによる最近の研究によって、これが、ブラジル生まれの同名の舞踊の合間に即興で歌われた歌に端を発しているらしいということが示された。ファド・ダンスはおそらくアフリカ起源のルンドゥーという官能的なダンスを基礎に、リオ・デ・ジャネイロの下層階級において発生したものなのである。

王ドン・ジョアン6世は1821年に、相当数の下僕や奴隷を含めた何千人もの臣下ををつれて首都へ戻った。彼らはポルトガル人とアフリカ人の混血により生まれた人々で、ただちにリスボンの下層階級にとりこまれていった。このようにして、リスボンの大衆にとっての新たな娯楽のひとつとしてファド・ダンスは新たな様相をみせることとなった。

巻末日本語訳

第28日

　首都の貧しく質素な人々のほかに、俗に「マリアルヴァ」として知られる貴族の人々も未来の国民歌謡の発展に大いに寄与していた。かれらは良家の子息たちで放蕩生活を好み、当時リスボンでは同市特有の無頼漢、ラマーリョ・オルティガンの言う「陋巷の猛者」とされていた「ファディスタ」と交わっていた。こうしてファドはリスボンの酒場で19世紀の半ばには、ギターラの伴奏による独唱歌謡として独立して姿をあらわしたのである。

　この新たな都会的歌謡に個人的に情熱を傾けた貴人がいたこともあり、慎ましい大衆のあいだに生まれた新たな歌謡は、明らかに社会的地位を高めていった。また当時ちょうど発展の途上にあった中産階級はただちに流行の新嗜好を取り入れた。ピアノ演奏用に編曲されたファドの楽譜が販売されるようになると、新たな音楽形式が広まり、1800年代の終わりには、この音楽が酒場から高級なサロンへと場を移すことになったのである。資産家の子女は、今や心おきなく、中産階級の経済力の象徴たる楽器、ピアノでこの大衆的音楽を弾けることになったのである。

　20世紀の初めには、ファドは新たなコミュニケーション手段を通じて広まることになった。それはラジオと映画である。いまや栄誉ある「国民歌謡」としてあらゆる社会階層に受け入れられたファドは20世紀を通じてスタイルを洗練していった。音楽家、詩人、アマリア・ロドリゲスのような非凡な歌手たちが、さらに美しさに磨きをかけ、世界中で新たなファド・ファンを惹き付け続けている。

参考文献

Academia das Ciências de Lisboa, 2001. Dicionário da Língua Portuguesa Contemporânea. Lisboa : Verbo.

Arruda, Lígia, 2004. Gramátia do Português para Estrangeiros. Porto : Porto Editora.

Azevedo, Milton M., 2005. Portuguese : A Linguistic Introduction. Cambridge : Cambridge University Press.

Bagno, Marco, 2002. Português ou Brasileiro? Um convite à pesquisa. São Paulo : Parábora Editorial.

Carvalho, J.G.H. de e Schmidt-Radefeldt, J., 1984. Estudos de Linguística Portuguesa. Coimbra : Coimbra Editora

Costa, Sônia Bastos Borba 1990. O aspecto em português. São Paulo : Contexto.

Cristófaro Silva, Thaïs, 1999. Fonética e Fonologia do Português. São Paulo : Contexto Editora.

Cuesta, P.V. y Luz, M.A.M da, 1971. Gramática portuguesa. Madrid : Gredos.

Cunha, C. e Cintra L., 1984. Nova Gramática do Português Contemporâneo. Lisboa : Sá da Costa.

Hauy, A.Boainain, 2001. Vozes verbais : Sistematização e exemplário. São Paulo : Editora Ática.

Ilari, Rodolfo, 2001. Expressão do tempo em português. São Paulo : Editora Contexto.

Lima, Rocha, 2005. Gramática normativa, 44ª ed. Rio de Janeiro : José Olympio Editora.

—— 1958. Teoria da análise sintática. Rio de Janeiro : s/ed.

Lopes, João Antunes, 1987. Dicionário de Verbos, 2ª ed.. Porto : Lello & Irmão Editores.

参考文献

Mateus, M.H. Mira and d'Andrade, Ernesto, 2002. The Phonology of Portuguese. Oxford : Oxford University Press.

Mateus, M.H.Mira et alii, 2003. Gramática da Língua Portuguesa, 6ª ed.. Lisboa : Caminho.

Mattos e Silva, R.V., 2004. Ensaios para uma sócio-história do português brasileiro. São Paulo : Parábola.

Maurer Jr., Theodoro Henrique, 1968. O infinito flexionado português. São Paulo : Editora Nacional e Editora da USP.

Moura, José de Almeida, 200. Gramática do Português Actual. Lisboa : Lisboa Editora.

Neves, Maria Helena de Moura, 2000. Gramática de Usos do Português. São Paulo. Editor Unesp.

Neves, Maria Helena de Moura, 2003. Guia de Usos do Português. São Paulo : Editor Unesp.

Perini, Mário A., 2001. Gramática descritiva do português. São Paulo : Editora Ática.

Pinto, E. Pimentel, 1992. A Língua Escrita no Brasil. São Paulo : Editora Ática.

Teyssier, Paul, 1989. Manual de Língua Portuguesa. Coimbra : Coimbra Editora.

—— 1976. Manuel de Langue Portugaise. Paris : Éditions KLINCK SIECK.

The International Phonetic Association, 1999. Handbook of the International Phonetic Association — A guide to the use of the International Phonetic Alphabet. Cambridge : Cambridge University Press.

Thomas, Earl W., 1969. The Syntax of Spoken Brazilian Portuguese. Nashville : Vanderbilt University Press.

Travaglia, Luiz Carlos, 1981, O Aspecto verbal no português —— a categoria e sua expressão. Uberlândia : Gráfica da UFU.

Vilela, Mário, 1999. Gramática da Língua Portuguesa, 2ª ed.. Coimbra : Almedina.

—— 1991. Dicionário do Português Básico, 2ª ed.. Porto : Edições Asa.

池上岑夫． 1974． 人称と称格：ポルトガル語の場合． 東京外国語大学論集24, p. 19-34.

池上岑夫． 1988． ポルトガル語発音辞典． 東京外国語大学．

池上岑夫． 1987． ポルトガル語文法の諸相． 大学書林．

池上岑夫． 1980． ポルトガル語の時制 ―「不完全過去」を中心として ―． 東京外国語大学80周年記念論文集 p. 105-126.

池上岑夫． 1984． ポルトガル語とガリシア語． 大学書林．

池上岑夫． 2002． SE 考―ポルトガル語の SE の正体を探る． 大学書林．

彌永史郎． 2007． ポルトガル語直説法の時称． Anais XXXVII (2005-6). 日本ポルトガルブラジル学会(AJELB). p. 19-37.

彌永史郎． 2008． ポルトガル語接続法の時称． 京都外国語大学研究論叢 LXXI p. 167-180.

彌永史郎． 1991． ポルトガル語の時称体系． 京都外国語大学研究論叢 XXXVIII p. 317-332.

彌永史郎． 2005． ポルトガル語発音ハンドブック． 大学書林．

彌永史郎． 1992． ポルトガル語の時称 ― 日本語による述語目録の統一． Anais XXV(1991). 日本ポルトガルブラジル学会 (AJELB). p. 35-46.

彌永史郎． 1986． ポルトガル語の複合過去． ロマンス語研究19, 日本ロマンス語学会, p. 23-33.

小泉保． 2003． 音声学入門． 大学書林．

斎藤純男． 2006． 日本語音声学入門 三省堂．

索　引

*太字で示したページには項目の定義があります。

あ

アクセント　21
　鋭アクセント　23,61,157,192
　曲アクセント　23,157
　重アクセント　23
　第一アクセント　87,163
　第二アクセント　87,163
アクセント記号　8,23
アスペクト　189
　進行相　190,192,216,217,218,335,371
アルファベット　2
異音　5
　自由異音　**5**,16
意思　299
一般疑問文　77
意味特徴　370-376,383-384
依頼　283,293
引用符　83,**393**
　ダッシュ　394
受け身の se　269
鋭アクセント　**23**,61,157,192
婉曲　334,364
円周率　324
大文字　30
オクシトーン　**22**,61
音声記号　4
音声表記　5
音素　5
音素表記　5
音調　**50**,79,81

下降調　50,53
降昇降調　51,82
降昇調　51
音添加　20
音の脱落　32,33

か

開音節　20
概数　100
蓋然性　194,196,297,**304**,382
開母音　21
学識語　322
加減乗除　324
下降二重母音　12
過去の基準点
　～と同時的状況　331,337
　～より前に実現した状況　346
過去の経験　347
過去の事実　332
過去の習慣　332
過去の背景的状況　333
過去不定詞　316,320
過去分詞　242-247
　～の受動的意味　246
　～の能動的意味　246
合致の副詞節　529
活用語尾　125
仮定　453
可能性　194,363
関係形容詞 cujo　201
関係詞 onde　199
関係代名詞 como　181

ポルトガル語四週間

関係代名詞 onde　181
関係代名詞 qual　180,182
　人を指す～　183
関係代名詞 que　180,196
関係代名詞 quem　182
　～の制限的用法　196
　～の非制限的用法　197
間接疑問文　201
間接目的語　140
　～としての名詞節　349
　～の不定詞　317
感嘆詞　564
感嘆詞 qual　179
感嘆符　272
感嘆文　273
幹母音　**126-126**,242,279,345
願望　348
慣用句　291
祈願文　224,**424**
帰結節　333,452
基数詞　45,65,83,99
擬声語　566
季節　144
規則動詞　125
擬態語　566
機能的人称
　→称格　72,111
基本3時称　**125**,279
義務　151,195,300
疑問形容詞　50,116,234
疑問　50,233,350
疑問詞 como　116
疑問詞 onde　98,201,237
疑問詞 porque | por que　220
疑問詞 qual　176
疑問詞 quando　117
疑問詞 quanto　50
疑問詞 que　115

疑問詞 quem　76
疑問詞の導く節　350
疑問代名詞　50,115,233
疑問符　272
疑問副詞　116,234
疑問文　50,**51**,77
　選択～　**53**,78
　特殊～　**53**,76,98,108,223,235-237
逆行同化　31
強勢語　21
強調構文　225,**368**,379
許可　194
曲アクセント　23,157
近接未来　190,299
　→未来　282
句前置詞　510
位取り　100
経験　284,347
　過去の経験　347
計算　324
形式主語　264
敬称代名詞　**71**,74,75
敬称対称詞　75
継続相　→進行相
形態素　535
形容詞　70
　原級　169
　限定～　71
　最上級　170
　主格補語の～　337
　叙述～　71
　所有～　113
　絶対最上級　169,171
　相対最上級　169-170
　比較級　169
形容詞句　512
形容詞節　180,198,199,251

索　引

形容詞の限定用法　87
形容詞の支配　142, 307-308
形容詞の数　88
形容詞の性　88
結果の副詞節　431, 526
原級　169
現在分詞　215-219, 247
　形容詞節の〜　251
　譲歩をあらわす〜　286
限定形容詞　71
口語　221, 343, 403
　常用〜(日常的〜)　115, 139, 141, 365, **403-410**
　標準〜　139, **404-410**
口語的　216
合成語　19, **556**
後接辞　22, **36**, **138**, 140, 155, 222-232
肯定文　77
肯定命令文　**265**, 399, 403-410
語幹　125
語基　**125**, 557
語源　17
語源的 h　19
語根　125
語根母音　**126-134**, 152-153
小文字　30

さ

差　324
再帰代名詞　254
　〜の位置　271
　相互作用の〜　257
再帰代名詞 si　161
再帰動詞　256
最上級　170, 173, 499
子音　7
子音字　14

使役動詞　227
使役動詞　386
　時間の副詞節　431, 528
時間経過の haver　150
時間的位置　369-376, 383-384, 467-477
時間の表現　117
指示形容詞　109
指示詞　109
指示代名詞　109, 159, 198
時称　125, 189
　〜の位置づけ機能　⊃時間的位置
指小辞　263, 550
自称詞　71, 73
時制　⊃時称
自然性　34, 55-56
四則　324
指大辞　263, 549
自動詞　141
支配
　形容詞の支配　142, 307-8
　⊃文型
斜格形　⊃人称代名詞
重アクセント　23
自由異音　5, 16
習慣　282
　過去の〜　332
集合名詞　64
修飾　162
　副詞の修飾　162, 489
従属節　223
終了　283
主格形　⊃人称代名詞
主格補語　71, 76, 318, **337**
縮合　31, 32
縮小辞
　⊃指小辞　263, 510

733

縮約 **36**,37,110,200
　前置詞と定冠詞の〜　36,392
　前置詞と不定冠詞の〜　37
　無強勢代名詞の〜　221
　縮約形 com と　136
主語　219,349
　形式〜　264
　〜としての名詞節　349
　不定詞の意味上の〜　227
主語不確定の se　267
主動詞　80,189
受動態　242
商　324
称格　**71**,111
　対称詞　**71**,75,139
　自称詞　**71**,73
　他称詞　39,**73**,140
状況の切迫　335-336
条件
　条件の副詞節　433,524
条件節　452
条件文　452-457
　帰結節　333
条件法　372
上昇二重母音　13
小数点　100
譲歩　286
　譲歩の副詞節　431,524
常用口語と標準口語　115,139,
　141,365,**403-410**
　主語の省略　76
叙述形容詞　71
叙述動詞　70,106,134
叙述動詞 estar　106
叙述動詞 ficar　134
叙述動詞 ser　70
序数詞　●数詞
助動詞　189

叙法　104,125,189,265,357,**418-
　424,465-477**
　接続法　399,418
　直説法　104
　直説法と接続法　465-477
　命令法　265
所有格　201
所有形容詞　113
所有の ter　151
所有の与格　140
進行相　190,192,216,217,218,
　335,371
進行同化　31,32
親称代名詞　74
推量　297,362,382,449
　過去の推量　362,382,449
数　125
　加減乗除　324
　四則　324
　計算　324
　差　324
　商　324
　積　324
　分子　323
　分母　323
　平方　325
　立方　325
　累乗　324
　和　324
　小数点　3234
　倍数　321
　百分率　323
　分数　323
　数詞1〜10　45
　数詞11〜20　65
　数詞21〜100　83
　数詞101以上　99
正書法　2,11,17,21

索　　引

積　324
se 付き動詞　**256**, 267
　　受け身の〜　267
　　主語不確定の〜　267
　　➡相互作用の se　257

条件節　452
接辞
　　➡接中辞　537
　　➡接頭辞　19, 20, 125, 536
　　➡接尾辞　162, 171-172, 538
接続詞　518
　　帰結〜　521
　　逆接的〜　520
　　従位〜　523
　　順接的〜　519
　　説明〜　522
　　等位〜　518
　　離接〜　521
　　連繫〜　518
接続詞 que　219, 224
接続詞 se　271
接続法
　　〜・過去形　464
　　〜・現在形　**399**, 418-425
　　〜・大過去形　**447**-448, 454, 458
　　〜・半過去形　**442**-447, 454, 457
　　〜・複合未来形　**427**, 429
　　〜・未来形　385, **425**, 428, 455
　　〜完全過去　➡ 〜・過去形
　　〜完了過去　➡ 〜・大過去形
　　〜不完全過去　➡ 〜・半過去形
　　〜未来完了　➡ 〜・複合未来形
　　副詞節の〜　430
絶対最上級　169, 171
接中辞　**537**
接頭辞　19, 20, 125, **536**
接尾辞　162, 171-172, **538**

➡指小辞　263, 550
➡指大辞　263, 549
➡縮小辞　➡指小辞
➡増大辞　➡指大辞
接尾辞 -íssimo　171-172
接尾辞 -mente　162, 171-172
先行詞　180, 181
前接辞　**138**, 155, 158-159, 222
選択疑問文　53, 78,
前置詞　142, 160, 180, 182, 184, 505
　　〜句　138
　　〜の目的語としての名詞節　349
　　〜の目的語としての不定詞　317
　　句〜　510
　　単純形〜　505
相互作用の再帰代名詞　257
相互作用の se　257
相対最上級　169-170
増大辞
　　➡指大辞　263, 549
存在の haver　149

た

態　189
　　能動態　242
　　受動態　242
第一アクセント　87, 163
第 1 活用動詞　125
対格形　➡人称代名詞
第 3 活用動詞　125
対称詞　71, 75, 139
代動詞　80, 98
第二アクセント　87, 163
第 2 活用動詞　125
代名詞
　　敬称〜　71, 74, 75
　　親称〜　74
　　人称〜　71

ポルトガル語四週間

　無強勢〜　137
代名動詞　256
対立　21
他称詞　73,140
ダッシュ　394
他動詞　141
単純形　125
単鼻母音　9
知覚動詞　227,386
抽象名詞　290
直説法　104
　〜・過去形　104,**277**,283,336,370
　〜・過去未来形　104,**357**,372,454
　〜・現在形　104,**127**
　〜・大過去形　104,**343**
　〜・大過去単純形　343
　〜・大過去複合形　343
　〜のまとめ　369,383
　〜・複合未来形　104,**380**
　〜・半過去形　104,**329**,336,370,391
　〜・複合過去形　105,**312**-314
　〜・複合過去未来形　104,**448**-450,454
　〜・未来形　104,**295**,372,429,455
　〜過去
　〜過去完了　● 〜・大過去形
　〜完全過去　● 〜・過去形
　〜過去未来完了　● 〜・複合過去未来形
　〜現在完了　● 〜・複合過去形
　〜不完全過去　● 〜・半過去形
　〜未来完了　● 〜・複合未来形
直接目的語　**137**,160,220,317
　〜としての名詞節　349

　〜の不定詞　317
月名　47
綴りの調整　134,153-154,171
強さアクセント　21
定冠詞　35
丁寧表現　298,334
同化　**31**,32,33
　逆行同化　31
　進行同化　31,32
同格　197
動詞
　〜の基本3時称　**125**,279,576
　〜の活用の仕組み　574
　使役〜　386
　叙述〜　70,106
　第1活用〜　125
　第2活用〜　125
　第3活用〜　125
　単純形　125
　知覚〜　386
　複合形　125
動詞 haver　148
動詞 ter　150
動詞迂言表現　215-216,298,305-307,314,335,366-367
動詞句　82,226
動詞支配　●文型
動詞の活用　70,104
動詞の数　70
動詞の人称　70
動詞分類　141
倒置
　主語と動詞の〜　236-238
倒置法　225
読点　197
同等比較　175,499
特殊疑問文　**53**,76,98,108,223
　〜の語順　235-237

索　引

な

内接辞　**300**-304,359-361
波形符号　11,**23**
二重字　**4**,14,20
二重鼻母音　12
二重母音　9,**12**,14
　下降二重母音　12
人称　125
人称代名詞　71,136,155,160
　曖昧な〜 nos　156-157
　強勢形　136
　斜格形　136
　主格形　136
　対格形　137
　無強勢形　136
　与格形　140
人称不定詞　**385**,425
能動態　242

は

パーセント
　⊃百分率　323
倍数　321
ハイフン　556
派生　162,**554**
派生語　19
発話
　〜時と同時的状況　281
　〜時より前に実現　336
反語的　81,221,271
半母音　7,12
鼻音　9
鼻音化　9,15
比較の副詞節　432,457
比較級　169-170
比較表現　174
非制限的用法　197

卑俗体　139,264
否定　208
否定辞　208-209,223
否定辞 não　208-209
否定文　77
　〜の接続法　422
否定命令文　399,405-410
非人称動詞　33,136,148,**264**
非文　236
鼻母音　**9**,11
　二重鼻母音　12
百分率　323
比喩的表現　291
標準口語と常用口語　115,139,
　141,365,**403-410**
比例の副詞節　530
付加疑問　79,232
不確実な未来の状況　298
複合形　125
複合語　20
複合時称形　312
複合名詞　63
副詞　162-164,**484**
　最上級　173,499
　多義的な副詞　494
　比較級　170
　〜の位置　490
　〜の序列　496
　〜の派生　484
　〜の比較　499
副詞句　488,512
副詞節
　分詞構文の〜　247-254,338
　合致の〜　529
　結果の〜　431,526
　現在分詞の導く〜　247
　時間の〜　431,528
　条件節の〜　452

737

ポルトガル語四週間

 条件の〜　433,525
 譲歩の〜　431,524
 比較の〜　432,457,531
 比例の〜　530
 〜の接続法　430
 命令文に後続する〜　412
 目的の〜　430,527
 理由の〜　524
 理由否定の〜　433,524
複文　179,224,237,247
 ➡分詞構文
不定回数の反復　313
不定冠詞　35,44
不定形容詞　203-208
 〜todo の副詞的用法　206
不定詞　184,315
 過去〜　**316**,320
 間接目的語の〜　317
 完了〜　➡過去〜
 限定的用法の〜　319
 主格補語としての〜　318
 条件・理由の〜　320
 叙述的用法の〜　318
 前置詞の目的語としての　317
 直接目的語の〜　317
 同格の〜　318
 人称〜　**385**,425
 命令の〜　318,411
不定詞の意味上の主語　227
不定代名詞　202
ブラジルの規範　227-228
ブラジルの標準的文語　140,231,232
文
 一般疑問〜　51,78
 祈願〜　224,424
 疑問〜　50,51,78
 肯定〜　77
 肯定命令〜　265,399,403-410
 条件〜　452-457
 選択疑問〜　**53**,78
 特殊疑問〜　**53**,76,98,108,223,235-237
 否定〜　77,422
 否定命令〜　399
 複〜　178,224
 平叙〜　50,77
 命令〜　**265**,399,405-10
分音符号　23
文型
 〜-1.　141-142
 〜-2.　154
 〜-3.　259-260
 〜-4.　286-290
 〜-5.　433-438
文語　221
 標準的文語　140,231,232
分子　323
分詞構文
 〜の副詞節　247-54,338
 受動態の〜　254
分数　323
文体的要請　343
分綴法　14
分母　323
文法性　34,55
文法的人称　72
閉音節　20
平叙文　50,77
平方　325
母音　5,11
母音位置　6
母音交替　63,134,153,**570**
母音字　11
補語　96,160,220
 主格〜　71,76,318,337

索　　引

　～としての名詞節　349
　目的格～　141,338
補助記号　2,4,**23**

ま

未来　282
　近接～　190,299
無強勢語　22
　後接辞　22,**36**,138,140,155,
　　222-232
　前接辞　**138**,155,158-9,222
　内接辞　**300**-304,359-361
無強勢代名詞の位置　137-141,158
　-159,222-232,498
無強勢代名詞の縮約　221
名詞節　201,219,224,349
名詞の数　34,58
名詞の性　34,55
命令　**265**,286,298,399-413
　接続法・現在形による～　399
　直説法・過去形による～　286
　直説法・未来形による～　298
　不定詞による～　318
　命令法による～　265
命令文　**265**,399,403-412
　～に後続する副詞節　412
　否定～　399,405-410
命令法　265
黙字　**14**,15,19,21
　黙字の«c»　14
　黙字の«p»　15
目的語
　前置詞の目的語　220
目的格補語　141,338
目的の副詞節　⊃副詞節
モダリティー　189,226,228-229,
　388,457
　意思　391

蓋然性　194,196,297,304,382,
　389
可能性　194,363,
帰結節　457
義務　195
許可　390
推量　297,362,382,449
能力　391

や

優等比較　174,499
曜日　**46**,164
与格
　⊃人称代名詞
　所有の与格　140
与格形　136

ら

ラテン文字　2
リスボン方言　31,32
立方　325
累乗　324
歴史的現在　282
劣等比較　175
連母音　**13**-14
ローマ数字　⊃数詞

わ

和　324
話者にとっての真理　281
話法　**351**
　間接～　352
　自由間接～　352,356
　直接～　351
　被伝達部　450
話法の転換　353,365,450,477

＊　＊　＊　＊　＊

目録進呈　落丁本・乱丁本はお取替えいたします。

2011 年（平成 23 年）5 月 30 日　Ⓒ 第 1 版発行

新版 ポルトガル語四週間	著　者　彌　永　史　郎 発 行 者　佐　藤　政　人 発 行 所 株式会社　**大 学 書 林** 東京都文京区小石川 4 丁目 7 番 4 号 振 替 口 座　00120-8-43740 電話 (03) 3812-6281〜3 番 郵便番号 112-0002

ISBN978-4-475-01028-3　　　写研・横山印刷・牧製本

大学書林

― 語学参考書 ―

彌永史郎 編	ポルトガル語会話練習帳	新書判	182頁
彌永史郎 著	ポルトガル語手紙の書き方	B6判	340頁
彌永史郎 著	ポルトガル語発音ハンドブック	B6判	232頁
池上岑夫 著	ポルトガル語文法の諸相	B6判	246頁
池上岑夫 著	ポルトガル語とガリシア語	A5判	216頁
池上岑夫 著	SE考―ポルトガル語のSEの正体を探る―	B6判	168頁
浜口・池上 編	ポルトガル語常用6000語	B小型	298頁
浜口・佐野 編	ポルトガル語小辞典	ポケット判	670頁
佐野泰彦 編	カナ発音 葡和小辞典	ポケット判	704頁
海本徹雄 著	実用ブラジル語会話	新書判	352頁
佐野泰彦 著	英語対照ブラジル語会話	B6判	176頁
富野幹雄・K・ヒラマツ 著	ブラジル旅行・駐在 役に立つポルトガル語会話	新書判	232頁
富野幹雄・K・ヒラマツ 著	役に立つブラジルポルトガル語スピーチ集	B6判	224頁
富野幹雄・佳田育法 著	ポルトガル語動詞の知識と活用	新書判	128頁
富野幹雄・クララ・M・マルヤマ 共著	ポルトガル語ことわざ用法辞典	B6判	350頁
満留久美子 著	ポルトガル語分類単語集	新書判	286頁
石田エルザ・神保充美 著	仕事に役立つブラジルポルトガル語	B6判	158頁
日向ノエミア 著	ブラジル語でコミュニケーション	A5判	304頁
R・オルディガン／彌永史郎 訳注	ファルパス	B6判	190頁
W・deモラエス／高橋・深沢 訳注	オヨネとコハル	B6判	180頁
高橋都彦 訳注	マシャード短篇選	B6判	160頁

― 目録進呈 ―